个人所得税
合规实务

PERSONAL INCOME TAX
COMPLIANCE PRACTICES

唐阳琴　著

By TangYangqin

法律出版社 LAW PRESS · CHINA
北京

图书在版编目（CIP）数据

个人所得税合规实务 / 唐阳琴著. -- 北京 ：法律出版社，2021
ISBN 978 - 7 - 5197 - 5928 - 5

Ⅰ. ①个… Ⅱ. ①唐… Ⅲ. ①个人所得税－税法－中国 Ⅳ. ①D922. 222

中国版本图书馆 CIP 数据核字(2021)第 188108 号

个人所得税合规实务
GEREN SUODESHUI HEGUI SHIWU

唐阳琴 著

策划编辑 李沂蔚
责任编辑 李沂蔚
装帧设计 汪奇峰

出版发行 法律出版社
编辑统筹 法律应用出版分社
责任校对 晁明慧 王 皓 王语童
责任印制 吕亚莉
经　　销 新华书店

开本 710 毫米 × 1000 毫米 1/16
印张 37 **字数** 663 千
版本 2021 年 11 月第 1 版
印次 2021 年 11 月第 1 次印刷
印刷 三河市龙大印装有限公司

地址：北京市丰台区莲花池西里 7 号(100073)
网址：www. lawpress. com. cn
投稿邮箱：info@ lawpress. com. cn
举报盗版邮箱：jbwq@ lawpress. com. cn

销售电话：010 - 83938349
客服电话：010 - 83938350
咨询电话：010 - 63939796

书号：ISBN 978 - 7 - 5197 - 5928 - 5
定价：128. 00 元

凡购买本社图书，如有印装错误，我社负责退换。电话：010 - 83938349

目录

前言

第一章 概述

第二章 个人所得税的基本内容

第三章 综合所得个人所得税

第四章　经营所得个人所得税

第六章 财产租赁所得个人所得税

第七章 财产转让所得个人所得税

第八章　偶然所得个人所得税

第十章 个人所得税的征收管理

附录一　主要参考的法律法规规范性文件

附录二 个人所得税纳税申报表

前言

背　景

我国税制经过十多年的改革和完善，至今已形成了由增值税、消费税、企业所得税、个人所得税、资源税等20余个税费种类的法律和行政法规及《税收征收管理法》（以下简称《税收征管法》）构成的税收实体法及税收程序法体系。

全国人大及其常委会、国务院、财政部、国家税务总局及地方人民政府所颁布的税收法律、行政法规、部门规章、地方性税收法规和国际税收协定，形成了一个多层次、多领域的税法体系。其中现行有效的增值税法律文件（法律文件含行政法规、地方性法规和部门规章等，下同）有8663个，企业所得税法律文件有9657个，个人所得税法律文件有4459个。

税法体系的多层次及多领域特征所带来的复杂性、税收法律法规的不断修订和补充，以及企业自身结构和业务的复杂性，使很多企业管理者和投资者及财税从业者在税务管理中对如何适用法律感到困惑，甚至不能及时获取各级政府在短时间内出台的大量文件。

与此同时，“减税降负，向征管要空间”将是我国近年来主要的税收方针，其中“减税降负”可能只是暂时的，但“向征管要空间”在将来则会是一项长期的工作。并且越是“减税降负”，越是会在税收征管上下功夫，否则，庞大的国家机器将难以运转。

“金税三期”、大数据综合平台（税务端数据＋第三方数据＋互联网数据＋企业端数据）、特别纳税调整、关联申报及同期资料管理、转让定价管理、反避税调查、国际涉税情报交换、税基侵蚀与利润转移（BEPS）计划、金融账户涉税信息尽职调查以及源泉扣税、纳税评估、重大税收违法失信案件信息公布、重大税收违法案件当事人联合惩戒等征管措施和互联网信息系统的应用，使纳税人的税务合规管理已迫在眉睫。

我国的税收法律文件集成度较低，适用复杂。以个人所得税为例，截至2021年

1月31日，与个人所得税相关的法律文件达25,000余件，其中全国性的法律文件有2436件。这其中现行有效的有1844件，失效/废止的有458件，已被修订的有58件，部分失效/废止的有71件，尚未生效的有2件，草案/征求意见稿3件。如果不是对税法了解很深的人，是很难在短时间内查找完整并且准确应用的。

税务合规是指纳税人及代理人的经营管理行为要符合税收法律法规、监管规定、行业准则和企业章程、规章制度等要求。纳税人或其代理人必须全面了解税收相关法规并结合自身及当地情况准确适用，并根据频繁的税收政策变化做出调整，规范经营管理行为，建立完善、合乎税法规范的税务管理制度及税务风险预警机制。

在此背景之下，为帮助纳税人及扣缴义务人降低税务合规成本及风险，避免因税务不合规行为引发的税收法律制裁、监管处罚、重大财产损失和声誉损失、不能正确享受税收优惠的损失以及其他负面影响产生的风险，我们推出税务合规实务系列丛书，从每一个税种出发，对涉及的税收法规进行系统梳理和解读。这也是做好税收筹划的大前提。只有真正掌握了这些税收法规，才能做好税收筹划，或者说熟练应用税收法规就做到了真正的税收筹划。

导　论

由于个人所得税以取得所得的个人为纳税人，以支付所得的单位或者个人为法定的扣缴义务人，并且根据《税收征管法》的相关规定，扣缴义务人应扣未扣、应收而不收税款，以及未按规定解缴代扣的税款的，都会受到处罚。此外，众多的个人独资企业、合伙企业、个体工商户、个人对企事业单位的承包经营、承租经营取得的所得也需缴纳个人所得税。因此，个人所得税不仅与每个人有关，也与普遍存在用工的每一个国家机关、事业单位、社会团体及企业等有关。可以说，个人所得税合规管理关系到每一个自然人和法人。

本书将以《个人所得税法》及《个人所得税法实施条例》为主线，在对我国现行有效的近300个涉及个人所得税的全国性法律法规及税务规章、文件系统梳理的基础上，通过对大量的计算举例、行政处罚案例、司法裁判案例用通俗的语言分析总结，介绍与我国个人所得税有关的政策及实务操作方法，力求做到每一段话都有法规依据，每一个法规都能得到准确适用。正文中的大部分内容都标明了法规依据，没有标明的在后面附录部分也进行了列示。这样做的一个目的是在本书完成之后，相关法规如有变动，则原来引用的法规内容将不再适用（涉及之前的法律事实除外），需要阅读者自行调整。另一个重要的目的是，在发生涉税争议时，准确有效的法规才是支持自身主张的有力武器。这些争议包括与税务主管机关的争议,与其他外部单位如客户、供应商的争议,与内部相关人员的争议。当然了,要正确使用税收法规并不仅仅是熟悉法规就可以的,还需要正确解读法规条文,根据自身的业务准确适用。这是一个比较专业的过程,往往需要税务专家的介入。

本书内容包括三大部分:第一部分是与个人所得税有关的背景知识及概念,纳税人及纳税义务、征税对象、税率、计税方法等基本要素;第二部分是按应纳税个人所得项目进行分类,对我国现行的九项六个大类应纳税所得项目分别进行详细介绍,即工资、薪金所得,劳务报酬所得,稿酬所得,特许权使用费所得,经营所得,利息、股息、红利所得,财产转让所得,财产租赁所得,偶然所得;第三部分是对一些复杂、热门的个人所得税业务的专项讨论,如股权转让、股权激励、股权代持、创投企业及基金的个人所得税等,以及个人所得税的征收管理、纳税申报等内容。

本书以税收实体法的合规为主。通常所说的纳税人和扣缴人的税务合规除了实体内容的合规,在程序上也要符合规定,也就是税收征管方面的合规。

我国对各种税收的征收管理的主要法律依据是《税收征管法》及《税收征收管理法实施细则》。《税收征管法》规定了纳税人、扣缴义务人、税务机关等涉税主体的权利义务,以及税务管理、税款征收、税务检查及法律责任。涉及发票使用的,应遵守《发票管理办法》及其实施细则。涉及刑事责任的,适用《刑法》及相关司法解释。涉及税务行政管理及争议解决的,适用《行政处罚法》《行政许可法》《行政复议法》《行政诉讼法》《行政强制法》及相关司法解释等。由于这些不是单独针对个人所得税的,本书不作详细介绍。

另外,从事涉税业务的注册税务师及税务师事务所还须遵守《涉税专业服务监管办法(试行)》和相关的执业准则和规则,包括《注册税务师涉税鉴证业务基本准则》、《注册税务师涉税服务业务基本准则》、《税收优惠申报代理业务规则(试行)》、《税收筹划业务规则(试行)》、《资本市场涉税服务业务规则——特殊税务处理合规性审核(试行)》、《高新技术企业认定专项鉴证业务规则(试行)》和《税务师纳税审核技术规则(试行)》等。对于前面提到的“金税三期”、大数据综合平台(税务端数据+第三方数据+互联网数据+企业端数据)、特别纳税调整、关联申报及同期资料管理、转让定价管理、反避税调查、国际涉税情报交换、税基侵蚀与利润转移计划、金融账户涉税信息尽职调查以及源泉扣税等征管措施和互联网信息系统的应用,由于篇幅原因,本书也不作具体介绍。将来有机会再另行介绍。

本书可作为个人及单位的经营管理人员、涉税专业服务代理人员、财税法律从业人员了解及掌握个人所得税的合规手册及实务操作指南。

由于时间仓促,本书还有很多不完善的地方,个人理解也有片面之处,我们也会进一步完善,还望读者多提宝贵意见。

第一章 概述

一、个人所得税概述

个人所得税是以个人取得的各项应税所得为征税对象的一种税。在我国,个人所得税是面向全民开征的一种税收。

根据财政部网站公布的《2018 年财政收支情况》,2018 年全国税收收入 156,401 亿元,其中国内增值税 61,529 亿元,国内消费税 10,632 亿元,企业所得税 35,323 亿元,个人所得税 13,872 亿元。个人所得税占 2018 年税收收入的 8.9%,仅次于增值税和企业所得税,对经济有较大影响。

根据财政部网站公布的《2019 年财政收支情况》,2019 年全国税收收入 157,992 亿元,其中国内增值税 62,346 亿元,国内消费税 12,562 亿元,企业所得税 37,300 亿元,个人所得税 10,388 亿元。由于提高减除费用标准及实行专项附加扣除政策,个人所得税较 2018 年有了明显下降。

2020 年全国税收收入 154,310 亿元,其中:国内增值税 56,791 亿元,同比下降 8.9%;国内消费税 12,028 亿元,同比下降 4.3%;企业所得税 36,424 亿元,同比下降 2.4%;个人所得税 11,568 亿元,同比增长 11.4%。受疫情及相关税收优惠政策影响,其他主要税种都下降,唯独个人所得税增长。

综观最近几年的个人所得税收入,除了 2019 年外,其他年度都呈高速增长的趋势,并且其增长幅度均超过其他主要税种。说明个人收入逐年上升,个人所得税的征管也在一步步收紧。

我国个人所得税规制的基本法律依据为《个人所得税法》,最早于 1980 年颁布,现行使用的是 2018 年修正版。为便于理解和实施,国务院在此基础上制定了《个人所得税法实施条例》。《个人所得税法》及《个人所得税法实施条例》是我国最为基本的个人所得税征税依据。除特殊说明外,本书采用的均为2018年修正版。为落实与操作《个人所得税法》及《个人所得税法实施条例》以及税收征收管理,财政部和国家税务总局以及其他相关部门公布了名目繁多的税务规章及文件,其中现行有效的会在后面进行介绍。

二、《个人所得税法》的基本要素

任何一部税收法规应具备一些基本要素才能实施,税法通过这些基本要素明确纳税人、征税范围(或征税对象)、纳税额、纳税时间等内容。《个人所得税法》也不例外。

1. 纳税义务人简称纳税人,指法律、行政法规规定的负有纳税义务的单位和个人。

2. 扣缴义务人是指法律、行政法规规定负有代扣代缴、代收代缴税款义务的单位和个人。

3. 征税对象是税法中规定的目的物,是国家据以征税的依据。它解决对什么征税的问题,被列入征税对象的就属于该税种的征税范围,未被列入征税对象的就不征税。凡拥有征税对象或发生了征税行为的单位和个人,都有可能成为纳税人。

4. 税率是应纳税额与征税对象之间的比例。各税种的职能作用都是通过税率来体现的,税率是税收制度的核心和灵魂,关系着纳税人的负担程度和国家收入的多少。税率分为两种形式,即从量计征的定额税率与从价计征的比例税率和累进税率。比例税率一般以百分比表示,就是按收入(或所得或资产价值)的百分之几征税。累进税率是指同一征税对象,随着数量的增大其征收比例也随之提高的一种税率,也就是说收入越高税率越高,包括超额累进税率和超率累进税率。我国现行个人所得税中的综合所得和经营所得就是采用的超额累进税率,其他所得采用的是比例税率。

5. 减税、免税是在某一特定时期,对某些征税对象、某些特定地区或某些特殊群体给予的鼓励或照顾措施,是一种税收优惠政策,起到经济调节及扶贫济困的作用。减税是从应征税款中减征部分税款;免税是免征全部税款。减免税的方式主要有:起征点、免征额、项目扣除、跨期结转、零税率、(全部)免征、减半征收、抵免税额等。减免税又分为法定减免、困难减免和特定减免,像《个人所得税法》及其他基本法规中明确规定的减税、免税就属于法定减免;困难减免是针对特殊困难时期的减免,如

2020年年初的新冠肺炎疫情防控税收优惠政策;特定减免就是前面所说的对特定征税对象等的减免,通常由财政部、国家税务总局、海关总署作出规定。这类知识数量众多,是税法学习中的一个难点。

6. 纳税环节是税法规定的应当缴纳税款的环节,主要包括生产、流通和分配环节。增值税在流通环节征收,个人所得税在分配环节征收。

7. 纳税期限是纳税人向国家缴纳税款的法定期限。我国现行有三种纳税期限:按期纳税,如1个月或1个季度;按次纳税,即按应税行为发生的次数分次纳税,如偶然所得的个人所得税;按年计征、分期预缴或缴纳,如综合所得和经营所得的个人所得税。

三、我国个人所得税的历史沿革

1. 1980年9月10日开征个人所得税。

颁布《个人所得税法》,纳税人为外籍个人,征税范围包括:工资、薪金所得,每月可减除费用800元,适用5% ~45%的超额累进税率;劳务报酬所得,特许权使用费所得,利息、股息、红利所得,财产租赁所得和其他所得,均适用比例税率20%。

2. 1986年1月1日开征个体工商业户所得税。

1986年1月7日发布《城乡个体工商业户所得税暂行条例》(国发〔1986〕3号),开始对从事工业、商业、服务业、建筑安装业、交通运输业以及其他行业的城乡个体工商业户征收所得税,与现在的经营所得个人所得税差不多,适用7% ~60%的十级超额累进所得税税率,全年应纳税所得额超过5万元的,按超过部分的应纳所得税额,加征10% ~40%的所得税。

3. 1987年1月1日开征个人收入调节税。

1986年9月25日发布《个人收入调节税暂行条例》(国发〔1986〕91号),自1987年1月1日起针对中国公民开征个人收入调节税。征税范围包括:工资、薪金收入,承包、转包收入,劳务报酬收入,财产租赁收入,专利权的转让、专利实施许可和非专利技术的提供、转让取得的收入,投稿、翻译取得的收入,利息、股息、红利收入及其他收入。其中前四项合并为综合收入,按照地区计税基数核算,按月计征,月综合收入额超过地区计税基数的,就其超基数的三倍以上的部分,按照超倍累进税率征收个人收入调节税,税率为20% ~60%;其他收入按比例税率20%征税。

4. 1994 年 1 月 1 日统一征收个人所得税。

将原来征收的个人所得税、个体工商业户所得税、个人收入调节税合并统一征收个人所得税。征税范围包括:(1)工资、薪金所得,适用 5% ~45% 的九级超额累进税率;(2)个体工商户的生产、经营所得;(3)对企事业单位的承包经营、承租经营所得,适用 5% ~35% 的五级超额累进税率;(4)劳务报酬所得;(5)稿酬所得;(6)特许权使用费所得;(7)利息、股息、红利所得;(8)财产租赁所得;(9)财产转让所得;(10)偶然所得;(11)其他所得,适用比例税率 20%。其中稿酬所得减征 30%,劳务报酬所得一次收入畸高的,可以实行加成征收。

5. 2006 年 1 月 1 日每月减除费用由 800 元调整为 1600 元。

6. 2000 年 1 月 1 日对个人独资企业和合伙企业改征个人所得税。

国务院发布《关于个人独资企业和合伙企业征收所得税问题的通知》(国发〔2000〕16 号),对个人独资企业和合伙企业停止征收企业所得税,其投资者的生产经营所得,比照个体工商户的生产、经营所得征收个人所得税。

7. 2011 年 9 月 1 日调整减除费用及税率表。

个人所得每月减除费用调整为 3500 元;工资、薪金所得的税率改为 3% ~45% 的七级超额累进税率,并调整了级距;调增了个体工商户的生产、经营所得和对企事业单位的承包经营、承租经营所得适用税率的级距。

8. 2018 年 8 月 31 日修改形成现行《个人所得税法》。

2018 年 8 月 31 日,对《个人所得税法》再次进行了比较大的修正。主要修正内容包括:明确了居民个人和非居民个人的概念及纳税义务;将原征税范围中的个体工商户的生产、经营所得和对企事业单位的承包经营、承租经营所得合并为经营所得,将其他所得合并到偶然所得;将工资薪金所得、劳务报酬所得、稿酬所得、特许权使用费所得合称为综合所得,居民个人按纳税年度合并计算个人所得税;将个人所得每月减除费用调整为 5000 元,并明确了专项扣除,增加了专项附加扣除,调整了综合所得和经营所得适用税率的级距。新修正的《个人所得税法》于 2019 年 1 月 1 日施行,新起征点和税率先行于 2018 年 10 月 1 日起施行。

四、《个人所得税法》及其实施条例的主要内容

表 1-1　个人所得税及实施条例主要内容

个人所得税法(2018 修正)	个人所得税法实施条例(2018 修订)
第一条　在中国境内有住所,或者无住所而一个纳税年度内在中国境内居住累计满一百八十三天的个人,为居民个人。居民个人从中国境内和境外取得的所得,依照本法规定缴纳个人所得税。 在中国境内无住所又不居住,或者无住所而一个纳税年度内在中国境内居住累计不满一百八十三天的个人,**为非居民个人**。非居民个人从中国境内取得的所得,依照本法规定缴纳个人所得税。 **纳税年度**,自公历一月一日起至十二月三十一日止。	**第一条**　根据《中华人民共和国个人所得税法》(以下简称个人所得税法),制定本条例。 **第二条**　个人所得税法所称在中国**境内有住所**,是指因户籍、家庭、经济利益关系而在中国境内习惯性居住;所称从**中国境内和境外取得的所得**,分别是指来源于中国境内的所得和来源于中国境外的所得。 **第三条**　除国务院财政、税务主管部门另有规定外,下列所得,不论支付地点是否在中国境内,均为**来源于中国境内的所得**: (一)因任职、受雇、履约等在中国境内提供劳务取得的所得; (二)将财产出租给承租人在中国境内使用而取得的所得; (三)许可各种特许权在中国境内使用而取得的所得; (四)转让中国境内的不动产等财产或者在中国境内转让其他财产取得的所得; (五)从中国境内企业、事业单位、其他组织以及居民个人取得的利息、股息、红利所得。 **第四条**　在中国境内**无住所的个人**,在中国境内居住累计满 183 天的年度连续不满六年的,经向主管税务机关备案,其来源于中国境外且由境外单位或者个人支付的所得,免予缴纳个人所得税;在中国境内居住累计满 183 天的任一年度中有一次离境超过 30 天的,其在中国境内居住累计满 183 天的年度的连续年限重新起算。 **第五条**　在中国境内**无住所的个人**,在一个纳税年度内在中国境内居住累计不超过 90 天的,其来源于中国境内的所得,由境外雇主支付并且不由该雇主在中国境内的机构、场所负担的部分,免予缴纳个人所得税。
第二条　下列各项个人所得,**应当缴纳个人所得税**: (一)工资、薪金所得; (二)劳务报酬所得; (三)稿酬所得; (四)特许权使用费所得;	**第六条**　个人所得税法规定的各项个人所得的范围: (一)工资、薪金所得,是指个人因任职或者受雇取得的工资、薪金、奖金、年终加薪、劳动分红、津贴、补贴以及与任职或者受雇有关的其他所得。 (二)劳务报酬所得,是指个人从事劳务取得的所得,包括从事设计、装潢、安装、制图、化验、测试、医疗、

续表

个人所得税法(2018 修正)	个人所得税法实施条例(2018 修订)
(五)经营所得; (六)利息、股息、红利所得; (七)财产租赁所得; (八)财产转让所得; (九)偶然所得。 居民个人取得前款第一项至第四项所得(以下称综合所得),按纳税年度合并计算个人所得税;非居民个人取得前款第一项至第四项所得,按月或者按次分项计算个人所得税。纳税人取得前款第五项至第九项所得,依照本法规定分别计算个人所得税。	法律、会计、咨询、讲学、翻译、审稿、书画、雕刻、影视、录音、录像、演出、表演、广告、展览、技术服务、介绍服务、经纪服务、代办服务以及其他劳务取得的所得。 (三)稿酬所得,是指个人因其作品以图书、报刊等形式出版、发表而取得的所得。 (四)特许权使用费所得,是指个人提供专利权、商标权、著作权、非专利技术以及其他特许权的使用权取得的所得;提供著作权的使用权取得的所得,不包括稿酬所得。 (五)经营所得,是指: 1. 个体工商户从事生产、经营活动取得的所得,个人独资企业投资人、合伙企业的个人合伙人来源于境内注册的个人独资企业、合伙企业生产、经营的所得; 2. 个人依法从事办学、医疗、咨询以及其他有偿服务活动取得的所得; 3. 个人对企业、事业单位承包经营、承租经营以及转包、转租取得的所得; 4. 个人从事其他生产、经营活动取得的所得。 (六)利息、股息、红利所得,是指个人拥有债权、股权等而取得的利息、股息、红利所得。 (七)财产租赁所得,是指个人出租不动产、机器设备、车船以及其他财产取得的所得。 (八)财产转让所得,是指个人转让有价证券、股权、合伙企业中的财产份额、不动产、机器设备、车船以及其他财产取得的所得。 (九)偶然所得,是指个人得奖、中奖、中彩以及其他偶然性质的所得。 个人取得的所得,难以界定应纳税所得项目的,由国务院税务主管部门确定。 **第七条** 对股票转让所得征收个人所得税的办法,由国务院另行规定,并报全国人民代表大会常务委员会备案。 **第八条 个人所得的形式**,包括现金、实物、有价证券和其他形式的经济利益;所得为实物的,应当按照取得的凭证上所注明的价格计算应纳税所得额,无凭证的实物或者凭证上所注明的价格明显偏低的,参照市场价格核定应纳税所得额;所得为有价证券的,根据票面价格和市场价格核定应纳税所得额;所得为其他形式的经济利益的,参照市场价格核定应纳税所得额。

续表

<table>
<tr><th>个人所得税法(2018 修正)</th><th>个人所得税法实施条例(2018 修订)</th></tr>
<tr><td colspan="2">**第三条**　个人所得税的税率:
(一)综合所得,适用百分之三至百分之四十五的超额累进税率(税率表附后);
(二)经营所得,适用百分之五至百分之三十五的超额累进税率(税率表附后);
(三)利息、股息、红利所得,财产租赁所得,财产转让所得和偶然所得,适用比例税率,税率为百分之二十。</td></tr>
<tr><td>**第四条**　下列各项个人所得,**免征个人所得税**:
(一)省级人民政府、国务院部委和中国人民解放军军以上单位,以及外国组织、国际组织颁发的科学、教育、技术、文化、卫生、体育、环境保护等方面的奖金;
(二)国债和国家发行的金融债券利息;
(三)按照国家统一规定发给的补贴、津贴;
(四)福利费、抚恤金、救济金;
(五)保险赔款;
(六)军人的转业费、复员费、退役金;
(七)按照国家统一规定发给干部、职工的安家费、退职费、基本养老金或者退休费、离休费、离休生活补助费;
(八)依照有关法律规定应予免税的各国驻华使馆、领事馆的外交代表、领事官员和其他人员的所得;
(九)中国政府参加的国际公约、签订的协议中规定免税的所得;
(十)国务院规定的其他免税所得。
前款第十项免税规定,由国务院报全国人民代表大会常务委员会备案。</td><td>**第九条**　个人所得税法第四条第一款第二项所称**国债利息**,是指个人持有中华人民共和国财政部发行的债券而取得的利息;所称国家发行的金融债券利息,是指个人持有经国务院批准发行的金融债券而取得的利息。
第十条　个人所得税法第四条第一款第三项所称**按照国家统一规定发给的补贴、津贴**,是指按照国务院规定发给的政府特殊津贴、院士津贴,以及国务院规定免予缴纳个人所得税的其他补贴、津贴。
第十一条　个人所得税法第四条第一款第四项所称**福利费**,是指根据国家有关规定,从企业、事业单位、国家机关、社会组织提留的福利费或者工会经费中支付给个人的生活补助费;所称救济金,是指各级人民政府民政部门支付给个人的生活困难补助费。
第十二条　个人所得税法第四条第一款第八项所称依照有关法律规定应**予免税的各国驻华使馆、领事馆的外交代表、领事官员和其他人员的所得**,是指依照《中华人民共和国外交特权与豁免条例》和《中华人民共和国领事特权与豁免条例》规定免税的所得。</td></tr>
<tr><td colspan="2">**第五条**　有下列情形之一的,**可以减征个人所得税**,具体幅度和期限,由省、自治区、直辖市人民政府规定,并报同级人民代表大会常务委员会备案:
(一)残疾、孤老人员和烈属的所得;
(二)因自然灾害遭受重大损失的。
国务院可以规定其他减税情形,报全国人民代表大会常务委员会备案。</td></tr>
</table>

续表

个人所得税法(2018 修正)	个人所得税法实施条例(2018 修订)
第六条　应纳税所得额的计算： (一)居民个人的综合所得,以每一纳税年度的收入额减除费用六万元以及专项扣除、专项附加扣除和依法确定的其他扣除后的余额,为应纳税所得额。 (二)非居民个人的工资、薪金所得,以每月收入额减除费用五千元后的余额为应纳税所得额;劳务报酬所得、稿酬所得、特许权使用费所得,以每次收入额为应纳税所得额。 (三)经营所得,以每一纳税年度的收入总额减除成本、费用以及损失后的余额,为应纳税所得额。 (四)财产租赁所得,每次收入不超过四千元的,减除费用八百元;四千元以上的,减除百分之二十的费用,其余额为应纳税所得额。 (五)财产转让所得,以转让财产的收入额减除财产原值和合理费用后的余额,为应纳税所得额。 (六)利息、股息、红利所得和偶然所得,以每次收入额为应纳税所得额。 劳务报酬所得、稿酬所得、特许权使用费所得以收入减除百分之二十的费用后的余额为收入额。稿酬所得的收入额减按百分之七十计算。 个人将其所得对教育、扶贫、济困等公益慈善事业进行捐赠,捐赠额未超过纳税人申报的应纳税所得额百分之三十的部分,可以从其应纳税所得额中扣除;国务院规定对公益慈善事业捐赠实行全额税前扣除的,从其规定。 本条第一款第一项规定的专项扣除,包括居民个人按照国家规定的范围和标准缴纳的基本养老保险、基本医疗保险、失业保险等社会保险费和住房公积金等;专项附加扣除,	**第十三条**　个人所得税法第六条第一款第一项所称**依法确定的其他扣除**,包括个人缴付符合国家规定的企业年金、职业年金,个人购买符合国家规定的商业健康保险、税收递延型商业养老保险的支出,以及国务院规定可以扣除的其他项目。 **专项扣除、专项附加扣除和依法确定的其他扣除,以居民个人一个纳税年度的应纳税所得额为限额**;一个纳税年度扣除不完的,不结转以后年度扣除。 **第十四条**　个人所得税法第六条第一款第二项、第四项、第六项所称**每次**,分别按照下列方法确定: (一)劳务报酬所得、稿酬所得、特许权使用费所得,属于一次性收入的,以取得该项收入为一次;属于同一项目连续性收入的,以一个月内取得的收入为一次。 (二)财产租赁所得,以一个月内取得的收入为一次。 (三)利息、股息、红利所得,以支付利息、股息、红利时取得的收入为一次。 (四)偶然所得,以每次取得该项收入为一次。 **第十五条**　个人所得税法第六条第一款第三项所称**成本、费用**,是指生产、经营活动中发生的各项直接支出和分配计入成本的间接费用以及销售费用、管理费用、财务费用;所称损失,是指生产、经营活动中发生的固定资产和存货的盘亏、毁损、报废损失,转让财产损失,坏账损失,自然灾害等不可抗力因素造成的损失以及其他损失。 取得经营所得的个人,没有综合所得的,计算其每一纳税年度的应纳税所得额时,应当减除费用 6 万元、专项扣除、专项附加扣除以及依法确定的其他扣除。专项附加扣除在办理汇算清缴时减除。 从事生产、经营活动,未提供完整、准确的纳税资料,不能正确计算应纳税所得额的,由主管税务机关核定应纳税所得额或者应纳税额。 **第十六条**　个人所得税法第六条第一款第五项规定的**财产原值,按照下列方法确定:** (一)有价证券,为买入价以及买入时按照规定交纳的有关费用; (二)建筑物,为建造费或者购进价格以及其他有关费用; (三)土地使用权,为取得土地使用权所支付的金额、开发土地的费用以及其他有关费用;

续表

个人所得税法(2018 修正)	个人所得税法实施条例(2018 修订)
包括子女教育、继续教育、大病医疗、住房贷款利息或者住房租金、赡养老人等支出,具体范围、标准和实施步骤由国务院确定,并报全国人民代表大会常务委员会备案。	(四)机器设备、车船,为购进价格、运输费、安装费以及其他有关费用。 其他财产,参照前款规定的方法确定财产原值。 纳税人未提供完整、准确的财产原值凭证,不能按照本条第一款规定的方法确定财产原值的,由主管税务机关核定财产原值。 个人所得税法第六条第一款第五项所称合理费用,是指卖出财产时按照规定支付的有关税费。 **第十七条**　**财产转让所得**,按照一次转让财产的收入额减除财产原值和合理费用后的余额计算纳税。 **第十八条**　两个以上的个人**共同取得同一项目收入的**,应当对每个人取得的收入分别按照个人所得税法的规定计算纳税。 **第十九条**　个人所得税法第六条第三款所称个人将其所得对教育、扶贫、济困等公益慈善事业进行**捐赠**,是指个人将其所得通过中国境内的公益性社会组织、国家机关向教育、扶贫、济困等公益慈善事业的捐赠;所称应纳税所得额,是指计算扣除捐赠额之前的应纳税所得额。 **第二十条**　居民个人从中国境内和境外取得的综合所得、经营所得,应当**分别合并计算**应纳税额;从中国境内和境外取得的其他所得,应当**分别单独计算**应纳税额。
第七条　居民个人从中国**境外取得的所得**,可以从其应纳税额中抵免已在境外缴纳的个人所得税税额,但抵免额不得超过该纳税人境外所得依照本法规定计算的应纳税额。 **第八条**　有下列情形之一的,税务机关有权按照合理方法进行**纳税调整**: (一)个人与其关联方之间的业务往来不符合独立交易原则而减少本人或者其关联方应纳税额,且无正当理由; (二)居民个人控制的,或者居民个人和居民企业共同控制的设立在实际税负明显偏低的国家(地区)的	**第二十一条**　个人所得税法第七条所称**已在境外缴纳的个人所得税税额**,是指居民个人来源于中国境外的所得,依照该所得来源国家(地区)的法律应当缴纳并且实际已经缴纳的所得税税额。 个人所得税法第七条所称纳税人境外所得依照本法规定计算的应纳税额,是居民个人抵免已在境外缴纳的综合所得、经营所得以及其他所得的所得税税额的限额(以下简称**抵免限额**)。除国务院财政、税务主管部门另有规定外,来源于中国境外一个国家(地区)的综合所得抵免限额、经营所得抵免限额以及其他所得抵免限额之和,为来源于该国家(地区)所得的抵免限额。 居民个人在中国境外一个国家(地区)实际已经缴纳的个人所得税税额,低于依照前款规定计算出的来源于该国家(地区)所得的抵免限额的,应当在中国

续表

个人所得税法(2018修正)	个人所得税法实施条例(2018修订)
企业,无合理经营需要,对应当归属于居民个人的利润不作分配或者减少分配; (三)个人实施其他不具有合理商业目的的安排而获取不当税收利益。 税务机关依照前款规定作出纳税调整,需要补征税款的,应当补征税款,并依法加收利息。	缴纳差额部分的税款;超过来源于该国家(地区)所得的抵免限额的,其超过部分不得在本纳税年度的应纳税额中抵免,但是可以在以后纳税年度来源于该国家(地区)所得的抵免限额的余额中补扣。补扣期限最长不得超过五年。 **第二十二条** 居民个人申请抵免已在境外缴纳的个人所得税税额,应当提供境外税务机关出具的税款所属年度的有关纳税凭证。 **第二十三条** 个人所得税法第八条第二款规定的**利息**,应当按照税款所属纳税申报期最后一日中国人民银行公布的与补税期间同期的人民币贷款基准利率计算,自税款纳税申报期满次日起至补缴税款期限届满之日止按日加收。纳税人在补缴税款期限届满前补缴税款的,利息加收至补缴税款之日。
第九条 个人所得税以所得人为**纳税人**,以支付所得的单位或者个人为**扣缴义务人。** 纳税人有中国公民身份号码的,以中国公民身份号码为纳税人识别号;纳税人没有中国公民身份号码的,由税务机关赋予其纳税人识别号。扣缴义务人扣缴税款时,纳税人应当向扣缴义务人提供纳税人识别号。	**第二十四条** 扣缴义务人向个人支付应税款项时,应当依照个人所得税法规定**预扣或者代扣税款**,按时缴库,并专项记载备查。 前款所称支付,包括现金支付、汇拨支付、转账支付和以有价证券、实物以及其他形式的支付。
第十条 有下列情形之一的,纳税人应当依法办理**纳税申报**: (一)取得综合所得需要办理汇算清缴; (二)取得应税所得没有扣缴义务人; (三)取得应税所得,扣缴义务人未扣缴税款; (四)取得境外所得; (五)因移居境外注销中国户籍; (六)非居民个人在中国境内从两处以上取得工资、薪金所得; (七)国务院规定的其他情形。 扣缴义务人应当按照国家规定办理全员全额扣缴申报,并向纳税人提供其个人所得和已扣缴税款等信息。	**第二十五条** 取得综合所得**需要办理汇算清缴的情形**包括: (一)从两处以上取得综合所得,且综合所得年收入额减除专项扣除的余额超过6万元; (二)取得劳务报酬所得、稿酬所得、特许权使用费所得中一项或者多项所得,且综合所得年收入额减除专项扣除的余额超过6万元; (三)纳税年度内预缴税额低于应纳税额; (四)纳税人申请退税。 纳税人申请退税,应当提供其在中国境内开设的银行账户,并在汇算清缴地就地办理税款退库。 汇算清缴的具体办法由国务院税务主管部门制定。 **第二十六条** 个人所得税法第十条第二款所称**全员全额扣缴申报**,是指扣缴义务人在代扣税款的次月十五日内,向主管税务机关报送其支付所得的所有个人的有关信息、支付所得数额、扣除事项和数额、扣缴税款的具体数额和总额以及其他相关涉税信息资料。 **第二十七条** 纳税人办理纳税申报的地点以及其他有关事项的具体办法,由国务院税务主管部门制定。

续表

个人所得税法（2018 修正）	个人所得税法实施条例（2018 修订）
第十一条　居民个人取得综合所得，按年计算个人所得税；有扣缴义务人的，由扣缴义务人**按月或者按次预扣预缴税款**；需要办理汇算清缴的，应当在取得所得的**次年三月一日至六月三十日内办理汇算清缴**。预扣预缴办法由国务院税务主管部门制定。 居民个人向扣缴义务人提供专项附加扣除信息的，扣缴义务人按月预扣预缴税款时应当按照规定予以扣除，不得拒绝。 **非居民个人取得工资、薪金所得，劳务报酬所得，稿酬所得和特许权使用费所得**，有扣缴义务人的，由扣缴义务人按月或者按次代扣代缴税款，不办理汇算清缴。	**第二十八条**　居民个人取得工资、薪金所得时，可以向扣缴义务人提供专项附加扣除有关信息，由扣缴义务人扣缴税款时减除专项附加扣除。纳税人同时从两处以上取得工资、薪金所得，并由扣缴义务人减除专项附加扣除的，对同一专项附加扣除项目，在一个纳税年度内只能选择从一处取得的所得中减除。 居民个人取得劳务报酬所得、稿酬所得、特许权使用费所得，应当在汇算清缴时向税务机关提供有关信息，减除专项附加扣除。 **第二十九条**　纳税人可以委托扣缴义务人或者其他单位和个人办理汇算清缴。 **第三十条**　扣缴义务人应当按照纳税人提供的信息计算办理扣缴申报，不得擅自更改纳税人提供的信息。 纳税人发现扣缴义务人提供或者扣缴申报的个人信息、所得、扣缴税款等与实际情况不符的，有权要求扣缴义务人修改。扣缴义务人拒绝修改的，纳税人应当报告税务机关，税务机关应当及时处理。 纳税人、扣缴义务人应当按照规定保存与专项附加扣除相关的资料。税务机关可以对纳税人提供的专项附加扣除信息进行抽查，具体办法由国务院税务主管部门另行规定。税务机关发现纳税人提供虚假信息的，应当责令改正并通知扣缴义务人；情节严重的，有关部门应当依法予以处理，纳入信用信息系统并实施联合惩戒。
第十二条　纳税人取得**经营所得，按年计算个人所得税**，由纳税人在月度或者季度终了后十五日内向税务机关报送纳税申报表，并预缴税款；在取得所得的次年三月三十一日前办理汇算清缴。 纳税人取得利息、股息、红利所得，财产租赁所得，财产转让所得和偶然所得，按月或者按次计算个人所得税，有扣缴义务人的，由扣缴义务人按月或者按次代扣代缴税款。	
第十三条　纳税人取得应税所得没有扣缴义务人的，应当**在取得所得的次月十五日内**向税务机关报送**纳税申报表**，并**缴纳税款**。 纳税人取得应税所得，扣缴义务人未扣缴税款的，纳税人应当在取得所得的次年六月三十日前，缴纳税款；税务机关通知限期缴纳的，纳税人应当按照期限缴纳税款。 居民个人从中国境外取得所得的，应当在取得所得的次年三月一日至六月三十日内申报纳税。 非居民个人在中国境内从两处以上取得工资、薪金所得的，应当在取得所得的次月十五日内申报纳税。 纳税人因移居境外注销中国户籍的，应当在注销中国户籍前办理税款清算。	

续表

<table>
<tr><th>个人所得税法(2018 修正)</th><th>个人所得税法实施条例(2018 修订)</th></tr>
<tr><td>第十四条　扣缴义务人每月或者每次预扣、代扣的税款,应当在次月十五日内缴入国库,并向税务机关报送扣缴个人所得税申报表。
纳税人办理汇算清缴退税或者扣缴义务人为纳税人办理汇算清缴退税的,税务机关审核后,按照国库管理的有关规定办理退税。</td><td>第三十一条　纳税人申请退税时提供的汇算清缴信息有错误的,税务机关应当告知其更正;纳税人更正的,税务机关应当及时办理退税。
扣缴义务人未将扣缴的税款解缴入库的,不影响纳税人按照规定申请退税,税务机关应当凭纳税人提供的有关资料办理退税。</td></tr>
<tr><td colspan="2">第十五条　公安、人民银行、金融监督管理等相关部门应当协助税务机关确认纳税人的身份、金融账户信息。教育、卫生、医疗保障、民政、人力资源社会保障、住房城乡建设、公安、人民银行、金融监督管理等相关部门应当向税务机关提供纳税人子女教育、继续教育、大病医疗、住房贷款利息、住房租金、赡养老人等专项附加扣除信息。
个人转让不动产的,税务机关应当根据不动产登记等相关信息核验应缴的个人所得税,登记机构办理转移登记时,应当查验与该不动产转让相关的个人所得税的完税凭证。个人转让股权办理变更登记的,市场主体登记机关应当查验与该股权交易相关的个人所得税的完税凭证。
有关部门依法将纳税人、扣缴义务人遵守本法的情况纳入信用信息系统,并实施联合激励或者惩戒。</td></tr>
<tr><td>第十六条　各项所得的计算,以人民币为单位。所得为人民币以外的货币的,按照人民币汇率中间价折合成人民币缴纳税款。</td><td>第三十二条　所得为人民币以外货币的,按照办理纳税申报或者扣缴申报的上一月最后一日人民币汇率中间价,折合成人民币计算应纳税所得额。年度终了后办理汇算清缴的,对已经按月、按季或者按次预缴税款的人民币以外货币所得,不再重新折算;对应当补缴税款的所得部分,按照上一纳税年度最后一日人民币汇率中间价,折合成人民币计算应纳税所得额。</td></tr>
<tr><td>第十七条　对扣缴义务人按照所扣缴的税款,付给百分之二的手续费。</td><td>第三十三条　税务机关按照个人所得税法第十七条的规定付给扣缴义务人手续费,应当填开退还书;扣缴义务人凭退还书,按照国库管理有关规定办理退库手续。</td></tr>
<tr><td>第十八条　对储蓄存款利息所得开征、减征、停征个人所得税及其具体办法,由国务院规定,并报全国人民代表大会常务委员会备案。
第十九条　纳税人、扣缴义务人和税务机关及其工作人员违反本法规定的,依照《中华人民共和国税收征收管理法》和有关法律法规的规定追究法律责任。</td><td>第三十四条　个人所得税纳税申报表、扣缴个人所得税报告表和个人所得税完税凭证式样,由国务院税务主管部门统一制定。
第三十五条　军队人员个人所得税征收事宜,按照有关规定执行。
第三十六条　本条例自 2019 年 1 月 1 日起施行。</td></tr>
</table>

续表

个人所得税法(2018 修正)	个人所得税法实施条例(2018 修订)
第二十条　个人所得税的征收管理,依照本法和《中华人民共和国税收征收管理法》的规定执行。 **第二十一条**　国务院根据本法制定实施条例。 **第二十二条**　本法自公布之日起施行。	

第二章 个人所得税的基本内容

本章思维导图

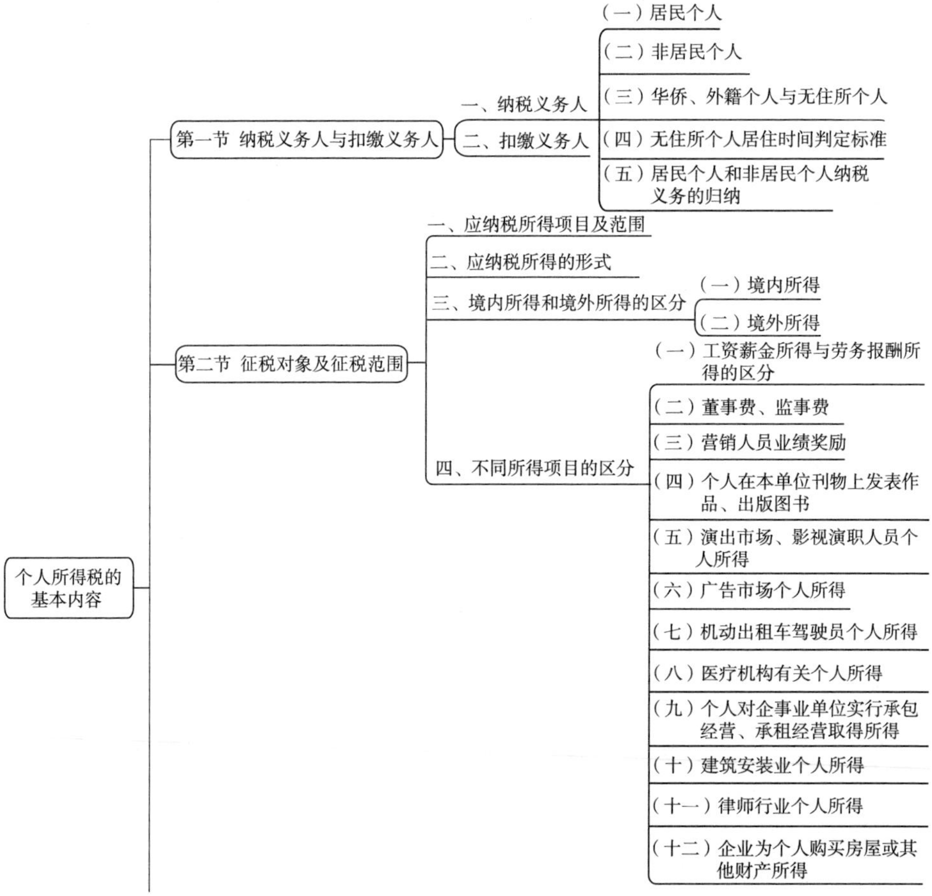

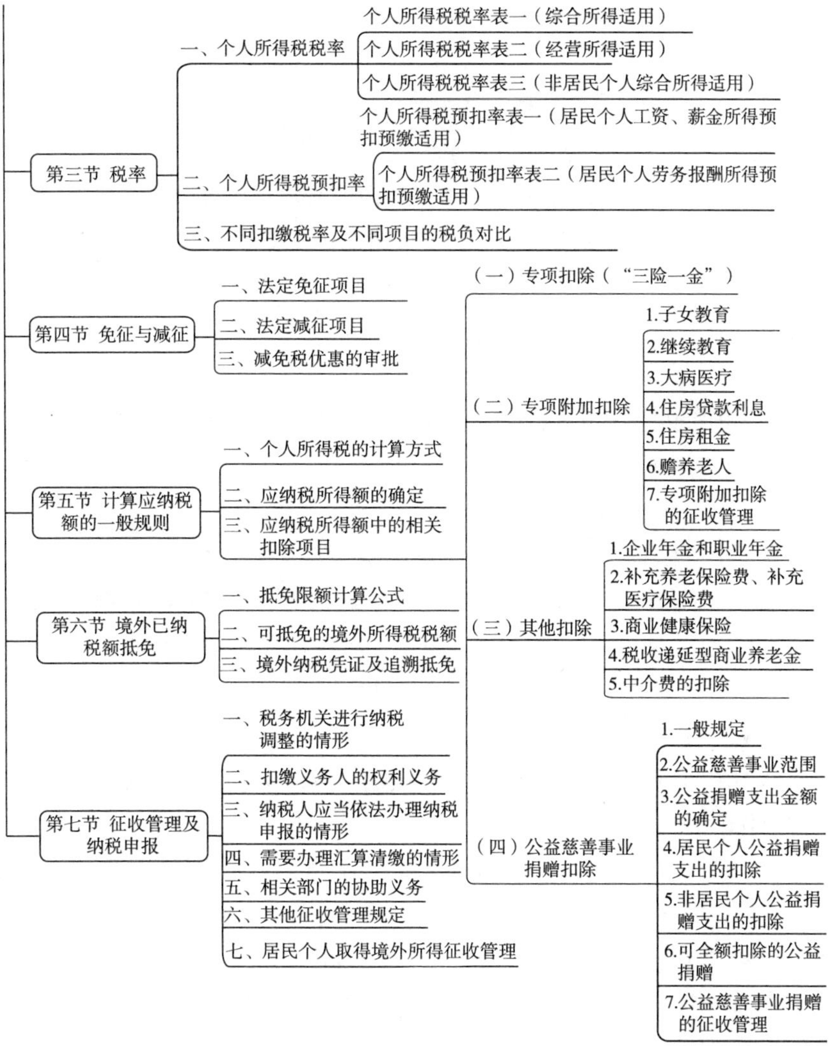

第一节　纳税义务人与扣缴义务人

个人所得税以所得人为纳税人，以支付所得的单位或者个人为扣缴义务人。

对于个人所得税来说，凡是取得列举范围内所得项目的单位和个人，都是个人所得税的纳税人。个人是指自然人，单位包括个体工商户、个人独资企业、合伙企业。

一、纳税义务人

《个人所得税法》将纳税人分为居民个人和非居民个人两类。居民个人具有全面纳税义务,无论是来自境内的收入还是来自境外的收入都需要申报缴纳个人所得税。非居民个人仅就来源于中国境内的所得申报缴纳个人所得税。因此,居民个人和非居民个人的纳税义务是不同的,个人所得税扣缴和征管方式等也不尽相同。

(一)居民个人

在中国境内有住所,或者无住所而一个纳税年度内在中国境内居住累计满 183 天的个人,为居民个人。

一个纳税年度,是指公历 1 月 1 日起至 12 月 31 日止。

税法上所称"住所"是一个特定概念,不等同于实物意义上的住房。按照《个人所得税法实施条例》第 2 条规定,在境内有住所的个人,是指因户籍、家庭、经济利益关系而在境内习惯性居住的个人。习惯性居住是判定纳税人是居民个人还是非居民个人的一个法律意义上的标准,并不是指实际的居住地或者在某一个特定时期内的居住地。对于因学习、工作、探亲、旅游等原因而在境外居住,在这些原因消除后仍然回到中国境内居住的个人,中国为该纳税人的习惯性居住地,即该个人在中国境内有住所。

对于境外个人仅因学习、工作、探亲、旅游等原因而在中国境内居住,待上述原因消除后该境外个人仍然回到境外居住的,其习惯性居住地不在境内,即使该境外个人在境内购买住房,也不会被认定为境内有住所的个人。

也就是说,判定纳税人是否为居民个人的标准有两个:一个是住所标准,另一个是居住时间标准,只要满足其中一个标准即为居民个人。因此,居民个人包含两种人:一种是在境内有住所的个人,另一种是在境内无住所但一个纳税年度内在境内居住累计满 183 天的个人。后者被称为"无住所居民个人"。

居民个人从中国境内和境外取得的所得,依照《个人所得税法》的规定缴纳个人所得税。从中国境内和境外取得的所得,分别是指来源于中国境内的所得和来源于中国境外的所得。也就是说,境内所得和境外所得是根据所得来源地进行判断的。

无住所居民个人的税收优惠政策:

在中国境内无住所的个人,在中国境内居住累计满 183 天的年度连续不满 6 年的（没有连续6年每年都住满183天），经向主管税务机关备案，其来源于中国境外且由境外单位或者个人支付的所得，免予缴纳个人所得税；在中国境内居住累计满183天的任一年度中有一次离境超过30天的，其在中国境内居住累计满183天的年度的连续年限重新起算。

也就是说，尽管在中国境内无住所但一个纳税年度内在中国境内居住累计满183天的个人理论上属于居民个人，如果没有连续6年每年都累计住满183天，那么该个人不用就境外所得中的境外支付部分纳税，只对境内所得和境外所得境内支付部分纳税。

不同的国家或地区，对居民个人的界定是不一样的。比如，我国香港特别行政区的居民个人是指：(1)通常居于我国香港特别行政区的个人，即在我国香港特别行政区拥有其本人及家人生活、居住的永久性住所的个人；(2)在某课税年度内在我国香港特别行政区逗留超过180天或在连续两个课税年度（其中一个是有关的课税年度）内在我国香港特别行政区逗留超过300天的个人，即临时在香港工作、居住的个人。

（二）非居民个人

在中国境内无住所又不居住，或者无住所而一个纳税年度内在中国境内居住累计不满183天的个人，为非居民个人。

非居民个人从中国境外取得的所得不用纳税，只就从中国境内取得的所得，依照《个人所得税法》的规定缴纳个人所得税。

非居民个人的税收优惠政策：

在中国境内无住所的个人，在一个纳税年度内在中国境内居住累计不超过90天的，即属于非居民个人，其来源于中国境内的所得，由境外雇主支付并且不由该雇主在中国境内的机构、场所负担的部分，免予缴纳个人所得税。也就是说，在一个纳税年度内在中国境内居住累计不超过90天的非居民个人，境内所得中的境外支付且由境外负担的部分免税。

（三）华侨、外籍个人与无住所个人

《民法典》第25条规定，以户籍登记或者其他有效身份登记记载的居所为住所；经常居所与住所不一致的，经常居所视为住所。因此，拥有中国户籍的人一般应认定为居民个人，哪怕在中国没有实际住所且一个纳税年度内在中国境内居住累计不

满183天，除非是《关于界定华侨外籍华人归侨侨眷身份的规定》界定的华侨。

1. 华侨，是指定居在国外的中国公民。“定居”是指中国公民已取得住在国长期或者永久居留权，并已在住在国连续居留两年，两年内累计居留不少于18个月。或者中国公民虽未取得住在国长期或者永久居留权，但已取得住在国连续5年以上（含5年）合法居留资格，5年内在住在国累计居留不少于30个月，视为华侨。中国公民出国留学（包括公派和自费）在外学习期间，或因公务出国（包括外派劳务人员）在外工作期间，均不视为华侨。

2. 外籍个人，一般指具有外国国籍的人。“外籍个人”算是税法特有的概念，很多税收法规都曾提到，但没有真正法律意义上的界定标准。比如，财政部、国家税务总局《关于个人所得税法修改后有关优惠政策衔接问题的通知》（以下简称财税〔2018〕164号）关于外籍个人有关津补贴的政策：

（1）2019年1月1日至2021年12月31日，外籍个人符合居民个人条件的，可以选择享受个人所得税专项附加扣除，也可以选择按照财政部、国家税务总局《关于个人所得税若干政策问题的通知》（财税字〔1994〕20号）、国家税务总局《关于外籍个人取得有关补贴征免个人所得税执行问题的通知》（国税发〔1997〕54号）和财政部、国家税务总局《关于外籍个人取得港澳地区住房等补贴征免个人所得税的通知》（财税〔2004〕29号）规定，享受住房补贴、语言训练费、子女教育费等津补贴免税优惠政策，但不得同时享受。外籍个人一经选择，在一个纳税年度内不得变更。

（2）自2022年1月1日起，外籍个人不再享受住房补贴、语言训练费、子女教育费津补贴免税优惠政策，应按规定享受专项附加扣除。

但税法对居民个人和非居民个人的判定并不看国籍，而是看住所和境内居住时间。如果外籍个人一个纳税年度内在中国境内居住累计满183天，即成为居民个人。因此，外籍个人可能是居民个人，也可能是非居民个人。同理，华侨也可能是居民个人或是非居民个人。

（3）无住所个人，就是指在中国境内无住所的个人。其最早见于国家税务总局《关于在中国境内无住所个人取得不在华履行职务的月份奖金确定纳税义务问题的通知》（国税函〔1999〕245号）（已失效）。但现在用得最多的还是财政部、税务总局《关于非居民个人和无住所居民个人有关个人所得税政策的公告》（财政部、税务总局公告2019年第35号），公告将非居民个人和无住所居民个人统称为无住所个人。

因此，无住所个人同样有可能是居民个人或是非居民个人。

（四）无住所个人居住时间判定标准

根据财政部、税务总局《关于在中国境内无住所的个人居住时间判定标准的公告》（财政部、税务总局公告2019年第34号），无住所个人一个纳税年度在中国境内累计居住满183天的，如果此前六年在中国境内每年累计居住天数都满183天而且没有任何一年单次离境超过30天，该纳税年度来源于中国境内、境外所得应当缴纳个人所得税；如果此前六年的任一年在中国境内累计居住天数不满183天或者单次离境超过30天，该纳税年度来源于中国境外且由境外单位或者个人支付的所得，免予缴纳个人所得税。前款所称此前六年，是指该纳税年度的前一年至前六年的连续六个年度，此前六年的起始年度自2019年（含）以后年度开始计算。

也就是说，在境内居住累计满183天的年度连续“满六年”的起点，是自2019年（含）以后年度开始计算，2018年（含）之前已经居住的年度一律“清零”，不计算在内。按此规定，2024年（含）之前，所有无住所个人在境内居住年限都不满六年，其取得境外支付的境外所得都能享受免税优惠。此外，自2019年起任一年度如果有单次离境超过30天的情形，此前连续年限“清零”，重新计算。

无住所个人一个纳税年度内在中国境内累计居住天数，按照个人在中国境内累计停留的天数计算。在中国境内停留的当天满24小时的，计入在中国境内居住天数，在中国境内停留的当天不足24小时的，不计入中国境内居住天数。也就是说，往返境内外的当日不再计入在中国境内居住天数。

2018年的《个人所得税法》将居民个人的时间判定标准由境内居住满一年调整为满183天。为了吸引外资和鼓励外籍人员来华工作，促进对外交流，2018年的《个人所得税法实施条例》继续保留了原条例对境外支付的境外所得免予征税优惠制度安排，并进一步放宽了免税条件：

一是将免税条件由构成居民纳税人不满五年，放宽到连续不满六年。

二是在任一年度中，只要有一次离境超过30天的，就重新计算连续居住年限。

三是将管理方式由主管税务机关批准改为备案，简化了流程，方便了纳税人。

四是在境内停留的当天不足24小时的，不计入境内居住天数。

五是连续居住“满六年”的年限从2019年1月1日起计算，2019年之前的年限不再纳入计算范围。

计算举例1

境外人士(包括港澳台居民)在境内居住的天数

李先生为香港居民,在深圳工作,每周一早上来深圳上班,周五晚上回香港。周一和周五当天停留都不足24小时,因此不计入境内居住天数,再加上周六、周日2天也不计入,这样,每周可计入的天数仅为3天,按全年52周计算,李先生全年在境内居住天数为156天,未超过183天,不构成居民个人,李先生取得的全部境外所得,就可免缴个人所得税。

计算举例2

境外人士(包括港澳台居民)在境内连续居住“满六年”

张先生为香港居民,2013年1月1日来深圳工作,2026年8月30日回到香港工作,在此期间,除2025年2月1日至3月15日临时回香港处理公务外,其余时间一直停留在深圳。

张先生在境内居住累计满183天的年度,如果从2013年开始计算,实际上已经满六年,但是由于2018年之前的年限一律“清零”,自2019年开始计算,因此,2019年至2024年,张先生在境内居住累计满183天的年度连续不满六年,其取得的境外支付的境外所得,就可免缴个人所得税。

2025年,张先生在境内居住满183天,且从2019年开始计算,他在境内居住累计满183天的年度已经连续满六年(2019年至2024年),且没有单次离境超过30天的情形,2025年,张先生应就在境内和境外取得的所得缴纳个人所得税。

2026年,由于张先生2025年有单次离境超过30天的情形(2025年2月1日至3月15日),其在内地居住累计满183天的连续年限清零,重新起算,2026年当年张先生取得的境外支付的境外所得,可以免缴个人所得税。

(五)居民个人和非居民个人纳税义务的归纳

为便于理解,对居民个人和非居民个人的区分判断及各自的纳税义务归纳总结见表2-1:

表 2－1　居民个人和非居民个人纳税义务归纳表

<table>
<tr><td colspan="2" rowspan="2">居民个人和非居民个人的区分判断：</td><td rowspan="2">A 境内有住所的，则属于：居民个人</td><td colspan="5">B 境内无住所的，则分为以下几种情形：</td></tr>
<tr><td colspan="2">1. 一个纳税年度内在境内居住累计满 183 天的，属于：居民个人</td><td colspan="2">2. 一个纳税年度内在境内居住累计不满 183 天的，属于：非居民个人</td><td>3. 不居住的，属于：非居民个人</td></tr>
<tr><td colspan="8">针对以上两种居民个人和两种非居民个人，其纳税义务分别如下：</td></tr>
<tr><td colspan="2" rowspan="2">纳税义务</td><td rowspan="2">境内有住所的居民个人</td><td colspan="2">境内无住所，但一个纳税年度内在境内居住累计满 183 天的居民个人，分为以下两种情形：</td><td colspan="2">境内无住所，且一个纳税年度内在境内居住累计不满 183 天的非居民个人，分为以下两种情形：</td><td rowspan="2">境内无住所，且不居住的非居民个人</td></tr>
<tr><td>此前 6 年每年都住满 183 天且无单次离境超过 30 天，则第 7 年开始</td><td>每年住满 183 天的年度连续不满 6 年的</td><td>居住超过 90 天的</td><td>居住不超过 90 天的</td></tr>
<tr><td rowspan="2">境内所得</td><td>境内支付/负担</td><td>√</td><td>√</td><td>√</td><td>√</td><td>√</td><td>√</td></tr>
<tr><td>境外支付/负担</td><td>√</td><td>√</td><td>√</td><td>√</td><td>×</td><td>×</td></tr>
<tr><td rowspan="2">境外所得</td><td>境内支付/负担</td><td>√</td><td>√</td><td>√</td><td>×</td><td>×</td><td>×</td></tr>
<tr><td>境外支付/负担</td><td>√</td><td>√</td><td>×</td><td>×</td><td>×</td><td>×</td></tr>
</table>

二、扣缴义务人

法律、行政法规规定负有代扣代缴、代收代缴税款义务的单位和个人为扣缴义务人。

扣缴义务人必须依照法律、行政法规的规定缴纳税款,代扣代缴、代收代缴税款,如实报送代扣代缴、代收代缴税款报告表以及税务机关根据实际需要要求扣缴义务人报送的其他有关资料。扣缴义务人依法履行代扣、代收税款义务时,纳税人不得拒绝。

个人所得税的扣缴义务人是指向个人支付所得的单位或者个人。扣缴义务人向个人支付应税款项时,应当依照《个人所得税法》规定预扣或者代扣税款,按时缴库,并专项记载备查。所称支付包括现金支付、汇拨支付、转账支付和以有价证券、实物以及其他形式的支付。如果扣缴义务人不履行扣缴及解缴税款的义务,按照《税收征管法》的规定,可能会面临行政处罚及刑事处罚。

第二节　征税对象及征税范围

一、应纳税所得项目及范围

下列各项个人所得,应当缴纳个人所得税:

(1)工资、薪金所得;

(2)劳务报酬所得;

(3)稿酬所得;

(4)特许权使用费所得;

(5)经营所得;

(6)利息、股息、红利所得;

(7)财产租赁所得;

(8)财产转让所得;

(9)偶然所得。

居民个人取得上述第1项至第4项所得,按纳税年度合并计算个人所得税;非居民个人取得上述第1项至第4项所得,按月或者按次分项计算个人所得税。纳税人取得上述第5项至第9项所得,依照《个人所得税法》规定分别计算个人所得税。

所谓综合所得合并计算,是指如果在同一个纳税年度内同时取得工资薪金、劳务报酬、稿酬、特许权使用费中的一项或多项,均合并在一起适用综合所得税率表,即本章第三部分中的《个人所得税税率表一》;但是在预扣预缴时,并不合并计算,而

是分别计算,预扣预缴适用的税率也不一样。详见本章税率部分。以上 9 项所得项目及范围见表 2－2:

表 2－2　应纳税个人所得项目及范围一览表

所得项目	所得范围
1. 工资、薪金所得	个人因任职或者受雇取得的工资、薪金、奖金、年终加薪、劳动分红、津贴、补贴以及与任职或者受雇有关的其他所得
2. 劳务报酬所得	个人从事劳务取得的所得,包括从事设计、装潢、安装、制图、化验、测试、医疗、法律、会计、咨询、讲学、翻译、审稿、书画、雕刻、影视、录音、录像、演出、表演、广告、展览、技术服务、介绍服务、经纪服务、代办服务以及其他劳务取得的所得
3. 稿酬所得	个人因其作品以图书、报刊等形式出版、发表而取得的所得
4. 特许权使用费所得	个人提供专利权、商标权、著作权、非专利技术以及其他特许权的使用权取得的所得;提供著作权的使用权取得的所得,不包括稿酬所得
5. 经营所得	1. 个体工商户从事生产、经营活动取得的所得,个人独资企业投资人、合伙企业的个人合伙人来源于境内注册的个人独资企业、合伙企业生产、经营的所得 2. 个人依法从事办学、医疗、咨询以及其他有偿服务活动取得的所得 3. 个人对企业、事业单位承包经营、承租经营以及转包、转租取得的所得 4. 个人从事其他生产、经营活动取得的所得
6. 利息、股息、红利所得	个人拥有债权、股权等而取得的利息、股息、红利所得
7. 财产租赁所得	个人出租不动产、机器设备、车船以及其他财产取得的所得
8. 财产转让所得	个人转让有价证券、股权、合伙企业中的财产份额、不动产、机器设备、车船以及其他财产取得的所得
9. 偶然所得	个人得奖、中奖、中彩以及其他偶然性质的所得

个人取得的所得,难以界定应纳税所得项目的,由国务院税务主管部门确定。

值得注意的是,股票转让所得虽然属于财产转让所得,但根据《个人所得税法实施条例》第 7 条,对股票转让所得征收个人所得税的办法,由国务院另行规定,并报全国人民代表大会常务委员会备案。具体详见第七章财产转让所得个人所得税的相应部分。

二、应纳税所得的形式

个人所得的形式包括：现金、实物、有价证券和其他形式的经济利益；所得为实物的，应当按照取得的凭证上所注明的价格计算应纳税所得额，无凭证的实物或者凭证上所注明的价格明显偏低的，参照市场价格核定应纳税所得额；所得为有价证券的，根据票面价格和市场价格核定应纳税所得额；所得为其他形式的经济利益的，参照市场价格核定应纳税所得额。

三、境内所得和境外所得的区分

居民个人从中国境内和境外取得的所得，非居民个人从中国境内取得的所得，应依照《个人所得税法》的规定缴纳个人所得税。因此，正确区分来源于中国境内的所得和来源于中国境外的所得十分重要。

（一）境内所得

除国务院财政、税务主管部门另有规定外，下列所得，不论支付地点是否在中国境内，均为来源于中国境内的所得：

1. 因任职、受雇、履约等在中国境内提供劳务取得的所得；
2. 将财产出租给承租人在中国境内使用而取得的所得；
3. 许可各种特许权在中国境内使用而取得的所得；
4. 转让中国境内的不动产等财产或者在中国境内转让其他财产取得的所得；
5. 从中国境内企业和事业单位、其他组织以及居民个人取得的利息、股息、红利所得。

（二）境外所得

根据财政部、国家税务总局《关于境外所得有关个人所得税政策的公告》（财政部、税务总局公告 2020 年第 3 号）及《境外所得个人所得税征收管理暂行办法》（国税发〔1998〕126 号，2018 年 6 月 15 日修正），来源于中国境外的所得范围包括：

1. 因任职、受雇、履约等在中国境外提供劳务取得的所得。
2. 中国境外企业以及其他组织支付且负担的稿酬所得。
3. 许可各种特许权在中国境外使用而取得的所得。
4. 在中国境外从事生产、经营活动而取得的与生产、经营活动相关的所得。

5. 从中国境外企业、其他组织以及非居民个人取得的利息、股息、红利所得。

6. 将财产出租给承租人在中国境外使用而取得的所得。

7. 转让中国境外的不动产、转让对中国境外企业以及其他组织投资形成的股票和股权以及其他权益性资产（以下简称权益性资产）或者在中国境外转让其他财产取得的所得。但转让对中国境外企业以及其他组织投资形成的权益性资产，该权益性资产被转让前三年（连续36个公历月份）内的任一时间，被投资企业或其他组织的资产公允价值50%以上直接或间接来自位于中国境内的不动产的，取得的所得为来源于中国境内的所得。

8. 中国境外企业、其他组织以及非居民个人支付且负担的偶然所得。

9. 财政部、国家税务总局另有规定的，按照相关规定执行。

纳税人的境外所得，应按《个人所得税法》及其实施条例的规定确定应税项目，并分别计算其应纳税额。

纳税人的境外所得按照有关规定交付给派出单位的部分，凡能提供有效合同或有关凭证的，经主管税务机关审核后，允许从其境外所得中扣除。

四、不同所得项目的区分

因取得收入的人员身份不同、支付所得的来源不同等原因，同一性质的收入往往归属于不同的所得项目，适用的税率和扣缴申报方式也不相同。

（一）工资薪金所得与劳务报酬所得的区分

"工资"与"薪金"本是两个不同的概念。通常情况下，直接从事生产经营或服务的劳动者（工人）的收入称为工资，而从事社会公职或管理活动的劳动者（公职人员）的收入称为薪金。但工资、薪金并没有本质上的区别，都属于劳动报酬。主要的区别就在于支付报酬的主体性质不同。也就是说，从公司等企业单位取得的就叫工资，而从行政、事业单位取得的是薪金。

根据《个人所得税法》的规定，凡与单位存在工资、人事方面关系的人员，其为本单位工作所取得的报酬，属于"工资、薪金所得"应税项目征税范围；而其因某一特定事项临时为外单位工作所取得的报酬，不属于税法中所说的"受雇"，应是"劳务报酬所得"应税项目征税范围。

工资、薪金所得属于非独立个人劳务活动，即在机关、团体、学校、部队、企事业单位及其他组织中任职、受雇而得到的报酬。所谓非独立个人劳动，是指个人所从事的是由他人指定、安排并接受管理的劳动、工作，或服务于公司、工厂、行政、事业单位（私营企业主除外）。除工资、薪金以外，奖金、年终加薪、劳动分红以及部分津贴、补贴也被确定为工资、薪金的范畴。

劳务报酬所得则是个人独立从事各种技艺、提供各项劳务取得的报酬。

工资、薪金所得与劳务报酬所得的主要区别在于，前者存在雇用与被雇用关系，后者则不存在这种关系；前者从事劳动是非独立的，后者是独立从事某种劳务或技艺。前者一般是个人与单位签订劳动合同，后者一般由个人与单位或其他个人签订劳务/服务类合同，但是否签订合同或签订什么合同并不是硬性标准。

《个人所得税法》将工资、薪金所得与劳务报酬所得都并入综合所得，理论上来说，工资、薪金所得与劳务报酬所得在税收上区别不应太大，但是实际上区别却不小。

个人领取工资、薪金不需要个人向支付或承担工资薪金费用的单位或个人提供发票，由单位或个人制作工资表并代扣个人所得税即可。个人收取劳务报酬一般是需要向支付报酬或承担报酬的单位或个人提供发票的。劳务报酬所得以收入减除20%的费用后的余额为收入额。此外，工资、薪金所得与劳务报酬所得预扣预缴的税率也不一样。值得注意的是，个人兼职取得的收入，即使以工资表的形式领取，也属于劳务报酬所得，应按劳务报酬扣缴税金。

（二）董事费、监事费

个人在公司（包括关联公司）任职、受雇，同时兼任董事、监事的，应将董事费、监事费与个人工资收入合并，统一按工资、薪金所得项目缴纳个人所得税。个人担任公司董事、监事，且不在公司任职、受雇的，所取得的董事费收入，属于劳务报酬所得性质，按照劳务报酬所得项目征收个人所得税。［国家税务总局《关于印发〈征收个人所得税若干问题的规定〉的通知》（国税发〔1994〕89号）、国家税务总局《关于明确个人所得税若干政策执行问题的通知》（国税发〔2009〕121号）］

（三）营销人员业绩奖励

在商品营销活动中，企业和单位对营销业绩突出人员以培训班、研讨会、工作考察等名义组织旅游活动，通过免收差旅费、旅游费对个人实行的营销业绩奖励（包括实物、有价证券等），应根据所发生费用全额计入营销人员应税所得，依法征收个人所得税，并由提供上述费用的企业和单位代扣代缴。

其中,对企业雇员享受的此类奖励,应与当期的工资薪金合并,按照“工资、薪金所得”项目征收个人所得税;对其他人员享受的此类奖励,应作为当期的劳务收入,按照“劳务报酬所得”项目征收个人所得税。

(四)个人在本单位刊物上发表作品、出版图书

任职、受雇于报刊、杂志等单位的记者、编辑等专业人员,因在本单位的报刊、杂志上发表作品取得的所得,属于因任职、受雇而取得的所得,应与其当月工资收入合并,按“工资、薪金所得”项目征收个人所得税。

除上述专业人员以外,其他人员在本单位的报刊、杂志上发表作品取得的所得,应按“稿酬所得”项目征收个人所得税。

出版社的专业作者撰写、编写或翻译的作品,由本社以图书形式出版而取得的稿费收入,应按“稿酬所得”项目计算缴纳个人所得税。

(五)演出市场、影视演职人员个人所得

演职员参加非任职单位组织的演出取得的报酬为劳务报酬所得,按次缴纳个人所得税。演职员参加任职单位组织的演出取得的报酬为工资、薪金所得,按月缴纳个人所得税。上述报酬包括现金、实物和有价证券。

电影制片厂导演、演职人员参加本单位的影视拍摄所取得的报酬,应按“工资、薪金所得”应税项目计征个人所得税。对电影制片厂为了拍摄影视片而临时聘请非本厂导演、演职人员,其所取得的报酬,应按“劳务报酬所得”应税项目计征个人所得税。

创作的影视分镜头剧本,用于拍摄影视片取得的所得,不能按“稿酬所得”计征个人所得税,应按“特许权使用费所得”应税项目计征个人所得税;但作为文学创作而在书报杂志上出版、发表取得的所得,应按“稿酬所得”应税项目计征个人所得税。

电影制片厂买断已出版的作品或向作者征稿而支付给作者的报酬,属于提供著作权的使用权而取得的所得,应按“特许权使用费所得”应税项目计征个人所得税;如电影文学剧本以图书、报刊形式出版、发表而取得的所得,应按“稿酬所得”应税项目计征个人所得税。

(六)广告市场个人所得

纳税人在广告设计、制作、发布过程中提供名义、形象而取得的所得,应按“劳务

报酬所得”项目计算纳税。

纳税人在广告设计、制作、发布过程中提供其他劳务取得的所得，视其情况分别按照税法规定的“劳务报酬所得”“稿酬所得”“特许权使用费所得”等应税项目计算纳税。

扣缴人的本单位人员在广告设计、制作、发布过程中取得的由本单位支付的所得，按“工资、薪金所得”项目计算纳税。

（七）机动出租车驾驶员个人所得

出租汽车经营单位对出租车驾驶员采取单车承包或承租方式运营，出租车驾驶员从事客货运营取得的收入，按“工资、薪金所得”项目征税。

从事个体出租车运营的出租车驾驶员取得的收入，按“个体工商户的生产、经营所得”项目缴纳个人所得税。

出租车属个人所有，但挂靠出租汽车经营单位或企事业单位，驾驶员向挂靠单位缴纳管理费的，或出租汽车经营单位将出租车所有权转移给驾驶员的，出租车驾驶员从事客货运营取得的收入，比照“个体工商户的生产、经营所得”项目征税。

（八）医疗机构有关个人所得

个人因在医疗机构（包括营利性医疗机构和非营利性医疗机构）任职而取得的所得，依据《个人所得税法》的规定，应按照“工资、薪金所得”应税项目计征个人所得税。

医生或其他个人承包、承租经营医疗机构，经营成果归承包人所有的，依据《个人所得税法》的规定，承包人取得的所得，应按照“对企事业单位的承包经营、承租经营所得”应税项目计征个人所得税。

个人投资或个人合伙投资开设医院（诊所）而取得的收入，应依据《个人所得税法》的规定，按照“个体工商户的生产、经营所得”应税项目计征个人所得税。

残疾人、转业军人、随军家属和下岗职工等投资开设医院（诊所）而取得的收入，仍按现行相关政策执行。

（九）个人对企事业单位实行承包经营、承租经营取得所得

承包、承租人对企业经营成果不拥有所有权，仅是按合同（协议）规定取得一定所得的，其所得按“工资、薪金所得”项目征税。

承包、承租人按合同(协议)的规定只向发包、出租方交纳一定费用,企业经营成果归其所有的,承包、承租人取得的所得,按“对企事业单位的承包经营、承租经营所得”项目征税。

企业实行个人承包、承租经营后,如工商登记改变为个体工商户的,应依照“个体工商户的生产、经营所得”项目计征个人所得税,不再征收企业所得税。

(十)建筑安装业个人所得

承包建筑安装业各项工程作业的承包人取得的所得,应区别不同情况计征个人所得税:经营成果归承包人个人所有的所得,或按照承包合同(协议)规定,将一部分经营成果留归承包人个人的所得,按“对企事业单位的承包经营、承租经营所得”项目征税;以其他分配方式取得的所得,按“工资、薪金所得”项目征税。

从事建筑安装业的个体工商户和未领取营业执照承揽建筑安装业工程作业的建筑安装队和个人,以及建筑安装企业实行个人承包后工商登记改变为个体经济性质的,其从事建筑安装业取得的收入应依照“个体工商户的生产、经营所得”项目计征个人所得税。

从事建筑安装业工程作业的其他人员取得的所得,分别按照“工资、薪金所得”项目和“劳务报酬所得”项目计征个人所得税。

建筑安装业,包括建筑、安装、修缮、装饰及其他工程作业。

(十一)律师行业个人所得

律师个人出资兴办的独资和合伙性质的律师事务所的年度经营所得,从 2000 年 1 月 1 日起,作为出资律师的个人经营所得,按照有关规定,比照“个体工商户的生产、经营所得”应税项目征收个人所得税。

律师事务所支付给雇员(包括律师及行政辅助人员,但不包括律师事务所的投资者)的所得,按“工资、薪金所得”应税项目征收个人所得税。

律师以个人名义再聘请其他人员为其工作而支付的报酬,应由该律师按“劳务报酬所得”应税项目负责代扣代缴个人所得税。

(十二)企业为个人购买房屋或其他财产所得

企业为个人购买房屋或其他财产,是指符合以下情形的房屋或其他财产,不论所有权人是否将财产无偿或有偿交付企业使用,其实质均为企业对个人进行了实物性质的分配，应依法计征个人所得税：

(1)企业出资购买房屋及其他财产，将所有权登记为投资者个人、投资者家庭成员或企业其他人员的；

(2)企业投资者个人、投资者家庭成员或企业其他人员向企业借款用于购买房屋及其他财产，将所有权登记为投资者、投资者家庭成员或企业其他人员，且借款年度终了后未归还借款的。

个人独资企业、合伙企业的个人投资者或其家庭成员取得的上述所得，视为企业对个人投资者的利润分配，按照"个体工商户的生产、经营所得"项目计征个人所得税；除个人独资企业、合伙企业以外其他企业的个人投资者或其家庭成员取得的上述所得，视为企业对个人投资者的红利分配，按照"利息、股息、红利所得"项目计征个人所得税；企业其他人员取得的上述所得，按照"工资、薪金所得"项目计征个人所得税。

第三节　税　　率

个人所得税的税率标志着个人负担的税负率的高低，也是国家调节个人收入的一种手段。1994 年 1 月 1 日统一征收个人所得税以来，我国个人所得税率(主要是工资薪金所得税率)历经了多次调整。调整内容可参见第一章历史沿革部分。本部分主要介绍现行使用的税率，鉴于有些业务可能会涉及以前年度，故也收录了 2011 年 9 月 1 日至 2018 年 9 月 30 日执行的税率。

一、个人所得税税率

我国现行个人综合所得和经营所得适用的是超额累进税率，也就是所得(收入)越高，税率越高；其他个人所得适用 20% 的比例税率。具体如下：

(1)综合所得，适用 3% ~45% 的超额累进税率(见表 2 -3)；

(2)经营所得，适用 5% ~35% 的超额累进税率(见表 2 -4)；

(3)利息、股息、红利所得，财产租赁所得，财产转让所得和偶然所得，适用比例税率，税率为 20%。

表 2-3　个人所得税税率表一(综合所得适用)

级数	全年应纳税所得额	税率/%	速算扣除数
1	不超过 36,000 元的	3	0
2	超过 36,000 元至 144,000 元的部分	10	2520
3	超过 144,000 元至 300,000 元的部分	20	16,920
4	超过 300,000 元至 420,000 元的部分	25	31,920
5	超过 420,000 元至 660,000 元的部分	30	52,920
6	超过 660,000 元至 960,000 元的部分	35	85,920
7	超过 960,000 元的部分	45	181,920

注:1.本表所称全年应纳税所得额是指依照《个人所得税法》第 6 条的规定,居民个人取得综合所得以每一纳税年度收入额减除费用 60,000 元以及专项扣除、专项附加扣除和依法确定的其他扣除后的余额。

2.非居民个人取得工资、薪金所得,劳务报酬所得,稿酬所得和特许权使用费所得,依照本表按月换算后计算应纳税额(见表 2-5),不按年计算,也不办理汇算清缴。

表 2-4　个人所得税税率表二(经营所得适用)

级数	全年应纳税所得额	税率/%	速算扣除数
1	不超过 30,000 元的	5	0
2	超过 30,000 元至 90,000 元的部分	10	1500
3	超过 90,000 元至 300,000 元的部分	20	10,500
4	超过 300,000 元至 500,000 元的部分	30	40,500
5	超过 500,000 元的部分	35	65,500

注:本表所称全年应纳税所得额是指依照《个人得所税法》第 6 条的规定,以每一纳税年度的收入总额减除成本、费用以及损失后的余额。

表 2-5　个人所得税税率表三(非居民个人综合所得适用)

级数	应纳税所得额(每月)	税率/%	速算扣除数
1	不超过 3000 元	3	0
2	超过 3000 元至 12,000 元的部分	10	210
3	超过 12,000 元至 25,000 元的部分	20	1410
4	超过 25,000 元至 35,000 元的部分	25	2660
5	超过 35,000 元至 55,000 元的部分	30	4410
6	超过 55,000 元至 80,000 元的部分	35	7160
7	超过 80,000 元的部分	45	15,160

二、个人所得税预扣率

根据《个人所得税法》的规定，扣缴义务人应当办理全员全额扣缴申报，并且按月或者按次预扣预缴税款。根据《个人所得税扣缴申报管理办法（试行）》（国家税务总局公告2018年第61号）附表，预扣预缴税款时适用的税率又有所不同，其中：

居民个人稿酬所得、特许权使用费所得适用20%的比例预扣率；

居民个人工资、薪金所得适用3% ~45%的超额累进预扣率《个人所得税预扣率表一》（见表2-6）；

表2-6　个人所得税预扣率表一（居民个人工资、薪金所得预扣预缴适用）

级数	累计预扣预缴应纳税所得额	预扣率/%	速算扣除数
1	不超过36,000元的	3	0
2	超过36,000元至144,000元的部分	10	2520
3	超过144,000元至300,000元的部分	20	16,920
4	超过300,000元至420,000元的部分	25	31,920
5	超过420,000元至660,000元的部分	30	52,920
6	超过660,000元至960,000元的部分	35	85,920
7	超过960,000元的部分	45	181,920

注：其内容与《个人所得税税率表一》是一致的。

居民个人劳务报酬所得适用20% ~40%的超额累进预扣率《个人所得税预扣率表二》（见表2-7）；

非居民个人工资、薪金所得，劳务报酬所得，稿酬所得和特许权使用费所得因为不用汇算清缴，直接扣缴，适用的还是《个人所得税税率表三》。

表2-7　个人所得税预扣率表二（居民个人劳务报酬所得预扣预缴适用）

级数	预扣预缴应纳税所得额	预扣率/%	速算扣除数
1	不超过20,000元	20	0
2	超过20,000元至50,000元的部分	30	2000
3	超过50,000元的部分	40	7000

此外，根据财税〔2018〕164号、《关于调整个人取得全年一次性资金等计算征收个人所得税方法问题的通知》(国税发〔2005〕9号)，在2021年12月31日前，全年一次性奖金收入及其他类似收入单独适用《按月换算后的综合所得税率表》(月度税率表)(表2-8)。月度税率表与非居民个人综合所得适用的《个人所得税税率表三》是一样。

表2-8　按月换算后的综合所得税率表(月度税率表)

级数	全月应纳税所得额	税率/%	速算扣除数
1	不超过3000元的	3	0
2	超过3000元至12,000元的部分	10	210
3	超过12,000元至25,000元的部分	20	1410
4	超过25,000元至35,000元的部分	25	2660
5	超过35,000元至55,000元的部分	30	4410
6	超过55,000元至80,000元的部分	35	7160
7	超过80,000元的部分	45	15,160

原个人所得税税率：

表2-9和表2-10为2011年9月1日至2018年9月30日执行税率：

表2-9　原个人所得税税率表一(工资、薪金所得适用)

级数	全月应纳税所得额	税率/%	速算扣除数
1	不超过1500元的	3	0
2	超过1500元至4500元的部分	10	105
3	超过4500元至9000元的部分	20	555
4	超过9000元至35,000元的部分	25	1005
5	超过35,000元至55,000元的部分	30	2755
6	超过55,000元至80,000元的部分	35	5505
7	超过80,000元的部分	45	13,505

注：本表所称全月应纳税所得额是指依照《个人所得税法》第6条的规定，以每月收入额减除费用3500元以及附加减除费用后的余额。

表 2－10　原个人所得税税率表二(个体工商户的生产、经营所得和对企事业单位的承包经营、承租经营所得适用)

级数	全年应纳税所得额	税率/%	速算扣除数
1	不超过 15,000 元的	5	0
2	超过 15,000 元至 30,000 元的部分	10	750
3	超过 30,000 元至 60,000 元的部分	20	3750
4	超过 60,000 元至 100,000 元的部分	30	9750
5	超过 100,000 元的部分	35	14,750

注:本表所称全年应纳税所得额是指依照《个人所得税法》第 6 条的规定,以每一纳税年度的收入总额减除成本、费用以及损失后的余额。

稿酬所得,适用比例税率,税率为 20%,并按应纳税额减征 30%。

劳务报酬所得,适用比例税率,税率为 20%。对个人一次性取得的劳务报酬,其应纳税所得额超过 2 万元至 5 万元的部分,依照税法规定计算应纳税额后再按照应纳税额加征五成;超过 5 万元的部分,加征十成。(与现行的劳务报酬所得预扣率相同)

三、不同扣缴税率及不同项目的税负对比

尽管居民个人的综合所得在年度汇算清缴的时候均适用《个人所得税税率表一》,但是在预扣预缴时,适用的税率表又不一样。其中:

居民个人工资、薪金所得预扣预缴适用《个人所得税预扣率表一》,这个表实际上与《个人所得税税率表一》并没有什么区别。

居民个人劳务报酬所得预扣预缴适用《个人所得税预扣率表二》,相比之下,劳务报酬所得预扣预缴税率比工资、薪金所得的税负高很多,可谓是“同酬不同税”。但这只是时间上的差异。

非居民个人工资、薪金所得,劳务报酬所得,稿酬所得,特许权使用费所得由于不用按年度汇算清缴,直接在纳税义务发生的当期扣缴个人所得税,因此没有单独的预扣税率表,适用《个人所得税税率表三》。这个表是《个人所得税税率表一》折算成月度应纳税所得额及速算扣除数而来的,其计算纳税的方法与《个人所得税法》修改前类似。从整个纳税年度来看,税负并没有区别,但从预扣情况来看,适用《个人所得税税率表三》的预扣税负要比适用《个人所得税预扣率表一》高,特别是在年初收入高于年末收入的情况下。

不同所得项目的税负对比(见表2－11和表2－12)：

表2－11 综合所得适用税负测算表

级数	全年应纳税所得额	税率/%	速算扣除数	全年应纳税所得/元	税额/元	实际税负率/%
1	不超过36,000元的	3	0	36,000	1080	3.0
2	超过36,000元至144,000元的部分	10	2520	144,000	11,880	8.3
3	超过144,000元至300,000元的部分	20	16,920	300,000	43,080	14.4
4	超过300,000元至420,000元的部分	25	31,920	420,000	73,080	17.4
5	超过420,000元至660,000元的部分	30	52,920	500,000	97,080	19.4
		30	52,920	530,000	106,080	20.0
		30	52,920	660,000	145,080	22.0
6	超过660,000元至960,000元的部分	35	85,920	960,000	250,080	26.1
7	超过960,000元的部分	45	181,920	1,165,000	342,330	29.4
		45	181,920	1,500,000	493,080	32.9

表2－12 经营所得适用税负测算表

级数	全年应纳税所得额	税率/%	速算扣除数	全年应纳税所得/元	税额/元	实际税负率/%
1	不超过30,000元的	5	0	30,000	1500	5.0
2	超过30,000元至90,000元的部分	10	1500	90,000	7500	8.3
3	超过90,000元至300,000元的部分	20	10,500	300,000	49,500	16.5
4	超过300,000元至500,000元的部分	30	40,500	405,000	81,000	20.0
		30	40,500	500,000	109,500	21.9
5	超过500,000元的部分	35	65,500	1,165,000	342,250	29.4
		35	65,500	1,500,000	459,500	30.6

注:以上税负率的测算以应纳税所得额为基数,即实际税负率＝税额÷全年应纳税所得额。应纳税所得额发生变化,税负率也随之变化,总体来说呈递增趋势。

如果不考虑各种税收优惠政策，年综合所得在53万元时的实际税负与个人其他所得（经营所得除外）税负相同，均为20%；年综合所得低于53万元时，其实际税负低于其他所得；年综合所得高于53万元时，其实际税负高于其他所得。这里的53万元为税负均衡点。

在不考虑税收优惠及核定征收的情况下，经营所得在40.5万元（税负均衡点）时的实际税负与个人其他所得（综合所得除外）税负相同，均为20%；年经营所得低于40.5万元时，其实际税负低于其他所得；年经营所得高于40.5万元时，其实际税负高于其他所得。

在所得额偏低时，经营所得税负略高于综合所得。比如，在年所得均为30万元时，综合所得税负率为14.4%，经营所得税负率为16.5%；在年所得均为50万元时，综合所得税负率为19.4%，经营所得税负率为21.9%。但是，在年所得均为116.5万元（税负均衡点）时，两种所得的税负率均为29.4%；超过这个均衡点时，综合所得税负就高于经营所得的税负了。

企业所得税率为25%，读者可自行比较。值得注意的是，企业所得税只是企业法人层面应缴纳的所得税，如向个人投资者分配利润，个人仍然还须缴纳股利红利所得个人所得税。

第四节　免征与减征

减税、免税作为一种税收优惠政策，是为了照顾特殊群体，《个人所得税法》也规定了免征与减征项目。《个人所得税法》直接规定的免征、减征项目称为法定免征、法定减征项目。除《个人所得税法》外，还有一些行政法规和大量的税务规章也规定了税收优惠及具体执行政策，归为特定减免项目。

一、法定免征项目

下列各项个人所得，免征个人所得税：

（1）省级人民政府、国务院部委和中国人民解放军以上单位，以及外国组织、国际组织颁发的科学、教育、技术、文化、卫生、体育、环境保护等方面的奖金；

（2）国债和国家发行的金融债券利息；

（3）按照国家统一规定发给的补贴、津贴；

(4)福利费、抚恤金、救济金;

(5)保险赔款;

(6)军人的转业费、复员费、退役金;

(7)按照国家统一规定发给干部、职工的安家费、退职费、基本养老金或者退休费、离休费、离休生活补助费;

(8)依照有关法律规定应予免税的各国驻华使馆、领事馆的外交代表、领事官员和其他人员的所得;

(9)中国政府参加的国际公约、签订的协议中规定免税的所得;

(10)国务院规定的其他免税所得。

上述第10项免税规定,由国务院报全国人民代表大会常务委员会备案。

其中:国债利息,是指个人持有财政部发行的债券而取得的利息;所称国家发行的金融债券利息,是指个人持有经国务院批准发行的金融债券而取得的利息。

按照国家统一规定发给的补贴、津贴,是指按照国务院规定发给的政府特殊津贴、院士津贴,以及国务院规定免予缴纳个人所得税的其他补贴、津贴。

福利费,是指根据国家有关规定,从企业和事业单位、国家机关、社会组织提留的福利费或者工会经费中支付给个人的生活补助费;所称救济金,是指各级人民政府民政部门支付给个人的生活困难补助费。

国务院规定的其他免税所得,是指依照《外交特权与豁免条例》和《领事特权与豁免条例》规定免税的所得。

二、法定减征项目

有下列情形之一的,可以减征个人所得税,具体幅度和期限,由省、自治区、直辖市人民政府规定,并报同级人民代表大会常务委员会备案:

(1)残疾、孤老人员和烈属的所得;

(2)因自然灾害遭受重大损失的。

国务院可以规定其他减税情形,报全国人民代表大会常务委员会备案。

以上为法定减免项目,除此之外,还有众多的困难减免和特定减免项目,以及对前述法定减免的进一步落实的各项政策,将在后面部分及后面的章节逐一介绍。

根据财政部、国家税务总局《关于城镇房屋拆迁有关税收政策的通知》(财税〔2005〕45号),对被拆迁人按照国家有关城镇房屋拆迁管理办法规定的标准取得的拆迁补偿款,免征个人所得税。

根据财政部、国家税务总局《关于行政和解金有关税收政策问题的通知》(财税〔2016〕100号),2016年1月1日起,对个人投资者从投保基金公司取得的行政和解金,暂免征收个人所得税。

残疾人员投资兴办或参与投资兴办个人独资企业和合伙企业的,残疾人员取得的生产经营所得,符合各省、自治区、直辖市人民政府规定的减征个人所得税条件的,经本人申请、主管税务机关审核批准,可按各省、自治区、直辖市人民政府规定减征的范围和幅度,减征个人所得税。[国家税务总局《关于〈关于个人独资企业和合伙企业投资者征收个人所得税的规定〉执行口径的通知》(国税函〔2001〕84号)]

对受灾地区个人取得的抚恤金、救济金,免征个人所得税。因地震灾害造成重大损失的个人,可减征个人所得税。具体减征幅度和期限由受灾地区省、自治区、直辖市人民政府确定。[财政部、国家税务总局《关于认真落实抗震救灾及灾后重建税收政策问题的通知》(财税〔2008〕62号)]

三、减免税优惠的审批

根据国家税务总局《关于个人所得税若干政策问题的批复》(国税函〔2002〕629号),在纳税人享受减免个人所得税优惠政策时,是否须经税务机关审核或批准,应按照以下原则执行:

(1)税收法律、行政法规、部门规章和规范性文件中未明确规定纳税人享受减免税必须经税务机关审批的,且纳税人取得的所得完全符合减免税条件的,无须经主管税务机关审批,纳税人可自行享受减免税。

(2)税收法律、行政法规、部门规章和规范性文件中明确规定纳税人享受减免税必须经税务机关审批的,或者纳税人无法准确判断其取得的所得是否应享受个人所得税减免的,必须经主管税务机关按照有关规定审核或批准后,方可减免个人所得税。

(3)纳税人有《个人所得税法》第5条规定的减征个人所得税情形之一的,必须经主管税务机关批准,方可减征个人所得税。

随着"放管服"改革及优化营商环境政策的推行,以及税收征管系统的智能化,越来越多的减免税优惠不需要经税务机关审批,如个人享受专项附加扣除的就不需要审批,但应将《个人所得税专项附加扣除信息表》(以下简称《扣除信息表》)及相关资料留存备查。但这并不意味着纳税人可以在不符合减免税条件的情况下自行申报享受减免税优惠。如因享受优惠政策不当致使少缴税款的,可能会被认定为

“偷税”，招致行政处罚或刑事处罚，影响个人信用，除补缴个人所得税外，还得承担每日5‱的滞纳金。

第五节　计算应纳税额的一般规则

一、个人所得税的计算方式

个人所得税实行的是全员全额扣缴、自行申报缴纳及汇算清缴相结合的纳税申报方式。个人所得税的计算方式因纳税人和所得项目不同而有所区别：

1. 居民个人取得综合所得，按年计算个人所得税，按月或者按次预扣预缴税款，次年办理汇算清缴；

2. 非居民个人取得工资、薪金所得，劳务报酬所得，稿酬所得和特许权使用费所得，按月或者按次扣缴税款，不办理汇算清缴；

3. 纳税人取得经营所得，按年计算个人所得税，按月或按季预缴，次年办理汇算清缴；

4. 纳税人取得利息、股息、红利所得，财产租赁所得，财产转让所得和偶然所得，按月或者按次计算个人所得税扣缴，不办理汇算清缴。

请注意，上述的“预扣”、“预缴”和“扣缴”是有区别的，“预扣”“预缴”需要办理一年一度的汇算清缴，而“扣缴”不需要。

关于“一次”的确定：

劳务报酬所得、稿酬所得、特许权使用费所得，属于一次性收入的，以取得该项收入为一次；属于同一项目连续性收入的，以一个月内取得的收入为一次。

财产租赁所得，以一个月内取得的收入为一次。

利息、股息、红利所得，以支付利息、股息、红利时取得的收入为一次。

偶然所得，以每次取得该项收入为一次。

计算出应纳税所得额之后，再乘以税率即可以计算出应纳税额。如果存在符合税法规定可减免的税额时，则在应纳税额中扣除减免税额，才是实际需要缴纳的税款。

应纳税额 = 应纳税所得额 × 税率 − 速算扣除数（如有）

应纳税所得额 = 收入额 − 扣除项目金额 − 准予扣除的捐赠额

收入额 = 收入 - 费用 - 免税收入

扣除项目金额包括:减除费用、专项扣除、专项附加扣除和其他扣除。

减除费用现行为每年6万元或每月5000元。

专项扣除包括基本养老保险费、基本医疗保险费、失业保险费、住房公积金。

专项附加扣除包括子女教育支出、继续教育支出、大病医疗支出、住房贷款利息支出、住房租金支出、赡养老人支出。

其他扣除包括年金、商业健康保险、税延养老保险、财产原值、允许扣除的税费及其他扣除项目。

准予扣除的捐赠额是指符合规定的在应纳税所得额30%以内的实际捐赠额,国务院特别规定可全额扣除的从其规定。

值得注意的是:2018年修正的《个人所得税法》中,劳务报酬所得、稿酬所得、特许权使用费所得以收入减除20%的费用后的余额为收入额,取消了原《个人所得税法》中减除费用800元的下限,只保留了"财产租赁所得,每次收入不超过4000元的,减除费用800元"的内容。但是,《关于全面实施新个人所得税法若干征管衔接问题的公告》(国家税务总局公告2018年第56号)又规定了居民个人工资、薪金所得,劳务报酬所得,稿酬所得,特许权使用费所得预扣预缴个人所得税的计算方法。减除费用:劳务报酬所得、稿酬所得、特许权使用费所得每次收入不超过4000元的,减除费用按800元计算;每次收入4000元以上的,减除费用按20%计算。该文件从2019年1月1日起施行,没有执行期限。照此理解,这三项所得在预扣预缴时还是有最低800元的减除费用,但如果需要汇算的话,则应按20%的比例计算减除费用。

居民个人从中国境外取得的所得,可以从其应纳税额中抵免已在境外缴纳的个人所得税税额,但抵免额不得超过该纳税人境外所得依照《个人所得税法》规定计算的应纳税额。

二、应纳税所得额的确定

应纳税所得额并非收入额,它是在收入额的基础上扣除免税收入及各种扣除项计算而得的。应纳税所得额的确定也因纳税人和所得项目不同而有所区别,具体如下:

(1)居民个人的综合所得,以每一纳税年度的收入额减除费用6万元以及专项扣除、专项附加扣除和依法确定的其他扣除后的余额,为应纳税所得额。

(2)非居民个人的工资、薪金所得,以每月收入额减除费用5000元后的余额为应纳税所得额；劳务报酬所得、稿酬所得、特许权使用费所得，以每次收入额为应纳税所得额。

（3）经营所得，以每一纳税年度的收入总额减除成本、费用以及损失后的余额，为应纳税所得额。

（4）财产租赁所得，每次收入不超过 4000 元的，减除费用 800 元；4000 元以上的，减除 20% 的费用，其余额为应纳税所得额。

（5）财产转让所得，以转让财产的收入额减除财产原值和合理费用后的余额，为应纳税所得额。

（6）利息、股息、红利所得和偶然所得，以每次收入额为应纳税所得额。

专项扣除、专项附加扣除和依法确定的其他扣除，以居民个人一个纳税年度的应纳税所得额为限额；一个纳税年度扣除不完的，不结转以后年度扣除。

劳务报酬所得、稿酬所得、特许权使用费所得以收入减除 20% 的费用后的余额为收入额。稿酬所得的收入额减按 70% 计算。

个人将其所得对教育、扶贫、济困等公益慈善事业进行捐赠，捐赠额未超过纳税人申报的应纳税所得额 30% 的部分，可以从其应纳税所得额中扣除；国务院规定对公益慈善事业捐赠实行全额税前扣除的，从其规定（见表 2－13）。

表 2－13　应纳税所得额计算表

<table>
<tr><td colspan="2" rowspan="2">所得类别</td><td colspan="3">应纳税所得额</td></tr>
<tr><td>居民个人</td><td colspan="2">非居民个人</td></tr>
<tr><td rowspan="4">综合所得</td><td>工资、薪金所得</td><td rowspan="4">每一纳税年度的收入总额－费用 6 万元－专项扣除－专项附加扣除－其他扣除</td><td colspan="2">每月收入额－费用 5000 元</td></tr>
<tr><td>劳务报酬所得</td><td rowspan="3">每次收入额（属于一次性收入的，以取得该项收入为一次；属于同一项目连续性收入的，以一个月内取得的收入为一次）</td><td>收入－20% 的费用</td></tr>
<tr><td>稿酬所得</td><td>（收入－20% 的费用）× 70%</td></tr>
<tr><td>特许权使用费所得</td><td>收入－20% 的费用</td></tr>
<tr><td colspan="2">经营所得</td><td colspan="3">每一纳税年度的收入总额－成本费用－损失</td></tr>
<tr><td colspan="2">利息、股息、红利所得</td><td colspan="3">每次收入额（以支付利息、股息、红利时取得的收入为一次）</td></tr>
</table>

续表

所得类别	应纳税所得额	
	居民个人	非居民个人
财产租赁所得	每次收入 20% 的费用(费用不低于 800 元)(以一个月内取得的收入为一次)	
财产转让所得	一次转让财产的收入额 - 财产原值 - 合理费用	
偶然所得	每次收入额(以每次取得该项收入为一次)	

两个以上的个人共同取得同一项目收入的,应当对每个人取得的收入分别按照《个人所得税法》的规定计算纳税。

居民个人从中国境内和境外取得的综合所得、经营所得,应当分别合并计算应纳税额;从中国境内和境外取得的其他所得,应当分别单独计算应纳税额。

三、应纳税所得额中的相关扣除项目

扣除项目是从个人取得的收入总额中进行扣减据以计算应纳税所得额的项目,主要包括专项扣除、专项附加扣除、其他扣除和公益慈善事业捐赠扣除。

(一)专项扣除("三险一金")

专项扣除,包括居民个人按照国家规定的范围和标准缴纳的基本养老保险、基本医疗保险、失业保险等社会保险费和住房公积金等。

(1)个人按照国家或省(自治区、直辖市)人民政府规定的缴费比例或办法实际缴付的基本养老保险费、基本医疗保险费和失业保险费,允许在个人应纳税所得额中扣除。

企事业单位按照国家或省(自治区、直辖市)人民政府规定的缴费比例或办法实际缴付的基本养老保险费、基本医疗保险费和失业保险费,免征个人所得税;企事业单位和个人超过规定的比例和标准缴付的基本养老保险费、基本医疗保险费和失业保险费,应将超过部分并入个人当期的工资、薪金收入,计征个人所得税。

(2)根据《住房公积金管理条例》和建设部、财政部、中国人民银行《关于住房公积金管理若干具体问题的指导意见》(建金管〔2005〕5 号)等规定,单位和个人分别在不超过职工本人上一年度月平均工资 12% 的幅度内实际缴存的住房公积金,允许在个人应纳税所得额中扣除。单位和职工个人缴存住房公积金的月平均工资不得超过职工工作地所在设区城市上一年度职工月平均工资的3倍，具体标准按照各地有关规定执行。如2020年昆明地区月平均工资为7838.58元，公积金可扣除上限为2822元（7838.58×12%×3），超过部分不得扣除。

单位和个人超过上述规定比例和标准缴付的住房公积金，应将超过部分并入个人当期的工资、薪金收入，计征个人所得税。

（3）个人领取一次性补偿收入时按照国家和地方政府规定的比例实际缴纳的住房公积金、医疗保险费、基本养老保险费、失业保险费，可以在计征其一次性补偿收入的个人所得税时予以扣除。

（4）个体工商户（包括个人独资企业和合伙企业）按照国务院有关主管部门或者省级人民政府规定的范围和标准为其业主和从业人员缴纳的基本养老保险费、基本医疗保险费、失业保险费、生育保险费、工伤保险费和住房公积金，准予从其经营所得中扣除。

（5）个人实际领（支）取原提存的基本养老保险金、基本医疗保险金、失业保险金和住房公积金时，免征个人所得税。

（二）专项附加扣除

根据国务院《关于印发个人所得税专项附加扣除暂行办法的通知》（国发〔2018〕41号）和《个人所得税专项附加扣除操作办法（试行）》，自2019年1月1日起，对居民个人实行个人所得税专项附加扣除。个人所得税专项附加扣除，是指《个人所得税法》规定的子女教育、继续教育、大病医疗、住房贷款利息或者住房租金、赡养老人等六项专项附加扣除。

居民个人取得工资、薪金所得时，可以向扣缴义务人提供专项附加扣除有关信息，由扣缴义务人扣缴税款时减除专项附加扣除。纳税人同时从两处以上取得工资、薪金所得，并由扣缴义务人减除专项附加扣除的，对同一专项附加扣除项目，在一个纳税年度内只能选择从一处取得的所得中减除。

居民个人取得劳务报酬所得、稿酬所得、特许权使用费所得，应当在汇算清缴时向税务机关提供有关信息，减除专项附加扣除。

无住所居民个人为外籍个人的，2022年1月1日前计算工资薪金收入额时，已经按规定减除住房补贴、子女教育费、语言训练费等八项津补贴的，不能同时享受专项附加扣除。

1. 子女教育

子女接受全日制学历教育和学前教育阶段（年满 3 周岁当月至小学入学前一月）的相关支出，按照每个子女每月 1000 元的标准定额扣除。其中学历教育阶段为子女接受全日制学历教育入学的当月至全日制学历教育结束的当月，包括义务教育（小学、初中教育）、高中阶段教育（普通高中、中等职业、技工教育）、高等教育（大学专科、大学本科、硕士研究生、博士研究生教育）。这其中包括在中国境外接受教育也即出国留学的，只是应当留存境外学校录取通知书、留学签证等与教育相关的证明资料备查。

父母可以选择由其中一方按扣除标准的 100% 扣除，也可以选择由双方分别按扣除标准的 50% 扣除，具体扣除方式在一个纳税年度内不能变更。

2. 继续教育

纳税人在中国境内接受学历（学位）继续教育的支出，在学历（学位）教育期间按照每月 400 元定额扣除。学历（学位）继续教育期间，为在中国境内接受学历（学位）继续教育入学的当月至学历（学位）继续教育结束的当月，同一学历（学位）继续教育的扣除期限最长不得超过 48 个月。

纳税人接受技能人员职业资格继续教育、专业技术人员职业资格继续教育的支出，在取得相关证书的当年，按照 3600 元定额扣除，应当留存相关证书等资料备查。

个人接受本科及以下学历（学位）继续教育，符合规定扣除条件的，可以选择由其父母扣除，也可以选择由本人扣除。因为上述的子女教育只规定了全日制的学历教育支出，而非全日制的，如函授、自考的为继续教育，适用本部分规定。

学历教育和学历（学位）继续教育的可扣除期间，包含因病或其他非主观原因休学但学籍继续保留的休学期间，以及施教机构按规定组织实施的寒暑假等假期。

3. 大病医疗

在一个纳税年度内，纳税人发生的与基本医保相关的医药费用支出，扣除医保报销后个人负担（指医保目录范围内的自付部分）累计超过 15,000 元的部分，由纳税人在办理年度汇算清缴时，在 80,000 元限额内据实扣除。纳税人发生的医药费用支出可以选择由本人或者其配偶扣除；未成年子女发生的医药费用支出可以选择由其父母一方扣除。纳税人及其配偶、未成年子女发生的医药费用支出，按前述规定分别计算扣除额。

大病医疗的扣除时间为医疗保障信息系统记录的医药费用实际支出的当年。

纳税人应当留存医药服务收费及医保报销相关票据原件（或者复印件），或者医疗保障部门出具的纳税年度医药费用清单等资料备查。医疗保障部门应当向患者提供在医疗保障信息系统记录的本人年度医药费用信息查询服务。

也就是说，只要纳税人的应税所得足够抵扣，如果纳税人本人、配偶、未成年子女又同时发生了医药费用支出，那这些支出都可以在这个纳税人的收入中进行抵扣，相当于每个家庭成员都有80,000元的抵扣额度。但是只能在年终汇算时抵扣，预扣预缴个人所得税时是不能抵扣的。而且有一个门槛费，就是一年内每个人除去医保报销的医疗费超过15,000元的那部分才可以抵扣。

4. 住房贷款利息

纳税人本人或者配偶单独或者共同使用商业银行或者住房公积金个人住房贷款为本人或者其配偶购买中国境内住房，发生的首套住房贷款利息支出，在实际发生贷款利息的年度，按照每月1000元的标准定额扣除，从贷款合同约定开始还款的当月起至贷款全部归还或贷款合同终止的当月止，扣除期限最长不超过240个月。

纳税人只能享受一次首套住房贷款的利息扣除。所谓首套住房贷款，是指购买住房享受首套住房贷款利率的住房贷款。

经夫妻双方约定，可以选择由其中一方扣除，具体扣除方式在一个纳税年度内不能变更。夫妻双方婚前分别购买住房发生的首套住房贷款，其贷款利息支出，婚后可以选择其中一套购买的住房，由购买方按扣除标准的100%扣除，也可以由夫妻双方对各自购买的住房分别按扣除标准的50%扣除，具体扣除方式在一个纳税年度内不能变更。

纳税人应当留存住房贷款合同、贷款还款支出凭证备查。

与住房贷款利息有关的信息归集工作可参见《关于做好个人所得税住房贷款利息专项附加扣除相关信息归集工作的通知》（银办发〔2019〕71号）。

5. 住房租金

纳税人在主要工作城市没有自有住房而发生的住房租金支出，可以按照以下标准定额扣除：

（1）直辖市、省会（首府）城市、计划单列市以及国务院确定的其他城市，扣除标准为每月1500元；

（2）除第1项所列城市以外，市辖区户籍人口超过100万的城市，扣除标准为每月1100元；市辖区户籍人口不超过100万的城市，扣除标准为每月800元。市辖区户籍人口，以国家统计局公布的数据为准。

“主要工作城市”是指纳税人任职受雇的直辖市、计划单列市、副省级城市、地级市(地区、州、盟)全部行政区域范围;纳税人无任职受雇单位的,为受理其综合所得汇算清缴的税务机关所在城市。纳税人的配偶在纳税人的主要工作城市有自有住房的,视同纳税人在主要工作城市有自有住房。夫妻双方主要工作城市相同的,只能由一方扣除住房租金支出。

住房租金支出由签订租赁住房合同的承租人扣除。①

纳税人应当留存住房租赁合同、协议等有关资料备查。

住房租金的扣除时间为租赁合同(协议)约定的房屋租赁期开始的当月至租赁期结束的当月。提前终止合同(协议)的,以实际租赁期限为准。

纳税人及其配偶在一个纳税年度内不能同时分别享受住房贷款利息和住房租金专项附加扣除。

6. 赡养老人

纳税人赡养一位及以上被赡养人的赡养支出,统一按照以下标准定额扣除:

(1)纳税人为独生子女的,按照每月2000元的标准定额扣除。

(2)纳税人为非独生子女的,由其与兄弟姐妹分摊每月2000元的扣除额度,每人分摊的额度不能超过每月1000元。可以由赡养人均摊或者约定分摊,也可以由被赡养人指定分摊。约定或者指定分摊的须签订书面分摊协议,指定分摊优先于约定分摊。具体分摊方式和额度在一个纳税年度内不能变更。纳税人应当留存约定或指定分摊的书面分摊协议资料备查。

所称被赡养人是指年满60岁的父母,以及子女均已去世的年满60岁的祖父母、外祖父母。所称父母,是指生父母、继父母、养父母。所称子女,是指婚生子女、非婚生子女、继子女、养子女。父母之外的其他人担任未成年人的监护人的,比照相关规定执行。可扣除的时间为被赡养人年满60周岁的当月至赡养义务终止的年末。

7. 专项附加扣除的征收管理

(1)纳税人向收款单位索取发票、财政票据、支出凭证,收款单位不能拒绝提供。

(2)纳税人首次享受专项附加扣除,应当将专项附加扣除相关信息提交扣缴义务人或者税务机关,填写并向扣缴义务人报送《扣除信息表》。

---

① 这里的由签订合同的承租人扣除是否指只能由签订合同的配偶一方扣除?笔者认为不应该如此理解,因为从民法上来说,配偶之间本来就是家庭财产共享、债务共担的。因此这一条规定应在其他实际承租人与合同签订人不一致的情况下适用。

纳税人对所提交信息的真实性、准确性、完整性负责。专项附加扣除信息发生变化的，纳税人应当及时向扣缴义务人或者税务机关提供相关信息。纳税人次年需要由扣缴义务人继续办理专项附加扣除的，应当于每年的 12 月对次年享受专项附加扣除的内容进行确认，并报送至扣缴义务人。纳税人未及时确认的，扣缴义务人于次年 1 月起暂停扣除，待纳税人确认后再行办理专项附加扣除。

扣缴义务人应当根据纳税人报送的《扣除信息表》及时为纳税人办理专项附加扣除，不得拒绝，并及时将相关信息报送税务机关，不得擅自更改纳税人提供的相关信息。

扣缴义务人应当为纳税人报送的专项附加扣除信息保密。

扣缴义务人发现纳税人提供的信息与实际情况不符，可以要求纳税人修改。纳税人拒绝修改的，扣缴义务人应当向主管税务机关报告，税务机关应当及时处理。除纳税人另有要求外，扣缴义务人应当于年度终了后两个月内，向纳税人提供已办理的专项附加扣除项目及金额等信息。

(3)享受子女教育、继续教育、住房贷款利息或者住房租金、赡养老人专项附加扣除的纳税人，自符合条件开始，可以向支付工资、薪金所得的扣缴义务人提供上述专项附加扣除有关信息，由扣缴义务人在预扣预缴税款时，按其在本单位本年可享受的累计扣除额办理扣除；也可以在次年 3 月 1 日至 6 月 30 日内，向汇缴地主管税务机关办理汇算清缴申报时扣除。

纳税人同时从两处以上取得工资、薪金所得，并由扣缴义务人办理上述专项附加扣除的，对同一专项附加扣除项目，一个纳税年度内，纳税人只能选择从其中一处扣除。

纳税人年度中间更换工作单位的，在原单位任职、受雇期间已享受的专项附加扣除金额，不得在新任职、受雇单位扣除。原扣缴义务人应当自纳税人离职不再发放工资薪金所得的当月起，停止为其办理专项附加扣除。

(4)享受大病医疗专项附加扣除的纳税人，由其在次年 3 月 1 日至 6 月 30 日内，自行向汇缴地主管税务机关办理汇算清缴申报时扣除。

(5)纳税人未取得工资、薪金所得，仅取得劳务报酬所得、稿酬所得、特许权使用费所得需要享受专项附加扣除的，应当在次年 3 月 1 日至 6 月 30 日内，自行向汇缴地主管税务机关报送《扣除信息表》，并在办理汇算清缴申报时扣除。

(6)一个纳税年度内，纳税人在扣缴义务人预扣预缴税款环节未享受或未足额享受专项附加扣除的，可以在当年内向支付工资、薪金的扣缴义务人申请在剩余月份发放工资、薪金时补充扣除，也可以在次年3月1日至6月30日内，向汇缴地主管税务机关办理汇算清缴时申报扣除。

(7)个人所得税专项附加扣除额一个纳税年度扣除不完的，不能结转以后年度扣除。

(8)纳税人应当将《扣除信息表》及相关留存备查资料，自法定汇算清缴期结束后保存5年。纳税人报送给扣缴义务人的《扣除信息表》，扣缴义务人应当自预扣预缴年度的次年起留存5年。

税务机关核查时，纳税人无法提供留存备查资料，或者留存备查资料不能支持相关情况的，税务机关可以要求纳税人提供其他佐证；不能提供其他佐证材料，或者佐证材料仍不足以支持的，不得享受相关专项附加扣除。

(9)纳税人有下列情形之一的，主管税务机关应当责令其改正；情形严重的，应当纳入有关信用信息系统，并按照国家有关规定实施联合惩戒；涉及违反《税收征管法》等法律法规的，税务机关依法进行处理：

①报送虚假专项附加扣除信息；

②重复享受专项附加扣除；

③超范围或标准享受专项附加扣除；

④拒不提供留存备查资料；

⑤税务总局规定的其他情形。

纳税人在任职、受雇单位报送虚假扣除信息的，税务机关责令改正的同时，通知扣缴义务人。

(10)《扣除信息表》的填报内容详见附录一《关于发布〈个人所得税专项附加扣除操作办法(试行)〉的公告》后附的个人所得税专项附加扣除信息表及填表说明。

(11)有关部门和单位有责任和义务向税务部门提供或者协助核实以下与专项附加扣除有关的信息：

①公安部门有关户籍人口基本信息、户成员关系信息、出入境证件信息、相关出国人员信息、户籍人口死亡标识等信息；

②卫生健康部门有关出生医学证明信息、独生子女信息；

③民政部门、外交部门、法院有关婚姻状况信息；

④教育部门有关学生学籍信息(包括学历继续教育学生学籍、考籍信息)、在相关部门备案的境外教育机构资质信息；

⑤人力资源社会保障等部门有关技工院校学生学籍信息、技能人员职业资格继

续教育信息、专业技术人员职业资格继续教育信息；

⑥住房城乡建设部门有关房屋（含公租房）租赁信息、住房公积金管理机构有关住房公积金贷款还款支出信息；

⑦自然资源部门有关不动产登记信息；

⑧人民银行、金融监督管理部门有关住房商业贷款还款支出信息；

⑨医疗保障部门有关在医疗保障信息系统记录的个人负担的医药费用信息；

⑩国务院税务主管部门确定需要提供的其他涉税信息。

上述数据信息的格式、标准、共享方式，由国务院税务主管部门及各省、自治区、直辖市和计划单列市税务局有关部门确定。

有关部门和单位拥有专项附加扣除涉税信息，但未按规定要求向税务部门提供的，拥有涉税信息的部门或者单位的主要负责人及相关人员承担相应责任。

（12）税务机关核查专项附加扣除情况时，纳税人任职受雇单位所在地、经常居住地、户籍所在地的公安派出所、居民委员会或者村民委员会等有关单位和个人应当协助核查。

（三）其他扣除

其他扣除，包括个人缴付符合国家规定的企业年金、职业年金，个人购买符合国家规定的商业健康保险、税收递延型商业养老保险的支出，以及国务院规定可以扣除的其他项目。

1. 企业年金和职业年金

企业年金，是指根据《企业年金办法》（人力资源和社会保障部、财政部令第36号），企业及其职工在依法参加基本养老保险的基础上，自主建立的补充养老保险制度。企业年金所需费用由企业和职工个人共同缴纳。企业缴费的列支渠道按国家有关规定执行；职工个人缴费可以由企业从职工个人工资中代扣。企业缴费每年不超过本企业上年度职工工资总额的十二分之一。企业和职工个人缴费合计一般不超过本企业上年度职工工资总额的六分之一。

职业年金，是指根据《机关事业单位职业年金办法》（国办发〔2015〕18号），机关事业单位及其工作人员在参加机关事业单位基本养老保险的基础上，建立的补充养老保险制度。职业年金所需费用由单位和工作人员个人共同承担。单位缴纳职业年金费用的比例为本单位工资总额的8%，个人缴费比例为本人缴费工资的4%，由单位代扣。单位和个人缴费基数与机关事业单位工作人员基本养老保险缴费基数一致。

个人根据国家有关政策规定缴付的年金个人缴费部分，在不超过本人缴费工资计税基数的4%标准内的部分，暂从个人当期的应纳税所得额中扣除。

企业和事业单位根据国家有关政策规定的办法和标准，为在本单位任职或者受雇的全体职工缴付的企业年金或职业年金（以下统称年金）单位缴费部分，在计入个人账户时，个人暂不缴纳个人所得税。

超过上述规定的标准缴付的年金单位缴费和个人缴费部分，应并入个人当期的工资、薪金所得，依法计征个人所得税。税款由建立年金的单位代扣代缴，并向主管税务机关申报解缴。

企业年金个人缴费工资计税基数为本人上一年度月平均工资。月平均工资按国家统计局规定列入工资总额统计的项目计算。月平均工资超过职工工作地所在设区城市上一年度职工月平均工资300%以上的部分，不计入个人缴费工资计税基数。

职业年金个人缴费工资计税基数为职工岗位工资和薪级工资之和。职工岗位工资和薪级工资之和超过职工工作地所在设区城市上一年度职工月平均工资300%以上的部分，不计入个人缴费工资计税基数。

年金基金投资运营收益分配计入个人账户时，个人暂不缴纳个人所得税。

企业年金、职业年金个人的征收管理：

建立年金计划的单位、年金托管人，应按照个人所得税法和税收征收管理法的有关规定，实行全员全额扣缴明细申报。受托人有责任协调相关管理人依法向税务机关办理扣缴申报、提供相关资料。

建立年金计划的单位应于建立年金计划的次月15日内，向其所在地主管税务机关报送年金方案、人力资源社会保障部门出具的方案备案函、计划确认函，以及主管税务机关要求报送的其他相关资料。年金方案、受托人、托管人发生变化的，应于发生变化的次月15日内重新向其主管税务机关报送上述资料。

财政、税务、人力资源社会保障等相关部门以及年金机构之间要加强协调，通力合作，共同做好政策实施各项工作。

2. 补充养老保险费、补充医疗保险费

个体工商户（包括个人独资企业和合伙企业）为从业人员缴纳的补充养老保险费、补充医疗保险费，分别在不超过从业人员工资总额5%标准内的部分据实扣除；超过部分，不得扣除。个体工商户业主本人缴纳的补充养老保险费、补充医疗保险费，以当地（地级市）上年度社会平均工资的3倍为计算基数，分别在不超过该计算基数5%标准内的部分据实扣除；超过部分，不得扣除。这里的扣除是指从个体工商户的经营所得中扣除。

3. 商业健康保险

根据财政部、税务总局、保监会《关于将商业健康保险个人所得税试点政策推广到全国范围实施的通知》（财税〔2017〕39号）及国家税务总局《关于推广实施商业健康保险个人所得税政策有关征管问题的公告》（国家税务总局公告2017年第17号）的规定，自2017年7月1日起，取得工资薪金所得、连续性劳务报酬所得的个人，以及取得个体工商户的生产经营所得、对企事业单位的承包承租经营所得的个体工商户业主、个人独资企业投资者、合伙企业个人合伙人和承包承租经营者，对其购买符合规定的商业健康保险产品支出，允许在当年（月）计算应纳税所得额时予以税前扣除，扣除限额为2400元/年（200元/月）。

2400元/年（200元/月）的限额扣除为《个人所得税法》规定减除费用标准之外的扣除。

取得连续性劳务报酬所得，是指个人连续3个月以上（含3个月）为同一单位提供劳务而取得的所得。

符合规定的商业健康保险产品，是指保险公司参照个人税收优惠型健康保险产品指引框架及示范条款开发的、符合规定条件的健康保险产品。

单位统一组织为员工购买或者单位和个人共同负担购买符合规定的商业健康保险产品，单位负担部分应当实名记入个人工资薪金明细清单，视同个人购买，并自购买产品次月起，在不超过200元/月的标准内按月扣除。一年内保费金额超过2400元的部分，不得税前扣除。以后年度续保时，按上述规定执行。个人自行退保时，应及时告知扣缴单位。个人相关退保信息保险公司应及时传递给税务机关。

取得工资薪金所得或连续性劳务报酬所得的个人，自行购买符合规定的商业健康保险产品的，应当及时向代扣代缴单位提供保单凭证。扣缴单位自个人提交保单凭证的次月起，在不超过200元/月的标准内按月扣除。一年内保费金额超过2400元的部分，不得税前扣除。以后年度续保时，按上述规定执行。个人自行退保时，应及时告知扣缴义务人。

个体工商户业主、企事业单位承包承租经营者、个人独资和合伙企业投资者自行购买符合条件的商业健康保险产品的，在不超过2400元/年的标准内据实扣除。一年内保费金额超过2400元的部分，不得税前扣除。以后年度续保时，按上述规定执行。

商业健康保险的征收管理：

（1）有扣缴义务人的个人自行购买、单位统一组织为员工购买或者单位和个人共同负担购买符合规定的商业健康保险产品，扣缴义务人在填报《扣缴个人所得税报告表》或《特定行业个人所得税年度申报表》时，应将当期扣除的个人购买商业健康保险支出金额填至申报表“税前扣除项目”的“其他”列中（需注明商业健康保险扣除金额），并同时填报《商业健康保险税前扣除情况明细表》。

其中，个人自行购买符合规定的商业健康保险产品的，应及时向扣缴义务人提供保单凭证，扣缴义务人应当依法为其税前扣除，不得拒绝。个人从中国境内两处或者两处以上取得工资薪金所得，且自行购买商业健康保险的，只能选择在其中一处扣除。

个人未续保或退保的，应于未续保或退保当月告知扣缴义务人终止商业健康保险税前扣除。

（2）个体工商户业主、个人独资企业投资者、合伙企业个人合伙人和企事业单位承包承租经营者购买符合规定的商业健康保险产品支出，在年度申报填报《个人所得税生产经营所得纳税申报表（B 表）》、享受商业健康保险税前扣除政策时，应将商业健康保险税前扣除金额填至“允许扣除的其他费用”行（需注明商业健康保险扣除金额），并同时填报《商业健康保险税前扣除情况明细表》。

实行核定征收的纳税人，应向主管税务机关报送《商业健康保险税前扣除情况明细表》，主管税务机关按程序相应调减其应纳税所得额或应纳税额。纳税人未续保或退保的，应当及时告知主管税务机关，终止商业健康保险税前扣除。

（3）保险公司销售符合规定的商业健康保险产品，及时为购买保险的个人开具发票和保单凭证，并在保单凭证上注明税优识别码。个人购买商业健康保险未获得税优识别码的，其支出金额不得税前扣除。

税优识别码，是指为确保税收优惠商业健康保险保单的唯一性、真实性和有效性，由商业健康保险信息平台按照“一人一单一码”的原则对投保人进行校验后，下发给保险公司，并在保单凭证上打印的数字识别码。

4. 税收递延型商业养老金

根据财政部、税务总局、人力资源社会保障部、中国银行保险监督管理委员会、证监会《关于开展个人税收递延型商业养老保险试点的通知》（财税〔2018〕22 号，以下简称《税收递延型通知》）的规定，自 2018 年 5 月 1 日起，在上海市、福建省（含厦门市)和苏州工业园区实施个人税收递延型商业养老保险试点。试点期限暂定一年。目前为止,未发布后续政策调整的通知。

对试点地区个人通过个人商业养老资金账户购买符合规定的商业养老保险产品的支出,允许在一定标准内税前扣除;计入个人商业养老资金账户的投资收益,暂不征收个人所得税;个人领取商业养老金时再征收个人所得税。具体规定如下:

(1)个人缴费税前扣除标准。取得工资薪金、连续性劳务报酬所得的个人,其缴纳的保费准予在申报扣除当月计算应纳税所得额时予以限额据实扣除,扣除限额按照当月工资薪金、连续性劳务报酬收入的6%和1000元孰低办法确定。取得个体工商户生产经营所得、对企事业单位的承包承租经营所得的个体工商户业主、个人独资企业投资者、合伙企业自然人合伙人和承包承租经营者,其缴纳的保费准予在申报扣除当年计算应纳税所得额时予以限额据实扣除,扣除限额按照不超过当年应税收入的6%和12,000元孰低办法确定。

取得连续性劳务报酬所得,是指纳税人连续6个月以上(含6个月)为同一单位提供劳务而取得的所得。

(2)账户资金收益暂不征税。计入个人商业养老资金账户的投资收益,在缴费期间暂不征收个人所得税。

(3)个人领取商业养老金征税。个人达到国家规定的退休年龄时,可按月或按年领取商业养老金,领取期限原则上为终身或不少于15年。个人身故、发生保险合同约定的全残或罹患重大疾病的,可以一次性领取商业养老金。

对个人达到规定条件时领取的商业养老金收入,其中25%部分予以免税,其余75%部分按照10%的比例税率计算缴纳个人所得税,税款计入“工资、薪金所得”项目①。

(4)适用试点税收政策的纳税人,是指在试点地区取得工资薪金、连续性劳务报酬所得的个人,以及取得个体工商户生产经营所得、对企事业单位的承包承租经营所得的个体工商户业主、个人独资企业投资者、合伙企业自然人合伙人和承包承租经营者,其工资薪金、连续性劳务报酬的个人所得税扣缴单位,或者个体工商户、承包承租单位、个人独资企业、合伙企业的实际经营地均位于试点地区内。

---

① 原为“其他所得”项目,已被《关于个人取得有关收入适用个人所得税应税所得项目的公告》(财政部、税务总局公告2019年第74号)第4条更改为:税款计入“工资、薪金所得”项目,由保险机构代扣代缴后,在个人购买税延养老保险的机构所在地办理全员全额扣缴申报。

税收递延型商业养老保险的征收管理：

按照财税〔2018〕22 号《税收递延型通知》及《关于开展个人税收递延型商业养老保险试点有关征管问题的公告》（国家税务总局公告 2018 年第 21 号）的规定，试点地区内可享受税延养老保险税前扣除优惠政策的个人，凭中国保险信息技术管理有限责任公司相关信息平台出具的《个人税收递延型商业养老保险扣除凭证》（以下简称税延养老扣除凭证），办理税前扣除。

（1）取得工资薪金所得、连续性劳务报酬所得的个人。

取得工资薪金所得、连续性劳务报酬所得的个人，其购买符合规定商业养老保险产品的支出享受税前扣除优惠时，应及时将税延养老扣除凭证提供给扣缴单位。扣缴单位应当按照《税收递延型通知》规定，在个人申报扣除当月计算扣除限额并办理税前扣除。扣缴单位在填报《扣缴个人所得税报告表》或《特定行业个人所得税年度申报表》时，应当将当期可扣除金额填至“税前扣除项目”或“年税前扣除项目”栏“其他”列中（需注明税延养老保险），并同时填报《个人税收递延型商业养老保险税前扣除情况明细表》（见附录二）。

个人因未及时提供税延养老扣除凭证而造成往期未扣除的，扣缴单位可追补至应扣除月份扣除，并按《税收递延型通知》规定重新计算应扣缴税款，在收到扣除凭证的当月办理抵扣或申请退税。个人缴费金额发生变化、未续保或退保的，应当及时告知扣缴义务人重新计算或终止税延养老保险税前扣除。除个人提供资料不全、信息不实等情形外，扣缴单位不得拒绝为纳税人办理税前扣除。

（2）取得经营所得的个人。

取得个体工商户的生产经营所得、对企事业单位的承包承租经营所得的个体工商户业主、个人独资企业投资者、合伙企业自然人合伙人和承包承租经营者，其购买的符合规定的养老保险产品支出，在年度申报时，凭税延养老扣除凭证，在《税收递延型通知》规定的扣除限额内据实扣除，并填报至《个人所得税生产经营所得纳税申报表（B 表）》的“允许扣除的其他费用”行（需注明税延养老保险），同时填报《个人税收递延型商业养老保险税前扣除情况明细表》。

计算扣除限额时，个体工商户业主、个人独资企业投资者和承包承租经营者应税收入按照个体工商户、个人独资企业、承包承租的收入总额确定；合伙企业自然人合伙人应税收入按合伙企业收入总额乘以合伙人分配比例确定。

实行核定征收的，应当向主管税务机关报送《个人税收递延型商业养老保险税前扣除情况明细表》和税延养老扣除凭证，主管税务机关按程序相应调减其应纳税所得额或应纳税额。纳税人缴费金额发生变化、未续保或退保的，应当及时告知主管税务机关，重新核定应纳税所得额或应纳税额。

5. 中介费的扣除

根据财政部、国家税务总局《关于个人所得税若干政策问题的通知》（财税字〔1994〕20 号），对个人从事技术转让、提供劳务等过程中所支付的中介费，如能提供有效、合法凭证的，允许从其所得中扣除。

（四）公益慈善事业捐赠扣除

个人将其所得对教育、扶贫、济困等公益慈善事业进行捐赠，捐赠额未超过纳税人申报的应纳税所得额 30% 的部分，可以从其应纳税所得额中扣除；国务院规定对公益慈善事业捐赠实行全额税前扣除的，从其规定。

所谓个人将其所得对教育、扶贫、济困等公益慈善事业进行捐赠，是指个人将其所得通过中国境内的公益性社会组织、国家机关向教育、扶贫、济困等公益慈善事业的捐赠（以下简称公益捐赠）；所称应纳税所得额，是指计算扣除捐赠额之前的应纳税所得额。

《关于公益性捐赠税前扣除有关事项的公告》（财政部、税务总局、民政部公告 2020 年第 27 号）（以下简称 2020 年第 27 号公告）、《关于公益慈善事业捐赠个人所得税政策的公告》（财政部、税务总局公告 2019 年第 99 号）（以下简称 2019 年第 99 号公告）对此作了比较全面具体的规定。

1. 一般规定

个人通过中华人民共和国（境内）公益性社会组织①、县级以上人民政府及其部门等国家机关，向教育、扶贫、济困等公益慈善事业进行捐赠，发生的公益捐赠支出，可以按照《个人所得税法》有关规定在计算应纳税所得额时扣除。

所称公益性社会组织，包括依法设立或登记并按规定条件和程序取得公益性捐赠税前扣除资格的慈善组织、其他社会组织和群众团体。公益性群众团体的公益性捐赠税前扣除资格确认及管理按照现行规定执行。依法登记的慈善组织和其他社会组织的公益性捐赠税前扣除资格确认及管理按（2020 年第 27 号公告）执行。

个人通过公益性社会组织进行公益捐赠的，应关注其是否取得公益性捐赠税前

① 2019 年第 99 号公告限定为“境内”的公益性社会组织，而 2020 年第 27 号公告没有限定为“境内”。

扣除资格,没有税前扣除资格的,向其捐赠不可扣除。国家税务总局会定期发布具有公益性捐赠税前扣除资格的名单,并且注明期限。

个人自行办理或扣缴义务人为个人办理公益捐赠扣除的,个人应留存捐赠票据备查,并向扣缴义务人提供捐赠票据的复印件,其中捐赠股权、房产的还应出示财产原值证明。

2. 公益慈善事业范围

可以税前扣除捐赠额的公益慈善事业,应当符合《公益事业捐赠法》第3条对公益事业范围的规定或者《慈善法》第3条对慈善活动范围的规定。

具体来说,公益事业是指非营利的下列事项:

(1)救助灾害、救济贫困、扶助残疾人等困难的社会群体和个人的活动;

(2)教育、科学、文化、卫生、体育事业;

(3)环境保护、社会公共设施建设;

(4)促进社会发展和进步的其他社会公共和福利事业。

慈善活动,是指自然人、法人和其他组织以捐赠财产或者提供服务等方式,自愿开展的下列公益活动:

(1)扶贫、济困;

(2)扶老、救孤、恤病、助残、优抚;

(3)救助自然灾害、事故灾难和公共卫生事件等突发事件造成的损害;

(4)促进教育、科学、文化、卫生、体育等事业的发展;

(5)防治污染和其他公害,保护和改善生态环境;

(6)符合《慈善法》规定的其他公益活动。

3. 公益捐赠支出金额的确定

2019年第99号公告规定,个人发生的公益捐赠支出金额,按照以下规定确定:

(1)捐赠货币性资产的,按照实际捐赠金额确定;

(2)捐赠股权、房产的,按照个人持有股权、房产的财产原值确定;

(3)捐赠除股权、房产以外的其他非货币性资产的,按照非货币性资产的市场价格确定。

值得注意的是,2019年第99号公告对非货币性资产捐赠额的确定与2020年第27号公告不一致。根据2020年第27号公告,除另有规定外,公益性社会组织、县级以上人民政府及其部门等国家机关在接受企业或个人捐赠时,按以下原则确认捐赠额:

(1)接受的货币性资产捐赠,以实际收到的金额确认捐赠额。

(2)接受的非货币性资产捐赠,以其公允价值确认捐赠额。捐赠方在向公益性社会组织、县级以上人民政府及其部门等国家机关捐赠时,应当提供注明捐赠非货币性资产公允价值的证明;不能提供证明的,接受捐赠方不得向其开具捐赠票据。

2019 年第 99 号公告规定的是个人发生的公益捐赠支出可以在计算个人所得税时扣除的金额,捐赠股权、房产按个人持有股权、房产的财产原值确定,其他非货币性资产按市场价格确定。2020 年第 27 号公告规定的是接受捐赠的机构确认捐赠额的原则,接受的非货币性资产捐赠应根据公允价值证明以其公允价值确认捐赠额,否则不得开具捐赠票据。同一非货币性资产的财产原值、市场价格、公允价值往往并不一致。个人在计算个人所得税时扣除的捐赠金额还是应按 2019 年第 99 号公告确定,这种情况下取得的捐赠票据注明的金额可能与实际可以扣除的金额不一致。

4. 居民个人公益捐赠支出的扣除

居民个人发生的公益捐赠支出可以在财产租赁所得、财产转让所得、利息股息红利所得、偶然所得(以下统称分类所得)、综合所得或者经营所得中扣除。在当期一个所得项目扣除不完的公益捐赠支出,可以按规定在其他所得项目中继续扣除。

居民个人发生的公益捐赠支出,在综合所得、经营所得中扣除的,扣除限额分别为当年综合所得、当年经营所得应纳税所得额的 30%;在分类所得中扣除的,扣除限额为当月分类所得应纳税所得额的 30%。

个人发生的公益捐赠支出,如果在支出当期(当年或当月)未能扣除完的,是否可以结转到下期所得继续扣除的问题,2019 年第 99 号公告没有明确,其他相关法规也没有规定。笔者从立法本意认为是不可以结转扣除的。

居民个人根据各项所得的收入、公益捐赠支出、适用税率等情况,自行决定在综合所得、分类所得、经营所得中扣除的公益捐赠支出的顺序。

(1)居民个人在综合所得中扣除公益捐赠支出的,应按照以下规定处理:

居民个人取得工资薪金所得的,可以选择在预扣预缴时扣除,也可以选择在年度汇算清缴时扣除。居民个人选择在预扣预缴时扣除的,应按照累计预扣法计算扣除限额,其捐赠当月的扣除限额为截至当月累计应纳税所得额的 30%(全额扣除的从其规定,下同)。个人从两处以上取得工资薪金所得,选择其中一处扣除,选择后当年不得变更。

居民个人取得劳务报酬所得(连续性劳务报酬除外)、稿酬所得、特许权使用费所得的，预扣预缴时不扣除公益捐赠支出，统一在汇算清缴时扣除。

居民个人取得全年一次性奖金、股权激励等所得，且按规定采取不并入综合所得而单独计税方式处理的，公益捐赠支出扣除比照2019年第99号公告分类所得的扣除规定处理。

(2)居民个人发生的公益捐赠支出，可在捐赠当月取得的分类所得中扣除。当月分类所得应扣除未扣除的公益捐赠支出，可以按照以下规定追补扣除：

扣缴义务人已经代扣但尚未解缴税款的，居民个人可以向扣缴义务人提出追补扣除申请，退还已扣税款。

扣缴义务人已经代扣且解缴税款的，居民个人可以在公益捐赠之日起90日内提请扣缴义务人向征收税款的税务机关办理更正申报追补扣除，税务机关和扣缴义务人应当予以办理。

居民个人自行申报纳税的，可以在公益捐赠之日起90日内向主管税务机关办理更正申报追补扣除。

居民个人捐赠当月有多项多次分类所得的，应先在其中一项一次分类所得中扣除。已经在分类所得中扣除的公益捐赠支出，不再调整到其他所得中扣除。

(3)在经营所得中扣除公益捐赠支出，应按以下规定处理：

个体工商户发生的公益捐赠支出，在其经营所得中扣除。

个人独资企业、合伙企业发生的公益捐赠支出，其个人投资者应当按照捐赠年度合伙企业的分配比例(个人独资企业分配比例为100%)，计算归属于每一个人投资者的公益捐赠支出，个人投资者应将其归属的个人独资企业、合伙企业公益捐赠支出和本人需要在经营所得扣除的其他公益捐赠支出合并，在其经营所得中扣除。

在经营所得中扣除公益捐赠支出的，可以选择在预缴税款时扣除，也可以选择在汇算清缴时扣除。

经营所得采取核定征收方式的，不扣除公益捐赠支出。

5.非居民个人公益捐赠支出的扣除

非居民个人发生的公益捐赠支出，未超过其在公益捐赠支出发生的当月应纳税所得额30%的部分，可以从其应纳税所得额中扣除。扣除不完的公益捐赠支出，可以在经营所得中继续扣除。

非居民个人按规定可以在应纳税所得额中扣除公益捐赠支出而未实际扣除的，可按照2019年第99号公告第5条规定(前述第2项)追补扣除。

6. 可全额扣除的公益捐赠

国务院规定对公益捐赠全额税前扣除的，按照规定执行。个人同时发生按30%扣除和全额扣除的公益捐赠支出，自行选择扣除次序。按现行规定可以全额扣除的捐赠如下：

（1）自2000年1月1日起，对企事业单位、社会团体和个人等社会力量，通过非营利性的社会团体和国家机关对公益性青少年活动场所（其中包括新建）的捐赠，在缴纳企业所得税和个人所得税前准予全额扣除。［财政部、国家税务总局《关于对青少年活动场所、电子游戏厅有关所得税和营业税政策问题的通知》（财税〔2000〕21号）］

（2）自2000年1月1日起，企事业单位、社会团体和个人等社会力量，通过非营利性的社会团体和国家机关（包括中国红十字会）向红十字事业的捐赠，在计算缴纳企业所得税和个人所得税时准予全额扣除。［财政部、国家税务总局《关于企业等社会力量向红十字事业捐赠有关所得税政策问题的通知》（财税〔2000〕30号）］

（3）自2000年10月1日起，对企事业单位、社会团体和个人等社会力量，通过非营利性的社会团体和政府部门向福利性、非营利性的老年服务机构的捐赠，在缴纳企业所得税和个人所得税前准予全额扣除。［财政部、国家税务总局《关于对老年服务机构有关税收政策问题的通知》（财税〔2000〕97号）］

（4）自2001年7月1日起，企事业单位、社会团体和个人等社会力量通过非营利的社会团体和国家机关向农村义务教育的捐赠，准予在缴纳企业所得税和个人所得税前的所得额中全额扣除。所称农村义务教育的范围，是指政府和社会力量举办的农村乡镇（不含县和县级市政府所在地的镇）、村的小学和初中以及属于这一阶段的特殊教育学校。纳税人对农村义务教育与高中在一起的学校的捐赠，也享受规定的所得税前扣除政策。［财政部、国家税务总局《关于纳税人向农村义务教育捐赠有关所得税政策的通知》（财税〔2001〕103号）］

（5）自2003年1月1日起，对企事业单位、社会团体和个人等社会力量，向中华健康快车基金会和孙冶方经济科学基金会、中华慈善总会、中国法律援助基金会和中华见义勇为基金会的捐赠，准予在缴纳企业所得税和个人所得税前全额扣除。［财政部、国家税务总局《关于向中华健康快车基金会等5家单位的捐赠所得税税前扣除问题的通知》（财税〔2003〕204号）］

（6）自2004年1月1日起，纳税人通过中国境内非营利的社会团体、国家机关向教育事业的捐赠，准予在企业所得税和个人所得税前全额扣除。［财政部、国家税务

务总局《关于教育税收政策的通知》(财税〔2004〕39号)]

(7)自2004年1月1日起,对企事业单位、社会团体和个人等社会力量,通过宋庆龄基金会、中国福利会、中国残疾人福利基金会、中国扶贫基金会、中国煤矿尘肺病治疗基金会、中华环境保护基金会用于公益救济性的捐赠,准予在缴纳企业所得税和个人所得税前全额扣除。[财政部、国家税务总局《关于向宋庆龄基金会等6家单位捐赠所得税政策问题的通知》(财税〔2004〕172号)]

(8)自2006年1月1日起,对企事业单位、社会团体和个人等社会力量,通过中国老龄事业发展基金会、中国华文教育基金会、中国绿化基金会、中国妇女发展基金会、中国关心下一代健康体育基金会、中国生物多样性保护基金会、中国儿童少年基金会和中国光彩事业基金会用于公益救济性捐赠,准予在缴纳企业所得税和个人所得税前全额扣除。[财政部、国家税务总局《关于中国老龄事业发展基金会等8家单位捐赠所得税政策问题的通知》(财税〔2006〕66号)]

(9)自2006年1月1日起,对企事业单位、社会团体和个人等社会力量,通过中国医药卫生事业发展基金会用于公益救济性捐赠,准予在缴纳企业所得税和个人所得税前全额扣除。[财政部、国家税务总局《关于中国医药卫生事业发展基金会捐赠所得税政策问题的通知》(财税〔2006〕67号)]

(10)自2006年1月1日起,对企事业单位、社会团体和个人等社会力量,通过中国教育发展基金会用于公益救济性捐赠,准予在缴纳企业所得税和个人所得税前全额扣除。[财政部、国家税务总局《关于中国教育发展基金会捐赠所得税政策问题的通知》(财税〔2006〕68号)]

(11)自2007年1月1日起至2007年12月31日止,对企业、事业单位、社会团体和个人等社会力量,通过中国青少年发展基金会、中国马克思主义研究基金会、中国治理荒漠化基金会、中国人权发展基金会、中国留学人才发展基金会和友成企业家扶贫基金会用于公益救济性捐赠,准予在缴纳企业所得税和个人所得税税前全额扣除。[财政部、国家税务总局《关于中国青少年发展基金会等6家单位捐赠所得税政策问题的通知》(财税〔2007〕108号,该文件迄今未废止)]

(12)个人向地震灾区捐赠,(扣缴方式的)由扣缴单位或税务机关(个人自行申报的)凭政府机关、非营利组织开具的接受捐赠凭据,依法据实扣除。[国家税务总局《关于个人向地震灾区捐赠有关个人所得税征管问题的通知》(国税发〔2008〕55号)]

(13)2020年1月1日至2020年12月31日,企业和个人通过公益性社会组织或者县级以上人民政府及其部门等国家机关，捐赠用于应对新型冠状病毒感染的肺炎疫情的现金和物品，允许在计算应纳税所得额时全额扣除。企业和个人直接向承担疫情防治任务的医院捐赠用于应对新型冠状病毒感染的肺炎疫情的物品，允许在计算应纳税所得额时全额扣除。（财政部、国家税务总局《关于支持新型冠状病毒感染的肺炎疫情防控有关捐赠税收政策的公告》财政部、税务总局公告 2020 年第 9 号）

7. 公益慈善事业捐赠的征收管理

（1）公益性社会组织、国家机关在接受个人捐赠时，应当按照规定开具捐赠票据；个人索取捐赠票据的，应予以开具。

个人发生公益捐赠时不能及时取得捐赠票据的，可以暂时凭公益捐赠银行支付凭证扣除，并向扣缴义务人提供公益捐赠银行支付凭证复印件。个人应在捐赠之日起 90 日内向扣缴义务人补充提供捐赠票据，如果个人未按规定提供捐赠票据的，扣缴义务人应在 30 日内向主管税务机关报告。

机关、企事业单位统一组织员工开展公益捐赠的，纳税人可以凭汇总开具的捐赠票据和员工明细单扣除。

（2）个人通过扣缴义务人享受公益捐赠扣除政策，应当告知扣缴义务人符合条件可扣除的公益捐赠支出金额，并提供捐赠票据的复印件，其中捐赠股权、房产的还应出示财产原值证明。扣缴义务人应当按照规定在预扣预缴、代扣代缴税款时予扣除，并将公益捐赠扣除金额告知纳税人。

个人自行办理或扣缴义务人为个人办理公益捐赠扣除的，应当在申报时一并报送《个人所得税公益慈善事业捐赠扣除明细表》。

个人应留存捐赠票据，留存期限为 5 年。

第六节　境外已纳税额抵免

根据《关于境外所得有关个人所得税政策的公告》（财政部、税务总局公告 2020 年第 3 号），居民个人在一个纳税年度内来源于中国境外的所得，依照所得来源国家（地区）税收法律规定在中国境外已缴纳的所得税税额允许在抵免限额内从其该纳税年度应纳税额中抵免。

一、抵免限额计算公式

居民个人来源于一国（地区）的综合所得、经营所得以及其他分类所得项目的应纳税额为其抵免限额，按照下列公式计算：

（1）来源于一国（地区）综合所得的抵免限额＝中国境内和境外综合所得依照规定计算的应纳税额×来源于该国（地区）的综合所得收入额÷中国境内和境外综合所得收入额合计

（2）来源于一国（地区）经营所得的抵免限额＝中国境内和境外经营所得依照规定计算的应纳税额×来源于该国（地区）的经营所得应纳税所得额÷中国境内和境外经营所得应纳税所得额合计

（3）来源于一国（地区）其他分类所得的抵免限额＝该国（地区）的其他分类所得依照规定计算的应纳税额

（4）来源于一国（地区）所得的抵免限额＝来源于该国（地区）综合所得抵免限额＋来源于该国（地区）经营所得抵免限额＋来源于该国（地区）其他分类所得抵免限额

二、可抵免的境外所得税税额

可抵免的境外所得税税额，是指居民个人取得境外所得，依照该所得来源国（地区）税收法律应当缴纳且实际已经缴纳的所得税性质的税额。可抵免的境外所得税额不包括以下情形：

（1）按照境外所得税法律属于错缴或错征的境外所得税税额；

（2）按照我国政府签订的避免双重征税协定以及内地与香港、澳门签订的避免双重征税安排（以下统称税收协定）规定不应征收的境外所得税税额；

（3）因少缴或迟缴境外所得税而追加的利息、滞纳金或罚款；

（4）境外所得税纳税人或者其利害关系人从境外征税主体得到实际返还或补偿的境外所得税税款；

（5）按照我国《个人所得税法》及其实施条例规定，已经免税的境外所得负担的境外所得税税款。

居民个人从与我国签订税收协定的国家（地区）取得的所得，按照该国（地区）税收法律享受免税或减税待遇，且该免税或减税的数额按照税收协定饶让条款规定应视同已缴税额在中国的应纳税额中抵免的，该免税或减税数额可作为居民个人实际缴纳的境外所得税税额按规定申报税收抵免。

居民个人一个纳税年度内来源于一国（地区）的所得实际已经缴纳的所得税税额，低于依照前述抵免限额公式计算出的来源于该国（地区）该纳税年度所得的抵免限额的，应以实际缴纳税额作为抵免额进行抵免；超过来源于该国（地区）该纳税年度所得的抵免限额的，应在限额内进行抵免，超过部分可以在以后五个纳税年度内结转抵免。

居民个人取得来源于境外的所得或者实际已经在境外缴纳的所得税税额为人民币以外货币，应当按照《个人所得税法实施条例》第32条折合计算。

三、境外纳税凭证及追溯抵免

居民个人申报境外所得税收抵免时，除另有规定外，应当提供境外征税主体出具的税款所属年度的完税证明、税收缴款书或者纳税记录等纳税凭证，未提供符合要求的纳税凭证，不予抵免。

居民个人已申报境外所得、未进行税收抵免，在以后纳税年度取得纳税凭证并申报境外所得税收抵免的，可以追溯至该境外所得所属纳税年度进行抵免，但追溯年度不得超过五年。自取得该项境外所得的五个年度内，境外征税主体出具的税款所属纳税年度纳税凭证载明的实际缴纳税额发生变化的，按实际缴纳税额重新计算并办理补退税，不加收税收滞纳金，不退还利息。

纳税人确实无法提供纳税凭证的，可同时凭境外所得纳税申报表（或者境外征税主体确认的缴税通知书）以及对应的银行缴款凭证办理境外所得抵免事宜。

《关于境外所得有关个人所得税政策的公告》（财政部、税务总局公告2020年第3号）适用于2019年度及以后年度税收处理事宜。以前年度尚未抵免完毕的税额，可以在实际发生抵免事项以后五个纳税年度内结转抵免。2018年以前按国家税务总局《关于境外所得征收个人所得税若干问题的通知》（国税发〔1994〕44号，已失效）进行抵免处理。其中外币折算按国家税务总局《关于企业和个人的外币收入如何折合成人民币计算缴纳税款问题的通知》（国税发〔1995〕173号，已失效）处理。

简单总结一下境外已纳税额抵免政策：

抵免限额：分国（地区）分项（综合所得、经营所得、分类所得），按我国规定计算境外所得应纳税额。

可抵免的境外所得税税额：在抵免限额以内的、应当缴纳且已在境外实际缴纳的所得税性质的税额，应提供境外纳税凭证。

未足额抵免的境外所得税税额：可在以后五个纳税年度内结转抵免或追溯抵免。

第七节　征收管理及纳税申报

一、税务机关进行纳税调整的情形

有下列情形之一的，税务机关有权按照合理方法进行纳税调整：

1. 个人与其关联方之间的业务往来不符合独立交易原则而减少本人或者其关联方应纳税额，且无正当理由；

2. 居民个人控制的，或者居民个人和居民企业共同控制的设立在实际税负明显偏低的国家（地区）的企业，无合理经营需要，对应当归属于居民个人的利润不作分配或者减少分配；

3. 个人实施其他不具有合理商业目的的安排而获取不当税收利益。

税务机关依照上述规定作出纳税调整，需要补征税款的，应当补征税款，并依法加收利息。利息应当按照税款所属纳税申报期最后一日中国人民银行公布的与补税期间同期的人民币贷款基准利率计算，自税款纳税申报期满次日起至补缴税款期限届满之日止按日加收。纳税人在补缴税款期限届满前补缴税款的，利息加收至补缴税款之日。

二、扣缴义务人的权利义务

个人所得税的扣缴义务人扣缴税款时，纳税人应当向扣缴义务人提供纳税人识别号。纳税人有中国公民身份号码的，以中国公民身份号码为纳税人识别号；纳税人没有中国公民身份号码的，由税务机关赋予其纳税人识别号。

扣缴义务人应当按照国家规定办理全员全额扣缴申报，并向纳税人提供其个人所得和已扣缴税款等信息。全员全额扣缴申报，是指扣缴义务人在代扣税款的次月15日内，向主管税务机关报送其支付所得的所有个人的有关信息、支付所得数额、扣除事项和数额、扣缴税款的具体数额和总额以及其他相关涉税信息资料。

居民个人向扣缴义务人提供专项附加扣除信息的，扣缴义务人按月预扣预缴税款时应当按照规定予以扣除，不得拒绝。

扣缴义务人每月或者每次预扣、代扣的税款，应当在次月 15 日内缴入国库，并向税务机关报送扣缴个人所得税申报表。

对扣缴义务人按照所扣缴的税款，付给 2% 的手续费。

三、纳税人应当依法办理纳税申报的情形

1. 取得综合所得需要办理汇算清缴的。

2. 取得应税所得没有扣缴义务人的，应当在取得所得的次月 15 日内向税务机关报送纳税申报表，并缴纳税款。

3. 取得应税所得，扣缴义务人未扣缴税款。纳税人应当在取得所得的次年 6 月 30 日前，缴纳税款；税务机关通知限期缴纳的，纳税人应当按照期限缴纳税款。

4. 居民个人从中国境外取得所得的，应当在取得所得的次年 3 月 1 日至 6 月 30 日内申报纳税。

5. 纳税人因移居境外注销中国户籍的，应当在注销中国户籍前办理税款清算。

6. 非居民个人在中国境内从两处以上取得工资、薪金所得的，应当在取得所得的次月 15 日内申报纳税。

7. 国务院规定的其他情形。

四、需要办理汇算清缴的情形

1. 取得综合所得需要办理汇算清缴的情形，具体包括：

（1）从两处以上取得综合所得，且综合所得年收入额减除专项扣除的余额超过 6 万元。

（2）取得劳务报酬所得、稿酬所得、特许权使用费所得中一项或者多项所得，且综合所得年收入额减除专项扣除的余额超过 6 万元。

（3）纳税年度内预缴税额低于应纳税额。

（4）纳税人申请退税。纳税人申请退税，应当提供其在中国境内开设的银行账户，并在汇算清缴地就地办理税款退库。

取得综合所得需要办理汇算清缴的，应当在取得所得的次年 3 月 1 日至 6 月 30 日内办理汇算清缴。

2. 纳税人取得经营所得，按年计算个人所得税，由纳税人在月度或者季度终了后 15 日内向税务机关报送纳税申报表，并预缴税款；在取得所得的次年 3 月 31 日前办理汇算清缴。

3. 非居民个人取得工资、薪金所得，劳务报酬所得，稿酬所得和特许权使用费所得，有扣缴义务人的，由扣缴义务人按月或者按次代扣代缴税款，不办理汇算清缴。

4. 纳税人办理汇算清缴退税或者扣缴义务人为纳税人办理汇算清缴退税的，税务机关审核后，按照国库管理的有关规定办理退税。

五、相关部门的协助义务

公安、人民银行、金融监督管理等相关部门应当协助税务机关确认纳税人的身份、金融账户信息。教育、卫生、医疗保障、民政、人力资源社会保障、住房城乡建设、公安、人民银行、金融监督管理等相关部门应当向税务机关提供纳税人子女教育、继续教育、大病医疗、住房贷款利息、住房租金、赡养老人等专项附加扣除信息。

个人转让不动产的，税务机关应当根据不动产登记等相关信息核验应缴的个人所得税，登记机构办理转移登记时，应当查验与该不动产转让相关的个人所得税的完税凭证。个人转让股权办理变更登记的，市场主体登记机关应当查验与该股权交易相关的个人所得税的完税凭证。

有关部门依法将纳税人、扣缴义务人遵守《个人所得税法》的情况纳入信用信息系统，并实施联合激励或者惩戒。

六、其他征收管理规定

所得为人民币以外的货币的，按照人民币汇率中间价折合成人民币缴纳税款。具体为按照办理纳税申报或者扣缴申报的上一月最后一日人民币汇率中间价，折合成人民币计算应纳税所得额。年度终了后办理汇算清缴的，对已经按月、按季或者按次预缴税款的人民币以外货币所得，不再重新折算；对应当补缴税款的所得部分，按照上一纳税年度最后一日人民币汇率中间价，折合成人民币计算应纳税所得额。

纳税人、扣缴义务人和税务机关及其工作人员违反《个人所得税法》规定的，依照《税收征收管理法》和有关法律法规的规定追究法律责任。

除以上规定外，个人所得税的征收管理，依照《税收征收管理法》的规定执行。

纳税人、扣缴义务人按照法律、行政法规规定或者税务机关依照法律、行政法规的规定确定的期限，缴纳或者解缴税款。纳税人因有特殊困难，不能按期缴纳税款的，经省、自治区、直辖市国家税务局、地方税务局批准，可以延期缴纳税款，但是最长不得超过三个月。

纳税人未按照规定期限缴纳税款的，扣缴义务人未按照规定期限解缴税款的，税务机关除责令限期缴纳外，从滞纳税款之日起，按日加收滞纳税款5‱的滞纳金。

对储蓄存款利息所得开征、减征、停征个人所得税的具体办法，汇算清缴的具体办法，全员全额扣缴申报办法，预扣预缴办法及其他征收管理、纳税申报规定详见后面相关章节。

七、居民个人取得境外所得征收管理

居民个人从中国境外取得所得的，应当在取得所得的次年3月1日至6月30日内申报纳税。

居民个人取得境外所得，应当向中国境内任职、受雇单位所在地主管税务机关办理纳税申报；在中国境内没有任职、受雇单位的，向户籍所在地或中国境内经常居住地主管税务机关办理纳税申报；户籍所在地与中国境内经常居住地不一致的，选择其中一地主管税务机关办理纳税申报；在中国境内没有户籍的，向中国境内经常居住地主管税务机关办理纳税申报。

居民个人被境内企业、单位、其他组织（以下简称派出单位）派往境外工作，取得的工资薪金所得或者劳务报酬所得，由派出单位或者其他境内单位支付或负担的，派出单位或者其他境内单位应按照《个人所得税法》及其实施条例规定预扣预缴税款。

居民个人被派出单位派往境外工作，取得的工资薪金所得或者劳务报酬所得，由境外单位支付或负担的，如果境外单位为境外任职、受雇的中方机构（以下简称中方机构）的，可以由中方机构预扣税款，并委托派出单位向主管税务机关申报纳税。中方机构未预扣税款的或者境外单位不是中方机构的，派出单位应当于次年2月28日前向其主管税务机关报送外派人员情况，包括：外派人员的姓名、身份证件类型及身份证件号码、职务、派往国家和地区、境外工作单位名称和地址、派遣期限、境内外收入及缴税情况等。

中方机构包括中国境内企事业单位、其他经济组织以及国家机关所属的境外分支机构、子公司、使（领）馆、代表处等。

纳税人和扣缴义务人未按规定申报缴纳、扣缴境外所得个人所得税以及报送资料的，按照《税收征收管理法》和《个人所得税法》及其实施条例等有关规定处理，并按规定纳入个人纳税信用管理。

第三章 综合所得个人所得税

本章思维导图

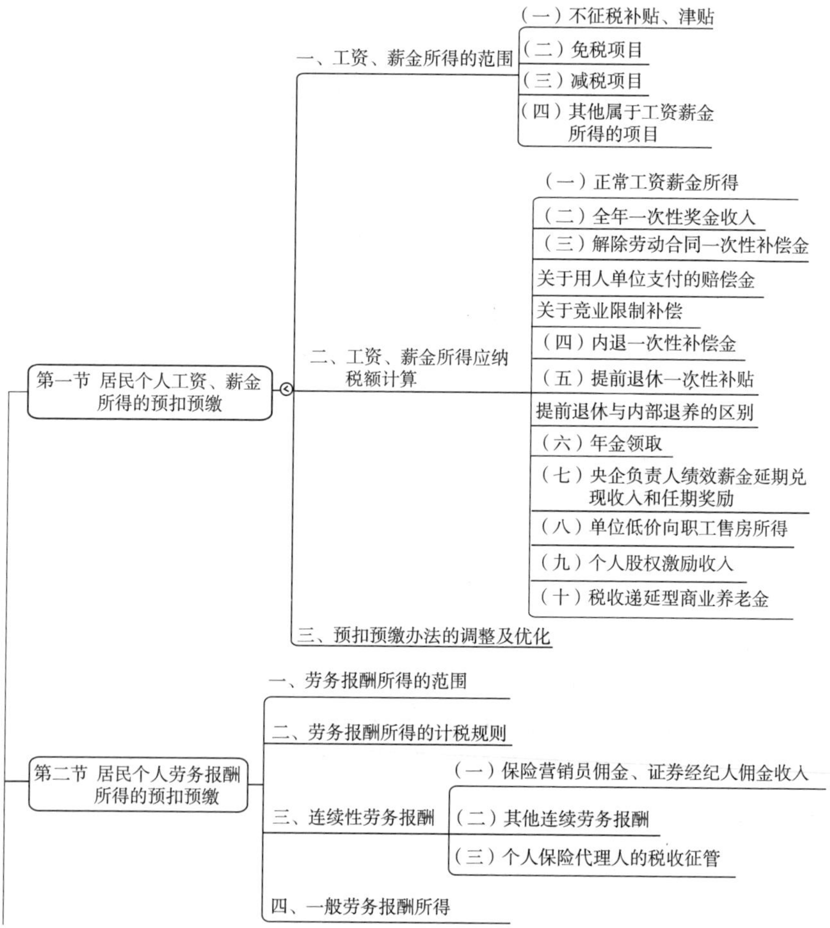

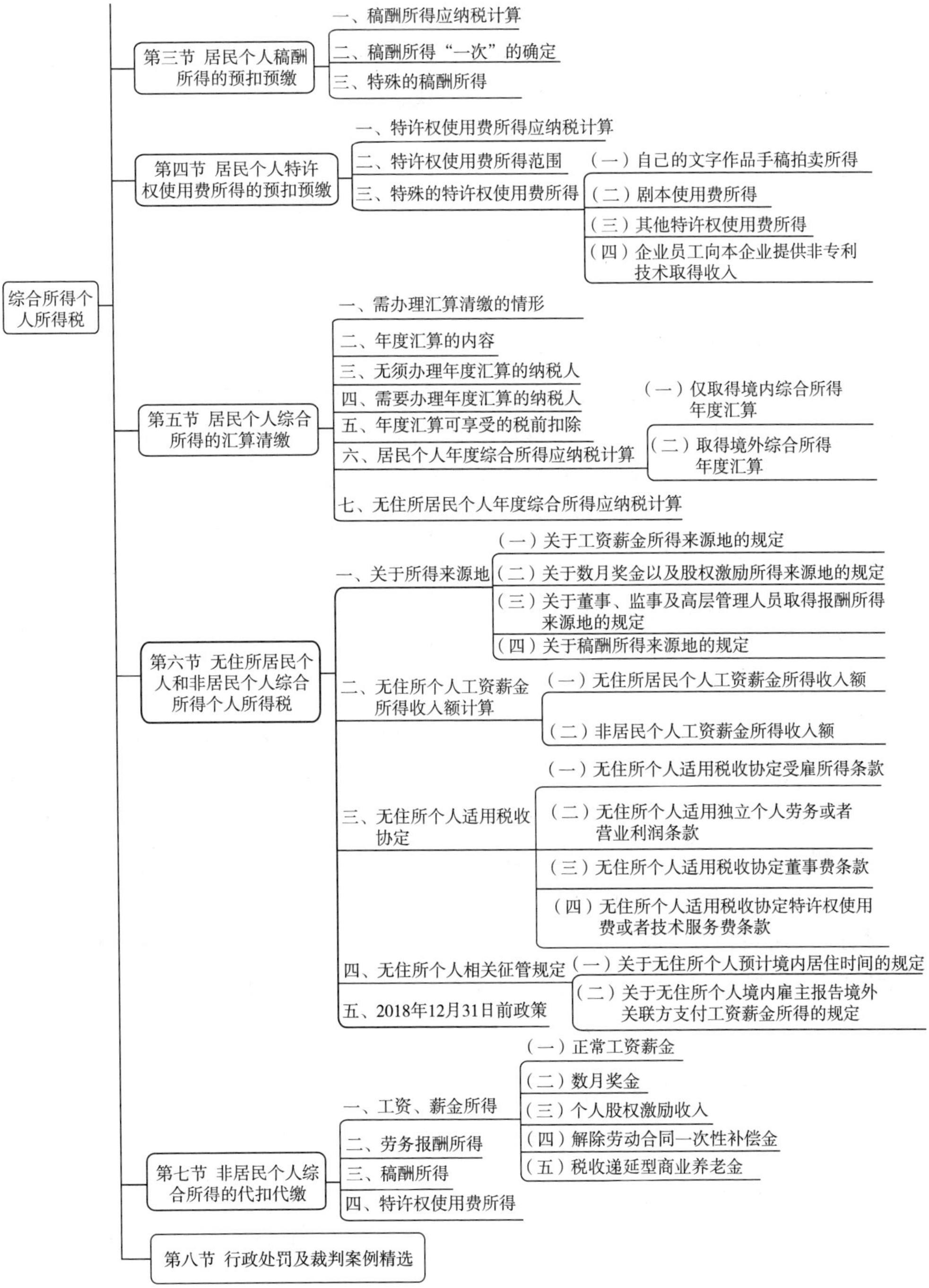
综合所得个人所得税
第三节 居民个人稿酬所得的预扣预缴
一、稿酬所得应纳税计算
二、稿酬所得“一次”的确定
三、特殊的稿酬所得
第四节 居民个人特许权使用费所得的预扣预缴
一、特许权使用费所得应纳税计算
二、特许权使用费所得范围
三、特殊的特许权使用费所得
（一）自己的文字作品手稿拍卖所得
（二）剧本使用费所得
（三）其他特许权使用费所得
（四）企业员工向本企业提供非专利技术取得收入
第五节 居民个人综合所得的汇算清缴
一、需办理汇算清缴的情形
二、年度汇算的内容
三、无须办理年度汇算的纳税人
四、需要办理年度汇算的纳税人
五、年度汇算可享受的税前扣除
六、居民个人年度综合所得应纳税计算
（一）仅取得境内综合所得年度汇算
（二）取得境外综合所得年度汇算
七、无住所居民个人年度综合所得应纳税计算
第六节 无住所居民个人和非居民个人综合所得个人所得税
一、关于所得来源地
（一）关于工资薪金所得来源地的规定
（二）关于数月奖金以及股权激励所得来源地的规定
（三）关于董事、监事及高层管理人员取得报酬所得来源地的规定
（四）关于稿酬所得来源地的规定
二、无住所个人工资薪金所得收入额计算
（一）无住所居民个人工资薪金所得收入额
（二）非居民个人工资薪金所得收入额
三、无住所个人适用税收协定
（一）无住所个人适用税收协定受雇所得条款
（二）无住所个人适用独立个人劳务或者营业利润条款
（三）无住所个人适用税收协定董事费条款
（四）无住所个人适用税收协定特许权使用费或者技术服务费条款
四、无住所个人相关征管规定
（一）关于无住所个人预计境内居住时间的规定
（二）关于无住所个人境内雇主报告境外关联方支付工资薪金所得的规定
五、2018年12月31日前政策
第七节 非居民个人综合所得的代扣代缴
一、工资、薪金所得
（一）正常工资薪金
（二）数月奖金
（三）个人股权激励收入
（四）解除劳动合同一次性补偿金
（五）税收递延型商业养老金
二、劳务报酬所得
三、稿酬所得
四、特许权使用费所得
第八节 行政处罚及裁判案例精选

个人的综合所得是指工资、薪金所得，劳务报酬所得，稿酬所得，特许权使用费所得。居民个人取得综合所得，按纳税年度合并计算个人所得税，按月或者按次预扣预缴税款；非居民个人取得综合所得，按月或者按次分项计算个人所得税。

第一节　居民个人工资、薪金所得的预扣预缴

扣缴义务人向居民个人支付工资、薪金所得时，应当按照累计预扣法计算预扣税款，并按月办理扣缴申报。

累计预扣法，是指扣缴义务人在一个纳税年度内预扣预缴税款时，以纳税人在本单位截至当前月份工资、薪金所得累计收入减除累计免税收入、累计减除费用、累计专项扣除、累计专项附加扣除和累计依法确定的其他扣除后的余额为累计预扣预缴应纳税所得额，适用《个人所得税预扣率表一》的预扣率、速算扣除数，计算累计应预扣预缴税额，再减除累计减免税额和累计已预扣预缴税额，其余额为本期应预扣预缴税额。余额为负值时，暂不退税。纳税年度终了后余额仍为负值时，由纳税人通过办理综合所得年度汇算清缴，税款多退少补。

具体计算公式如下：

本期应预扣预缴税额＝（累计预扣预缴应纳税所得额×预扣率－速算扣除数）－累计减免税额－累计已预扣预缴税额

累计预扣预缴应纳税所得额＝累计收入－累计免税收入－累计减除费用－累计专项扣除－累计专项附加扣除－累计依法确定的其他扣除

上述公式中，累计减除费用，按照5000元/月乘以纳税人当年截至本月在本单位的任职受雇月份数计算。2020年国家税务总局先后发布两次公告，简便优化了部分纳税人个人所得税预扣预缴方法。详见本章第三部分“预扣预缴办法的调整及优化”。

一、工资、薪金所得的范围

工资、薪金所得，是指个人因任职或者受雇取得的工资、薪金、奖金、年终加薪、劳动分红、津贴、补贴以及与任职或者受雇有关的其他所得。除按照国务院规定发给的政府特殊津贴和国务院规定免纳个人所得税的补贴、津贴外，其他各种补贴、津贴均应计入工资、薪金所得项目征税。

顾名思义，加班工资（加班费、加班补贴）、补发工资、通讯补贴等均属于其他与任职受雇有关的所得。企业以现金形式发给个人的住房补贴、医疗补助费，应全额计入领取人的当期工资、薪金收入计征个人所得税，但对外籍个人以实报实销形式取得的住房补贴，仍按照财政部、国家税务总局《关于个人所得税若干政策问题的通知》（财税字〔1994〕20 号）的规定，暂免征收个人所得税。

（一）不征税补贴、津贴

根据国家税务总局《关于印发〈征收个人所得税若干问题的规定〉的通知》（国税发〔1994〕89 号），独生子女补贴、托儿补助费、差旅费津贴、误餐补助以及执行公务员工资制度未纳入基本工资总额的补贴、津贴差额和家属成员的副食品补贴等不属于工资、薪金性质的补贴、津贴或者不属于纳税人本人工资、薪金所得项目的收入，不征税。其中误餐补助是指按照财政部门规定的因公在城区郊区工作，不能在工作单位或返回就餐，根据实际误餐顿数按规定的标准领取的误餐费。单位以误餐补助名义发给职工的补助津贴不包括在内。

对军队干部按照政策规定，属于免税项目或者不属于本人所得的补贴、津贴有 8 项，不计入工资、薪金所得项目征税，包括：（1）政府特殊津贴；（2）福利补助；（3）夫妻分居补助费；（4）随军家属无工作生活困难补助；（5）独生子女保健费；（6）子女保教补助费；（7）机关在职军以上干部公勤费（保姆费）；（8）军粮差价补贴。

对军队干部的以下 5 项补贴、津贴，暂不征税：（1）军人职业津贴；（2）军队设立的艰苦地区补助；（3）专业性补助；（4）基层军官岗位津贴（营连排长岗位津贴）；（5）伙食补贴。

（二）免税项目

（1）高级专家延长离退休期间取得的工资薪金收入，即对按国务院《关于高级专家离休退休若干问题的暂行规定》（国发〔1983〕141 号）和国务院办公厅《关于杰出高级专家暂缓离退休审批问题的通知》（国办发〔1991〕40 号）精神，达到离休、退休年龄，但确因工作需要，适当延长离休退休年龄的高级专家，其在延长离休退休期间的工资、薪金所得，视同退休工资、离休工资，免征个人所得税。

延长离休退休年龄的高级专家是指享受国家发放的政府特殊津贴的专家、学者和中国科学院、中国工程院院士。高级专家延长离休退休期间取得的工资薪金所得，其免征个人所得税政策按下列标准执行：对高级专家从其劳动人事关系所在单位取得的，单位按国家有关规定向职工统一发放的工资、薪金、奖金、津贴、补贴等收入，视同离休、退休工资，免征个人所得税；除上述收入以外各种名目的津补贴收入等，以及高级专家从其劳动人事关系所在单位之外的其他地方取得的培训费、讲课费、顾问费、稿酬等各种收入，依法计征个人所得税。高级专家从两处以上取得应税工资、薪金所得以及具有税法规定应当自行纳税申报的其他情形的，应在税法规定的期限内自行向主管税务机关办理纳税申报。

（2）按照国家统一规定发给干部、职工的安家费、退职费、基本养老金或者退休费、离休费、离休生活补助费。

（3）符合条件的津贴补贴收入，主要是指按照国务院规定发给的政府特殊津贴、院士津贴，以及国务院规定免予缴纳个人所得税的其他补贴、津贴。

（4）对退役士兵按照《退役士兵安置条例》（国务院、中央军事委员会令第608号）规定，取得的一次性退役金以及地方政府发放的一次性经济补助，免征个人所得税。

（5）生育津贴和生育医疗费，是指生育妇女按照县级以上人民政府根据国家有关规定制定的生育保险办法，取得的生育津贴、生育医疗费或其他属于生育保险性质的津贴、补贴。

（6）取得的工伤保险待遇，是指工伤职工及其近亲属按照《工伤保险条例》（国务院令第586号）规定取得的工伤保险待遇。工伤保险待遇，包括工伤职工按照《工伤保险条例》（国务院令第586号）规定取得的一次性伤残补助金、伤残津贴、一次性工伤医疗补助金、一次性伤残就业补助金、工伤医疗待遇、住院伙食补助费、外地就医交通食宿费用、工伤康复费用、辅助器具费用、生活护理费等，以及职工因工死亡，其近亲属按照《工伤保险条例》（国务院令第586号）规定取得的丧葬补助金、供养亲属抚恤金和一次性工亡补助金等。

（7）符合条件的外交人员所得，是指依照《外交特权与豁免条例》和《领事特权与豁免条例》规定应予免税的各国驻华使馆、领事馆的外交代表、领事官员和其他人员的所得。

（8）外籍个人以非现金形式或实报实销形式取得的住房补贴、伙食补贴、搬迁费、洗衣费。

（9）外籍个人按合理标准取得的境内、外出差补贴。

（10）外籍个人取得的探亲费、语言训练费、子女教育费等，经当地税务机关审核批准为合理的部分。

（11）凡符合下列条件之一的外籍专家取得的工资、薪金所得可免征个人所得税：

①根据世界银行专项贷款协议由世界银行直接派往我国工作的外国专家；

②联合国组织直接派往我国工作的专家；

③为联合国援助项目来华工作的专家；

④援助国派往我国专为该国无偿援助项目工作的专家；

⑤根据两国政府签订文化交流项目来华工作两年以内的文教专家，其工资、薪金所得由该国负担的；

⑥根据我国大专院校国际交流项目来华工作两年以内的文教专家，其工资、薪金所得由该国负担的；

⑦通过民间科研协定来华工作的专家，其工资、薪金所得由该国政府机构负担的。

(12)外籍个人生活费用，指财政部《关于外国来华工作人员缴纳个人所得税问题的通知》(〔80〕财税字第189号)规定的外籍个人取得的生活津贴费，具体按以下规定掌握：

①援助国派往我国专为该国无偿援助我国的建设项目服务的工作人员，取得的工资、生活津贴，不论是我方支付或外国支付，均可免征个人所得税。

②外国来华文教专家，在我国服务期间，由我方发工资、薪金，并对其住房、使用汽车、医疗实行免费"三包"，可只就工资、薪金所得按照税法规定征收个人所得税；对我方免费提供的住房、使用汽车、医疗，可免予计算纳税。

③外国来华工作人员，在我国服务而取得的工资、薪金，不论是我方支付、外国支付、我方和外国共同支付，均属于来源于中国的所得，除按规定给予免税优惠外，其他均应按规定征收个人所得税。但对在中国境内连续居住不超过90天的，可只就我方支付的工资、薪金部分计算纳税，对外国支付的工资、薪金部分免予征税。

④外国来华留学生，领取的生活津贴费、奖学金，不属于工资、薪金范畴，不征个人所得税。

⑤外国来华工作人员，由外国派出单位发给包干款项，其中包括个人工资、公用经费(邮电费、办公费、广告费、业务上往来必要的交际费)、生活津贴费(住房费、差旅费)，凡对上项所得能够划分清楚的，可只就工资薪金所得部分按照规定征收个人所得税。

(13)在粤港澳大湾区工作的境外(含港澳台，下同)高端人才和紧缺人才个人所得税税负差额补贴。

根据财政部、税务总局《关于粤港澳大湾区个人所得税优惠政策的通知》(财税

〔2019〕31号），自2019年1月1日起至2023年12月31日止，广东省、深圳市按内地与香港个人所得税税负差额，对在大湾区工作的境外高端人才和紧缺人才给予补贴，该补贴免征个人所得税。在大湾区工作的境外高端人才和紧缺人才的认定和补贴办法，按照广东省、深圳市的有关规定执行。本通知适用范围包括广东省广州市、深圳市、珠海市、佛山市、惠州市、东莞市、中山市、江门市和肇庆市等大湾区珠三角九市。

在财政部、税务总局《关于粤港澳大湾区个人所得税优惠政策的通知》（财税〔2019〕31号）之前，适用的是财政部、国家税务总局《关于广东横琴新区个人所得税优惠政策的通知》（财税〔2014〕23号）和财政部、国家税务总局《关于深圳前海深港现代服务业合作区个人所得税优惠政策的通知》（财税〔2014〕25号）。自2013年起，已在广东横琴、深圳前海，以及福建平潭实施了港、澳、台居民和境外高端人才个人所得税税负差额补贴政策。广东横琴、深圳前海属于粤港澳大湾区的范围，财政部、税务总局《关于粤港澳大湾区个人所得税优惠政策的通知》（财税〔2019〕31号）规定的大湾区个人所得税优惠政策实施后，将覆盖横琴、前海两地的已有政策，因此，广东横琴、深圳前海原有的两项个人所得税优惠政策文件自新政策实施之日起废止。

（14）在平潭综合实验区工作的我国台湾地区居民个人所得税税负差额补贴。

根据《关于福建平潭综合实验区个人所得税优惠政策的通知》（财税（2014）24号），在平潭综合实验区工作的我国台湾地区居民，应按照《个人所得税法》的有关规定，缴纳个人所得税。自2013年1月1日起至2020年12月31日止，福建省人民政府根据国务院《关于平潭综合实验区总体发展规划的批复》（国函〔2011〕142号）以及《平潭综合实验区总体发展规划》有关规定，按不超过大陆与台湾地区个人所得税负差额，给予在平潭综合实验区工作的我国台湾地区居民的补贴，免征个人所得税。我国台湾地区居民，是指持有《台湾居民来往大陆通行证》的个人。平潭综合实验区是指国务院2011年11月批复的《平潭综合实验区总体发展规划》规划的平潭综合实验区范围。

（15）企业依照国家有关法律规定宣告破产，企业职工从该破产企业取得的一次性安置费收入。[《关于个人与用人单位解除劳动关系取得的一次性补偿收入征免个人所得税问题的通知》（财税〔2001〕157号）]

（16）其他免税优惠，是指除以上列明项目外的优惠政策，如西藏的艰苦边远地区津贴、西藏特殊津贴，在藏长期工作的人员和大中专毕业生的浮动工资，增发的工龄工资，离退休人员的安家费和建房补贴费等。[《关于西藏自治区贯彻施行〈中华人民共和国个人所得税法〉有关问题的批复》（财税字〔1994〕21号）、《关于西藏特

殊津贴免征个人所得税的批复》(财税字〔1996〕91号)]

(三)减税项目

(1)远洋船员工资薪金减按50%征税,是指按照《关于远洋船员个人所得税政策的公告》(财政部、税务总局公告2019年第97号)规定,自2019年1月1日起至2023年12月31日止,一个纳税年度内在船航行时间累计满183天的远洋船员,其取得的工资薪金收入减按50%计入应纳税所得额。

(2)自2018年7月1日起,职务科技成果转化减按50%计入科技人员当月工资薪金所得。职务科技成果转化是指符合《关于科技人员取得职务科技成果转化现金奖励有关个人所得税政策的通知》(财税〔2018〕58号)规定的非营利性科研机构和高校从职务科技成果转化收入中给予科技人员的现金奖励,可减按50%计入科技人员当月工资、薪金所得。该通知施行前非营利性科研机构和高校取得的科技成果转化收入,自施行后36个月内给科技人员发放现金奖励,符合该通知规定的其他条件的,也可适用上述政策。

非营利性科研机构和高校包括国家设立的科研机构和高校、民办非营利性科研机构和高校。国家设立的科研机构和高校是指利用财政性资金设立的、取得《事业单位法人证书》的科研机构和公办高校,包括中央和地方所属科研机构和高校。民办非营利性科研机构和高校,是指同时满足以下条件的科研机构和高校:

①根据《民办非企业单位登记管理暂行条例》在民政部门登记,并取得《民办非企业单位登记证书》。

②对于民办非营利性科研机构,其《民办非企业单位登记证书》记载的业务范围应属于"科学研究与技术开发、成果转让、科技咨询与服务、科技成果评估"范围。对业务范围存在争议的,由税务机关转请县级(含)以上科技行政主管部门确认。

对于民办非营利性高校,应取得教育主管部门颁发的《民办学校办学许可证》,《民办学校办学许可证》记载学校类型为"高等学校"。

③经认定取得企业所得税非营利组织免税资格。

科技人员享受该通知规定税收优惠政策,须同时符合以下条件:

①科技人员是指非营利性科研机构和高校中对完成或转化职务科技成果作出重要贡献的人员。非营利性科研机构和高校应按规定公示有关科技人员名单及相关信息(国防专利转化除外),具体公示办法由科技部会同财政部、税务总局制定。

②科技成果是指专利技术(含国防专利)、计算机软件著作权、集成电路布图设

计专有权、植物新品种权、生物医药新品种,以及科技部、财政部、税务总局确定的其他技术成果。

③科技成果转化是指非营利性科研机构和高校向他人转让科技成果或者许可他人使用科技成果。现金奖励是指非营利性科研机构和高校在取得科技成果转化收入3年(36个月)内奖励给科技人员的现金。

④非营利性科研机构和高校转化科技成果,应当签订技术合同,并根据《技术合同认定登记管理办法》,在技术合同登记机构进行审核登记,并取得技术合同认定登记证明。

非营利性科研机构和高校应健全科技成果转化的资金核算,不得将正常工资、奖金等收入列入科技人员职务科技成果转化现金奖励享受税收优惠。

非营利性科研机构和高校向科技人员发放现金奖励时,应按《个人所得税法》规定代扣代缴个人所得税,并按规定向税务机关履行备案手续。

(四)其他属于工资薪金所得的项目

(1)退休人员再任职收入,在减除按《个人所得税法》规定的费用扣除标准后,按"工资、薪金所得"应税项目缴纳个人所得税。"退休人员再任职",应同时符合下列条件:

①受雇人员与用人单位签订一年以上(含一年)劳动合同(协议),存在长期或连续的雇用与被雇用关系。

②受雇人员因事假、病假、休假等原因不能正常出勤时,仍享受固定或基本工资收入。

③受雇人员与单位其他正式职工享受同等福利、社保、培训及其他待遇;2011年5月1日起,单位是否为离退休人员缴纳社会保险费,不再作为离退休人员再任职的界定条件。

④受雇人员的职务晋升、职称评定等工作由用人单位负责组织。

(2)个人因公务用车和通讯制度改革而取得的公务用车、通讯补贴收入,包括因公务用车制度改革而以现金、报销等形式向职工个人支付的收入。上述补贴收入扣除一定标准的公务费用后,按月发放的,并入当月"工资、薪金"所得计征个人所得税;不按月发放的,分解到所属月份并与该月份"工资、薪金"所得合并后计征个人所得税。公务费用的扣除标准,由省税务局根据纳税人公务交通、通讯费用的实际发生情况调查测算,报经省级人民政府批准后确定,并报国家税务总局备案。

对用车人给予各种形式的补偿包括:直接以现金形式发放,在限额内据实报销用车支出,单位反租职工个人的车辆支付车辆租赁费("私车公用"),单位向用车人支付车辆使用过程中的有关费用等。

(3)单位超过规定的比例和标准缴付的基本养老保险费、基本医疗保险费和失业保险费、住房公积金。

(4)单位超过规定标准缴付的年金缴费。

(5)单位为员工支付的各项免税之外的保险金,应在企业向保险公司缴付时(该保险落到被保险人的保险账户)并入员工当期的工资收入。

(6)在公司任职、受雇取得的董事费、监事费。

(7)对企业雇员享受的营销人员业绩奖励。

(8)因在本单位的报刊、杂志上发表作品取得的所得。

(9)导演、演职人员参加本单位的影视拍摄、演出所取得的各种报酬。

(10)个人对企业经营成果不拥有所有权的承包、承租经营所得。

(11)出租车驾驶员单车承包或承租取得的客货运营收入。

(12)个人对建筑安装工程经营成果不拥有所有权的承包所得。

(13)律师事务所支付给雇员的所得。

(14)雇员取得的企业为个人购买房屋或其他财产所得。

(15)单位低价向职工售房所得。

二、工资、薪金所得应纳税额计算

根据现行政策,部分工资、薪金所得项目不并入综合所得,单独适用税率,分别计算应纳税额。这些单独计算的项目包括全年一次性奖金收入、解除劳动合同一次性补偿金、提前退休一次性补贴、年金领取、央企负责人绩效薪金延期兑现收入和任期奖励、单位低价向职工售房、个人股权激励收入、税收递延型商业养老金。此外,内退一次性补偿金也因算法特殊而单独作为一类。除了上述列举的类别外,其他工资薪金所得项均并入"正常工资薪金所得"计算应纳税额。

(一)正常工资薪金所得

正常工资薪金所得 = 累计收入 - 累计减除费用 - 累计专项扣除 - 累计专项附加扣除 - 累计其他扣除 - 准予扣除的捐赠额

累计专项扣除 = 累计基本养老保险费 + 累计基本医疗保险费 + 累计失业保险

费+累计住房公积金

累计专项附加扣除=累计子女教育支出+累计继续教育支出+累计住房贷款利息支出+累计住房租金支出+累计赡养老人支出

累计其他扣除包括累计企业(职业)年金、商业健康保险、税延养老保险及其他。

上式中的“累计”是指年初至当月累计数。

(1)收入额包括纳税人取得的全部收入额(含税)。雇员取得除全年一次性奖金以外的其他各种名目奖金,如半年奖、季度奖、加班奖、先进奖、考勤奖等,一律与当月工资、薪金收入合并计算。

个人取得的应纳税所得额按以下公式计算:

应纳税所得额=(不含税收入-费用减除标准-速算扣除数)÷(1-税率)

(2)减除费用是指减除每月5000元的费用。

(3)专项扣除是指个人按规定标准缴付的基本养老保险费、基本医疗保险费、失业保险费、住房公积金,详见第二章“专项扣除”部分。

(4)专项附加扣除是指符合专项附加扣除政策规定可扣除的子女教育支出、继续教育支出、住房贷款利息支出、住房租金支出、赡养老人支出,详见第二章“专项附加扣除”部分。

根据财税〔2018〕164号,2019年1月1日至2021年12月31日,外籍个人符合居民个人条件的,可以选择享受个人所得税专项附加扣除,也可以选择按照原规定享受住房补贴、语言训练费、子女教育费等津补贴免税优惠政策,但不得同时享受;自2022年1月1日起,外籍个人不再享受住房补贴、语言训练费、子女教育费津补贴免税优惠政策,应按规定享受专项附加扣除。

(5)企业(职业)年金,是指《关于企业年金、职业年金个人所得税有关问题的通知》(财税〔2013〕103号)规定的个人根据国家有关政策规定缴付的年金个人缴费部分,在不超过本人缴费工资计税基数的4%标准内的部分。

(6)商业健康保险,是指《关于将商业健康保险个人所得税试点政策推广到全国范围实施的通知》(财税〔2017〕39号)规定的个人购买符合规定的商业健康保险产品的支出,扣除限额为2400元/年(200元/月)。

(7)税延养老保险,是指试点地区个人按财税〔2018〕22号规定缴纳的保费,扣除限额按照当月工资薪金、连续性劳务报酬收入的6%和1000元孰低办法确定,也即每月最多可扣除1000元。

(8)准予扣除的捐赠额,是指按照《个人所得税法》及财政部、国家税务总局公告2019年第99号公告或者其他法律法规规定可在当期扣除的公益捐赠额,分为限额扣除、全额扣除和混合扣除。限额扣除是指在应纳税所得额的30%以内据实扣除,全额扣除是按捐赠实际发生额扣除,混合扣除是按前述限额扣除和全额扣除综合计算的捐赠额扣除。

需要说明的是,补发工资的计算方法全国没有统一规定,部分地方的税务机关对此进行了明确。如青海省地方税务局《关于补发工资等有关个人所得税政策问题的公告》(青海省地方税务局公告2017年第2号,已失效)就曾规定:企业因资金短缺等原因未能按期支付的职工工资,且在企业会计账簿中按月计提,并事先向主管税务机关提供书面说明,情况属实的,可将补发工资按照纳税人应取得工资收入的所属期间,计算缴纳个人所得税。纳税人由于职务晋升、工作调动、新进人员定级等原因,按照相关工资政策规定标准调资补发以往月份工资时,应向主管税务机关提供书面说明,情况属实的,可将补发工资分摊与所属月份工资薪金所得合并计算缴纳个人所得税。除此之外的补发工资,应将补发工资与当月工资合并计算缴纳个人所得税。

因此,当月补发以前月份的工资是计入当月工资合并计算,还是分摊计入以前所属月份的工资重新计算,需根据当地税务机关的具体规定来定。如当地没有相关规定,企业和个人又想并入以前所属月份的工资重新计算,则可向税务机关申请进行更正申报。

计算举例3

某公司员工张华2020年12月及2020年全年的工资收入及扣除项目情况如下表:

单位:元

本期收入	本期费用	本期免税收入	本期基本养老保险费	本期基本医疗保险费	本期失业保险费	本期住房公积金	本期企业(职业)年金	本期商业健康保险费	本期税延养老保险费	本期其他扣除(其他)
15,000			300	75	20	300				
累计收入额	累计免税收入	累计减除费用	累计专项扣除	累计子女教育支出扣除	累计继续教育支出扣除	累计住房贷款利息支出扣除	累计住房租金支出扣除	累计赡养老人支出扣除	累计其他扣除	累计准予扣除的捐赠
180,000		60,000	8340		3600		18,000	12,000		1000

则张华12月正常工资薪金所得应纳税额计算如下：

累计应纳税所得额 = 180000 - 60000 - 8340 - 3600 - 18000 - 12000 - 1000 = 77060元

查《个人所得税税率表一》可知适用税率10%，速算扣除数2520元

累计应纳税额 = 77060 × 10% - 2520 = 5186元

累计减免税额为0元

累计应扣缴税额5186元

累计已预缴税额4865.5元（为1～11月累计已缴的工资收入税款数额）

累计应补（退）税额 = 5186 - 4865.5 = 320.5元

计算结果见下表：

单位：元

累计应纳税所得额	税率	速算扣除数	累计应纳税额	累计减免税额	累计应扣缴税额	累计已预缴税额	累计应补（退）税额
77,060	10%	2520	5186	0	5186	4865.5	320.5

无住所居民个人工资薪金所得的特殊规定见本章第六节。

（二）全年一次性奖金收入

根据国家税务总局《关于调整个人取得全年一次性奖金等计算征收个人所得税方法问题的通知》（国税发〔2005〕9号）的规定，全年一次性奖金是指行政机关、企事业单位等扣缴义务人根据其全年经济效益和对雇员全年工作业绩的综合考核情况，向雇员发放的一次性奖金；包括年终加薪（含年底双薪）、实行年薪制和绩效工资办法的单位根据考核情况兑现的年薪和绩效工资；不包括其他各种名目奖金，如半年奖、季度奖、加班奖、先进奖、考勤奖等。

自2019年1月1日起，居民个人取得全年一次性奖金，符合该通知规定的，在2021年12月31日前，不并入当年综合所得，以全年一次性奖金收入除以12个月得到的数额，按照《按月换算后的综合所得税率表》（月度税率表），确定适用税率和速算扣除数，单独计算纳税。

计算公式为：

应纳税额 = 全年一次性奖金收入 × 适用税率 - 速算扣除数

全年一次性奖金收入 = 全年一次性奖金 - 免税收入 - 其他扣除 - 准予扣除的

捐赠额

在一个纳税年度内,对每一个纳税人,全年一次性奖金单独计税办法只允许采用一次。

居民个人取得全年一次性奖金,也可以选择并入当年综合所得计算纳税。

自 2022 年 1 月 1 日起,居民个人取得全年一次性奖金,应并入当年综合所得计算缴纳个人所得税。

注:2018 年 12 月 31 日前,纳税人取得全年一次性奖金,单独作为一个月工资、薪金所得计算纳税,具体计算方法参见《关于调整个人取得全年一次性奖金等计算征收个人所得税方法问题的通知》(国税发〔2005〕9 号)。如果雇员当月工资薪金所得高于(或等于)税法规定的费用扣除额的,计算方法实际上与现行政策一致;只是在雇员当月工资薪金所得低于税法规定的费用扣除额的情况下,取得的全年一次性奖金应扣除雇员当月工资薪金所得与费用扣除额的差额。

计算举例4

某公司员工张华 2020 年 12 月取得公司发放的年终奖 40,000 元,不属于免税收入,也无其他扣除项。应纳税计算过程如下:

先以 40,000 除以 12 个月得 3333.33 元,查月度税率表,确定适用税率为 10%,速算扣除数为 210 元。

年终奖应纳税额 $=40000\times10\%-210=(40000\div12)\times10\%\times12-210=3790$ 元

雇主为雇员承担全年一次性奖金部分税款有关个人所得税计算方法:

根据《关于雇主为雇员承担全年一次性奖金部分税款有关个人所得税计算方法问题的公告》(国家税务总局公告 2011 年第 28 号)、国家税务总局《关于雇主为其雇员负担个人所得税税款计征问题的通知》(国税发〔1996〕199 号)和国家税务总局《关于调整个人取得全年一次性奖金等计算征收个人所得税方法问题的通知》(国税发〔2005〕9 号)等规定,雇主为雇员负担全年一次性奖金部分个人所得税款,属于雇员又额外增加了收入,应将雇主负担的这部分税款并入雇员的全年一次性奖金,换算为含税的全年一次性奖金。

(1)雇主为雇员定额负担税款的计算公式:

含税的全年一次性奖金 = 雇员取得的全年一次性奖金 + 雇主替雇员定额负担的税款

全年一次性奖金收入 = 含税的全年一次性奖金 - 免税收入 - 其他扣除 - 准予

扣除的捐赠额

应纳税额 = 全年一次性奖金收入 × 适用税率 - 速算扣除数

(2)雇主为雇员按一定比例负担税款的计算：

先查找不含税全年一次性奖金的适用税率和速算扣除数：

以未含雇主负担税款的全年一次性奖金收入 ÷ 12，根据其商数找出不含税级距对应的适用税率 A 和速算扣除数 A

再计算含税全年一次性奖金：

应纳税所得额 =（未含雇主负担税款的全年一次性奖金收入 - 不含税级距的速算扣除数 A × 雇主负担比例）÷（1 - 不含税级距的适用税率 A × 雇主负担比例）

对上述应纳税所得额，扣缴义务人应按照《关于调整个人取得全年一次性奖金等计算征收个人所得税方法问题的通知》（国税发〔2005〕9 号）规定的方法计算应扣缴税款：将应纳税所得额 ÷ 12，根据其商数找出对应的适用税率 B 和速算扣除数 B，据以计算税款。计算公式：

应纳税额 = 应纳税所得额 × 适用税率 B - 速算扣除数 B

实际缴纳税额 = 应纳税额 - 雇主为雇员负担的税额

注意，《个人所得税法》于 2018 年修正后并没有公布带有“不含税级距的速算扣除数”的税率表，因此实际计算时还需自行测算。

另外，雇主为雇员负担的个人所得税款，应属于个人工资薪金的一部分。凡单独作为企业管理费列支的，在计算企业所得税时不得税前扣除。

（三）解除劳动合同一次性补偿金

根据财税〔2018〕164 号，自 2019 年 1 月 1 日起，个人与用人单位解除劳动关系取得一次性补偿收入（包括用人单位发放的经济补偿金、生活补助费和其他补助费），在当地上年职工平均工资 3 倍数额以内的部分，免征个人所得税；超过 3 倍数额的部分，不并入当年综合所得，单独适用综合所得税率表，计算纳税。个人领取一次性补偿收入时按照国家和地方政府规定的比例实际缴纳的住房公积金、基本医疗保险费、基本养老保险费、失业保险费，可以在计征其一次性补偿收入的个人所得税时予以扣除。（按新的个税政策，如果有专项附加扣除及其他扣除项目也可以扣除）

应纳税额 = 解除劳动合同一次性补偿金 × 适用税率 - 速算扣除数

解除劳动合同一次性补偿金 = 一次性补偿收入 - 免税收入 - 其他扣除 - 准予扣除的捐赠额

计算举例5

某企业员工李英2021年1月与用人单位解除劳动关系，取得一次性补偿收入30万元。当地上年职工平均工资94,063元，则在3倍即282,189元以内的，免征个人所得税。

解除劳动合同一次性补偿金 = 300000 - 282189 = 17811元

应纳税额 = 17811 × 3% = 534.33元

注：2018年12月31日以前的政策及计算方法参见财政部、国家税务总局《关于个人与用人单位解除劳动关系取得的一次性补偿收入征免个人所得税问题的通知》（财税〔2001〕157号）、国家税务总局《关于国有企业职工因解除劳动合同取得一次性补偿收入征免个人所得税问题的通知》（国税发〔2000〕77号）、国家税务总局《关于个人因解除劳动合同取得经济补偿金征收个人所得税问题的通知》（国税发〔1999〕178号）。

关于用人单位支付的赔偿金：

劳动者因用人单位违法解除或者终止劳动合同以及违反《劳动法》《劳动合同法》等原因取得的各种赔偿金，具有救济的性质，是否需要缴纳个人所得税，目前没有明确规定。根据“税收法定”原则，可视为不征税收入。

关于竞业限制补偿：

《劳动合同法》第23条规定：用人单位与劳动者可以在劳动合同中约定保守用人单位的商业秘密和与知识产权相关的保密事项。对负有保密义务的劳动者，用人单位可以在劳动合同或者保密协议中与劳动者约定竞业限制条款，并约定在解除或者终止劳动合同后，在竞业限制期限内按月给予劳动者经济补偿。劳动者违反竞业限制约定的，应当按照约定向用人单位支付违约金。

对于劳动者取得的《劳动合同法》规定的竞业限制补偿是否属于工资、薪金所得或其他应税所得，税法并没有明确。但由于是按月给付的，显然不属于解除劳动合同一次性补偿金。根据《个人所得税法实施条例》第6条关于工资、薪金所得的解释“与任职或者受雇有关的所得”也难以确定。如果说属于应税工资、薪金所得，它又是在解除或终止劳动合同以后才取得的；如果说不属于工资、薪金所得，它却与离职前的任职受雇有关；如果说属于其他应税所得，它与其他所得的内涵又无类比之处。不过既然存在争议，根据“税收法定”原则，在没有明确规定之前，不宜认定为应纳税收入。

（四）内退一次性补偿金

根据财税〔2018〕164 号及国家税务总局《关于个人所得税有关政策问题的通知》（国税发〔1999〕58 号），企业减员增效和行政机关、事业单位、社会团体在机构改革过程中，个人在办理内部退养手续后从原任职单位取得的一次性收入，不属于离退休工资，应按办理内部退养手续后至法定离退休年龄之间的所属月份进行平均，并与领取当月的“工资、薪金”所得合并后减除当月费用扣除标准，以余额为基数确定适用税率，再将当月工资、薪金加上取得的一次性收入，减去费用扣除标准，按适用税率计征个人所得税。

个人在办理内部退养手续后至法定离退休年龄之间重新就业取得的“工资、薪金”所得，应与其从原任职单位取得的同一月份的“工资、薪金”所得合并，并依法自行向主管税务机关申报缴纳个人所得税。

在没有重新就业取得的“工资、薪金”所得的情况下，计算公式为：

应纳税额 = 内退一次性补偿金 × 适用税率 – 速算扣除数

内退一次性补偿金 = 按月分摊的一次性补偿收入 – 免税收入 – 其他扣除 – 准予扣除的捐赠额 – 减除费用

按月分摊的一次性补偿收入 = 取得的一次性补偿收入 ÷ 分摊月份数

减除费用是指减除每月 5000 元的费用。

（五）提前退休一次性补贴

根据国家税务总局《关于个人提前退休取得补贴收入个人所得税问题的公告》（国家税务总局公告 2011 年第 6 号），机关、企事业单位对未达到法定退休年龄、正式办理提前退休手续的个人，按照统一标准向提前退休工作人员支付一次性补贴，不属于免税的离退休工资收入，应按照“工资、薪金所得”项目征收个人所得税。

根据财税〔2018〕164 号，自 2019 年 1 月 1 日起，个人办理提前退休手续而取得的一次性补贴收入，应按照办理提前退休手续至法定离退休年龄之间实际年度数平均分摊，确定适用税率和速算扣除数，单独适用综合所得税率表，计算纳税。

计算公式：

应纳税额 = {[（一次性补贴收入 ÷ 办理提前退休手续至法定退休年龄的实际年度数）– 费用扣除标准] × 适用税率 – 速算扣除数} × 办理提前退休手续至法定退休年龄的实际年度数

注:办理提前退休手续至法定退休年龄的实际年度数,不满一年按一年计算。

2018 年 12 月 31 日前是按月份分摊计入,适用原工资、薪金所得税率表,计算公式为:应纳税额 = [(一次性补贴收入 ÷ 办理提前退休手续至法定退休年龄的实际月份数 - 费用扣除标准) × 适用税率 - 速算扣除数] × 提前办理退休手续至法定退休年龄的实际月份数

计算举例6

某企业员工李英2019 年6 月办理提前退休手续(应于2020 年12 月达法定退休年龄),取得一次性补偿收入 15 万元,当月正常工资为 7000 元,无免税收入及扣除项。则:

适用税率 3%,速算扣除数为 0

提前退休一次性补贴应纳税额 = [(150000 ÷ 2 - 60000) × 3% - 0] × 2 = 900 元

提前退休与内部退养的区别:

值得注意的是,提前退休一次性补贴与内退一次性补偿金的个人所得税政策是不同的。前者单独适用综合所得税率表,计算纳税;而后者不是单独计算纳税,如果当月有其他工资性收入要合并计算。

所谓提前退休就是个人在达到国家法定退休年龄以前就办理退休手续。提前退休需符合规定的条件,符合提前退休条件的应办理相关审批手续。因此,并非单位和员工自行办理提前退休手续后就可适用提前退休一次性补偿的计税政策。但是,可以适用解除劳动合同一次性补偿金个人所得税政策,这其实更为优惠。

而内部退养是特殊时期国家针对特定企业的一项特殊政策,比如国务院《关于印发“十三五”促进就业规划的通知》(国发〔2017〕10 号)中的“重点人群就业促进计划”:“做好化解过剩产能职工安置工作……对距法定退休年龄五年以内、再就业有困难的职工,经其本人自愿选择和企业同意,可实行内部退养,由企业发放生活费并缴纳基本养老和医疗保险费单位缴纳部分,个人按规定缴费。”

扩展知识

国家法定的企业职工退休年龄是:男年满 60 周岁,女工人年满 50 周岁,女干部年满 55 周岁。企业职工可以提前退休的人员主要包括:

(1)从事井下、高空、高温、特别繁重体力劳动或其他有害身体健康工作的,退休

年龄为男年满55周岁、女年满45周岁；因病或非因工致残，由医院证明并经劳动鉴定委员会确认完全丧失劳动能力的，退休年龄为男年满50周岁、女年满45周岁。

(2)国务院确定的111个"优化资本结构"试点城市的国有破产工业企业中距法定退休年龄不足5年的职工；三年内有压锭任务的国有纺织企业中，符合规定条件的纺纱、织布工种的挡车工。

此外，公务员符合下列条件之一的，本人自愿提出申请，经任免机关批准，可以提前退休：(1)工作年限满30年的；(2)距国家规定的退休年龄不足5年，且工作年限满20年的；(3)符合国家规定的可以提前退休的其他情形的。

(六)年金领取

个人达到国家规定的退休年龄，领取的企业年金、职业年金，符合财政部、人力资源社会保障部、国家税务总局《关于企业年金、职业年金个人所得税有关问题的通知》(财税〔2013〕103号)规定的，不并入综合所得，全额单独计算应纳税款。其中按月领取的，适用月度税率表计算纳税；按季领取的，平均分摊计入各月，按每月领取额适用月度税率表计算纳税；按年领取的，适用综合所得税率表计算纳税。

个人因出境定居而一次性领取的年金个人账户资金，或个人死亡后，其指定的受益人或法定继承人一次性领取的年金个人账户余额，适用综合所得税率表计算纳税。对个人除上述特殊原因外一次性领取年金个人账户资金或余额的，适用月度税率表计算纳税。

对单位和个人在2014年1月1日即《关于企业年金、职业年金个人所得税有关问题的通知》(财税〔2013〕103号)实施日之前开始缴付年金缴费，个人在2014年1月1日之后领取年金的，允许其从领取的年金中减除在2014年1月1日之前缴付的年金单位缴费和个人缴费且已经缴纳个人所得税的部分，就其余额按照规定征税。在个人分期领取年金的情况下，可按该通知实施之前缴付的年金缴费金额占全部缴费金额的百分比减计当期的应纳税所得额，减计后的余额，按照规定计算缴纳个人所得税。

应纳税额 = 年金领取收入 × 适用税率 − 速算扣除数

年金领取收入 = 年金领取收入额 − 已完税缴费额 − 商业健康保险 − 税延养老保险 − 其他 − 准予扣除的捐赠额

个人领取年金时，其应纳税款由受托人代表委托人委托托管人代扣代缴。年金账户管理人应及时向托管人提供个人年金缴费及对应的个人所得税纳税明细。托管人根据受托人指令及账户管理人提供的资料，按照规定计算扣缴个人当期领取年金待遇的应纳税款，并向托管人所在地主管税务机关申报解缴。

计算举例7

甲2020年12月领取年金2000元，无相关扣除项。则当月年金领取的应纳税所得额为2000元，适用月度税率表，税率为3%，应纳税额为60元。

假设甲是按年领取年金，2020年12月领取全年年金24,000元，年金领取的应纳税所得额为24,000元，适用综合所得税率表，税率为3%，应纳税额为720元。

（七）央企负责人绩效薪金延期兑现收入和任期奖励

为建立中央企业负责人薪酬激励与约束的机制，根据《中央企业负责人经营业绩考核暂行办法》《中央企业负责人薪酬管理暂行办法》规定，国务院国有资产监督管理委员会对中央企业负责人的薪酬发放采取按年度经营业绩和任期经营业绩考核的方式，具体办法是：中央企业负责人薪酬由基薪、绩效薪金和任期奖励构成，其中绩效薪金的60%在当年度发放，绩效薪金的40%和任期奖励于任期结束后发放。"央企负责人绩效薪金延期兑现收入和任期奖励"即是指中央企业负责人于任期结束后取得的绩效薪金的40%和任期奖励。"央企负责人"是指《国资委管理的中央企业名单》中的下列人员（其他人员不得比照执行）：

（1）国有独资企业和未设董事会的国有独资公司的总经理（总裁）、副总经理（副总裁）、总会计师；

（2）设董事会的国有独资公司（国资委确定的董事会试点企业除外）的董事长、副董事长、董事、总经理（总裁）、副总经理（副总裁）、总会计师；

（3）国有控股公司国有股权代表出任的董事长、副董事长、董事、总经理（总裁），列入国资委党委管理的副总经理（副总裁）、总会计师；

（4）国有独资企业、国有独资公司和国有控股公司党委（党组）书记、副书记、常委（党组成员）、纪委书记（纪检组长）。

根据财税〔2018〕164号，自2019年1月1日起，中央企业负责人取得年度绩效薪金延期兑现收入和任期奖励，符合国家税务总局《关于中央企业负责人年度绩效薪金延期兑现收入和任期奖励征收个人所得税问题的通知》（国税发〔2007〕118号）规定的，在2021年12月31日前，参照居民个人取得全年一次性奖金执行，不并入当年综合所得，以取得年度绩效薪金延期兑现收入和任期奖励除以12个月得到的数

额,按照月度税率表,确定适用税率和速算扣除数,单独计算纳税。计算公式为:

应纳税额=央企负责人绩效薪金延期兑现收入和任期奖励×适用税率-速算扣除数

央企负责人绩效薪金延期兑现收入和任期奖励=收入-免税收入-其他扣除-准予扣除的捐赠额

注:2018年12月31日以前按国家税务总局《关于调整个人取得全年一次性奖金等计算征收个人所得税方法问题的通知》(国税发〔2005〕9号)第2条规定的方法计算,即单独作为一个月工资、薪金所得计算纳税。

2022年1月1日之后的政策另行明确。

(八)单位低价向职工售房所得

根据财政部、国家税务总局《关于单位低价向职工售房有关个人所得税问题的通知》(财税〔2007〕13号)的规定,国家机关、企事业单位及其他组织(本部分以下简称单位)在住房制度改革期间,按照所在地县级以上人民政府规定的房改成本价格向职工出售公有住房,职工因支付的房改成本价格低于房屋建造成本价格或市场价格而取得的差价收益,免征个人所得税。

除前述情形外,单位按低于购置或建造成本价格出售住房给职工,职工因此而少支出的差价部分,属于个人所得税应税所得,应按照“工资、薪金所得”项目缴纳个人所得税。所称差价部分,是指职工实际支付的购房价款低于该房屋的购置或建造成本价格的差额。

根据财税〔2018〕164号,自2019年1月1日起,对于前述应缴纳个人所得税的单位按低于购置或建造成本价格出售住房给职工,职工因此而少支出的差价部分,不并入当年综合所得,以差价收入除以12个月得到的数额,按照月度税率表确定适用税率和速算扣除数,单独计算纳税。计算公式为:

应纳税额=职工实际支付的购房价款低于该房屋的购置或建造成本价格的差额×适用税率-速算扣除数

职工实际支付的购房价款低于该房屋的购置或建造成本价格的差额(单位低价向职工售房所得)=收入-免税收入-其他扣除-准予扣除的捐赠额

计算举例8

某企业为奖励员工,将企业所有的成本为106万元的房屋一套以100万元卖给乙，乙因此少付6万元，当月发生可扣除的公益性捐赠1万元，无免税收入及其他扣除项目。则：

应纳税所得额 = 1060000 - 1000000 - 10000 = 50000元

50000 ÷ 12 = 4166.67，查月度税率表，适用税率10%，速算扣除数210元

应纳税额 = 50000 × 10% - 210 = 4790元

注：2018年12月31日以前按国家税务总局《关于调整个人取得全年一次性奖金等计算征收个人所得税方法问题的通知》（国税发〔2005〕9号）第2条规定的方法计算，即单独作为一个月工资、薪金所得计算纳税。

（九）个人股权激励收入

根据财税〔2018〕164号"关于上市公司股权激励的政策"，居民个人取得股票期权、股票增值权、限制性股票、股权奖励等股权激励，符合财政部、国家税务总局《关于个人股票期权所得征收个人所得税问题的通知》（财税〔2005〕35号），财政部、国家税务总局《关于股票增值权所得和限制性股票所得征收个人所得税有关问题的通知》（财税〔2009〕5号），财政部、国家税务总局《关于将国家自主创新示范区有关税收试点政策推广到全国范围实施的通知》（财税〔2015〕116号）第4条，财政部、国家税务总局《关于完善股权激励和技术入股有关所得税政策的通知》（财税〔2016〕101号）第4条第1项规定的相关条件的，在2021年12月31日前，不并入当年综合所得，全额单独适用综合所得税率表，计算纳税。2022年1月1日之后的股权激励政策另行明确。

计算公式为：

应纳税额 = 股权激励收入 × 适用税率 - 速算扣除数

股权激励收入 = 本年累计股权激励收入 - 本年累计免税收入 - 本年累计其他扣除 - 本年累计准予扣除的捐赠额

居民个人一个纳税年度内取得两次以上（含两次）股权激励的，应合并计算纳税。

股权激励收入的确定比较复杂，具体参见第九章"股权激励个人所得税"部分。

（十）税收递延型商业养老金

根据财政部、税务总局、人力资源社会保障部、中国银行保险监督管理委员会、证监会《税收递延型通知》（财税〔2018〕22号），自2018年5月1日起，对适用试点

税收政策的纳税人，达到国家规定的退休年龄时，可按月或按年领取商业养老金，领取期限原则上为终身或不少于15年。个人身故、发生保险合同约定的全残或罹患重大疾病的，可以一次性领取商业养老金。

对个人达到规定条件时领取的商业养老金收入，其中25%部分予以免税，其余75%部分按照10%的比例税率计算缴纳个人所得税，税款计入"工资、薪金所得"项目①。

应纳税额 = 税收递延型商业养老金 × 适用税率 − 速算扣除数

税收递延型商业养老金 = 收入 − 免税收入 − 其他扣除 − 准予扣除的捐赠额

其中，免税收入就是指25%予以免税的部分。

计算举例9

老王2021年2月取得税收递延型商业养老金1000元，其中25%的部分免税。则：

税收递延型商业养老金 = 1000 − 250 = 750 元

应纳税额 = 750 × 10% = 75 元

需要说明的是，法定减除费用、专项扣除、专项附加扣除、企业（职业）年金、商业健康保险费、税延养老保险费及其他扣除项一般是在计算工资薪金所得的预扣预缴时扣除，也可在年终汇算时扣除，若没有工资薪金所得，也可在其他综合所得中扣除。

三、预扣预缴办法的调整及优化

1. 根据国家税务总局《关于完善调整部分纳税人个人所得税预扣预缴方法的公告》（国家税务总局公告2020年第13号），自2020年7月1日起，对一个纳税年度内首次取得工资、薪金所得的居民个人，扣缴义务人在预扣预缴个人所得税时，可按照5000元/月乘以纳税人当年截至本月月份数计算累计减除费用。首次取得工资、薪金所得的居民个人，是指自纳税年度首月起至新入职时，未取得工资、薪金所得或者未按照累计预扣法预扣预缴过连续性劳务报酬所得个人所得税的居民个人。

正在接受全日制学历教育的学生因实习取得劳务报酬所得的，扣缴义务人预扣

① 原为"其他所得"项目，已被《关于个人取得有关收入适用个人所得税应税所得项目的公告》（财政部、税务总局公告2019年第74号）第4条更改为：税款计入"工资、薪金所得"项目，由保险机构代扣代缴后，在个人购买税延养老保险的机构所在地办理全员全额扣缴申报。

预缴个人所得税时，可按照国家税务总局《关于发布〈个人所得税扣缴申报管理办法（试行）〉的公告》（国家税务总局公告2018年第61号）规定的累计预扣法计算并预扣预缴税款。

符合国家税务总局《关于完善调整部分纳税人个人所得税预扣预缴方法的公告》规定并可按上述规定预扣预缴个人所得税的纳税人，应当及时向扣缴义务人申明并如实提供相关佐证资料或承诺书，并对相关资料及承诺书的真实性、准确性、完整性负责。相关资料或承诺书，纳税人及扣缴义务人需留存备查。

计算举例10

小明2020年1～12月每月工资总额12,000元，按政府规定缴纳的个人负担的基本养老保险费、基本医疗保险费和失业保险费合计600元，个人负担的公积金400元，可扣除的房租1500元，3月发生可扣除的公益捐赠支出500元。则：

1月应纳税所得额＝12000－5000－600－400－1500＝4500元，应纳税额＝4500×3%＝135元；

2月累计应纳税所得额＝24000－10000－1200－800－3000＝9000元，累计应纳税额＝9000×3%＝270元，2月补缴税额＝270－135＝135元；

3月累计应纳税所得额＝36000－15000－1800－1200－4500－500＝13000元，累计应纳税额＝13000×3%＝390元，3月补缴税额＝390－270＝120元；

以此类推……

全年累计应纳税所得额＝144000－60000－7200－4800－18000－500＝53500元，累计应纳税额＝53500×10%－2520＝2830元。

如此例中的小明1、2月没有工资收入，3月才入职取得工资收入并开始缴纳社保（其他条件不变）。按照原规定，3月可扣除的费用为5000元；而根据现规定，3月可扣除的费用为15,000元，3月应纳税所得额＝12000－15000－600－400－1500－500＝－6000元，当月不用纳税。

2.根据国家税务总局《关于进一步简便优化部分纳税人个人所得税预扣预缴方法的公告》（国家税务总局公告2020年第19号），自2021年1月1日起，对上一完整纳税年度内每月均在同一单位预扣预缴工资、薪金所得个人所得税且全年工资、薪金收入不超过6万元的居民个人，扣缴义务人在预扣预缴本年度工资、薪金所得个人所得税时，累计减除费用自1月起直接按照全年6万元计算扣除。也就是说，在纳税人累计收入不超过6万元的月份，暂不预扣预缴个人所得税；在其累计收入超过6万元的当月及年内后续月份，再预扣预缴个人所得税。扣缴义务人应在《个人所得税扣缴申报表》相应纳税人的备注栏注明“上年各月均有申报且全年收入不超过6万元”字样。

对按照累计预扣法预扣预缴劳务报酬所得个人所得税的居民个人（如保险营销员、证券经纪人的佣金收入），扣缴义务人比照前述规定执行。

计算举例11

假设小李2020年均在A公司上班，每月工资5000元，2020年工资收入6万元，2021年涨了工资，每月工资及扣除情况与计算举例10中小明的一样，则小李在2021年可适用现规定。

1月应纳税所得额 = 12000 − 60000 − 600 − 400 − 1500 = −50500元，不用纳税；

2月累计应纳税所得额 = 24000 − 60000 − 1200 − 800 − 3000 = −41000元，不用纳税；

以此类推，直到6月都不用纳税；

7月累计应纳税所得额 = 84000 − 60000 − 4200 − 2800 − 10500 − 500 = 6000元，累计应纳税额 = 6000 × 3% = 180元；

以此类推……

全年累计应纳税所得额 = 144000 − 60000 − 7200 − 4800 − 18000 − 500 = 53500元，累计应纳税额 = 53500 × 10% − 2520 = 2830元。

对比可看出，工资收入及扣除项目不变，简便优化后的预扣预缴方法在全年应纳税总额上并没有变化，但是税款缴纳时间延后了。值得注意的是，这种方法只适用于“上一完整纳税年度内每月均在同一单位预扣预缴工资、薪金所得个人所得税且全年工资、薪金收入不超过6万元的居民个人”。如此例中的小李，因在2021年度全年工资收入已经超过6万元，因此在2022年度就不再适用这项政策。

第二节　居民个人劳务报酬所得的预扣预缴

一、劳务报酬所得的范围

劳务报酬所得是指个人从事劳务取得的所得，包括从事设计、装潢、安装、制图、化验、测试、医疗、法律、会计、咨询、讲学、翻译、审稿、书画、雕刻、影视、录音、录像、演出、表演、广告、展览、技术服务、介绍服务、经纪服务、代办服务以及其他劳务取得的所得。

个人兼职取得的收入应按照“劳务报酬所得”应税项目缴纳个人所得税，但兼职律师除外。

律师以个人名义再聘请其他人员为其工作而支付的报酬，应由该律师按“劳务报酬所得”应税项目负责代扣代缴个人所得税。

个人办理代扣代缴税款手续，按规定取得的扣缴手续费，暂免征收个人所得税。

对电影制片厂为了拍摄影视片而临时聘请的非本厂导演、演职人员所取得的报酬，以及演职员参加非任职单位组织的演出取得的报酬所得，按“劳务报酬所得”纳税。

纳税人在广告设计、制作、发布过程中提供名义、形象及劳务而取得的所得，应按劳务报酬所得项目计算纳税。广告市场劳务报酬所得以纳税人每参与一项广告的设计、制作、发布所取得的所得为一次，采取分笔支付的，应合并为一次所得计算纳税。纳税人以现金、实物和有价证券以外的其他形式取得所得，税务机关可以根据其所得的形式和价值，核定其应纳税所得额，据以征税。对于不能准确提供或划分个人在广告设计、制作、发布过程中提供名义、形象及劳务而取得的所得的纳税人，主管税务机关可以根据支付总额等实际情况，参照同类广告活动名义、形象及其他劳务提供者的所得标准，核定其应纳税所得额，据以征税。

二、劳务报酬所得的计税规则

扣缴义务人向居民个人支付劳务报酬所得时，应当按次或者按月预扣预缴税款。属于一次性收入的，以取得该项收入为一次；属于同一项目连续性收入的，以一个月内取得的收入为一次。

劳务报酬所得以收入减除费用后的余额为收入额；每次收入不超过 4000 元的，减除费用按 800 元计算；每次收入 4000 元以上的，减除费用按收入的 20% 计算。

对个人提供劳务过程中所支付的中介费，如能提供有效、合法凭证的，允许从其所得中扣除。扣除的中介费可作为其他扣除项。

居民个人办理年度综合所得汇算清缴时，应当依法计算劳务报酬所得的收入额，并入年度综合所得计算应纳税款，税款多退少补。

根据扣缴税款方法的不同，分为连续劳务报酬和一般劳务报酬。连续劳务报酬包括保险营销员佣金、证券经纪人佣金及其他连续劳务报酬如实习生报酬等。连续性劳务报酬实行累计预扣法,适用《个人所得税预扣率表一》按月预扣预缴税款;而一般劳务报酬适用《个人所得税预扣率表二》按次预扣预缴税款,两者预扣的个人所得税额可能不同。目前的个人所得税申报系统只支持保险营销员、证券经纪人和实习学生(全日制学历教育)三种人员为连续性劳务报酬申报类型。

判定一项劳务报酬是否属于连续性劳务报酬,主要看纳税人是否连续一段时间为同一单位提供劳务。至于一段时间究竟是多久,目前有两个文件作了不同的规定。其中《税收递延型通知》(财税〔2018〕22 号)规定:取得连续性劳务报酬所得,是指纳税人连续 6 个月以上(含 6 个月)为同一单位提供劳务而取得的所得。而国家税务总局《关于推广实施商业健康保险个人所得税政策有关征管问题的公告》(国家税务总局公告 2017 年第 17 号)则规定:取得连续性劳务报酬所得,是指个人连续 3 个月以上(含 3 个月)为同一单位提供劳务而取得的所得。除以上两文件外,没有对“连续性劳务报酬”的明确规定。

三、连续性劳务报酬

扣缴义务人向个人支付连续性劳务报酬时,应按照累计预扣法计算预扣税款。具体计算公式如下:

本期应预扣预缴税额 =(累计预扣预缴应纳税所得额 × 预扣率 - 速算扣除数) - 累计减免税额 - 累计已预扣预缴税额

累计预扣预缴应纳税所得额 = 累计收入 - 累计费用 - 累计免税收入 - 累计依法确定的其他扣除 - 累计减除费用 - 准予扣除的捐赠额

其中:累计费用是按每次收入的 20% 计算的费用,每次最低为 800 元。

累计依法确定的其他扣除是指商业健康保险、税收递延养老保险、其他扣除、允许扣除的税费及展业成本。

累计减除费用,按照 5000 元/月计算;预扣率及速算扣除数按《个人所得税预扣率表一》执行。自 2020 年 7 月 1 日起,对一个纳税年度内首次取得连续性劳务报酬所得的居民个人,扣缴义务人在预扣预缴个人所得税时,可按照 5000 元/月乘以纳税人当年截至本月月份数计算累计减除费用。自 2021 年 1 月 1 日起,对上一完整纳税年度内每月均在同一单位预扣预缴劳务报酬所得个人所得税且全年劳务报酬不超过 6 万元的居民个人,扣缴义务人在预扣预缴本年度工资、薪金所得个人所得税时,累计减除费用自 1 月起直接按照全年 6 万元计算扣除。

(一)保险营销员佣金、证券经纪人佣金收入

根据相关规定,保险营销员的佣金由展业成本和劳务报酬构成;证券经纪人佣金收入也由展业成本和劳务报酬构成,对展业成本部分不征收个人所得税。

保险营销员、证券经纪人取得的佣金收入,以不含增值税的收入减除20%的费用后的余额为收入额,收入额减去展业成本以及附加税费后,并入当年综合所得,计算缴纳个人所得税。保险营销员、证券经纪人展业成本按照收入额的25%计算,作为其他扣除项目。注意,展业成本按照每次收入额的25%计算,不是按收入的25%计算,即按每次收入扣除20%的费用(最低800元)后再乘以25%,展业成本=(本期收入-费用)×25%。但具体计算预扣预缴税款,又是按累计的收入额和累计的费用、累计的展业成本确定的。

注:2018年12月31日前保险营销员和证券经纪人的展业成本均为40%。

计算举例12

小陈为某人寿保险营销人员,2020年12月取得佣金收入20,000元,允许扣除的税费200元,发生公益捐赠12,000元,每月缴纳的商业健康保险费200元、税延养老保险费300元,累计收入250,000元,累计可扣除的税费2000元。

则小陈12月佣金收入应纳税计算如下:

本期费用=20000×20%=4000元

本期展业成本=(20000-4000)×25%=4000元

公益捐赠12,000元在当期不得扣除(年度汇算时扣除)

累计费用=250000×20%=50000元

累计展业成本=(250000-50000)×25%=50000元

累计应纳税所得额=250000-50000-50000-2000-60000=88000元

查《个人所得税税率表一》可知适用税率10%,速算扣除数2520元

累计应纳税额=88000×10%-2520=6280元

累计减免税额为0元

累计应扣缴税额6280元

累计已预缴税额5600元(为当年以前月份累计已扣缴税额)

累计应补(退)税额=6280-5600=680元

（二）其他连续劳务报酬

其他连续劳务报酬是指除保险营销员、证券经纪人取得的佣金收入以外的连续性劳务报酬。

自2020年7月1日起，正在接受全日制学历教育的学生因实习取得劳务报酬所得的，扣缴义务人预扣预缴个人所得税时，可按规定的累计预扣法计算并预扣预缴税款。也就是通常所说的实习生工资，按连续性劳务报酬预扣预缴个人所得税。

其他连续劳务报酬所得及应纳税额的计算与保险营销员、证券经纪人取得的佣金收入类似，只是不扣除展业成本。

（三）个人保险代理人的税收征管

根据《关于个人保险代理人税收征管有关问题的公告》（国家税务总局公告2016年第45号），个人保险代理人为保险企业提供保险代理服务应当缴纳的个人所得税，由保险企业按照现行规定依法代扣代缴。保险代理人，是指根据保险企业的委托，在保险企业授权范围内代为办理保险业务的自然人，不包括个体工商户。

个人保险代理人以其取得的佣金、奖励和劳务费等相关收入（以下简称佣金收入，不含增值税）减去地方税费附加及展业成本，按照规定计算个人所得税。展业成本为佣金收入减去地方税费附加余额的40%（财税〔2018〕164号将比例变更为25%）。

接受税务机关委托代征税款的保险企业，向个人保险代理人支付佣金费用后，可代个人保险代理人统一向主管税务机关申请汇总代开增值税普通发票或增值税专用发票。保险企业代个人保险代理人申请汇总代开增值税发票时，应向主管税务机关出具个人保险代理人的姓名、身份证号码、联系方式、付款时间、付款金额、代征税款的详细清单。保险企业应将个人保险代理人的详细信息，作为代开增值税发票的清单，随发票入账。主管税务机关为个人保险代理人汇总代开增值税发票时，应在备注栏内注明“个人保险代理人汇总代开”字样。

证券经纪人、信用卡和旅游等行业的个人代理人比照上述规定执行。信用卡、旅游等行业的个人代理人计算个人所得税时，不执行有关展业成本的规定。

四、一般劳务报酬所得

除连续性劳务报酬以外的即一般意义上的劳务报酬，个人提供的劳务不是连续性的，而是间隔一段时间或是临时性提供劳务。

一般劳务报酬所得以收入减除费用后的余额为收入额；以每次收入额为预扣预缴应纳税所得额，适用 20% ~40% 的超额累进预扣率，即《个人所得税预扣率表二》，计算应预扣预缴税额。

本期应预扣预缴税额 =（预扣预缴应纳税所得额 × 预扣率 - 速算扣除数）- 累计减免税额 - 累计已预扣预缴税额

预扣预缴应纳税所得额 = 本期收入 - 本期费用 - 免税收入 - 依法确定的其他扣除

其中：本期费用是按每次收入的 20% 计算的费用，每次最低为 800 元。

依法确定的其他扣除是指允许扣除的税费及其他扣除。

计算举例13

某居民个人张果为其他单位提供咨询服务，取得服务费收入 120,000 元（含税），不属于免税收入，向税务机关申请代开发票，假定增值税率 3%，已扣缴增值税 3495 元，其他税费 420 元（税费率为增值税的 12%），无其他扣除项目，除此之外无其他收入。则：

本期（次）收入 = 120000 - 3495 = 116505 元

本期（次）费用 = 116505 × 20% = 23301 元

本期（次）应纳税所得额 = 116505 - 23301 - 420 = 92784 元

查《个人所得税预扣率表二》，适用预扣率 40%，速算扣除数 7000

本期（次）应预扣预缴税额 = 92784 × 40% - 7000 = 30113.6 元

假设上述收入是在 2 个月内分两次取得的，每次 60,000 元，其他税费率不变。则：

每次收入 58,252.5 元，每次费用 11,650.5 元，每次应纳税所得额 46,392 元，适用预扣率 30%，速算扣除数 2000，每次应预扣预缴税额为 11,917.6 元，两次共预扣个人所得税 23,835.2 元，低于一次性收取 120,000 元的情形。

第三节　居民个人稿酬所得的预扣预缴

稿酬所得，是指个人因其作品以图书、报刊等形式出版、发表而取得的所得。扣缴义务人向居民个人支付稿酬所得时，应当按次或者按月预扣预缴税款。

一、稿酬所得应纳税计算

稿酬所得以收入减除费用后的余额为收入额，收入额再减按70%计算（30%做免税收入处理）；减除费用按收入的20%计算（最少800元），适用20%的比例预扣率。稿酬所得以每次收入额为预扣预缴应纳税所得额，计算应预扣预缴税额。计算公式如下：

稿酬所得应预扣预缴税额 = 预扣预缴应纳税所得额 × 20%

预扣预缴应纳税所得额 = [每次收入 − 20%的费用（最低800元）] × 70% − 其他扣除

居民个人办理年度综合所得汇算清缴时，应当依法计算稿酬所得的收入额，并入年度综合所得计算应纳税款，税款多退少补。

二、稿酬所得"一次"的确定

稿酬所得属于一次性收入的，以取得该项收入为一次；属于同一项目连续性收入的，以一个月内取得的收入为一次。其中：

1. 个人每次以图书、报刊方式出版、发表同一作品（文字作品、书画作品、摄影作品以及其他作品），不论出版单位是预付还是分笔支付稿酬，或者加印该作品后再付稿酬，均应合并其稿酬所得按一次计征个人所得税。在两处或两处以上出版、发表或再版同一作品而取得稿酬所得，则可分别以各处取得的所得或再版所得按分次所得计征个人所得税。

2. 个人的同一作品在报刊上连载，应合并其因连载而取得的所有稿酬所得为一次，按税法规定计征个人所得税。在其连载之后又出书取得稿酬所得，或先出书后连载取得稿酬所得，应视同再版稿酬分次计征个人所得税。

3. 作者去世后，对取得其遗作稿酬的个人，按稿酬所得征收个人所得税。

4. 广告市场稿酬所得以在图书、报刊上发布一项广告时使用其作品而取得的所得为一次，采取分笔支付的，应合并为一次所得计算纳税。

三、特殊的稿酬所得

1. 除专业人员以外的其他人员在本单位的报刊、杂志上发表作品取得的所得，应按"稿酬所得"项目征收个人所得税。

2. 出版社的专业作者撰写、编写或翻译的作品，由本社以图书形式出版而取得的稿费收入，应按“稿酬所得”项目计算缴纳个人所得税。

3. 个人创作的影视镜头剧本作为文学创作而在书报杂志上出版、发表取得的所得，以及电影文学剧本以图书、报刊形式出版、发表而取得的所得，应按“稿酬所得”应税项目计征个人所得税。

4. 作者将自己的文字作品手稿原件或复印件公开拍卖（竞价）取得的所得，不属于“稿酬所得”，应按“特许权使用费所得”项目征收个人所得税。

计算举例14

假定计算举例13中的张果收到的是出版书籍的稿酬收入，其他条件不变，但个人的稿酬收入免征增值税，其他附加税费也同时免征。则：

本期（次）收入 = 120000 元

本期（次）费用 = 120000 × 20% = 24000 元

本期（次）应纳税所得额 = （120000 − 24000）× 70% = 67200 元

本期（次）应预扣预缴税额 = 67200 × 20% = 13440 元

假设张果在出版书籍之前将其作品在某报刊上连载，共取得6次收入，每次收入为5000元，则：

连载收入应纳税额 = 5000 × 6 ×（1 − 20%）× 70% × 20% = 3360 元

第四节　居民个人特许权使用费所得的预扣预缴

一、特许权使用费所得应纳税计算

扣缴义务人向居民个人支付特许权使用费所得时，应当按照以下方法按次或者按月预扣预缴税款：特许权使用费所得以收入减除费用后的余额为收入额；减除费用按收入的20%计算（最少800元），适用20%的比例预扣率。特许权使用费所得以每次收入额为预扣预缴应纳税所得额，计算应预扣预缴税额；属于一次性收入的，以取得该项收入为一次；属于同一项目连续性收入的，以一个月内取得的收入为一次。

特许权使用费所得应预扣预缴税额 = 预扣预缴应纳税所得额 × 20%

预扣预缴应纳税所得额 = 每次收入 − 20% 的费用（最低800元）− 其他扣除

对个人从事技术转让过程中所支付的中介费，如能提供有效、合法凭证的，允许从其所得中扣除。

二、特许权使用费所得范围

根据《个人所得税法实施条例》规定，特许权使用费所得，是指个人提供专利权、商标权、著作权、非专利技术以及其他特许权的使用权取得的所得；其中提供著作权的使用权取得的所得，不包括稿酬所得。顾名思义，特许权使用费所得是提供特许权的使用权的所得，而不是转让所得，但作者将自己的文字作品手稿原件或复印件拍卖取得的所得属于特许权使用费所得。特许权类似于企业的无形资产，往往以技术许可、技术转让、技术开发、技术咨询和技术服务的形式出现。

1. 专利权，是指政府有关部门向发明人授予的在一定期限内生产、销售或以其他方式使用发明的排他权利，包括发明、实用新型和外观设计三种。发明，是指对产品、方法或者其改进所提出的新的技术方案。实用新型，是指对产品的形状、构造或者其结合所提出的适于实用的新的技术方案。外观设计，是指对产品的整体或者局部的形状、图案或者其结合以及色彩与形状、图案的结合所作出的富有美感并适于工业应用的新设计。

2. 商标权，是指商标注册人对经核准注册的商标享有的商标专用权。商标包括商品商标、服务商标和集体商标、证明商标。商标的使用，是指将商标用于商品、商品包装或者容器以及商品交易文书上，或者将商标用于广告宣传、展览以及其他商业活动中，用于识别商品来源的行为。

3. 著作权，是指作者对其创作的文学、艺术和科学作品享有的一系列人身权和财产权，包括发表权、署名权、修改权、保护作品完整权、复制权、发行权、出租权、展览权、表演权、放映权、广播权、信息网络传播权、摄制权、改编权、翻译权、汇编权。

4. 非专利技术，是指未经专利注册、处于秘密状态的专用技术，包括技术知识、经验和信息的技术方案或技术诀窍。非专利技术具有实用价值，即能使所有人获得经济利益或竞争优势。

三、特殊的特许权使用费所得

（一）自己的文字作品手稿拍卖所得

根据《关于印发〈征收个人所得税若干问题的规定〉的通知》（国税发〔1994〕89

号)及《关于加强和规范个人取得拍卖收入征收个人所得税有关问题的通知》(国税发〔2007〕38 号),作者将自己的文字作品手稿原件或复印件拍卖取得的所得,应以其转让收入额减除 800 元(转让收入额 4000 元以下)或者 20%(转让收入额 4000 元以上)后的余额为应纳税所得额,按照“特许权使用费”所得项目适用 20% 税率缴纳个人所得税。

(二)剧本使用费所得

自 2002 年 5 月 1 日起,对于剧本作者从电影、电视剧的制作单位取得的剧本使用费,不再区分剧本的使用方是否为其任职单位,统一按“特许权使用费所得”项目计征个人所得税。

(三)其他特许权使用费所得

纳税人在广告设计、制作、发布过程中提供其他劳务取得的所得,视其情况分别按照税法规定的“劳务报酬所得”“稿酬所得”“特许权使用费所得”等应税项目计算纳税。广告市场特许权使用费所得以提供一项特许权在一项广告的设计、制作、发布过程中使用而取得的所得为一次,采取分笔支付的,应合并为一次所得计算纳税。

(四)企业员工向本企业提供非专利技术取得收入

根据国家税务总局《关于企业员工向本企业提供非专利技术取得收入征收个人所得税问题的批复》(国税函〔2004〕952 号),企业员工在其工资福利待遇与其工作大致相当及与企业其他员工相比没有异常的情况下,由于向本企业提供所需相关技术而取得本企业按一定比例的全部可分配利润支付的这部分收入,与其任职、受雇无关,而与其提供有关技术直接相关,属于非专利技术所得,应按“特许权使用费所得”项目缴纳个人所得税,税款由该企业在支付时代扣代缴。

第五节　居民个人综合所得的汇算清缴

一、需办理汇算清缴的情形

根据 2018 年修改的《个人所得税法》及其实施条例,国家税务总局 2018 年 12

月21日发布了《关于个人所得税自行纳税申报有关问题的公告》(国家税务总局公告2018年第62号),居民个人取得工资、薪金所得,劳务报酬所得,稿酬所得,特许权使用费所得等综合所得且符合下列情形之一的纳税人,在取得所得的次年3月1日至6月30日内填报《个人所得税年度自行纳税申报表》及其他相关资料,向任职、受雇单位所在地主管税务机关办理纳税申报,办理汇算清缴或者随汇算清缴一并办理纳税申报。

1. 从两处以上取得综合所得,且综合所得年收入额减除专项扣除后的余额超过6万元;

2. 取得劳务报酬所得、稿酬所得、特许权使用费所得中一项或者多项所得,且综合所得年收入额减除专项扣除的余额超过6万元;

3. 纳税年度内预缴税额低于应纳税额;

4. 纳税人申请退税;

5. 纳税人取得综合所得,扣缴义务人未扣缴税款的。

纳税人有两处以上任职、受雇单位的,选择向其中一处任职、受雇单位所在地主管税务机关办理纳税申报;纳税人没有任职、受雇单位的,向户籍所在地或经常居住地主管税务机关办理纳税申报。

也就是说,上述四项所得由于在预扣预缴时是分项适用不同的税率及计算方式计算应纳税额,与针对四项合并按年计算的应纳税额可能不一致,且存在未扣缴、未申报抵扣等漏报等情形,因此,需办理年终汇算清缴,对税款多退少补。

二、年度汇算的内容

年度终了后,居民个人需要汇总该年度1月1日至12月31日取得的工资薪金、劳务报酬、稿酬、特许权使用费等四项所得的收入额,减除费用6万元以及专项扣除、专项附加扣除、依法确定的其他扣除和符合条件的公益慈善事业捐赠后,适用综合所得个人所得税税率并减去速算扣除数(《个人所得税税率表一》),计算本年度最终应纳税额,再减去该年度已预缴税额,得出应退或应补税额,向税务机关申报并办理退税或补税。具体计算公式如下:

应退或应补税额=[(综合所得收入额-60000元-“三险一金”等专项扣除-子女教育等专项附加扣除-依法确定的其他扣除-捐赠)×适用税率-速算扣除数]-当年已预缴税额

依据税法规定,年度汇算不涉及财产租赁等分类所得,以及纳税人按规定选择不并入综合所得计算纳税的全年一次性奖金等所得。

三、无须办理年度汇算的纳税人

经国务院批准，依据财政部、税务总局《关于个人所得税综合所得汇算清缴涉及有关政策问题的公告》（财政部、税务总局公告 2019 年第 94 号）有关规定，纳税人在当年度已依法预缴个人所得税且符合下列情形之一的，无须办理年度汇算：

1. 年度汇算需补税但综合所得收入全年不超过 12 万元的；
2. 年度汇算需补税但金额不超过 400 元的；
3. 已预缴税额与年度应纳税额一致或者不申请退税的。

四、需要办理年度汇算的纳税人

依据税法规定，符合下列情形之一的，纳税人需要办理年度汇算：

1. 已预缴税额大于年度应纳税额且申请退税的；
2. 综合所得收入全年超过 12 万元且需要补税金额超过 400 元的。

五、年度汇算可享受的税前扣除

下列在汇算年度发生的，且未申报扣除或未足额扣除的税前扣除项目，纳税人可在年度汇算期间办理扣除或补充扣除：

1. 纳税人及其配偶、未成年子女符合条件的大病医疗支出；
2. 纳税人符合条件的子女教育、继续教育、住房贷款利息或住房租金、赡养老人专项附加扣除，以及减除费用、专项扣除、依法确定的其他扣除；
3. 纳税人符合条件的捐赠支出。

六、居民个人年度综合所得应纳税计算

居民个人来源于中国境外的综合所得，应当与境内综合所得合并计算应纳税额。境外综合所得包括因任职、受雇、履约等在中国境外提供劳务取得的所得（包括工资薪金所得）；中国境外企业以及其他组织支付且负担的稿酬所得；许可各种特许权在中国境外使用而取得的所得。

居民个人取得境外所得的境外纳税年度与公历年度不一致的，取得境外所得的境外纳税年度最后一日所在的公历年度，为境外所得对应的我国纳税年度。

(一)仅取得境内综合所得年度汇算

第一步,计算综合所得个人所得税。

综合所得应纳税额 = 综合所得应纳税所得额 × 税率 - 速算扣除数

综合所得应纳税所得额 = 收入合计 - 费用合计 - 免税收入合计 - 减除费用 - 专项扣除合计 - 专项附加扣除合计 - 其他扣除合计 - 准予扣除的捐赠额

其中:收入合计 = 工资、薪金 + 劳务报酬 + 稿酬 + 特许权使用费

费用合计 = (劳务报酬 + 稿酬 + 特许权使用费) × 20%

免税收入合计 = 稿酬所得免税部分 + 其他免税收入

其中:稿酬所得免税部分 = 稿酬 × (1 - 20%) × 30%

减除费用:税法规定的减除费用,即 5000 元/月,60,000 元/年。

专项扣除合计,指居民个人按规定可以在税前扣除的基本养老保险费、基本医疗保险费、失业保险费、住房公积金金额合计。

专项附加扣除合计,指居民个人按规定可以在税前扣除的子女教育、继续教育、大病医疗、住房贷款利息、住房租金、赡养老人等专项附加扣除的金额合计。

其他扣除合计,是指居民个人按规定可在税前扣除的年金、商业健康保险、税延养老保险、允许扣除的税费和其他扣除项目的金额合计。

准予扣除的捐赠额,是指居民个人按规定准予在税前扣除的公益慈善事业捐赠金额。

第二步,计算无住所居民个人全年一次性奖金个人所得税。

此项计算仅限于无住所居民个人预判为非居民个人取得的数月奖金,选择按全年一次性奖金计税的情形。无住所居民个人预缴时因预判为非居民个人而按取得数月奖金计算缴税的,汇缴时可以根据自身情况,将一笔数月奖金按照全年一次性奖金单独计算。

全年一次性奖金应纳税额 = (全年一次性奖金收入 - 准予扣除的捐赠额) × 税率 - 速算扣除数

第三步,进行税额调整。

按照税法规定,如果存在可以进行其他调整事项需要调整综合所得收入,则可以据此调整应纳税额。

第四步,计算应补/退个人所得税。

应补/退税额 = 应纳税额合计 - 减免税额 - 已缴税额

应纳税额合计 = 综合所得应纳税额 + 全年一次性奖金应纳税额 + 应纳税额调整额

减免税额，是指符合税法规定的可以减免的税额。

已缴税额，是指与办理年度汇算的综合所得和全年一次性奖金相对应的已经缴纳或者被扣缴的个人所得税。

（二）取得境外综合所得年度汇算

第一步，计算综合所得个人所得税。

综合所得应纳税额 = 综合所得应纳税所得额 × 税率 - 速算扣除数

综合所得应纳税所得额 = 境内收入合计 + 境外收入合计 - 费用合计 - 免税收入合计 - 减除费用 - 专项扣除合计 - 专项附加扣除合计 - 其他扣除合计 - 准予扣除的捐赠额

其中：境内收入合计 = 工资、薪金 + 劳务报酬 + 稿酬 + 特许权使用费

境外收入合计 = 工资、薪金 + 劳务报酬 + 稿酬 + 特许权使用费

费用合计 = 境内、境外劳务报酬、稿酬、特许权使用费合计 × 20%

免税收入合计 = 稿酬所得免税部分 + 其他免税收入

其中：稿酬所得免税部分 = 境内、境外稿酬合计 ×（1 - 20%）× 30%

其他项目与“仅取得境内综合所得年度汇算”的计算相同。

第二步，计算其他境外所得个人所得税。

经营所得应纳税额 = 境内、境外经营所得应纳税所得额 × 税率 - 速算扣除数

境外利息、股息、红利所得应纳税额 = 境外利息、股息、红利所得应纳税所得额 × 税率

境外财产租赁所得应纳税额 = 境外财产租赁所得应纳税所得额 × 税率

境外财产转让所得应纳税额 = 境外财产转让所得应纳税所得额 × 税率

境外偶然所得应纳税额 = 境外偶然所得应纳税所得额 × 税率

其他所得应纳税额

第三步，计算境外股权激励个人所得税。

股权激励应纳税额 = 境内、境外单独计税的股权激励收入合计 × 税率 - 速算扣除数

第四步，计算无住所居民个人全年一次性奖金个人所得税。

此项计算仅限于无住所居民个人预判为非居民个人取得的数月奖金，选择按全

年一次性奖金计税的情形。计算方法与“仅取得境内综合所得年度汇算”相同。

第五步，进行税额调整。

与“仅取得境内综合所得年度汇算”相同。

第六步，计算应补/退个人所得税。

应补/退税额 = 应纳税额合计 - 减免税额 - 已缴税额（境内）- 境外所得已纳所得税抵免额

应纳税额合计 = 综合所得应纳税额 + 经营所得应纳税额 + 境外利息、股息、红利所得应纳税额 + 境外财产租赁所得应纳税额 + 境外财产转让所得应纳税额 + 境外偶然所得应纳税额 + 其他所得应纳税额 + 股权激励应纳税额 + 无住所居民个人全年一次性奖金应纳税额 + 应纳税额调整额

境外所得已纳所得税抵免额的计算详见第二章第六节“境外已纳税额抵免”。

七、无住所居民个人年度综合所得应纳税计算

无住所居民个人取得综合所得，年度终了后，应按年计算个人所得税；有扣缴义务人的，由扣缴义务人按月或者按次预扣预缴税款；需要办理汇算清缴的，按照规定办理汇算清缴，年度综合所得应纳税额计算公式如下：

年度综合所得应纳税额 =（年度工资薪金收入额 + 年度劳务报酬收入额 + 年度稿酬收入额 + 年度特许权使用费收入额 - 减除费用 - 专项扣除 - 专项附加扣除 - 依法确定的其他扣除）× 适用税率 - 速算扣除数

2019 年 1 月 1 日至 2021 年 12 月 31 日，外籍个人符合居民个人条件的，可以选择享受个人所得税专项附加扣除，也可以选择按照财政部、国家税务总局《关于个人所得税若干政策问题的通知》（财税字〔1994〕20 号），国家税务总局《关于外籍个人取得有关补贴征免个人所得税执行问题的通知》（国税发〔1997〕54 号）和财政部、国家税务总局《关于外籍个人取得港澳地区住房等补贴征免个人所得税的通知》（财税〔2004〕29 号）规定，享受住房补贴、语言训练费、子女教育费等津补贴免税优惠政策，但不得同时享受。外籍个人一经选择，在一个纳税年度内不得变更。

无住所居民个人为外籍个人的，计算工资薪金收入额时，已经按规定减除住房补贴、子女教育费、语言训练费等八项津补贴的，不能同时享受专项附加扣除。

自 2022 年 1 月 1 日起，外籍个人不再享受住房补贴、语言训练费、子女教育费津补贴免税优惠政策，应按规定享受专项附加扣除。

年度工资薪金、劳务报酬、稿酬、特许权使用费收入额分别按年度内每月工资薪

金以及每次劳务报酬、稿酬、特许权使用费收入额合计数额计算。

第六节　无住所居民个人和非居民个人综合所得个人所得税

为贯彻落实修改后的《个人所得税法》及其实施条例，结合国际税收协定有关个人所得税的规则，财政部、税务总局发布了《关于非居民个人和无住所居民个人有关个人所得税政策的公告》(财政部、税务总局公告 2019 年第 35 号)，进一步明确了非居民个人和无住所居民个人(统称无住所个人)所得来源地判定、工资薪金所得收入额计算、税款计算、适用税收协定及相关征管规定。

一、关于所得来源地

(一)关于工资薪金所得来源地的规定

个人取得归属于中国境内(以下简称境内)工作期间的工资薪金所得为来源于境内的工资薪金所得。境内工作期间按照个人在境内工作天数计算，包括其在境内的实际工作日以及境内工作期间在境内、境外享受的公休假、个人休假、接受培训的天数。在境内、境外单位同时担任职务或者仅在境外单位任职的个人，在境内停留的当天不足 24 小时的，按照半天计算境内工作天数。

无住所个人在境内、境外单位同时担任职务或者仅在境外单位任职，且当期同时在境内、境外工作的，按照工资薪金所属境内、境外工作天数占当期公历天数的比例计算确定来源于境内、境外工资薪金所得的收入额。境外工作天数按照当期公历天数减去当期境内工作天数计算。

(二)关于数月奖金以及股权激励所得来源地的规定

无住所个人取得的数月奖金或者股权激励所得按照前述规定确定所得来源地的，无住所个人在境内履职或者执行职务时收到的数月奖金或者股权激励所得，归属于境外工作期间的部分，为来源于境外的工资薪金所得；无住所个人停止在境内履约或者执行职务离境后收到的数月奖金或者股权激励所得，对属于境内工作期间的部分，为来源于境内的工资薪金所得。具体计算方法为：数月奖金或者股权激励乘以数月奖金或者股权激励所属工作期间境内工作天数与所属工作期间公历天数之比。

无住所个人一个月内取得的境内外数月奖金或者股权激励包含归属于不同期间的多笔所得的,应当先分别按照上述公告规定计算不同归属期间来源于境内的所得,然后再加总计算当月来源于境内的数月奖金或者股权激励收入额。

数月奖金是指一次取得归属于数月的奖金、年终加薪、分红等工资薪金所得,不包括每月固定发放的奖金及一次性发放的数月工资。股权激励包括股票期权、股权期权、限制性股票、股票增值权、股权奖励以及其他因认购股票等有价证券而从雇主取得的折扣或者补贴。

(三)关于董事、监事及高层管理人员取得报酬所得来源地的规定

对于担任境内居民企业的董事、监事及高层管理职务的个人(以下统称高管人员),无论是否在境内履行职务,取得由境内居民企业支付或者负担的董事费、监事费、工资薪金或者其他类似报酬(以下统称高管人员报酬,包含数月奖金和股权激励),属于来源于境内的所得。

高层管理职务包括企业正、副(总)经理和各职能总师、总监及其他类似公司管理层的职务。

(四)关于稿酬所得来源地的规定

由境内企业、事业单位、其他组织支付或者负担的稿酬所得,为来源于境内的所得。

二、无住所个人工资薪金所得收入额计算

根据所得来源地规则,无住所个人取得的工资薪金所得,可分为境内和境外工资薪金所得;在此基础上,根据支付地不同,境内工资薪金所得可进一步分为境内雇主支付或负担(境内支付)和境外雇主支付(境外支付)所得;境外工资薪金所得也可分为境内支付和境外支付的所得。综上,无住所个人工资薪金所得可以划分为境内支付的境内所得、境外支付的境内所得、境内支付的境外所得、境外支付的境外所得等四个部分(见图3-1)。

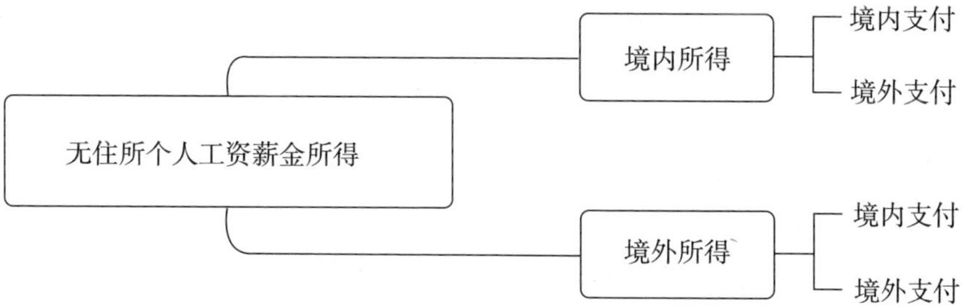

图 3-1　无住所个人工资薪金所得分类

（一）无住所居民个人工资薪金所得收入额

1. 无住所居民个人在境内居住累计满 183 天的年度连续满 6 年的情形

在境内居住累计满 183 天的年度连续满六年后，不符合《个人所得税法实施条例》第 4 条优惠条件的无住所居民个人，负有全面纳税义务，其从境内、境外取得的全部工资薪金所得均应计算缴纳个人所得税。计算方法同本章第一节“居民个人工资、薪金所得的预扣预缴”。

2. 无住所居民个人在境内居住累计满 183 天的年度连续不满 6 年的情形

在境内居住累计满 183 天的年度连续不满 6 年的无住所居民个人，符合《个人所得税法实施条例》第 4 条优惠条件的，其取得的全部工资薪金所得，除归属于境外工作期间且由境外单位或者个人支付的工资薪金所得部分外，均应计算缴纳个人所得税。工资薪金所得收入额的计算公式如下（公式三）：

$$\text{当月工资薪金收入额} = \text{当月境内外工资薪金总额} \times \left[1 - \frac{\text{当月境外支付工资薪金数额}}{\text{当月境内外工资薪金总额}} \times \frac{\text{当月工资薪金所属工作期间境外工作天数}}{\text{当月工资薪金所属工作期间公历天数}}\right]$$

《个人所得税法》修改后，无住所居民个人的工资薪金所得应并入综合所得，不再单独计算税额，难以继续采取原来“先税后分”的方法，因此将计税方法调整为“先分后税”，即先根据境内外工作时间及境内外收入支付比例，对工资薪金收入额进行划分，计算在境内应计税的工资薪金收入额，再据此计算应纳税额。计税方法调整后，无住所个人仅就其在境内应计税的收入额确定适用税率，降低了适用税率和税负，计税方法更加合理。

这也是《个人所得税法实施条例》第 4 条规定的“在中国境内无住所的个人，在中国境内居住累计满183天的年度连续不满6年的，经向主管税务机关备案，其来源于中国境外且由境外单位或者个人支付的所得，免予缴纳个人所得税”的具体应用。

上述公式换一种形式：

当月工资薪金收入额＝当月境内外工资薪金总额－当月境外支付部分×当月境外工作天数÷当月境内外工作总天数

上述公式中的“当月境外支付部分×当月境外工作天数÷当月境内外工作总天数”即是按境外工作时间占比计算得出的来源于中国境外且由境外支付的所得。

注：无住所居民个人不区分高管人员和非高管人员，工资薪金收入额都按照上述两种情形计算。

（二）非居民个人工资薪金所得收入额

非居民个人分为高管人员和非高管人员，以及境内居住时间是否超过90天的情形，对其取得工资薪金所得，当月工资薪金收入额分别按照以下情形计算。

（1）非居民个人为非高管人员的工资薪金收入额计算

①非居民个人境内居住时间累计不超过90天的情形。

在一个纳税年度内，在境内累计居住不超过90天的非居民个人，仅就归属于境内工作期间并由境内雇主支付或者负担的工资薪金所得计算缴纳个人所得税。当月工资薪金收入额的计算公式如下（公式一）：

$$\text{当月工资薪金收入额}=\text{当月境内外工资薪金总额}\times\frac{\text{当月境内支付工资薪金数额}}{\text{当月境内外工资薪金总额}}\times\frac{\text{当月工资薪金所属工作期间境内工作天数}}{\text{当月工资薪金所属工作期间公历天数}}$$

所谓境内雇主，包括雇佣员工的境内单位和个人以及境外单位或者个人在境内的机构、场所。凡境内雇主采取核定征收所得税或者无营业收入未征收所得税的，无住所个人为其工作取得工资薪金所得，不论是否在该境内雇主会计账簿中记载，均视为由该境内雇主支付或者负担。所谓工资薪金所属工作期间的公历天数，是指无住所个人取得工资薪金所属工作期间按公历计算的天数。

这也是《个人所得税法实施条例》第5条规定的“在中国境内无住所的个人，在一个纳税年度内在中国境内居住累计不超过90天的，其来源于中国境内的所得，由境外雇主支付并且不由该雇主在中国境内的机构、场所负担的部分，免予缴纳个人所得税”的具体应用。

上述公式换一种形式：

当月工资薪金收入额 = 当月境内支付工资薪金额 × 当月境内工作天数 ÷ 当月境内外工作总天数

②非居民个人境内居住时间累计超过 90 天不满 183 天的情形。

在一个纳税年度内，在境内累计居住超过 90 天但不满 183 天的非居民个人，取得归属于境内工作期间的工资薪金所得，均应当计算缴纳个人所得税；其取得归属于境外工作期间的工资薪金所得，不征收个人所得税。当月工资薪金收入额的计算公式如下（公式二）：

$$当月工资薪金收入额 = \begin{matrix}当月境内外\\工资薪金总额\end{matrix} \times \frac{\begin{matrix}当月工资薪金所属\\工作期间境内工作天数\end{matrix}}{\begin{matrix}当月工资薪金所属\\工作期间公历天数\end{matrix}}$$

（2）非居民个人为高管人员的工资薪金收入额计算

①高管人员在境内居住时间累计不超过 90 天的情形。

在一个纳税年度内，在境内累计居住不超过 90 天的高管人员，其取得由境内雇主支付或者负担的工资薪金所得应当计算缴纳个人所得税；不是由境内雇主支付或者负担的工资薪金所得，不缴纳个人所得税。当月工资薪金收入额为当月境内支付或者负担的工资薪金收入额。

②高管人员在境内居住时间累计超过 90 天不满 183 天的情形。

在一个纳税年度内，在境内居住累计超过 90 天但不满 183 天的高管人员，其取得的工资薪金所得，除归属于境外工作期间且不是由境内雇主支付或者负担的部分外，应当计算缴纳个人所得税。当月工资薪金收入额计算适用公式三：

$$\begin{matrix}当月工资\\薪金收入额\end{matrix} = \begin{matrix}当月境内外\\工资薪金总额\end{matrix} \times \left[1 - \frac{\begin{matrix}当月境外支付\\工资薪金数额\end{matrix}}{\begin{matrix}当月境内外\\工资薪金总额\end{matrix}} \times \frac{\begin{matrix}当月工资薪金所属\\工作期间境外工作天数\end{matrix}}{\begin{matrix}当月工资薪金所属\\工作期间公历天数\end{matrix}}\right]$$

注：以上公式中当月境内外工资薪金包含归属于不同期间的多笔工资薪金的，应当先分别按照规定计算不同归属期间工资薪金收入额，然后再加总计算当月工资薪金收入额。

三、无住所个人适用税收协定

按照我国政府签订的税收协定居民条款规定为缔约对方税收居民的个人（以下简称对方税收居民个人），可以按照税收协定及财政部、税务总局有关规定享受税收协定待遇，也可以选择不享受税收协定待遇计算纳税。除税收协定及财政部、税务总局另有规定外，无住所个人适用税收协定的，按照以下规定执行。

（一）无住所个人适用税收协定受雇所得条款

1. 境外受雇所得协定待遇，是指按照税收协定受雇所得条款规定，对方税收居民个人在境外从事受雇活动取得的受雇所得，可不缴纳个人所得税。注意，这里的“境外从事受雇活动取得的受雇所得”并非指境外支付部分，而是根据境内境外工作天数的比例计算。

无住所个人为对方税收居民个人的，其取得的工资薪金所得可享受境外受雇所得协定待遇的，可不缴纳个人所得税。工资薪金收入额计算适用公式二：

$$当月工资薪金收入额=\frac{当月境内外}{工资薪金总额}\times\frac{\begin{array}{c}当月工资薪金所属\\工作期间境内工作天数\end{array}}{\begin{array}{c}当月工资薪金所属\\工作期间公历天数\end{array}}$$

2. 境内受雇所得协定待遇，是指按照税收协定受雇所得条款规定，在税收协定规定的期间内境内停留天数不超过183天的对方税收居民个人，在境内从事受雇活动取得受雇所得，不是由境内居民雇主支付或者代其支付的，也不是由雇主在境内常设机构负担的，可不缴纳个人所得税。注意这里的183天是指税收协定规定的，与判定居民个人和非居民个人的183天计算方法是不一样的。

无住所个人为对方税收居民个人，其取得的工资薪金所得可享受境内受雇所得协定待遇的，可不缴纳个人所得税。工资薪金收入额计算适用公式一。

无住所居民个人为对方税收居民个人的，可在预扣预缴和汇算清缴时按前述规定享受协定待遇；非居民个人为对方税收居民个人的，可在取得所得时按前述规定享受协定待遇。

（二）无住所个人适用独立个人劳务或者营业利润条款

独立个人劳务或者营业利润协定待遇，是指按照税收协定独立个人劳务或者营业利润条款规定，对方税收居民个人取得的独立个人劳务所得或者营业利润符合税收协定规定条件的，可不缴纳个人所得税。

无住所居民个人为对方税收居民个人，其取得的劳务报酬所得、稿酬所得可享受独立个人劳务或者营业利润协定待遇的，在预扣预缴和汇算清缴时，可不缴纳个人所得税。

非居民个人为对方税收居民个人，其取得的劳务报酬所得、稿酬所得可享受独立个人劳务或者营业利润协定待遇的，在取得所得时可不缴纳个人所得税。

（三）无住所个人适用税收协定董事费条款

对方税收居民个人为高管人员，该个人适用的税收协定未纳入董事费条款，或者虽然纳入董事费条款但该个人不适用董事费条款，且该个人取得的高管人员报酬可享受税收协定受雇所得、独立个人劳务或者营业利润条款规定待遇的，该个人取得的高管人员报酬可不适用"无住所个人为高管人员的情形"的规定，分别按照上述两项规定执行。也就是说，该高管人员取得的董事费可享受境外受雇所得协定待遇、境内受雇所得协定待遇，或是独立个人劳务或者营业利润协定待遇，在预扣预缴和汇算清缴时，可不缴纳个人所得税。

对方税收居民个人为高管人员，该个人取得的高管人员报酬按照税收协定董事费条款规定可以在境内征收个人所得税的，应按照有关工资薪金所得或者劳务报酬所得规定缴纳个人所得税。

比如，《内地和香港特别行政区关于对所得避免双重征税和防止偷漏税的安排》就纳入了董事费条款，其中第 15 条就规定："一方居民作为另一方居民公司的董事会成员取得的董事费和其他类似款项，可以在该另一方征税。"如果香港居民作为内地注册公司的董事会成员取得的董事费，可以在内地征税。

（四）无住所个人适用税收协定特许权使用费或者技术服务费条款

特许权使用费或者技术服务费协定待遇，是指按照税收协定特许权使用费或者技术服务费条款规定，对方税收居民个人取得符合规定的特许权使用费或者技术服务费，可按照税收协定规定的计税所得额和征税比例计算纳税。

无住所居民个人为对方税收居民个人，其取得的特许权使用费所得、稿酬所得或者劳务报酬所得可享受特许权使用费或者技术服务费协定待遇的，可不纳入综合所得，在取得当月按照税收协定规定的计税所得额和征税比例计算应纳税额，并预扣预缴税款。年度汇算清缴时，该个人取得的已享受特许权使用费或者技术服务费协定待遇的所得不纳入年度综合所得，单独按照税收协定规定的计税所得额和征税比例计算年度应纳税额及补退税额。

非居民个人为对方税收居民个人，其取得的特许权使用费所得、稿酬所得或者劳务报酬所得可享受特许权使用费或者技术服务费协定待遇的，可按照税收协定规定的计税所得额和征税比例计算应纳税额。

计算举例15

某企业的外籍员工 A，符合无住所居民个人在境内居住累计满 183 天的年度连续不满 6 年的情形，2021 年 1 月在境内工作 20 天，境外工作 10 天；当月工资收入总额 27,000 元，其中境内支付 15,000 元，境外支付 12,000 元。

则适用公式三计算：

当月工资薪金收入额 $=27000\times[1-(12000\div27000)\times(10\div30)]$

$=27000-12000\times(10\div30)$

$=27000-4000$

$=23000$ 元

减除费用 5000 元，无其他扣除项

应纳税所得额 18,000 元

适用税率 20%，速算扣除数 1410 元

应纳税额 2190 元

如果上述外籍员工 A 为对方税收居民个人，则工资薪金所得可享受境外受雇所得协定待遇，境外受雇所得可不缴纳个人所得税，应适用公式二计算：

当月工资薪金收入额 $=27000\times(20\div30)=18000$ 元

减除费用 5000 元，应纳税所得额 13,000 元

适用税率 20%，速算扣除数 1410 元

应纳税额 1190 元

四、无住所个人相关征管规定

（一）关于无住所个人预计境内居住时间的规定

无住所个人在一个纳税年度内首次申报时，应当根据合同约定等情况预计一个

纳税年度内境内居住天数以及在税收协定规定的期间内境内停留天数，按照预计情况计算缴纳税款。实际情况与预计情况不符的，分别按照以下规定处理：

（1）无住所个人预先判定为非居民个人，因延长居住天数达到居民个人条件的，一个纳税年度内税款扣缴方法保持不变，年度终了后按照居民个人有关规定办理汇算清缴，但该个人在当年离境且预计年度内不再入境的，可以选择在离境之前办理汇算清缴。

（2）无住所个人预先判定为居民个人，因缩短居住天数不能达到居民个人条件的，在不能达到居民个人条件之日起至年度终了 15 天内，应当向主管税务机关报告，按照非居民个人重新计算应纳税额，申报补缴税款，不加收税收滞纳金。需要退税的，按照规定办理。

（3）无住所个人预计一个纳税年度境内居住天数累计不超过 90 天，但实际累计居住天数超过 90 天的，或者对方税收居民个人预计在税收协定规定的期间内境内停留天数不超过 183 天，但实际停留天数超过 183 天的，待达到 90 天或者 183 天的月度终了后 15 天内，应当向主管税务机关报告，就以前月份工资薪金所得重新计算应纳税款，并补缴税款，不加收税收滞纳金。

（二）关于无住所个人境内雇主报告境外关联方支付工资薪金所得的规定

无住所个人在境内任职、受雇取得来源于境内的工资薪金所得，凡境内雇主与境外单位或者个人存在关联关系，将本应由境内雇主支付的工资薪金所得，部分或者全部由境外关联方支付的，无住所个人可以自行申报缴纳税款，也可以委托境内雇主代为缴纳税款。无住所个人未委托境内雇主代为缴纳税款的，境内雇主应当在相关所得支付当月终了后 15 天内向主管税务机关报告相关信息，包括境内雇主与境外关联方对无住所个人的工作安排、境外支付情况以及无住所个人的联系方式等信息。

五、2018 年 12 月 31 日前政策

《关于非居民个人和无住所居民个人有关个人所得税政策的公告》自 2019 年 1 月 1 日起施行，该公告施行前有关无住所个人的应纳税所得及应纳税额按以前的政策执行。但非居民个人 2019 年 1 月 1 日后取得所得，按原有规定多缴纳税款的，可以依法申请办理退税。2018 年 12 月 31 日以前的政策主要就是该公告废止的文件或者文件条款：

1. 财政部、税务总局《关于对临时来华人员按实际居住日期计算征免个人所得税若干问题的通知》(〔88〕财税外字第59号)。

2. 国家税务总局《关于在中国境内无住所的个人取得工资薪金所得纳税义务问题的通知》(国税发〔1994〕148号)。

3. 财政部、国家税务总局《关于在华无住所的个人如何计算在华居住满五年问题的通知》(财税字〔1995〕98号)。

4. 国家税务总局《关于在中国境内无住所的个人计算缴纳个人所得税若干具体问题的通知》(国税函发〔1995〕125号)第1条、第2条、第3条、第4条。

注:国家税务总局《关于在中国境内无住所的个人计算缴纳个人所得税若干具体问题的通知》(国税函发〔1995〕125号)第5条关于"核实个人工资薪金及实际在中国境内工作期间的凭据证明问题"的内容仍然有效,即凡属依据《个人所得税法》及其实施条例以及相关文件的规定,应就境外雇主支付的工资薪金申报纳税的个人,应如实申报上述工资薪金数额及在中国境内的工作期间,并提供支付工资证明及必要的公证证明和居住时间的有效凭证,包括护照、港澳同胞还乡证、台湾同胞提供"往来大陆通行证"以及主管税务机关认为有必要提供的其他证明凭据。

5. 国家税务总局《关于在中国境内无住所的个人缴纳所得税涉及税收协定若干问题的通知》(国税发〔1995〕155号)。

6. 国家税务总局《关于在中国境内无住所的个人取得奖金征税问题的通知》(国税发〔1996〕183号)。

7. 国家税务总局《关于三井物产(株)大连事务所外籍雇员取得数月奖金确定纳税义务问题的批复》(国税函〔1997〕546号)。

8. 国家税务总局《关于外商投资企业和外国企业对境外企业支付其雇员的工资薪金代扣代缴个人所得税问题的通知》(国税发〔1999〕241号)。

9. 国家税务总局《关于在中国境内无住所个人取得不在华履行职务的月份奖金确定纳税义务问题的通知》(国税函〔1999〕245号)。

10. 国家税务总局《关于在中国境内无住所个人以有价证券形式取得工资薪金所得确定纳税义务有关问题的通知》(国税函〔2000〕190号)。

11. 国家税务总局《关于在中国境内无住所的个人执行税收协定和个人所得税法若干问题的通知》(国税发〔2004〕97号)。

12. 国家税务总局《关于调整个人取得全年一次性奖金等计算征收个人所得税方法问题的通知》(国税发〔2005〕9号)第6条。

13. 国家税务总局《关于在境内无住所个人计算工资薪金所得缴纳个人所得税有关问题的批复》(国税函〔2005〕1041 号)。

14. 国家税务总局《关于在中国境内担任董事或高层管理职务无住所个人计算个人所得税适用公式的批复》(国税函〔2007〕946 号)。

第七节　非居民个人综合所得的代扣代缴

非居民个人取得工资、薪金所得,劳务报酬所得,稿酬所得和特许权使用费所得,有扣缴义务人的,由扣缴义务人按月或者按次代扣代缴税款,不办理汇算清缴。

非居民个人在中国境内从两处以上取得工资、薪金所得,纳税人应当依法办理纳税申报。

扣缴义务人向非居民个人支付工资、薪金所得,劳务报酬所得,稿酬所得和特许权使用费所得时,应当按以下方法按月或者按次代扣代缴个人所得税:

非居民个人的工资、薪金所得,以每月收入额减除费用 5000 元后的余额为应纳税所得额;劳务报酬所得、稿酬所得、特许权使用费所得,以每次收入额为应纳税所得额,适用按月换算后的非居民个人月度税率表(《个人所得税税率表三》)计算应纳税额。其中,劳务报酬所得、稿酬所得、特许权使用费所得以收入减除 20% 的费用后的余额为收入额。稿酬所得的收入额减按 70% 计算。

非居民个人工资、薪金所得,劳务报酬所得,稿酬所得,特许权使用费所得应纳税额 = 应纳税所得额 × 税率 - 速算扣除数

非居民个人在一个纳税年度内税款扣缴方法保持不变,达到居民个人条件时,应当告知扣缴义务人基础信息变化情况,年度终了后按照居民个人有关规定办理汇算清缴。

非居民个人需要享受税收协定待遇的,应当在取得应税所得时主动向扣缴义务人提出,并提交相关信息、资料,扣缴义务人代扣代缴税款时按照享受税收协定待遇有关办法办理。

非居民个人综合所得来源地的确定、工资薪金收入额的计算及享受税收协定待遇的具体政策见本章第六节“无住所居民个人和非居民个人综合所得个人所得税”。

一、工资、薪金所得

(一)正常工资薪金

非居民个人当月取得工资薪金所得,以按照前述规定计算的当月收入额,减去税法规定的减除费用(5000 元)后的余额,为应纳税所得额,适用月度税率表计算应纳税额。

应纳税额 = 应纳税所得额 × 税率 - 速算扣除数

应纳税所得额 = 每月收入额 - 5000 元

计算举例16

假设计算举例 15 中的企业外籍员工 A,为非居民个人,其他数据相同,即 2021 年 1 月在境内工作 20 天,境外工作 10 天;当月工资收入总额 27,000 元,其中境内支付 15,000 元,境外支付 12,000 元。

1. 如果 A 为非高管,境内居住时间累计不超过 90 天,适用公式一:

当月工资薪金收入额为:

=27000 × (15000 ÷ 27000) × (20 ÷ 30)

=15000 × (20 ÷ 30)

=10000 元

减除费用 5000 元,无其他扣除项

应纳税所得额 5000 元

适用税率 10%,速算扣除数 210 元

应纳税额 290 元

2. 如果 A 为非高管,境内居住时间累计超过 90 天不满 183 天,适用公式二:

当月工资薪金收入额为:

=27000 × (20 ÷ 30)

=18000 元

减除费用 5000 元,无其他扣除项

应纳税所得额 13,000 元

适用税率 20%,速算扣除数 1410 元

应纳税额 1190 元

3. 如果 A 为高管，境内居住时间累计不超过 90 天：

当月工资薪金收入额为 15,000 元（境内支付的工资）

减除费用 5000 元，无其他扣除项

应纳税所得额 10,000 元

适用税率 10%，速算扣除数 210 元

应纳税额 790 元

4. 如果 A 为高管，境内居住时间累计超过 90 天不满 183 天，适用公式三：

当月工资薪金收入额为：

$=27000\times[1-(12000\div27000)\times(10\div30)]$

$=23000$ 元

减除费用 5000 元，无其他扣除项

应纳税所得额 18,000 元

适用税率 20%，速算扣除数 1410 元

应纳税额 2190 元

5. 如果 A 享受税收协定待遇，境内居住时间不超过 183 天，无论是否为高管，其个人所得税计算方式均相同：

当月工资薪金收入额为：

$=27000\times(15000\div27000)\times(20\div30)$

$=10000$ 元

减除费用 5000 元，无其他扣除项

应纳税所得额 5000 元

适用税率 10%，速算扣除数 210 元

应纳税额 290 元

为便于理解，根据无住所个人工资薪金税收政策及计算举例 15 和计算举例 16，可将无住所个人工资薪金收入应纳税计算及计算结果归纳为表 3－1：

表 3－1　无住所个人工资薪金收入应纳税计算总结与对比

无住所个人税收身份	境内居住情形	协定享受	当月工资薪金收入额计算方法	当月工资薪金收入额计算公式	应纳税计算	收入额/元	应纳税额/元
无住所居民个人	在境内居住累计满 183 天的年度连续满六年	不得享受	从境内、境外取得的全部工资薪金所得均应计算缴纳个人所得税	当月境内外工资薪金总额	(27000 － 5000) × 3%	27,000	660
	在境内居住累计满 183 天的年度连续不满六年	不享受	其取得的全部工资薪金所得，扣除归属于境外工作期间且由境外单位或者个人支付的工资薪金所得部分计算缴纳个人所得税	当月境内外工资薪金总额－当月境外支付部分×当月境外工作天数/当月境内外工作总天数（公式三）	[27000 － 12000 × (10 ÷ 30) － 5000] ×20% －1410	23,000	2190
		享受	取得的境外受雇工资薪金所得可不缴纳个人所得税（可享受境外受雇所得协定待遇的）	当月境内外工资薪金总额×当月境内工作天数/当月境内外工作总天数（公式二）	[27000 × (20 ÷ 30) － 5000] × 20% － 1410	18,000	1190
非居民个人 非高管人员	境内居住时间累计不超过 90 天	不享受	仅就归属于境内工作期间并由境内雇主支付或者负担的工资薪金所得计算缴纳个人所得税	当月境内支付工资薪金额×当月境内工作天数/当月境内外工作总天数（公式一）	[15000 × (20 ÷ 30) － 5000] × 10% － 210	10,000	290
	境内居住时间累计超过 90 天不满 183 天	不享受	其取得归属于境外工作期间的工资薪金所得，不征收个人所得税	当月境内外工资薪金总额×当月境内工作天数/当月境内外工作总天数（公式二）	[27000 × (20 ÷ 30) － 5000] × 20% － 1410	18,000	1190

续表

无住所个人税收身份		境内居住情形	协定享受	当月工资薪金收入额计算方法	当月工资薪金收入额计算公式	应纳税计算	收入额/元	应纳税额/元
非居民个人	高管或非高管	在税收协定规定的期间内境内停留天数不超过183天的对方税收居民个人	享受	境内受雇所得不是由境内居民雇主支付或者代其支付的，也不是由雇主在境内常设机构负担的，不缴纳个人所得税（可享受境内受雇所得协定待遇的）	当月境内支付工资薪金额×当月境内工作天数/当月境内外工作总天数（公式一）	[15000×(20÷30)−5000]×10%−210	10,000	290
	高管人员	境内居住时间累计不超过90天	不享受	不是由境内雇主支付或者负担的工资薪金所得，不缴纳个人所得税	当月境内支付或者负担的工资薪金收入额	(15000−5000)×10%−210	15,000	790
		境内居住时间累计超过90天不满183天	不享受	其取得的全部工资薪金所得，扣除境外工作期间且不是由境内雇主支付或者负担的部分计算缴纳个人所得税	当月境内外工资薪金总额−当月境外支付部分×当月境外工作天数/当月境内外工作总天数（公式三）	[27000−12000×(10÷30)−5000]×20%−1410	23,000	2190

说明：

(1)上述计算结果的基本假设条件：某外籍员工2021年1月在境内工作20天，境外工作10天；当月工资收入总额27,000元，其中境内支付15,000元，境外支付12,000元。

(2)除第一种情形适用《个人所得税预扣率表一》即居民个人的扣缴税率表外，其他情形都适用《个人所得税税率表三》即非居民综合所得税率表。

(3)因为居民个人的工资薪金收入使用的是累计预扣法，而非居民个人使用的是按月扣缴法，并且两者适用的税率表不同；又因为所举例子为1月的，故在其他条件相同的情况下，第一种情形也即真正的居民个人当月扣缴的税金较低。但是，如果按全年平均计算的话情况则相反。假设该外籍员工为第一种情形并且1～12月的收入和境内外工作天数等条件均不变，则1～12月累计应纳税额35,880元[(27000×12－60000)×20%－16920]，平均每月应纳税2990元，是高于其他几种情形的每月应纳税额的。

(4)无住所个人根据其在境内外居住时间不同、境内外支付的工资薪金数额不同，以及是否享受税收协定待遇，税收负担的高低也不尽相同。但总体来说，无住所居民个人在境内居住累计满183天的年度连续满六年的情形税负最高(在没有专项扣除和专项附加扣除的情况下)；无住所居民个人在境内居住累计满183天的年度连续不满六年且不享受协定优惠的，以及非居民个人为高管人员且在境内居住时间累计超过90天不满183天又不享受协定优惠的税负次之；非居民个人为非高管人员且在境内居住时间累计不超过90天又不享受协定优惠的，以及非居民个人享受境内受雇所得协定待遇的高管人员或非高管人员税负最低。

(二)数月奖金

非居民个人一个月内取得数月奖金，单独按照前述关于非居民个人工资薪金所得收入额的计算方法计算当月收入额，不与当月其他工资薪金合并，按6个月分摊计税，不减除费用，适用月度税率表计算应纳税额，在一个公历年度内，对每一个非居民个人，该计税办法只允许适用一次。计算公式如下：

当月数月奖金应纳税额=[(数月奖金收入额÷6)×适用税率－速算扣除数]×6

（三）个人股权激励收入

非居民个人一个月内取得股权激励所得，单独按照前述关于非居民个人工资薪金所得收入额的计算方法计算当月收入额，不与当月其他工资薪金合并，按 6 个月分摊计税（一个公历年度内的股权激励所得应合并计算），不减除费用，适应月度税率表计算应纳税额，计算公式如下：

当月股权激励所得应纳税额 = [（本公历年度内股权激励所得合计额 ÷6）× 适用税率 − 速算扣除数] ×6 − 本公历年度内股权激励所得已纳税额

（四）解除劳动合同一次性补偿金

非居民个人与用人单位解除劳动关系取得一次性补偿金收入，其计算方法与居民个人相同。具体为在当地上年职工平均工资 3 倍数额以内的部分，免征个人所得税；超过 3 倍数额的部分，不并入当年综合所得，单独适用综合所得税率表，计算纳税。

解除劳动合同一次性补偿金 = 一次性补偿收入 − 免税收入 − 其他扣除 − 准予扣除的捐赠额

应纳税额 = 解除劳动合同一次性补偿金 × 税率 − 速算扣除数

（五）税收递延型商业养老金

非居民个人达到规定条件时领取的商业养老金收入，其计算方法与居民个人相同，即其中 25% 部分予以免税，其余 75% 部分按照 10% 的比例税率计算缴纳个人所得税。

税收递延型商业养老金 = 收入 − 免税收入 − 其他扣除 − 准予扣除的捐赠额

应纳税额 = 税收递延型商业养老金 × 税率 − 速算扣除数

二、劳务报酬所得

非居民个人的劳务报酬所得也分为保险营销员佣金收入、证券经纪人佣金收入及一般劳务报酬。非居民个人的劳务报酬所得以每次不含增值税的收入额减除 20% 的费用及免税收入后的余额为收入额，收入额减去允许扣除的税费、其他扣除及允许扣除的捐赠后为应纳税所得额，适用《个人所得税税率表三》（月度税率表）计算应纳税额。其中费用没有最低 800 元的限额。

应纳税额 = 应纳税所得额 × 税率 - 速算扣除数

其中：

一般劳务报酬应纳税所得额 = [收入 ×（1 - 20%）- 免税收入] - 允许扣除的税费 - 其他扣除 - 允许扣除的捐赠额

保险营销员佣金收入额减去展业成本、允许扣除的税费、其他扣除及允许扣除的捐赠后为应纳税所得额。展业成本按照收入额的 25% 计算。

保险营销员、证券经纪人佣金收入应纳税所得额 = [收入 ×（1 - 20%）- 免税收入] ×75% - 允许扣除的税费 - 其他扣除 - 允许扣除的捐赠额

三、稿酬所得

非居民个人的稿酬所得以每次收入额减除 20% 的费用后的余额为应纳税所得额，收入额减按 70% 计算，适用《个人所得税税率表三》(月度税率表）计算应纳税额。

应纳税额 = 应纳税所得额 × 税率 - 速算扣除数

应纳税所得额 = 每次收入 ×（1 - 20%）×70% - 允许扣除的捐赠额

四、特许权使用费所得

非居民个人的特许权使用费所得以每次收入额减除 20% 的费用后的余额为应纳税所得额，适用《个人所得税税率表三》(月度税率表）计算应纳税额。

应纳税额 = 应纳税所得额 × 税率 - 速算扣除数

应纳税所得额 = 每次收入 ×（1 - 20%）- 免税收入 - 允许扣除的捐赠额

如果享受税收协定待遇，则可享受协定税率。

计算举例17

某非居民个人与我国某企业签订技术许可协议，2021 年 2 月收到特许权使用费 3 万元，当期发生可扣除的公益捐赠支出 5000 元。则：

应纳税所得额 = 30000 ×（1 - 20%）- 5000 = 19000 元

应纳税额 = 19000 × 20% - 1410 = 2390 元

如该非居民个人按相关税收协定可以享受 10% 的协定税率，则

协定减免 = 2390 - 19000 × 10% = 490 元

应扣缴税额 = 2390 - 490 = 19000 × 10% = 1900 元

如该非居民个人可享受的协定税率是15%，按协定税率计算为2850元，大于应纳税额2390元，则仍可按我国的税率及计算方法计税，即应扣缴税额2390元。

值得注意的是，非居民个人在计算综合所得应纳税所得时，没有专项扣除和专项附加扣除项。

第八节　行政处罚及裁判案例精选

案例1

单位发放职工加班补贴、生日金、周年庆奖金未扣缴个人所得税处罚

广州××信息技术服务有限公司—其他违法(穗税二稽罚〔2020〕27号)

违法事实：你单位在2015年9月至2017年6月，发放职工加班补贴1,688,200.00元(其中2016年999,450.00元，2017年1月至6月688,750.00元)、2015年9月发放生日金300.00元、2017年3月发放周年庆奖金206,400.00元，未按规定代扣代缴个人所得税。以上事实有以下证据证明：(1)你单位提供的企业情况说明、《2016年、2017年发放差旅费明细表》；(2)2016年、2017年"管理费用"相关账页、凭证；(3)2016年、2017年个人所得税申报表。我局于2020年3月24日向你单位送达《税务行政处罚事项告知书》(穗税二稽罚告〔2020〕18号)后，你单位没有提出陈述申辩意见或听证申请。根据《个人所得税法》第1条第1款、第2条第1款第1项、第3条第1款第1项、第6条第1款第1项、第9条第2款，《个人所得税法实施条例》第8条第1款第1项，你单位上述违法事实未按工资薪金所得代扣代缴个人所得税166,146.53元。

处罚依据：《税收征管法》第69条。

处罚决定：对你单位应扣未扣个人所得税166,146.53元处以0.5倍罚款83,073.27元。

案例2

发给员工的奖励物资未扣缴个人所得税处罚

杭州××电子商务有限公司—其他违法(杭税一稽罚〔2019〕70号)

违法事实：你公司从个人处采购一批手机……该批手机用作奖励发放给员工，账面仍挂库存商品未作处理。（其他略）

处罚依据：……应补缴未代扣代缴的个人所得税49,704.60元。（其他略）

处罚决定：……对你公司应扣未扣个人所得税的行为处应扣未扣个人所得税50%的罚款，计24,852.30元。（其他略）

案例3

向外单位个人赠送服务、对员工实施免费旅游的营销业绩奖励未按规定代扣代缴个人所得税处罚

广州市××皮具有限公司—其他违法（穗税二稽罚〔2019〕150133号）

违法事实：你单位2018年冬季订货会招待客户旅游，取得惠州市SX酒店管理有限公司虚开的1份增值税普通发票，发票代码4400173320，发票号码94433827，金额合计57,004.86元，税额合计1710.14元，价税合计58,715.00元，应税劳务、服务名称为会议费、差旅费。经国家税务总局惠州市税务局稽查局证实，上述发票为虚开的增值税普通发票。上述发票你单位已于2018年"销售费用"中列支58,715.00元，并于2018年度企业所得税申报中作税前扣除。2019年9月，你单位调整了上述在2018年企业所得税税前扣除的销售费用58,715.00元，补缴了企业所得税和滞纳金，但未按规定代扣代缴个人所得税。你单位取得广州SH旅行社有限公司开具的增值税普通发票，发票代码4400173320，发票号码53985361，金额98,679.61元，税额2960.39元，价税合计101,640.00元，应税劳务、服务名称为差旅费、考察费，实际为你单位为4名员工旅游支付的费用，平均每人25,410.00元，未计入你单位员工当期工资薪金，未按规定代扣代缴个人所得税。上述违法事实有以下证据证明：(1)你单位提供的相关业务的记账凭证、明细账页等资料；(2)你单位提供的《企业业务情况说明》《关于提供资料的情况说明》；(3)你单位相关人员的《询问笔录》；(4)你单位相关税费纳税申报表；(5)国家税务总局惠州市税务局稽查局出具的《已证实虚开通知单》。我局于2019年11月19日向你单位送达《税务行政处罚事项告知书》（穗税稽罚告〔2019〕150139号）后，你单位未提出陈述、申辩意见。

处罚依据：《个人所得税法》第1条第1款、第2条第1款第9项、第3条第3项、第6条第1款第6项、第8条、第9条第1款，《个人所得税法实施条例》第6条第1款、第8条，财政部、国家税务总局《关于企业促销展业赠送礼品有关个人所得税问

题的通知》(财税〔2011〕50号)第2条第2款、第3条,财政部、国家税务总局《关于企业以免费旅游方式提供对营销人员个人奖励有关个人所得税政策的通知》(财税〔2004〕11号)和《税收征管法》第69条的规定。

处罚内容:对你单位向你单位以外的个人赠送服务,应按规定代扣代缴个人所得税11,743.00元。你单位通过免收差旅费、旅游费对你单位员工实施的营销业绩奖励的行为,应按规定代扣代缴个人所得税21,309.68元。现对你单位上述少代扣代缴的个人所得税税款共计33,052.68元处以50%的罚款16,526.34元。

案例4

终止劳动合同不能适用解除劳动关系的免税政策的行政案

张××与国家税务总局北京市朝阳区税务局麦子店税务所、国家税务总局北京市朝阳区税务局个人所得税征收行为及行政复议案

审理法院:北京市第三中级人民法院

案号:(2019)京03行终689号

裁判日期:2019年7月23日

基本事实:张××与HLY公司订立有《劳动合同》。2018年2月5日,HLY公司向张××发出《终止劳动合同通知书》,通知张××与该公司的劳动合同于2018年3月16日到期终止。在张××按照公司规定办理完离职手续后,公司将依据国家有关规定向其支付经济补偿人民币74,256元整(税前),前述费用将与2018年4月工资一并发放。张××于2018年2月7日在前述通知回执上签字。此后,HLY公司向张××支付最后一个月工资及依照《劳动合同法》规定核算的补偿金共计74,256元,并于2018年5月8日向双井税务所申报扣缴张××该笔收入的个人所得税19,259.6元。2018年5月9日,双井税务所办理该笔税款入库手续完成个人所得税征收行为。张××不服该税收征管行为,于2018年11月28日向朝阳区税务局申请行政复议,复议决定维持前述个人所得税征收行为。张××不服,诉至法院。

一审法院认为:张××取得经济补偿金为因终止劳动合同所取得经济补偿金收入,不符合《关于个人与用人单位解除劳动关系取得的一次性补偿收入征免个人所得税问题的通知》(本节以下简称财税〔2001〕157号)中规定的免征税收入范围。张××关于"解除劳动合同"与"终止劳动合同"为等同法律概念的主张明显与《劳动合同法》的规定相悖,故其关于张××所得经济补偿金应属免税范围的诉讼理由不

具有法律依据，一审法院依法不予支持。

二审法院认为：财税〔2001〕157 号规定，个人因与用人单位解除劳动关系而取得的一次性补偿收入（包括用人单位发放的经济补偿金、生活补助费和其他补助费用），其收入在当地上年职工平均工资 3 倍数额以内的部分，免征个人所得税。本案中，张××取得经济补偿金为因终止劳动合同所取得经济补偿金收入，不符合前述法律文件中规定的免征税收入范围。综上，税务主管机关基于上述事实，按照《个人所得税法》（2011 年版）的规定对上诉人征收个人所得税并无不当，张××请求撤销该行为的主张，缺乏事实及法律依据，本院不予支持。

案例评析：

对于前三个行政处罚案，无须置评。但对于案例 4，则值得说明一下。一般人的认知里，终止劳动合同与解除劳动合同似乎没有什么区别。

财税〔2001〕157 号和后来的财税〔2018〕164 号规定的都是：个人与用人单位解除劳动关系取得一次性补偿收入（包括用人单位发放的经济补偿金、生活补助费和其他补助费），在当地上年职工平均工资 3 倍数额以内的部分，免征个人所得税。这两个文件使用的都是"解除劳动关系"，而之前的国家税务总局《关于个人因解除劳动合同取得经济补偿金征收个人所得税问题的通知》（国税发〔1999〕178 号）用的是"解除劳动合同"。至于为何会有如此变化，官方未发布过相关解释。

《劳动合同法》第 7 条规定：用人单位自用工之日起即与劳动者建立劳动关系。解除劳动关系应该比解除劳动合同的适用范围更广，因为有劳动关系的不一定签过合同，且解除劳动关系的形式不一定是解除劳动合同，想必这也是税务总局作出如此改变的初衷。从《劳动合同法》的第 1 条、第 2 条可以看出，《劳动合同法》规范的不仅仅是劳动合同，更是劳动关系，解除劳动关系也包括终止劳动合同的情形。

第 47 条规定：经济补偿按劳动者在本单位工作的年限，每满一年支付一个月工资的标准向劳动者支付。六个月以上不满一年的，按一年计算；不满六个月的，向劳动者支付半个月工资的经济补偿。劳动者月工资高于用人单位所在直辖市、设区的市级人民政府公布的本地区上年度职工月平均工资三倍的，向其支付经济补偿的标准按职工月平均工资三倍的数额支付，向其支付经济补偿的年限最高不超过 12 年。本条所称月工资是指劳动者在劳动合同解除或者终止前 12 个月的平均工资。

可以看出，税收法规规定的"在当地上年职工平均工资 3 倍数额以内的部分，免征个人所得税"的"3 倍"应该是来源于《劳动合同法》关于经济补偿的支付标准。而需要支付经济补偿的情形包括解除劳动合同和终止劳动合同两种情形。因此，因终止劳动合同而解除劳动关系的个人,从用人单位取得的一次性补偿收入也应适用财税〔2018〕164 号规定的免征个人所得税政策。

该案一审、二审法院都以终止劳动合同不属于解除劳动关系而不能适用财税〔2001〕157 号关于免税的规定,对劳动者来说确实是有些难以接受。为了避免争议,减少劳动者的税负,或许用人单位在与劳动者解除劳动关系时应尽量避免使用"终止劳动合同/关系"这类的形式。

第四章 经营所得个人所得税

本章思维导图

- 经营所得个人所得税
  - 第一节 经营所得概述
    - 一、纳税义务人
      - （一）个体工商户
      - （二）个人独资企业
      - （三）合伙企业及合伙人
    - 二、征税范围
    - 三、税率及征收率
    - 四、特殊的经营所得
      - （一）个人对企业、事业单位承包经营所得
      - （二）创投企业个人合伙人取得的所得
  - 第二节 经营所得的应纳税计算
    - 一、基本规定
    - 二、月度或季度预缴应纳税款的计算
      - （一）查账征收
      - （二）核定征收
    - 三、年度应纳税款的计算（查账征收）
    - 四、境外经营所得及抵免
  - 第三节 个体工商户的经营所得
    - 一、收入总额的确定
    - 二、成本费用的确定
    - 三、准予扣除的项目及标准
      - （一）工资薪金支出
      - （二）“五险一金”
      - （三）补充养老保险和医疗保险费
      - （四）员工的人身安全保险和其他商业保险费
      - （五）借款费用
      - （六）利息支出
      - （七）汇兑损失
      - （八）工会经费、职工福利费、职工教育经费
      - （九）业务招待费
      - （十）广告费和业务宣传费
      - （十一）摊位费、行政性收费、协会会费
      - （十二）固定资产租赁费
      - （十三）财产保险费
      - （十四）劳动保护支出
      - （十五）开办费
      - （十六）捐赠支出
      - （十七）研究开发费用

- 四、纳税调整项目
  - （一）纳税调整增加额
  - （二）纳税调整减少额
  - （三）亏损弥补
- 第四节 个人独资企业和合伙企业的经营所得
  - 一、企业的生产经营所得
    - （一）收入总额
    - （二）扣除项目
    - （三）关联业务往来
    - （四）亏损弥补
  - 二、企业投资者的应纳税所得额
  - 三、对个人独资企业、合伙企业的实物性分配
  - 四、兴办两个以上企业的投资者税款缴纳
  - 五、企业对外投资分回利息、股息、红利的征税问题
  - 六、企业合并、分立、终止、清算等
- 第五节 经营所得的核定征收
  - 一、核定应纳税额的情形
  - 二、个体工商户税收定期定额征收
  - 三、个人独资企业和合伙企业的核定征收
    - （一）税务机关应采取核定征收的情形
    - （二）核定征收方式
  - 四、律师事务所等中介机构的核定征收
  - 五、部分地方经营所得核定征收政策
- 第六节 经营所得的税收优惠
  - 一、创业投资企业和天使投资个人所得税优惠
  - 二、残疾人员生产经营所得减征个人所得税
  - 三、重点群体创业有关优惠政策
  - 四、自主择业的军队转业干部有关优惠政策
  - 五、自主就业退役士兵创业就业有关优惠政策
  - 六、青苗补偿费收入暂不征收个人所得税
  - 七、“四业”所得暂不征收个人所得税
  - 八、个体工商户经营所得优惠
- 第七节 应纳税计算举例
- 第八节 行政处罚及裁判案例精选

第一节　经营所得概述

一、纳税义务人

个体工商户、个人独资企业、合伙企业、个人承包承租以及其他从事生产、经营活动的个人为经营所得的纳税义务人，其中个体工商户以业主为个人所得税纳税义务人，个人独资企业以投资者为纳税义务人，合伙企业以每一个合伙人为纳税义务人。其中个人独资企业和合伙企业是指：

（1）依照《个人独资企业法》和《合伙企业法》登记成立的个人独资企业、合伙

企业。

(2)依照《私营企业暂行条例》(已失效)登记成立的独资、合伙性质的私营企业。

(3)依照《律师法》登记成立的合伙制律师事务所。

(4)经政府有关部门依照法律法规批准成立的负无限责任和无限连带责任的其他个人独资、个人合伙性质的机构或组织。

(一)个体工商户

有经营能力的公民,依照《个体工商户条例》(2016 修订)规定经工商行政管理部门登记,从事工商业经营的,为个体工商户。个体工商户在领取营业执照后,应当依法办理税务登记。

个体工商户可以个人经营,也可以家庭经营。

(二)个人独资企业

个人独资企业是指依照《个人独资企业法》在中国境内设立,由一个自然人投资,财产为投资人个人所有,投资人以其个人财产对企业债务承担无限责任的经营实体。个人独资企业解散后,原投资人对个人独资企业存续期间的债务仍应承担偿还责任,但债权人在五年内未向债务人提出偿债请求的,该责任消灭。

个人独资企业投资人对本企业的财产依法享有所有权,其有关权利可以依法进行转让或继承。

注意个人独资企业与一人有限责任公司的区别。一人有限责任公司是指只有一个自然人股东或者一个法人股东的有限责任公司。一个自然人只能投资设立一个一人有限责任公司。该一人有限责任公司不能投资设立新的一人有限责任公司。一人有限责任公司的股东不能证明公司财产独立于股东自己的财产的,应当对公司债务承担连带责任(类似于个人独资企业投资人的责任)。

个人独资企业与一人有限公司的主要区别包括:

(1)适用的法律规范不同:个人独资企业依《个人独资企业法》设立受其约束;一人公司依《公司法》设立并受《公司法》的约束。

(2)承担债务的责任不同:个人独资企业的投资人以其个人财产对企业债务承担无限责任;一人公司的股东以其认缴的出资额为限对公司债务承担有限责任。

(3)经营所得缴纳的税收不同:个人独资企业的经营所得由投资者缴纳经营所

得个人所得税，分回的股息红利不计入经营所得而由投资者个人单独缴纳股息红利个人所得税；而一人公司应就公司取得的全部所得先缴纳企业所得税（包括对外投资分回的股息红利，但目前居民企业之间的投资有免税政策），利润分配时投资者还需缴纳股息红利个人所得税。

（三）合伙企业及合伙人

合伙企业，是指自然人、法人和其他组织依照《合伙企业法》在中国境内设立的普通合伙企业和有限合伙企业。合伙人的出资、以合伙企业名义取得的收益和依法取得的其他财产，均为合伙企业的财产。

合伙人对合伙企业享有的财产称之为财产份额，合伙人可以对内或对外转让其享有合伙企业的财产份额。合伙人以外的人依法受让合伙人在合伙企业中的财产份额的，经修改合伙协议即成为合伙企业的合伙人。

1. 普通合伙企业及普通合伙人

普通合伙企业由普通合伙人组成，合伙人对合伙企业债务承担无限连带责任。《合伙企业法》对普通合伙人承担责任的形式有特别规定的，从其规定。国有独资公司、国有企业、上市公司以及公益性的事业单位、社会团体不得成为普通合伙人。

特殊的普通合伙企业：以专业知识和专门技能为客户提供有偿服务的专业服务机构，可以设立为特殊的普通合伙企业。一个合伙人或者数个合伙人在执业活动中因故意或者重大过失造成合伙企业债务的，应当承担无限责任或者无限连带责任，其他合伙人以其在合伙企业中的财产份额为限承担责任。合伙人在执业活动中非因故意或者重大过失造成的合伙企业债务以及合伙企业的其他债务，由全体合伙人承担无限连带责任。

2. 有限合伙企业及合伙人

有限合伙企业由普通合伙人和有限合伙人组成，普通合伙人对合伙企业债务承担无限连带责任，有限合伙人以其认缴的出资额为限对合伙企业债务承担责任。

有限合伙企业由两个以上 50 个以下合伙人设立；但是，法律另有规定的除外。有限合伙企业至少应当有一个普通合伙人，由普通合伙人执行合伙事务。执行事务合伙人可以要求在合伙协议中确定执行事务的报酬及报酬提取方式。

有限合伙人可以用货币、实物、知识产权、土地使用权或者其他财产权利作价出资，不得以劳务出资。

二、征税范围

1. 个体工商户从事生产、经营活动取得的所得。

其中包括个人投资或个人合伙投资开设医院(诊所)而取得的收入;从事个体出租车运营的出租车驾驶员取得的收入;出租车属个人所有,但挂靠出租汽车经营单位或企事业单位,驾驶员向挂靠单位缴纳管理费的,或出租汽车经营单位将出租车所有权转移给驾驶员的,出租车驾驶员从事客货运营取得的收入。

从事建筑安装业的个体工商户和未领取营业执照承揽建筑安装业工程作业的建筑安装队和个人,以及建筑安装企业实行个人承包后工商登记改变为个体经济性质的,其从事建筑安装业取得的收入应依照个体工商户的生产、经营所得项目计征个人所得税。

2. 个人独资企业投资人、合伙企业的个人合伙人源于境内注册的个人独资企业、合伙企业生产、经营的所得;律师个人出资兴办的独资和合伙性质的律师事务所的年度经营所得。

3. 个人依法从事办学、医疗、咨询以及其他有偿服务活动取得的所得。

4. 个人对企业、事业单位承包经营、承租经营以及转包、转租取得的所得。

其中包括对企业下属部门的承包经营、承租经营所得;全部或部分经营成果归承包人个人所有的承包建筑安装业各项工程作业所得;医生或其他个人承包、承租经营医疗机构,经营成果归承包人所有的,依据《个人所得税法》规定,承包人取得的所得。

5. 个人从事其他生产、经营活动取得的所得。如:从事彩票代销业务的个人因从事彩票代销业务而取得的所得。

个体工商户与企业联营而分得的利润,按利息、股息、红利所得项目征收个人所得税。

个体工商户和从事生产、经营的个人,取得与生产、经营活动无关的各项应税所得,应按规定分别计算征收个人所得税,也即按其他有关的应税项目征税。

三、税率及征收率

经营所得,适用5% ~35%的超额累进税率,即《个人所得税税率表二》。

代开货物运输业发票个人所得税预征率:

根据《关于代开货物运输业发票个人所得税预征率问题的公告》(国家税务总

局公告2011年第44号,已失效),对国家税务总局《关于货物运输业若干税收问题的通知》(国税发〔2004〕88号)第4条规定的代开货运发票的个人所得税纳税人,统一按开票金额的1.5%预征个人所得税。年度终了后,查账征税的代开货运发票个人所得税纳税人,被预征的个人所得税可以在汇算清缴时扣除;实行核定征收个人所得税的,被预征的个人所得税不得从已核定税额中扣除。根据国家税务总局《关于落实支持小型微利企业和个体工商户发展所得税优惠政策有关事项的公告》(国家税务总局公告2021年第8号),自2021年4月1日起,取消代开货物运输业发票预征个人所得税的规定,对个体工商户、个人独资企业、合伙企业和个人,代开货物运输业增值税发票时,不再预征个人所得税。个体工商户业主、个人独资企业投资者、合伙企业个人合伙人和其他从事货物运输经营活动的个人,应依法自行申报缴纳经营所得个人所得税。

四、特殊的经营所得

(一)个人对企业、事业单位承包经营所得

企业实行个人承包、承租经营后,如果工商登记仍为企业的,不管其分配方式如何,均应先按照企业所得税的有关规定缴纳企业所得税。承包、承租人按合同(协议)的规定只向发包、出租方交纳一定费用后,企业经营成果归其所有的,承包、承租人取得的所得,按对企事业单位的承包经营、承租经营所得项目征收个人所得税。

企业实行个人承包、承租经营后,如工商登记改变为个体工商户的,应依照个体工商户的生产、经营所得项目计征个人所得税,不再征收企业所得税。

企业实行承包经营、承租经营后,不能提供完整、准确的纳税资料、正确计算应纳税所得额的,由主管税务机关核定其应纳税所得额,并依据《税收征管法》的有关规定,自行确定征收方式。核定征收方式可参照本章第五节内容。

实行承包、承租经营的纳税义务人,应以每一纳税年度取得的承包、承租经营所得计算纳税,在一个纳税年度内,承包、承租经营不足12个月的,以其实际承包、承租经营的月份数为一个纳税年度计算纳税。

个人对企事业单位承包经营、承租经营所得的征收管理:

《税收征收管理法实施细则》(2016修订)第49条第1款规定:承包人或者承租人有独立的生产经营权,在财务上独立核算,并定期向发包人或者出租人上缴承包费或者租金的,承包人或者承租人应当就其生产、经营收入和所得纳税,并接受税务

管理;但是,法律、行政法规另有规定的除外。

国家税务总局《关于个人对企事业单位实行承包经营、承租经营取得所得征税问题的通知》(国税发〔1994〕179 号)规定:企业实行承包经营、承租经营后,不能提供完整、准确的纳税资料、正确计算应纳税所得额的,由主管税务机关核定其应纳税所得额,并依据《税收征管法》的有关规定,自行确定征收方式。发包人或者出租人应当自发包或者出租之日起 30 日内将承包人或者承租人的有关情况向主管税务机关报告。发包人或者出租人不报告的,发包人或者出租人与承包人或者承租人承担纳税连带责任。

国家税务总局《关于个人承包承租经营所得征收个人所得税问题的批复》(国税函〔2000〕395 号)规定:企业在职职工对企业下属部门实行自筹资金、自主经营、独立核算、自负盈亏的承包、承租经营方式,虽不是对整个企业的承包、承租经营,但其承包和经营的方式基本与本批复规定的承包经营、承租经营相同。为公平税负,合理负担,对在职职工从事承包、承租经营取得的所得,应比照"对企事业单位的承包经营、承租经营所得"项目征收个人所得税。

(二)创投企业个人合伙人取得的所得

2019 年 1 月 1 日起至 2023 年 12 月 31 日止,创投企业(含创投基金)可以选择按单一投资基金核算或者按创投企业年度所得整体核算两种方式之一,对其个人合伙人源于创投企业的所得计算个人所得税应纳税额。

创投企业选择按年度所得整体核算的,其个人合伙人应从创投企业取得的所得,按照"经营所得"项目、5% ~35% 的超额累进税率计算缴纳个人所得税。

创投企业选择按单一投资基金核算的,其个人合伙人从该基金应分得的股权转让所得和股息红利所得,按照 20% 税率计算缴纳个人所得税。

创投企业及律师事务所的所得税详见第九章"个人所得税专题聚焦"。

第二节　经营所得的应纳税计算

一、基本规定

1. 经营所得,以每一纳税年度的收入总额减除成本、费用以及损失后的余额,为应纳税所得额。所谓成本、费用,是指生产、经营活动中发生的各项直接支出和分配计入成本的间接费用以及销售费用、管理费用、财务费用;所称损失,是指生产、经营活动中发生的固定资产和存货的盘亏、毁损、报废损失,转让财产损失,坏账损失,自然灾害等不可抗力因素造成的损失以及其他损失。

2. 纳税人取得经营所得,按年计算个人所得税,按月或按季预缴。纳税人在月度或者季度终了后15日内向税务机关报送纳税申报表,并预缴税款;在取得所得的次年3月31日前办理汇算清缴。

3. 取得经营所得的个人,没有综合所得的,计算其每一纳税年度的应纳税所得额时,应当减除费用6万元、专项扣除、专项附加扣除以及依法确定的其他扣除。专项附加扣除在办理汇算清缴时减除。

根据《关于将商业健康保险个人所得税试点政策推广到全国范围实施的通知》(财税〔2017〕39号)及《关于推广实施商业健康保险个人所得税政策有关征管问题的公告》(国家税务总局公告2017年第17号),取得经营所得的个人,对其购买符合规定的商业健康保险产品支出,可按照规定标准在个人所得税前扣除,扣除限额为2400元/年(200元/月)。

根据《税收递延型通知》(财税〔2018〕22号)及《关于开展个人税收递延型商业养老保险试点有关征管问题的公告》(国家税务总局公告2018年第21号),对在试点地区取得经营所得的个人,其缴纳的税收递延型商业养老保险保费准予在申报扣除当年计算应纳税所得额时予以限额据实扣除,扣除限额按照不超过当年应纳税收入的6%和12,000元孰低办法确定。

4. 在经营所得中扣除公益捐赠支出,应按以下规定处理:

(1)个体工商户发生的公益捐赠支出,在其经营所得中扣除。

(2)个人独资企业、合伙企业发生的公益捐赠支出,其个人投资者应当按照捐赠年度合伙企业的分配比例(个人独资企业分配比例为100%),计算归属于每一个投资者的公益捐赠支出,个人投资者应将其归属的个人独资企业、合伙企业公益捐赠支出和本人需要在经营所得扣除的其他公益捐赠支出合并,在其经营所得中扣除。

(3)在经营所得中扣除公益捐赠支出的,可以选择在预缴税款时扣除,也可以选择在汇算清缴时扣除。

(4)经营所得采取核定征收方式的,不扣除公益捐赠支出。

5. 从事生产、经营活动,未提供完整、准确的纳税资料,不能正确计算应纳税所得额的,由主管税务机关核定应纳税所得额或者应纳税额。因此,根据现行政策规定，对个人经营所得个人所得税的征收分为查账征收和核定征收两种方式。核定征收的不办理年度汇算清缴。

6. 关于2018年实行修正后的《个人所得税法》与法的衔接：对个体工商户业主、个人独资企业和合伙企业自然人投资者、企事业单位承包承租经营者2018年第四季度取得的生产经营所得，减除费用按照5000元/月执行，前三季度减除费用按照3500元/月执行。对个体工商户业主、个人独资企业和合伙企业自然人投资者、企事业单位承包承租经营者2018年取得的生产经营所得，用全年应纳税所得额分别计算应纳前三季度税额和应纳第四季度税额，其中应纳前三季度税额按照《个人所得税法》修改前规定的税率和前三季度实际经营月份的权重计算，应纳第四季度税额按照下述通知所附《个人所得税税率表二》（修改后规定的税率）和第四季度实际经营月份的权重计算。具体计算方法参见《关于2018年第四季度个人所得税减除费用和税率适用问题的通知》（财税〔2018〕98号）。

二、月度或季度预缴应纳税款的计算

当期应纳税额 = 当期应纳税所得额 × 税率 − 速算扣除数

当期应补/退税额 = 当期应纳税额 − 减免税额 − 已缴税额

税率和速算扣除数适用《个人所得税税率表二》（经营所得适用）。

减免税额是指符合税法规定可以减免的税额。

已缴税额是指截至当期本年度累计已预缴的经营所得个人所得税额。

注：合伙企业有两个或者两个以上个人合伙人的，应分别计算应纳税额及应纳税所得额。

根据征收方式的不同，当期应纳税所得额的计算方式也不相同。

1. 查账征收

（1）据实预缴的

合伙企业个人合伙人应纳税所得额 =（利润总额 − 弥补以前年度亏损）× 合伙企业个人合伙人分配比例 − 允许扣除的个人费用及其他扣除

其他个人应纳税所得额 =（利润总额 − 弥补以前年度亏损）− 允许扣除的个人费用及其他扣除

其中：利润总额 = 收入总额 − 成本费用

收入总额是指本年度开始经营月份起截至本期从事经营以及与经营有关的活动取得的货币形式和非货币形式的各项收入总金额。包括：销售货物收入、提供劳务收入、转让财产收入、利息收入、租金收入、接受捐赠收入、其他收入。

成本费用是指本年度开始经营月份起截至本期实际发生的成本、费用、税金、损失及其他支出的总额。

弥补以前年度亏损是指可在税前弥补的以前年度尚未弥补的亏损额。

合伙企业个人合伙人分配比例是指合伙协议约定的比例;合伙协议未约定或不明确的,按合伙人协商决定的比例填写;协商不成的,按合伙人实缴出资比例填写;无法确定出资比例的,按合伙人平均分配。

允许扣除的个人费用及其他扣除 = 投资者减除费用 + 专项扣除 + 依法确定的其他扣除

投资者减除费用是指根据本年实际经营月份数计算的可在税前扣除的投资者本人每月5000元减除费用的合计金额。

专项扣除是指按规定允许扣除的投资者个人的基本养老保险费、基本医疗保险费、失业保险费、住房公积金的金额。

依法确定的其他扣除是指商业健康保险、税延养老保险以及其他按规定允许扣除项目的金额。其中,税延养老保险可在申报第四季度或12月份税款时填报扣除。

其他个人,是指取得经营所得的个体工商户业主、个人独资企业投资人、承包承租经营者个人以及其他从事生产、经营活动的个人。

(2)按上年应纳税所得额预缴的

应纳税所得额 = 上年度的应纳税所得额 ÷ 12 × 月份数

上年度的应纳税所得额按上年度实际发生的确定。

2. 核定征收

(1)核定应税所得率征收的合伙企业个人合伙人:

应纳税所得额 = 收入总额 × 应税所得率 × 合伙企业个人合伙人分配比例

(2)核定应税所得率征收的其他个人:

应纳税所得额 = 收入总额 × 应税所得率

其中,应税所得率是指主管税务机关核定的应税所得率。

如果能准确核算收入总额的,收入总额是指实际的确定;不能准确核算收入总额但能准确核算成本费用的,收入总额以成本费用和应税所得率换算确定:

收入总额 = 成本费用 ÷ (1 - 应税所得率)

(3)核定应纳税所得额征收及税务机关认可的其他方式的应纳税所得额,根据核定的金额确定。

核定征收的纳税人,可在申报本年度最后一个月或最后一个季度的“个人所得税经营所得纳税申报表(A表)”时,进行商业健康保险及税延养老保险等事项扣除。

三、年度应纳税款的计算(查账征收)

对于实行查账征收的个体工商户业主、个人独资企业投资人、合伙企业个人合伙人、承包承租经营者个人以及其他从事生产、经营活动的个人在中国境内取得经营所得,年度终了,应办理汇算清缴,汇总计算本年度应纳税,多退少补。

应纳税额 = 应纳税所得额 × 税率 - 速算扣除数

合伙企业个人合伙人应纳税所得额 = (利润总额 + 纳税调整增加额 - 纳税调整减少额 - 弥补以前年度亏损) × 合伙企业个人合伙人分配比例 - 允许扣除的个人费用及其他扣除 - 投资抵扣 - 准予扣除的个人捐赠支出

其他个人应纳税所得额 = 利润总额 + 纳税调整增加额 - 纳税调整减少额 - 弥补以前年度亏损 - 允许扣除的个人费用及其他扣除 - 投资抵扣 - 准予扣除的个人捐赠支出

其中:利润总额 = 收入总额 - 免税收入 - 成本费用

免税收入,目前是指国债利息收入,即本年度已计入收入的因购买国债而取得的应予免税的利息金额。

成本费用 = 营业成本 + 营业费用 + 管理费用 + 财务费用 + 税金 + 损失 + 其他支出

纳税调整增加额 = 超过规定标准的扣除项目金额 + 不允许扣除的项目金额

超过规定标准的扣除项目,是指扣除的成本、费用和损失中,超过税法规定的扣除标准应予调增的应纳税所得额。

不允许扣除的项目,是指按规定不允许扣除但已被投资单位扣除的各项成本、费用和损失,应予调增应纳税所得额的部分。

纳税调整减少额,是指在计算利润总额时已计入收入或未列入成本费用,但在计算应纳税所得额时应予扣除的项目金额。

弥补以前年度亏损,是指本年度可在税前弥补的以前年度尚未弥补的亏损额。

合伙企业个人合伙人分配比例是指合伙协议约定的比例;合伙协议未约定或不明确的,按合伙人协商决定的比例填写;协商不成的,按合伙人实缴出资比例填写;无法确定出资比例的,按合伙人平均分配。

允许扣除的个人费用及其他扣除 = 投资者减除费用 + 专项扣除 + 专项附加扣

除+依法确定的其他扣除

投资者减除费用，是指按规定可扣除的投资者本人每月5000元的费用。

专项扣除，指本年度按照国务院有关主管部门或者省级人民政府规定的范围和标准为其业主缴纳的允许扣除的基本养老保险费、基本医疗保险费、失业保险费、住房公积金的合计金额。

专项附加扣除，是指本年度纳税人按规定可享受的子女教育、继续教育、大病医疗、住房贷款利息、住房租金、赡养老人等专项附加扣除的合计金额。（具体参见第二章相应内容）

取得经营所得的个人，没有综合所得的，计算其每一纳税年度的应纳税所得额时（在经营所得个人所得税年度申报时），应当减除费用6万元、专项扣除、专项附加扣除以及依法确定的其他扣除。其中，专项附加扣除在办理汇算清缴时减除。

依法确定的其他扣除，是指按规定允许扣除的商业健康保险、税延养老保险，以及国务院规定其他可以扣除项目的合计金额。其他可以扣除项目包括：业主本人缴纳的补充养老保险费、补充医疗保险费，以当地（地级市）上年度社会平均工资的3倍为计算基数，分别在不超过该计算基数5%标准内的部分据实扣除；超过部分，不得扣除。

根据规定，查账征收的纳税人，在年度申报填报《个人所得税经营所得纳税申报表（B表）》时，可进行商业健康保险及税延养老保险等事项扣除。

投资抵扣，是指按照税法规定可以税前抵扣的投资金额。

有限合伙制创业投资企业的个人合伙人，采取股权投资方式直接投资于初创科技型企业满2年的，可以按照对初创科技型企业投资额的70%抵扣个人合伙人从合伙创投企业分得的经营所得；当年不足抵扣的，可以在以后纳税年度结转抵扣。

准予扣除的个人捐赠支出，是指本年度按照税法及相关法规、政策规定，可以在税前扣除的个人捐赠合计额。

根据规定，个人将其所得对教育、扶贫、济困等公益慈善事业进行捐赠，捐赠额未超过纳税人申报的应纳税所得额30%的部分，可以从其应纳税所得额中扣除；国务院规定对公益慈善事业捐赠实行全额税前扣除的，从其规定。（具体参见第二章相应内容）

四、境外经营所得及抵免

居民个人来源于中国境外的经营所得，应当与境内经营所得合并计算应纳税额。境外经营所得是指在中国境外从事生产、经营活动而取得的与生产、经营活动相关的所得。

境外经营所得按照《个人所得税法》及其实施条例的有关规定计算的亏损，不得抵减其境内或他国（地区）的应纳税所得额，但可以用来源于同一国家（地区）以后年度的经营所得按中国税法规定弥补。

居民个人在一个纳税年度内来源于中国境外的所得，依照所得来源国家（地区）税收法律规定在中国境外已缴纳的所得税税额允许在抵免限额内从其该纳税年度应纳税额中抵免。抵免限额的确定详见第二章第六节“境外已纳税额抵免”。

第三节　个体工商户的经营所得

实行查账征收的个体工商户应当按照《个体工商户个人所得税计税办法》（国家税务总局令第35号，2018年6月15日修正）的规定，计算并申报缴纳个人所得税。这里的个体工商户包括：

（1）依法取得个体工商户营业执照，从事生产经营的个体工商户；

（2）经政府有关部门批准，从事办学、医疗、咨询等有偿服务活动的个人；

（3）其他从事个体生产、经营的个人。

个体工商户的生产经营所得，以每一纳税年度的收入总额，减除成本、费用、税金、损失、其他支出以及允许弥补的以前年度亏损后的余额，为应纳税所得额。

个体工商户应纳税所得额的计算，以权责发生制为原则，属于当期的收入和费用，不论款项是否收付，均作为当期的收入和费用；不属于当期的收入和费用，即使款项已经在当期收付，均不作为当期收入和费用。这与企业所得税应纳税所得的计算类似。

根据国家税务总局《关于个体工商户、个人独资企业和合伙企业个人所得税问题的公告》（国家税务总局公告2014年第25号），个体工商户、个人独资企业和合伙企业因在纳税年度中间开业、合并、注销及其他原因，导致该纳税年度的实际经营期不足1年的，对个体工商户业主、个人独资企业投资者和合伙企业自然人合伙人的生产经营所得计算个人所得税时，以其实际经营期为一个纳税年度。投资者本人的费用扣除标准，应按照其实际经营月份数，以每月 5000 元的减除标准确定①。

个体工商户终止生产经营的，应当在注销工商登记或者向政府有关部门办理注销前向主管税务机关结清有关纳税事宜。

一、收入总额的确定

个体工商户从事生产经营以及与生产经营有关的活动取得的货币形式和非货币形式的各项收入为收入总额。包括销售货物收入、提供劳务收入、转让财产收入、利息收入、租金收入、接受捐赠收入、其他收入。其他收入包括经营实体的资产溢余收入、逾期一年以上的未退包装物押金收入、确实无法偿付的应付款项、已作坏账损失处理后又收回的应收款项、债务重组收入、补贴收入、违约金收入、汇兑收益等。

二、成本费用的确定

成本费用 = 营业成本 + 营业费用 + 管理费用 + 财务费用 + 税金 + 损失 + 其他支出

（1）营业成本，是指个体工商户在生产经营活动中发生的销售成本、销货成本、业务支出以及其他耗费。纳税人使用或者销售存货，按照规定计算的存货成本，准予在计算应纳税所得额时扣除；转让资产，该项资产的净值，准予在计算应纳税所得额时扣除。

（2）营业费用是指个体工商户销售商品和材料、提供劳务的过程中发生的各种费用，已经计入成本的有关费用除外。

（3）管理费用是指个体工商户为组织和管理企业生产经营发生的管理费用。

（4）财务费用是指为个体工商户筹集生产经营所需资金等发生的筹资费用。

（5）税金是指个体工商户在生产经营活动中发生的除个人所得税和允许抵扣的增值税以外的各项税金及其附加。

（6）损失是指个体工商户在生产经营活动中发生的固定资产和存货的盘亏、毁损、报废损失，转让财产损失，坏账损失，自然灾害等不可抗力因素造成的损失以及其他损失。

个体工商户发生的损失，减除责任人赔偿和保险赔款后的余额，参照财政部、国家税务总局有关企业资产损失税前扣除的规定扣除。

---

① 原规定为 3500 元/月，2018 年 10 月 1 日起改为 5000 元/月。

个体工商户已经作为损失处理的资产，在以后纳税年度又全部收回或者部分收回时，应当计入收回当期的收入。

(7)其他支出是指除成本、费用、税金、损失外，个体工商户在生产经营活动中发生的与生产经营活动有关的、合理的支出。

除税收法律法规另有规定外，个体工商户实际发生的成本、费用、税金、损失和其他支出，不得重复扣除。

个体工商户发生的支出应当区分收益性支出和资本性支出。收益性支出在发生当期直接扣除；资本性支出应当分期扣除或者计入有关资产成本，不得在发生当期直接扣除。收益性支出是指与取得收入直接相关的支出。

所谓的资本性支出主要是指应计入流动资产、固定资产、无形资产或其他长期资产的支出。资本性支出应按权责发生制分期或其实现销售时计入成本费用，如日常经营活动中固定资产是通过计提折旧的方式计入成本费用，无形资产是通过摊销的方式计入成本费用。个体工商户资产的税务处理，参照企业所得税相关法律、法规和政策规定执行。对于个体工商户超过规定计提的折旧和摊销应作纳税调减。

三、准予扣除的项目及标准

(一)工资薪金支出

个体工商户实际支付给从业人员的、合理的工资薪金支出，准予扣除。

个体工商户业主的费用扣除标准，依照相关法律、法规和政策规定执行。

个体工商户业主的工资薪金支出不得税前扣除。

(二)“五险一金”

个体工商户按照国务院有关主管部门或者省级人民政府规定的范围和标准为其业主和从业人员缴纳的基本养老保险费、基本医疗保险费、失业保险费、生育保险费、工伤保险费和住房公积金，准予扣除。

(三)补充养老保险和医疗保险费

个体工商户为从业人员缴纳的补充养老保险费、补充医疗保险费，分别在不超过从业人员工资总额5%标准内的部分据实扣除；超过部分，不得扣除。

个体工商户业主本人缴纳的补充养老保险费、补充医疗保险费，以当地(地级市）上年度社会平均工资的 3 倍为计算基数，分别在不超过该计算基数 5% 标准内的部分据实扣除；超过部分，不得扣除。

（四）员工的人身安全保险和其他商业保险费

除个体工商户依照国家有关规定为特殊工种从业人员支付的人身安全保险费和财政部、国家税务总局规定可以扣除的其他商业保险费外，个体工商户业主本人或者为从业人员支付的商业保险费，不得扣除。

（五）借款费用

个体工商户在生产经营活动中发生的合理的不需要资本化的借款费用，准予扣除。

个体工商户为购置、建造固定资产、无形资产和经过 12 个月以上的建造才能达到预定可销售状态的存货发生借款的，在有关资产购置、建造期间发生的合理的借款费用，应当作为资本性支出计入有关资产的成本，并依照规定扣除。

（六）利息支出

个体工商户在生产经营活动中发生的下列利息支出，准予扣除：

（1）向金融企业借款的利息支出；

（2）向非金融企业和个人借款的利息支出，不超过按照金融企业同期同类贷款利率计算的数额的部分。

（七）汇兑损失

个体工商户在货币交易中，以及纳税年度终了时将人民币以外的货币性资产、负债按照期末即期人民币汇率中间价折算为人民币时产生的汇兑损失，除已经计入有关资产成本部分外，准予扣除。

（八）工会经费、职工福利费、职工教育经费

个体工商户向当地工会组织拨缴的工会经费、实际发生的职工福利费支出、职工教育经费支出分别在工资薪金总额的 2%、14%、2.5% 的标准内据实扣除。

工资薪金总额是指允许在当期税前扣除的工资薪金支出数额。

职工教育经费的实际发生数额超出规定比例当期不能扣除的数额，准予在以后

纳税年度结转扣除。

个体工商户业主本人向当地工会组织缴纳的工会经费、实际发生的职工福利费支出、职工教育经费支出，以当地（地级市）上年度社会平均工资的3倍为计算基数，在上述规定比例内据实扣除。

（九）业务招待费

个体工商户发生的与生产经营活动有关的业务招待费，按照实际发生额的60%扣除，但最高不得超过当年销售（营业）收入的5‰。

业主自申请营业执照之日起至开始生产经营之日止所发生的业务招待费，按照实际发生额的60%计入个体工商户的开办费。

（十）广告费和业务宣传费

个体工商户每一纳税年度发生的与其生产经营活动直接相关的广告费和业务宣传费不超过当年销售（营业）收入15%的部分，可以据实扣除；超过部分，准予在以后纳税年度结转扣除。

（十一）摊位费、行政性收费、协会会费

个体工商户按照规定缴纳的摊位费、行政性收费、协会会费等，按实际发生数额扣除。

（十二）固定资产租赁费

个体工商户根据生产经营活动的需要租入固定资产支付的租赁费，按照以下方法扣除：

（1）以经营租赁方式租入固定资产发生的租赁费支出，按照租赁期限均匀扣除；

（2）以融资租赁方式租入固定资产发生的租赁费支出，按照规定构成融资租入固定资产价值的部分应当提取折旧费用，分期扣除。

（十三）财产保险费

个体工商户参加财产保险，按照规定缴纳的保险费，准予扣除。

(十四)劳动保护支出

个体工商户发生的合理的劳动保护支出,准予扣除。

(十五)开办费

个体工商户自申请营业执照之日起至开始生产经营之日止所发生符合规定的费用,除为取得固定资产、无形资产的支出,以及应计入资产价值的汇兑损益、利息支出外,作为开办费,个体工商户可以选择在开始生产经营的当年一次性扣除,也可自生产经营月份起在不短于3年期限内摊销扣除,但一经选定,不得改变。

开始生产经营之日为个体工商户取得第一笔销售(营业)收入的日期。

(十六)捐赠支出

个体工商户通过公益性社会团体或者县级以上人民政府及其部门,用于《公益事业捐赠法》规定的公益事业的捐赠,捐赠额不超过其应纳税所得额30%的部分可以据实扣除。

财政部、国家税务总局规定可以全额在税前扣除的捐赠支出项目,按有关规定执行。

个体工商户直接对受益人的捐赠不得扣除。

公益性社会团体的认定,按照财政部、国家税务总局、民政部有关规定执行。

(十七)研究开发费用

个体工商户研究开发新产品、新技术、新工艺所发生的开发费用,以及研究开发新产品、新技术而购置单台价值在10万元以下的测试仪器和试验性装置的购置费准予直接扣除;单台价值在10万元以上(含10万元)的测试仪器和试验性装置,按固定资产管理,不得在当期直接扣除。

四、纳税调整项目

(一)纳税调整增加额

纳税调整增加额=超过规定标准的扣除项目金额+不允许扣除的项目金额

(1)超过规定标准的扣除项目

超过规定标准的扣除项目,包括以下扣除项目的调整增加额:职工福利费、职工教育经费、工会经费、利息支出、业务招待费、广告费和业务宣传费、教育和公益事业捐赠、住房公积金、社会保险费、折旧费用、无形资产摊销、资产损失及其他项目。

(2)不允许扣除的项目

不允许扣除的项目包括:

①个人所得税税款,即代其从业人员或者他人负担的税款;

②税收滞纳金;

③罚金、罚款和被没收财物的损失;

④不符合扣除规定的捐赠支出,包括超过规定标准的捐赠和直接对受益人的捐赠;

⑤赞助支出,是指个体工商户发生的与生产经营活动无关的各种非广告性质支出;

⑥用于个人和家庭的支出,纳税人在生产经营活动中应当分别核算生产经营费用和个人、家庭费用,对于生产经营与个人、家庭生活混用难以分清的费用,其40%视为与生产经营有关费用,准予扣除;

⑦投资者个人的工资薪金支出;

⑧国家税务总局规定不准扣除的支出,如业主本人或者为从业人员支付的商业保险费;

⑨与取得生产经营收入无关的其他支出。

(二)纳税调整减少额

纳税调整减少额,是指在计算利润总额时已计入收入或未列入成本费用,但在计算应纳税所得额时应予扣除的项目金额。这主要是由会计与税法规定的差异所致。

(三)亏损弥补

纳税年度发生的亏损准予向以后年度结转,用以后年度的生产经营所得弥补,但结转年限最长不得超过五年。亏损是指个体工商户按照规定计算的应纳税所得额小于零的数额。

第四节　个人独资企业和合伙企业的经营所得

自2000年1月1日起，对个人独资企业和合伙企业停止征收企业所得税，其投资者的生产经营所得，比照个体工商户的生产、经营所得征收个人所得税。也就是说，有专门针对个人独资企业和合伙企业规定的从其规定，没有专门规定的，比照个体工商户的规定处理。

个人独资企业以投资者为纳税义务人；根据财政部、国家税务总局《关于合伙企业合伙人所得税问题的通知》（财税〔2008〕159号），合伙企业以每一个合伙人为纳税义务人。合伙企业合伙人是自然人的，缴纳个人所得税；合伙人是法人和其他组织的，缴纳企业所得税。

个人独资企业的投资者和合伙企业的合伙人统称投资者。投资者应纳的个人所得税税款，按年计算，分月或者分季预缴，由投资者在每月或者每季度终了后15日内预缴，年度终了后3个月内汇算清缴，多退少补。

一、企业的生产经营所得

个人独资企业以每一纳税年度的收入总额减除成本、费用以及损失后的余额作为投资者个人的经营所得，适用5% ~35%的五级超额累进税率，计算征收个人所得税。

合伙企业的投资者按照合伙企业的全部经营所得和合伙协议约定的分配比例确定应纳税所得额，合伙协议没有约定分配比例的，以全部经营所得和合伙人数量平均计算每个投资者的应纳税所得额，适用5% ~35%的五级超额累进税率，计算征收个人所得税。

个人独资企业、合伙企业的个人投资者以企业资金为本人、家庭成员及其相关人员支付与企业生产经营无关的消费性支出及购买汽车、住房等财产性支出，视为企业对个人投资者的利润分配，并入投资者个人的生产经营所得计征个人所得税。

（一）收入总额

收入总额，是指企业从事生产经营以及与生产经营有关的活动所取得的各项收入，包括商品（产品）销售收入、营运收入、劳务服务收入、工程价款收入、财产出租或转让收入、利息收入、其他业务收入和营业外收入。

对个人独资企业和合伙企业从事股权(票)、期货、基金、债券、外汇、贵重金属、资源开采权及其他投资品交易取得的所得,应全部纳入生产经营所得,依法征收个人所得税。

(二)扣除项目

凡实行查账征税办法的,除以下列明的扣除项目外,生产经营所得(包括扣除项目)比照个体工商户计税办法[《个体工商户个人所得税计税办法》(国家税务总局令第35号,2018年6月15日修正)的规定]确定。

(1)投资者的费用扣除标准,依照相关法律、法规和政策规定执行。

投资者兴办两个或两个以上企业的,准予扣除的个人费用,由投资者选择在其中一个企业的生产经营所得中扣除。

投资者的工资不得在税前扣除。

(2)企业向其从业人员实际支付的合理的工资、薪金支出,允许在税前据实扣除。

(3)投资者及其家庭发生的生活费用不允许在税前扣除,投资者及其家庭发生的生活费用与企业生产经营费用混合在一起,并且难以划分的,全部视为投资者个人及其家庭发生的生活费用,不允许在税前扣除。也就是说,这类支出不但不能在税前扣除,还要并入投资者个人的经营所得计算缴纳个人所得税。

投资者以企业资金为本人、家庭成员及其相关人员支付与企业生产经营无关的消费性支出及购买汽车、住房等财产性支出,视为企业对个人投资者的利润分配,不允许在税前扣除。

(4)企业生产经营和投资者及其家庭生活共用的固定资产,难以划分的,由主管税务机关根据企业的生产经营类型、规模等具体情况,核定准予在税前扣除的折旧费用的数额或比例。

(5)企业计提的各种准备金不得扣除。

(三)关联业务往来

企业与其关联企业之间的业务往来,应当按照独立企业之间的业务往来收取或者支付价款、费用。不按照独立企业之间的业务往来收取或者支付价款、费用,而减少其应纳税所得额的,主管税务机关有权进行合理调整。关联企业的认定条件及税务机关调整其价款、费用的方法，按照《税收征收管理法》及其实施细则的有关规定执行。

(四)亏损弥补

企业的年度亏损，允许用本企业下一年度的生产经营所得弥补，下一年度所得不足弥补的，允许逐年延续弥补，但最长不得超过5年。投资者兴办两个或两个以上企业的，企业的年度经营亏损不能跨企业弥补。

实行查账征税方式的个人独资企业和合伙企业改为核定征税方式后，在查账征税方式下认定的年度经营亏损未弥补完的部分，不得再继续弥补。

二、企业投资者的应纳税所得额

个人独资企业的投资者以全部生产经营所得为应纳税所得额。

根据《关于合伙企业合伙人所得税问题的通知》(财税〔2008〕159号)，合伙企业生产经营所得和其他所得采取"先分后税"的原则。具体应纳税所得额的计算按照《关于印发〈关于个人独资企业和合伙企业投资者征收个人所得税的规定〉的通知》(财税〔2000〕91号)及财政部、国家税务总局《关于调整个体工商户个人独资企业和合伙企业个人所得税税前扣除标准有关问题的通知》(财税〔2008〕65号)的有关规定执行。生产经营所得和其他所得，包括合伙企业分配给所有合伙人的所得和企业当年留存的所得(利润)。

合伙企业个人合伙人的应纳税所得额 = 合伙企业的应纳税所得额 × 个人合伙人分配比例(%)

合伙企业的合伙人按照下列原则确定应纳税所得额：

1. 合伙企业的合伙人以合伙企业的经营所得和其他所得，按照合伙协议约定的分配比例确定。

2. 合伙协议未约定分配比例或者约定不明确的，以全部经营所得和其他所得，按照合伙人协商决定的分配比例确定。

3. 协商不成的，以全部经营所得和其他所得，按照合伙人实缴出资比例确定。

4. 无法确定出资比例的，以全部经营所得和其他所得，按照合伙人数量平均计算每个合伙人的比例。

合伙协议不得约定将全部利润分配给部分合伙人。

三、对个人独资企业、合伙企业的实物性分配

根据财政部、国家税务总局《关于企业为个人购买房屋或其他财产征收个人所得税问题的批复》(财税〔2008〕83 号),符合以下情形的房屋或其他财产,不论所有权人是否将财产无偿或有偿交付企业使用,其实质均为企业对个人进行了实物性质的分配,应依法计征个人所得税。

(1)企业出资购买房屋及其他财产,将所有权登记为投资者个人、投资者家庭成员或企业其他人员的;

(2)企业投资者个人、投资者家庭成员或企业其他人员向企业借款用于购买房屋及其他财产,将所有权登记为投资者、投资者家庭成员或企业其他人员,且借款年度终了后未归还借款的。

对个人独资企业、合伙企业的个人投资者或其家庭成员取得的上述所得,视为企业对个人投资者的利润分配,按照"个体工商户的生产、经营所得"项目计征个人所得税。

四、兴办两个以上企业的投资者税款缴纳

投资者兴办两个或两个以上企业的(包括参与兴办,下同),年度终了时,应汇总从所有企业取得的应纳税所得额,据此确定适用税率并计算缴纳应纳税款。

投资者兴办两个或两个以上企业的,应分别向企业实际经营管理所在地主管税务机关预缴税款。年度终了后办理汇算清缴时,区别不同情况分别处理:

(1)投资者兴办的企业全部是个人独资性质的,分别向各企业的实际经营管理所在地主管税务机关办理年度纳税申报,并依所有企业的经营所得总额确定适用税率,以本企业的经营所得为基础,计算应缴税款,办理汇算清缴。

年度终了后汇算清缴时,应纳税款的计算按以下方法进行:汇总其投资兴办的所有企业的经营所得作为应纳税所得额,以此确定适用税率,计算出全年经营所得的应纳税额,再根据每个企业的经营所得占所有企业经营所得的比例,分别计算出每个企业的应纳税额和应补缴税额。计算公式如下:

应纳税所得额 = ∑各个企业的经营所得

应纳税额 = 应纳税所得额 × 税率 − 速算扣除数

本企业应纳税额 = 应纳税额 × 本企业的经营所得/∑各个企业的经营所得

本企业应补缴的税额 = 本企业应纳税额 − 本企业预缴的税额

(2)投资者兴办的企业中含有合伙性质的,投资者应向经常居住地主管税务机

关申报纳税，办理汇算清缴，但经常居住地与其兴办企业的经营管理所在地不一致的，应选定其参与兴办的某一合伙企业的经营管理所在地为办理年度汇算清缴所在地，并在5年内不得变更。5年后需要变更的，须经原主管税务机关批准。

五、企业对外投资分回利息、股息、红利的征税问题

根据《关于〈关于个人独资企业和合伙企业投资者征收个人所得税的规定〉执行口径的通知》(国税函〔2001〕84号)，个人独资企业和合伙企业对外投资分回的利息或者股息、红利，不并入企业的收入，而应单独作为投资者个人取得的利息、股利、红利所得，按"利息、股利、红利所得"应税项目计算缴纳个人所得税。

以合伙企业名义对外投资分回利息或者股利、红利的，应按本节第二部分中的原则确定各个投资者的利息、股利、红利所得，分别按"利息、股息、红利所得"应税项目计算缴纳个人所得税。

六、企业合并、分立、终止、清算等

企业在纳税年度的中间开业，或者由于合并、关闭等原因，使该纳税年度的实际经营期不足12个月的，应当以其实际经营期作为一个纳税年度。

企业在年度中间合并、分立、终止时，投资者应当在停止生产经营之日起60日内，向主管税务机关办理当期个人所得税汇算清缴。

企业进行清算时，投资者应当在注销工商登记之前，向主管税务机关结清有关税务事宜。企业的清算所得应当视为年度生产经营所得，由投资者依法缴纳个人所得税。所称清算所得，是指企业清算时的全部资产或者财产的公允价值扣除各项清算费用、损失、负债、以前年度留存的利润后，超过实缴资本的部分。

投资者源于中国境外的生产经营所得，已在境外缴纳所得税的，可以按照《个人所得税法》的有关规定计算扣除已在境外缴纳的所得税。

第五节 经营所得的核定征收

一、核定应纳税额的情形

根据《个人所得税法实施条例》，从事生产、经营活动，未提供完整、准确的纳税

资料，不能正确计算应纳税所得额的，由主管税务机关核定应纳税所得额或者应纳税额。

纳税人有下列情形之一的，税务机关有权核定其应纳税额：

（1）依照法律、行政法规的规定可以不设置账簿的；

（2）依照法律、行政法规的规定应当设置账簿但未设置的；

（3）擅自销毁账簿或者拒不提供纳税资料的；

（4）虽设置账簿，但账目混乱或者成本资料、收入凭证、费用凭证残缺不全，难以查账的；

（5）发生纳税义务，未按照规定的期限办理纳税申报，经税务机关责令限期申报，逾期仍不申报的；

（6）纳税人申报的计税依据明显偏低，又无正当理由的。

税务机关核定应纳税额的具体程序和方法由国务院税务主管部门规定。

对于出租车驾驶员经营所得，县级以上（含县级）税务机关可以根据出租车的不同经营方式、不同车型、收费标准、缴纳的承包承租费等情况，核定出租车驾驶员的营业额并确定征收率或征收额，按月征收出租车驾驶员应纳的个人所得税。出租车驾驶员能够提供有效停运证明的，税务机关应根据其停运期长短，相应核减其停运期间应缴纳的个人所得税。

二、个体工商户税收定期定额征收

个体工商户税收定期定额征收，是指税务机关依照法律、行政法规及《个体工商户税收定期定额征收管理办法》（2018 修正）的规定，对个体工商户在一定经营地点、一定经营时期、一定经营范围内的应纳税经营额（包括经营数量）或所得额（以下简称定额）进行核定，并以此为计税依据，确定其应纳税额的一种征收方式。

（一）适用对象

经主管税务机关认定和县级以上税务机关（含县级，下同）批准的生产、经营规模小，达不到《个体工商户建账管理暂行办法》规定设置账簿标准的个体工商户（以下简称定期定额户），采取税收定期定额征收管理。在建账户建账初期，也可以采用查账征收与定期定额征收相结合的方式征收税款。

定期定额户应当建立收支凭证粘贴簿、进销货登记簿，完整保存有关纳税资料，并接受税务机关的检查。

（二）定额执行期

定额执行期的具体期限由省税务机关确定，但最长不得超过一年。

定额执行期是指税务机关核定后执行的第一个纳税期至最后一个纳税期。

（三）税务机关核定方法

税务机关应当根据定期定额户的经营规模、经营区域、经营内容、行业特点、管理水平等因素核定定额，可以采用下列一种或两种以上的方法核定：

（1）按照耗用的原材料、燃料、动力等推算或者测算核定；

（2）按照成本加合理的费用和利润的方法核定；

（3）按照盘点库存情况推算或者测算核定；

（4）按照发票和相关凭据核定；

（5）按照银行经营账户资金往来情况测算核定；

（6）参照同类行业或类似行业中同规模、同区域纳税人的生产、经营情况核定；

（7）按照其他合理方法核定。

税务机关应当运用现代信息技术手段核定定额，增强核定工作的规范性和合理性。

（四）税务机关核定定额程序

（1）自行申报。定期定额户要按照税务机关规定的申报期限、申报内容向主管税务机关申报，填写有关申报文书。申报内容应包括经营行业、营业面积、雇佣人数和每月经营额、所得额以及税务机关需要的其他申报项目。

所称经营额、所得额为预估数。

（2）核定定额。主管税务机关根据定期定额户自行申报情况，参考典型调查结果，采取上述规定的核定方法核定定额，并计算应纳税额。

（3）定额公示。主管税务机关应当将核定定额的初步结果进行公示，公示期限为5个工作日。

公示地点、范围、形式应当按照便于定期定额户及社会各界了解、监督的原则，由主管税务机关确定。

（4）上级核准。主管税务机关根据公示意见结果修改定额，并将核定情况报经县级以上税务机关审核批准后，填制《核定定额通知书》。

(5)下达定额。将《核定定额通知书》送达定期定额户执行。

(6)公布定额。主管税务机关将最终确定的定额和应纳税额情况在原公示范围内进行公布。

(五)定期定额户应办理纳税事宜的情形

定期定额户发生下列情形,应当向税务机关办理相关纳税事宜:

(1)定额与发票开具金额或税控收款机记录数据比对后,超过定额的经营额、所得额所应缴纳的税款;

(2)在税务机关核定定额的经营地点以外从事经营活动所应缴纳的税款。

(六)定额执行期结束的申报

定期定额户在定额执行期结束后,应当以该期每月实际发生的经营额、所得额向税务机关申报,申报额超过定额的,按申报额缴纳税款;申报额低于定额的,按定额缴纳税款。具体申报期限由省税务机关确定。

(七)经营所得额超过定额的处理

定期定额户当期发生的经营额、所得额超过定额一定幅度的,应当在法律、行政法规规定的申报期限内向税务机关进行申报并缴清税款。具体幅度由省税务机关确定。

定期定额户的经营额、所得额连续纳税期超过或低于税务机关核定的定额,应当提请税务机关重新核定定额,税务机关应当根据规定的核定方法和程序重新核定定额。具体期限由省税务机关确定。

经税务机关检查发现定期定额户在以前定额执行期发生的经营额、所得额超过定额,或者当期发生的经营额、所得额超过定额一定幅度而未向税务机关进行纳税申报及结清应纳税款的,税务机关应当追缴税款、加收滞纳金,并按照法律、行政法规规定予以处理。其经营额、所得额连续纳税期超过定额,税务机关应当按照规定重新核定其定额。

(八)停业及停止定额征收

定期定额户发生停业的,应当在停业前向税务机关书面提出停业报告;提前恢复经营的,应当在恢复经营前向税务机关书面提出复业报告;需延长停业时间的,应当在停业期满前向税务机关提出书面的延长停业报告。

税务机关停止定期定额户实行定期定额征收方式，应当书面通知定期定额户。

（九）定额争议处理

定期定额户对税务机关核定的定额有争议的，可以在接到《核定定额通知书》之日起30日内向主管税务机关提出重新核定定额申请，并提供足以说明其生产、经营真实情况的证据，主管税务机关应当自接到申请之日起30日内书面答复。

定期定额户也可以按照法律、行政法规的规定直接向上一级税务机关申请行政复议；对行政复议决定不服的，可以依法向人民法院提起行政诉讼。

定期定额户在未接到重新核定定额通知、行政复议决定书或人民法院判决书前，仍按原定额缴纳税款。

三、个人独资企业和合伙企业的核定征收

（一）税务机关应采取核定征收的情形

根据国家税务总局《关于个人独资企业和合伙企业投资者征收个人所得税的规定》，有下列情形之一的，主管税务机关应采取核定征收方式征收个人所得税：

（1）企业依照国家有关规定应当设置但未设置账簿的；

（2）企业虽设置账簿，但账目混乱或者成本资料、收入凭证、费用凭证残缺不全，难以查账的；

（3）纳税人发生纳税义务，未按照规定的期限办理纳税申报，经税务机关责令限期申报，逾期仍不申报的。

实行核定征税的投资者，不能享受个人所得税的优惠政策。

（二）核定征收方式

核定征收方式包括定额征收、核定应税所得率征收以及其他合理的征收方式。

（1）定额征收方式比照《个体工商户税收定期定额征收管理办法》执行。

（2）实行核定应税所得率征收方式的，应纳所得税额的计算公式如下：

应纳所得税额 = 应纳税所得额 × 适用税率

应纳税所得额 = 收入总额 × 应税所得率

或 = 成本费用支出额 ÷ (1 − 应税所得率) × 应税所得率

应税所得率应按表4－1规定的标准执行：

表4－1　应税所得率表

单位：%

行业	应税所得率
工业、交通运输业、商业	5～20
建筑业、房地产开发业	7～20
饮食服务业	7～25
娱乐业	20～40
其他行业	10～30

企业经营多业的，无论其经营项目是否单独核算，均应根据其主营项目确定其适用的应税所得率。

四、律师事务所等中介机构的核定征收

根据国家税务总局《关于强化律师事务所等中介机构投资者个人所得税查账征收的通知》（国税发〔2002〕123号），任何地区均不得对律师事务所实行全行业核定征税办法，对具备查账征收条件的律师事务所，实行查账征收个人所得税。

对按照《税收征管法》第35条的规定确实无法实行查账征收的律师事务所，经地市级地方税务局批准，应根据财政部、国家税务总局《关于印发〈关于个人独资企业和合伙企业投资者征收个人所得税的规定〉的通知》（财税〔2000〕91号）中确定的应税所得率来核定其应纳税额。各地要根据其雇员人数、营业规模等情况核定其营业额，并根据当地同行业的盈利水平从高核定其应税所得率，应税所得率不得低于25%。

会计师事务所、税务师事务所、审计师事务所以及其他中介机构的个人所得税征收管理，也应按照上述有关原则进行处理。

2010年、2011年国家税务总局又先后发布《关于进一步加强高收入者个人所得税征收管理的通知》（国税发〔2010〕54号）、《关于切实加强高收入者个人所得税征管的通知》（国税发〔2011〕50号），明确规定税务师、会计师、律师、资产评估和房地产估价等鉴证类中介机构不得实行核定征收个人所得税。

但是由于各种原因，对账制不健全的合伙律师事务所仍然实行核定征收政策。

比如云南省地方税务局《关于律师事务所个人所得税征收管理问题的通知》(云地税二字〔2003〕13号)就规定,对一时难以查账征收,确需继续核定征收率征收的合伙律师事务所,昆明地区按7%的征收率核定征收个人所得税,其他地区按5%的征收率核定征收个人所得税。其他合伙制事务所也可比照此规定执行。

五、部分地方经营所得核定征收政策

一般各地方税务机关会对核定征收作具体规定,本处仅列示了广东省的建筑安装企业作业人员个人所得税和云南省的经营所得核定政策,以作参考理解。

(一)广东省异地施工建筑安装企业作业人员个人所得税核定征收政策

广东省(不含深圳市)异地施工建筑安装企业作业人员个人所得税核定征收比例为:跨省(自治区、直辖市和计划单列市)在广东省范围内从事建筑安装的异地施工企业及广东省内跨市从事建筑安装的异地施工企业,符合核定征收条件的,其作业人员个人所得税由工程所在地主管税务机关统一按工程造价的4‰核定征收。该政策自2017年10月1日起施行,有效期5年。

(二)云南省经营所得核定征收政策

根据国家税务总局云南省税务局《关于经营所得个人所得税核定征收有关事项的公告》(2019年1月1日施行)及云南省地方税务局《关于个人所得税有关政策问题的通知》(云地税二字〔2008〕19号)的规定,云南省对个体工商户业主和个人独资企业投资者核定征收个人所得税的方式包括定期定额和核定应税所得率两种方式,对个体工商业户实行个人所得税盈利点的征收管理。具体政策如下:

1. 定期定额方式:凡不符合查账征收条件,又不能准确核算收入和成本费用的个体工商户业主和个人独资企业投资者,其取得的经营所得采用定期定额方式征收个人所得税。

应纳税额计算公式:应纳税额 = 核定收入总额(不含增值税) × 附征率

附征率按《个人所得税附征率表》执行(见表4-2)。

表4－2　个人所得税附征率表

单位：%

行业	附征率
采矿业	0.5
制造业	0.3
交通运输业	0.3
批发和零售	0.3
餐饮业	0.4
住宿业	0.8
建筑业	0.4
娱乐业	1.7
其他行业	0.8

2. 核定应税所得率方式：凡不符合查账征收条件，但能准确核算收入或者成本费用的个体工商户业主、个人独资企业投资者，以及不符合查账征收条件的合伙企业自然人投资者、企事业单位承包承租经营者，其取得的经营所得采用核定应税所得率方式征收个人所得税。

应纳税额计算公式：应纳税额＝应纳税所得额×适用税率

应纳税所得额＝收入总额（不含增值税）×应税所得率

或　＝成本费用支出额÷（1－应税所得率）×应税所得率

应税所得率按《个人所得税应税所得率表》执行（见表4－3）。

表4－3　个人所得税应税所得率表

单位：%

行业	应税所得率
采矿业	5
制造业	5
交通运输业	5
批发和零售	5
餐饮业	7
住宿业	10
建筑业	7
娱乐业	20
其他行业	10

3. 纳税人经营多个项目的，无论其经营项目是否单独核算，均应根据其主营项目(以实际营业额占总营业额最大比例为主营项目)所属行业确定适用的附征率或者应税所得率。

4. 个体工商业户盈利点管理：对采取定期定额征收、按应税所得率计算征收和按附征率征收管理的个体工商业户，实行个人所得税盈利点的征收管理，即销售额或营业额在盈利点以内的视为无盈利，不征收个人所得税。销售额或营业额在盈利点以上的，全额计算征收个人所得税。

盈利点的幅度为：从事货物销售、提供应税劳务的，月销售额在 5000 元至 7000 元以内；提供劳务服务的，月营业额在 2800 元至 3200 元以内。

在上述幅度内，个体工商业户个人所得税盈利点具体由各州、市地方税务局结合本地实际确定，并报省局备案。

第六节　经营所得的税收优惠

经营所得没有法定的免征项目，《个人所得税法》对残疾、孤老人员和烈属的所得和因自然灾害遭受重大损失的减征也只有概括性条款，具体还是以其他相关规定为准。

一、创业投资企业和天使投资个人所得税优惠

2018 年 1 月 1 日起，有限合伙制创业投资企业(以下简称合伙创投企业)采取股权投资方式直接投资于种子期、初创期科技型企业(以下简称初创科技型企业)满 2 年的，该合伙创投企业的个人合伙人可以按照对初创科技型企业投资额的 70% 抵扣个人合伙人从合伙创投企业分得的经营所得；当年不足抵扣的，可以在以后纳税年度结转抵扣。

具体政策详见第九章“个人所得税专题聚焦”。

二、残疾人员生产经营所得减征个人所得税

残疾人员投资兴办或参与投资兴办个人独资企业和合伙企业的，残疾人员取得的生产经营所得，符合各省、自治区、直辖市人民政府规定的减征个人所得税条件的，经本人申请、主管税务机关审核批准，可按各省、自治区、直辖市人民政府规定减

征的范围和幅度，减征个人所得税。

三、重点群体创业有关优惠政策

根据财政部、税务总局、人力资源社会保障部、国务院扶贫办《关于进一步支持和促进重点群体创业就业有关税收政策的通知》（财税〔2019〕22号），建档立卡贫困人口、持《就业创业证》（注明“自主创业税收政策”或“毕业年度内自主创业税收政策”）或《就业失业登记证》（注明“自主创业税收政策”）的人员，从事个体经营的，自办理个体工商户登记当月起，在3年（36个月）内按每户每年12,000元为限额依次扣减其当年实际应缴纳的增值税、城市维护建设税、教育费附加、地方教育附加和个人所得税。

纳税人年度应缴纳税款小于上述扣减限额的，减免税额以其实际缴纳的税款为限；大于上述扣减限额的，以上述扣减限额为限。

四、自主择业的军队转业干部有关优惠政策

根据财政部、国家税务总局《关于自主择业的军队转业干部有关税收政策问题的通知》（财税〔2003〕26号），从事个体经营的军队转业干部，经主管税务机关批准，自领取税务登记证之日起，3年内免征营业税和个人所得税。

五、自主就业退役士兵创业就业有关优惠政策

根据财政部、税务总局、退役军人部《关于进一步扶持自主就业退役士兵创业就业有关税收政策的通知》（财税〔2019〕21号），自主就业退役士兵从事个体经营的，自办理个体工商户登记当月起，在3年（36个月）内按每户每年12,000元为限额依次扣减其当年实际应缴纳的增值税、城市维护建设税、教育费附加、地方教育附加和个人所得税。限额标准最高可上浮20%，各省、自治区、直辖市人民政府可根据本地区实际情况在此幅度内确定具体限额标准。

纳税人年度应缴纳税款小于上述扣减限额的，减免税额以其实际缴纳的税款为限；大于上述扣减限额的，以上述扣减限额为限。纳税人的实际经营期不足1年的，应当按月换算其减免税限额。换算公式为：减免税限额＝年度减免税限额÷12×实际经营月数。

自主就业退役士兵是指依照《退役士兵安置条例》（国务院、中央军事委员会令第608号）的规定退出现役并按自主就业方式安置的退役士兵。

六、青苗补偿费收入暂不征收个人所得税

乡镇企业的职工和农民取得的青苗补偿费,属种植业的收益范围,同时,也属经济损失的补偿性收入,因此,对他们取得的青苗补偿费收入暂不征收个人所得税。

七、"四业"所得暂不征收个人所得税

对个人或个体工商户从事种植业、养殖业、饲养业、捕捞业(以下简称"四业"),且经营项目属于农业税(包括农业特产税)、牧业税征税范围的①,其取得的"四业"所得暂不征收个人所得税。

根据财政部、国家税务总局《关于个人所得税若干政策问题的通知》(财税字〔1994〕20号),个体工商户或个人专营"四业",其经营项目属于农业税(包括农业特产税)、牧业税征税范围并已征收了农业税、牧业税的,不再征收个人所得税;不属于农业税、牧业税征税范围的,应对其所得征收个人所得税。兼营上述"四业"并"四业"的所得单独核算的,比照上述原则办理,对于属于征收个人所得税的,应与其他行业的生产、经营所得合并计征个人所得税;对于"四业"的所得不能单独核算的,应就其全部所得计征个人所得税。

对个人独资企业和合伙企业从事"四业",其投资者取得的"四业"所得暂不征收个人所得税。

八、个体工商户经营所得优惠

根据财政部、国家税务总局《关于实施小微企业和个体工商户所得税优惠政策的公告》(财政部、税务总局公告2021年第12号)及国家税务总局《关于落实支持小型微利企业和个体工商户发展所得税优惠政策有关事项的公告》(国家税务总局公告2021年第8号),2021年1月1日至2022年12月31日,对个体工商户经营所得年应纳税所得额不超过100万元的部分,在现行优惠政策基础上,再减半征收个人所得税。个体工商户不区分征收方式,均可享受。

个体工商户在预缴税款时即可享受,其年应纳税所得额暂按截至本期申报所属期末的情况进行判断,并在年度汇算清缴时按年计算、多退少补。

若个体工商户从两处以上取得经营所得,需在办理年度汇总纳税申报时,合并

① 2006年取消农业税,全部牧业税免征。

个体工商户经营所得年应纳税所得额，重新计算减免税额，多退少补。例如，纳税人张某同时经营个体工商户 A 和个体工商户 B，年应纳税所得额分别为 80 万元和 50 万元，那么张某在年度汇总纳税申报时，可以享受减半征收个人所得税政策的应纳税所得额为 100 万元。

个体工商户按照以下方法计算减免税额：

减免税额 =（个体工商户经营所得应纳税所得额不超过 100 万元部分的应纳税额 - 其他政策减免税额 × 个体工商户经营所得应纳税所得额不超过 100 万元部分 ÷ 经营所得应纳税所得额）×（1 - 50%）

计算举例如下：

案例 5

纳税人李某经营个体工商户 C，年应纳税所得额为 80,000 元（适用税率 10%，速算扣除数 1500），同时可以享受残疾人政策减免税额 2000 元，那么李某该项政策的减免税额 =（80000 × 10% - 1500 - 2000）×（1 - 50%）= 2250 元。

案例 6

纳税人吴某经营个体工商户 D，年应纳税所得额为 1,200,000 元（适用税率 35%，速算扣除数 65,500），同时可以享受残疾人政策减免税额 6000 元，那么吴某该项政策的减免税额 = [（1000000 × 35% - 65500）- 6000 × 1000000 ÷ 1200000] ×（1 - 50%）= 139750 元。

实际上，以上计算规则已经内嵌到电子税务局信息系统中，税务机关将为纳税人提供申报表和报告表预填服务，符合条件的纳税人准确、如实填报经营情况数据，系统可自动计算减免税金额。

个体工商户享受政策时无须进行备案，只需将按上述方法计算得出的减免税额填入对应经营所得纳税申报表“减免税额”栏次，并附报《个人所得税减免税事项报告表》。对于通过电子税务局申报的个体工商户，税务机关将提供该优惠政策减免税额和报告表的预填服务。实行简易申报的定期定额个体工商户，税务机关按照减免后的税额进行税款划缴。

2021 年 1 月 1 日至本公告发布前，个体工商户已经缴纳当年经营所得个人所得税的，可自动抵减以后月份的税款，当年抵减不完的可在汇算清缴时办理退税；也可直接申请退还应减免的税款。

注:以上例子均出自2021年4月9日国家税务总局网站公布的《关于〈国家税务总局关于落实支持小型微利企业和个体工商户发展所得税优惠政策有关事项的公告〉的解读》。

第七节　应纳税计算举例

计算举例18

假设××汽配厂为张三设立的个人独资企业,2020年的收入、成本费用及其他相关项目金额如下表,2020年全年应纳税额的计算过程如下表:

项目	行次	金额/比例
一、收入总额	1	1,396,712.94
其中:国债利息收入	2	
二、成本费用(3=4+5+6+7+8+9+10)	3	797,809.38
(一)营业成本	4	648,061.47
(二)营业费用	5	64,806.15
(三)管理费用	6	77,767.38
(四)财务费用	7	2508.34
(五)税金	8	4666.04
(六)损失	9	
(七)其他支出	10	
三、利润总额(11=1-2-3)	11	598,903.56
四、纳税调整增加额(12=13+27)	12	120,887.84
(一)超过规定标准的扣除项目金额(13=14+15+16+17+18+19+20+21+22+23+24+25+26)	13	4522.50
1.职工福利费	14	
2.职工教育经费	15	
3.工会经费	16	

续表

项目	行次	金额/比例
4. 利息支出	17	
5. 业务招待费	18	4522.50
6. 广告费和业务宣传费	19	
7. 教育和公益事业捐赠	20	
8. 住房公积金	21	
9. 社会保险费	22	
10. 折旧费用	23	
11. 无形资产摊销	24	
12. 资产损失	25	
13. 其他	26	
(二)不允许扣除的项目金额(27 = 28 + 29 + 30 + 31 + 32 + 33 + 34 + 35 + 36)	27	116,365.34
1. 个人所得税税款	28	
2. 税收滞纳金	29	
3. 罚金、罚款和被没收财物的损失	30	500.00
4. 不符合扣除规定的捐赠支出	31	
5. 赞助支出	32	
6. 用于个人和家庭的支出	33	43,865.34
7. 与取得生产经营收入无关的其他支出	34	
8. 投资者工资薪金支出	35	72,000.00
9. 其他不允许扣除的支出	36	
五、纳税调整减少额	37	
六、纳税调整后所得(38 = 11 + 12 − 37)	38	719,791.40
七、弥补以前年度亏损	39	
八、合伙企业个人合伙人分配比例(%)	40	
九、允许扣除的个人费用及其他扣除(41 = 42 + 43 + 48 + 55)	41	100,590.00

续表

项目	行次	金额/比例
(一)投资者减除费用	42	60,000.00
(二)专项扣除(43 = 44 + 45 + 46 + 47)	43	4590.00
1. 基本养老保险费	44	2640.00
2. 基本医疗保险费	45	1800.00
3. 失业保险费	46	150.00
4. 住房公积金	47	
(三)专项附加扣除(48 = 49 + 50 + 51 + 52 + 53 + 54)	48	36,000.00
1. 子女教育	49	12,000.00
2. 继续教育	50	
3. 大病医疗	51	
4. 住房贷款利息	52	12,000.00
5. 住房租金	53	
6. 赡养老人	54	12,000.00
(四)依法确定的其他扣除(55 = 56 + 57 + 58 + 59)	55	
1. 商业健康保险	56	
2. 税延养老保险	57	
	58	
	59	
十、投资抵扣	60	
十一、准予扣除的个人捐赠支出	61	2000.00
十二、应纳税所得额(62 = 38 - 39 - 41 - 60 - 61)	62	617,201.40
十三、税率(%)	63	35%
十四、速算扣除数	64	65,500.00
十五、应纳税额(65 = 62 × 63 - 64)	65	150,520.49

经计算,2020 年该汽配厂应纳税所得额为 617,201.40 元,应纳税额为 150,520.49 元。应纳税所得额与下述的行政处罚案例中 × × 汽配厂 2017 年调整后的应纳税所

得额相同，均为617,201.40元，适用的税率也一样，但是由于2018年10月1日后适用的是新的税率表，35%的税率对应的速算扣除数65,500.00高于原税率35%对应的速算扣除数14,750.00，因此应纳税额比2017年的降低了。

如果此例中的汽配厂是由张三和李四出资成立的合伙企业，张三出资60%，李四出资40%，李四"允许扣除的个人费用及其他扣除"与张三的一样。则：

张三应纳税所得额 = 719791.40 × 60% − 100590 − 2000 = 329284.84 元

张三应纳税额 = 329284.84 × 30% − 40500 = 58285.45 元

李四应纳税所得额 = 719791.40 × 40% − 100590 − 2000 = 185326.56 元

李四应纳税额 = 185326.56 × 20% − 10500 = 26565.31 元

如果该汽配厂是个体工商户，其计算与个人独资企业是一样的。

如果该汽配厂是张三向某单位承包经营的，且工商登记未作变更仍为法人企业，承包合同约定向发包方交纳50,000元费用后，企业经营成果归其所有，企业2020年的经营情况仍然不变，则根据规定，不管其分配方式如何，均应先按照企业所得税的有关规定缴纳企业所得税。但目前并没有规定承包人的工资不可在企业所得税前扣除，因此张三个人的工资72,000元不用作纳税调减，但是应就工资缴纳个人所得税。

《个人所得税法》规定：居民个人的综合所得，以每一纳税年度的收入额减除费用6万元以及专项扣除、专项附加扣除和依法确定的其他扣除后的余额为应纳税所得额。《个人所得税法实施条例》规定：取得经营所得的个人，没有综合所得的，计算其每一纳税年度的应纳税所得额时，应当减除费用6万元、专项扣除、专项附加扣除以及依法确定的其他扣除。对于上述规定，应理解为优先在综合所得里减除费用6万元以及专项扣除、专项附加扣除和依法确定的其他扣除。对于综合所得不够减除的，是否可以在经营所得里减除，《个人所得税法》没有明确，但根据立法本意，应可以继续减除。

读者可自行测算在缴纳企业所得税的情况下张三应缴纳的工资薪金个人所得税及承包经营所得个人所得税分别是多少。

第八节　行政处罚及裁判案例精选

案例 7

因发票违法需调增成本而应补缴经营所得个人所得税

常州市××汽配厂—发票违法(常税稽二罚〔2020〕84 号)

处罚事由:你单位于 2017 年向李某个人购买材料,收受由其提供的上海××实业有限公司开具的增值税专用发票 7 份,金额合计 642,106.91 元,税额合计 109,158.17 元,价税合计 751,265.08 元。货款现金支付,未支付手续费,货物由对方送货上门,你单位未承担运费。你单位与上海××实业有限公司没有业务往来。上述发票你单位分别于 2017 年 11 月、12 月和 2018 年 1 月入账,计入材料并抵扣增值税进项税额,2017 年结转成本 563,787.08 元,2018 年结转成本 78,319.83 元。2018 年将上述 7 份增值税专用发票作了进项税额转出,城建税、教育附加、滞纳金也已缴纳。2018 年度已结转的成本 78,319.83 元,你单位已自行纳税调增,按规定补缴纳了 2018 年的生产经营所得个人所得税和滞纳金。2017 年结转成本 563,787.08 元未作纳税调整,你单位 2017 年应缴生产经营所得个人所得税 201,270.49 元,已交 6932.86 元,需补 2017 年生产经营所得个人所得税 194,337.63 元,并按规定加收滞纳金。

处罚依据:根据《个人所得税法》第 1 条、第 2 条、第 3 条、第 6 条,《个人所得税法实施条例》第 8 条,财政部、国家税务总局《关于印发〈关于个人独资企业和合伙企业投资者征收个人所得税的规定〉的通知》规定,你单位申报 2017 年度生产经营所得个人所得税应纳税所得额 53,414.32 元,应调增个人所得税应纳税所得额 563,787.08 元,调整后的应纳税所得额为 617,201.4 元,应申报缴纳个人所得税 617201.4 × 35% - 14750 = 201270.49 元,已申报缴纳个人所得税 6932.86 元,应补缴个人所得税 194,337.63 元。

处罚结果:决定对你单位处 50,000 元的罚款。

案例评析:

本案××汽配厂涉嫌虚开增值税专用发票,但企业自行作了增值税进项转出,并补缴了增值税等,这可能也是税务机关未对虚开增值税专用发票的行为进行处罚的原因。但企业未因此调整 2017 年已结转的成本,税务机关认定少计应纳税所得额并少计个人所得税,因此需补缴个人所得税及滞纳金、罚款。税法规定,向个人支付所得的单位或者个人为扣缴义务人。该企业向李某个人购买材料,本应由李某向税务机关申请代开发票,或由企业在付款时代扣代缴税款,如此企业即可计入成本费用,不用补缴本应由李某承担的税款。尽管并无明文规定实际发生的成本未取得合法发票而不能进入成本,但是如果应该取得发票而未取得,实际上是帮助或纵容了销售方偷逃税款,因此从这个意义上来说,不能取得发票则不能计入成本也是合理的。

因此,从事生产经营且实行查账征收的企业应取得合法的进项发票,以免产生不必要的损失。就本案的情形,该企业后续如能取得该项业务的发票,还是可以计入成本再次作纳税调整。企业可要求李某向税务机关申请代开发票,哪怕由企业承担代开发票的税费也是可以的。

案例8

因不能正确核算且账外隐藏收入核定征收个人所得税

东海县××加油站—逃避缴纳税款(连税稽二罚〔2019〕216562号)

企业类型:个人独资企业

违法事实:你单位账目混乱,不能准确核算成本,收入不实,账外隐藏收入,难以查账,根据《税收征管法》第三十五条第四款规定以及《关于个人独资企业和合伙企业投资者征收个人所得税的规定》(财税〔2000〕91号)第七条规定,决定对2015年、2017年的个体工商户的生产经营所得予以核定征收。你单位2015年账面收入427,012元、2017年账面收入464,474.7元,你单位2015年少申报收入212,016元(含税收入)、2017年少申报收入276,888元(含税收入),根据《关于明确若干税款征收标准的公告》(苏地税规〔2013〕2号)第五条规定,核定你单位2015年个人所得税应纳税所得额为30,411.11元、2017年个人所得税应纳税所得额为35,056.56元;你单位2015年应缴纳个人所得税2332.22元、2017年应缴纳个人所得税3261.31元;2015年已缴纳个人所得税288.99元,2015年应补缴个人所得税2043.23元,2017年应补缴个人所得税3261.31元,合计5304.54元。

处罚内容:处以少缴个人所得税5304.54元的50%罚款,罚款金额2652.27元。

案例 9

因不能提供会计账簿等涉税资料而核定征收案

张××诉泰州地方税务局第五税务分局案

案号:(2013)泰高新行初字第0014号

××消防事务所系由原告张××于1999年1月11日投资注册的个人独资企业,于2012年9月5日因变更经营场所办理注销登记。2012年10月18日,被告泰州地方税务局第五税务分局(以下简称泰州地税五分局)通知消防事务所对其2009年1月1日至2011年12月31日涉税情况进行检查。后被告分别对该事务所负责人及财务负责人进行了询问。原告陈述2011年及以前年度的账册报表凭证等相关资料都不能提供,2012年5月搬迁过程中部分丢失,其他部分卖给收废品的。2012年12月4日,××消防事务所向被告说明因单位迁址所遗失材料的范围和内容。

××消防事务所原为查账征收,2009年、2010年、2011年主营业务收入分别为3,386,798.83元、2,895,230.29元、8,156,097.98元。××消防事务所2009年、2010年、2011年已清缴的税款数额分别为10,466.74元、6600.6元、12,708.21元。

泰州地税五分局于2013年7月4日作出泰地税五处〔2013〕20号税务处理决定书,认为原告张××投资的××消防事务所不能提供2009年至2011年与经营活动相关的账簿、记账凭证及其他涉税资料,根据……国家税务总局《关于强化律师事务所等中介机构投资者个人所得税查账征收的通知》第3条、第5条及《泰地税转发通知》关于“个人独资、合伙企业……及其他中介机构的个人所得税应税所得率按25%执行”之规定,决定采用核定征收的方式计征消防事务所投资者生产经营所得个人所得税,具体内容如下:

2009年度经营收入为3,386,798.83元,全年应纳税所得额为846,699.71元,应缴纳投资者生产经营所得个人所得税289,594.9元,已缴纳10,466.74元,应补缴279,128.16元;2010年度经营收入为2,895,230.29元,全年应纳税所得额为723,807.57元,应缴纳投资者生产经营所得个人所得税246,582.65元,已缴纳6600.6元,应补缴239,982.05元;2011年度经营收入为8,156,097.98元,全年应纳税所得额为2,039,024.50元,2011年1~8月投资者生产经营所得个人所得税471,272.38元,2011年9~12月投资者生产经营所得个人所得税232,969.53元,已缴纳12,708.21元,应补缴691,533.70元。

法院认定:原告的行为明显构成擅自销毁账簿。企业会计账簿的妥善保管是企业经营过程中应履行的法定强制性义务，原告作为××消防事务所负责人对该义务理当明知，且单位会计亦就该义务向其作出过告知。原告现关于遗失的说明系争议发生后形成，其证明效力当然不及最初的陈述。原告既明知会计资料所在，其在搬迁时任由他人出卖，主观上显然存在一种对账簿予以销毁的放任的故意，由此被告作出的关于原告擅自销毁账簿事实的认定亦无错误。

原告擅自销毁会计账簿、凭证，被告根据《税收征管法》第35条“纳税人有下列情形之一的，税务机关有权核定其应纳税额：……（三）擅自销毁账簿或者拒不提供纳税资料的……”决定对××消防事务所采用核定征收的方式计征个人所得税。因法律、法规或规章对核定征收的方式并无强制性规定，被告根据《税收征收管理法实施细则》第47条“纳税人有税收征管法第三十五条或者第三十七条所列情形之一的，税务机关有权采用下列任何一种方法核定其应纳税额：……（二）按照营业收入或者成本加合理的费用和利润的方法核定……”之规定，确定了核定方法，并根据《关于强化律师事务所等中介机构投资者个人所得税查账征收的通知》中第3条“对按照税收征管法第35条的规定确实无法实行查账征收的律师事务所，经地市级地方税务局批准……应税所得率不低于25%”、第5条“会计师事务所、税务师事务所、审计师事务所以及其他中介机构的个人所得税征收管理，也应按照上述有关原则进行处理”，以及泰州市地方税务局在上述规定范围内制定的裁量文件《泰地税转发通知》关于“……中介机构的个人所得税应税所得率按25%执行”之规定，确定对××消防事务所适用25%的应税所得率。被告再根据××消防事务所2009年、2010年、2011年三个纳税年度的营业收入分别计算出应纳税所得额。××消防事务所系个人独资企业，原告张××系投资人，被告根据《关于个人独资企业和合伙企业投资者征收个人所得税的规定》第3条“个人独资企业以投资者为纳税义务人……”之规定，确定原告为纳税义务人，并根据2007年《个人所得税法》第3条及个人所得税税率表二、2011年《个人所得税法》第3条及个人所得税税率表二、《个人所得税法实施条例》第46条等规定，计算出2009年、2010年、2011年每个纳税年度原告应缴的个人所得税税额，扣除每一年度已缴的税额确定其最终需补缴税款1,210,643.91元。综上，本院认为，被告作出的税务处理决定，认定的事实清楚、证据确凿。

案例评析：

案例8和案例9均为税务机关核定征收的案例，但核定的应税所得率却相差几倍之多。案例8核定征收的依据是《税收征管法》第三十五条第四款“虽设置账簿，但账目混乱或者成本资料、收入凭证、费用凭证残缺不全，难以查账的”情形。案例

9 核定征收的依据是《税收征管法》第三十五条第三款“擅自销毁账簿或者拒不提供纳税资料的”情形。显然后一种情形较之前一种更为严重，更容易被认定故意为之。这也是案例 9 核定的应税所得率更高的原因之一。第二个原因是各地执行应税所得率的幅度不一样。第三个也是最主要的原因是行业不同，而中介机构核定应税所得率有明确规定。

《关于个人独资企业和合伙企业投资者征收个人所得税的规定》对个人独资企业和合伙企业投资者规定的应税所得率是有幅度的，根据行业不同，最低的 5%，最高到 40%。而《关于强化律师事务所等中介机构投资者个人所得税查账征收的通知》对律师事务所、会计师事务所、税务师事务所、审计师事务所以及其他中介机构核定个人所得税的应税所得率明确规定不低于 25%。

案例 10

工程转包的实际施工人该如何缴纳所得税?

福建 WH 建筑有限公司（以下简称 WH 公司）、周某建设工程施工合同纠纷案

审理法院：福建省福州市中级人民法院

案号：(2017)闽 01 民终 3472 号

裁判日期：2017 年 10 月 21 日

基本事实：2015 年 6 月 8 日，WH 公司（承包人）与××政府（发包人）签订一份《建设工程施工合同》，合同约定……合同金额为 1,956,669 元。2015 年 7 月 23 日，WH 公司（甲方）与周某（乙方）签订一份《单位工程内部责任制承包协议书》，主要内容为：甲方将××工程（二次招标）发包给乙方；工程造价 1,956,669 元；承包方式为包工、包料、包质量、包工期、包安全；承包范围以工程量清单及施工图等为准；乙方按工程总造价缴纳甲方的管理费为 3%，管理费按工程款分两次给甲方，工程所应交的其他税金由甲方提供材料，乙方自行交纳；项目每次工程款预留 3% 的项目内业文件保证金。

××政府已向 WH 公司支付第一期工程进度款 40 万元、第二期工程进度款 22 万元，WH 公司扣除相应的项目内业文件保证金、管理费等费用后将余款 526,200 元支付给周某。2016 年 3 月 25 日，WH 公司向××政府申请支付第三期工程进度款 511,236.86 元，××政府核算后同意支付工程款 35 万元，并于 2016 年 7 月 4 日将该款支付给 WH 公司。WH 公司收到该款后未向周某支付相应的工程款。周某因催

款未果,于 2016 年 7 月 18 日向一审法院提起诉讼。

法院认为:WH 公司中标承包"××工程"后,将该工程全部交由周某施工,双方之间形成转包关系,讼争《单位工程内部责任制承包协议书》系工程转包合同。WH 公司另辩称根据国家税务总局《关于个人对企事业单位实行承包经营、承租经营取得所得征税问题的通知》(国税发〔1994〕179 号)第一条第二款规定,周某应缴纳个人所得税 322,565 元,扣除该费用后,WH 公司已超额支付工程款,但周某与 WH 公司之间系工程转包关系,而非承包经营关系,不适用该通知的规定,且 WH 公司并非税收征管部门,无权扣收个人所得税,故 WH 公司该项抗辩没有合同及法律依据,本院不予采纳。WH 公司于 2016 年 9 月 30 日委托案外人向周某支付工程款 3 万元,WH 公司主张扣除该笔金额,本院予以支持,故 WH 公司应向周某支付的第三期工程款金额为 309,500 元。

案例评析:

现行税收政策虽然并无专门针对工程项目非法转包的直接规定,但非法转包的实质还是属于工程承包的范畴,实际施工人也实际履行了工程施工义务并取得了所得,因而产生了纳税义务。

《个人所得税法实施条例》(2018 修订)第 6 条关于经营所得的范围包括个人对企业、事业单位承包经营、承租经营以及转包、转租取得的所得,转包、转租与承包、承租性质是一样的,都是个人经营所得,属于同一税目。

《建筑安装业个人所得税征收管理暂行办法》(2018 修正)规定,从事建筑安装业的工程承包人、个体户及其他个人为个人所得税的纳税义务人。所称建筑安装业,包括建筑、安装、修缮、装饰及其他工程作业。承包建筑安装业各项工程作业的承包人取得的经营成果归承包人个人所有的所得,或按照承包合同(协议)规定,将一部分经营成果留归承包人个人的所得,按对企事业单位的承包经营、承租经营所得项目征税。

国家税务总局《关于个人对企事业单位实行承包经营、承租经营取得所得征税问题的通知》(国税发〔1994〕179 号)第 1 条规定:企业实行个人承包、承租经营后,如果工商登记仍为企业的,不管其分配方式如何,均应先按照企业所得税的有关规定缴纳企业所得税,再对取得所得的承包经营、承租经营者征收个人所得税。

虽然该通知规定的是个人对企事业单位实行承包经营、承租经营取得所得征税问题,但根据《个人所得税法实施条例》(2018 修订)和《建筑安装业个人所得税征收管理暂行办法》(2018 修正)可以推断,个人对建筑工程的承包或转包也可以适用该通知,按对企事业单位的承包经营、承租经营所得项目征税。

本案判决认为周某与WH公司之间系工程转包关系，而非承包经营关系，不适用该通知的规定，可能不太妥当。按照上述分析，个人的工程承包转包经营所得不但要缴纳个人所得税，可能还得先缴纳企业所得税。那如果法院已经判决属于转包，增值税及附加、企业所得税、个人所得税该如何缴纳？

一种办法是按承包经营纳税。但是这样所得税负可能比较重，因为在缴纳企业所得税的基础上，个人取得承包经营所得还得缴纳个人所得税。

如本案中，WH公司已经实际收到97万元（未结算），假设已经在收款时按收款金额开具发票，WH公司为增值税一般纳税人，该公司的其他经营活动不会影响本项目的税费，则WH公司应先按97万元计算缴纳营业税/增值税（附加税费忽略不计）、企业所得税，代扣代缴个人所得税。涉案工程款刚好跨越营业税改征增值税前后，2016年5月1日前收的62万元应缴纳营业税，建筑业营业税税率3%，应缴纳营业税18,600元；2016年5月1日后收的35万元应缴纳增值税，因为属于为建筑工程老项目提供服务，可以选择适用简易计税方法计税，适用3%的征收率，应缴纳增值税10,194.17元（350000÷1.03×3%）。判决中未说明WH公司是否取得该项工程有关的成本发票，也未说明内部承包协议是否对此有约定，从WH公司的主张来看应未取得成本发票，则应缴纳企业所得税235,301.46元[（970000－18600－10194.17）×25%]。

WH公司收到的全部工程款扣除管理费和税金的余额，为承包人周某的应纳税所得，WH公司应代扣代缴周某个人所得税222,131.53元[（970000－970000×3%－18600－10194.17－235301.46）×35%－14750]。

注：2015年、2016年个体工商户的生产、经营所得和对企事业单位的承包经营、承租经营所得适用原《个人所得税税率表二》（详见表2－10）。

另一种办法是参照分包工程的增值税处理，由个人向承包企业提供合法的发票，企业以扣除转包、分包后的余额缴纳企业所得税。

根据财政部、国家税务总局《关于全面推开营业税改征增值税试点的通知》（财税〔2016〕36号）、《纳税人跨县（市、区）提供建筑服务增值税征收管理暂行办法》，一般纳税人跨县（市）提供建筑服务，选择适用简易计税方法计税的，应以取得的全部价款和价外费用扣除支付的分包款后的余额为销售额，按照3%的征收率计算应纳（增值）税额。纳税人按照上述规定从取得的全部价款和价外费用中扣除支付的分包款，应当取得符合法律、行政法规和国家税务总局规定的合法有效凭证（发票或其他凭证），否则不得扣除。个人作为转包人或分包人，应向企业提供合法的发票，否则企业不得扣除分包工程款。

第五章 利息、股息、红利所得个人所得税

本章思维导图

- 利息、股息、红利所得个人所得税
  - 第一节 利息、股息、红利所得概述
  - 第二节 利息、股息、红利所得应纳税额计算
    - 一、计算步骤
      - （一）计算应纳税所得额
      - （二）计算应纳税额
      - （三）计算应扣缴税额
      - （四）计算本次应补缴或应退税额
    - 二、利息、股息、红利所得分类
      - （一）国债利息及国家发行的金融债券利息
      - （二）地方政府债券利息
      - （三）储蓄存款利息所得
      - （四）证券资金利息所得
      - （五）上市公司股息红利所得（沪市、深市、创业板）
      - （六）三板市场股息红利所得
      - （七）持有创新企业境内发行存托凭证
      - （八）其他利息、股息、红利所得
  - 第三节 特殊利息、股息、红利所得项目征税规定
    - 一、股份制企业转增股本和派发红股
    - 二、个人投资者收购企业股权后将原盈余积累转增股本
    - 三、中小高新技术企业以未分配利润、盈余公积、资本公积向个人股东转增股本
    - 四、城市信用社转制个人股增值所得
    - 五、基层供销社、农村信用社利息或股息、红利收入
    - 六、境外居民个人取得H股股息红利所得
    - 七、沪港通、深港通、基金互认的股息红利
      - （一）内地个人投资者、内地证券投资基金
      - （二）我国香港特别行政区市场投资者
    - 八、退房补偿款征税问题
    - 九、企业为投资者支付个人开支及长期不还借款的征税问题
    - 十、将利息、股息、红利分配挂账即视为支付所得征税
    - 十一、税收协定股息条款

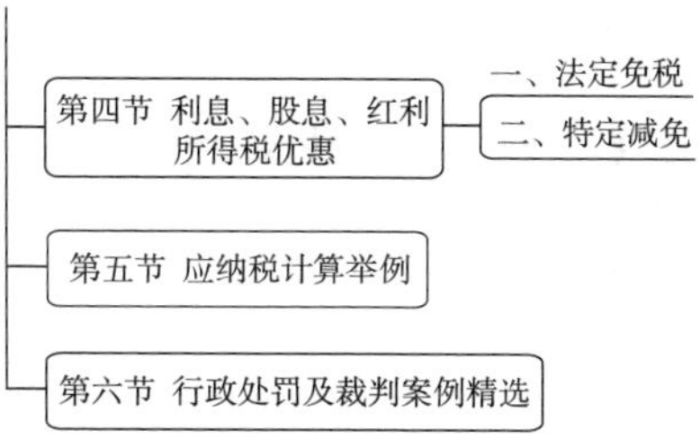

第一节　利息、股息、红利所得概述

利息、股息、红利所得，是指个人通过拥有的债权、股权等而取得的利息、股息、红利所得，具体包括上市公司股息红利所得（沪市、深市、创业板）、三板市场股息红利所得、证券资金利息所得、国债利息、国家发行的金融债券利息、地方政府债券利息、储蓄存款利息所得、持有创新企业境内发行存托凭证及其他利息、股息、红利所得。

利息，是指个人通过债权而取得的利息，包括存款利息、贷款利息和各种债券的利息。股息、红利，指个人通过股权取得的股息、红利。按照一定的比率对每股发给的息金叫股息；公司、企业应分配的利润，按股份分配的叫红利。

利息、股息、红利所得按月或者按次计算个人所得税，以每次收入额为应纳税所得额，适用比例税率20%。利息、股息、红利所得，以一个月内取得的收入为一次。

利息、股息、红利所得实行个人所得税全员全额扣缴申报制度。扣缴义务人支付利息、股息、红利所得时，应当依法按次或者按月代扣代缴税款。

居民个人源于中国境外的利息、股息、红利所得，不与境内所得合并，应当分别单独计算应纳税额。境外利息、股息、红利所得是指从中国境外企业、其他组织以及非居民个人取得的利息、股息、红利所得。

居民个人在一个纳税年度内源于中国境外的所得，依照所得来源国家（地区）税收法律规定在中国境外已缴纳的所得税税额允许在抵免限额内从其该纳税年度应纳税额中抵免。抵免限额的确定详见第二章第六节“境外已纳税额抵免”。

第二节　利息、股息、红利所得应纳税额计算

一、计算步骤

(一)计算应纳税所得额

应纳税所得额 =(收入 - 免税收入)×减按计税比例 - 准予扣除的捐赠额

减按计税比例是指按规定实行应纳税所得额减计税收优惠。享受上市公司、三板挂牌公司、创新企业境内发行存托凭证股息红利差别化征税政策的,减半征税的为 50%,免税的为 0,不享受减计政策的为 100%。

准予扣除的捐赠额 = 实际捐赠额 × 准予扣除比例

公益慈善事业捐赠准予扣除比例根据捐赠方式分为限额扣除、全额扣除和混合扣除三种。一般情况下为限额扣除,即在应纳税所得额 30% 以内限额扣除;国务院规定对公益慈善事业捐赠实行全额税前扣除的,可以从其规定,选择全额扣除;若存在多笔不同类型捐赠,允许列支的捐赠比例不统一的,则选择混合方式,按限额扣除和全额扣除计算之和确定准予扣除的捐赠额。

(二)计算应纳税额

应纳税额 = 应纳税所得额 ×20%

(三)计算应扣缴税额

计算应扣缴税额时,非居民个人可能存在税收协定,因而存在协定减免税额。

(1)居民个人应扣缴税额 = 应纳税额 - 减免税额

(2)非居民个人应扣缴税额 = 应纳税所得额 × 税率 - 协定减免税额 - 减免税额

当协定税率低于税法税率时,协定减免税额 = 应纳税所得额 ×(税率 - 协定税率)。当协定税率高于税法税率时,则按税法税率计算,协定减免税额为 0。

(四)计算本次应补缴或应退税额

应补(退)税额 = 应扣缴税额 - 已缴税额

计算结果为负则为应退税额。

二、利息、股息、红利所得分类

（一）国债利息及国家发行的金融债券利息

国债利息及国家发行的金融债券利息为法定免税所得。因此计算应纳税时，“收入”与“免税收入”为同一金额，计算出的应纳税所得额、应纳税额、应扣缴税额、应补（退）税额均为0。其他免税所得也是如此计算。

“国家发行的金融债券”和“国债”的区别：

（1）发行机构不同：金融债券是由银行及其他金融机构所发行的债券，国家发行的金融债券是由国家政策性银行或其他受委托的金融机构发行的。国债是由中央政府通过政府部门如财政部发行的债券。

（2）债务人不同：国家发行的金融债券的债务人为银行或金融机构。国债的债务人为国家。

（3）安全程度不同：国家发行的金融债券由于其发行者为金融机构，因此资信等级相对较高，多为信用债券。国债是中央政府发行的一种政府债券，由于其发行主体是国家，所以它具有最高的信用度，被公认为是最安全的投资工具。

（4）发行方式不同：国家发行的金融债券从发行办法上来看又类似于企业债券，既不给各地下达指令性指标，也不做政治动员，完全依靠金融债券自身的特点上市发行。国债的发行有时会利用国家政治权力强迫国民购买。

（二）地方政府债券利息

地方政府债券是指经国务院批准，以省、自治区、直辖市和计划单列市政府为发行和偿还主体的债券。

根据财政部、国家税务总局《关于地方政府债券利息所得免征所得税问题的通知》（财税〔2011〕76 号）和《关于地方政府债券利息免征所得税问题的通知》（财税〔2013〕5 号），对个人取得的地方政府债券利息收入，免征个人所得税。

（三）储蓄存款利息所得

目前对个人取得的储蓄存款利息，暂免征收个人所得税。

自 2008 年 10 月 9 日起，对储蓄存款利息所得暂免征收个人所得税。也就是说，对储蓄存款在 1999 年 10 月 31 日前孳生的利息所得，不征收个人所得税；对储蓄存款在1999年11月1日至2007年8月14日孳生的利息所得,按照20%的比例税率征收个人所得税;储蓄存款在2007年8月15日至2008年10月8日孳生的利息所得,按照5%的比例税率征收个人所得税;储蓄存款在2008年10月9日后(含10月9日)孳生的利息所得,暂免征收个人所得税。

相关规定参见财政部、国家税务总局《关于储蓄存款利息所得有关个人所得税政策的通知》(财税〔2008〕132号),国家税务总局《关于做好对储蓄存款利息所得暂免征收个人所得税工作的通知》(国税函〔2008〕826号),国家税务总局、中国人民银行、教育部《关于印发〈教育储蓄存款利息所得免征个人所得税实施办法〉的通知》(国税发〔2005〕148号),国家税务总局、中国人民银行、教育部《关于〈教育储蓄存款利息所得免征个人所得税实施办法〉有关问题的补充通知》(国税发〔2005〕155号),《对储蓄存款利息所得征收个人所得税的实施办法》(国务院令〔2007〕第502号),《教育储蓄管理办法》等文件。

(四)证券资金利息所得

自2008年10月9日起,对证券市场个人投资者取得的证券交易结算资金利息所得,暂免征收个人所得税,即对证券市场个人投资者的证券交易结算资金在2008年10月9日后(含10月9日)孳生的利息所得,暂免征收个人所得税。

相关征管规定参见国家税务总局《关于做好证券市场个人投资者证券交易结算资金利息所得免征个人所得税工作的通知》(国税函〔2008〕870号)。

(五)上市公司股息红利所得(沪市、深市、创业板)

计算上市公司股息红利所得应扣缴及补(退)税额时,因实行差别化个人所得税政策而存在减按计税比例项。

根据财政部、国家税务总局、证监会《关于上市公司股息红利差别化个人所得税政策有关问题的通知》(本节以下简称财税〔2015〕101号)及《关于实施上市公司股息红利差别化个人所得税政策有关问题的通知》(本节以下简称财税〔2012〕85号)的规定:

(1)个人从公开发行和转让市场取得的上市公司股票,持股期限超过1年的,股息红利所得暂免征收个人所得税;个人从公开发行和转让市场取得的上市公司股票,持股期限在1个月以内(含1个月)的,其股息红利所得全额计入应纳税所得额;个人从公开发行和转让市场取得的上市公司股票,持股期限在1个月以上至1年

(含1年)的,暂减按50%计入应纳税所得额。

此处所称上市公司是指在上海证券交易所、深圳证券交易所挂牌交易的上市公司;持股期限是指个人从公开发行和转让市场取得上市公司股票之日至转让交割该股票之日前一日的持有时间。

(2)上市公司派发股息红利时,对个人持股1年以内(含1年)的,上市公司暂不扣缴个人所得税;待个人转让股票时,证券登记结算公司根据其持股期限计算应纳税额,由证券公司等股份托管机构从个人资金账户中扣收并划付证券登记结算公司,证券登记结算公司应于次月5个工作日内划付上市公司,上市公司在收到税款当月的法定申报期内向主管税务机关申报缴纳。

个人应在资金账户留足资金,依法履行纳税义务。证券公司等股份托管机构应依法划扣税款,对个人资金账户暂无资金或资金不足的,证券公司等股份托管机构应当及时通知个人补足资金,并划扣税款。

(3)个人转让股票时,按照先进先出的原则计算持股期限,即证券账户中先取得的股票视为先转让。应纳税所得额以个人投资者证券账户为单位计算,持股数量以每日日终结算后个人投资者证券账户的持有记录为准,证券账户取得或转让的股份数为每日日终结算后的净增(减)股份数。

(4)对个人持有的上市公司限售股,解禁后取得的股息红利,按照上述通知规定计算纳税,持股时间自解禁日起计算;解禁前取得的股息红利继续暂减按50%计入应纳税所得额,适用20%的税率计征个人所得税。

所称限售股,是指《关于个人转让上市公司限售股所得个人所得税有关问题的通知》(财税〔2009〕167号)和《关于个人转让上市公司限售股所得征收个人所得税有关问题的补充通知》(财税〔2010〕70号)文件规定的限售股。参见第七章相应部分。

(5)证券投资基金从上市公司取得的股息红利所得,按照上述通知规定计征个人所得税。

(6)上述通知所称个人从公开发行和转让市场取得的上市公司股票包括:①通过证券交易所集中交易系统或大宗交易系统取得的股票;②通过协议转让取得的股票;③因司法扣划取得的股票;④因依法继承或家庭财产分割取得的股票;⑤通过收购取得的股票;⑥权证行权取得的股票;⑦使用可转换公司债券转换的股票;⑧取得发行的股票、配股、股份股利及公积金转增股本;⑨持有从代办股份转让系统转到主板市场(或中小板、创业板市场)的股票;⑩上市公司合并,个人持有的被合并公司股票转换的合并后公司股票；⑪上市公司分立，个人持有的被分立公司股票转换的分立后公司股票；⑫其他从公开发行和转让市场取得的股票。

(7)上述通知所称转让股票包括下列情形：①通过证券交易所集中交易系统或大宗交易系统转让股票；②协议转让股票；③持有的股票被司法扣划；④因依法继承、捐赠或家庭财产分割让渡股票所有权；⑤用股票接受要约收购；⑥行使现金选择权将股票转让给提供现金选择权的第三方；⑦用股票认购或申购交易型开放式指数基金(ETF)份额；⑧其他具有转让实质的情形。

(8)上述通知所称年(月)是指自然年(月)，即持股一年是指从上一年某月某日至本年同月同日的前一日连续持股，持股一个月是指从上月某日至本月同日的前一日连续持股。

此外，根据财政部、国家税务总局《关于个人股票期权所得征收个人所得税问题的通知》(财税〔2005〕35号)及国家税务总局《关于个人股票期权所得缴纳个人所得税有关问题的补充通知》(国税函〔2006〕902号)，实施股票期权计划企业授予该企业员工股票期权，员工接受实施股票期权计划企业授予的股票期权并且行权后，员工因拥有股权而参与企业税后利润分配取得的所得，应按照“利息、股息、红利所得”适用的规定计算缴纳个人所得税。

(六)三板市场股息红利所得

与上市公司股息红利所得类似，计算全国中小企业股份转让系统(新三板)挂牌公司股息红利所得应扣缴及补(退)税额时，因实行差别化个人所得税政策而存在减按计税比例项。

根据《关于继续实施全国中小企业股份转让系统挂牌公司股息红利差别化个人所得税政策的公告》(财政部、税务总局、证监会公告2019年第78号)的规定：

(1)个人持有挂牌公司的股票，持股期限超过1年的，对股息红利所得暂免征收个人所得税；个人持有挂牌公司的股票，持股期限在1个月以内(含1个月)的，其股息红利所得全额计入应纳税所得额；个人持有挂牌公司的股票，持股期限在1个月以上至1年(含1年)的，其股息红利所得暂减按50%计入应纳税所得额。

该公告所称挂牌公司是指股票在全国中小企业股份转让系统公开转让的非上市公众公司，持股期限是指个人取得挂牌公司股票之日至转让交割该股票之日前一日的持有时间。

(2)挂牌公司派发股息红利时，对截至股权登记日个人持股1年以内(含1年)

且尚未转让的，挂牌公司暂不扣缴个人所得税；待个人转让股票时，证券登记结算公司根据其持股期限计算应纳税额，由证券公司等股票托管机构从个人资金账户中扣收并划付证券登记结算公司，证券登记结算公司应于次月 5 个工作日内划付挂牌公司，挂牌公司在收到税款当月的法定申报期内向主管税务机关申报缴纳，并应办理全员全额扣缴申报。

个人应在资金账户留足资金，依法履行纳税义务。证券公司等股票托管机构应依法划扣税款，对个人资金账户暂无资金或资金不足的，证券公司等股票托管机构应当及时通知个人补足资金，并划扣税款。

（3）个人转让股票时，按照先进先出的原则计算持股期限，即证券账户中先取得的股票视为先转让。应纳税所得额以个人投资者证券账户为单位计算，持股数量以每日日终结算后个人投资者证券账户的持有记录为准，证券账户取得或转让的股票数为每日日终结算后的净增（减）股票数。

（4）对证券投资基金从挂牌公司取得的股息红利所得，也按上述办法计征个人所得税。

（5）该公告所称个人持有挂牌公司的股票包括：①在全国中小企业股份转让系统挂牌前取得的股票；②通过全国中小企业股份转让系统转让取得的股票；③因司法扣划取得的股票；④因依法继承或家庭财产分割取得的股票；⑤通过收购取得的股票；⑥权证行权取得的股票；⑦使用附认股权、可转换成股份条款的公司债券认购或者转换的股票；⑧取得发行的股票、配股、股票股利及公积金转增股本；⑨挂牌公司合并，个人持有的被合并公司股票转换的合并后公司股票；⑩挂牌公司分立，个人持有的被分立公司股票转换的分立后公司股票；⑪其他从全国中小企业股份转让系统取得的股票。

（6）该公告所称转让股票包括下列情形：①通过全国中小企业股份转让系统转让股票；②持有的股票被司法扣划；③因依法继承、捐赠或家庭财产分割让渡股票所有权；④用股票接受要约收购；⑤行使现金选择权将股票转让给提供现金选择权的第三方；⑥用股票认购或申购交易型开放式指数基金份额；⑦其他具有转让实质的情形。

（7）对个人和证券投资基金从全国中小企业股份转让系统挂牌的原 STAQ、NET 系统挂牌公司（以下简称两网公司）以及全国中小企业股份转让系统挂牌的退市公司取得的股息红利所得，按照该公告规定计征个人所得税，但退市公司的限售股按照财税〔2012〕85 号第 4 条规定执行。

(8)该公告所称年(月)是指自然年(月),即持股一年是指从上一年某月某日至本年同月同日的前一日连续持股,持股一个月是指从上月某日至本月同日的前一日连续持股。

(9)该公告自2019年7月1日起至2024年6月30日止执行,挂牌公司、两网公司、退市公司派发股息红利,股权登记日在2019年7月1日至2024年6月30日的,股息红利所得按照该公告的规定执行。该公告实施之日个人投资者证券账户已持有的挂牌公司、两网公司、退市公司股票,其持股时间自取得之日起计算。

(七)持有创新企业境内发行存托凭证

自试点开始之日起,对个人投资者因持有创新企业境内发行存托凭证取得的股息红利所得,3年内实施股息红利差别化个人所得税政策。应纳税计算方法参照前述"上市公司股息红利所得"。

差别化个人所得税政策具体参照财税〔2012〕85号、财税〔2015〕101号的相关规定执行,由创新企业在其境内的存托机构代扣代缴税款,并向存托机构所在地税务机关办理全员全额明细申报。对于个人投资者取得的股息红利在境外已缴纳的税款,可按照个人所得税法以及双边税收协定(安排)的相关规定予以抵免。

试点开始之日,是指首只创新企业境内发行存托凭证取得国务院证券监督管理机构的发行批文之日。

(八)其他利息、股息、红利所得

(1)个体工商户与企业联营而分得的利润,按利息、股息、红利所得项目征收个人所得税。

(2)个人独资企业和合伙企业对外投资分回的利息或者股息、红利,不并入企业的收入,而应单独作为投资者个人取得的利息、股息、红利所得,按"利息、股息、红利所得"应税项目计算缴纳个人所得税。以合伙企业名义对外投资分回利息或者股息、红利的,应按财政部、国家税务总局《关于印发〈关于个人独资企业和合伙企业投资者征收个人所得税的规定〉的通知》(财税〔2000〕91号)及其他文件规定的比例确定各个投资者的利息、股息、红利所得,分别按"利息、股息、红利所得"应税项目计算缴纳个人所得税。

(3)创投企业选择按单一投资基金核算的,单一投资基金的股息红利所得,以其来源于所投资项目分配的股息、红利收入以及其他固定收益类证券等收入的全额计算。个人合伙人按照其应从基金股息红利所得中分得的份额计算其应纳税额，并由创投企业按次代扣代缴个人所得税。

(4)对以未分配利润、盈余公积和除股票溢价发行外的其他资本公积转增注册资本和股本的，要按照“利息、股息、红利所得”项目，依据现行政策规定计征个人所得税。

(5)自然人、企业及其他组织向自然人借款及支付利息的，对其利息所得依法计征个人所得税。

(6)针对投资者从基金分配中获得的股票的股息、红利收入以及企业债券的利息收入，由上市公司和发行债券的企业在向基金派发股息、红利、利息时代扣代缴20%的个人所得税，基金向个人投资者分配股息、红利、利息时，不再代扣代缴个人所得税。

(7)根据《关于促进科技成果转化有关税收政策的通知》(财税字〔1999〕45号)和《关于促进科技成果转化有关个人所得税问题的通知》(国税发〔1999〕125号)，科研机构、高等学校转化职务科技成果以股份或出资比例等股权形式给予科技人员个人奖励的，经主管税务机关审核后，暂不征收个人所得税。在获奖人按股份、出资比例获得分红时，对其所得按“利息、股息、红利所得”应税项目征收个人所得税。

除本章单独说明的以外，其他利息、股息、红利所得也应按规定计算缴纳个人所得税。

第三节　特殊利息、股息、红利所得项目征税规定

一、股份制企业转增股本和派发红股

根据国家税务总局《关于盈余公积金转增注册资本征收个人所得税问题的批复》(国税函〔1998〕333号)，公司将从税后利润中提取的法定公积金和任意公积金转增注册资本，实际上是该公司将盈余公积金向股东分配了股息、红利，股东再以分得的股息、红利增加注册资本。对属于个人股东分得并再投入公司(转增注册资本)的部分应按照“利息、股息、红利所得”项目征收个人所得税，税款由股份有限公司在有关部门批准增资、公司股东会议通过后代扣代缴。

根据国家税务总局《关于股份制企业转增股本和派发红股征免个人所得税的通知》(国税发〔1997〕198号)，股份制企业用资本公积金转增股本不属于股息、红利性

质的分配，对个人取得的转增股本数额，不作为个人所得，不征收个人所得税。这里的“资本公积金”是指股份制企业股票溢价发行收入所形成的资本公积金。而对使用与此不相符合的其他资本公积金分配个人所得部分，应当依法征收个人所得税。

股份制企业用盈余公积金派发红股属于股息、红利性质的分配，对个人取得的红股数额，应作为个人所得征税。股份制企业在分配股息、红利时，以股票形式向股东个人支付应得的股息、红利（派发红股）的，应以派发红股的股票票面金额为收入额，按“利息、股息、红利”项目计征个人所得税。

二、个人投资者收购企业股权后将原盈余积累转增股本

根据《关于个人投资者收购企业股权后将原盈余积累转增股本个人所得税问题的公告》（国家税务总局公告2013年第23号），一名或多名个人投资者以股权收购方式取得被收购企业100%股权，股权收购前，被收购企业原账面金额中的“资本公积、盈余公积、未分配利润”等盈余积累未转增股本，而在股权交易时将其一并计入股权转让价格并履行了所得税纳税义务。股权收购后，企业将原账面金额中的盈余积累向个人投资者（新股东）转增股本，有关个人所得税问题区分以下情形处理：

1. 新股东以不低于净资产价格收购股权的，企业原盈余积累已全部计入股权交易价格，新股东取得盈余积累转增股本的部分，不征收个人所得税。

2. 新股东以低于净资产价格收购股权的，企业原盈余积累中，对于股权收购价格减去原股本的差额部分已经计入股权交易价格，新股东取得盈余积累转增股本的部分，不征收个人所得税；对于股权收购价格低于原所有者权益的差额部分未计入股权交易价格，新股东取得盈余积累转增股本的部分，应按照“利息、股息、红利所得”项目征收个人所得税。新股东以低于净资产价格收购企业股权后转增股本，应按照下列顺序进行，即先转增应税的盈余积累部分，然后再转增免税的盈余积累部分。新股东将所持股权转让时，其财产原值为其收购企业股权实际支付的对价及相关税费。企业发生股权交易及转增股本等事项后，应在次月15日内，将股东及其股权变化情况、股权交易前原账面记载的盈余积累数额、转增股本数额及扣缴税款情况报告主管税务机关。

三、中小高新技术企业以未分配利润、盈余公积、资本公积向个人股东转增股本

根据财政部、国家税务总局《关于将国家自主创新示范区有关税收试点政策推

广到全国范围实施的通知》(财税〔2015〕116 号),自 2016 年 1 月 1 日起,全国范围内的中小高新技术企业以未分配利润、盈余公积、资本公积向个人股东转增股本时,个人股东一次缴纳个人所得税确有困难的,可根据实际情况自行制订分期缴税计划,在不超过 5 个公历年度内(含)分期缴纳,并将有关资料报主管税务机关备案。个人股东获得转增的股本,应按照“利息、股息、红利所得”项目,适用 20% 税率征收个人所得税。

股东转让股权并取得现金收入的,该现金收入应优先用于缴纳尚未缴清的税款。在股东转让该部分股权之前,企业依法宣告破产,股东进行相关权益处置后没有取得收益或收益小于初始投资额的,主管税务机关对其尚未缴纳的个人所得税可不予追征。

本通知所称中小高新技术企业,是指注册在中国境内实行查账征收的、经认定取得高新技术企业资格,且年销售额和资产总额均不超过 2 亿元、从业人数不超过 500 人的企业。上市中小高新技术企业或在全国中小企业股份转让系统挂牌的中小高新技术企业向个人股东转增股本,股东应纳的个人所得税,继续按照现行有关股息红利差别化个人所得税政策执行,不适用本通知规定的分期纳税政策。

四、城市信用社转制个人股增值所得

根据国家税务总局《关于原城市信用社在转制为城市合作银行过程中个人股增值所得应纳个人所得税的批复》(国税函〔1998〕289 号),在城市信用社改制为城市合作银行过程中,个人以现金或股份及其他形式取得的资产评估增值数额,应当按“利息、股息、红利所得”项目计征个人所得税,税款由城市合作银行负责代扣代缴。

五、基层供销社、农村信用社利息或股息、红利收入

根据财政部、国家税务总局《关于个人所得税若干政策问题的通知》(财税字〔1994〕20 号)第 4 条,对个人从基层供销社、农村信用社取得的利息或股息、红利收入是否征收个人所得税,由各省、自治区、直辖市税务局报请政府确定,报财政部、国家税务总局备案。

六、境外居民个人取得 H 股股息红利所得

根据国家税务总局《关于国税发〔1993〕45 号文件废止后有关个人所得税征管问题的通知》(国税函〔2011〕348 号):

1. 境外居民个人股东从境内非外商投资企业在香港发行股票取得的股息红利所得，应按照“利息、股息、红利所得”项目，由扣缴义务人依法代扣代缴个人所得税。

2. 境内非外商投资企业在香港发行股票，其境外居民个人股东可根据其居民身份所属国家与中国签署的税收协定及内地和香港（澳门）特别行政区间税收安排的规定，享受相关税收优惠。

3. 根据国家税务总局《关于印发〈非居民享受税收协定待遇管理办法（试行）〉的通知》（本节以下简称国税发〔2009〕124号）规定，境外居民个人享受相关税收优惠时应由本人或书面委托代理人提出申请并办理相关手续。但鉴于上述税收协定及税收安排规定的相关股息税率一般为10%，且股票持有者众多，为简化税收征管，在香港特别行政区发行股票的境内非外商投资企业派发股息红利时，一般可按10%税率扣缴个人所得税，无须办理申请事宜。

4. 对股息税率不属于10%的情况（见表5－1），按以下规定办理：

（1）取得股息红利的个人为低于10%税率的协定国家居民的，扣缴义务人可按国税发〔2009〕124号规定，代为办理享受有关协定待遇申请，经主管税务机关审核批准后，对多扣缴税款予以退还；

（2）取得股息红利的个人为高于10%低于20%税率的协定国家居民的，扣缴义务人派发股息红利时应按协定实际税率扣缴个人所得税，无须办理申请事宜；

（3）取得股息红利的个人为与我国没有税收协定国家居民及其他情况的，扣缴义务人派发股息红利时应按20%税率扣缴个人所得税。

表5－1　相关股息税率低于或高于10%协定国家一览表

国　家	税　率	补充
科威特、蒙古、毛里求斯、斯洛文尼亚、牙买加、南斯拉夫、苏丹、老挝、南非、克罗地亚、马其顿、塞舌尔、阿曼、巴林、沙特阿拉伯、墨西哥	5%	文莱
阿联酋	7%	
埃及、突尼斯	8%	
挪威、加拿大、新西兰、巴西、菲律宾、巴新	15%	澳大利亚
泰国	20%	
	7.5%	尼日利亚

需要说明的是，国家税务总局《关于国税发〔1993〕045号文件废止后有关个人

所得税征管问题的通知》（国税函〔2011〕348 号）现行有效，但其中引用的《关于印发〈非居民享受税收协定待遇管理办法（试行）〉的通知》（国税发〔2009〕124 号）于 2015 年 11 月 1 日被国家税务总局《关于发布〈非居民纳税人享受税收协定待遇管理办法〉的公告》（国家税务总局公告 2015 年第 60 号）废止；2020 年 1 月 1 日，国家税务总局公告 2015 年第 60 号又被国家税务总局《关于发布〈非居民纳税人享受协定待遇管理办法〉的公告》（国家税务总局公告 2019 年第 35 号）废止。根据国家税务总局公告 2019 年第 35 号，非居民纳税人享受协定待遇，采取“自行判断、申报享受、相关资料留存备查”的方式办理。非居民纳税人自行判断符合享受协定待遇条件的，可在纳税申报时，或通过扣缴义务人在扣缴申报时，自行享受协定待遇，同时按照本办法的规定归集和留存相关资料备查，并接受税务机关后续管理。因此，境外居民个人享受税收协定相关优惠政策时，不需再办理申请，也无须主管税务机关审核批准。

七、沪港通、深港通、基金互认的股息红利

根据财政部、国家税务总局、证监会《关于沪港股票市场交易互联互通机制试点有关税收政策的通知》（财税〔2014〕81 号）、财政部、国家税务总局、证监会《关于深港股票市场交易互联互通机制试点有关税收政策的通知》（财税〔2016〕127 号）、财政部、国家税务总局、证监会《关于内地与香港基金互认有关税收政策的通知》（财税〔2015〕125 号）相关规定，对沪港通、深港通、基金互认的股息、红利征收个人所得税情况概述如下。

（一）内地个人投资者、内地证券投资基金

内地个人投资者、内地证券投资基金通过沪港通、深港通投资我国香港特别行政区联交所上市股票的股息红利，按照 20% 的税率代扣个人所得税。

对内地个人投资者、内地证券投资基金通过沪港通、深港通投资我国香港特别行政区联交所上市 H 股取得的股息红利，H 股公司应向中国证券登记结算有限责任公司（以下简称中国结算）提出申请，由中国结算向 H 股公司提供内地个人投资者名册，H 股公司按照 20% 的税率代扣个人所得税。内地个人投资者通过沪港通、深港通投资我国香港特别行政区联交所上市的非 H 股取得的股息红利，由中国结算按照 20% 的税率代扣个人所得税。个人投资者在国外已缴纳的预提税，可持有效扣税凭证到中国结算的主管税务机关申请税收抵免。

内地个人投资者通过基金互认从我国香港特别行政区基金分配取得的收益，由该香港特别行政区基金在内地的代理人按照20%的税率代扣代缴个人所得税。此处代理人是指依法取得中国证监会核准的公募基金管理资格或托管资格，根据我国香港特别行政区基金管理人的委托，代为办理我国香港特别行政区基金内地事务的机构。

（二）我国香港特别行政区市场投资者

对我国香港特别行政区市场投资者（包括企业和个人）投资上交所上市A股取得的股息红利所得，按照10%的税率代扣所得税。

对我国香港特别行政区市场投资者（包括企业和个人）投资上交所、深交所上市A股取得的股息红利所得，在我国香港特别行政区中央结算有限公司（以下简称香港结算）不具备向中国结算提供投资者的身份及持股时间等明细数据的条件之前，暂不执行按持股时间实行差别化征税政策，由上市公司按照10%的税率代扣所得税，并向其主管税务机关办理扣缴申报。对于我国香港特别行政区投资者中属于其他国家税收居民且其所在国与中国签订的税收协定规定的股息红利所得税率低于10%的，企业或个人可以自行或委托代扣代缴义务人，向上市公司主管税务机关提出享受税收协定待遇退还多缴税款的申请，主管税务机关查实后，对符合退税条件的，应按已征税款和根据税收协定税率计算的应纳税款的差额予以退税。

对我国香港特别行政区市场投资者（包括企业和个人）通过基金互认从内地基金分配取得的收益，由内地上市公司向该内地基金分配股息红利时，对我国香港特别行政区市场投资者按照10%的税率代扣所得税；或发行债券的企业向该内地基金分配利息时，对我国香港特别行政区市场投资者按照7%的税率代扣所得税，并由内地上市公司或发行债券的企业向其主管税务机关办理扣缴申报。该内地基金向投资者分配收益时，不再扣缴所得税。内地基金管理人应当向相关证券登记结算机构提供内地基金的香港市场投资者的相关信息。

以上所称基金互认，是指内地基金或我国香港特别行政区基金经我国香港特别行政区证监会认可或中国证监会注册，在双方司法管辖区内向公众销售。所称内地基金，是指中国证监会根据《证券投资基金法》注册的公开募集证券投资基金。所称我国香港特别行政区基金，是指我国香港特别行政区证监会根据我国香港特别行政区法律认可公开销售的单位信托、互惠基金或者其他形式的集体投资计划。

八、退房补偿款征税问题

根据《关于房屋买受人按照约定退房取得的补偿款有关个人所得税问题的批复》(税总函〔2013〕748 号),房屋买受人在未办理房屋产权证的情况下,按照与房地产公司约定条件(如对房屋的占有、使用、收益和处分权进行限制)在一定时期后无条件退房而取得的补偿款,应按照“利息、股息、红利所得”项目缴纳个人所得税,税款由支付补偿款的房地产公司代扣代缴。

九、企业为投资者支付个人开支及长期不还借款的征税问题

1. 根据财政部、国家税务总局《关于规范个人投资者个人所得税征收管理的通知》(财税〔2003〕158 号):

(1)除个人独资企业、合伙企业以外的其他企业的个人投资者,以企业资金为本人、家庭成员及其相关人员支付与企业生产经营无关的消费性支出及购买汽车、住房等财产性支出,视为企业对个人投资者的红利分配,依照“利息、股息、红利所得”项目计征个人所得税。

个人独资企业、合伙企业的个人投资者以企业资金为本人、家庭成员及其相关人员支付与企业生产经营无关的消费性支出及购买汽车、住房等财产性支出,视为企业对个人投资者的利润分配,并入投资者个人的生产经营所得,依照“个体工商户的生产经营所得”项目计征个人所得税。

企业的上述支出不允许在所得税前扣除。

(2)纳税年度内个人投资者从其投资企业(个人独资企业、合伙企业除外)借款,在该纳税年度终了后既不归还,又未用于企业生产经营的,其未归还的借款可视为企业对个人投资者的红利分配,依照“利息、股息、红利所得”项目计征个人所得税。

(3)国家税务总局《关于进一步加强对高收入者个人所得税征收管理的通知》(国税发〔2001〕57 号)中关于对私营有限责任公司的企业所得税后剩余利润,不分配、不投资、挂账达 1 年的,从挂账的第 2 年起,依照投资者(股东)出资比例计算分配征收个人所得税的规定,同时停止执行。

2. 在《关于规范个人投资者个人所得税征收管理的通知》(财税〔2003〕158 号)的基础上,财政部、国家税务总局 2008 年 6 月 10 日又下发了《关于企业为个人购买房屋或其他财产征收个人所得税问题的批复》(财税〔2008〕83 号),其中规定对符合

以下情形的房屋或其他财产，无论所有权人是否将财产无偿或有偿交付企业使用，其实质均为企业对个人进行了实物性质的分配，应依法计征个人所得税：(1)企业出资购买房屋及其他财产，将所有权登记为投资者个人、投资者家庭成员或企业其他人员的；(2)企业投资者个人、投资者家庭成员或企业其他人员向企业借款用于购买房屋及其他财产，将所有权登记为投资者、投资者家庭成员或企业其他人员，且借款年度终了后未归还借款的。

对个人独资企业、合伙企业的个人投资者或其家庭成员取得的上述所得，视为企业对个人投资者的利润分配，按照“个体工商户的生产、经营所得”项目计征个人所得税；对除个人独资企业、合伙企业以外其他企业的个人投资者或其家庭成员取得的上述所得，视为企业对个人投资者的红利分配，按照“利息、股息、红利所得”项目计征个人所得税；对企业其他人员取得的上述所得，按照“工资、薪金所得”项目计征个人所得税。

十、将利息、股息、红利分配挂账即视为支付所得征税

根据国家税务总局《关于利息、股息、红利所得征税问题的通知》(国税函〔1997〕656号)，扣缴义务人将属于纳税义务人应得的利息、股息、红利收入，通过扣缴义务人的往来会计科目分配到个人名下，收入所有人有权随时提取，在这种情况下，扣缴义务人将利息、股息、红利所得分配到个人名下时，即应认为所得的支付，应按税收法规规定及时代扣代缴个人应缴纳的个人所得税。

十一、税收协定股息条款

1. 根据国家税务总局《关于执行税收协定股息条款有关问题的通知》(国税函〔2009〕81号)，税收协定股息条款是指专门适用于股息所得的税收协定条款，不含按税收协定规定应作为营业利润处理的股息所得所适用的税收协定条款。

2. 按照税收协定股息条款规定，中国居民公司向税收协定缔约对方税收居民支付股息，且该对方税收居民(或股息收取人)是该股息的受益所有人，则该对方税收居民取得的该项股息可享受税收协定待遇，即按税收协定规定的税率计算其在中国应缴纳的所得税。如果税收协定规定的税率高于中国国内税收法律规定的税率，则纳税人仍可按中国国内税收法律规定纳税。

3. 纳税人需要享受上述规定的税收协定待遇的，应同时符合以下条件：

(1)可享受税收协定待遇的纳税人应是税收协定缔约对方税收居民；

（2）可享受税收协定待遇的纳税人应是相关股息的受益所有人；

（3）可享受税收协定待遇的股息应是按照中国国内税收法律规定确定的股息、红利等权益性投资收益；

（4）国家税务总局规定的其他条件。

4. 根据有关税收协定股息条款规定，凡税收协定缔约对方税收居民直接拥有支付股息的中国居民公司一定比例以上资本（一般为25%或10%）的，该对方税收居民取得的股息可按税收协定规定税率征税。该对方税收居民需要享受该税收协定待遇的，应同时符合以下条件：

（1）取得股息的该对方税收居民根据税收协定规定应限于公司；

（2）在该中国居民公司的全部所有者权益和有表决权股份中，该对方税收居民直接拥有的比例均符合规定比例；

（3）该对方税收居民直接拥有该中国居民公司的资本比例，在取得股息前连续12个月以内任何时候均符合税收协定规定的比例。

5. 以获取优惠的税收地位为主要目的的交易或安排不应构成适用税收协定股息条款优惠规定的理由，纳税人因该交易或安排而不当享受税收协定待遇的，主管税务机关有权进行调整。

6. 纳税人需要按照税收协定股息条款规定纳税的，相关纳税人或扣缴义务人应该取得并保有支持其执行税收协定股息条款规定的信息资料，并按有关规定及时根据税务机关的要求报告或提供。有关的信息资料包括：

（1）由协定缔约对方税务主管当局或其授权代表签发的税收居民身份证明以及支持该证明的税收协定缔约对方国内法律依据和相关事实证据；

（2）纳税人在税收协定缔约对方的纳税情况，特别是与取得由中国居民公司支付股息有关的纳税情况；

（3）纳税人是否构成任一第三方（国家或地区）税收居民；

（4）纳税人是否构成中国税收居民；

（5）纳税人据以取得中国居民公司所支付股息的相关投资（转让）合同、产权凭证、利润分配决议、支付凭证等权属证明；

（6）纳税人在中国居民公司的持股情况；

（7）其他与执行税收协定股息条款规定有关的信息资料。

第四节　利息、股息、红利所得税优惠

一、法定免税

国债和国家发行的金融债券利息属于个人所得税法规定的免税项目。

二、特定减免

特定减免项目包括储蓄存款利息所得、社保基金个人账户存款利息所得、地方政府债券利息收入、铁路债券利息收入、证券交易结算资金利息所得、外籍个人股息红利所得等。具体可参见本章第一部分及下面的规定。

对住房公积金、医疗保险金、基本养老保险金、失业保险基金个人账户存款利息所得免征个人所得税。对外籍个人从外商投资企业取得的股息、红利所得，暂免征收个人所得税。对投资者从基金分配中获得的国债利息、储蓄存款利息，在国债利息收入、个人储蓄存款利息收入未恢复征收所得税以前，暂不征收所得税。

个人通过铁路债券取得的利息收入减按50%计税。根据《关于铁路债券利息收入所得税政策的公告》（财政部、国家税务总局公告2019年第57号）规定，对个人投资者持有2019～2023年发行的铁路债券取得的利息收入，减按50%计入应纳税所得额计算征收个人所得税。税款由兑付机构在向个人投资者兑付利息时代扣代缴（对企业投资者持有2019～2023年发行的铁路债券取得的利息收入，减半征收企业所得税）。铁路债券是指以中国铁路总公司为发行和偿还主体的债券，包括中国铁路建设债券、中期票据、短期融资券等债务融资工具。

第五节　应纳税计算举例

计算举例19

某居民个人2020年12月取得国债利息5000元，储蓄存款利息2000元；取得上市公司股票分红30,000元（股票尚未转让），其中持股期限2年的15,000元，持股

期限 3 个月的 11,000 元,持股期限 20 天的 4000 元;通过沪港通投资香港特别行政区联交所上市股票的红利 6000 元;2 月向其投资的××有限公司借款 1,000,000 元至年底尚未归还,也未用于企业生产经营。

该个人 2020 年 12 月相关个人所得税计算如下:

1. 取得的国债利息和储蓄存款利息免税,不用缴纳个人所得税,但应进行申报。

2. 根据规定,个人从公开发行和转让市场取得的上市公司股票,持股期限超过 1 年的,股息红利所得暂免征收个人所得税;持股期限在 1 个月以内(含 1 个月)的,其股息红利所得全额计入应纳税所得额;持股期限在 1 个月以上至 1 年(含 1 年)的,暂减按 50% 计入应纳税所得额。但是又规定,上市公司派发股息红利时,对个人持股 1 年以内(含 1 年)的,上市公司暂不扣缴个人所得税;待个人转让股票时,由证券登记结算公司根据其持股期限计算应纳税额。因此,该个人 2020 年 12 月取得的股票分红在 12 月均无须缴纳个人所得税。

3. 香港联交所上市股票红利应纳税额 $=60000\times20\%=12000$ 元

4. 向其投资的公司借款应纳税额 $=1000000\times20\%=200000$ 元

第六节　行政处罚及裁判案例精选

案例 11

分配股东红利未扣缴个人所得税行政处罚

玉林市樟木供销合作社加油站—逃避缴纳税款(玉市税二稽罚〔2019〕41059 号)

处罚事由:经查实,你单位 2016 年 1 月分配股东红利 300,000.00 元,7 月分配股东红利 330,000.00 元,合计 630,000.00 元;2017 年 1 月分配股东红利 510,000.00 元,7 月分配股东红利 510,000.00 元,合计 1,020,000.00 元;2018 年 1 月分配股东红利 587,940.00 元,7 月分配股东红利 390,000.00 元,合计 977,940.00 元。根据《个人所得税法》第 1 条、第 2 条第 7 项、第 3 条第 5 项、第 6 条第 6 项、第 8 条和《个人所得税法实施条例》(国务院令第 600 号)第 10 条的规定,你单位 2016 ~ 2018 年应代扣代缴个人所得税如下:(1)2016 年应代扣代缴个人所得税(利息、股息、红利所得)126,000.00 元,未代扣代缴。(2)2017 年应代扣代缴个人所得税(利息、股息、红利所得)204,000.00 元,未代扣代缴。(3)2018 年应代扣代缴个人所得税(利息、股息、红利所得)195,588.00 元,未代扣代缴。综上,你单位 2016~2018 年共少代扣代缴个人所得税 525,588.00 元。

处罚依据:你单位已于 2019 年 9 月 2 日主动补缴入库上述少缴税款,具有依法从轻或者减轻处罚的情节,根据《税收征管法》第 69 条、《行政处罚法》第 27 条的规定,作出相应处罚。

处罚结果:处罚少代扣代缴个人所得税 525,588.00 元的 50% 的罚款,即罚款 262,794.00 元。

案例 12

企业为投资者支付个人开支未代扣代缴个人所得税行政处罚

嘉兴新港交通工程有限公司—其他违法(嘉税二稽罚〔2019〕104 号)

违法事实:2018 年 10 月 1#记账凭证反映在"营业费用—招待费"科目列支美容美发费用 20,000 元,该费用实际是你单位股东陈某娣报销的应由个人承担的消费支出,与实际经营无关。你单位在企业所得税年度补充申报中已作纳税调整,但未按规定代扣代缴利息、股息、红利所得个人所得税。根据《个人所得税法》第 1 条、第 2 条、第 3 条、第 6 条、第 12 条和国家税务总局《关于贯彻〈中华人民共和国税收征收管理法〉及其实施细则若干具体问题的通知》(国税发〔2003〕47 号)的规定,经计算你单位未按规定代扣代缴个人所得税 4000 元。

处罚依据:根据《税收征管法》第 69 条的规定,对你单位应扣未扣个人所得税的行为进行处罚。

处罚决定:处少扣缴税款的 50% 的罚款,计 2000 元。

案例 13

民间借贷代扣个人所得税未获支持的裁判案例

尽管税法规定利息收入应按 20% 缴纳个人所得税,并由支付利息的一方代扣代缴,但实际在法院裁判案例中,极少支持付息的一方代扣代缴个人所得税,法院往往采取回避的态度。如(2019)辽 0103 民初 9808 号徐某与辽宁山川房地产开发有限公司、刘某借款合同纠纷案中,审理的辽宁省沈阳市沈河区人民法院就认为,关于被告辽宁山川房地产开发有限公司抗辩其作为法定扣缴义务人，理应自徐某合法收益的借款利息中提前依法扣缴徐某应缴的借贷利息个人所得税税款的主张。因该项主张并非人民法院受案范围，故对其上述主张法院不予处理。

案例 14

以企业资金为股东支付购房款、借款未归还的税务行政判例 福建分众传媒有限公司、国家税务总局福州市税务局稽查局税务行政复议案

审理法院：福建省福州市中级人民法院

案号：（2020）闽01行终351号

裁判日期：2020年7月29日

上诉人（原告）：福建分众传媒有限公司

被上诉人（被告）：国家税务总局福州市税务局稽查局（行政处罚）

国家税务总局福建省税务局（行政复议）

（一）事件过程

1. 2011年12月14日至2012年4月11日：送达《税务检查通知书》，检查2010年1月1日至2011年10月30日涉税情况；对公司会计、原法定代表人制作了《询问笔录》；向通过开具收款收据形式收取广告费的相关七家企业发出《税务检查通知书》，进行调查；对福州世茂置业有限公司发出《税务检查通知书》，调查原告以企业资金为股东卞某兰、程某购买房产情况。

2. 2015年10月20日，应是在原检查过程中发现以前年度的问题，故变更检查期间为2004年1月1日至2011年12月31日。

3. 2015年11月17日，送达《税务处理事先告知书》《税务行政处罚事项告知书》，告知原告违法事项，拟处理决定及税务处罚的事实依据、法律依据，拟作出的处罚决定，以及依法享有的陈述、申辩的权利。

4. 2015年12月3日，进行税务行政处罚听证。

5. 2016年5月19日，送达《税务处理决定书》《税务行政处罚书》。

6. 2016年7月12日至2016年9月13日，申请行政复议并受理，税务机关作出《税务行政复议答复书》《税务行政复议决定书》，维持《税务行政处罚书》。

7. 2016年10月8日，向法院提起行政诉讼，2017年9月30日判决驳回；原告上

诉,2018年4月12日因被告主体资格问题裁定重审;2020年4月13日再次判决驳回原告的诉讼请求。

8. 原告又上诉,2020年7月29日终审判决驳回上诉,维持原判。

(二)税务稽查认定事实及处理、处罚结果

1. 原告2004~2011年度通过开具收款收据收取广告费收入,在账簿上不列、少列收入共计3,652,254元,对原告处以偷税款195,395.58元一倍的罚款195,395.58元。

2. 原告2010年度替股东支付购房款20,392,897.00元,未按规定代扣代缴"利息、股息、红利所得"税目个人所得税;支付股东借款6,203,000.00元用于非生产经营超过一年未归还,未按规定代扣代缴"利息、股息、红利所得"税目个人所得税;以上两项合计被处以未代扣代缴个人所得税款5,319,179.4元1.5倍的罚款7,978,769.10元。

3. 原告开具假发票票面金额5415.5万元,在办公场所存放2657份假发票,并处以30万元罚款。(已另案处理)

(三)原告观点

1. 关于未入账广告费收入(偷税):被上诉人仅依据上诉人自行制作的收款收据认定2004~2011年度上诉人存在未入账收入,但未向第三方全面调查予以核实、确认是否真实存在未入账收入及具体金额多少,因此不能形成证据链。原审对该事实未进行核实,认定事实不清。

2. 关于替股东支付购房款:涉案房屋仅进行了购房买卖合同的备案登记,房屋所有权未登记在股东卞某兰名下,目前仍登记在开发商名下。原审未区分购房买卖合同系债权效力,并非物权效力,与财税〔2008〕83号财政部、国家税务总局《关于企业为个人购买房屋或其他财产征收个人所得税问题的批复》(本节以下简称财税〔2008〕83号)第1条第1款规定的房屋所有权须登记在股东个人名下才可视为分红的情形不符,不应计征个人所得税。原审适用法律错误。

3. 关于股东借款:股东程某向上诉人借款是用于企业蓝钻项目经营,且上诉人自2007年起连续四年亏损无可分配利润(有审计报告及企业所得税汇算清缴报告证明),不满足公司法规定的分红条件,不应适用财政部、国家税务总局《关于规范个人投资者个人所得税征收管理的通知》(本节以下简称财税〔2003〕158号)第2条规定的"视为企业对个人投资者的红利分配"来计征个人所得税。而被上诉人未举证证明上诉人不存在亏损,亦无证据证明上诉人存在可分配利润及具体可分配利润金额,原审对是否亏损的事实认定不清。

4. 关于存放假发票的事：上诉人对存放假发票不知情，不存在主观故意，不应受到行政处罚；被上诉人对上诉人作出的30万元罚款决定已超出自由裁量权范围。

（四）被告观点

1. 关于未入账广告费收入（偷税）：对于偷税事实，答辩人提供《账外收款收据核实情况明细表》、《开具收据未入账明细表》、外调企业提供的《情况说明》、合同、收款收据和上诉人会计何某的询问笔录等一系列证据予以证实，而非上诉人所说的只有收款收据。上诉人上诉后推翻其之前在听证笔录、原一审及发回重审起诉状、原二审法庭调查中所确认过的偷税事实，没有任何依据。

2. 关于替股东支付购房款：上诉人关于"所有权未登记在卞某兰名下的房产，不视为分红，案中房屋所有权仍登记在开发商名下"的观点是不能成立的。原审法院认定上诉人存在向开发商支付购房款事实，且购房买卖合同及备案登记均显示股东卞某兰名字，并依法认定上诉人应按"利息、股息、红利所得"项目计征个人所得税是完全正确的。

3. 关于股东借款：上诉人提供的证据不能证明上诉人连续多年亏损，且即使亏损，也不能成为其对股东购房、股东借款行为无须征缴个税的理由。上诉人公司股东借款行为，依法应"视同红利分配"行为计征个人所得税，存在可分配利润不是对股东借款行为征个税的前提条件，上诉人偷换概念把借款行为与红利分配行为混为一谈。上诉人有通过开具收款收据未入账逃避缴纳税款的行为，其审计报告、企业所得税汇算清缴报告并不是基于上诉人实际真实的经营情况、真实的账簿等涉税资料作出，根本不能证明上诉人2008～2010年度连续三年亏损。

4. 关于存放假发票的事：上诉人存在知道是伪造的发票而存放的行为，答辩人在法律规定范围内对上诉人存放假发票4097份的行为依法处罚30万元，并没有超越自由裁量权的范围。询问笔录及发票上所盖上诉人的章，可充分证明上诉人对存放假发票是明知的。答辩人根据《发票管理办法》第39条、《福建省税务行政处罚裁量权基准适用规则》第8条规定，在法律规定范围内对上诉人存放假发票行为处以30万元罚款符合法律规定，未超越自由裁量权的范围。

5. 答辩人系基于《税务处理决定书》所认定的事实对上诉人作出《税务行政处罚决定书》，《税务处理决定书》已生效，上诉人推翻已生效的税务处理决定所认定的应补缴税款金的事实，根据《税收征管法》第88条规定，于法无据。

（五）一审法院观点

1. 关于未入账广告费收入（偷税）：原告关于2004年到2011年度开具收款收据

收取广告费系因原告的财务人员对税务知识的理解存在误差,不存在偷税故意的主张,不能构成其免责的理由。原告关于2004年1月到2006年12月14日开具收款收据收取广告费的行为已超过法定的处罚追溯期限,不能再对其进行处罚的主张,因原告开具收款收据收取广告费的行为具有连续性,原福州市地方税务局稽查局根据《行政处罚法》第29条的规定,认为追溯期应当从最后一个行为终了之日起算,并无不当,原告该主张原审法院不予采纳。

2. 关于替股东支付购房款:原告关于案涉房屋所有权没有登记在股东名下,仍登记在开发商处,不能将原告出资购房行为视为对股东红利进行实物分配,第二项处罚决定的第一部分法律适用错误的主张,因原告存在向开发商付款的事实,且购房买卖合同及备案登记均显示原告股东名字,故在购房买卖合同未被撤销的前提下,原告该主张原审法院不予采纳。

3. 关于股东借款:原告还主张其连续三年亏损,没有可分配利润,且股东借款均用于生产经营,故第二项处罚决定的第二部分事实认定不清,因原告提交的证据不足以证实股东的借款用于生产经营,且原告存在通过开具收款收据形式收取广告费收入未列入账薄的行为,故原告提交的审计报告、企业所得税汇算清缴报告不是基于原告实际经营情况作出,不能证明原告2008~2010年度存在连续三年亏损的事实。

4. 关于存放假发票的事:原告关于被告没有提供证据证明原告对存放假发票存在主观故意,也未提供合法的鉴定结论,并超越福建省税务行政处罚裁量权基准裁量的主张,原审法院认为根据原告公司原法定代表人及会计的笔录结合假发票上原告向税务部门申请刻制的专用章,可以证明原告对于存放假发票的行为是明知的。

(六)二审法院观点

1. 关于上诉人是否存在偷税的违法事实问题。《发票管理办法》第19条规定:"销售商品、提供服务以及从事其他经营活动的单位和个人,对外发生经营业务收取款项,收款方应当向付款方开具发票;特殊情况下,由付款方向收款方开具发票。"按此规定,上诉人取得的广告费收入应按《发票管理办法》开具发票。被上诉人国家税务总局福州市税务局稽查局提供的《账外收款收据核实情况明细表》、《开具收据未入账明细表》、外调企业提供的《情况说明》、合同、收款收据和上诉人会计何某的询问笔录,可以形成证据链证实上诉人通过开具收款收据收取广告费共计3,652,254元未入账,且未按规定开具发票,而是开具收款收据,属于在账簿上不列、少列收入,不缴或者少缴应纳税款的偷税行为。上诉人在行政处罚程序、复议程序及原一审、二审及发回重审的起诉状中对通过开具收款收据收取广告费共计3,652,254元未入账的事实均予以确认,而其在本案发回重审后对其原确认的事实予以否认,但未就此提供相应的证据以证明其实际未收到相关费用款项。上诉人关于被上诉人未对收款收据所列账目是否真实存在未入账收入、未进行全面核实、事实认定不清的主张,无相关事实依据证明,其主张不能成立。

原福州市地方税务局稽查局针对上诉人上述提供应税劳务取得的现金、代金券和实物合并按照5%税率计征、追补营业税税款人民币182,612.7元(3,652,254×5%),追补城市维护建设税人民币12,782.89元(182,612.7×7%)。上诉人在2004~2011年度通过开具收款收据形式收取上述广告费收入,未进行纳税申报,属于在账簿上不列、少列收入,不缴或者少缴应纳税款的行为,原福州市地方税务局稽查局根据《税收征管法》第63条第1款关于"纳税人伪造、变造、隐匿、擅自销毁账簿凭证,或者在账簿上多列支出或者不列、少列收入、或者经税务机关通知申报而拒不申报或者进行虚假的纳税申报,不缴或者少缴应纳税款的,是偷税。对纳税人偷税的,由税务机关追缴其不缴或者少缴的税款、滞纳金,并处不缴或者少缴的税款百分之五十以上五倍以下的罚款;构成犯罪的,依法追究刑事责任"的规定,认定为偷税,作出处以少缴税款一倍罚款即195,395.58元的处罚,量罚适当。

《行政处罚法》第29条规定:"违法行为在二年内未被发现的,不再给予行政处罚。法律另有规定的除外。前款规定的期限,从违法行为发生之日起计算;违法行为有连续或者继续状态的,从行为终了之日起计算。"本案中,针对上诉人2004年至2011年偷税的违法行为,原福州市地方税务局稽查局于2016年5月16日作出了被诉《税务行政处罚书》。因上述偷税违法行为存在持续状态,因此原福州市地方税务局稽查局作出被诉行政处罚,符合上述法律规定。上诉人关于被诉行政处罚超过追溯时效的主张,不能成立。

2. 关于上诉人是否存在应扣未扣个人所得税的违法事实问题。上诉人在二审期间提供了一份《福州市房屋权属登记信息查询证》作为证据,拟证明预告登记已经失效,预告登记并不必然导致所有权登记。本院认为,该证据与本案不具有关联性,不予采信。

上诉人主张购房行为系企业即上诉人先期购买房屋并支付购房款20,392,897元,后因企业资金不足,决定放弃购置房产,由股东卞某兰购置,上诉人与卞某兰签订协议,确认所有权属于卞某兰所有,卞某兰以程某、黄某萍代付方式归还购房款。对此,被上诉人国家税务总局福州市税务局稽查局提供的证据可以证实上诉人记账凭证显示2010年7月31日其向福州世茂置业有限公司共支付了购房款人民币20,390,580元,同时附有相应支付购房款的转账进账单、支付凭证等。2010年7月28日,上诉人股东卞某兰与福州世茂置业有限公司签订八份《商品房买卖合同》,向该公司购买位于福州市台江区的房产,房屋权属登记产权人为卞某兰,上诉人2010年7月31日所付购房款即用于为股东卞某兰支付以上八套房产,同时上诉人原法定代表人程某亦确认上诉人以企业资金为其支付购房款2317元。综上,上诉人以企业资金为股东卞某兰、程某支付购房款的事实能够成立。

财税〔2003〕158号第1条第2款规定:"除个人独资企业、合伙企业以外的其他企业的个人投资者,以企业资金为本人、家庭成员及其相关人员支付与企业生产经营无关的消费性支出及购买汽车、住房等财产性支出,视为企业对个人投资者的红利分配,依照'利息、股息、红利所得'项目计征个人所得税。"财税〔2008〕83号第1条规定:"根据《中华人民共和国个人所得税法》和《财政部国家税务总局关于规范个人投资者个人所得税征收管理的通知》(财税〔2003〕158号)的有关规定,符合以下情形的房屋或其他财产,不论所有权人是否将财产无偿或有偿交付企业使用,其实质均为企业对个人进行了实物性质的分配,应依法计征个人所得税。(一)企业出资购买房屋及其他财产,将所有权登记为投资者个人、投资者家庭成员或企业其他人员的……"第2条规定:"……对除个人独资企业、合伙企业以外其他企业的个人投资者或其家庭成员取得的上述所得,视为企业对个人投资者的红利分配,按照'利息、股息、红利所得'项目计征个人所得税……"上诉人主张,按财税〔2008〕83号第1条规定,房屋所有权须登记在股东卞某兰个人名下才可视为红利分配,而涉案房屋系预告登记,预告登记现已失效,故本案不属于所有权登记在股东名下的情形,不应计征个人所得税。

法院认为,财税〔2003〕158号现行有效,财税〔2003〕158号、财税〔2008〕83号的规定,旨在限制企业为投资者个人出资购房。上诉人关于涉案房屋要完成所有权登记后,征税的起点才能开始的主张,明显有违上述通知、批复的精神,也不符合征缴税收的时效性。涉案商品房的买卖合同及预告登记均已办理在卞某兰名下,至原福州市地方税务局稽查局2016年5月作出本案被诉行政处罚时仍未改变,上诉人为股东支付购房款事实清楚。综上,对于上诉人以企业资金为股东支付购房款共人民币20,392,897元的事实,依法应视为企业对个人投资者的红利分配,应依照"利息、股息、红利所得"项目计征个人所得税。经原福州市地方税务局稽查局重大案件审理委员会会议审议,根据《个人所得税法》第3条第5项关于:"个人所得税的税率:

五、特许权使用费所得，利息、股息、红利所得，财产租赁所得，财产转让所得，偶然所得和其他所得，适用比例税率，税率为百分之二十”的规定，认定上诉人应扣未扣“利息、股息、红利所得”个人所得税款 4,078,579.4（20,392,897×20%）元，应补扣缴人民币 4,078,579.4 元，事实清楚、依据充分。

3. 关于股东借款。上诉人对于股东卞某兰向其借款额为人民币 75,000 元的款项未用于企业经营且未在该纳税年度内归还的事实无异议，法院予以确认。上诉人主张，股东程某借款的人民币 6,128,000 元，系用于企业的经营，并提供了与程某签订的协议、董事会决议以及“蓝钻会”商标注册证等证明借款是用于企业经营。而在原福州市地方税务局稽查局对企业法定代表人程某所作的询问笔录中，程某对其借款在纳税年度内未归还的事实亦予以确认，但未主张该借款系用于企业经营，同时，上诉人在诉讼中亦未提供相应的证据佐证该借款系用于企业经营。原福州市地方税务局稽查局在检查过程中及听证时，上诉人虽提交了借款说明及部分还款证明，但银行支付系统专用凭证等还款证明体现的时间均在借款年度终了之后，亦在税务部门立案检查之后，上诉人关于程某借款系用于企业生产经营的主张，不能成立。

原福州市地方税务局稽查局认定上诉人两股东卞某兰、程某借款共人民币 6,203,000 元未用于企业生产经营，且在纳税年度内未归还，依据财税〔2003〕158 号第 2 条关于“纳税年度内个人投资者从其投资企业（个人独资企业、合伙企业除外）借款，在该纳税年度终了后既不归还，又未用于企业生产经营的，其未归还的借款可视为企业对个人投资者的红利分配，依照‘利息、股息、红利所得’项目计征个人所得税”的规定，经原福州市地方税务局稽查局重大案件审理委员会会议审议，把两股东向上诉人借款人民币 6,203,000 元的行为，视为企业对个人投资者的红利分配，依照“利息、股息、红利所得”项目计征个人所得税，事实清楚。

上诉人主张其无利润可分配以及被上诉人适用财税〔2003〕158 号违反上位法《公司法》关于利润分配的强制性规定，并在二审中向法院申请对其 2007～2010 年度各年利润及各年年末未分配利润情况进行鉴定。对此，法院认为，上诉人在原一审、二审、发回重审后原审审理的近两年期间，均未向法院提出鉴定的申请，故其应承担举证不能的后果，对其鉴定申请，法院不予准许。且上诉人是否有利润可分配，并不影响原福州市地方税务局稽查局在作出本案被诉行政处罚时将股东向其借款在纳税年度内未归还的行为，视为企业对个人投资者的红利分配的认定，上诉人的上述主张，缺乏法律依据，不予支持。根据《个人所得税法》第 3 条第 5 项按税率

20%计征个人所得税，上诉人应扣未扣“利息、股息、红利所得”个人所得税款人民币1,240,600元，应补扣缴人民币1,240,600元。

综上，上诉人应补扣缴上述两项个人所得税款共计人民币5,319,179.4元。原福州市地方税务局稽查局在作出本案被诉行政处罚决定前，已于2015年11月12日向上诉人作出《税务处理事先告知书》，已告知了上诉人应补缴的税款，以及在税务行政处罚决定作出之前主动补缴的，则处以未代扣代缴个人所得税款5,319,179.4元0.5倍的罚款，但上诉人在原福州市地方税务局稽查局2016年5月16日作出被诉处罚决定前未能主动补缴税款。据此，原福州市地方税务局稽查局根据《税收征管法》第69条的规定，对上诉人应扣未扣个人所得税款的行为，处以应扣未扣税款1.5倍罚款计人民币7,978,769.1元，事实清楚、适用法律正确、量罚适当。上诉人关于对其首次违法行为，原福州市地方税务局稽查局对其处以应扣未扣、应收未收税款1.5倍罚款有误的主张，不能成立。

4. 关于上诉人是否存在知道或者应当知道是伪造发票而存放的违法事实的问题。上诉人存在开具假发票人民币5415.5万元的行为（已另案处理）。上诉人公司原法定代表人程某、会计何某在原福州市地方税务局稽查局对其所作的询问笔录中对假发票在其经营场所被查获的事实，予以确认，上诉人所使用的正规发票均系向税务机关购买，其对于所购买的发票的数量、面值等情况应是明知的。而税务人员于2011年12月14日在上诉人经营场所发现上诉人财务室内存放发票4097份，填开金额高达人民币2,189,349,287.77元，所开具的发票上盖有上诉人的公章，经鉴定2657份发票系假发票。上诉人辩称其对存放假发票一事不知情，明显不符合客观事实也有悖常理，该主张不能成立。

对于上诉人存放假发票的行为，原福州市地方税务局稽查局经过集体讨论决定，根据《发票管理办法》第39条第2项“有下列情形之一的，由税务机关处1万元以上5万元以下的罚款；情节严重的，处5万元以上50万元以下的罚款；有违法所得的予以没收：……（二）知道或者应当知道是私自印制、伪造、变造、非法取得或者废止的发票而受让、开具、存放、携带、邮寄、运输的”的规定，以及《福建省税务行政处罚裁量权基准适用规则》第8条第1款第3项“对有下列情形之一的行政处罚，应当经过有权作出行政处罚决定的税务机关集体讨论决定：……（三）实施行政处罚在法律、法规、规章及国家税务总局规范性文件规定的幅度范围内，但高于或低于《基准》规定的”的规定，对上诉人处以30万元罚款，事实清楚，量罚适当，适用依据正确。上诉人关于原福州市地方税务局稽查局对上诉人处以罚款30万元超越法定裁量权的主张,不能成立。

5. 原福州市地方税务局稽查局经过受理、立案、调查,在作出本案被诉处罚决定前,于2015年11月12日依法作出《税务行政处罚事项告知书》,告知了上诉人拟作出的处罚,以及依法享有的陈述、申辩及申请听证的权利。根据上诉人的申请举行了听证,作出被诉行政处罚并送达上诉人,行政程序合法。

行政复议机关原福建省地方税务局受理上诉人的复议申请后,向被申请人发出了行政复议答复通知书,经审查,于法定期限内作出被诉复议决定并送达各方当事人,事实清楚、行政程序合法。

综上,原审判决认定事实清楚,适用法律正确,应予维持。上诉人的上诉理由不能成立,其上诉请求,不予支持。

案例评析:

一般来说,像这类比较重大的案件,都是有稽查线索的,而本案的稽查线索正是外汇管理局提供的,然后上级交办税务稽查任务。

本案涉及税务稽查(检查)、税务行政处罚与听证、税务行政复议,以及税务行政诉讼的一审、二审发回重审,从涉税事项发生的2004年1月至终审判决的2020年7月,用了16年的时间。虽然涉案金额不算太大,大约1200万元,但案件很具代表性,几乎囊括了税务行政案件的全部节点,整个事件也挺曲折,原告(上诉人)的观点、被告税务机关的观点以及两级法院的观点都值得琢磨,特别是二审法院的判词,事实清楚,依据充分,说理明确,很具说服力。为了展现涉税案件的全过程,本案例以大量篇幅摘录了判决书内容。

本案原告的违法事项有四个:未开发票、在账簿上少列收入未申报纳税;替股东支付购房款未代扣代缴个人所得税;支付股东借款年度终了未归还且未用于公司经营;开具假发票,存放假发票。前三项类似行为在很多欠发达地区还是存在较多的。

1. 对于第一项少列收入未申报纳税。有收据、合同,有经办人员笔录及调查取得的相关表格、外调企业提供的《情况说明》,还有原告取得的现金、代金券和实物,并且原告在行政处罚程序、复议程序及原一审、二审及发回重审的起诉状中对该事实均予以确认,虽在本案发回重审后对其原确认的事实予以否认,但未就此提供相应的证据,原告的观点难以成立。

2. 对于第二项替股东支付购房款。根据财税〔2008〕83号的规定,符合以下情形的房屋或其他财产,不论所有权人是否将财产无偿或有偿交付企业使用,其实质均为企业对个人进行了实物性质的分配,应依法计征个人所得税:(1)企业出资购买房屋及其他财产，将所有权登记为投资者个人、投资者家庭成员或企业其他人员的；(2)企业投资者个人、投资者家庭成员或企业其他人员向企业借款用于购买房屋及其他财产，将所有权登记为投资者、投资者家庭成员或企业其他人员，且借款年度终了后未归还借款的。

财税〔2008〕83号文件规定的确实是要进行所有权登记，而本案原告主张的是备案登记，法院判定的是预告登记。到底是备案登记还是预告登记，我们先来看看两者的区别。①

商品房备案登记是一种行政管理方式，买卖双方签订的商品房买卖合同，如果没有及时进行预告登记，该合同只能发生债权效果，不能产生物权效力，如果该商品房被出售给多人并不当然具有排除效力。而商品房预告登记生效的，未经预告登记的权利人同意，向第三人转移不动产所有权(包括出售、赠与、出资等)或者设定其他物权的(如抵押)，不发生物权效力。商品房登记备案制度是指由开发商向行政主管部门进行报备，具有强制性，是一种单方行为；商品房预告登记是买房人和开发商的双方行为，只有达成合意才可申请登记，备案登记是预告登记的前置程序，因此履行预告登记手续是自愿性的。就商品房的预告登记而言，就是为了使预购人在预购的房屋办理了所有权初始登记之后，能够办理所有权转移登记，从而确定取得房屋的所有权。简单地说就是预告登记之后，预告登记具有准物权登记的效力，其权利人就具有准物权权利人的性质。

《民法典》第221条规定："当事人签订买卖房屋或者其他不动产物权的协议，为保障将来实现物权，按照约定可以向登记机构申请预告登记。预告登记后，未经预告登记的权利人同意，处分该不动产的，不发生物权效力。预告登记后，债权消灭或者自能够进行不动产登记之日起九十日内未申请登记的，预告登记失效。"原《物权法》也有类似规定。也就是说，备案登记在法律上并不等同于所有权登记。但预告登记是发生物权效力的。

涉案商品房的买卖合同及预告登记均是办理在股东名下。但原告在二审期间提供了一份《福州市房屋权属登记信息查询证》作为证据，拟证明预告登记已经失效，预告登记并不必然导致所有权登记。二审法院认为，该证据与本案不具有关联性，不予采信。关于这一点，二审法院还是有些偏颇的。

---

① 参见艾丽娜：《商品房买卖备案登记和预告登记的区别及其法律后果》，载中国法院网2019年12月20日，https://www.chinacourt.org/article/detail/2019/12/id/4737990.shtml。

个人根据以上分析认为：首先，预告登记算不算财税〔2008〕83 号文件规定的所有权登记，这是值得探讨的。而二审法院认为财税〔2008〕83 号的规定，“旨在限制企业为投资者个人出资购房。上诉人关于涉案房屋要完成所有权登记后，征税的起点才能开始的主张，明显有违上述通知、批复的精神，也不符合征缴税收的时效性”。该说法说服力不够。税收法规通常的行文习惯是在出台一个文件时或之后会对相关的名词及适用范围进行解释，而财税〔2008〕83 号文件出台之后，国家税务总局并未就这个问题进行明确。因此还不能断定商品房预告登记属于财税〔2008〕83 号文件规定的所有权登记。其次，该预告登记已失效，对于失效的预告登记是否属于财税〔2008〕83 号文件规定的所有权登记就更值得商榷了。

但是根据财税〔2003〕158 号，个人投资者以企业资金为本人、家庭成员及其相关人员支付与企业生产经营无关的消费性支出及购买汽车、住房等财产性支出，视为企业对个人投资者的红利分配，计征个人所得税；纳税年度内个人投资者从其投资企业（个人独资企业、合伙企业除外）借款，在该纳税年度终了后既不归还，又未用于企业生产经营的，其未归还的借款可视为企业对个人投资者的红利分配，依照“利息、股息、红利所得”项目计征个人所得税。

而原告确实支付了购房款，且房屋目前在股东名下，虽预告登记失效，不一定具有物权效力，但债权效力总是有的。因此，哪怕如原告所说是原告“先期购买房屋并支付购房款 20,392,897 元，后因企业资金不足，决定放弃购置房产，由股东卞某兰购置”，也改变不了以企业资金为个人支付与企业生产经营无关的支出，或是股东从企业借款年度终了又未归还的事实。除非原告能证明购买该房产是用于企业生产经营，只是暂时登记在股东名下，又或者能证明支付给地产公司的款项不是用于股东购买房屋的。

3. 对于原告支付股东借款 6,128,000 元年度终了未归还且未用于公司经营的事。原告主张是用于企业生产经营，但又没有提供充足的证据。只有原告与股东签订的协议、董事会决议以及商标注册证等证明是不够的，最起码还要有股东对外支付的证明、与外单位签订的合同之类的证据。并且该股东兼原法定代表人在被告的询问笔录中，对借款在纳税年度内未归还的事实亦予以确认，且未主张该借款系用于企业经营。原告虽提交了借款说明及部分还款证明，但还款证明体现的时间均在借款年度终了之后，亦在税务部门立案检查之后。

原告主张其无利润可分配不适用财税〔2003〕158 号，被上诉人适用该文件违反公司法关于利润分配的强制性规定，并在二审中申请鉴定。因在原一审、二审、发回重审后原审审理的近两年期间，原告均未向法院提出鉴定的申请，故法院未准许其鉴定申请。关键的是，财税〔2003〕158 号规定的是将公司股东借款年终未归还且未用于生产经营的行为，“视为企业对个人投资者的红利分配”计征个人所得税，是否真正存在可分配利润不是征税的前提条件，存在股东借款年终未归还且未用于生产经营的行为才是征税的前提条件。因此，原告关于该股东借款系用于企业生产经营的主张未获支持。

视同销售、视同应税行为征税是税法的一大特点，目的是防止纳税人利用各种形式规避纳税义务。视同销售在增值税和企业所得税中都有规定。个人所得税法中虽然明确为视同应税收入的不多，但类似规定还是有很多的。除本案涉及的财税〔2003〕158 号、财税〔2008〕83 号外，还有《关于盈余公积金转增注册资本征收个人所得税问题的批复》（国税函〔1998〕333 号）、《关于企业以免费旅游方式提供对营销人员个人奖励有关个人所得税政策的通知》（财税〔2004〕11 号）、《关于个人与房地产开发企业签订有条件优惠价格协议购买商店征收个人所得税问题的批复》（国税函〔2008〕576 号）等文件都有类似规定。

这里又牵涉出一个问题，如果对该类股东借款征收了个人所得税之后，股东又将借款还给企业，那么已征的税款是否可以申请退还呢？目前国家税务总局没有对此进行明确，也未查到相关案例，最好的办法还是在年底之前归还。

4. 关于开具、存放假发票的事，二审法院说得很清楚了。原告开具假发票票面金额达 5415.5 万元，在办公场所存放 2657 份假发票，对于一个比较知名的传媒公司，这个数量也确实有点惊人。判决中所说的已另案处理的应是刑事案件，该行为已经触犯《刑法》规定的“持有伪造的发票罪”。根据《刑法》第 210 条之一，明知是伪造的发票而持有，数量较大的，处 2 年以下有期徒刑、拘役或者管制，并处罚金；数量巨大的，处 2 年以上 7 年以下有期徒刑，并处罚金。单位犯该罪的，对单位判处罚金，并对其直接负责的主管人员和其他直接责任人员，依照前述的规定处罚。在当时未实行“营改增”，原告存放、开具的假发票也不是增值税专用发票，否则后果更严重。虽然目前法律和司法解释没有明确该罪数量较大和数量巨大的标准，但从以往的判例看，2657 份也够得上“数量巨大”了。

第六章 财产租赁所得个人所得税

本章思维导图

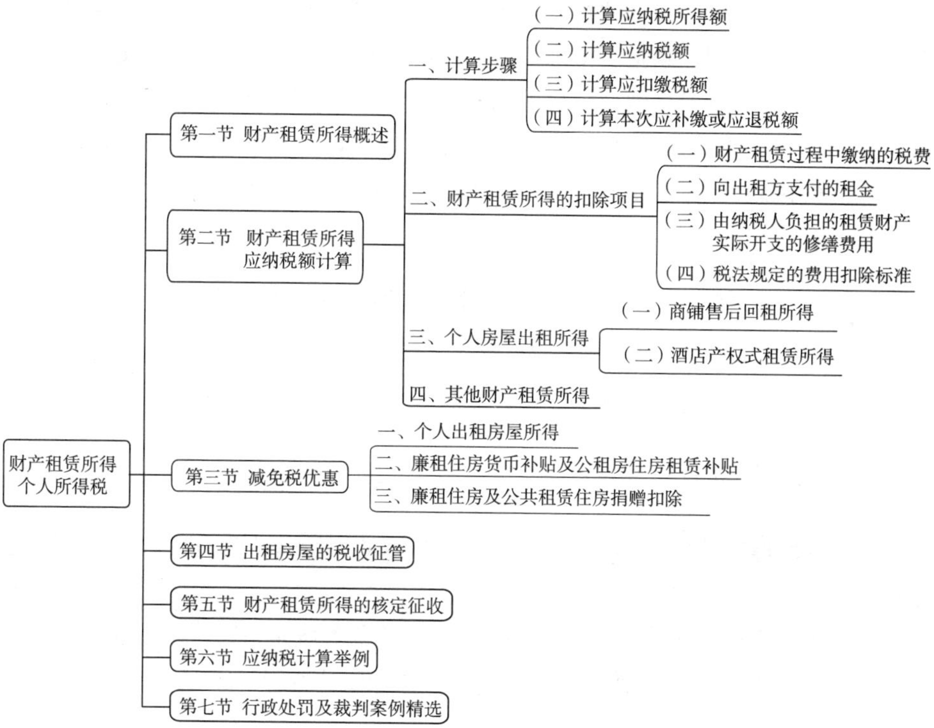

第一节 财产租赁所得概述

财产租赁所得，是指个人出租不动产、机器设备、车船以及其他财产取得的所得，可分为房屋出租所得、其他财产租赁所得两类。

财产租赁所得按月或者按次计算个人所得税，适用比例税率20%，每次收入不超过4000元的，减除费用800元，4000元以上的，减除20%的费用，其余额为应纳税所得额。财产租赁所得，以一个月内取得的收入为一次。

财产租赁所得实行个人所得税全员全额扣缴申报制度。扣缴义务人支付财产租赁所得时，应当依法按次或者按月代扣代缴税款。

确认财产租赁所得的纳税义务人，应以产权凭证为依据。无产权凭证的，由主管税务机关根据实际情况确定纳税义务人。产权所有人死亡，在未办理产权继承手续期间，该财产出租而有租金收入的，以领取租金的个人为纳税义务人。

居民个人源于中国境外的财产租赁所得，不与境内所得合并，应当分别单独计算应纳税额。境外财产租赁所得是指将财产出租给承租人在中国境外使用而取得的所得。居民个人在一个纳税年度内源于中国境外的所得，依照所得来源国家（地区）税收法律规定在中国境外已缴纳的所得税税额允许在抵免限额内从其该纳税年度应纳税额中抵免。抵免限额的确定详见第二章第六节“境外已纳税额抵免”。

第二节　财产租赁所得应纳税额计算

一、计算步骤

（一）计算应纳税所得额

应纳税所得额＝收入－免税收入－允许扣除的税费－减除费用－准予扣除的捐赠额

收入为扣除转租支付租金后的余额；允许扣除的税费是指财产租赁过程中缴纳的税费及修缮费用；减除费用是指每次收入额的20%的费用，最低为800元。

（二）计算应纳税额

应纳税额＝应纳税所得额×20%

（三）计算应扣缴税额

应扣缴税额＝应纳税额－减免税额

(四)计算本次应补缴或应退税额

应补(退)税额 = 应扣缴税额 - 已缴税额
计算结果为负则为应退税额。

二、财产租赁所得的扣除项目

根据国家税务总局《关于个人所得税若干业务问题的批复》(国税函〔2002〕146号),有关财产租赁所得、个人所得税前扣除税费的扣除次序如下。

(一)财产租赁过程中缴纳的税费

纳税义务人在出租财产过程中缴纳的税金和国家能源交通重点建设基金、国家预算调节基金、教育费附加,可持完税(缴款)凭证,从其财产租赁收入中扣除。

根据《关于营改增后契税 房产税 土地增值税 个人所得税计税依据问题的通知》(财税〔2016〕43号),个人出租房屋的个人所得税应税收入不含增值税,计算房屋出租所得可扣除的税费不包括本次出租缴纳的增值税。在计征上述税收时,税务机关核定的计税价格或收入不含增值税。

(二)向出租方支付的租金

个人转租房屋的,其向房屋出租方支付的租金及增值税额,在计算转租所得时予以扣除。取得转租收入的个人向房屋出租方支付的租金,凭房屋租赁合同和合法支付凭据允许在计算个人所得税时,从该项转租收入中扣除。

个人转租滩涂使用权取得的收入,其每年实际上交村委会的承包费可以在税前扣除。

(三)由纳税人负担的租赁财产实际开支的修缮费用

纳税义务人出租财产取得财产租赁收入,在计算征税时,除可依法减除规定费用和有关税、费外,还准予扣除能够提供有效、准确凭证,证明由纳税义务人负担的该出租财产实际开支的修缮费用。允许扣除的修缮费用,以每次800元为限,一次扣除不完的,准予在下一次继续扣除,直至扣完为止。

(四)税法规定的费用扣除标准

税法规定的费用扣除标准是指按标准计算的减除费用,即每次收入不超过4000元的,减除费用800元;4000元以上的,减除20%的费用。

此外,居民个人发生的公益捐赠支出可以按规定在财产租赁所得中扣除。在当期一个所得项目中扣除不完的公益捐赠支出,可以按规定在其他所得项目中继续扣除。

三、个人房屋出租所得

个人房屋出租所得,是指个人将自有或者租入房屋出租给承租人,并取得租金收入或者其他经济利益的所得。将租入房屋再出租即为转租,个人将承租房屋转租取得的租金收入,属于个人所得税应税所得,应按“财产租赁所得”项目计算缴纳个人所得税。其中比较特殊的包括以下几种。

(一)商铺售后回租所得

根据国家税务总局《关于个人与房地产开发企业签订有条件优惠价格协议购买商店征收个人所得税问题的批复》(国税函〔2008〕576号),房地产开发企业与商店购买者个人签订协议规定,房地产开发企业按优惠价格出售其开发的商店给购买者个人,但购买者个人在一定期限内必须将购买的商店无偿提供给房地产开发企业对外出租使用。其实质是购买者个人以所购商店交由房地产开发企业出租而取得的房屋租赁收入支付了部分购房价款。

根据个人所得税法的有关规定精神,对上述情形的购买者个人少支出的购房价款,应视同个人财产租赁所得,按照“财产租赁所得”项目征收个人所得税。每次财产租赁所得的收入额,按照少支出的购房价款和协议规定的租赁月份数平均计算确定。

(二)酒店产权式租赁所得

根据国家税务总局《关于酒店产权式经营业主税收问题的批复》(国税函〔2006〕478号),酒店产权式经营业主在约定的时间内提供房产使用权与酒店进行合作经营,如房产产权并未归属新的经济实体,则酒店产权式经营业主按照约定取得的固定收入和分红收入均应视为租金收入,按照“财产租赁所得”项目征收个人所得税。

四、其他财产租赁所得

其他财产租赁所得，是指个人出租除房屋以外的资产，如机器设备、车船以及其他财产取得的所得。

根据国家税务总局《关于转租浅海滩涂使用权收入征收个人所得税问题的批复》（国税函〔2002〕1158 号），个人转租滩涂使用权取得的收入，应按照“财产租赁所得”应税项目征收个人所得税，其每年实际上交村委会的承包费可以在税前扣除；同时，个人一并转让原海滩的设施和剩余财产的所得应按照“财产转让所得”应税项目征收个人所得税。

第三节　减免税优惠

一、个人出租住房所得

根据《关于调整住房租赁市场税收政策的通知》（财税〔2000〕125 号），自 2001 年 1 月 1 日起，对个人出租住房取得的所得暂减按 10% 的税率征收个人所得税。

二、廉租住房货币补贴及公租房住房租赁补贴

根据财政部、国家税务总局《关于廉租住房经济适用住房和住房租赁有关税收政策的通知》（财税〔2008〕24 号），对个人按《廉租住房保障办法》（建设部等 9 部委令第 162 号）规定取得的廉租住房货币补贴，免征个人所得税；对于所在单位以廉租住房名义发放的不符合规定的补贴，应征收个人所得税。

根据住房城乡建设部、财政部、国家发展改革委《关于公共租赁住房和廉租住房并轨运行的通知》（建保〔2013〕178 号）规定，从 2014 年起，各地廉租住房（含购改租等方式筹集）建设计划调整并入公共租赁住房年度建设计划。2014 年以前年度已列入廉租住房年度建设计划的在建项目可继续建设，建成后统一纳入公共租赁住房管理。也就是说，廉租住房改为公共租赁住房，相关税收政策也随之改变。

2014 年 8 月 15 日，财政部、国家税务总局发布《关于促进公共租赁住房发展有关税收优惠政策的通知》（财税〔2014〕52 号，2020 年 1 月 23 日废止）规定，2014 年

以前年度已列入廉租住房年度建设计划的在建项目，自本通知印发之日起，统一按本通知规定的税收优惠政策执行，财政部、国家税务总局《关于廉租住房、经济适用住房和住房租赁有关税收政策的通知》(财税〔2008〕24号)中有关廉租住房税收政策的规定自本通知印发之日起同时废止。2013年9月28日以后已征的应予减免的税款，在纳税人以后应缴的相应税款中抵减或者予以退还。

根据《关于促进公共租赁住房发展有关税收优惠政策的通知》(财税〔2014〕52号)，2013年9月28日至2015年12月31日，对符合地方政府规定条件的低收入住房保障家庭从地方政府领取的住房租赁补贴，免征个人所得税。

根据《关于公共租赁住房税收优惠政策的通知》(财税〔2015〕139号)、《关于公共租赁住房税收优惠政策的公告》(财政部、国家税务总局公告2019年第61号)、《关于延长部分税收优惠政策执行期限的公告》(财政部、国家税务总局公告2021年第6号)，2016年1月1日至2023年12月31日，对符合地方政府规定条件的城镇住房保障家庭从地方政府领取的住房租赁补贴，免征个人所得税。

三、廉租住房及公共租赁住房捐赠扣除

根据财政部、国家税务总局《关于廉租住房经济适用住房和住房租赁有关税收政策的通知》(财税〔2008〕24号)，个人捐赠住房作为廉租住房的，捐赠额未超过其申报的应纳税所得额30%的部分，准予从其应纳税所得额中扣除。

2013年9月28日至2023年12月31日，个人捐赠住房作为公共租赁住房，符合税收法律法规规定的，对其公益性捐赠支出未超过其申报的应纳税所得额30%的部分，准予从其应纳税所得额中扣除。其政策依据包括财政部、国家税务总局《关于促进公共租赁住房发展有关税收优惠政策的通知》(财税〔2014〕52号)，财政部、国家税务总局《关于公共租赁住房税收优惠政策的通知》(财税〔2015〕139号)，财政部、国家税务总局《关于公共租赁住房税收优惠政策的公告》(财政部、国家税务总局公告2019年第61号)，财政部、国家税务总局《关于延长部分税收优惠政策执行期限的公告》(财政部、国家税务总局公告2021年第6号)。

根据以上文件的规定，有关廉租住房和公共租赁住房的税收政策并没有太大变化，只是政策依据不同，其中：2013年9月28日以前按财政部、国家税务总局《关于廉租住房、经济适用住房和住房租赁有关税收政策的通知》执行；2013年9月28日至2015年12月31日按财政部、国家税务总局《关于促进公共租赁住房发展有关税收优惠政策的通知》执行；2016年1月1日至2018年12月31日按财政部、国家税

务总局《关于公共租赁住房税收优惠政策的通知》(财税〔2015〕139 号)执行;2019 年 1 月 1 日至 2020 年 12 月 31 日,按财政部、国家税务总局《关于公共租赁住房税收优惠政策的公告》(财政部、国家税务总局公告 2019 年第 61 号)执行,根据财政部、国家税务总局《关于延长部分税收优惠政策执行期限的公告》,以上政策执行期限延长至 2023 年 12 月 31 日。除个人所得税的优惠政策外,以上文件还规定了廉租房和公租房相关的营业税、房产税、城镇土地使用税、土地增值税、印花税、契税、增值税、企业所得税优惠政策。

第四节　出租房屋的税收征管

现行税收法律法规对出租房屋的行为,根据不同情况分别征收增值税及城市维护建设税与教育费附加、房产税或城市房地产税、个人所得税或企业所得税、印花税。为加强出租房屋税收征收管理,国家税务总局制定发布了《关于加强出租房屋税收征管的通知》(国税发〔2005〕159 号)。主要内容包括:

(1)规范出租房屋的税收征管。

(2)动态监控出租房屋的税源。通过对租赁双方的典型调查、专项检查和日常动态监控等方式,将从各种渠道获得的信息与税务机关掌握的信息进行比对,分析、查找管理的薄弱环节,切实加强对税源的监控。

(3)构建出租房屋税收征管的部门协作机制。加强与外来人口管理、乡镇政府、街道办事处、居(家)委会、房地产管理等部门的协作配合。

(4)进一步优化纳税服务。开展税法宣传,做好税收政策的解释工作,简化纳税人的缴税手续。

(5)合理确定出租房屋的应纳税额。对纳税人不申报或者不如实申报租金收入的,应按照《税收征管法》及其实施细则的有关规定实行核定征收。为合理确定出租房屋的应纳税额,各地可采取典型调查等方式,并参考房地产管理部门的有关资料,分区域确定房屋出租的计税租金标准并适时予以调整。对房屋出租人不申报租金收入或申报的租金收入低于计税租金标准又无正当理由的,可按计税租金标准计算征税。

第五节　财产租赁所得的核定征收

部分地区对财产租赁所得采取核定征收的方式，实际计算时，可向当地税务机关咨询具体的核定征收方式。部分地区规定如下：

国家税务总局河北省税务局公告2019年第6号《关于个人出租住房个人所得税征收管理有关事项的公告》也规定，个人出租（转租）住房不能提供合法、准确的成本费用凭证，不能准确计算房屋租赁成本费用的，在租金收入的5%～10%的幅度内核定应纳税所得额。具体适用比例由市税务机关确定。个人采取一次性收取租金形式取得的出租（转租）住房租金收入，凭合法、有效租赁合同（协议），可在对应的租赁期内按月平均分摊。

国家税务总局云南省税务局公告2021年第1号《关于个人出租房屋个人所得税征收管理有关事项的公告》就规定，纳税人出租（转租）房屋不能提供合法、准确的成本费用凭证，不能准确计算房屋租赁成本费用的，按租金收入的5%核定应纳税所得额。个人采取一次性收取租金形式取得的出租（转租）房屋租金收入，凭合法、有效租赁合同（协议），可在对应的租赁期内按月平均分摊。

国家税务总局黑龙江省税务局《关于个人出租房屋个人所得税征收管理的公告》规定，纳税人不能提供合法、准确的成本费用凭证，不能准确计算房屋租赁成本费用的，按租金收入的5%核定应纳税所得额。个人采取一次性收取租金形式取得的出租房屋租金收入，可在对应的租赁期内按月平均分摊。

第六节　应纳税计算举例

计算举例20

2020年10月甲与A地产公司签订房地产买卖合同和租赁合同，约定按优惠价100万元（不含增值税，下同）购买商铺，该商铺原价130万元，在未来5年内，该商铺归A公司统一出租，收益归开发商。11月甲收到当月出租住房的租金8000元。个人出租商铺的增值税征收率为5%，房产税12%；个人出租住房增值税减按1.5%计算应纳税额,房产税4%,不考虑其他税费。

根据规定,甲少支出的商铺价款30万元应视同个人财产租赁所得,按照“财产租赁所得”项目征收个人所得税。每次财产租赁所得的收入额,按照少支出的购房价款和协议规定的租赁月份数平均计算确定。

1. 商铺租金收入应纳个人所得税计算:

每月租金 $=300000\div(5\times12)=5000$ 元

每月租金收入 $=5000\div(1+5\%)=4762$ 元

每月应纳税所得额 $=4762\times(1-12\%)\times(1-20\%)=3352$ 元

每月应纳税额/应扣缴税额 $=3352\times20\%=670.4$ 元

2. 住房租金收入应纳个人所得税计算:

每月租金收入 $=8000\div(1+1.5\%)=7882$ 元

每月应纳税所得额 $=7882\times(1-4\%)\times(1-20\%)=6053$ 元

每月应纳税额 $=6053\times20\%=1210.6$ 元

每月减免税额 $=6053\times10\%=605.3$ 元

每月应扣缴税额 $=1210.6-605.3=605.3$ 元

第七节　行政处罚及裁判案例精选

案例15

王某与江苏LS连锁食品有限公司房屋租赁合同纠纷案

审理法院:江苏省南京市鼓楼区人民法院

案号:(2020)苏0106民初4718号

裁判日期:2020年10月9日

原告(反诉被告)王某诉讼请求:(1)判令被告(反诉原告)江苏LS连锁食品有限公司(以下简称LS公司)支付王某因开具2015年8月1日至2019年7月31日的房屋租赁发票支付的税费73,744.92元,并按年利率24%支付逾期付款违约金(从2020年6月5日起至实际支付之日止);(2)请求法院判令LS公司支付王某已支付的律师费用10,000元。

基本事实:2008年11月3日,南京湖南路山西路地区管理委员会(系鼓楼区商业网点办公室的上级单位)将涉案商铺租给南京WD广告传媒实业有限公司,租赁期限15年,自2008年11月10日至2023年11月9日。2012年7月1日,南京WD广告传媒实业有限公司将涉案商铺租给王某,租赁期限自2012年8月1日至2023年11月9日。租金按季支付,年租金为4788×4=19152元。

2014年8月6日,王某(甲方)将案涉商铺租给LS公司(乙方),租赁期限自2014年8月1日至2015年7月31日,年租金80,000元,租房保证金5000元。2015年7月13日,王某又将案涉商铺租给LS公司,合同约定租赁期限为2015年8月1日至2016年7月31日。净年租金为88,000元,按年支付。租金为甲方净得价,房屋租赁发票由乙方自行到相关部门开具,所需缴纳的房产税、营业税、个人所得税等税费均由乙方承担。由此产生的争议由乙方自行解决,如甲方由此遭受损失,有权向乙方追偿。如需甲方配合开具发票,乙方需提前将开具租赁费发票所需缴纳的各项税费支付给甲方,甲方收到款项后三个工作日内将发票开具并交付乙方。乙方违反本合同约定而产生的违约金、损害赔偿金和其他费用,乙方须在接到甲方付款通知后10日内支付,逾期不支付的,甲方有权每日按照应支付款项的0.5%计收滞纳金。如守约方采取诉讼或其他方式向违约方主张权利的,由此发生的一切费用均由违约方承担,包括但不限于诉讼费、保全费、律师费、评估费等。合同签订后,LS公司支付了租金88,000元,并继续使用案涉房屋。

2016年7月至2018年8月,王某与LS公司先后三次续订房屋租赁合同,租赁期限为2016年8月1日至2019年7月31日,净年租金分别为100,000元、120,000元、150,000元,其他内容与上年的类似。其中2017年、2018年签订的合同还约定:乙方逾期支付租金及其他费用(包括但不限于水电费、物业费、开具发票的税金)的,应自逾期之日起,每逾期一日按照应付总额的1.5‰的标准向甲方支付违约金。乙方违反本合同约定而产生的违约金、损害赔偿金和其他费用,乙方须在接到甲方付款通知后10日内支付,逾期不支付的,甲方有权每日按照应支付款项的0.5%计收滞纳金。合同续订后,LS公司支付了租金并继续使用案涉房屋。2019年因涉嫌违建,LS公司通过短信告知王某不再续租,要求王某退还保证金。

2019年7月3日,国家税务总局南京市鼓楼区税务局开具四张发票及相应的税收完税证明。其中:

(1)2015年8月1日至2016年7月31日,房租88,000元,财产租赁所得个人所得税11,015.68元,增值税2282.82元+2649.12元+349.21元,税金合计16,296.83元。

(2)2016年8月1日至2017年7月31日,房租100,000元,财产租赁所得个人所得税12,935.68元,增值税396.83元+2649.12元+4395.6元,税金合计20,377.23元。

(3)2017年8月1日至2018年7月31日,房租120,000元,财产租赁所得个人所得税16,135.68元。

(4)2018年8月1日至2019年7月31日,房租150,000元,财产租赁所得个人所得税20,935.68元。

王某陈述,个人所得税=(本次发票总金额-上手发票总金额)×(1-20%)×20%。

法院认为:王某与LS公司之间签订的四份房屋租赁合同均系双方真实意思表示,不违反法律、行政法规的强制性规定,合法有效,双方当事人应按照合同约定全面履行各自的义务。本案中,2015年、2016年双方签订的房屋租赁合同约定,租金为净得价,房屋租赁发票由LS公司自行到相关部门开具,所需缴纳的房产税、营业税、个人所得税等税费均由LS公司承担。由此产生的争议由LS公司自行解决,如王某由此遭受损失,有权向LS公司追偿。2017年、2018年双方签订的房屋租赁合同约定,租金为净得价,房屋租赁发票由王某开具,王某将发票开出后,通知LS公司支付税金,LS公司应在通知要求的时间内向王某按照税金金额支付相应的款项。现王某将上述租赁期限的发票开具后,要求LS公司负担税费,具有法律和合同依据,LS公司应将相应的增值税、个人所得税的税费支付给王某。

《个人所得税法》第2条规定,财产租赁所得应当缴纳个人所得税;第3条规定,财产租赁所得个人所得税税率为20%;第6条第1款第4项规定,财产租赁所得,每次收入不超过4000元的,减除费用800元;4000元以上的,减除20%的费用,其余额为应纳税所得额。针对王某主张的个人所得税11,015.68元(2015年8月1日至2016年7月31日)、12,935.68元(2016年8月1日至2017年7月31日)、16,135.68元(2017年8月1日至2018年7月31日)、20,935.68元(2018年8月1日至2019年7月31日),王某提供了税务部门出具的完税证明,且王某提供的上述金额计算方法与《个人所得税法》第2条、第3条、第6条第1款第4项的规定一致,故上述金额应为王某缴纳的上述四个年度租金的个人所得税。LS公司主张租金应按纳税年度在当年缴纳,与《个人所得税法》第12条财产租赁所得"按月或者按次计算个人所得税"的规定不一致,故LS公司的该项主张,缺乏法律依据,法院不予支持。王某主张的增值税12,722.7元,LS公司不持异议,法院亦予以确认。

王某并未提供证据证明上述四年的租赁发票开具后,何时通知LS公司支付上述款项。王某2020年6月5日提起本诉,LS公司于2020年7月2日前收到起诉状,应视为7月2日王某通知LS公司支付税金。依据双方合同的约定,LS公司应当自2020年7月13日起支付上述税金的违约金。现王某主张按年利率24%计算,不违反合同约定,法院予以支持。抵扣保证金后LS公司还应支付税金68,744.92元。

法院判决:LS公司于本判决生效之日起7日内支付王某税费68,744.92元及违约金(以68,744.92元为基数,自2020年7月13日按年利率24%计算至实际支付之日),并于判决生效之日起7日内支付王某律师费10,000元。

案例评析:

该案是一起比较典型的转租房屋且由承租方承担租赁税费的租赁税款民事纠纷。应该看到,双方的租房合同对税款的约定还是很全面的,不但约定了税费由承租方负担,还对此约定了违约金,甚至连违约金的滞纳金都约定了。这很明显属于卖方合同,对卖方的保护力度较大。合同约定的违约金是每天1.5‰,折合年利率是55%,过于高了。因此原告起诉时主动降到年利率24%,得到了支持。从2015年8月至2019年7月,4年的税金到2019年7月才去税务机关缴纳,按规定是可能产生滞纳金的,但判决书中未提到。原告缴纳了税费后也未正式通知被告支付,因此至诉讼时才计算违约金。

LS公司主张租金应按纳税年度在当年缴纳,应是符合税法规定的。而法院却认为与《个人所得税法》第12条财产租赁所得"按月或者按次计算个人所得税"的规定不一致,这个算是理解上的偏差。但是合同约定的涉案前两年发票是由LS公司自行开具且承担税费的,如果后来开票产生滞纳金LS公司还得承担责任;后两年虽约定由出租方开票但税金还是由LS公司承担的,该公司也未就此催告出租方。因此LS公司的此项抗辩虽有道理却对诉讼无帮助。

从本案可以看出,交易合同中全面约定税收条款还是很重要的,交易双方或多方都应事先测算可能产生的税费,并约定由谁承担,避免造成不必要的损失和纠纷。一般情况下,未约定税费的即视为按税法规定各自承担应缴纳的税费,但是对于开具发票的事,如果没有约定清楚也很容易产生争议,即使起诉,法院很多时候也不会专门审理税费和发票的事,还是会按合同约定进行裁判。

第七章 财产转让所得个人所得税

本章思维导图

- 财产转让所得个人所得税
  - 第一节 财产转让所得概述
  - 第二节 财产转让所得应纳税额计算
    - 一、计算应纳税所得额
    - 二、计算应纳税额
    - 三、计算应扣缴税额
    - 四、计算本次应补缴或应退税额
  - 第三节 股权转让所得
    - 一、股权转让的基本概念
    - 二、股权转让的情形
    - 三、股权转让收入的确认
      - （一）可以核定股权转让收入的情形
      - （二）核定股权转让收入的方法
      - （三）股权转让过程中取得违约金收入
      - （四）收回已经转让的股权
    - 四、股权原值的确认
    - 五、股权转让行为发生的时点
    - 六、原股东承债式股权转让
    - 七、个人以股权参与上市公司定向增发
    - 八、科技成果转化股权转让
    - 九、个人终止投资经营收回款项
    - 十、股权转让的征收管理
  - 第四节 股票、限售股、股权激励转让所得
    - 一、股票转让所得
      - （一）上市公司股票转让所得
      - （二）沪港通、深港通股票转让所得
      - （三）新三板股票转让所得
    - 二、限售股转让所得
      - （一）关于限售股的概念
      - （二）限售股范围
      - （三）限售股转让形式
      - （四）应纳税额的计算
      - （五）转让收入的确定
      - （六）转让成本的确定
      - （七）证券技术和制度准备完成前限售股应扣缴税款的计算和预扣清算办法
      - （八）关于证券机构技术和制度准备完成后应缴税款计算和扣缴办法
      - （九）限售股转让的征收管理
    - 三、股权激励转让所得

- 第五节 房屋转让所得
  - 一、个人转让房屋所得概述
  - 二、相关政策依据
  - 三、受赠人转让受赠房屋的应纳税所得额
  - 四、个人出售自有住房的应纳税所得额
  - 五、转让自用5年以上的家庭唯一生活用房
  - 六、个人转让离婚析产房屋
  - 七、个人购买房屋的时间确定
  - 八、个人取得房屋拍卖收入
  - 九、核定征税的情形
  - 十、房屋交易最低计税价格管理
  - 十一、个人无偿赠与或受赠不动产的免税管理
    - （一）办理免税提交材料
    - （二）后续管理
  - 十二、其他征收管理规定
- 第六节 拍卖所得
  - 一、应纳税所得额的确定
  - 二、不能提供合法、完整、准确的财产原值凭证的税款征收
  - 三、不能提供有关税费凭证的税款征收
  - 四、扣缴管理
- 第七节 非货币性资产投资的个人所得税
  - 一、分期缴税政策
  - 二、应纳税所得额的确定
  - 三、早期的非货币性资产对外投资的征税规定
  - 四、征收管理
- 第八节 网络虚拟货币转让收入
- 第九节 不良资产处置及债权/债券转让所得
  - 一、不良资产处置个人所得税分析
  - 二、个人购买和处置债权取得的所得
  - 三、个人转让债券原值的确定
- 第十节 强制执行及司法拍卖的税收问题
  - 一、关于法院强制执行的税收问题
  - 二、关于司法拍卖中的税费问题
- 第十一节 行政处罚及裁判案例精选

第一节　财产转让所得概述

财产转让所得，是指个人转让有价证券、股权、合伙企业中的财产份额、不动产，机器设备、车船及其他财产取得的所得。

财产转让所得适用比例税率20%，按照一次转让财产的收入额减除财产原值和合理费用后的余额计算纳税。

财产转让所得实行个人所得税全员全额扣缴申报制度。扣缴义务人支付财产转让所得时，应当依法按次代扣代缴税款。

居民个人源于中国境外的财产转让所得,不与境内所得合并,应当分别单独计算应纳税额。境外财产转让所得是指转让中国境外的不动产,转让对中国境外企业及其他组织投资形成的股票、股权以及其他权益性资产(以下统称权益性资产)或者在中国境外转让其他财产取得的所得。但转让对中国境外企业以及其他组织投资形成的权益性资产,该权益性资产被转让前三年(连续36个公历月份)内的任一时间,被投资企业或其他组织的资产公允价值50%以上直接或间接来自位于中国境内的不动产的,取得的所得为源于中国境内的所得。

居民个人在一个纳税年度内源于中国境外的所得,依照所得来源国家(地区)税收法律规定在中国境外已缴纳的所得税税额允许在抵免限额内从其该纳税年度应纳税额中抵免。抵免限额的确定详见第二章第六节“境外已纳税额抵免”。

财产转让所得根据征税方式的不同,可分为股权转让所得、财产拍卖所得及回流文物拍卖所得、其他财产转让所得三类。

需要注意的是,房屋买受人在未办理房屋产权证的情况下,按照与房地产公司约定的条件(如对房屋的占有、使用、收益和处分权进行限制)在一定时期后无条件退房而取得的补偿款,应按照“利息、股息、红利所得”项目缴纳个人所得税。

第二节 财产转让所得应纳税额计算

一、计算应纳税所得额

应纳税所得额 = 收入 - 免税收入 - 财产原值 - 允许扣除的税费 - 投资抵扣 - 其他扣除项目 - 准予扣除的捐赠额

其中,投资抵扣是指根据国家有关规定,天使投资人股权转让可抵扣部分应纳税所得额,抵扣限额为投资额的70%。允许扣除的税费包括转让财产时产生的税费,以及拍卖财产时纳税人按照规定实际支付的拍卖费(佣金)、鉴定费、评估费、图录费、证书费等费用。

财产原值按照下列方法确定:(1)有价证券,为买入价以及买入时按照规定交纳的有关费用;(2)建筑物,为建造费或者购进价格以及其他有关费用;(3)土地使用权,为取得土地使用权时所支付的金额、开发土地的费用以及其他有关费用;(4)机器设备、车船,为购进价格、运输费、安装费以及其他有关费用。其他财产,参照前述规定的方法确定财产原值。纳税人未提供完整、准确的财产原值凭证，不能按照前述规定的方法确定财产原值的，由主管税务机关核定财产原值。

二、计算应纳税额

应纳税额 = 应纳税所得额 ×20%

对于财产拍卖所得和回流文物拍卖所得，不能提供财产原值凭证的，则直接以收入（扣除免税收入）乘以3%的税率（海外回流文物按2%）计算应纳税额。计算公式为：

财产拍卖所得和回流文物拍卖所得应纳税额 =（收入 − 免税收入）×3%（或2%）

三、计算应扣缴税额

应扣缴税额 = 应纳税额 − 减免税额

四、计算本次应补缴或应退税额

应补（退）税额 = 应扣缴税额 − 已缴税额

计算结果为负则为应退税额。

第三节　股权转让所得

一、股权转让的基本概念

我国关于股权转让的现行规范文件主要为《股权转让所得个人所得税管理办法（试行）》，自2015年1月1日起施行。其中对股权转让的基本概念进行了规定。

股权是指自然人股东投资于在中国境内成立的企业或组织的股权或股份。被投资企业不包括个人独资企业和合伙企业。股权转让是指自然人股东将股权转让给其他自然人股东或法人的行为，不包括自然人股东在上海证券交易所、深圳证券交易所转让从上市公司公开发行和转让市场取得的上市公司股票，转让限售股，以及其他有特别规定的股权转让。自然人股东转让股权，以股权转让收入减除股权原值和合理费用后的余额为应纳税所得额，按“财产转让所得”缴纳个人所得税。合理费用是指股权转让时按照规定支付的有关税费。

转让的股权以人民币以外的货币结算的，按照结算当日人民币汇率中间价，折算成人民币计算应纳税所得额。自然人股东股权转让所得个人所得税,以股权转让方为纳税人,以受让方为扣缴义务人。受让方无论是企业还是自然人股东,均应按个人所得税法规定履行扣缴税款义务。

二、股权转让的情形

股权转让主要包括以下几种情形:(1)出售股权;(2)公司回购股权;(3)发行人首次公开发行新股时,被投资企业股东将其持有的股份以公开发行方式一并向投资者发售;(4)股权被司法或行政机关强制过户;(5)以股权对外投资或进行其他非货币性交易;(6)以股权抵偿债务;(7)其他股权转移行为。

以上七种情形,股权已经发生了实质上的转移,而且转让方也相应获取了报酬或免除了责任,因此都应当属于股权转让行为,个人取得所得应按规定缴纳个人所得税。

三、股权转让收入的确认

根据《股权转让所得个人所得税管理办法(试行)》,股权转让收入,是指转让方因股权转让而获得的现金、实物、有价证券和其他形式的经济利益。转让方取得与股权转让相关的各种款项,包括违约金、补偿金以及其他名目的款项、资产、权益等,均应当并入股权转让收入。纳税人按照合同约定,在满足约定条件后取得的后续收入,应当作为股权转让收入。

股权转让收入应当按照公平交易原则确定。也就是说纳税人转让股权,应当获得与之相匹配的回报,无论回报是何种形式或名义,都应作为股权转让收入的组成部分。如果不符合公平交易原则,且无正当理由的,则税务机关可核定股权转让收入。

(一)可以核定股权转让收入的情形

1. 符合下列情形之一的,主管税务机关可以核定股权转让收入:

(1)申报的股权转让收入明显偏低且无正当理由的;

(2)未按照规定期限办理纳税申报,经税务机关责令限期申报,逾期仍不申报的;

(3)转让方无法提供或拒不提供股权转让收入的有关资料;

(4)其他应核定股权转让收入的情形。

2. 符合下列情形之一,视为股权转让收入明显偏低:

(1)申报的股权转让收入低于股权对应的净资产份额的。其中,被投资企业拥有土地使用权、房屋、房地产企业未销售房产、知识产权、探矿权、采矿权、股权等资产的，申报的股权转让收入低于股权对应的净资产公允价值份额的。

（2）申报的股权转让收入低于初始投资成本或低于取得该股权所支付的价款及相关税费的。

（3）申报的股权转让收入低于相同或类似条件下同一企业同一股东或其他股东股权转让收入的。

（4）申报的股权转让收入低于相同或类似条件下同类行业的企业股权转让收入的。

（5）不具合理性的无偿让渡股权或股份。

（6）主管税务机关认定的其他情形。

3.符合下列条件之一的股权转让收入明显偏低，视为有正当理由：

（1）能出具有效文件，证明被投资企业因国家政策调整，生产经营受到重大影响，导致低价转让股权；

（2）继承或将股权转让给其能提供具有法律效力身份关系证明的配偶、父母、子女、祖父母、外祖父母、孙子女、外孙子女、兄弟姐妹，以及对转让人承担直接抚养或者赡养义务的抚养人或者赡养人（三代以内直系亲属间转让）；

（3）相关法律、政府文件或企业章程规定，并有相关资料充分证明转让价格合理且真实的本企业员工持有的不能对外转让股权的内部转让；

（4）股权转让双方能够提供有效证据证明其合理性的其他合理情形。

（二）核定股权转让收入的方法

主管税务机关应依次按照下列方法核定股权转让收入：

（1）净资产核定法，股权转让收入按照每股净资产或股权对应的净资产份额核定。

净资产主要依据被投资企业会计报表计算确定。对于土地使用权、房屋、房地产企业未销售房产、知识产权、探矿权、采矿权、股权等资产占比超过20%的企业，其以上资产需要按照评估后的市场价格确定。评估有关资产时，由纳税人选择有资质的中介机构，同时，为了减少纳税人资产评估方面的支出，对6个月内多次发生股权转让的情况，给予了简化处理，对净资产未发生重大变动的，可参照上一次的评估情况。

（2）类比法

①参照相同或类似条件下同一企业同一股东或其他股东股权转让收入核定；

②参照相同或类似条件下同类行业企业股权转让收入核定。

(3)其他合理方法,主管税务机关采用以上方法核定股权转让收入存在困难的,可以采取其他合理方法核定。

被投资企业账证健全或能够对资产进行评估核算的,应当采用净资产核定法进行核定。被投资企业净资产难以核实的,如其股东存在其他符合公平交易原则的股权转让或类似情况的股权转让,主管税务机关可以采用类比法核定股权转让收入。以上方法都无法适用的,可采用其他合理方法。

(三)股权转让过程中取得违约金收入

根据国家税务总局《关于个人股权转让过程中取得违约金收入征收个人所得税问题的批复》(国税函〔2006〕866 号),股权成功转让后,转让方个人因受让方个人未按规定期限支付价款而取得的违约金收入,属于因财产转让而产生的收入。转让方个人取得的该违约金应并入财产转让收入,按照"财产转让所得"项目计算缴纳个人所得税,税款由取得所得的转让方个人向主管税务机关自行申报缴纳。

(四)收回已经转让的股权

根据国家税务总局《关于纳税人收回转让的股权征收个人所得税问题的批复》(国税函〔2005〕130 号),股权转让合同履行完毕、股权已作变更登记,且所得已经实现的,转让人取得的股权转让收入应当依法缴纳个人所得税。转让行为结束后,当事人双方签订并执行解除原股权转让合同、退回股权的协议,是另一次股权转让行为,对前次转让行为征收的个人所得税款不予退回。

股权转让合同未履行完毕,因执行仲裁委员会作出的解除股权转让合同及补充协议的裁决,停止执行原股权转让合同,并原价收回已转让股权的,由于其股权转让行为尚未完成、收入未完全实现,随着股权转让关系的解除,股权收益不复存在,根据个人所得税法和征管法的有关规定,以及从行政行为合理性原则出发,纳税人不应缴纳个人所得税。

四、股权原值的确认

根据《股权转让所得个人所得税管理办法(试行)》,个人转让股权的原值依照以下方法确认:(1)以现金出资方式取得的股权,按照实际支付的价款与取得股权直接相关的合理税费之和确认股权原值;(2)以非货币性资产出资方式取得的股权,按照税务机关认可或核定的投资入股时非货币性资产价格与取得股权直接相关的合理税费之和确认股权原值;(3)通过无偿让渡方式取得股权,具备前述符合规定条件的"股权转让收入明显偏低,视为有正当理由"的第二项所列情形的(继承和亲属或抚养赡养人之间的转让),按取得股权发生的合理税费与原持有人的股权原值之和确认股权原值;(4)被投资企业以资本公积、盈余公积、未分配利润转增股本,个人股东已依法缴纳个人所得税的,以转增额和相关税费之和确认其新转增股本的股权原值;(5)除以上情形外,由主管税务机关按照避免重复征收个人所得税的原则合理确认股权原值。

个人转让股权未提供完整、准确的股权原值凭证,不能正确计算股权原值的,由主管税务机关核定其股权原值。股权转让人已被主管税务机关核定股权转让收入并依法征收个人所得税的,该股权受让人的股权原值以取得股权时发生的合理税费与股权转让人被主管税务机关核定的股权转让收入之和确认。对个人多次取得同一被投资企业股权的,转让部分股权时,采用"加权平均法"确定其股权原值。

《股权转让所得个人所得税管理办法(试行)》自 2015 年 1 月 1 日起施行,在这之前股权转让实行的是国家税务总局《关于加强股权转让所得征收个人所得税管理的通知》(国税函〔2009〕285 号,已废止)、《关于股权转让所得个人所得税计税依据核定问题的公告》(国家税务总局公告 2010 年第 27 号,已废止)、《关于个人股权转让过程中取得违约金收入征收个人所得税问题的批复》(国税函〔2006〕866 号),同时也适用《关于个人终止投资经营收回款项征收个人所得税问题的公告》(国家税务总局公告 2011 年第 41 号)。

五、股权转让行为发生的时点

股权转让的纳税时间为股权转让行为发生后的次月 15 日内。股权转让行为发生时点主要包括六种情形:(1)受让方已支付或部分支付股权转让价款的;(2)股权转让协议已签订生效的;(3)受让方已经实际履行股东职责或者享受股东权益的;(4)国家有关部门判决、登记或公告生效的;(5)股权被司法或行政机关强制过户、以股权对外投资或进行其他非货币性交易、以股权抵偿债务及其他股权转移行为完成的;(6)税务机关认定的其他有证据表明股权已发生转移的情形。

也就是说,在上述情形发生之时,转让方即产生纳税义务,受让方应代扣代缴个人所得税。

六、原股东承债式股权转让

国家税务总局《关于股权转让收入征收个人所得税问题的批复》(国税函

〔2007〕244 号）规定：原全体股东通过签订股权转让协议，以转让公司全部资产方式将股权转让给新股东的，协议约定时间以前的债权债务由原股东负责，协议约定时间以后的债权债务由新股东负责。根据《个人所得税法》及其实施条例的规定，原股东取得股权转让所得，应按“财产转让所得”项目征收个人所得税。

原股东应纳税所得额的计算：

（1）对于原股东取得转让收入后，根据持股比例先清收债权、归还债务后，再对每个股东进行分配的，应纳税所得额的计算公式为：

应纳税所得额 =（原股东股权转让总收入 - 原股东承担的债务总额 + 原股东所收回的债权总额 - 注册资本额 - 股权转让过程中的有关税费）× 原股东持股比例

其中，原股东承担的债务不包括应付未付股东的利润（下同）。

（2）对于原股东取得转让收入后，根据持股比例对股权转让收入、债权债务进行分配的，应纳税所得额的计算公式为：

应纳税所得额 = 原股东分配取得股权转让收入 + 原股东清收公司债权收入 - 原股东承担公司债务支出 - 原股东向公司投资成本

七、个人以股权参与上市公司定向增发

根据国家税务总局《关于个人以股权参与上市公司定向增发征收个人所得税问题的批复》（国税函〔2011〕89 号），南京浦东建设发展有限公司自然人以其所持该公司股权评估增值后，参与苏宁环球股份有限公司定向增发股票，属于股权转让行为，其取得所得，应按照“财产转让所得”项目缴纳个人所得税。

八、科技成果转化股权转让

根据财政部、国家税务总局《关于促进科技成果转化有关税收政策的通知》（财税字〔1999〕45 号）、《关于促进科技成果转化有关个人所得税问题的通知》（国税发〔1999〕125 号），自 1999 年 7 月 1 日起，科研机构、高等学校转化职务科技成果以股份或出资比例等股权形式给予科技人员个人奖励，经主管税务机关审核后，暂不征收个人所得税。获奖人转让股权、出资比例的，对其所得按“财产转让所得”应税项目征收个人所得税，财产原值为零。

上述科研机构是指按中央机构编制委员会和国家科学技术委员会《关于科研事业单位机构设置审批事项的通知》（中编办发〔1997〕14 号）的规定设置审批的自然科学研究事业单位机构。上述高等学校是指全日制普通高等学校（包括大学、专门

学院和高等专科学校)。享受上述优惠政策的科技人员必须是科研机构和高等学校的在编正式职工。

九、个人终止投资经营收回款项

根据国家税务总局《关于个人终止投资经营收回款项征收个人所得税问题的公告》(国家税务总局公告2011年第41号),个人因各种原因终止投资、联营、经营合作等行为,从被投资企业或合作项目、被投资企业的其他投资者以及合作项目的经营合作人处取得的股权转让收入、违约金、补偿金、赔偿金及以其他名目收回的款项等,均属于个人所得税应税收入,应按照"财产转让所得"项目适用的规定计算缴纳个人所得税。应纳税所得额的计算公式如下:

应纳税所得额=个人取得的股权转让收入、违约金、补偿金、赔偿金及以其他名目收回款项合计数-原实际出资额(投入额)及相关税费

上述公告是在2011年7月25日公布实施的,早于《股权转让所得个人所得税管理办法(试行)》实施。《关于个人终止投资经营收回款项征收个人所得税问题的公告》所规范的范围更广,包括股权转让及其他类似财产份额的转让,《股权转让所得个人所得税管理办法(试行)》公布实施后,股权转让就适用该办法了。

个人终止投资,与个人独资企业和合伙企业的终止有什么区别?

后者是企业的终止,企业的清算所得应当视为年度生产经营所得,由投资者缴纳个人所得税。而个人终止投资针对的是企业未终止以及未成立过新企业的合作(契约式合作)终止等情形,在这种情况下,必然会存在财产转让行为,要么是股权,要么是财产份额。如果是对公司的投资,则个人因此取得的是股权转让收入;如果是对个人独资企业、合伙企业或是项目的投资、合作,投资者通过投资获得的是财产份额,应属于其他财产。关于财产份额的转让,是否适用《股权转让所得个人所得税管理办法(试行)》还是会有些争议。但从本质上来说,股权和财产份额就是一种收益权和经营决策权,是一种财产,如果转让财产获得利润应该按"财产转让所得"纳税。

十、股权转让的征收管理

税务机关应加强与市场监管部门的合作,落实和完善股权信息交换制度,积极开展股权转让信息共享工作;加强对股权转让所得个人所得税的日常管理和税务检查,积极推进股权转让各税种协同管理。

税务机关应当建立股权转让个人所得税电子台账,将自然人股东的相关信息录

入征管信息系统,强化对每次股权转让间股权转让收入和股权原值的逻辑审核,对股权转让实施链条式动态管理。

各地可通过政府购买服务的方式,引入中介机构参与股权转让过程中相关资产的评估工作。

第四节　股票、限售股、股权激励转让所得

有关基金的转让所得参见第九章“个人所得税专题聚焦”相关部分。

一、股票转让所得

(一)上市公司股票转让所得

根据《关于个人转让股票所得继续暂免征收个人所得税的通知》(财税字〔1998〕61 号),从 1997 年 1 月 1 日起,对个人转让上市公司股票取得的所得继续暂免征收个人所得税。

注:1994 年至 1996 年也一直是免税的。

股权分置改革中非流通股股东通过对价方式向流通股股东支付的股份、现金等收入,暂免征收流通股股东应缴纳的企业所得税和个人所得税。(《关于股权分置试点改革有关税收政策问题的通知》,财税〔2005〕103 号)

个人取得和转让上市公司股票的情形,可参考《关于实施上市公司股息红利差别化个人所得税政策有关问题的通知》(财税〔2012〕85 号),即第五章第二节关于“上市公司股息红利所得(沪市、深市、创业板)”部分。

(二)沪港通、深港通股票转让所得

对内地个人投资者通过沪港通、深港通投资我国香港特别行政区联交所上市股票取得的转让差价所得和通过内地与香港特别行政区基金互认买卖我国香港特别行政区基金份额取得的转让差价所得,自 2019 年 12 月 5 日至 2022 年 12 月 31 日,继续暂免征收个人所得税。(《关于继续执行沪港、深港股票市场交易互联互通机制和内地与香港基金互认有关个人所得税政策的公告》,财政部公告 2019 年第 93 号)

对我国香港特别行政区市场投资者(包括企业和个人)投资上交所、深交所上市

A 股取得的转让差价所得，暂免征收所得税。

以上政策是在延续往年政策，相关文件为：财政部、国家税务总局、证监会《关于沪港股票市场交易互联互通机制试点有关税收政策的通知》（财税〔2014〕81 号），财政部、国家税务总局、证监会《关于深港股票市场交易互联互通机制试点有关税收政策的通知》（财税〔2016〕127 号），财政部、国家税务总局、证监会《关于继续执行沪港股票市场交易互联互通机制有关个人所得税政策的通知》（财税〔2017〕78 号），财政部、国家税务总局、证监会《关于继续执行沪港、深港股票市场交易互联互通机制和内地与香港基金互认有关个人所得税政策的公告》（财政部公告 2019 年第 93 号）。

（三）新三板股票转让所得

根据财政部、国家税务总局、证监会发布的《关于个人转让全国中小企业股份转让系统挂牌公司股票有关个人所得税政策的通知》（财税〔2018〕137 号）规定：

（1）自 2018 年 11 月 1 日（含）起，对个人转让新三板挂牌公司非原始股取得的所得，暂免征收个人所得税。非原始股，是指个人在新三板挂牌公司挂牌后取得的股票，以及由上述股票孳生的送、转股。

（2）对个人转让新三板挂牌公司原始股取得的所得，按照“财产转让所得”，适用 20% 的比例税率征收个人所得税。原始股，是指个人在新三板挂牌公司挂牌前取得的股票，以及在该公司挂牌前和挂牌后由上述股票孳生的送、转股。

（3）2019 年 9 月 1 日之前，个人转让新三板挂牌公司原始股的个人所得税，征收管理办法按照现行股权转让所得有关规定执行，以股票受让方为扣缴义务人，由被投资企业所在地税务机关负责征收管理。

（4）自 2019 年 9 月 1 日（含）起，个人转让新三板挂牌公司原始股的个人所得税，以股票托管的证券机构为扣缴义务人，由股票托管的证券机构所在地主管税务机关负责征收管理。具体征收管理办法参照财政部、国家税务总局、证监会发布的《关于个人转让上市公司限售股所得征收个人所得税有关问题的通知》（本节以下简称财税〔2009〕167 号）和《关于个人转让上市公司限售股所得征收个人所得税有关问题的补充通知》（财税〔2010〕70 号）有关规定执行。

（5）2018 年 11 月 1 日之前，个人转让新三板挂牌公司非原始股，尚未进行税收处理的，可比照本通知第一条规定执行，已经进行相关税收处理的，不再进行税收调整。

（6）中国证券登记结算公司应当在登记结算系统内明确区分新三板原始股和非

原始股。中国证券登记结算公司、证券公司及其分支机构应当积极配合财政、税务部门做好相关工作。

个人取得和转让新三板挂牌公司股票的情形可参考《关于继续实施全国中小企业股份转让系统挂牌公司股息红利差别化个人所得税政策的公告》(财政部、国家税务总局、证监会公告2019年第78号),即第五章第二节关于“三板市场股息红利所得”部分。

二、限售股转让所得

2009年12月31日,财政部、国家税务总局和证监会联合下发的财税〔2009〕167号明确:从2010年1月1日起,对个人转让上市公司限售流通股(以下简称限售股)取得的所得,按照“财产转让所得”,适用20%的比例税率征收个人所得税;同时对个人在上海证券交易所、深圳证券交易所转让从上市公司公开发行和转让市场取得的上市公司股票所得,继续免征个人所得税。

此后,相关部门又先后发布了《关于印发〈限售股个人所得税政策解读稿〉的通知》(所便函〔2010〕5号)、《关于做好限售股转让所得个人所得税征收管理工作的通知》(本节以下简称国税发〔2010〕8号)、《关于个人转让上市公司限售股所得征收个人所得税有关问题的补充通知》(财税〔2010〕70号)、《关于限售股转让所得个人所得税征缴有关问题的通知》(本节以下简称国税函〔2010〕23号)、《关于证券机构技术和制度准备完成后个人转让上市公司限售股有关个人所得税问题的通知》(财税〔2011〕108号)等多个文件,对限售股个人所得税的征收管理进行进一步明确。

(一)关于限售股的概念

目前我国A股市场的限售股,主要由两类构成:一类是股改产生的限售股,另一类是新股首次发行上市(IPO)产生的限售股。

1. 股改限售股

股改限售股是指在股权分置改革过程中,由原非流通股转变而来的有限售期的流通股,市场俗称为“大小非”。所谓“大非”指的是大规模的限售流通股,占总股本5%以上;所谓“小非”指的是小规模的限售流通股,占总股本5%以内。

股权分置是中国资本市场特有的情形,是指上市公司的一部分股份上市流通,称为流通股,主要成分为社会公众股;另一部分股份暂时不上市流通,为非流通股,包括国家股、国有法人股、内资及外资法人股、发起自然人股等。股权分置改革之前，非流通股虽然不能在沪深两市自由交易，但经证监会批准后，可以通过拍卖或协议转让的方式进行流通。

为贯彻落实国务院《关于推进资本市场改革开放和稳定发展的若干意见》（已失效）中关于“积极稳妥解决股权分置问题”的要求，2005年，证监会、国资委、财政部等部委联合下发《关于上市公司股权分置改革的指导意见》（证监发〔2005〕80号）。随后，证监会又下发了《上市公司股权分置改革管理办法》，解除了对非流通股上市流通的限制，在非流通股股东与流通股股东之间采取对价的方式平衡相互利益。同时，对股权分置改革后非流通股出售作出了若干限制性规定，这样，原非流通股转变为有流通期限和流通比例限售的流通股，即股改限售股。股权分置改革股票复牌后，股改限售股于解除限售前历年获得的送转股也构成了限售股。

2. 新股限售股

新股限售股（IPO限售股）是指上市公司公开发行前股东所持股份，及其解除限售前历年获得的送转股、机构配售股和增发股。

为保持公司控制权的稳定，《公司法》及交易所上市规则对于首次公开发行股份（IPO）并上市的公司，于公开发行前股东所持股份都有一定的限售期规定，由于股权分置改革新老划段后不再有非流通股和流通股的划分，这部分股份在限售期满后解除流通权利限制，构成了新股限售股。这类限售股目前已经占到全部限售股的大多数，将来还会有更多的新股限售股出现。新股上市后，新股限售股于解除限售前历年获得的送转股也构成了限售股。

除股改限售股和新股限售股外，目前市场上还有一些有限售期要求的股票，主要是机构配售股和增发股。机构配售股是指IPO的时候，参与网下申购的机构投资人获得的股票，这部分需要锁定3个月到半年，然后才可以上市交易。增发股类似于机构配售股，是指定向增发后的股票，需要锁定1年，然后才可以上市交易。

（二）限售股范围

根据财税〔2009〕167号及《关于个人转让上市公司限售股所得征收个人所得税有关问题的补充通知》（财税〔2010〕70号）的规定，纳入征税范围的限售股包括：（1）上市公司股权分置改革完成后股票复牌日之前股东所持原非流通股股份，以及股票复牌日至解禁日期间由上述股份孳生的送、转股（股改限售股）；（2）2006年股权分置改革新老划断后，首次公开发行股票并上市的公司形成的限售股，以及上市首日至解禁日期间由上述股份孳生的送、转股（新股限售股）；（3）个人从机构或其他个人受让的未解禁限售股；(4)个人因依法继承或家庭财产依法分割取得的限售股；(5)个人持有的从代办股份转让系统转到主板市场（或中小板、创业板市场）的限售股；(6)上市公司吸收合并中，个人持有的原被合并方公司限售股所转换的合并方公司股份；(7)上市公司分立中，个人持有的被分立方公司限售股所转换的分立后公司股份；(8)财政部、国家税务总局、法制办（已撤）和证监会共同确定的其他限售股。

从以上范围可以看出，明确要征税的限售股不包括股改复牌后和新股上市后限售股的配股、新股发行时的配售股、上市公司为引入战略投资者而定向增发形成的限售股。关于限售股的范围，在具体实施时，由中国证券登记结算公司通过结算系统予以锁定。另外，对上市公司实施股权激励给予员工的股权激励限售股，现行个人所得税政策规定其属于“工资、薪金所得”，并明确规定了征税办法，转让这部分限售股暂免征税，因此，财税〔2009〕167 号中的限售股也不包括股权激励的限售股。至于财政部、税务总局、法制办（已撤）和证监会共同确定的其他限售股，是兜底的规定，将来视实际情况而定。（《限售股个人所得税政策解读稿》）

（三）限售股转让形式

根据《个人所得税法实施条例》第 6 条、第 8 条的规定，个人转让限售股或发生具有转让限售股实质的其他交易，取得现金、实物、有价证券和其他形式的经济利益的，均应缴纳个人所得税。限售股在解禁前被多次转让的，转让方对每一次转让所得均应按规定缴纳个人所得税。

对具有下列情形的，应按规定征收个人所得税：(1)个人通过证券交易所集中交易系统或大宗交易系统转让限售股；(2)个人用限售股认购或申购交易型开放式指数基金（ETF）份额；(3)个人用限售股接受要约收购；(4)个人行使现金选择权将限售股转让给提供现金选择权的第三方；(5)个人协议转让限售股；(6)个人持有的限售股被司法扣划；(7)个人因依法继承或家庭财产分割让渡限售股所有权；(8)个人用限售股偿还上市公司股权分置改革中由大股东代其向流通股股东支付的对价；(9)其他具有转让实质的情形。

注：“个人因依法继承或家庭财产分割让渡限售股所有权”是指个人将因依法继承或家庭财产分割取得的限售股对外转让的情形，而不是继承或家庭财产分割环节。因为根据现行《个人所得税法》的规定，继承或家庭财产分割并不属于征税范围。继承或将股权转让给三代以内直系亲属的股权转让收入明显偏低视为有正当

理由，对离婚析产、三代以内直系亲属间的赠予、继承房产也有不征税的规定。

（四）应纳税额的计算

个人转让限售股，以每次限售股转让收入，减除股票原值和合理税费后的余额，为应纳税所得额。具体计算公式如下：

应纳税额 = 应纳税所得额 × 20%

应纳税所得额 = 限售股转让收入 -（限售股原值 + 合理税费）

限售股转让收入 = 每股计税价 × 转让股数

限售股转让收入，是指转让限售股股票实际取得的收入。

每股计税价：证券机构技术和制度准备完成前形成的限售股，采取预扣预缴方式征收的，股改限售股每股计税价为股改复牌日收盘价，新股限售股每股计税价为该股上市首日的收盘价，清算时，再按照实际转让收入计算；在证券机构技术和制度准备完成后，采取直接代扣代缴方式征收的，每股计税价为纳税人实际转让限售股的每股成交价。

限售股原值，是指限售股买入时的买入价及按照规定缴纳的有关费用。合理税费，是指转让限售股过程中发生的印花税、佣金、过户费等与交易相关的税费。如果纳税人未能提供完整、真实的限售股原值凭证，不能准确计算限售股原值的，主管税务机关一律按限售股转让收入的15%核定限售股原值及合理税费。因个人持有限售股中存在部分限售股成本原值不明确，导致无法准确计算全部限售股成本原值的，证券登记结算公司一律以实际转让收入的15%作为限售股成本原值和合理税费。

纳税人同时持有限售股及该股流通股的，其股票转让所得，按照限售股优先原则，即转让股票视同为先转让限售股，按规定计算缴纳个人所得税。

根据证券机构技术和制度准备完成情况，对不同阶段形成的限售股，采取不同的征收管理办法，其计算税款的方法也不同。

（五）转让收入的确定

（1）个人发生前述“限售股转让形式”部分第（1）、（2）、（3）、（4）项情形，采取证券机构预扣预缴、纳税人自行申报清算和证券机构直接扣缴相结合的方式征收个人所得税的，扣缴税款的计算按照上述规定执行。纳税人申报清算时，实际转让收入按照下列原则计算：

个人通过证券交易所集中交易系统或大宗交易系统转让限售股的，转让收入以转让当日该股份实际转让价格计算，证券公司在扣缴税款时，佣金支出统一按照证券主管部门规定的行业最高佣金费率计算。个人通过认购 ETF 份额方式转让限售股的，转让收入以股份过户日的前一交易日该股份收盘价计算；通过申购 ETF 份额方式转让限售股的，转让收入以申购日的前一交易日该股份收盘价计算。个人用限售股接受要约收购的，转让收入以要约收购的价格计算。个人行使现金选择权将限售股转让给提供现金选择权的第三方的，转让收入以实际行权价格计算。

证券机构，包括证券登记结算公司、证券公司及其分支机构。其中，证券登记结算公司以证券账户为单位计算个人应纳税额，证券公司及其分支机构依据证券登记结算公司提供的数据负责对个人应缴纳的个人所得税以证券账户为单位进行预扣预缴。纳税人对证券登记结算公司计算的应纳税额有异议的，可持相关完整、真实凭证，向主管税务机关提出清算申报并办理清算事宜。主管税务机构审核确认后，按照重新计算的应纳税额，办理退（补）税手续。

（2）个人发生前述“限售股转让形式”部分第（5）、（6）、（7）、（8）项情形，采取纳税人自行申报纳税的方式的，转让收入按照下列原则计算：

个人协议转让限售股的转让收入按照实际转让收入计算，转让价格明显偏低且无正当理由的，主管税务机关可以依据协议签订日的前一交易日该股收盘价或其他合理方式核定其转让收入；个人持有的限售股被司法扣划的转让收入以司法执行日的前一交易日该股收盘价计算；个人因依法继承或家庭财产分割让渡限售股所有权，以及个人用限售股偿还上市公司股权分置改革中由大股东代其向流通股股东支付的对价的，转让收入以转让方取得该股时支付的成本计算。

（六）转让成本的确定

个人转让因协议受让、司法扣划等情形取得的未解禁限售股的，成本按照主管税务机关认可的协议受让价格、司法扣划价格核定，无法提供相关资料的，按照股改限售股股改复牌日收盘价，或新股限售股上市首日收盘价计算转让收入，按照计算出的转让收入的 15% 确定限售股原值和合理税费，以转让收入减去原值和合理税费后的余额，适用 20% 税率，计算预扣预缴个人所得税额。

个人转让因依法继承或家庭财产依法分割取得的限售股的，成本按照该限售股前一持有人取得该股时的实际成本及税费计算。

在证券机构技术和制度准备完成后形成的限售股，自股票上市首日至解禁日期间发生送、转、缩股的，证券登记结算公司应依据送、转、缩股比例对限售股成本原值进行调整；而对于其他权益分派的情形（如现金分红、配股等），不对限售股的成本原值进行调整。

（七）证券技术和制度准备完成前限售股应扣缴税款的计算和预扣清算办法

证券机构技术和制度准备完成前形成的限售股，也即，限售股所对应的公司在证券机构技术和制度准备完成前上市的，证券机构按照股改限售股股改复牌日收盘价，或新股限售股上市首日收盘价计算转让收入，按照计算出的转让收入的15%确定限售股原值和合理税费，以转让收入减去原值和合理税费后的余额，适用20%税率，计算预扣预缴个人所得税额。

纳税人按照实际转让收入与实际成本计算出的应纳税额，与证券机构预扣预缴税额有差异的，纳税人应自证券机构代扣并解缴税款的次月1日起3个月内，持加盖证券机构印章的交易记录和相关完整、真实凭证，向主管税务机关提出清算申报并办理清算事宜。主管税务机关审核确认后，按照重新计算的应纳税额，办理退（补）税手续。纳税人在规定期限内未到主管税务机关办理清算事宜的，税务机关不再办理清算事宜，已预扣预缴的税款从纳税保证金账户全额缴入国库。

计算举例21

紫金矿业2008年4月25日上市，上市首日收盘价为13.92元；2010年1月6日紫金矿业的收盘价为9.68元。

（1）中登公司根据该收盘价和核定的15%原值及税费，计算出每股应扣缴个人所得税为13.92×（1－15%）×20%＝2.37元，其核定的成本为13.92×15%＝2.1元。

（2）假设紫金矿业某限售股股东于2010年1月6日以收盘价的价格减持了股份，其实际成交价格低于计算应扣缴税款的上市首日收盘价，应该说多扣缴了纳税人的税款，纳税人应申请清算。

（3）清算过程中，按照收入与成本配比的原则，纳税人提供了实际转让收入9.68元和实际的股票原值及相关税费，则每股实际应缴税款按9.68元减去实际原值及税费计算；如果纳税人无法提供实际成本资料的，按照收入与成本配比的原则，实际每股应纳税额应为9.68×（1－15%）×20%＝1.65元，其核定成本以实际转让收入为计算依据，即 9.68×15%＝1.45 元。收入与成本配比的原则要求，收入的计算依据与成本原值的计算依据必须一致，而不允许转让收入按较低的实际成交价格计算，原值按较高的首日收盘价计算。

（4）按照上述计算，假设成本均为核定成本，则应对该纳税人每股退 2.37－1.65＝0.72 元。

（八）关于证券机构技术和制度准备完成后应缴税款计算和扣缴办法

（1）证券机构技术和制度准备完成后新上市公司的限售股，也即，限售股所对应的公司在证券机构技术和制度准备完成后上市的，按照证券机构事先植入结算系统的限售股成本原值和发生的合理税费，以实际转让收入减去原值和合理税费后的余额，适用 20% 税率，计算直接扣缴个人所得税额。

证券机构技术和制度准备完成后，证券机构扣缴税款的计算依据是实际的转让收入和实际成本，此时扣缴的税款是纳税人实际的应缴税款，不存在清算问题。

证券机构等应积极配合税务机关做好各项征收管理工作，并于每月 15 日前，将上月限售股减持的有关信息传递至主管税务机关。限售股减持信息包括：股东姓名、公民身份号码、开户证券公司名称及地址、限售股股票代码、本期减持股数及减持取得的收入总额。证券机构有义务向纳税人提供加盖印章的限售股交易记录。

（2）根据《关于证券机构技术和制度准备完成后个人转让上市公司限售股有关个人所得税问题的通知》（财税〔2011〕108 号），自 2012 年 3 月 1 日起，新上市公司每位持有限售股的个人股东应仅申报一个成本原值。个人取得的限售股有不同成本的，应对所持限售股以每次取得股份数量为权重进行成本加权平均以计算出每股的成本原值，计算公式如下：

分次取得限售股的加权平均成本＝（第一次取得限售股的每股成本原值×第一次取得限售股的股份数量＋……＋第 n 次取得限售股的每股成本原值×第 n 次取得限售股的股份数量）÷累计取得限售股的股份数量

限售股成本原值，是指限售股买入时的买入价及按照规定缴纳的有关税费。

（3）自 2012 年 3 月 1 日起，网上发行资金申购日在 2012 年 3 月 1 日（含）之后的首次公开发行上市公司按照证券登记结算公司业务规定做好各项资料准备工作，在向证券登记结算公司申请办理股份初始登记时一并申报由个人限售股股东提供的有关限售股成本原值详细资料，以及会计师事务所或税务师事务所对该资料出具的鉴证报告。

新上市公司提供的成本原值资料和鉴证报告中应包括但不限于以下内容：证券持有人名称、有效身份证照号码、证券账户号码、新上市公司全称、持有新上市公司限售股数量、持有新上市公司限售股每股成本原值等。

新上市公司在申请办理股份初始登记时，确实无法提供有关成本原值资料和鉴证报告的，证券登记结算公司在完成股份初始登记后，将不再接受新上市公司申报有关成本原值资料和鉴证报告，并按规定以实际转让收入的15%核定限售股成本原值和合理税费。

（4）证券登记结算公司收到新上市公司提供的相关资料后，应及时将有关成本原值数据植入证券结算系统。个人转让新上市公司限售股的，证券登记结算公司根据实际转让收入和植入证券结算系统的标的限售股成本原值，以实际转让收入减去成本原值和合理税费后的余额，适用20%税率，直接计算需扣缴的个人所得税额。

（5）个人在证券登记结算公司以非交易过户方式办理应纳税未解禁限售股过户登记的，受让方所取得限售股的成本原值按照转让方完税凭证、《限售股转让所得个人所得税清算申报表》等材料确定的转让价格进行确定；如转让方证券账户为机构账户，在受让方再次转让该限售股时，以受让方实际转让收入的15%核定其转让限售股的成本原值和合理税费。

（九）限售股转让的征收管理

限售股转让所得个人所得税，以限售股持有者为纳税义务人，以个人股东开户的证券机构为扣缴义务人。限售股个人所得税由证券机构所在地主管税务机关负责征收管理。

1. 预扣预缴管理：限售股转让所得个人所得税，采取证券机构预扣预缴、纳税人自行申报清算和证券机构直接扣缴相结合的方式征收。证券机构预扣预缴的税款，于次月15日内以纳税保证金形式向主管税务机关缴纳。主管税务机关在收取纳税保证金时，应向证券机构开具《纳税保证金收据》，并纳入专户存储。

个人转让限售股所得需由证券机构预扣预缴税款的，应在客户资金账户留足资金供证券机构扣缴税款，依法履行纳税义务。证券机构应采取积极、有效措施依法履行扣缴税款义务，对纳税人资金账户暂无资金或资金不足的，证券机构应当及时通知个人投资者补足资金，并扣缴税款。个人投资者未补足资金的，证券机构应当及时报告相关主管税务机关，并依法提供纳税人相关资料。

证券公司应将每月所扣个人所得税款，于次月15日内缴入国库，并向当地主管税务机关报送《限售股转让所得扣缴个人所得税报告表》及税务机关要求报送的其他资料。

另外，国税发〔2010〕8 号和国税函〔2010〕23 号明确了证券机构预扣预缴个人所得税的征缴问题及税款结算和退税管理问题。

2. 自行申报纳税管理：采取自行申报纳税方式的，纳税人转让限售股后，应在次月 15 日内到主管税务机关填报《限售股转让所得个人所得税清算申报表》，自行申报纳税。主管税务机关审核确认后应开具完税凭证，纳税人应持完税凭证、《限售股转让所得个人所得税清算申报表》复印件到证券登记结算公司办理限售股过户手续。纳税人未提供完税凭证和《限售股转让所得个人所得税清算申报表》复印件的，证券登记结算公司不予办理过户。

纳税人自行申报的，应一次办结相关涉税事宜，不再执行财税〔2009〕167 号文件中有关纳税人自行申报清算的规定。

个人持有在证券机构技术和制度准备完成后形成的拟上市公司限售股的，在公司上市前，个人应委托拟上市公司向证券登记结算公司提供有关限售股成本原值详细资料，以及会计师事务所或税务师事务所对该资料出具的鉴证报告。逾期未提供的，证券登记结算公司以实际转让收入的 15% 核定限售股原值和合理税费。

对采取自行纳税申报方式的纳税人，其个人转让限售股不需要纳税或应纳税额为零的，纳税人应持经主管税务机关审核确认并加盖受理印章的《限售股转让所得个人所得税清算申报表》原件，到证券登记结算公司办理限售股过户手续。未提供原件的，证券登记结算公司不予办理过户手续。

3. 司法扣划：对个人持有的限售股被司法扣划的情形，如国家有权机关要求强制执行的，证券登记结算公司在履行告知义务后予以协助执行，并报告相关主管税务机关。

个人持有的新上市公司未解禁限售股被司法扣划至其他个人证券账户的，如国家有权机关要求强制执行但未能提供完税凭证等材料，证券登记结算公司在履行告知义务后予以协助执行，并在受让方转让该限售股时，以其实际转让收入的 15% 核定其转让限售股的成本原值和合理税费。

三、股权激励转让所得

股权激励包括股票期权、股票增值权、限制性股票、股权奖励、技术成果入股等，涉及的所得项目包括工资薪金所得、财产转让所得和利息、股息、红利所得。涉及的政策较多,详见第九章“个人所得税专题聚焦”相关部分。

1. 个人将股票期权行权后的境内上市公司股票再行转让而取得的所得,暂不征收个人所得税;个人转让境外上市公司的股票而取得的所得,应按照“财产转让所得”计算缴纳个人所得税。

2. 实行递延纳税政策的非上市公司股权激励,员工在取得股权激励时可暂不纳税,递延至转让该股权时纳税;股权转让时,按照股权转让收入减除股权取得成本以及合理税费后的差额,适用“财产转让所得”项目,按照20%的税率计算缴纳个人所得税。

股权转让时,股票(权)期权取得成本按行权价确定,限制性股票取得成本按实际出资额确定,股权奖励取得成本为零。

3. 选择实行技术成果投资入股递延纳税政策的,经向主管税务机关备案,投资入股当期可暂不纳税,允许递延至转让股权时,按股权转让收入减去技术成果原值和合理税费后的差额计算缴纳所得税。

个人因股权激励、技术成果投资入股取得股权后,非上市公司在境内上市的,处置递延纳税的股权时,按照现行限售股有关征税规定执行。

4. 个人转让股权时,视同享受递延纳税优惠政策的股权优先转让。递延纳税的股权成本按照加权平均法计算,不与其他方式取得的股权成本合并计算。

持有递延纳税的股权期间,因该股权产生的转增股本收入,以及以该递延纳税的股权再进行非货币性资产投资的,应在当期缴纳税款。

第五节　房屋转让所得

一、个人转让房屋所得概述

除个人转让住房外,个人转让其他不动产的有关个人所得税的政策法规并不多,以至于转让不动产的范围、形式等都不能准确确定。《个人所得税法实施条例》规定的个人所得的形式,包括现金、实物、有价证券和其他形式的经济利益。从文义上理解,应税的财产转让应是有偿转让,有经济利益的流入,并且有“所得”,即取得了超过计税成本的利润。因此,房地产买卖属于应税范围;以房地产作价投资(入股)属于应税范围,可以适用《关于个人非货币性资产投资有关个人所得税政策的通知》(财税〔2015〕41 号);互换、偿还债务(抵债)的,如果产生了“所得”,也应纳税;将房地产无偿赠与他人或交给他人继承的,由于经济利益的流入,未取得所得,不应缴纳个人所得税。

至于不动产的范围,可参考财政部、国家税务总局《关于全面推开营业税改征增值税试点的通知》(财税〔2016〕36 号)的规定,销售不动产,是指转让不动产所有权的业务活动。不动产,是指不能移动或者移动后会引起性质、形状改变的财产,包括建筑物、构筑物等。建筑物,包括住宅、商业营业用房、办公楼等可供居住、工作或者进行其他活动的建造物。构筑物,包括道路、桥梁、隧道、水坝等建造物。

具体到个人转让房屋,可分为转让住房和转让非住房两类。非住房包括商铺、写字楼(办公用房)、车库、厂房、仓库等。

个人转让房屋的个人所得税应税收入不含增值税,其取得房屋时所支付价款中包含的增值税计入财产原值,计算转让所得时可扣除的税费不包括本次转让缴纳的增值税。在计征上述税收时,税务机关核定的计税价格或收入不含增值税。对住房转让所得征收个人所得税时,以实际成交价格为转让收入。纳税人申报的住房成交价格明显低于市场价格且无正当理由的,征收机关依法有权根据有关信息核定其转让收入,但必须保证各税种计税价格一致。

二、相关政策依据

1. 财政部、国家税务总局、建设部《关于个人出售住房所得征收个人所得税有关问题的通知》(本节以下简称财税字〔1999〕278 号);

2. 国家税务总局、财政部、建设部《关于加强房地产税收管理的通知》(国税发〔2005〕89 号);

3. 国家税务总局《关于房地产税收政策执行中几个具体问题的通知》(国税发〔2005〕172 号);

4. 国家税务总局《关于个人住房转让所得征收个人所得税有关问题的通知》(本节以下简称国税发〔2006〕108 号);

5. 国家税务总局《关于加强房地产交易个人无偿赠与不动产税收管理有关问题的通知》(国税发〔2006〕144 号);

6. 国家税务总局《关于个人转让房屋有关税收征管问题的通知》(本节以下简称国税发〔2007〕33 号);

7. 国家税务总局《关于加强和规范个人取得拍卖收入征收个人所得税有关问题

的通知》(本节以下简称国税发〔2007〕38 号);

8. 国家税务总局《关于个人取得房屋拍卖收入征收个人所得税问题的批复》(本节以下简称国税函〔2007〕1145 号);

9. 财政部、国家税务总局《关于个人无偿受赠房屋有关个人所得税问题的通知》(财税〔2009〕78 号);

10. 国家税务总局《关于明确个人所得税若干政策执行问题的通知》(国税发〔2009〕121 号);

11. 财政部、国家税务总局、住房和城乡建设部《关于调整房地产交易环节契税个人所得税优惠政策的通知》(本节以下简称财税〔2010〕94 号);

12. 国家税务总局《关于进一步简化和规范个人无偿赠与或受赠不动产免征营业税、个人所得税所需证明资料的公告》(本节以下简称国家税务总局公告 2015 年第 75 号);

13. 国家税务总局《关于个人转让住房享受税收优惠政策判定购房时间问题的公告》(国家税务总局公告 2017 年第 8 号)。

三、受赠人转让受赠房屋的应纳税所得额

受赠人转让受赠房屋的,以其转让受赠房屋的收入减除原捐赠人取得该房屋时的实际购置成本及赠与和转让过程中受赠人支付的相关税费后的余额,为受赠人的应纳税所得额,依法计征个人所得税。

受赠人转让受赠房屋价格明显偏低且无正当理由的,税务机关可以依据该房屋的市场评估价格或以其他合理方式确定的价格核定其转让收入。

四、个人出售自有住房应纳税所得额

1. 对转让住房收入计算个人所得税应纳税所得额时,纳税人可凭原购房合同、发票等有效凭证,经税务机关审核后,允许从其转让收入中减除房屋原值、转让住房过程中缴纳的税金及有关合理费用。

2. 个人出售已购公有住房的,其应纳税所得额为个人出售已购公有住房的销售价,减除住房面积标准的经济适用住房价款、原支付超过住房面积标准的房价款、向财政或原产权单位缴纳的所得收益,以及税法规定的合理费用后的余额。

已购公有住房是指城镇职工根据国家和县级(含县级)以上人民政府有关城镇住房制度改革政策规定,按照成本价(或标准价)购买的公有住房。经济适用住房价

格按县级(含县级)以上地方人民政府规定的标准确定。

3. 职工以成本价(或标准价)出资的集资合作建房、安居工程住房、经济适用住房以及拆迁安置住房,比照已购公有住房确定应纳税所得额。

4. 房屋原值按照以下标准确定:

(1)商品房:购置该房屋时实际支付的房价款及交纳的相关税费。

(2)自建住房:实际发生的建造费用及建造和取得产权时实际交纳的相关税费。

(3)经济适用房(含集资合作建房、安居工程住房):原购房人实际支付的房价款及相关税费,以及按规定交纳的土地出让金。

(4)已购公有住房:原购公有住房标准面积按当地经济适用房价格计算的房价款,加上原购公有住房超标准面积实际支付的房价款,以及按规定向财政部门(或原产权单位)交纳的所得收益及相关税费。

(5)城镇拆迁安置住房。根据《城市房屋拆迁管理条例》(国务院令第 305 号,已失效)、《国有土地上房屋征收与补偿条例》(国务院令第 590 号)和建设部《关于印发〈城市房屋拆迁估价指导意见〉的通知》(建住房〔2003〕234 号,已失效)等有关规定,其原值分别为:①房屋拆迁取得货币补偿后购置房屋的,为购置该房屋实际支付的房价款及交纳的相关税费;②房屋拆迁采取产权调换方式的,所调换房屋原值为《房屋拆迁补偿安置协议》注明的价款及交纳的相关税费;③房屋拆迁采取产权调换方式,被拆迁人除取得所调换房屋,又取得部分货币补偿的,所调换房屋原值为《房屋拆迁补偿安置协议》注明的价款和交纳的相关税费,减去货币补偿后的余额;④房屋拆迁采取产权调换方式,被拆迁人取得所调换房屋,又支付部分货币的,所调换房屋原值为《房屋拆迁补偿安置协议》注明的价款,加上所支付的货币及交纳的相关税费。

5. 转让住房过程中缴纳的税金:纳税人在转让住房时实际缴纳的营业税、城市维护建设税、教育费附加、土地增值税、印花税等税金,允许从其转让收入中扣除。

6. 合理费用:纳税人按照规定实际支付的住房装修费用、住房贷款利息、手续费、公证费等费用,允许从其转让收入中扣除。具体如下:

(1)支付的住房装修费用。纳税人能提供实际支付装修费用的税务统一发票,并且发票上所列付款人姓名与转让房屋产权人一致的,经税务机关审核,其转让的住房在转让前实际发生的装修费用,可在以下规定比例内扣除:①已购公有住房、经济适用房,最高扣除限额为房屋原值的 15%;②商品房及其他住房,最高扣除限额为房屋原值的 10%。

纳税人原购房为装修房，即合同注明房价款中含有装修费（铺装了地板，装配了洁具、厨具等）的，不得再重复扣除装修费用。纳税人申报扣除装修费用，应当填写《房屋装修费用发票汇总表》。

凡有下列情况之一的，在计算缴纳转让住房所得个人所得税时不得扣除装修费用：①纳税人提供的装修费用凭证不是有效发票的；②发票上注明的付款人姓名与房屋产权人或产权共有人的姓名不一致的；③发票由建材市场、批发市场管理机构开具，且未附所购商品清单的。

（2）支付的住房贷款利息。纳税人出售以按揭贷款方式购置的住房的，其向贷款银行实际支付的住房贷款利息，凭贷款银行出具的有效证明据实扣除。

（3）纳税人按照有关规定实际支付的手续费、公证费等，凭有关部门出具的有效证明据实扣除。

五、转让自用5年以上的家庭唯一生活用房

个人转让自用5年以上，并且是家庭唯一生活用房的，取得的所得免征个人所得税。“自用5年以上”，是指自个人购房至转让房屋的时间达5年以上。“家庭唯一生活用房”是指在同一省、自治区、直辖市范围内纳税人（有配偶的为夫妻双方）仅拥有一套住房。

1. 个人购房日期的确定。个人按照国家房改政策购买的公有住房，以其购房合同的生效时间、房款收据开具日期或房屋产权证上注明的时间，依照孰先原则确定；个人购买的其他住房，以其房屋产权证上注明日期或契税完税凭证上注明日期，按照孰先原则确定。

2. 个人转让房屋的日期，以销售发票上注明的时间为准。

个人转让住房，因产权纠纷等原因未能及时取得房屋所有权证书（包括不动产权证书），根据人民法院、仲裁委员会出具的法律文书确认个人购买住房的，法律文书的生效日期视同房屋所有权证书的注明时间，据以确定纳税人是否享受税收优惠政策。

自2010年10月1日起，对出售自有住房并在1年内重新购房的纳税人不再减免个人所得税。财税字〔1999〕278号规定，对出售自有住房并拟在现住房出售1年内按市场价重新购房的纳税人，其出售现住房所缴纳的个人所得税，先以纳税保证金形式缴纳，再视其重新购房的金额与原住房销售额的关系，全部或部分退还纳税保证金。但根据财税〔2010〕94号，该政策已于2010年10月1日起停止执行。

个人出售商业用房取得的所得,应按规定缴纳个人所得税,不得享受1年内换购住房退还保证金和自用5年以上的家庭唯一生活用房免税的政策。

六、个人转让离婚析产房屋

1. 通过离婚析产的方式分割房屋产权是夫妻双方对共同共有财产的处置,个人因离婚办理房屋产权过户手续,不征收个人所得税。

2. 个人转让离婚析产房屋所取得的收入,允许扣除其相应的财产原值和合理费用后,余额按照规定的税率缴纳个人所得税;其相应的财产原值,为房屋初次购置全部原值和相关税费之和乘以转让者占房屋所有权的比例。

3. 个人转让离婚析产房屋所取得的收入,符合家庭生活自用5年以上唯一住房的,可以申请免征个人所得税,其购置时间按照国家税务总局《关于房地产税收政策执行中几个具体问题的通知》(国税发〔2005〕172号)执行。

根据国家税务总局公告2015年第75号,离婚分割财产的,应报送《个人无偿赠与不动产登记表》、双方当事人的身份证明原件及复印件、房屋所有权证原件及复印件、离婚协议或者人民法院判决书或者人民法院调解书的原件及复印件、离婚证原件及复印件。

七、个人购买房屋的时间确定

个人购买住房以取得的房屋产权证或契税完税证明上注明的时间作为其购买房屋的时间。"契税完税证明上注明的时间"是指契税完税证明上注明的填发日期。

纳税人申报时,同时出具房屋产权证和契税完税证明且二者所注明的时间不一致的,按照"孰先"的原则确定购买房屋的时间。也就是说,房屋产权证上注明的时间早于契税完税证明上注明的时间的,以房屋产权证上注明的时间为购买房屋的时间;契税完税证明上注明的时间早于房屋产权证上注明的时间的,以契税完税证明上注明的时间为购买房屋的时间。

个人将通过受赠、继承、离婚财产分割等非购买形式取得的住房对外销售的行为,也适用《关于加强房地产税收管理的通知》(国税发〔2005〕89号)的有关规定。其购房时间按发生受赠、继承、离婚财产分割行为前的购房时间确定,其购房价格按发生受赠、继承、离婚财产分割行为前的购房原价确定。个人需持其通过受赠、继承、离婚财产分割等非购买形式取得住房的合法、有效法律证明文书,到地方税务部门办理相关手续。

根据国家房改政策购买的公有住房，以购房合同的生效时间、房款收据的开具日期或房屋产权证上注明的时间，按照“孰先”的原则确定购买房屋的时间。

八、个人取得房屋拍卖收入

根据国税发〔2006〕108号、国税函〔2007〕1145号、国税发〔2007〕38号的规定，个人通过拍卖市场取得的房屋拍卖收入在计征个人所得税时，其房屋原值应按照纳税人提供的合法、完整、准确的凭证予以扣除；不能提供完整、准确的房屋原值凭证，不能正确计算房屋原值和应纳税额的，统一按转让收入全额的3%计算缴纳个人所得税。

值得注意的是，这个政策只针对取得拍卖所得的情形。对于房屋转让来说，可以按转让收入全额的3%计税的情形仅限于个人通过拍卖市场取得房屋拍卖收入的情形，其他情形如不能提供完整、准确的房屋原值凭证，不能正确计算房屋原值和应纳税额的，应由税务机关核定征税。

为方便纳税人依法履行纳税义务和税务机关加强税收征管，纳税人应比照国税发〔2006〕108号文件第4条的有关规定，在房屋拍卖后缴纳营业税、契税、土地增值税等税收的同时，一并申报缴纳个人所得税。

九、核定征税的情形

纳税人未提供完整、准确的房屋原值凭证，不能正确计算房屋原值和应纳税额的，税务机关可根据《税收征管法》第35条的规定，对其实行核定征税，即按纳税人住房转让收入的一定比例核定应纳个人所得税额。具体比例由省级地方税务局或者省级地方税务局授权的地市级地方税务局根据纳税人出售住房的所处区域、地理位置、建造时间、房屋类型、住房平均价格水平等因素，在住房转让收入1%～3%的幅度内确定。

“未提供完整、准确的房屋原值凭证”，是指纳税人不能提供房屋购买合同、发票或建造成本、费用支出的有效凭证，或契税征管档案中没有上次交易价格或建造成本、费用支出金额等记录。凡纳税人能提供房屋购买合同、发票或建造成本、费用支出的有效凭证，或契税征管档案中有上次交易价格或建造成本、费用支出金额等记录的，均应按照核实征收方式计征个人所得税。

十、房屋交易最低计税价格管理

为防止买卖双方通过订立虚假合同低报房屋交易价格，不如实申报缴纳有关税收的问题，国税发〔2007〕33号明确要求建立房屋交易最低计税价格管理制度。最低计税价格制度类似于核定征税管理。

纳税人申报的房屋销售价格高于各地区确定的最低计税价格的，应按纳税人申报的销售价格计算征税；纳税人申报的房屋销售价格低于各地区确定的最低计税价格的，应按最低计税价格计算征税。

省级财税部门制定房屋交易最低价格管理办法，地市级及以下财税部门制定本地区房屋交易最低计税价格。各地区要加强与房地产管理部门的联系，及时获得有关信息，按照规定的管理制度，确定有关交易房屋的最低计税价格，避免在办税窗口纳税人申报纳税时即时确定计税价格。

工作基础较好，具备直接制定最低计税价格条件的，可直接制定房屋交易最低计税价格，但定价时要考虑房屋的坐落地点、建筑结构、建筑年限、历史交易价格或建造价格、同类房屋先期交易价格等因素。不具备直接制定最低计税价格条件的，可参照下列方法确定最低计税价格：(1)当地政府公布的拆迁补偿标准、房屋交易指导价、基准地价。政府公布的上述信息未及时调整的，确定最低计税价格时应考虑房地产市场价格上涨因素。(2)房地产交易资金托管金额或者房地产交易网上报价。(3)信誉良好的房地产价格评估机构的评估价格。

十一、个人无偿赠与或受赠不动产的免税管理

(一)办理免税提交材料

纳税人在办理个人无偿赠与或受赠不动产免征营业税、个人所得税手续时，应报送《个人无偿赠与不动产登记表》、双方当事人的身份证明原件及复印件(继承或接受遗赠的，只须提供继承人或接受遗赠人的身份证明原件及复印件)、房屋所有权证原件及复印件。属于以下四类情形之一的，还应分别提交相应证明资料：

(1)离婚分割财产的，应当提交：①离婚协议或者人民法院判决书或者人民法院调解书的原件及复印件；②离婚证原件及复印件。

(2)亲属之间无偿赠与的，应当提交：①无偿赠与配偶的，提交结婚证原件及复印件；②无偿赠与父母、子女、祖父母、外祖父母、孙子女、外孙子女、兄弟姐妹的，提

交户口簿或者出生证明或者人民法院判决书或者人民法院调解书或者其他部门(有资质的机构)出具的能够证明双方亲属关系的证明资料原件及复印件。

(3)无偿赠与非亲属抚养或赡养关系人的,应当提交:人民法院判决书或者人民法院调解书或者乡镇政府或街道办事处出具的抚养(赡养)关系证明或者其他部门(有资质的机构)出具的能够证明双方抚养(赡养)关系的证明资料原件及复印件。

(4)继承或接受遗赠的,应当提交:①房屋产权所有人死亡证明原件及复印件;②经公证的能够证明有权继承或接受遗赠的证明资料原件及复印件。

税务机关应当认真核对上述资料,资料齐全并且填写正确的,在《个人无偿赠与不动产登记表》上签字盖章,留存《个人无偿赠与不动产登记表》复印件和有关证明资料复印件,原件退还纳税人,同时办理免税手续。

各地税务机关要不折不扣地落实税收优惠政策,维护纳税人的合法权益。要通过办税服务厅、税务网站、12366 纳税服务热线、纳税人学堂等多种渠道,积极宣传税收优惠政策规定和办理程序,及时回应、准确答复纳税人咨询,做好培训辅导工作,避免纳税人多头找、多头跑,切实方便纳税人办理涉税事宜。有条件的地区可探索通过政府部门间信息交换共享,查询证明信息,减少纳税人报送资料。

(二)后续管理

(1)税务机关应对无偿赠与不动产的纳税人分户归档管理,定期将留存的公证证书复印件有关信息与公证机关核对,保证公证证书的真实、合法性。

(2)税务机关应加强与房管部门的合作,定期将《个人无偿赠与不动产登记表》中的有关信息与房管部门的赠与房产所有权转移登记信息进行核对,强化对个人无偿赠与不动产的后续管理。

(3)税务机关应加强对个人无偿赠与不动产的纳税评估,将本期无偿赠与不动产的有关数据与历史数据(如上年同期)进行比较,出现异常情况的,要做进一步检查和核对,对确有问题的赠与行为,应按有关规定进行处理。

(4)对个人赠与不动产过程中,向受赠人收取了货物、货币或其他经济利益,但提供虚假资料,申请办理无偿赠与的相关手续,没有按规定缴纳营业税(增值税)的纳税人,由税务机关按照《税收征管法》的有关规定追缴税款、滞纳金并进行相关处罚。

(5)税务机关应向房屋中介机构做好税法宣传工作,使其协助做好无偿赠与不动产的税收管理工作。

十二、其他征收管理规定

个人转让房屋有关的其他征收管理规定可参见国税发〔2007〕33号、国家税务总局《关于进一步加强房地产税收管理的通知》(国税发〔2005〕82号)、国家税务总局《关于实施房地产税收一体化管理若干具体问题的通知》(国税发〔2005〕156号),以及财政部、国家税务总局《关于推进应用房地产评估技术加强存量房交易税收征管工作的通知》(财税〔2010〕105号),财政部、国家税务总局《关于推广应用房地产估价技术加强存量房交易税收征管工作的通知》(财税〔2011〕61号)。

对于房屋交易的个人所得税,各地都有自己的具体实施办法。如云南省地方税务局《关于明确个人所得税有关问题的通知》(云地税二字〔2006〕121号)就规定:"二手房"交易优惠政策的适用范围仅限于个人住房,其余如商铺、车库、仓库、土地使用权等各种非个人住房的财产转让所得不能享受此项优惠政策,应按规定征收个人所得税。对于非个人住房的财产转让所得,不能提供原值和合理费用支出凭证的,税务机关可以采取核定征收的办法征收。受赠人取得赠与人无偿赠与的不动产后,再次转让该项不动产的,在缴纳个人所得税时,以财产转让收入减除受赠、转让住房过程中缴纳的税金及有关合理费用后的余额为应纳税所得额,按20%的适用税率计算缴纳个人所得税。在计征个人受赠不动产的个人所得税时,不得核定征收,应严格按照税法规定据实征收。

第六节　拍卖所得

根据国家税务总局《关于加强和规范个人取得拍卖收入征收个人所得税有关问题的通知》(国税发〔2007〕38号)规定,对于个人通过拍卖市场拍卖各种财产(包括字画、瓷器、玉器、珠宝、邮品、钱币、古籍、古董等物品)的所得,除文字作品原稿及复印件外的其他财产,应以其转让收入额减除财产原值和合理费用后的余额为应纳税所得额,按照"财产转让所得"项目适用20%税率缴纳个人所得税。

一、应纳税所得额的确定

对个人财产拍卖所得征收个人所得税时,以该项财产最终拍卖成交价格为其转让收入额。

计算应纳税所得额时，纳税人凭合法有效凭证（税务机关监制的正式发票、相关境外交易单据或海关报关单据、完税证明等），从其转让收入额中减除相应的财产原值、拍卖财产过程中缴纳的税金及有关合理费用。

财产原值，是指售出方个人取得该拍卖品的价格（以合法有效凭证为准）。具体为：(1)通过商店、画廊等途径购买的，为购买该拍卖品时实际支付的价款；(2)通过拍卖行拍得的，为拍得该拍卖品实际支付的价款及交纳的相关税费；(3)通过祖传收藏的，为其收藏该拍卖品而发生的费用；(4)通过赠送取得的，为其受赠该拍卖品时发生的相关税费；(5)通过其他形式取得的，参照以上原则确定财产原值。拍卖财产过程中缴纳的税金，是指在拍卖财产时纳税人实际缴纳的相关税金及附加。有关合理费用，是指拍卖财产时纳税人按照规定实际支付的拍卖费（佣金）、鉴定费、评估费、图录费、证书费等。

二、不能提供合法、完整、准确的财产原值凭证的税款征收

纳税人如不能提供合法、完整、准确的财产原值凭证，不能正确计算财产原值的，按转让收入额的3%征收率计算缴纳个人所得税；拍卖品经文物部门认定是海外回流文物的，按转让收入额的2%征收率计算缴纳个人所得税。

纳税人的财产原值凭证内容填写不规范，或者一份财产原值凭证包括多件拍卖品且无法确认每件拍卖品一一对应的原值的，不得将其作为扣除财产原值的计算依据，应视为不能提供合法、完整、准确的财产原值凭证，并按上述规定的征收率计算缴纳个人所得税。

三、不能提供有关税费凭证的税款征收

纳税人能够提供合法、完整、准确的财产原值凭证，但不能提供有关税费凭证的，不得按征收率计算纳税，应当就财产原值凭证上注明的金额据实扣除，并按照税法规定计算缴纳个人所得税。

四、扣缴管理

个人财产拍卖所得应纳的个人所得税税款，由拍卖单位负责代扣代缴，并按规定向拍卖单位所在地主管税务机关办理纳税申报。

拍卖单位代扣代缴个人财产拍卖所得应纳的个人所得税税款时，应给纳税人填开完税凭证，并详细标明每件拍卖品的名称、拍卖成交价格、扣缴税款额。

计算举例22

某个人通过网上拍卖个人创作的字画作品，取得收入25,000元，支付佣金、图录费等1000元；通过拍卖个人收藏的古董取得收入150,000元，该古董原取得成本为80,000元，支付佣金、鉴定费、图录费等5000元。个人所得税计算如下：

字画拍卖收入应纳税额 = 25000 × 3% = 750元

古董拍卖收入应纳税额 = (150000 − 80000 − 5000) × 20% = 13000元

第七节　非货币性资产投资的个人所得税

为进一步鼓励和引导民间个人投资，经国务院批准，将在上海自由贸易试验区试点的个人非货币性资产投资分期缴税政策推广至全国。财政部、国家税务总局在2015年发布了《关于个人非货币性资产投资有关个人所得税政策的通知》(财税〔2015〕41号)及《关于个人非货币性资产投资有关个人所得税征管问题的公告》(国家税务总局公告2015年第20号)。

《关于个人非货币性资产投资有关个人所得税政策的通知》(财税〔2015〕41号)所称的非货币性资产，是指现金、银行存款等货币性资产以外的资产，包括股权、不动产、技术发明成果，以及其他形式的非货币性资产。非货币性资产投资，包括以非货币性资产出资设立新的企业，以及以非货币性资产出资参与企业增资扩股、定向增发股票、股权置换、重组改制等投资行为。

会计意义上的货币性资产，是指企业持有的货币资金和收取固定或可确定金额的货币资金的权利，包括现金、银行存款、应收账款和应收票据，以及准备持有至到期的债券投资等。非货币性资产，是指货币性资产以外的资产。非货币性资产有别于货币性资产的最基本特征是，其在将来为企业带来的经济利益，即货币金额是不固定的或不可确定的。这一定义范围与《关于个人非货币性资产投资有关个人所得税政策的通知》(财税〔2015〕41号)最主要的不同在于：应收账款和应收票据，以及准备持有至到期的债券投资是否属于非货币性资产。笔者认为会计准则的描述更为准确完整。

一、分期缴税政策

1. 个人以非货币性资产投资，属于个人转让非货币性资产和投资同时发生。对个人转让非货币性资产的所得，应按照"财产转让所得"项目，依法计算缴纳个人所得税。

2. 个人应在发生上述应税行为的次月15日内向主管税务机关申报纳税。纳税人一次性缴税有困难的，可合理确定分期缴纳计划并报主管税务机关备案后，自发生上述应税行为之日起不超过5个公历年度内(含)分期缴纳个人所得税。

分期缴税政策自2015年4月1日起施行。对2015年4月1日之前发生的个人非货币性资产投资，尚未进行税收处理且自发生上述应税行为之日起期限未超过5年的，可在剩余的期限内分期缴纳其应纳税款。

3. 个人以非货币性资产投资交易过程中取得现金补价的，现金部分应优先用于缴税；现金不足以缴纳的部分，可分期缴纳。

个人在分期缴税期间转让其持有的上述全部或部分股权，并取得现金收入的，该现金收入应优先用于缴纳尚未缴清的税款。

4. 非货币性资产投资个人所得税以发生非货币性资产投资行为并取得被投资企业股权的个人为纳税人。

5. 个人以非货币性资产投资的，应于非货币性资产转让、取得被投资企业股权时，确认非货币性资产转让收入的实现。

二、应纳税所得额的确定

个人以非货币性资产投资的，应按评估后的公允价值确认非货币性资产转让收入。非货币性资产转让收入减除该资产原值及合理税费后的余额为应纳税所得额。

非货币性资产原值为纳税人取得该项资产时实际发生的支出。纳税人无法提供完整、准确的非货币性资产原值凭证，不能正确计算非货币性资产原值的，主管税务机关可依法核定其非货币性资产原值。纳税人以股权投资的，该股权原值确认等相关问题依照《股权转让所得个人所得税管理办法(试行)》有关规定执行。

合理税费是指纳税人在非货币性资产投资过程中发生的与资产转移相关的税金及合理费用。

三、早期的非货币性资产对外投资的征税规定

针对个人以评估增值的非货币性资产对外投资的征税问题，早在2008年，国家税务总局就发布了《关于资产评估增值计征个人所得税问题的通知》（国税发〔2008〕115号）进行了规定。个人以评估增值的非货币性资产对外投资取得股权的，个人取得的相应股权价值高于该资产原值的部分，属于个人所得，按照“财产转让所得”项目计征个人所得税。税款由被投资企业在个人取得股权时代扣代缴。

在更早些时候，国家税务总局《关于非货币性资产评估增值暂不征收个人所得税的批复》（国税函〔2005〕319号）规定，对个人将非货币性资产进行评估后投资于企业，其评估增值取得的所得在投资取得企业股权时，暂不征收个人所得税。在投资收回、转让或清算股权时如有所得，再按规定征收个人所得税，其“财产原值”为资产评估前的价值。该批复已被国家税务总局《关于公布全文失效废止、部分条款失效废止的税收规范性文件目录的公告》（国家税务总局公告2011年第2号，2011年1月4日起实施）废止。

四、征收管理

1. 非货币性资产投资个人所得税由纳税人向主管税务机关自行申报缴纳。

2. 纳税人以不动产投资的，以不动产所在地税务机关为主管税务机关；纳税人以其持有的企业股权对外投资的，以该企业所在地税务机关为主管税务机关；纳税人以其他非货币资产投资的，以被投资企业所在地税务机关为主管税务机关。

3. 纳税人非货币性资产投资需要分期缴纳个人所得税的，应于取得被投资企业股权之日的次月15日内，自行制定缴税计划并向主管税务机关报送《非货币性资产投资分期缴纳个人所得税备案表》（见附录二“纳税备案”部分）、纳税人身份证明、投资协议、非货币性资产评估价格证明材料、能够证明非货币性资产原值及合理税费的相关资料。

4. 2015年4月1日之前发生的非货币性资产投资，期限未超过5年，尚未进行税收处理且需要分期缴纳个人所得税的，纳税人应于《关于个人非货币性资产投资有关个人所得税征管问题的公告》下发之日起30日内向主管税务机关办理分期缴税备案手续。

5. 纳税人分期缴税期间提出变更原分期缴税计划的，应重新制订分期缴税计划

并向主管税务机关重新报送《非货币性资产投资分期缴纳个人所得税备案表》。

6. 纳税人按分期缴税计划向主管税务机关办理纳税申报时，应提供已在主管税务机关备案的《非货币性资产投资分期缴纳个人所得税备案表》和本期之前各期已缴纳个人所得税的完税凭证。

7. 纳税人在分期缴税期间转让股权的，应于转让股权之日的次月 15 日内向主管税务机关申报纳税。

8. 被投资企业应将纳税人以非货币性资产投入本企业取得股权和分期缴税期间纳税人股权变动情况，分别于相关事项发生后 15 日内向主管税务机关报告，并协助税务机关执行公务。

第八节　网络虚拟货币转让收入

个人通过网络收购玩家的虚拟货币，加价后向他人出售取得的收入，属于个人所得税应税所得，应按照“财产转让所得”项目计算缴纳个人所得税。个人销售虚拟货币的财产原值为其收购网络虚拟货币时所支付的价款和相关税费。个人不能提供有关财产原值凭证的，由主管税务机关核定其财产原值。（国家税务总局《关于个人通过网络买卖虚拟货币取得收入征收个人所得税问题的批复》，国税函〔2008〕818号）

第九节　不良资产处置及债权/债券转让所得

一、不良资产处置个人所得税分析

不良资产处置，是指通过综合运用法律法规允许范围内的一切手段和方法，对资产进行的价值变现和价值提升的活动。资产处置的范围包括股权类资产、债权类资产和实物类资产。资产处置方式按资产变现分为终极处置和阶段性处置。终极处置主要包括破产清算、拍卖、招标、协议转让、折扣变现等方式，阶段性处置主要包括债转股、债务重组、诉讼及诉讼保全、以资抵债、资产置换、企业重组、实物资产再投资、实物资产出租、资产重组、实物资产投资等方式。

个人在不良资产处置过程中扮演的角色不同,涉及的个人所得税可能不太一样。

如果是债权人,由于已经是不良资产了,一般来说不会产生个人所得税的纳税义务。但如果在处置过程中产生了所得(可以近似地理解为利润,即税法确定的收入扣除税法确定的成本费用等的余额),虽然税法目前没有专门针对这方面的规定,但还是有可能产生个人所得税问题。比如债转股,债权人应收的债权为 100 万元,经协商转换为价值 150 万元的股权。参照个人以非货币性资产投资的规定,债转股的过程实质上是转让债权和投资同时发生。由于目前税法对此没有明确,债转股过程中债权的增值部分可能暂时不用缴纳个人所得税,但是在该股权转让时,由于股权的原始成本为 100 万元,如果转让价格高于 100 万元,那么也会产生"财产转让所得"从而缴纳个人所得税。

对于债务人个人,比如 100 万元的债务,其只用偿还 80 万元,那么产生的 20 万元的收益是否需要缴纳个人所得税呢?目前税法也没有明确规定。

对于个人因购买和处置债权取得的个人所得税,是有规定的,即国家税务总局《关于个人因购买和处置债权取得所得征收个人所得税问题的批复》(本节以下简称国税函〔2005〕655 号)。

二、个人购买和处置债权取得的所得

根据国税函〔2005〕655 号,个人通过招标、竞拍或其他方式购置债权以后,通过相关司法或行政程序主张债权而取得的所得,应按照"财产转让所得"项目缴纳个人所得税。

个人通过上述方式取得"打包"债权,只处置部分债权的,其应纳税所得额按以下方式确定:

1. 以每次处置部分债权的所得,作为一次财产转让所得征税。

2. 其应税收入按照个人取得的货币资产和非货币资产的评估价值或市场价值的合计数确定。

3. 所处置债权成本费用(财产原值),按下列公式计算:

当次处置债权成本费用 = 个人购置"打包"债权实际支出 × 当次处置债权账面价值(或拍卖机构公布价值) ÷"打包"债权账面价值(或拍卖机构公布价值)。

4. 个人购买和处置债权过程中发生的拍卖招标手续费、诉讼费、审计评估费,以及缴纳的税金等合理税费,在计算个人所得税时允许扣除。

三、个人转让债券原值的确定

国家税务总局《关于印发〈征收个人所得税若干问题的规定〉的通知》(国税发〔1994〕89 号)第 7 条“关于如何确定转让债权财产原值的问题”的规定,从内容上来看,规定的应该是转让债券原值的确定(国税函〔2005〕655 号公布前,转让债权的原值也可以参照适用):转让债权,采用加权平均法确定其应予减除的财产原值和合理费用。也就是说,以纳税人购进的同一种类债券买入价和买进过程中缴纳的税费总和,除以纳税人购进的该种类债券数量之和,乘以纳税人卖出该种类债券数量,再加上卖出该种类债券过程中缴纳的税费。用公式表示为:

一次卖出某一种类债券允许扣除的买入价和费用 = 纳税人购进的该种类债券买入价和买进过程中缴纳的税费总和 ÷ 纳税人购进的该种类债券总数量 × 一次卖出的该种类债券的数量 + 卖出该种类债券过程中缴纳的税费

第十节　强制执行及司法拍卖的税收问题

一、关于法院强制执行的税收问题

国家税务总局《关于人民法院强制执行被执行人财产有关税收问题的复函》(国税函〔2005〕869 号)明确:人民法院的强制执行活动属司法活动,不具有经营性质,不属于应税行为,税务部门不能向人民法院的强制执行活动征税。无论拍卖、变卖财产的行为是纳税人的自主行为,还是人民法院实施的强制执行活动,对拍卖、变卖财产的全部收入,纳税人均应依法申报缴纳税款。

税收具有优先权。《税收征管法》第 45 条第 1 款规定,税务机关征收税款,税收优先于无担保债权,法律另有规定的除外;纳税人欠缴的税款发生在纳税人以其财产设定抵押、质押或者纳税人的财产被留置之前的,税收应当先于抵押权、质权、留置权执行。

鉴于人民法院实际控制纳税人因强制执行活动而被拍卖、变卖财产的收入,根据《税收征管法》第 5 条的规定,人民法院应当协助税务机关依法优先从该收入中征收税款。

二、关于司法拍卖中的税费问题

最高人民法院《关于人民法院网络司法拍卖若干问题的规定》规定:实施网络司法拍卖的,人民法院应当在拍卖公告发布当日通过网络司法拍卖平台公示拍卖财产产权转移可能产生的税费及承担方式。因网络司法拍卖本身形成的税费,应当依照相关法律、行政法规的规定,由相应主体承担;没有规定或者规定不明的,人民法院可以根据法律原则和案件实际情况确定税费承担的相关主体、数额。

以淘宝司法拍卖平台所载的法院拍卖公告为例,多数房地产司法拍卖均约定由买受人承担税费。但是由于房地产拍卖转让税费较重且不能准确计算,容易导致流拍。即使拍卖成功,很多买受人在过户时才发现需要缴纳的税费超出自己想象,因此实践中产生了大量的这类税收争议案件。裁判结果基本上是按拍卖公告公示的执行。正因为如此,近年来网络司法拍卖已有很多改为依照相关法律、行政法规的规定由相应主体承担。江苏省高级人民法院《关于正确适用〈最高人民法院关于人民法院网络司法拍卖若干问题的规定〉若干问题的通知》(苏高法电〔2017〕217号)明确规定:因网络司法拍卖产生的税费,按照最高人民法院《关于人民法院网络司法拍卖若干问题的规定》第30条的规定,由相应主体承担。在法律、行政法规对税费负担主体有明确规定的情况下,人民法院不得在拍卖公告中规定一律由买受人承担。

根据税收的计算原理,如果由买方承担卖方税费的话,实际的成交价格并非计税价格,计税价格应在实际成交价格基础上进行还原计算,由于涉及增值税、个人所得税、企业所得税等税种,房地产拍卖的话还可能涉及土地增值税,还原过程较为复杂,此处不作展开讨论。正因如此,很多地方对于二手房交易的个人所得税实行核定征收,即根据成交价的一定比例直接计算个人所得税,如下面介绍的昆明司法房交易,不符合免征条件的,可按成交价全额的1%缴纳个人所得税。

司法拍卖中约定的"标的物过户登记手续由买受人自行办理,所涉及的一切税、费、金均由买受人承担"的内容如何理解?买受人是否应支付由此产生的税款及滞纳金?

以上问题可参考广州市中级人民法院审理的(2019)粤01民终7051号案,即案例16。

关于司法拍卖,各地一般会出台专门的税收征收政策,具体可向税务机关或拍卖机构、法院咨询。表7-1中2020年淘宝司法拍卖网公布的昆明司法房交易税费,可作参考:

表 7－1　2020 年淘宝司法拍卖网上昆明司法房交易税费统计

房屋类型	买方身份	房主身份	买方所需承担的税费[1]					
			契税	印花税	增值税及附加	个人所得税	土地增值税	印花税
住宅	个人	个人	1. 唯一住房： $90m^2$ 及以下：1% $90m^2$ 以上：1.5% 2. 第二套改善性住房： $90m^2$ 及以下：1% $90m^2$ 以上：2% 3. 三套及以上：3%	无	1. 满两年免征 2. 未满，成交价全额 5.6%	1. 满五唯一住房，免征 2. 以上任一条件不满足，差额 20% 或成交价全额 1%	无	无
	个人	企业	1. 唯一住房： $90m^2$ 及以下：1% $90m^2$ 以上：1.5% 2. 第套改善性住房： $90m^2$ 及以下：1% $90m^2$ 以上：2% 3. 三套及以上：3%	无	差额 5.6%	无	计税价格 ×5% 或增值额 × 四级超率累进税率 − 扣除项目金额 × 速算扣除系数	0.05%
	企业	个人	3%	0.05%	1. 满两年，免征 2. 未满，成交价 × 5.6%	1. 满五唯一住房，免征 2. 以上任一条件不满足，差额 20% 或成交价全额 1%	无	无
	企业	企业	3%	0.05%	差额 5.6%	无	计税价格 ×5% 或增值额 × 四级超率累进税率 − 扣除项目金额 × 速算扣除系数	0.05%

续表

房屋类型	买方身份	房主身份	买方所需承担的税费					
			契税	印花税	增值税及附加	个人所得税	土地增值税	印花税
非住宅	个人	个人	3%	0.05%	差额5.6%	差额20%或成交价全额1%	计税价格×5%或增值额×四级超率累进税率－扣除项目金额×速算扣除系数	0.05%
	个人	企业	3%	0.05%	差额5.6%	无	计税价格×5%或增值额×四级超率累进税率－扣除项目金额×速算扣除系数	0.05%
	企业	个人	3%	0.05%	差额5.6%	差额20%或成交价全额1%	计税价格×5%或增值额×四级超率累进税率－扣除项目金额×速算扣除系数	0.05%
	企业	企业	3%	0.05%	差额5.6%	无	计税价格×5%或增值额×四级超率累进税率－扣除项目金额×速算扣除系数	0.05%

[1]出让方税费是否需要买方承担以法院公告为准。

第十一节 行政处罚及裁判案例精选

案例 16

司法拍卖中买受人承担的"一切税费"及滞纳金的承担
广州市恒利房地产开发有限公司与郑某拍卖合同纠纷案

审理法院:广东省广州市中级人民法院

案号:(2019)粤01民终7051号

在涉案司法拍卖房屋办理过户时,买受人郑某仅提交《拍卖成交确认书》,其中没有提及税费负担的内容。在未看到《竞买公告》的前提下,税务局根据国家税务总局《关于契税纳税申报有关问题的公告》(国家税务总局公告2015年第67号)的规定,认为该案属于各负各税的情形,要求买受人缴纳了印花税和契税。郑某缴纳了契税和印花税后取得了不动产权证书。广州市恒利房地产开发有限公司(以下简称恒利公司)应缴纳的税款由税务机关向其催缴征收。后税务局在网上查询到了涉案的《竞买公告》,发现公告上写有"过户所涉一切税费均是由买受人负担的内容"。但基于恒利公司是纳税主体,因此仍向恒利公司催缴涉案的增值税、城市维护建设税、教育费附加、地方教育附加、预缴的土地增值税。最终税费是恒利公司自己前往税务局缴纳的。

之后,该税务局办理属法院强制拍卖的房屋过户登记的,都要求买受人提供《竞买公告》以及《拍卖成交确认书》,以确定税费的实际缴纳人。凡写有"过户所涉一切税费均是由买受人负担的内容"的,均要求买受人将过户时买卖双方应缴纳的税费(含本案争议的增值税、城市维护建设税、教育费附加、地方教育附加、预缴的土地增值税等)全部缴纳完毕之后,再行办理过户手续。至于过户和交易在税收征收程序中并无严格的概念界限,前述所涉税费均在过户时收取。关于滞纳金的问题,税务机关是按5‱的标准来征收的,期间的认定标准为:过户交税当天的月份为所属期,逾期不缴纳的,才开始计算滞纳金至实际缴纳税费之日止。如7月18日过户交易的,7月为所属期,所属期内未缴纳税费的,下一个所属期开始,即8月15日就开始算滞纳金,计至实际缴纳之日为止。

后恒利公司向法院起诉请求郑某承担已缴纳的税费。一审法院判决驳回,上诉后二审法院判决支持了恒利公司的主要主张,还支持了上述税费产生的按中国人民银行同期同类贷款利率计算的利息。关于滞纳金问题,鉴于上述税费所产生的滞纳金是税务机关直接向恒利公司追讨的,恒利公司有避免损失扩大的义务而没有履行,导致发生了滞纳金。因此,法院认为恒利公司无权向郑某主张滞纳金。

郑某所抗辩的恒利公司缴纳的这些税种“均为交易过程而非过户中产生”的主张法院未予支持。法院分析如下:一是从纳税的时间点来看,是在办理过户时由税务部门收取的,与过户行为存在关联,属过户所涉税费。二是从滞纳金所属区间来看,税务机关认定的是属于郑某办理房屋产权登记的月份,可以印证这些税种是基于过户行为所产生。三是从税务机关的实际操作来看,均为统一在过户时收取。则恒利公司认为该等争议的税种属于过户所涉符合税收征收的实际情况。郑某认为与过户无关缺乏法律依据支持。

关于恒利公司提出的补缴土地增值税的诉请。经过调查,土地增值税的补缴即使发生也是对整个项目的补缴,不存在对某一套房屋的补缴。即使发生补缴也并非属于办理过户所涉的一切税费。因此,该部分款项,恒利公司无权向买受人主张。

司法拍卖和普通拍卖有共性,也是最终将特定物品或者财产权利转让给最高应价者的买卖方式。实际上,买受人与恒利公司之间形成的是买卖合同关系,恒利公司有关过户所涉一切税费金由买受人承担的要约内容通过《竞买公告》的方式对外作出意思表示,买受人拍卖受让涉案房地产形同承诺,则双方就此达成协议。据此,买受人应当受到《竞买公告》条款约束,应负担涉案房屋过户所涉应由买卖双方负担的税费。据此,法院认为,恒利公司向税务机关缴纳的与过户有关的税款应由买受人向其支付。

案例 17

司法拍卖中的买受人应按约定承担税费

黄某某、黎某某与国家税务总局广州市白云区税务局第一税务所、国家税务总局广州市白云区税务局税务行政管理(税务)案

审理法院:广州铁路运输中级法院

案号:(2019)粤 71 行终 3468 号

裁判日期:2019 年 11 月 27 日

基本事实:黎某某于 2017 年 9 月 26 日通过淘宝司法拍卖平台竞得白云区黄石

路美居三街××号房。广州市越秀区人民法院发布的《竞买公告》中特别提示部分载明"标的物过户登记手续由买受人自行办理,并承担权属变更手续所涉及的买卖双方所需承担的一切税、费和所需补交的相关税、费"。房屋转让方为孙某,承受方为黎某某及黄某某。2017年11月18日,黄某某、黎某某申请办理过户手续时,原白云纳税分局要求黄某某、黎某某按涉案房产的《竞买公告》的要求,承担被执行人孙某的个人所得税后再予办理,但黄某某、黎某某予以拒绝,双方产生纳税争议。2017年11月21日,黄某某、黎某某向原白云区地税局提出行政复议,但被告知,如需提出行政复议,需先缴纳相关的税款或提供纳税担保。黄某某、黎某某选择向原白云纳税分局提出纳税担保申请。其后,原白云纳税分局以纳税担保须经个人所得税纳税人孙某签字盖章,黎某某不是本事项的个人所得税纳税人为由,不予受理。黄某某、黎某某不服,诉至法院。

法院认为:虽然我国税收征管方面的法律法规对于不同税种的征收均明确规定了纳税义务人,但税、费具有金钱给付的特征,不具有人身专属性,因而税、费的实际承担者可以由当事人约定,我国法律法规也未对纳税义务人与他人约定由他人承担税款作出禁止性规定。本案中,上诉人黎某某参与竞买涉案房屋前,对法院发布的《竞买公告》中关于由买受人承担权属变更手续涉及买卖双方所需承担的一切税、费的条款内容已经知悉,其成功竞买涉案房屋应当视为其接受该条款并应遵守约定。虽然涉案房屋转让方孙某是个人所得税的法定纳税义务主体,但上诉人黎某某与广州市越秀区人民法院在司法拍卖中关于税款缴纳的约定并不违反法律法规的强制性规定,亦未损害国家和社会公共利益及他人合法权益,对于该约定的效力,应当予以认可。被上诉人原白云纳税分局要求上诉人承担权属变更手续涉及的买卖双方税、费,并无不当。

案例评析:

对于像本案这样司法拍卖中由买方承担税费的情形,也是二手房交易中普遍存在的现象。税法并不禁止由买受人代为承担应由税法规定的纳税义务人承担的税费。同样,买受人承担税费后,是否可以计入该项资产的取得成本,在再次转让时进行扣除,目前税法也并没有明确规定。

从目前的政策来看,税务机关可能会认为不可扣除,因为扣除需要提供相关凭证,而这种代为纳税取得的《税收完税证明》上注明的纳税人是卖方而不是买方,如果允许扣除的话,容易造成混乱,即可能会造成卖方将原本是自己实际承担税费的凭证交给买方,买方据以加大成本的情况发生;而且目前也没有可以扣除的政策依据，税务机关是不能擅自做主给予扣除的。

但这又实实在在是买受人的取得该项资产的成本，一概不能扣除的话，对买受人又不公平。解决的办法可以像前面介绍的那样，参照企业代员工承担个人所得税的税款还原计算，或核定征收。

案例 18

因中介误导产生的房屋转让个人所得税赔偿案

原告吴某、顾某与被告南通市 BT 房产经济有限公司(以下简称 BT 公司)、南通 ZH 不动产经济服务有限公司(以下简称 ZH 公司)居间合同纠纷案

审理法院：江苏省如皋市人民法院

案号：(2020)苏 0682 民初 7925 号

裁判日期：2020 年 12 月 16 日

基本事实：2020 年 7 月 24 日，两原告代房主陈某缴纳个人所得税 95,571.30 元，该 95,571.30 元组成包括征税率为 0.01 的个人所得税 9800 元(陈某卖给原告交易总额的 1%)，征税率为 0.2 的个人所得税 85,771.30 元(成交价中的一半为陈某继承其妻子的房产份额后再卖，按差额部分的 20% 计征)，合计 95,571.30 元。两原告称，如讼争房屋为两个中介公司所称的“满五唯一”，则卖方不需要负担上述个人所得税 95,571.30 元，但该税费是因讼争房屋并非卖方陈某的唯一住房且存在继承情况(陈某妻子去世后由陈某继承了其妻子的房产份额)产生，因房屋买卖合同约定所有的税费由其负担，故导致其产生上述税费损失，现其基于房屋居间合同关系，认为被告 BT 公司及 ZH 公司作为居间方，向其进行虚假宣传，让其误以为讼争房屋符合“满五唯一”才签订房屋买卖合同，其遂提起本案诉讼，要求被告 BT 公司赔偿其多缴纳的税费 95,571.30 元及误工费、交通费 5000 元，由被告 ZH 公司承担连带给付责任。

财政部、国家税务总局、建设部《关于个人住房所得征收个人所得税有关问题的通知》(财税字〔1999〕278 号)规定，个人转让自用 5 年以上，并且是家庭唯一生活用房的，取得的所得免征个人所得税。所谓“自用 5 年以上”，是指从个人购房至转让房屋的时间达 5 年以上；“家庭唯一生活用房”，是指在同一省、自治区、直辖市范围内纳税人(有配偶的为夫妻双方)仅拥有一套住房。以上即是对“满五唯一”的定义。针对本案所涉的“满五唯一”及所征 95,571.30 元个人所得税的问题，法院分别

于2020年10月20日及11月25日向如皋市国税局调查咨询。咨询后得知:(1)讼争房屋符合“满五”条件,但并非原所有权人名下“唯一”住房(除本案房屋外,陈某还有其他住房)。(2)若符合“满五唯一”,则免征卖方个人所得税。(3)根据财税〔2009〕78号财政部、国家税务总局《关于个人无偿受赠房屋有关个人所得税问题的通知》及财政部、国家税务总局2019年第74号《关于个人取得有关收入适用个人所得税应税所得项目的公告》精神,本案房屋所征95,571.30元税费均是征收的卖房人应缴纳的个人所得税,其中,9800元是针对卖方的该房屋“不唯一”所征收,征收的是卖方自有部分的个人所得税;85,771.30元是针对卖方存在的继承现象而征收。因讼争房屋不符合“满五唯一”的条件,故需征收上述两项税费。

法院认为:《合同法》第425条规定,居间人应当就有关订立合同的事项向委托人如实报告。居间人故意隐瞒与订立合同有关的重要事实或者提供虚假情况,损害委托人利益的,不得要求支付报酬并应当承担损害赔偿责任。

据此可以看出,居间人在居间合同中应承担的义务应包括报告义务和忠实义务。对于忠实义务可以理解为,在房屋买卖居间合同中,居间人对于受托事项及居间服务应承担符合专业主体要求的注意义务,该注意义务应明显超出对普通交易主体的要求,否则,委托居间人即丧失意义。注意义务的具体范围,应包括审查核实与交易相关的主体身份、委托代理、房屋基本情况等证明材料的真实性。居间人因未尽必要注意义务而未能提供真实信息,由此使另一方委托人受损的,应根据其过错程度在相应范围内承担赔偿责任。

根据法院至如皋市国税局调查了解的税费征收政策可知,房屋是否属于“满五唯一”会对税费负担产生直接影响,进而会影响交易价格及合同履行。房屋是否符合政策规定,需解读政策后结合房屋具体情况进行判断。作为居间合同中的专业一方,居间人具有界定义务,即应根据出卖人提供的资料对房屋是否符合“满五唯一”进行专业判断,而非仅根据出卖人的口头介绍或承诺判断,亦不能将居间方应负有的义务推卸给交易双方。具体到本案,被告ZH公司作为房源信息维护方,由其与卖方联系,核实房屋基本信息,也是其在贝壳找房平台网上公布房屋信息宣传图片,并备注房屋符合“满五唯一”条件的,在签订本案房屋买卖合同前,由其员工陈某莲与卖方陈某进行联系沟通,获得陈某的银行账号,并要求两原告给付定金至陈某账户。该公司虽辩称“满五唯一”的信息为卖方陈某提供,但未能对此进行举证。对于被告BT公司,在本案房屋买卖合同中与ZH公司应属于同行合作签单的关系,在得知ZH公司告知的“满五唯一”信息后,该公司亦未对房屋的真实信息进行审核,在房屋不构成“满五唯一”的情形下，两个中介公司均告知买受人虚假信息，误导了两原告，导致两原告误信该信息，自愿在购房合同中约定承担所有的过户税费，最终造成两原告多缴纳了因房屋非“满五唯一”所产生的95,571.30元卖方个人所得税。综上，两个中介公司对此存在过错，应对原告共同承担赔偿责任。最终判决两被告赔偿原告95,571.30元。

案例19

合作经营收回投资个人所得税

刘某、李某、张某共同签订《合作意向书》，共同以××置业有限公司名义开发房地产项目，其中刘某出资728万元。2017年1月27日，刘某与李某、××置业有限公司签订《退伙协议书》，刘某与李某自愿解除合伙关系，李某付给刘某550万元。后刘某实际收回款项共计1288万元，包括728万元出资款、550万元退伙协议约定的款项，以及10万元延期支付利息。

根据国家税务总局《关于个人终止投资经营收回款项征收个人所得税问题的公告》，个人因各种原因终止投资、联营、经营合作等行为，从被投资企业或合作项目、被投资企业的其他投资者以及合作项目的经营合作人处取得股权转让收入、违约金、补偿金、赔偿金及以其他名目收回的款项等，均属于个人所得税应税收入，应按照“财产转让所得”项目适用的规定计算缴纳个人所得税。李某应代扣代缴个人所得税。

刘某应缴纳的个人所得税＝(1288－728)×20%＝112万元

注：以上案例源于(2019)豫14行终157号《国家税务总局商丘市税务局稽查局、李某税务行政管理(税务)二审行政判决书》。除了税款，稽查局还以被上诉人李某向案外人刘某支付560万元所得，应代扣代缴而未代扣代缴个人所得税112万元为由，对其处以56万元的罚款。

原审法院认为，刘某与李某达成的是退伙协议，而非股份转让协议，李某支付刘某的550万元，是按刘某的投资金额、期限，在借款月利率1.5%的基础上协商确定的，应当认定550万元是刘某原出资款的利息，另10万元是李某支付给刘某的违约金，且刘某出具的收条写明，收到李某支付的项目利润。因此，稽查局认定该款是财产转让所得，无事实根据，被诉处罚决定认定事实错误，依法应予撤销。原审法院遂判决撤销了被诉处罚决定。稽查局不服上诉，二审法院判决撤销原审判决。

其实从该笔款项的形式来看，一审法院的认定也不是没有道理。但利润就是利息吗？并不是，销售商品、转让资产、提供劳务都可以产生利润。即使是利息所得，仍然要按20%的税率由付款人代扣代缴个人所得税。

第八章 偶然所得个人所得税

本章思维导图

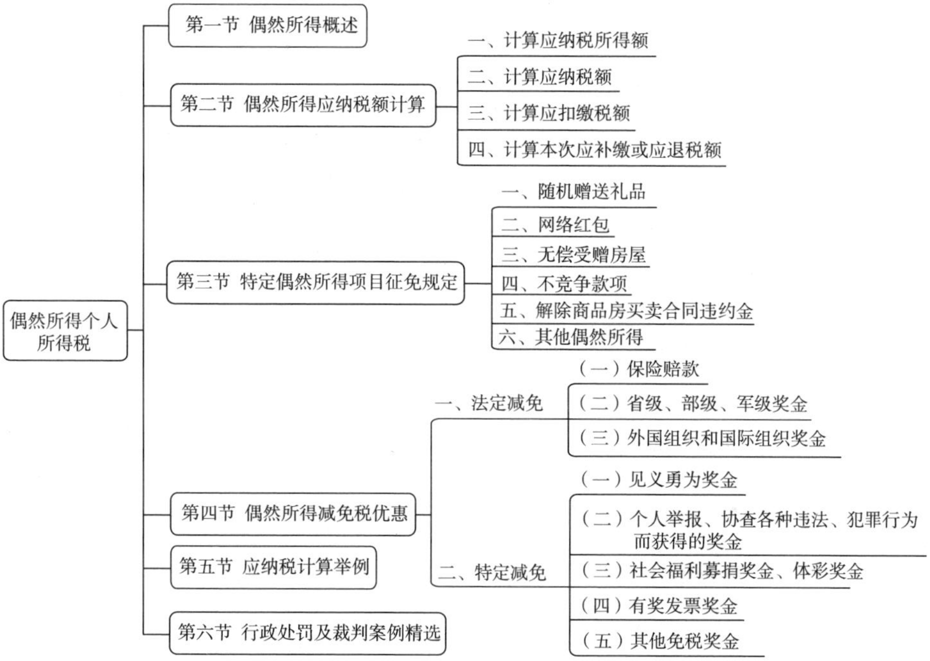

第一节　偶然所得概述

偶然所得，是指个人得奖、中奖、中彩以及其他偶然性质的所得。具体包括省级、部级、军级奖金，外国组织和国际组织奖金，见义勇为奖金，举报、协查违法犯罪奖金，社会福利募捐奖金，体彩奖金，有奖发票奖金，随机赠送礼品及其他偶然所得。

对于前述的“其他偶然所得”如何判定的问题，税法规定：个人取得的所得，难以界定应纳税所得项目的，由国务院税务主管部门确定。因此，如果一项所得不属于前述列举项目，但有专门的税收文件进行规定，即属于需要纳税的“其他偶然所得”，比如担保收入、不竞争款项、除特定情形之外的无偿受赠房屋等。如果没有规定，且按通常的理解也无法归入前述列举的应纳税所得项目，则不应归入“其他偶然所得”。如果纳税人与税务机关因此产生争议的，可提请国家税务总局确定。

偶然所得按月或者按次计算个人所得税，以每次收入额为应纳税所得额，适用比例税率20%。偶然所得，以一个月内取得的收入为一次。

偶然所得实行个人所得税全员全额扣缴申报制度。扣缴义务人支付偶然所得时，应当依法按次或者按月代扣代缴税款。

居民个人源于中国境外的偶然所得，不与境内所得合并，应当分别单独计算应纳税额。境外偶然所得是指由中国境外企业、其他组织以及非居民个人支付且负担的偶然所得。境外所得，依照所得来源国家（地区）税收法律规定在中国境外已缴纳的所得税税额允许在抵免限额内从其该纳税年度应纳税额中抵免。抵免限额的确定详见第二章第六节“境外已纳税额抵免”。

第二节　偶然所得应纳税额计算

一、计算应纳税所得额

应纳税所得额 = 收入 - 免税收入 - 准予扣除的捐赠额

二、计算应纳税额

应纳税额 = 应纳税所得额 × 20%

三、计算应扣缴税额

应扣缴税额 = 应纳税额 - 减免税额

四、计算本次应补缴或应退税额

应补（退）税额 = 应扣缴税额 - 已缴税额

计算结果为负则为应退税额。

计算免税项目的应纳税时,“收入”与“免税收入”为同一金额,计算出的应纳税所得额、应纳税额、应扣缴税额、应补(退)税额均为0元。

第三节　特定偶然所得项目征免规定

一、随机赠送礼品

根据《关于个人取得有关收入适用个人所得税应税所得项目的公告》(财政部、税务总局公告2019年第74号)、《关于企业促销展业赠送礼品有关个人所得税问题的通知》(财税〔2011〕50号),企业在业务宣传、广告等活动中,随机向本单位以外的个人赠送礼品(包括网络红包,下同),以及企业在年会、座谈会、庆典及其他活动中向本单位以外的个人赠送礼品,个人取得的礼品收入,按照“偶然所得”项目计算缴纳个人所得税,但企业赠送的具有价格折扣或折让性质的消费券、代金券、抵用券、优惠券等礼品除外。

企业赠送的礼品是自产产品(服务)的,按该产品(服务)的市场销售价格确定个人的应税所得;是外购商品(服务)的,按该商品(服务)的实际购置价格确定个人的应税所得。

这里的“企业”包括企业、事业单位、社会团体、个人独资企业、合伙企业和个体工商户等。企业对累积消费达到一定额度的顾客,给予额外抽奖机会,个人的获奖所得,按照“偶然所得”项目,全额适用20%的税率缴纳个人所得税。

企业在销售商品(产品)和提供服务过程中向个人赠送礼品,属于下列情形之一的,不征收个人所得税:(1)企业通过价格折扣、折让方式向个人销售商品(产品)和提供服务;(2)企业在向个人销售商品(产品)和提供服务的同时给予赠品,如通信企业对个人购买手机赠话费、入网费,或者购话费赠手机等;(3)企业对累积消费达到一定额度的个人按消费积分反馈礼品。

二、网络红包

根据《关于加强网络红包个人所得税征收管理的通知》(税总函〔2015〕409号),对个人取得企业派发的现金网络红包,应按照“偶然所得”项目计算缴纳个人所得税，税款由派发红包的企业代扣代缴。

个人取得企业派发的且用于购买该企业商品（产品）或服务的非现金网络红包，包括各种消费券、代金券、抵用券、优惠券等，以及个人因购买该企业商品或服务达到一定额度而取得企业返还的现金网络红包，属于企业销售商品（产品）或提供服务的价格折扣、折让，不征收个人所得税。

个人之间派发的现金网络红包，不属于个人所得税法规定的应税所得，不征收个人所得税。

三、无偿受赠房屋

根据《关于个人取得有关收入适用个人所得税应税所得项目的公告》、《关于个人无偿受赠房屋有关个人所得税问题的通知》（财税〔2009〕78 号），房屋产权所有人将房屋产权无偿赠与他人的，受赠人因无偿受赠房屋取得的受赠收入，按照“偶然所得”项目计算缴纳个人所得税。但符合以下情形的，对当事双方不征收个人所得税：（1）房屋产权所有人将房屋产权无偿赠与配偶、父母、子女、祖父母、外祖父母、孙子女、外孙子女、兄弟姐妹；（2）房屋产权所有人将房屋产权无偿赠与对其承担直接抚养或者赡养义务的抚养人或者赡养人；（3）房屋产权所有人死亡，依法取得房屋产权的法定继承人、遗嘱继承人或者受遗赠人。

对受赠人无偿受赠房屋计征个人所得税时，其应纳税所得额为房地产赠与合同上标明的赠与房屋价值减除赠与过程中受赠人支付的相关税费后的余额。赠与合同标明的房屋价值明显低于市场价格或房地产赠与合同未标明赠与房屋价值的，税务机关可依据受赠房屋的市场评估价格或采取其他合理方式确定受赠人的应纳税所得额。

受赠人转让受赠房屋的，以其转让受赠房屋的收入减除原捐赠人取得该房屋的实际购置成本及赠与和转让过程中受赠人支付的相关税费后的余额，为受赠人的应纳税所得额，依法计征个人所得税。受赠人转让受赠房屋价格明显偏低且无正当理由的，税务机关可以依据该房屋的市场评估价格或其他合理方式确定的价格核定其转让收入。

在计征个人受赠不动产个人所得税时，不得核定征收，必须严格按照税法规定据实征收。（《关于加强房地产交易个人无偿赠与不动产税收管理有关问题的通知》，国税发〔2006〕144 号）

关于资料报送问题，参见《关于进一步简化和规范个人无偿赠与或受赠不动产免征营业税、个人所得税所需证明资料的公告》（国家税务总局公告 2015 年第 75 号），即本书第七章第五节第十一部分“个人无偿赠与或受赠不动产的免税管理”。

四、不竞争款项

不竞争款项是指资产购买方企业与资产出售方企业自然人股东之间在资产购买交易中，通过签订保密和不竞争协议等方式，约定资产出售方企业自然人股东在交易完成后一定期限内，承诺不从事有市场竞争的相关业务，并负有对相关技术资料的保密义务，资产购买方企业则在约定期限内，按一定方式向资产出售方企业自然人股东所支付的款项。

根据《个人所得税法》第2条有关规定，鉴于资产购买方企业向个人支付的不竞争款项，属于个人因偶然因素取得的一次性所得，因此，资产出售方企业自然人股东取得的所得，应按照《个人所得税法》第2条第9项“偶然所得”项目计算缴纳个人所得税，税款由资产购买方企业在向资产出售方企业自然人股东支付不竞争款项时代扣代缴。

五、解除商品房买卖合同违约金

根据国家税务总局《关于个人取得解除商品房买卖合同违约金征收个人所得税问题的批复》（国税函〔2006〕865号），商品房买卖过程中，有的房地产公司因未协调好与按揭银行的合作关系，造成购房人不能按合同约定办妥按揭贷款手续，从而无法缴纳后续房屋价款，致使房屋买卖合同难以继续履行，房地产公司因双方协商解除商品房买卖合同而向购房人支付违约金。根据个人所得税法的有关规定，购房个人因上述原因从房地产公司取得的违约金收入，应按照“其他所得”应税项目缴纳个人所得税，税款由支付违约金的房地产公司代扣代缴。

但是，根据《关于个人取得有关收入适用个人所得税应税所得项目的公告》（财政部、税务总局公告2019年第74号）规定，自2019年1月1日起，上述文件被废止。

关于个人取得的违约金收入，其中与股权转让及投资、个体工商户经营所得有关的有规定，而《关于个人取得解除商品房买卖合同违约金征收个人所得税问题的批复》（国税函〔2006〕865号）废止后对其他所得无相关规定。因此个人取得的其他违约金收入，不属于个人所得税征税范围，不应缴纳个人所得税。比如房地产开发商因延期交房或其他原因违约而支付给业主的违约金，业主就无须缴纳个人所得税。

六、其他偶然所得

1. 担保收入：个人为单位或他人提供担保获得收入，按照“偶然所得”项目计算缴纳个人所得税。

2. 境外博彩收入：在中国境内有住所的个人从境外取得的所得，应依照税法规定缴纳个人所得税。中彩所得属于“偶然所得”应税项目，适用比例税率20%。

3. 无赔款优待收入：根据国家税务总局《关于个人所得税有关政策问题的通知》（国税发〔1999〕58号），对于个人因任职单位缴纳有关保险费用而取得的无赔款优待收入，按照“其他所得”应税项目计征个人所得税。对于个人自己缴纳有关商业保险费（保费全部返还个人的保险除外）而取得的无赔款优待收入，不作为个人的应纳税收入，不征收个人所得税。

但是，以上规定被《关于个人取得有关收入适用个人所得税应税所得项目的公告》（财政部、税务总局公告2019年第74号）自2019年1月1日起废止。那么对无赔款优待收入是免税还是征税呢？个人认为还是不应纳税。因为这并非无偿取得，而是有偿取得的，即是因缴纳过保险而产生的收入。

第四节　偶然所得减免税优惠

一、法定减免

（一）保险赔款

（二）省级、部级、军级奖金

省级人民政府、国务院部委和中国人民解放军以上单位颁发的科学、教育、技术、文化、卫生、体育、环境保护等方面的奖金，免征个人所得税。

（三）外国组织和国际组织奖金

外国组织、国际组织颁发的科学、教育、技术、文化、卫生、体育、环境保护等方面的奖金免征个人所得税。

二、特定减免

（一）见义勇为奖金

根据《关于发给见义勇为者的奖金免征个人所得税问题的通知》（财税字〔1995〕25号），对乡、镇（含乡、镇）以上人民政府或经县（含县）以上人民政府主管部门批准成立的有机构、有章程的见义勇为基金会或者类似组织，奖励见义勇为者的奖金或奖品，经主管税务机关核准，免予征收个人所得税。

（二）个人举报、协查各种违法、犯罪行为而获得的奖金

根据《关于个人所得税若干政策问题的通知》（财税字〔1994〕20号），个人举报、协查各种违法、犯罪行为而获得的奖金暂免征收个人所得税。

（三）社会福利募捐奖金、体彩奖金

根据《关于社会福利有奖募捐发行收入税收问题的通知》（国税发〔1994〕127号）规定，对个人购买社会福利有奖募捐奖券一次中奖收入不超过10,000元的暂免征收个人所得税，对一次中奖收入超过10,000元的，应按税法规定全额征税。

根据《关于个人取得体育彩票中奖所得征免个人所得税问题的通知》（财税字〔1998〕12号）规定，对个人购买体育彩票取得中奖收入的，凡一次中奖收入不超过1万元的，暂免征收个人所得税；超过1万元的，应按税法规定全额征收个人所得税。

（四）有奖发票奖金

根据《关于个人取得有奖发票奖金征免个人所得税问题的通知》（财税〔2007〕34号），个人取得单张有奖发票奖金所得不超过800元（含800元）的，暂免征收个人所得税；个人取得单张有奖发票奖金所得超过800元的，应全额按照个人所得税法规定的“偶然所得”项目征收个人所得税。税务机关或其指定的有奖发票兑奖机构，是有奖发票奖金所得个人所得税的扣缴义务人，应依法认真做好个人所得税代扣代缴工作。

（五）其他免税奖金

1. 曾宪梓教育基金会教师奖（国税函发〔1994〕376号）；
2. 国际青少年消除贫困奖（财税字〔1997〕51号）；
3. “长江学者成就奖”奖金（国税函〔1998〕632号）；
4. “长江小小科学家”奖金（国税函〔2000〕688号）；
5. “母亲河（波司登）奖”奖金（国税函〔2003〕961号）；
6. “特聘教授奖金”（国税函〔1999〕525号）；
7. 陈嘉庚科学奖奖金（国税函〔2006〕561号）；

8. 刘东生青年科学家奖和刘东生地球科学奖学金(国税函〔2010〕74号);

9. 全国职工职业技能大赛奖金(国税函〔2010〕78号);

10. 中华宝钢环境优秀奖奖金(国税函〔2010〕130号);

11. 2011年度李四光地质科学奖奖金(国家税务总局公告2011年第68号);

12. 第五届黄汲清青年地质科学技术奖奖金(国家税务总局公告2012年第4号);

13. 明天小小科学家奖金(国家税务总局公告2012年第28号)。

第五节 应纳税计算举例

计算举例23

张三2021年2月购买福利彩票中奖12,000元;购买体育彩票中奖5000元;春节期间收到亲友发送的微信红包2000元;参加某美容机构客户答谢会,抽取1000元现金红包及3000元消费代金券;参加某商家"买一赠一"活动,支付3000元购买冰箱一台获得赠送洗衣机价值3000元。则:

1. 福利彩票中奖收入应纳税额 = 12000 × 20% = 2400元;
2. 体育彩票中奖收入低于10,000元免税;
3. 春节亲友微信红包免税,应纳税额为0元;
4. 客户答谢会现金红包应纳税额 = 1000 × 20% = 200元;
5. 消费代金券免税,应纳税额为0元;
6. "买一赠一"获得的洗衣机属于有偿取得,不用纳税。

第六节 行政处罚及裁判案例精选

案例20

赠送单位外个人礼品未代扣代缴个人所得税行政处罚

海盐建昌房地产有限公司偷税案(盐地税稽罚〔2017〕7号)

违法事实:2014 年度,你公司在 1 月销售费用—业务招待费—广告宣传费科目中列支橄榄油 13,140.00 元(购买 146 瓶橄榄油);1 月管理费用—业务费用—业务招待费科目中列支 13,000.00 元(购买 10 份海鲜礼盒)。经核实,上述礼品已赠送给单位外个人,你公司未代扣代缴个人所得税—其他所得。

根据财政部、国家税务总局《关于企业促销展业赠送礼品有关个人所得税问题的通知》(财税〔2011〕50 号)第 2 条第 1 款、第 2 款,《个人所得税法》第 1 条、第 2 条第 11 款、第 3 条第 5 款、第 6 条第 1 款第 6 项、第 8 条,国家税务总局《关于贯彻〈中华人民共和国税收征收管理法〉及其实施细则若干具体问题的通知》(国税发〔2003〕47 号)第 2 条第 3 款之规定,追缴你公司 2014 年度代扣代缴"其他所得"个人所得税 5228.00 元。

处罚决定:根据税收法规关于扣缴义务人应扣未扣、应收而不收税款的规定,针对你公司少代扣代缴个人所得税的行为,责成你公司补扣补缴 2014 年度"其他所得"个人所得税 5228.00 元。并对你公司处应扣未扣、应收未收个人所得税税款 70% 的罚款,计 3659.60 元。

案例 21

在管理费用中列支赠送给外单位个人礼品未代扣代缴个人所得税税务行政裁判案

绍兴市中锦房地产开发有限公司(以下简称中锦公司)、国家税务总局绍兴市税务局稽查局税务行政管理(税务)案

审理法院:浙江省绍兴市中级人民法院

案号:(2018)浙 06 行终 372 号

裁判日期:2018 年 10 月 25 日

2016 年 2 月 22 日,绍兴地税稽查局制作税务稽查底稿一份和税务稽查签证二份,认为原告(上诉人)中锦公司存在如下违法事实:2012 ~ 2014 年度在"管理费用—业务招待费"科目中,列支赠送给外单位个人礼品 1,970,335 元(其中所属:2012 年度 873,500 元、2013 年度 639,335 元、2014 年度 457,500 元),未按规定代扣代缴"其他所得"个人所得税。2016 年 2 月 22 日,原告财务处长吴某梁签字确认情况属实,并加盖原告公章,2016 年 2 月 23 日,原告法定代表人任某新签字确认情况属实,并加盖原告公章。2017 年 3 月 23 日,绍兴地税稽查局通过邮寄送达税务行政

处罚事项告知书，原告于3月25日签收。原告逾期未提出陈述、申辩和要求听证。2017年4月12日，绍兴地税稽查局对原告中锦公司作出绍市地税稽罚〔2017〕19号税务行政处罚决定书，对原告未按规定代扣代缴"其他所得"个人所得税的行为，处以未扣缴个人所得税款1.5倍的罚款计591,100.50元。

原告不服，向被告绍兴市政府申请行政复议。2017年7月31日，被告绍兴市政府作出绍市府复决字〔2017〕26号行政复议决定书，决定维持。原告不服该税务行政处罚决定及行政复议决定，遂诉至法院。

原告诉称：吴某梁并非上诉人的法定代表人，亦非上诉人使用业务招待费的具体经办人，且尚与上诉人存在劳动争议，故吴某梁不能对外代表上诉人对本案涉税事项进行说明和确认，其陈述与事实不符，系孤证。上诉人"管理费用—业务招待费"中并不必然都是用于赠送给外单位的个人礼品，明细账中包含烟、酒、米、面等多个类别，既可以自用，也可以赠送外单位非个人，仅凭明细账无法得出业务招待费都是用于赠送给外单位个人礼品的结论。另外，绍兴税务稽查局并未明确区分、计算具体用于赠送给外单位个人礼品部分的费用，笼统将2012～2014年度"管理费用—业务招待费"的全部金额都认定为用于赠送给外单位的个人礼品，无证据证明，与事实不符。

法院认为，中锦公司2012～2014年度在"管理费用—业务招待费"科目中，列支赠送给外单位个人礼品1,970,335元，未按规定代扣代缴"其他所得"个人所得税的事实，有相应记账凭证、发票、吴某梁陈述等相互印证，且由上诉人财务处长吴某梁、法定代表人任某新分别在涉案税务稽查工作底稿、税务稽查签证上签名确认并加盖单位公章。原绍兴地税稽查局据此认定上诉人存在上述未按规定扣缴"其他所得"个人所得税的违法行为，并依照《税收征管法》第69条规定，决定予以处罚，认定事实及适用法律均无不当。上诉人有关被上诉人仅凭吴某梁陈述即认定上诉人存在违法行为、被上诉人未明确区分"管理费用—业务招待费"中赠送给外单位个人礼品金额等上诉理由，与已查明的事实不符，法院不予支持。

案例评析：

本案的关键证据是记账凭证、财务负责人陈述及签名确认加盖公章，还有法定代表人签名确认加盖公章。这与公司在诉讼中的抗辩不符。如果不都是赠送给外单位的个人礼品，为什么要作如此账务处理将其全部计入"管理费用—业务招待费"科目中呢？这说明财务人员要么不熟悉税法，要么抱着侥幸心理，因为进入管理费用可以作为企业所得税应纳税所得额的抵减项，但如果是业务招待费的话能抵减的就很有限了。因此企业如何记账会影响税收认定。但如果企业购买的这些物品确实都是赠送给外单位人员的,这就不能怪财务人员了,但财务人员应告知公司决策人员须代扣代缴个人所得税。事实上,如果企业以实物赠送他人,几乎不可能让受赠人来承担个人所得税,这部分税收成本还是要由企业来承担,而且承担了以后还不能计入企业的成本,因为按税法规定这应该由受赠人来承担,而不应由企业承担,会计核算时可以计入企业成本费用,但应作纳税调整增加处理。因此,企业在制定营销推广或是礼品赠送方案时应考虑税收的影响,不光如此,在企业进行很多涉及款项收付的活动(经营活动)时都应该提前考虑并测算税收影响,有时这种影响还可能是致命的。另外,对于税务机关要求签字盖章的文书,还是要仔细核实其中所列事实是否与企业的实际相符,其处理、处罚所依据的税法及其他法律条款是否正确适用。

第九章 个人所得税专题聚焦

本章思维导图

- 个人所得税专题聚焦
  - 第一节 股权转让个人所得税案例
  - 第二节 股权激励个人所得税
    - 一、我国股权激励概述
    - 二、现行有关股权激励个人所得税的规范性文件
    - 三、非上市公司/新三板公司股权激励
    - 四、上市公司股权激励
      - （一）股票期权所得
        - 1.股票期权的概念
        - 2.股票期权所得征税环节
      - （二）股票增值权所得和限制性股票所得
        - 1.股票增值权所得
        - 2.限制性股票所得
    - 五、技术成果投资入股
    - 六、高新技术股权奖励
    - 七、低价取得股票（权）不符合递延纳税条件的征税
    - 八、股权激励所得应纳税额的计算
      - （一）居民个人股权激励
      - （二）非居民个人股权激励
    - 九、取得股权激励以后的征税问题
    - 十、股权激励的税收征管
      - （一）股票期权的征收管理
      - （二）股票增值权和限制性股票的征收管理
      - （三）股权激励和技术成果投资入股的征收管理
  - 第三节 股权代持个人所得税
    - 一、股权代持概述
    - 二、厦门市税务局关于股权代持涉税问题的答复
      - （一）关于显名股东纳税义务的认定
      - （二）关于隐名股东纳税义务的认定
      - （三）其他
    - 三、个人代个人持股的所得税
    - 四、企业代个人持股的所得税
    - 五、企业代个人持有限售股转让的所得税问题
    - 六、个人代企业持股的所得税
    - 七、企业代企业持股的所得税
    - 八、代持股权还原的涉税问题
    - 九、相关案例

- 第四节　证券投资基金、创业投资企业及天使投资人的个人所得税
  - 一、证券投资基金介绍
    - （一）基金合同
    - （二）发行方式
    - （三）运作方式
    - （四）基金合同相关当事人
    - （五）基金财产、债务及投资
  - 二、证券投资基金的主要税收问题
    - （一）增值税
    - （二）企业所得税
    - （三）个人所得税
  - 三、开放式证券投资基金的所得税
  - 四、私募投资基金介绍
    - （一）私募股权投资基金
    - （二）风险/创业投资基金
    - （三）私募证券投资基金
    - （四）其他私募投资基金
    - （五）私募资产配置基金
  - 五、有限合伙制私募股权基金的所得税
  - 六、创业投资企业（基金）个人合伙人所得税核算方式
    - （一）可以选择核算方式的创投企业
    - （二）单一投资基金核算
    - （三）年度所得整体核算
    - （四）两种核算方式应纳税所得额的计算
  - 七、创业投资企业（基金）个人所得税优惠
    - （一）优惠政策内容
    - （二）享受优惠的创业投资企业条件
    - （三）办理程序和资料
  - 八、天使投资个人所得税优惠
    - （一）优惠政策内容
    - （二）享受优惠的天使投资个人条件
    - （三）办理程序和资料
  - 九、创业投资企业和天使投资个人有关税收政策的征管及衔接
  - 十、合伙企业、创投企业、基金、天使投资个人所得税政策汇总
  - 十一、创业投资企业所得税优惠政策的演变
  - 十二、关于多层嵌套的投资基金所得税分析
  - 十三、通过内地与香港特别行政区基金互认买卖基金份额的个人所得税
  - 十四、资管产品个人所得税问题
- 第五节　律师行业个人所得税
  - 一、律师行业个人所得税概述
  - 二、个人所得税征收方式
  - 三、个人所得税计税方法
    - （一）雇员律师
    - （二）兼职律师
    - （三）律所雇佣的律师助手及行政辅助人员
    - （四）律师以个人名义聘请的助手及在校实习生
    - （五）合伙律师（出资律师）

- 第六节 海南自由贸易港个人所得税优惠
  - 一、优惠政策内容
  - 二、享受优惠的条件
  - 三、政策解读
- 第七节 个人合作经营的税收问题
  - 一、合作经营模式的所得税分析
  - 二、与企业合作开发房地产项目的所得税
  - 三、个人与企业合作经营的所得税探讨
  - 四、个人终止合作经营的个人所得税
  - 五、产权式酒店业主与酒店合作经营的个人所得税

第一节 股权转让个人所得税案例

股权转让个人所得税一般涉及金额较大,相关的争议也很多,争议焦点也很多,有民事纠纷,也有税务行政争议。本专题主要列举分析了股权转让个人所得税的强制执行、低价转让股权的认定、股权转让协议变更或终止涉及的个人所得税退还、股权转让个人所得税代扣代缴义务因法院裁定而被改变、因未取得纳税人同意私自申报土地入股个人所得税被判决撤销。

案例 22

税务机关申请法院强制执行股权转让个人所得税
国家税务总局北京市税务局第三稽查局与刘某补缴个人所得税案

审理法院:北京市海淀区人民法院

案号:(2019)京 0108 行审 19 号

裁判日期:2019 年 1 月 25 日

申请执行人国家税务总局北京市税务局第三稽查局(以下简称第三稽查局)于 2018 年 6 月 5 日对被执行人刘某作出京地税三稽处〔2018〕38 号《北京市地方税务局第三稽查局税务处理决定书》(以下简称《税务处理决定》)。经对刘某 2014 年 1 月 1 日至 2016 年 11 月 30 日个人股权转让纳税情况进行检查,查明:(1)个人所得税。刘某应缴纳个人所得税 81,883,000 元,已缴纳个人所得税 54,950,764.43 元,

少缴纳个人所得税26,932,235.57元。(2)印花税。2014年,刘某共计应缴纳印花税385,000元,已缴纳印花税0元,少缴印花税385,000元。第三稽查局决定对刘某作出以下处理决定:(1)个人所得税。根据《个人所得税法》第1条第1款、第2条第9项、第3条第5项、第6条第1款第5项、第8条,《个人所得税法实施条例》第2条、第8条第1款第9项、第10条,国家税务总局《关于发布〈股权转让所得个人所得税管理办法(试行)〉的公告》第2条、第3条第1项和第5项、第4条、第5条、第7条、第15条第1项、第12条第2项及财政部、国家税务总局《关于个人非货币性资产投资有关个人所得税政策的通知》第4条的规定,刘某应补缴个人所得税26,932,235.57元。(2)印花税。根据《印花税暂行条例》第1条、第2条第2项、第3条第1款、第7条,《印花税暂行条例施行细则》第16条的规定,刘某应补缴印花税385,000元。第三稽查局限刘某在收到该决定之日起15个工作日内到北京市石景山区地方税务局将上述税款及滞纳金缴纳入库,并按照规定进行相关账务调整。2018年6月8日,第三稽查局向刘某送达《税务处理决定》。现该处理决定已经发生法律效力。申请执行人第三稽查局于2019年1月2日向法院申请对该处理决定中应缴纳个人所得税税款进行执行。

法院经审查认为,第三稽查局所作《税务处理决定》事实认定清楚、程序合法、适用法律法规正确。在法定期限内,刘某未申请行政复议,亦未向人民法院提起行政诉讼。2018年12月13日,第三稽查局对刘某送达催告书,告知其应当在收到催告书之日起10日内履行缴费义务。催告期满后,刘某仍未履行义务。故第三稽查局作出的《税务处理决定》具有强制执行的效力。现第三稽查局在法定期限内申请法院强制执行,符合法律规定,应准予执行。

案例评析:

本案例主要为税务机关申请人民法院强制执行税款的程序。根据《行政强制法》,税务机关申请人民法院强制执行,应当符合规定的条件,由法院审查后裁定是否强制执行。法院审查的主要内容包括:税务处理决定认定的事实是否清楚,程序是否合法,适用法律法规是否正确。

1. 强制执行的条件:当事人在法定期限内不申请行政复议或者提起行政诉讼,又不履行行政决定的,没有行政强制执行权的行政机关可以自期限届满之日起三个月内,依照规定申请人民法院强制执行。

2. 强制执行的前置程序:行政机关申请人民法院强制执行前,应当催告当事人履行义务。催告书送达10日后当事人仍未履行义务的,行政机关可以向所在地有管辖权的人民法院申请强制执行；执行对象是不动产的，向不动产所在地有管辖权的人民法院申请强制执行。

3. 申请提交材料：

行政机关向人民法院申请强制执行，应当提供下列材料：(1)强制执行申请书；(2)行政决定书及作出决定的事实、理由和依据；(3)当事人的意见及行政机关催告情况；(4)申请强制执行标的情况；(5)法律、行政法规规定的其他材料。

强制执行申请书应当由行政机关负责人签名，加盖行政机关的印章，并注明日期。

4. 法院审查：

人民法院对行政机关强制执行的申请进行书面审查，对符合前述规定的材料，且行政决定具备法定执行效力的，除有以下的情形外，人民法院应当自受理之日起7日内作出执行裁定。人民法院发现有下列情形之一的，在作出裁定前可以听取被执行人和行政机关的意见：(1)明显缺乏事实根据的；(2)明显缺乏法律、法规依据的；(3)其他明显违法并损害被执行人合法权益的。

案例 23

是否属于低价转让股权的认定

关于股权转让是否属于低价转让的情形，可参考浙江省杭州市中级人民法院《俞某、路某、杨某等合伙企业纠纷二审民事判决书》[(2020)浙01民终831号]。股权作为一种无形的、抽象的、综合性的权利，对股权价值的判断，按照一般的经济生活习惯，公司净资产价值是公司股权价格的最直接参考标准。故TL合伙企业以1元/股的价格向AN(香港)公司转让股权，并不构成低价转让，具体理由如下：

(1)股权转让价高于目标公司净资产价格，高于股权实际价值。《审计报告》中充分反映了AN医药公司的净资产(股东权益)情况，TL合伙企业向AN(香港)公司转让股权的价格实际上远高于AN医药公司的净资产价格，故案涉股权转让并不构成低价转让。根据《审计报告》反映的内容，截至2018年12月31日，AN医药公司经审计的净资产为-92,839,652.7元。故TL合伙企业以500万元价格向AN(香港)公司转让所持有的AN医药公司10.804%股权，该价格已经远远高于AN医药公司股权的实际价值。

(2)同同时期其他股东的股权转让价格相同。在TL合伙企业向AN(香港)公司转让股权的同时,AN医药公司其他股东也均以1元/股的价格向AN(香港)公司转让其所持有的股权,故案涉股权转让不构成低价转让。

(3)涉案股权转让不符合国家税务总局《关于发布〈股权转让所得个人所得税管理办法(试行)〉的公告》中规定的"视为股权转让收入明显偏低"的情形。

(4)新投资人对目标公司的估值存在许多附加条件和不确定性,且融资款是付给目标公司,因而不能代表现有股权价值。B轮投资的投资人对AN医药公司的投前估值附加限期上市等许多条件,该估值能否成立完全取决于AN医药公司将来经营,存在不确定性。《投资协议》赋予投资人将来在特定情形下进行估值调整的权利,以及将来在特定情形下的优先认购权、优先购买权、反稀释权、共同出售权、领售权及请求回购权。因此,投资人的估值并非对现有股东持有AN医药公司股权价值的评判,且在该轮融资中相应融资款项也系由投资人支付给AN医药公司,而并非支付给现有股东(包括TL合伙企业)的股权转让款,故不能以此作为计算TL合伙企业转让持有AN医药公司股权的价格。

案例24

变更股权转让协议未能退还个人所得税案
付某/王某、国家税务总局五莲县税务局第二税务分局税务行政管理(税务)案①

基本事实:2013年5月20日,原告王某与原告付某出资2000万元注册成立了SY天然气有限公司,王某出资1560万元,占注册资本的78%,付某出资440万元,占注册资本的22%。2015年1月28日,GH燃气投资有限公司与王某、付某签订《股权购买协议》,分别以60,342,857元和27,657,143元购买王某、付某持有的SY天然气有限公司的48%和22%的股权,王某的股权原值为960万元,付某的股权原值为440万元。

2015年4月24日,GH燃气投资有限公司作为股权转让个人所得税扣缴义务人,向被告第二税务分局提交了《股权购买协议》、批准文件等相关资料,被告核查确认王某应交股权转让个人所得税10,142,537.11元,付某应交股权转让个人所得税4,648,662.89元,GH燃气投资有限公司代缴了上述个人所得税。2016年6月3

① 一审案号:(2018)鲁1121行初39、40号;二审案号:(2019)鲁11行终83、84号。

日，GH燃气投资有限公司与王某、付某签订股权购买修改协议，约定：因目标公司的特许经营区域减少，双方约定将股权转让价款由8800万元调整为500万元。

2018年4月14日，王某、付某以股价转让未取得收益为由，向被告申请退还其已缴纳的个人所得税。被告第二税务分局于2018年5月14日分别作出《关于王某申请退税有关事项的答复》《关于付某申请退税有关事项的答复》，其中称：我单位征收您的股权转让个人所得税符合法律规定。股权转让合同未履行完毕，解除股权转让合同及补充协议等应由仲裁委员会作出合法有效的法律文书，我们根据仲裁委员会作出的裁决审核是否符合退税条件，您与GH燃气投资有限公司之间签订的补充修改协议不能作为税务机关退税的依据。

原告王某、付某不服，提起行政复议，被告五莲县税务局于2018年9月29日作出《税务行政复议决定书》，维持《关于王某申请退税有关事项的答复》《关于付某申请退税有关事项的答复》。

原告将税务局诉至法院，但一审分别驳回了两人的诉讼请求，维持不予退税的决定。王某、付某上诉后，目前两案均被发回重审。

原告申请退税的主要理由：

1. 股权转让对价已通过合同变更形式调减；调减对价以资产评估报告为依据，并获商务主管部门批准，价格公允、合法有效。

2. 原告应税所得自始为零，申报税款也应为零，无须缴纳个人所得税。

(1)就股权转让所得计算方式而言，《个人所得税法实施条例》及《股权转让所得个人所得税管理办法(试行)》均有规定：个人股权转让，以股权转让收入减除股权原值和合理费用后的余额为应纳税所得额，按“财产转让所得”缴纳个人所得税。

(2)就收入确认而言，《个人所得税法实施条例》及《股权转让所得个人所得税管理办法(试行)》(本节以下简称《股权转让管理办法》)规定：股权转让收入是指转让方因股权转让而获得的现金、实物、有价证券和其他形式的经济利益。二者对收入确认的规定是统一的，明确获得的经济利益方属于收入，尚未获得的经济利益不属于收入。

(3)就纳税申报、扣缴时点而言，《个人所得税法实施条例》及《股权转让管理办法》第20条规定，具有下列情形之一的，扣缴义务人、纳税人应当依法在次月15日内向主管税务机关申报纳税：①受让方已支付或部分支付股权转让价款的；②股权转让协议已签订生效的；③受让方已经实际履行股东职责或者享受股东权益的；④国家有关部门判决、登记或公告生效的；⑤该办法第3条第4～7项行为已完成的;⑥税务机关认定的其他有证据表明股权已发生转移的情形。被告以《股权转让管理办法》第20条纳税申报时点为依据征收原告个人所得税的观点是错误的,未准确、全面地理解《个人所得税法实施条例》和《股权转让管理办法》的规定,根据《股权购买协议》及《〈股权购买协议〉的修改协议》,原告王某转让股权对价3,428,571元,付某转让股权对价1,571,429元,均低于投资成本,纳税申报时仅收到200万元转让对价,应纳税所得额为零,无须缴纳个人所得税,王某已缴纳的股权转让个人所得税10,142,537.11元(付某已缴4,648,662.89元)为多缴、误缴税款。

税务局不予退税的主要理由:

1. 征收行为符合《个人所得税法》及实施条例、《股权转让管理办法》、《税收征管法》及实施细则等法律法规的规定。

2. 原告关于转让价款降低,无须缴纳个人所得税的主张没有事实根据。2018年4月14日,原告王某以目标公司的特许经营区域减少,双方约定将转让价款由8800万元调整为500万元,转让未取得收益为由,申请退还其已缴纳的个人所得税,并向税务局提交双方于2016年6月3日签订的《〈股权购买协议〉的修改协议》和《山东省商务厅关于SY天然气有限公司变更为外商投资企业的补充批复》。事实上,五莲YD燃气有限公司先于目标公司取得特许经营许可且已实际经营多年,在双方签订转让协议时就已存在且双方均已知晓,因此,双方以该理由将转让价款作大幅度的调整,理由并不充分,且有逃避缴纳个人所得税之嫌。《关于外国投资者并购境内企业的规定》(商务部令2009年第6号)第9条规定:外国投资者在并购后所设外商投资企业注册资本中的出资比例高于25%的,该企业享受外商投资企业待遇。出资比例低于25%的,该企业不享受外商投资企业待遇,审批机关向其颁发加注"外资比例低于25%"字样的外商投资企业批准证书。由此可见,上述补充批复是针对修改协议中的股权约定作出的,只是审查GH燃气投资有限公司的股权比例,至于转让价款并不在审批机关的审查范围内,该补充批复不能作为交易对价变更的依据。

3. 原告申请退税没有法律依据。2015年4月24日GH燃气投资有限公司代扣代缴个人所得税时,股权转让协议已经生效,工商登记变更,股权发生转移,GH燃气投资有限公司已实际履行股东职责,完全符合《股权转让管理办法》第20条规定的申报纳税条件,依据双方约定的转让价款缴纳的个人所得税数额准确无误。原告申请退税依据的修改协议是缴纳个人所得税后签订的,《税收征管法》第51条、《税收征收管理法实施细则》第78条规定是针对纳税人基于交税时的情况多缴、误缴税款申请退税的规定,并没有规定税款征缴完毕后,基于新发生的情况而退税的情形。

一审法院基本采信了被告税务局的观点。

案例评析：

分析双方的抗辩观点，对基本事实的认定都相差不大，主要的法律依据也都是《股权转让管理办法》，都有一定道理。税务局对股权转让个人所得税的征税时点并没有问题，具有《股权转让管理办法》第20条规定的情形之一即可，事实上已至少满足其中一、二项，即受让方已支付或部分支付股权转让价款、股权转让协议已签订生效。

但是税务局关于"股权转让协议已经生效，工商登记变更，股权发生转移"就不可以退税的观点是有待商榷的。在商品购销交易中，如果事后才发现购买的商品不符合约定，经双方协商降低购买价款，即属于销售折让的情形，只要取得税法认可的凭证是可以申请退税的。国家税务总局《关于确认企业所得税收入若干问题的通知》（国税函〔2008〕875号）第1条第5款明确，企业因售出商品的质量不合格等原因而在售价上给的减让属于销售折让。企业已经确认销售收入的售出商品发生销售折让和销售退回的，应当在发生当期冲减当期销售商品收入。也就是可以在销售折让当期抵减应纳税所得额，并且这还是在售出商品确认收入之后发生的折让。个人所得税法虽无明确有关销售折让的规定，但计税原理是一样的，可以参照执行。特别是在涉案股权交易并未全部完成（转让价款未付清）的情况下，有正当理由的交易价格调整致使计税依据发生变更的，税款也应随之调整。

而税务局关于"双方以该理由将转让价款作大幅度的调整理由并不充分，且有逃避缴纳个人所得税之嫌"的观点才是实质性的问题。企业及股东应从这方面入手论证说明其转让价款调整符合公平交易原则，而不仅是抗辩"转让股权对价低于投资成本，纳税申报时仅收到少量转让对价，应纳税所得额为零"，"没有收益，无须缴纳个人所得税"。

另外，企业可关注《关于纳税人收回转让的股权征收个人所得税问题的批复》（本节以下简称国税函〔2005〕130号）的规定：股权转让合同履行完毕、股权已作变更登记，且所得已经实现的，转让人取得的股权转让收入应当依法缴纳个人所得税。转让行为结束后，当事人双方签订并执行解除原股权转让合同、退回股权的协议，是另一次股权转让行为，对前次转让行为征收的个人所得税款不予退回。股权转让合同未履行完毕，因执行仲裁委员会作出的解除股权转让合同及补充协议的裁决、停止执行原股权转让合同，并原价收回已转让股权的，由于其股权转让行为尚未完成、收入未完全实现，随着股权转让关系的解除，股权收益不复存在，根据个人所得税法和征管法的有关规定，以及从行政行为合理性原则出发，纳税人不应缴纳个人所得税。

事实上，国税函〔2005〕130号文件也不是很完善。比如本案的情况，就既不符合应当缴纳个人所得税的情形（合同未履行完毕，所得未实现），也不符合第二种情形，更不符合第三种通过仲裁解除合同无须纳税的情形。并且解除合同为什么一定要通过仲裁呢？取得法院的调解书或判决书难道不行吗？自行协商解除合同也不是不可以。像这样类似的还有退房后申请解除备案登记要求提供裁判文书的情形。

下面这个案例就是适用国税函〔2005〕130号文件的典型案例。

案例25

上市公司终止收购，成功退还股权转让个人所得税款

红宇新材（华民股份，证券代码:300345）2020年4月4日发布《关于公司在深圳证券交易所年报问询函中有关事项的专项说明》，涉及股权转让个人所得税的事项如下：

2017年6月14日和6月30日，公司召开第三届董事会第十六次会议和2017年第一次临时股东大会，审议同意公司分别以现金13,341.67万元、13,334.17万元、13,332.17万元收购深圳眼千里科技有限公司、深圳双十科技有限公司、深圳市银浩自动化设备有限公司（以下分别简称眼千里、双十、银浩，合称深圳三公司）各50.01%的股权。2017年7月，公司按照《股权收购协议》分别预付了眼千里、双十、银浩三家公司第一笔股权转让款2668.33万元、2666.83万元、2666.43万元，共计8001.59万元，并于2017年7月17日、7月19日、7月21日，分别完成了三家公司的股权过户手续及相关工商变更登记。

受金融政策变化及经济下行的影响，收购事项无法继续进行，2018年4月20日和5月14日，公司召开第三届董事会第二十四次会议和2017年度股东大会，审议同意公司终止收购深圳三公司各50.01%股权。根据《终止协议》，公司与深圳三公司股东将股权及预付股权转让款项相互返还至恢复原状，原协议相关约定不再履行，同时，因上述股权收购或终止事宜造成双方所涉及的相关税费由红宇新材承担（包括但不限于个人所得税、印花税、滞纳金、罚款等）。2018年5月24日，公司根据《终止协议》将收购的股权返还并变更登记至深圳三公司股东名下，但深圳三公司股东并没有按《终止协议》约定退还预付股权转让款。截至2018年12月31日，深圳

三公司累计已到期未退还预付股权转让款 3766.80 万元，未到期未退还预付股权转让款 3700.79 万元，合计 7467.59 万元。

在多次催收无果的情况下，公司于 2018 年 11 月 27 日向湖南省宁乡市人民法院提请诉讼，并申请财产保全。2019 年 3 月，在湖南省宁乡市人民法院调解下，各方达成一致，根据《民事调解书》，明确了深圳三公司股东继续支付红宇新材剩余的预付股权转让款合计 7467.59 万元，并另行支付资金占用费 158.72 万元，但如果发生相关税费仍然由红宇新材承担。

2019 年 4 月 26 日，公司及深圳三公司股东收到当地税务部门下发的《税务事项通知书》，深圳三公司部分股东（眼千里股东、双十股东共 6 人）依据《税务事项通知书》将应退还红宇新材的预付股权转让款作为其股权转让个人所得税税款缴纳至当地税务部门，共计 3497.19 万元。

根据《民事调解书》，本次收购终止属于未完成的交易事项，为收回上述款项，在近半年的时间里，红宇新材派专人常驻深圳，与当地税务部门详细汇报了红宇新材与深圳三公司股东关于股权收购终止事宜的发展过程及相关情况，并就此类情况下缴纳个人所得税是否合理进行了反复、深入的研讨交流，并且前往国家税务总局汇报交易情况并咨询相关政策。

2019 年 5 月和 7 月，深圳三公司缴税股东提出退税申请，当地税务部门于 2019 年 8 月下发同意退税通知。2019 年 8 月 20 日，相关股东收到退税款并将所退税款共计 3497.19 万元支付至红宇新材；2019 年 9 月 2 日，其余股东将应退还公司款项支付至红宇新材，最终公司共计收到深圳三公司退还的全部预付股权转让款及资金占用费合计 7663.13 万元。

案例评析：

与案例 25 类似的情况，红宇新材（华民股份）做对了什么才得以退回已经缴纳的个人所得税呢？

第一，签订《终止协议》，约定终止《股权收购协议》，公司与目标公司股东将股权及预付股权转让款项相互返还至恢复原状，《股权收购协议》相关约定不再履行。

第二，公司根据《终止协议》将收购的股权返还并变更登记至目标公司原股东名下。

第三，向法院提起诉讼，在法院调解下，各方达成《民事调解书》。

第四，目标公司部分股东依据《税务事项通知书》将应退还红宇新材的预付股权转让款作为其股权转让个人所得税税款缴纳至当地税务部门。这一操作有点令人迷惑，正常来说在股权转让协议生效时也就是2017年7月的次月就应该申报纳税的。

第五，公司向目标公司当地税务部门详细汇报了关于股权收购终止事宜的发展过程及相关情况。

第六，目标公司缴税股东提出退税申请，当地税务部门下发同意退税通知。随后相关股东收到退税款并将所退税款支付给公司。

案例26

股权转让个人所得税代扣代缴义务因法院裁定而被改变

苏某与龙岩市新罗区地方税务局白沙分局税务行政案

审理法院：福建省龙岩市中级人民法院

案号：（2015）岩行终字第74号

裁判日期：2015年12月29日

上诉人（原审原告）：苏某

被上诉人（原审被告）：龙岩市新罗区地方税务局白沙分局

被诉行政行为：2014年5月30日，被告作出龙新地税通催（2014）2号《税务事项通知书》，认定苏某逾期未缴纳苏某兴个人所得税（财产转让所得）。

（1）①纳税义务人苏某兴股权转让行为应纳个人所得税 =（股权转让收入3000万元 - 注册资本份额55万元 - 交易印花税1.5万元）×20% =588.70万元；②税款缴纳情况：2013年6月6日入库495,665.37元，2013年10月9日入库2,396,834.63元，共计入库2,892,500元；③扣缴义务人苏某逾期未缴纳2,994,500元个人所得税；④逾期未缴纳2,994,500元个人所得税应自2013年7月16日起至实际入库之日止按日加收5‰滞纳金。（2）扣缴义务人苏某逾期至2013年10月9日缴纳入库个人所得税2,396,834.63元，滞纳86日入库，产生滞纳金103,063.89元（注：2013年7月16日至10月9日）。根据《税收收管法》第32条、第68条等相关规定，限苏某于2014年6月13日前缴纳以上欠税及滞纳金。

原审查明的产生纳税义务的来源：苏某兴将其占有的××煤炭公司的全部股权以3000万元的价格转让给原告。原告向苏某兴支付了7笔共计2709.25万元，并声明代扣个人所得税及印花税290.75万元（合计3000万元）。原告承诺由其代第三人缴纳股权转让应缴纳的税费，并已实际从应支付给第三人的股权转让款中扣除，为此，如缴纳数额不足以及未及时支付股权转让款产生的利息应纳税费和滞纳金由原告承担。

2013 年 4 月 1 日，× ×煤炭公司受原告委托向被告发出《关于股权转让扣缴个人所得税的报告》，要求被告在 2013 年 4 月 21 日前确认股权转让扣缴个人所得税金额。被告于 2013 年 4 月 3 日书面回复× ×煤炭公司，要求该公司于 2013 年 4 月 10 日前提供私营企业登记基本情况表、股权转让协议、企业财务报表（资产负债表、利润表）、资产评估报告等资料，并告知其如无法提供以上相关资料，将以× ×煤炭公司章程中记载的注册资金份额确定原值。× ×煤炭公司仅提交了《私营企业登记基本表》和《× ×煤炭公司资产评估报告》。2013 年 6 月 6 日，原告代扣代缴第三人税款 495,665.37 元，2013 年 10 月 9 日代扣代缴 2,396,834.63 元。2013 年 9 月 11 日，被告要求× ×煤炭公司于 2013 年 9 月 16 日前提供其取得采矿权的原始票据、后续追加投资的相关证据和企业财务报表，但× ×煤炭公司在限期内未能提供。2013 年 9 月 27 日，被告向苏某兴发出《税务事项通知书》，要求其于 2013 年 10 月 9 日前缴纳欠缴个人所得税 539.133463 万元。同日，被告向原告发出《责令限期改正通知书》，要求其于 2013 年 10 月 8 日前向被告报告苏某兴股权转让个人所得税代扣代缴税款情况。2013 年 10 月 9 日，原告向被告申报入库了苏某兴股权转让个人所得税 289.25 万元，印花税 1.5 万元，合计 290.75 万元。2014 年 5 月 30 日，被告作出被诉《税务事项通知书》。原告不服，向龙岩市新罗区地方税务局申请行政复议，2015 年 1 月 13 日，复议机关作出维持的复议决定。

原审另查明，至 2005 年 8 月 5 日（本次股权转让前最后一次出资变更），第三人工商登记的出资额为 55 万元。2011 年 2 月 24 日，原告与第三人签订《补充协议》，约定第三人向原告转让× ×煤炭公司的股权应缴纳的税收，双方各承担 50%。2015 年 1 月 27 日，原告向原审法院起诉，诉请撤销被告作出的龙新地税通催（2014）2 号《税务事项通知书》。

原审认为，《个人所得税法》第 9 条规定，“扣缴义务人每月所扣的税款，应当在次月十五日内缴入国库”，国家税务总局《关于纳税人收回转让的股权征收个人所得税问题的批复》（国税〔2005〕130 号）规定，“股权转让合同履行完毕、股权已作变更登记，且所得已经实现的，转让取得的股权转让收入应当依法缴纳个人所得税”。个人所得税系由纳税人或扣缴义务人主动申报解缴（或由税务机关在稽查中发现予以征缴），税务机关根据申报材料予以征缴，税务机关发现申报不实，有权进行稽查，重新核定数额。税收转账专用完税证，只是税务机关收取税金数额的凭据，并不能说明涉税事项已经完结。本案中，证据显示，原告申报第三人的股权转让所得税不实，被告重新核定税金数额，符合法律规定。原告另主张被告向苏某兴发出《税务事项通知书》后，又向原告发出被诉通知书，属重复征税。对此，原审认为，根据《税收征管法》第25条规定，纳税义务与扣缴义务同时发生，被告向苏某兴发《税务事项通知书》，是要求苏某兴履行纳税义务，在省高院作出执行裁定后，原告已扣苏某兴应缴个人所得税事实成立，被告向原告发被诉通知书，要求其履行扣缴义务，二者并不矛盾，不违反税收征收程序，不存在重复征税问题。综上，原告提出的诉讼请求及理由不能成立，不予支持。依照《行政诉讼法》第69条之规定，遂判决：驳回原告苏某的诉讼请求。

本案二审的主要争议焦点是：在苏某向苏某兴支付2709.25万元股权转让款，并代扣个人所得税及印花税290.75万元后，被上诉人于2014年5月30日作出被诉《税务事项通知书》，要求苏某继续缴纳纳税义务人剩余未缴个人所得税及滞纳金是否有事实和法律依据。

根据被上诉人提供的证据，被上诉人作出被诉《税务事项通知书》要求苏某继续纳税的主要认定事实依据是福建省高级人民法院（2013）闽执复字第33号执行裁定（以下简称33号执行裁定），2011年2月24日苏某兴与苏某签订的《补充协议》及2013年6月20日苏某转账给苏某兴的转账凭证。被上诉人认为：33号执行裁定已明确裁定应由苏某兴缴纳的税费以及未及时支付股权转让款产生的利息应纳税费和滞纳金由苏某承担；《补充协议》及转账凭证能够证明苏某已按《补充协议》中关于双方各承担50%税收的约定，代扣下苏某兴应负担的个人所得税及印花税290.75万元，而苏某自愿承担的剩下约50%税款属于其已扣税款，应由苏某缴纳。

但根据二审法院查明的事实，33号执行裁定已被（2014）闽执监字第58号执行裁定所撤销，并且其后作出的（2015）闽执复字第45号执行裁定并未对股权转让个人所得税及滞纳金的承担主体再作出规定，故被上诉人以33号执行裁定作为认定苏某应继续缴纳纳税义务人剩余未缴个人所得税及相应滞纳金的依据的事实基础已经不存在。同时，《税收征管法》第3条第1款规定，税收的开征、停征以及减税、免税、退税、补税，依照法律的规定执行。本案中，被上诉人以苏某自愿承担本案50%税款为由要求苏某继续履行，但无法提供该认定所适用的法律依据，法院亦未发现相关法律对此有作出规定，且上诉人苏某对被上诉人的该行为也明确提出了异议，故被上诉人以《补充协议》的约定来认定苏某应继续缴纳纳税义务人剩余未缴个人所得税及相应滞纳金违背前述法律规定的税收法定原则，《补充协议》的约定属另一民事法律关系，不能成为被上诉人的执法依据。

此外，被上诉人在被诉《税务事项通知书》中要求苏某缴纳因未及时缴交239.683463万元个人所得税而产生的滞纳金10.306389万元，由于上诉人及被上诉人对此存在争议，且被上诉人未在被诉《税务事项通知书》中明确滞纳金的计算方式，故被上诉人作出的前述认定依据不足。

综上，被上诉人要求上诉人苏某应继续缴纳纳税义务人剩余未缴个人所得税及滞纳金缺乏事实和法律依据，其作出的被诉《税务事项通知书》证据不足，事实不清，依法应予撤销；根据二审新查明的事实，对原审判决依法予以纠正。故判决撤销原审判决，撤销税务局作出的《税务事项通知书》。

案例评析：

二审判决撤销税务局作出的《税务事项通知书》的核心只有一点：税务机关作出的《税务事项通知书》所依据的主要事实基础（33号执行裁定）已经被撤销，新的裁定又没有对股权转让个人所得税及滞纳金的承担主体再作出规定，不能仅凭《补充协议》中关于苏某自愿承担本案50%税款的约定，要求苏某继续履行，《补充协议》属于另一民事法律关系，不能成为税务局的执法依据。

本案的事实部分颇为复杂，涉及多个判决、裁定。苏某兴将其占有的××煤炭公司的全部股权转让给原告，原告委托××煤炭公司代为申报纳税。在此过程中，因××煤炭公司没有提供相关资料证明该股权的原值，税务机关遂决定以此次股权转让前工商登记的注册资金确定原值，计算应纳税额。根据个人所得税法的规定，苏某本就有扣缴税款的义务。应该说，税务机关这样处理并没有什么问题。问题是法院后来的裁定没有明确此次股权转让个人所得税及滞纳金的承担主体。法院的裁定是否有问题不便评说，但这最起码形成了一个新的事实依据。根据《税收征管法》第69条规定，扣缴义务人应扣未扣的，由税务机关向纳税人追缴税款。也就是说税务机关依然可以向苏某兴征缴税款。

案例27

因未取得纳税人同意私自申报土地入股个人所得税被判决撤销

海南省海口市地方税务局、海南WJ公司与柏某其他行政行为案

审理法院：海南省海口市中级人民法院

案号：（2017）琼01行终11号

裁判日期：2017年4月28日

基本事实:2015 年 7 月 10 日,海口市国土资源局出具《缴税通知书》,确认受让方是第三人 WJ 公司,出让(转让)方是原告柏某,办理业务为出让地转让,要求双方接到该通知 30 日内到税务部门办理完税手续。2016 年 3 月 17 日,第三人前往办税服务大厅办理土地使用权投资入股缴税业务,并向被告提交了《缴税通知书》、土地投资入股协议、WJ 公司股东会决议和公司章程、土地估价报告、××102 号土地使用权证等材料。2016 年 3 月 18 日,被告分别向原告及第三人出具《税收完税证明》,确认按土地使用权出资入股,原告已缴纳印花税、土地增值税和滞纳金共 5,282,814.08 元,第三人缴纳印花税、契税和滞纳金共 2,138,368.62 元。2016 年 5 月 12 日,海口市国土资源局为第三人办理了新的土地使用权证书,将涉案土地过户至第三人名下。2016 年 6 月 2 日,第三人向被告提交《授权委托书》,授权人为原告柏某,授权内容为"代替本人在法律框架内处理本人名下土地(土地证号:××102 号)对外合作开发,施工等一系列的谈判及合同签订相关事宜",授权日期为 2012 年 1 月 3 日。

2014 年 11 月 30 日,案外人朱某与原告签订《还款协议书》,协议约定原告将土地使用权作为抵押向朱某借款 11,400,000 元,截至 2014 年 11 月 8 日,本金和利息及违约金共计 24,300,000 元。2015 年 6 月 2 日,原告和第三人共同向海口市国土资源局递交《土地使用权转受让申请书》,同日,海口市国土资源局对《土地估价报告备案表》进行登记备案;2015 年 6 月 12 日,原告和第三人就原告名下位于海口市某区委会的 13,478.92 平方米××102 号土地使用权的转让向海口市政府服务中心提交"出让土地转让登记"申请;2015 年 7 月 10 日,海口市国土资源局出具《缴税通知书》,显示评估地价为 47,061,000 元。2016 年 1 月 15 日,朱某向海南仲裁委员会提出仲裁申请,同年 2 月 2 日,海口海事法院依海南仲裁委员会的提请和朱某的申请,查封了涉案土地的土地使用权。2016 年 3 月 30 日,第三人 WJ 公司向海口海事法院提出复议申请,以原告已将被查封土地转让给第三人为由请求解除对原告名下涉案土地的查封。2016 年 5 月 8 日,海口海事法院作出(2016)琼 72 财保 43 号之一民事裁定,解除了对涉案土地的查封。

法院认为,海口市国土资源局出具的《缴税通知书》载明的内容以及海口海事法院(2016)琼 72 财保 43 号之一民事裁定所查明的事实,均证实原告和第三人之间系土地使用权买卖合同关系。根据相关规定,土地使用权的转让人(个人)在土地买卖过程中应当缴纳个人所得税、营业税及附加、土地增值税和印花税。而根据财政部、国家税务总局《关于股权转让有关营业税问题的通知》,国家税务总局《关于个人非货币性资产投资有关个人所得税征管问题的公告》及财政部、国家税务总局《关于个人非货币性资产投资有关个人所得税政策的通知》的规定，土地使用权的转让人(个人)在以土地投资入股过程中，不征营业税，个人所得税可以在不超过5个公历年度内(含)分期缴纳。本案中，被告在第三人尚未提供原告授权委托书的情况下，允许第三人代原告办理缴税手续的行为违反了《海南省地方税务局关于〈海南地税涉税事项办理一次性告知资料〉通告》的要求，且被告未与海口市国土资源局核实，仅以第三人提供的材料按土地使用权投资入股过户征税，没有依法向原告征收转让土地使用权的营业税，并允许原告分期缴纳个人所得税，违反了相关税收法规的规定。故被告对原告与第三人之间土地使用权转让过户征收相应税款的具体行政行为存在认定事实不清，违反法定程序，适用法律错误的问题，依法应予以撤销。依照《行政诉讼法》第70条的规定，判决撤销被告海南省海口市地方税务局在办理××土地使用权过户中向原告柏某及第三人海南WJ公司征收税款的税收征管行为。

一审判决后，海南省海口市地方税务局及WJ公司提起上诉，二审维持原判。

案例评析：

本案产生的真实缘由在此不予评说。法院判决撤销税务局作出的税收征管行为的原因是：在税务局认定该交易为以土地使用权出资入股的情况下，代为申报纳税的WJ公司并未取得纳税义务人柏某的有效授权。根据《关于个人非货币性资产投资有关个人所得税征管问题的公告》(国家税务总局公告2015年第20号)，非货币性资产投资个人所得税由纳税人向主管税务机关自行申报缴纳。这与税法规定的绝大多数情况下个人所得税以支付所得的单位或个人(一般为受让人)为扣缴义务人的规定不一样。本案税务局既已确认该交易为土地使用权出资入股，WJ公司就不属于扣缴义务人，而必须取得柏某关于纳税申报事项的有效授权，但其并未取得，事后补充的又是虚假的授权，且授权内容非办理税务申报事项。法院认定的是柏某和WJ公司之间系土地使用权买卖合同关系，这种情况下WJ公司就具有代扣代缴个人所得税的义务，不用取得柏某的授权。

第二节　股权激励个人所得税

一、我国股权激励概述

我国企业股权激励始于20世纪90年代，但直到2005年股权分置改革后才真正启动。2005年《上市公司股权激励管理办法(试行)》(已失效)和2014年《关于上市公司实施员工持股计划试点的指导意见》的出台,推动了股权激励制度快速发展。2006年披露股权激励方案的上市公司只有44家,2015年已增长到557家。国有非上市科技型企业自2009年起在中关村、东湖、张江、合芜蚌等地区开展股权与分红激励试点,2014年年底试点单位初步统计约230家。2016年3月1日国家出台实施了《国有科技型企业股权和分红激励暂行办法》,即在上市公司和民营企业之外,国有科技型企业股权激励也将呈迅速扩大趋势。

与奖金、福利等现金激励类似,股权激励是企业以股权形式对员工的一种激励。企业通过低于市场价或无偿授予员工股权,对员工此前的工作业绩予以奖励,并进一步激发其工作热情,与企业共同发展。股权激励中,员工往往低价或无偿取得企业股权。对于该部分折价,实质上是企业给员工发放的非现金形式的补贴或奖金,应在员工取得时按照“工资、薪金所得”计算纳税。转让环节,应当按照“财产转让所得”项目计算纳税。

目前,我国股权激励方式主要有股票期权、股权期权、限制性股票、股权奖励、股权出售、员工持股计划等,此外还有技术成果投资入股方式。

股票(权)期权是指公司给予激励对象在一定期限内以事先约定的价格购买本公司股票(权)的权利。员工在行权时,可根据公司的发展情况,决定是否行权购买股权。限制性股票是指公司以一定的价格将本公司股权出售给员工,并同时规定,员工只有在工作年限或业绩目标符合股权激励计划规定的条件后,才能对外出售该股权。股权奖励是指公司直接以公司股权无偿对员工实施奖励。技术成果投资入股,实质上是转让技术成果和以转让所得再进行投资两笔经济业务同时发生。

股权激励在员工购买取得股权时需要计算纳税,技术成果投资入股当期也要计算纳税。但从实际来看,纳税人此时往往取得的是股权形式的所得,没有现金流,纳税存在一定困难。递延纳税正是针对以上情况,将纳税时点递延至股权转让环节,即纳税人因股权激励或技术成果投资入股取得股权时先不纳税,待实际转让股权时再纳税。

为深入推动国家创业创新战略的实施,大力推进供给侧结构性改革,充分调动科研人员创新活力和积极性,使科技成果最大限度转化为生产力,经国务院批准,对非上市公司符合条件的股权激励以及技术成果投资入股实行所得税递延纳税优惠,对上市公司股票期权、限制性股票和股权奖励适当延长纳税期限,以有效降低股权激励税收负担,缓解科技成果转化过程中无现金流缴税困难。

二、现行有关股权激励个人所得税的规范性文件

1.《关于个人股票期权所得征收个人所得税问题的通知》(本节以下简称财税〔2005〕35号),2005年7月1日起执行。

2.《关于个人股票期权所得缴纳个人所得税有关问题的补充通知》(本节以下简称国税函〔2006〕902号),2006年9月30日起执行。

3.《关于股票增值权所得和限制性股票所得征收个人所得税有关问题的通知》(本节以下简称财税〔2009〕5号),2009年1月7日起执行。

4.《关于股权激励有关个人所得税问题的通知》(本节以下简称国税函〔2009〕461号),2009年8月24日起执行。

5.《关于个人所得税有关问题的公告》(国家税务总局公告2011年第27号)第1条,2011年5月1日起,上市公司股权激励个人所得税持股比例的计算,不再受上市公司控股企业层级限制。

6.《关于将国家自主创新示范区有关税收试点政策推广到全国范围实施的通知》(本节以下简称财税〔2015〕116号)第4条,2016年1月1日起执行。

7.《关于完善股权激励和技术入股有关所得税政策的通知》(本节以下简称财税〔2016〕101号)。本通知自2016年9月1日起施行。中关村国家自主创新示范区2016年1月1日至8月31日之间发生的尚未纳税的股权奖励事项,符合本通知规定的相关条件的,可按本通知有关政策执行。

8.《关于股权激励和技术入股所得税征管问题的公告》(国家税务总局公告2016年第62号),2016年9月1日起实施。

9.《股权激励和技术入股个人所得税政策口径》(税总所便函〔2016〕149号)。

10.财税〔2018〕164号第2条,在2021年12月31日前执行。

11.《关于非居民个人和无住所居民个人有关个人所得税政策的公告》(财政部、税务总局公告2019年第35号),规定了无住所个人取得的股权激励所得的相关政策,详见第三章第六节“无住所居民个人和非居民个人综合所得个人所得税”。

其他如《上市公司股权激励管理办法》等法律法规也可参考。

三、非上市公司/新三板公司股权激励

根据财税〔2016〕101号,对符合条件的非上市公司股票期权、股权期权、限制性股票和股权奖励实行递延纳税政策。非上市公司授予本公司员工的股票期权、股权

期权、限制性股票和股权奖励,符合规定条件的,经向主管税务机关备案,可实行递延纳税政策,即员工在取得股权激励时可暂不纳税,递延至转让该股权时纳税;股权转让时,按照股权转让收入减除股权取得成本以及合理税费后的差额,适用“财产转让所得”项目,按照20%的税率计算缴纳个人所得税。

享受递延纳税政策的股票(权)期权是指公司给予激励对象在一定期限内以事先约定的价格购买本公司股票(权)的权利;限制性股票是指公司按照预先确定的条件授予激励对象一定数量的本公司股权,激励对象只有工作年限或业绩目标符合股权激励计划规定条件的才可以处置该股权;股权奖励是指企业无偿授予激励对象一定份额的股权或一定数量的股份。

股权转让时,股票(权)期权取得成本按行权价确定,限制性股票取得成本按实际出资额确定,股权奖励取得成本为零。

这一政策不但减少了纳税人在取得股权激励当期缴纳税款的负担,而且在取得的股权激励收入较高时可以降低税负。因为如果不实行递延纳税政策,则员工需要在取得股权激励时按照“工资、薪金所得”计算纳税,在转让股权时按照“财产转让所得”项目计算纳税。

需要注意的是,尽管纳税环节由两个并为一个,但这并不必然会降低税负。比如取得的是股权奖励,财产转让所得适用的是固定税率20%,计税依据中的原值为零。而工资、薪金所得的股权激励收入在2021年12月31日前全额单独适用3%至45%的超额累进税率计算纳税,缴纳过工资、薪金所得的个人所得税后,再转让股权的成本就不再是零,而是缴纳工资、薪金所得个人所得税确定的收入。

另外要注意的是,只有符合规定条件的股权激励才可以享受递延纳税政策。能享受递延纳税政策的非上市公司股权激励(包括股票期权、股权期权、限制性股票和股权奖励)须同时满足以下条件:①属于境内居民企业的股权激励计划。②股权激励计划经公司董事会、股东(大)会审议通过。未设股东(大)会的国有单位,经上级主管部门审核批准。股权激励计划应列明激励目的、对象、标的、有效期、各类价格的确定方法、激励对象获取权益的条件和程序等。③激励标的应为境内居民企业的本公司股权。股权奖励的标的可以是技术成果投资入股到其他境内居民企业所取得的股权。激励标的股票(权)包括通过增发、大股东直接让渡以及法律法规允许的其他合理方式授予激励对象的股票(权)。④激励对象应为公司董事会或股东(大)会决定的技术骨干和高级管理人员,激励对象人数累计不得超过本公司最近6个月在职职工平均人数的30%。本公司最近6个月在职职工平均人数,按照股票(权)

期权行权、限制性股票解禁、股权奖励获得之上月起前6个月“工资、薪金所得”项目全员全额扣缴明细申报的平均人数确定。⑤股票(权)期权自授予日起应持有满3年,且自行权日起持有满1年;限制性股票自授予日起应持有满3年,且解禁后持有满1年;股权奖励自获得奖励之日起应持有满3年。上述时间条件须在股权激励计划中列明。⑥股票(权)期权自授予日至行权日的时间不得超过10年。⑦实施股权奖励的公司及其奖励股权标的公司所属行业均不属于《股权奖励税收优惠政策限制性行业目录》范围(见表9-1)。公司所属行业按公司上一纳税年度主营业务收入占比最高的行业确定。股权激励计划所列内容不同时满足前述的全部条件,或递延纳税期间公司情况发生变化,不再同时符合前述第④~⑥项条件的,不得享受递延纳税优惠,应按规定计算缴纳个人所得税。

表9-1 股权奖励税收优惠政策限制性行业目录

门类代码	序号	类别名称
A(农、林、牧、渔业)	1	3畜牧业(科学研究、籽种繁育性质项目除外)
	2	4渔业(科学研究、籽种繁育性质项目除外)
B(采矿业)	3	采矿业(除第11类开采辅助活动)
C(制造业)	4	16烟草制品业
	5	17纺织业(除第178类非家用纺织制成品制造)
	6	19皮革、毛皮、羽毛及其制品和制鞋业
	7	20木材加工和木、竹、藤、棕、草制品业
	8	22造纸和纸制品业(除第223类纸制品制造)
	9	31黑色金属冶炼和压延加工业(除第314类钢压延加工)
F(批发和零售业)	10	批发和零售业
G(交通运输、仓储和邮政业)	11	交通运输、仓储和邮政业
H(住宿和餐饮业)	12	住宿和餐饮业
J(金融业)	13	66货币金融服务
	14	68保险业
K(房地产业)	15	房地产业
L(租赁和商务服务业)	16	租赁和商务服务业

续表

门类代码	序号	类别名称
O(居民服务、修理和其他服务业)	17	79 居民服务业
Q(卫生和社会工作)	18	84 社会工作
R(文化、体育和娱乐业)	19	88 体育
	20	89 娱乐业
S(公共管理、社会保障和社会组织)	21	公共管理、社会保障和社会组织(除第 9421 类专业性团体和第 9422 类行业性团体)
T(国际组织)	22	国际组织

注:以上目录按照《国民经济行业分类》(GB/T 4754—2011)编制。

员工以在一个公历月份中取得的股票(权)形式工资、薪金所得为一次。员工取得的符合条件、实行递延纳税政策的股权激励,与不符合递延纳税条件的股权激励分别计算。员工在一个纳税年度中多次取得不符合递延纳税条件的股票(权)形式工资、薪金所得的,应合并计算纳税。在 2021 年 12 月 31 日前,不并入当年综合所得,全额单独适用综合所得税率表,计算纳税。

全国中小企业股份转让系统挂牌公司,即新三板挂牌公司按照非上市公司股权激励政策执行。

计算举例24

某企业 2019 年 9 月实施一项针对核心技术人员的股权激励计划,激励对象共 20 人。在其他条件符合规定的情况下,该企业的股权激励计划能否递延纳税?该企业 2019 年 3 月至 8 月“工资、薪金所得”个人所得税全员全额扣缴明细申报的人数分别为 90 人、95 人、95 人、100 人、105 人、105 人。

根据《关于股权激励和技术入股所得税征管问题的公告》规定,在职职工人数,需要根据取得股权激励之上月起前 6 个月“工资、薪金所得”项目的明细申报人数确定。

该企业激励对象占最近 6 个月在职职工平均人数比 $=20\div[(90+95+95+100+105+105)\div6]\approx20.34\%<30\%$。因此,该股权激励计划符合递延纳税人数比例限制的条件。

四、上市公司股权激励

这里的上市公司是指其股票在上海证券交易所、深圳证券交易所上市交易的股份有限公司。

上市公司股权激励是指上市公司以本公司股票为标的,对其董事、高级管理人员及其他员工进行的长期性激励,包括股票期权、限制性股票及其他方式的股权激励。激励对象可以包括上市公司的董事、高级管理人员、核心技术人员或者核心业务人员,以及公司认为应当激励的对公司经营业绩和未来发展有直接影响的其他员工,但不应当包括独立董事和监事。外籍员工任职上市公司董事、高级管理人员、核心技术人员或者核心业务人员的,可以成为激励对象。

根据财税〔2016〕101 号,对上市公司股票期权、限制性股票和股权奖励适当延长纳税期限。上市公司授予个人的股票期权、限制性股票和股权奖励,经向主管税务机关备案,个人可自股票期权行权、限制性股票解禁或取得股权奖励之日起,在不超过 12 个月的期限内缴纳个人所得税。

上市公司股票期权、限制性股票应纳税款的计算,继续按照财税〔2005〕35 号、财税〔2009〕5 号、国税函〔2009〕461 号等相关规定执行。股权奖励应纳税款的计算比照上述规定执行。

有关股权激励个人所得税政策,适用于上市公司(含所属分支机构)和上市公司控股企业的员工,其中上市公司占控股企业股份比例最低为 30%。间接持股比例,按各层持股比例相乘计算,上市公司对一级子公司持股比例超过 50% 的,按 100% 计算。除此之外的集团公司、非上市公司员工取得的股权激励所得不适用此政策;公司上市之前设立股权激励计划,待公司上市后取得的股权激励所得,以及上市公司未按规定向其主管税务机关报备有关资料的均不适用此政策。如果符合非上市公司股权激励条件的,可适用非上市公司股权激励的相关政策。

(一)股票期权所得

1. 股票期权的概念

根据财税〔2005〕35 号、国税函〔2006〕902 号,实施股票期权计划企业授予该企业员工的股票期权所得,应按《个人所得税法》及其实施条例有关规定征收个人所得税。这里的企业包括内资企业、外商投资企业和外国企业在中国境内设立的机构场所,企业员工包括在中国境内有住所和无住所的个人。应该征收个人所得税的环节包括授权时和转让时。授权时或行权时按工资薪金所得适用税率，转让时按财产转让所得适用20%的固定税率。（详见第七章“财产转让所得个人所得税”）

企业员工股票期权是指上市公司按照规定的程序授予本公司及其控股企业员工的一项权利，该权利允许被授权员工在未来时间内以某一特定价格购买本公司一定数量的股票。根据《上市公司股权激励管理办法》的规定，企业员工获授的股票期权不得转让、用于担保或偿还债务。股票期权授权日与获授股票期权首次可行权日之间的间隔不得少于12个月。在股票期权有效期内，上市公司应当规定激励对象分期行权，每期时限不得少于12个月，后一行权期的起算日不得早于前一行权期的届满日。每期可行权的股票期权比例不得超过激励对象获授股票期权总额的50%。

上述“某一特定价格”被称为“授予价”或“施权价”，即根据股票期权计划可以购买股票的价格，一般为股票期权授予日的市场价格或该价格的折扣价格，也可以是按照事先设定的计算方法约定的价格；“授予日”，也称“授权日”，是指公司授予员工上述权利的日期；“行权”，也称“执行”，是指员工根据股票期权计划选择购买股票的过程；员工行使上述权利的当日为“行权日”，也称“购买日”。

根据国税函〔2006〕902号，股票期权还包括员工接受雇主（含上市公司和非上市公司）授予的股票期权，该股票期权指定的股票为上市公司（含境内、外上市公司）股票，也即非上市公司授予员工的其他上市公司的股票期权。

2. 股票期权所得征税环节

（1）授权时：

实施股票期权计划企业授予该企业员工的股票期权，也就是员工接受企业授予的股票期权的，除另有规定外，一般不作为应税所得征税。

所谓“另有规定”包括：部分股票期权在授权时即约定可以转让，且在境内或境外存在公开市场及挂牌价格（以下简称可公开交易的股票期权）。员工接受该可公开交易的股票期权时，应作为前述的“另有规定”情形。也就是说，员工取得可公开交易的股票期权，属于员工已实际取得有确定价值的财产，应按授权日股票期权的市场价格，作为员工授权日所在月份的工资薪金所得，并按规定计算缴纳个人所得税。

如果员工以折价购入方式取得股票期权的，可以授权日股票期权的市场价格扣除折价购入股票期权时实际支付的价款后的余额，作为授权日所在月份的工资薪金所得。实际行使该股票期权购买股票时（行权时），不再计算缴纳个人所得税。

员工取得上述可公开交易的股票期权后，转让该股票期权所取得的所得，属于财产转让所得。对于员工转让股票等有价证券取得的所得,应按现行税法和政策规定征免个人所得税。

(2)行权时:

员工行权时,其从企业取得股票的实际购买价(施权价)低于购买日公平市场价(指该股票当日的收盘价)的差额(包括不实际行权而直接从授权企业取得的价差收益),是因员工在企业的表现和业绩情况而取得的与任职、受雇有关的所得,应按"工资、薪金所得"适用的规定计算缴纳个人所得税。

对因特殊情况,员工在行权日之前将股票期权转让的,以股票期权的转让净收入,作为工资薪金所得征收个人所得税。"股票期权的转让净收入",一般是指股票期权转让收入。如果员工以折价购入方式取得股票期权的,可以股票期权转让收入扣除折价购入股票期权时实际支付的价款后的余额,作为股票期权的转让净收入。

员工行权日所在期间的股票期权形式的工资薪金所得,应按下列公式计算工资薪金应纳税所得额:

股票期权形式的工资薪金应纳税所得额=(行权股票的每股市场价-员工取得该股票期权支付的每股施权价)×股票数量

公式中的"员工取得该股票期权支付的每股施权价",一般是指员工行使股票期权购买股票时实际支付的每股价格。如果员工以折价购入方式取得股票期权的,上述施权价可包括员工折价购入股票期权时实际支付的价格。

凡取得股票期权的员工在行权日不实际买卖股票,而按行权日股票期权所指定股票的市场价与施权价之间的差额,直接从授权企业取得价差收益的,该项价差收益应作为员工取得的股票期权形式的工资薪金所得,按照有关规定计算缴纳个人所得税。

(3)行权后:

员工将行权后的股票再转让时获得的高于购买日公平市场价的差额,是因个人在证券二级市场上转让股票等有价证券而获得的所得,应按照"财产转让所得"适用的征免规定计算缴纳个人所得税。也就是说,个人将行权后的境内上市公司股票再行转让而取得的所得,暂不征收个人所得税;个人转让境外上市公司的股票而取得的所得,应按税法的规定计算应纳税所得额和应纳税额,依法缴纳税款。

员工因拥有股权而参与企业税后利润分配取得的所得,应按照"利息、股息、红利所得"适用的规定计算缴纳个人所得税。

(二)股票增值权所得和限制性股票所得

个人因任职、受雇从上市公司(含境内、外上市公司)取得的股票增值权所得和限制性股票所得,比照股票期权所得(财税〔2005〕35 号、国税函〔2006〕902 号)的有关规定,由上市公司或其境内机构按照“工资、薪金所得”项目和股票期权所得个人所得税计税方法,依法扣缴其个人所得税。

1. 股票增值权所得

股票增值权,是指上市公司授予公司员工在未来一定时期和约定条件下,获得规定数量的股票价格上升所带来收益的权利。被授权人在约定条件下行权,上市公司按照行权日与授权日二级市场股票差价乘以授权股票数量,发放给被授权人现金。

股票增值权被授权人获取的收益,是由上市公司根据授权日与行权日股票差价乘以被授权股数,直接向被授权人支付的现金。上市公司应于向股票增值权被授权人兑现时依法扣缴其个人所得税。被授权人股票增值权应纳税所得额计算公式为:

股票增值权某次行权应纳税所得额 = (行权日股票价格 - 授权日股票价格) × 行权股票份数

股票增值权个人所得税纳税义务发生时间为上市公司向被授权人兑现股票增值权所得的日期。

2. 限制性股票所得

限制性股票,是指上市公司按照股权激励计划约定的条件,授予公司员工一定数量本公司的股票,该股票的转让等部分权利受到限制。根据《上市公司股权激励管理办法》的规定,限制性股票在解除限售前不得转让、用于担保或偿还债务。限制性股票授予日与首次解除限售日之间的间隔不得少于 12 个月。在限制性股票有效期内,上市公司应当规定分期解除限售,每期时限不得少于 12 个月,各期解除限售的比例不得超过激励对象获授限制性股票总额的 50%。

按照《个人所得税法》及其实施条例等有关规定,原则上应在限制性股票所有权归属于被激励对象时确认其限制性股票所得的应纳税所得额。也就是说,上市公司实施限制性股票计划时,应以被激励对象限制性股票在中国证券登记结算公司(境外为证券登记托管机构)进行股票登记日期的股票市价(指当日收盘价)和本批次解禁股票当日市价(指当日收盘价)的平均价格乘以本批次解禁股票份数,减去被激励对象本批次解禁股份数所对应的为获取限制性股票实际支付资金数额，其差额为应纳税所得额。被激励对象限制性股票应纳税所得额计算公式为：

应纳税所得额 =（股票登记日股票市价 + 本批次解禁股票当日市价）÷2 × 本批次解禁股票份数 − 被激励对象实际支付的资金总额 ×（本批次解禁股票份数 ÷ 被激励对象获取的限制性股票总份数）

限制性股票个人所得税纳税义务发生时间为每一批次限制性股票解禁的日期。

五、技术成果投资入股

技术成果投资入股，是指纳税人将技术成果所有权让渡给被投资企业、取得该企业股票（权）的行为。技术成果是指专利技术（含国防专利）、计算机软件著作权、集成电路布图设计专有权、植物新品种权、生物医药新品种，以及科技部、财政部、国家税务总局确定的其他技术成果。

根据财税〔2016〕101 号，对技术成果投资入股实施选择性税收优惠政策。企业或个人以技术成果投资入股到境内居民企业，被投资企业支付的对价全部为股票（权）的，企业或个人可选择继续按现行有关税收政策执行，也可选择适用递延纳税优惠政策。选择技术成果投资入股递延纳税政策的，经向主管税务机关备案，投资入股当期可暂不纳税，允许递延至转让股权时，按股权转让收入减去技术成果原值和合理税费后的差额计算缴纳所得税。

企业或个人选择适用上述任一项政策，均允许被投资企业按技术成果投资入股时的评估值入账并在企业所得税前摊销扣除。

计算举例25

李某 2020 年 9 月以其所有的某项专利技术投资作价 100 万元入股 A 企业，获得 A 企业股票 50 万股，占企业股本的 5%。若李某发明该项专利技术的成本为 20 万元，入股时发生评估费及其他合理税费共 10 万元。假设后来李某将这部分股权以 200 万元卖掉，转让时发生税费 15 万元，李某应如何计算纳税？

李某专利技术投资入股，有两种税收处理方式：一是按照原有政策，在入股当期，以专利技术转让收入扣除专利技术财产原值和相关税费的差额计算个人所得税，并在当期或分期 5 年缴纳；二是按照递延纳税政策，专利技术投资入股时不计税，待转让这部分股权时，直接以股权转让收入扣除专利技术的财产原值和合理税费的差额计算个人所得税。

(1)按原政策计算:

李某技术入股当期需缴税,应纳税额=(100万元-20万元-10万元)×20%=14万元。转让股权时李某也需缴税,应纳税额=(200万元-100万元-15万元)×20%=17万元。两次合计,李某共缴纳个人所得税31万元。

(2)按递延纳税政策计算:

李某入股当期无须缴税。待李某转让该部分股权时一次性缴税。转让时应纳税额=[200万元-(20万元+10万元)-15万元]×20%=31万元。

虽然政策调整后,李某应缴税款与原来一样,但李某在入股当期无须缴税,压力大大减小,待其转让时再缴税,确保有充足的资金流。

接前例,若李某选择递延纳税后,李某最终仅以40万元合理价格将股权卖掉,假设转让股权时税费为5万元。则转让时李某该如何计税?

根据递延纳税相关政策,李某转让股权时,按照转让收入扣除技术成果原值及合理税费后的余额,计算缴纳个人所得税。因此,虽然李某的股权转让收入较当初专利技术投资时作价降低了,但其仍根据股权转让实际收入计算个人所得税,李某技术成果投资入股风险大大降低。

应缴税款=[40万元-(20万元+10万元)-5万元]×20%=1万元

六、高新技术股权奖励

自2016年1月1日起,全国范围内的高新技术企业转化科技成果,给予本企业相关技术人员的股权奖励,个人一次缴纳税款有困难的,可根据实际情况自行制订分期缴税计划,在不超过5个公历年度内(含)分期缴纳,并将有关资料报主管税务机关备案。

个人获得股权奖励时,按照“工资、薪金所得”项目,比照财税〔2005〕35号、财税〔2009〕5号、国税函〔2009〕461号等有关个人股票期权所得的规定计算确定应纳税额。股权奖励的计税价格参照获得股权时的公平市场价格确定。

技术人员转让奖励的股权(含奖励股权孳生的送、转股)并取得现金收入的,该现金收入应优先用于缴纳尚未缴清的税款。

技术人员在转让奖励的股权之前企业依法宣告破产,技术人员进行相关权益处置后没有取得收益或资产,或取得的收益和资产不足以缴纳其取得股权时尚未缴纳的应纳税款的部分,税务机关可不予追征。

股权奖励,是指企业无偿授予相关技术人员一定份额的股权或一定数量的股份。高新技术企业,是指实行查账征收、经省级高新技术企业认定管理机构认定的高新技术企业。相关技术人员,是指经公司董事会和股东大会决议批准获得股权奖励的以下两类人员:(1)对企业科技成果研发和产业化作出突出贡献的技术人员,包括企业内关键职务科技成果的主要完成人,重大开发项目的负责人,对主导产品或者核心技术、工艺流程作出重大创新或者改进的主要技术人员。(2)对企业发展作出突出贡献的经营管理人员,包括主持企业全面生产经营工作的高级管理人员,负责企业主要产品(服务)生产经营合计占主营业务收入(或者主营业务利润)50%以上的中、高级经营管理人员。

企业面向全体员工实施的股权奖励,不得按财税〔2015〕116号规定的税收政策执行。

七、低价取得股票(权)不符合递延纳税条件的征税

个人从任职、受雇企业(包括上市公司和非上市公司)以低于公平市场价格取得股票(权),凡不符合递延纳税条件的,应在获得股票(权)时,对实际出资额低于公平市场价格的差额,按照"工资、薪金所得"项目征税。在2021年12月31日前,不并入当年综合所得,全额单独适用综合所得税率表,计算纳税。

其中,公平市场价格按以下方法确定:①上市公司股票的公平市场价格,按照取得股票当日的收盘价确定。取得股票当日为非交易日的,按照上一个交易日收盘价确定。②非上市公司股票(权)的公平市场价格,依次按照净资产法、类比法和其他合理方法确定。净资产法中的净资产按照取得股票(权)的上年末净资产确定。

八、股权激励所得应纳税额的计算

(一)居民个人股权激励

居民个人取得的股票期权、股票增值权、限制性股票、股权奖励等股权激励,符合规定条件的,在2021年12月31日前,不并入当年综合所得,全额单独适用综合所得税率表,计算纳税。2022年1月1日之后的股权激励政策另行明确。

计算公式为:

应纳税额=股权激励收入×适用税率-速算扣除数

居民个人一个纳税年度内取得两次以上(含两次)股权激励的,应合并计算纳税。

前述“符合规定条件的”股权激励所得包括：财税〔2005〕35号规定的股票期权所得，财税〔2009〕5号规定的股票增值权所得和限制性股票所得，财税〔2015〕116号第4条规定的高新技术企业转化科技成果给予本企业相关技术人员的股权奖励，财税〔2016〕101号第4条第1项规定的不符合递延纳税条件的低价取得股票（权）所得。

（二）非居民个人股权激励

非居民个人一个月内取得股权激励所得，单独按照《关于非居民个人和无住所居民个人有关个人所得税政策的公告》（财政部、税务总局公告2019年第35号）“关于无住所个人工资薪金所得收入额计算”的规定计算当月收入额，不与当月其他工资薪金合并，按6个月分摊计税（一个公历年度内的股权激励所得应合并计算），不减除费用，适用按月换算后的综合所得税率表计算应纳税额，计算公式如下：

当月股权激励所得应纳税额＝［（本公历年度内股权激励所得合计额÷6）×适用税率－速算扣除数］×6－本公历年度内股权激励所得已纳税额

以上应纳税额的计算均是指取得股权激励时的应纳税额。

股权激励所得来源地的确定：2019年1月1日以后的参见第三章第六节“无住所居民个人和非居民个人综合所得个人所得税”；2018年12月31日前股权激励所得来源地的确定参见财税〔2005〕35号第3条，即按照该员工据以取得上述工资薪金所得的境内、外工作期间月份数比例计算划分。

2018年12月31日前股票期权所得的税款计算：2018年12月31日前认购股票所得（行权所得）的税款计算参见财税〔2005〕35号第4条第1款，即员工因参加股票期权计划而从中国境内取得的所得，按本通知规定应按工资薪金所得计算纳税的，对该股票期权形式的工资薪金所得可区别于所在月份的其他工资薪金所得，单独按下列公式计算当月应纳税款：

应纳税额＝（股票期权形式的工资薪金应纳税所得额÷规定月份数×适用税率－速算扣除数）×规定月份数

上述公式中的规定月份数，是指员工取得源于中国境内的股票期权形式工资薪金所得的境内工作期间月份数，长于12个月的，按12个月计算；上述公式中的适用税率和速算扣除数，以股票期权形式的工资薪金应纳税所得额除以规定月份数后的商数，对照国家税务总局《关于印发〈征收个人所得税若干问题的规定〉的通知》（国税发〔1994〕89号）中所附税率表确定。

九、取得股权激励以后的征税问题

（1）持有递延纳税的股权期间，因该股权产生的转增股本收入，以及以该递延纳税的股权再进行非货币性资产投资的，应在当期缴纳税款。依据税法规定，企业以未分配利润、盈余公积、资本公积转增股本的，需按照“利息、股息、红利所得”项目计征个人所得税。因此，个人持有递延纳税股权期间取得转增股本收入，不能再享受财税〔2015〕116 号规定的“中小高新技术企业转增股本，个人股东可分期 5 年缴税”的优惠政策。

（2）持有递延纳税的股权或股票期间，因拥有股权参与税后利润分配而取得的股息、红利所得，除依照有关规定可以免税或减税的外，应全额按规定税率计算纳税。具体参见第五章“利息、股息、红利所得个人所得税”。

（3）对于员工转让股票等有价证券取得的所得，应按现行税法和政策规定征免个人所得税。也就是说，个人将行权后的境内上市公司股票再行转让而取得的所得，暂不征收个人所得税；个人转让境外上市公司的股票而取得的所得，应按税法的规定计算应纳税所得额和应纳税额，依法缴纳税款。

（4）个人因股权激励、技术成果投资入股取得非上市公司股权后，非上市公司在境内上市的，员工持有的递延纳税股权，自然转为限售股。处置递延纳税的股权时，按照现行限售股有关征税规定执行。也就是说，股票转让价格，按照限售股有关规定确定；因股权激励获得的股票原值为其实际取得成本，以技术成果投资入股的，原值为技术成果原值。

（5）被激励对象为缴纳个人所得税款而出售股票，其出售价格与原计税价格不一致的，按原计税价格计算其应纳税所得额和应纳税额。

（6）个人转让股权时，视同享受递延纳税优惠政策的股权优先转让。递延纳税的股权成本按照加权平均法计算，不与其他方式取得的股权成本合并计算。

其他与转让股权、股票有关的问题详见第七章“财产转让所得个人所得税”。

确定递延纳税股权财产原值的应用：

根据财税〔2016〕101 号文件，非上市公司股票（权）期权的财产原值按照行权价确定，限制性股票按照实际出资额确定，股权奖励的原值为零，技术成果投资入股的财产原值即为技术成果的原值。若纳税人同时取得了多项享受递延纳税政策的股权，应按照加权平均法计算财产原值，并且不与其他方式取得的股权成本合并计算。

对于单独取得股票（权）期权、限制性股票、股权奖励或以技术成果入股的，财产原值的确定并不困难。对于同时取得多项享受递延纳税政策的股权的，主要应把握两点：一是需要按照加权平均法进行统筹计算，二是与其他方式出资取得的股权进行分别计算。

计算举例26

赵某为A企业核心技术人员。2016年9月，赵某以个人发明的专利技术作价100万元入股A企业，取得A企业股票20万股，该技术成果原值为10万元，赵某选择了递延纳税。2017年6月，赵某以自有房屋作价50万元，取得A企业股票5万股。2017年10月，赵某出资60万元自股东林某手中购买A公司股票5万股。此外，2017年1月，A企业实施了符合条件的股票期权激励，赵某于2020年5月以8元/股的价格行权获得5万股，赵某选择了递延纳税。赵某的股票原值如何计算？

根据政策规定，赵某递延纳税部分的股票和非递延纳税部分的股票分别计税，原值也分开计算。

递延纳税股权部分：赵某递延纳税的股票由以技术成果投资入股和股票期权两部分构成。

递延纳税的股票原值＝技术成果的原值＋股票期权的行权总价＝10万元＋8元/股×5万股＝50万元

递延纳税的股票每股原值＝50万元÷(20万股＋5万股)＝2元/股

非递延纳税股权部分：赵某非递延纳税的股票由房屋投资入股和直接购买两部分构成。根据《股权转让所得个人所得税管理办法(试行)》规定，这两部分的股票原值也需要进行加权平均计算。在不考虑其他因素情况下，赵某非递延纳税的股票原值按如下方法计算：

非递延纳税的股票原值＝50万元＋60万元＝110万元

非递延纳税的股票每股原值＝110万元÷(5万股＋5万股)＝11元/股

接前计算举例26：假如赵某此前在2018年6月以8元/股的价格行权取得股票1万股，并当期缴纳了个人所得税，则如何计算股票原值？

由于该部分股票已经缴纳了个人所得税，因此不与递延纳税的股票部分进行合并，应与非递延纳税的股票进行加权平均计算。

赵某的非递延纳税的股票原值＝8元/股×1万股＋110万元＝118万元

赵某递延纳税的股票原值仍为50万元。

此外，递延纳税股权实际转让时，该如何计算纳税？根据财税〔2016〕101号文件规定,实际转让股权时,视同享受递延纳税优惠政策的股权优先转让。

接前计算举例26:若赵某2021年8月以100万元转让了5万股,其他税费忽略不计,如何计算纳税?

赵某应纳的个人所得税计算如下:

应纳税所得额=100万元-2元/股×5万股=90万元

应纳税额=90万元×20%=18万元

接前计算举例26:若赵某2021年8月以600万元转让30万股给B企业,其他税费忽略不计,如何计算纳税?

赵某递延纳税的股票共25万股,非递延纳税的股票共10万股。若赵某转让了30万股,则视同递延纳税的部分全部转让,非递延纳税的部分转让了5万股。

对于A企业而言,此时需要考虑代扣赵某个人所得税的问题。赵某递延纳税部分的股票转让所得应纳税额,具体计算如下:

递延纳税部分的股票转让收入=600万元÷30万股×25万股=500万元

递延纳税部分应纳税额=(500万元-50万元)×20%=90万元

赵某非递延纳税部分的股票转让所得应纳税额,具体计算如下:

非递延纳税部分的股票转让收入=600万元÷30万股×5万股=100万元

非递延纳税部分应纳税额=(100万元-11元/股×5万股)×20%=9万元

十、股权激励的税收征管

(一)股票期权的征收管理

①扣缴义务人。实施股票期权计划的境内企业为个人所得税的扣缴义务人,应按税法规定履行代扣代缴个人所得税的义务。

②自行申报纳税。员工从两处或两处以上取得股票期权形式的工资薪金所得和没有扣缴义务人的,该个人应在个人所得税法规定的纳税申报期限内自行申报缴纳税款。

③报送有关资料。实施股票期权计划的境内企业,应在股票期权计划实施之前,将企业的股票期权计划或实施方案、股票期权协议书、授权通知书等资料报送主管税务机关;应在员工行权之前,将股票期权行权通知书和行权调整通知书等资料报送主管税务机关。

④扣缴义务人和自行申报纳税的个人在代扣代缴税款或申报纳税时,应在税法

规定的纳税申报期限内，将个人接受或转让的股票期权以及认购的股票情况（包括种类、数量、施权价格、行权价格、市场价格、转让价格等）报送主管税务机关。

⑤处罚。实施股票期权计划的企业和因股票期权计划而取得应税所得的自行申报员工，未按规定报送上述有关报表和资料，未履行扣缴税款义务或者申报纳税义务的，按《税收征管法》及其实施细则的有关规定进行处理。

（二）股票增值权和限制性股票的征收管理

①实施股票增值权计划或限制性股票计划的境内上市公司，应在向证监会报备的同时，将企业股票增值权计划、限制性股票计划或实施方案等有关资料报送主管税务机关备案；上市公司应在做好个人所得税扣缴工作的同时，按照有关规定向主管税务机关报送其员工行权等涉税信息。

②实施限制性股票计划的境内上市公司，应在中国证券登记结算公司（境外为证券登记托管机构）进行股票登记，并经上市公司公示后 15 日内，将本公司限制性股票计划或实施方案、协议书、授权通知书、股票登记日期及当日收盘价、禁售期限和股权激励人员名单等资料报送主管税务机关备案。

境外上市公司的境内机构，应向其主管税务机关报送境外上市公司实施股权激励计划的中（外）文资料进行备案。

③扣缴义务人和自行申报纳税的个人在代扣代缴税款或申报纳税时，应在税法规定的纳税申报期限内，将个人接受或转让的股权以及认购的股票情况（包括种类、数量、施权价格、行权价格、市场价格、转让价格等）、股权激励人员名单、应纳税所得额、应纳税额等资料报送主管税务机关。

（三）股权激励和技术成果投资入股的征收管理

（1）对股权激励或技术成果投资入股选择适用递延纳税政策的，企业应在规定期限内到主管税务机关办理备案手续。未办理备案手续的，不得享受财税〔2016〕101 号规定的递延纳税优惠政策。企业备案具体按以下规定执行：

①非上市公司实施符合条件的股权激励，个人选择递延纳税的，非上市公司应于股票（权）期权行权、限制性股票解禁、股权奖励获得之次月 15 日内，向主管税务机关报送《非上市公司股权激励个人所得税递延纳税备案表》（见附录二“纳税备案”部分）、股权激励计划、董事会或股东大会决议、激励对象任职或从事技术工作情况说明等。实施股权奖励的企业同时报送本企业及其奖励股权标的企业上一纳税

年度主营业务收入构成情况说明。

②上市公司实施股权激励，个人选择在不超过12个月期限内缴税的，上市公司应自股票期权行权、限制性股票解禁、股权奖励获得之次月15日内，向主管税务机关报送《上市公司股权激励个人所得税延期纳税备案表》（见附录二“纳税备案”部分）。上市公司初次办理股权激励备案时，还应一并向主管税务机关报送股权激励计划、董事会或股东大会决议。

③个人以技术成果投资入股境内公司并选择递延纳税的，被投资公司应于取得技术成果并支付股权之次月15日内，向主管税务机关报送《技术成果投资入股个人所得税递延纳税备案表》、技术成果相关证书或证明材料、技术成果投资入股协议、技术成果评估报告等资料。

（2）企业实施股权激励或个人以技术成果投资入股的，以实施股权激励或取得技术成果的企业为个人所得税扣缴义务人。递延纳税期间，扣缴义务人应在每个纳税年度终了后向主管税务机关报告递延纳税有关情况。

（3）市场监管部门应将企业股权变更信息及时与税务部门共享，暂不具备联网实时共享信息条件的，市场监管部门应在股权变更登记3个工作日内将信息与税务部门共享。

（4）个人因非上市公司实施股权激励或以技术成果投资入股取得的股票（权），实行递延纳税期间，扣缴义务人应于每个纳税年度终了后30日内，向主管税务机关报送《个人所得税递延纳税情况年度报告表》。

（5）递延纳税股票（权）转让、办理纳税申报时，扣缴义务人、个人应向主管税务机关一并报送能够证明股票（权）转让价格、递延纳税股票（权）原值、合理税费的有关资料，具体包括转让协议、评估报告和相关票据等。资料不全或无法充分证明有关情况，造成计税依据偏低，又无正当理由的，主管税务机关可依据税收征管法有关规定进行核定。

第三节　股权代持个人所得税

一、股权代持概述

股权代持是指实际出资人与名义出资人约定，由名义出资人代为出资，代为行使股东权利、履行股东义务的一种股份或股权出资方式。[①] 常见的股权代持产生的原因主要是规避法律法规有关股东人数、股东身份、投资主体、行业监管等规定的限制以及其他原因。

判断股权代持的主要依据是最高人民法院《关于适用〈中华人民共和国公司法〉若干问题的规定(三)》第24条第1款:有限责任公司的实际出资人与名义出资人订立合同,约定由实际出资人出资并享有投资权益,以名义出资人为名义股东,实际出资人与名义股东对该合同效力发生争议的,如无法律规定的无效情形,人民法院应当认定该合同有效。

与个人有关的股权代持主要包括:个人代企业持股、企业(公司及合伙企业等)代个人持股、个人代个人持股,涉及的个人所得税包括股息红利个人所得税、股权转让(财产转让)个人所得税。

由于国家层面没有对股权代持的纳税义务人进行明确,导致实践中,有的税务机关认定名义(显名)股东为纳税人,有的认定实际(隐名)股东为纳税人。笔者认为,只要不重复征税,以名义股东或实际股东为纳税人都是可以的。

二、厦门市税务局关于股权代持涉税问题的答复

2020年7月28日,国家税务总局厦门市税务局在《关于市十三届政协四次会议第1112号提案办理情况答复的函》(厦税函〔2020〕125号)中对股权代持关系下实际出资人税负问题的答复具有一定代表性。其主要内容如下:

(一)关于显名股东纳税义务的认定

根据《税收征收管理法实施细则》第3条第2款规定:“纳税人应当依照税收法律、行政法规的规定履行纳税义务;其签订的合同、协议等与税收法律、行政法规相抵触的,一律无效。”显名股东作为登记在股东名册上的股东,可以依股东名册主张行使股东权利,依据《企业所得税法》《个人所得税法》,是符合税法规定的转让股权和取得投资收益的纳税人,其取得股息红利所得、股权转让所得,应当依法履行纳税义务。

《公司注册资本登记管理规定》(国家工商行政管理总局令第64号)第8条规定“股东或者发起人应当以自己的名义出资”,明确了行政管理的方式是要求股东以自

① 参见福建省注册会计师协会发布的《审计风险提示第18号——股权代持的审计关注》。

己的名义出资。而最高人民法院《关于适用〈中华人民共和国公司法〉若干问题的规定(三)》第25条(现为第24条)的相关规定,仅说明人民法院认可代持合同具有法律效力,规范的是代持当事人内部的民事法律关系,不属于对《公司注册资本登记管理规定》中关于股东出资规定的调整或变化。

(二)关于隐名股东纳税义务的认定

1. 隐名股东为自然人的情形。《个人所得税法》第2条,明确了应当缴纳个人所得税的9种所得,显名股东将取得的税后股息红利所得、股权转让所得,转付给隐名股东(自然人),不属于法律规定应当缴纳个人所得税的所得。

2. 隐名股东为企业的情形。《企业所得税法》第6条规定,企业以货币形式和非货币形式从各种来源取得的收入,为收入总额,包括其他收入;第7条、第26条,分别列明了法定的不征税收入和免税收入。据此,隐名股东(企业)从显名股东处取得的基于代持合同关系产生的所得,不属于法定的不征税收入和免税收入,应当按照企业所得税法规定缴纳企业所得税。

(三)其他

关于显名股东(企业)取得股息红利后,转付给隐名股东(企业),隐名股东(企业)是否能够适用“符合条件的居民企业之间的股息、红利等权益性投资收益为免税收入”的问题,由于隐名股东(企业)和显名股东(企业)之间并未构成股权投资关系,隐名股东(企业)从显名股东(企业)处取得的收入不符合股息、红利所得的定义,税法也未规定可以“穿透”作为隐名股东(企业)取得权益性投资收益对其免税。

至于国家税务总局《关于企业转让上市公司限售股有关所得税问题的公告》(国家税务总局公告2011年第39号),其适用情形仅限于限售股。

三、个人代个人持股的所得税

名义股东在收到企业分配的股息红利后,应代实际股东缴纳个人所得税(一般由企业代扣代缴)后,再转付给实际股东,此时名义股东无须再纳税,就如厦门市税务局的上述答复那样。因为只有存在股权投资关系(不一定是实际出资)的情况下才会产生股息红利,实际股东并未对名义股东投资,而是对企业投资,而名义股东实际上也并未对企业进行投资,对企业的投资只有一个,因此股息红利个人所得税只应缴纳一次。同样的道理,也适用于股权转让的情况。总之,谁投资谁获利,谁就应承担个人所得税,这才符合所得税的征税原则。

因此,对于被投资企业分配的股息红利或是对外转让股权的收入,只要税务机关不重复征税,就可不必纠结于是由实际股东纳税还是由名义股东纳税。因为实际股东与名义股东往往签订了代持股协议对代持股进行了约定。从法理上来说,代持股本质上是一种委托代理关系,股权代持协议属于委托合同,可以适用委托代理及委托合同的法律规范。根据《民法典》第162条,代理人在代理权限内,以被代理人名义实施的民事法律行为,对被代理人发生效力。委托代理人按照被代理人的委托行使代理权。因此,名义股东代收股息红利或是股权转让款,缴纳的税费,也是代实际股东缴纳的。

对于企业分配的股息红利或是对外转让股权的转让收入,在实际股东未显名前,可以名义股东作为纳税人,实际股东显名后,则应以实际股东为纳税人。实际股东显名的方式包括:由法院生效判决或仲裁裁决进行确权;由双方解除代持股关系,签订解除代持股协议或股权还原协议;双方向有关部门提交有关代持股证据;等等。这里所说的实际股东显名与后面提到的代持股权还原不完全相同。

四、企业代个人持股的所得税

对于企业代个人持股的情形,国家层面只对限售股的转让有规定,对于股息红利所得和除限售股以外的其他股权(股票)转让却没有规定。按厦门市税务局的做法,只要隐名股东为自然人,显名股东将取得的税后股息红利所得、股权转让所得,转付给隐名股东(自然人),就不应当缴纳个人所得税。试想一下,如果显名股东为居民企业,它从居民企业分回的股息红利免税(免税也视同税后),也就意味着隐名股东个人不用纳税了吗?如果再向隐名股东个人征税,显名股东又以什么名义扣税呢?如果以股息红利所得扣税的话,隐名股东又并未向显名股东进行投资,缺乏扣税的事实依据和法律依据。而如果显名股东将取得的税后股权转让所得转付给个人隐名股东还需要纳税的话,又存在重复征税的问题。这种情况参照企业代个人持有限售股转让的所得税处理更为合理。

五、企业代个人持有限售股转让的所得税问题

对于股权代持涉及的个人所得税,目前只有企业转让代个人持有的限售股征税问题有全国性规范加以明确,即《关于企业转让上市公司限售股有关所得税问题的公告》(国家税务总局公告2011年第39号)规定:因股权分置改革造成的原由个人

出资而由企业代持有的限售股,企业在转让时按以下规定处理:

(1)企业转让上述限售股取得的收入,应作为企业应税收入计算纳税。

上述限售股转让收入扣除限售股原值和合理税费后的余额为该限售股转让所得。企业未能提供完整、真实的限售股原值凭证,不能准确计算该限售股原值的,主管税务机关一律按该限售股转让收入的15%,核定为该限售股原值和合理税费。

依照上述规定完成纳税义务后的限售股转让收入余额转付给实际所有人时不再纳税。在这种情况下,实际所有人(隐名股东)取得限售股转让收入时不用再缴纳个人所得税。

(2)依法院判决、裁定等,通过证券登记结算公司,企业将其代持的个人限售股直接变更到实际所有人名下的,不视同转让限售股。实际所有人在这种情况下也不用缴纳个人所得税。

六、个人代企业持股的所得税

对于隐名股东为企业的情形,如果像厦门市税务局答复的那样处理,就存在重复征税,不符合前面论述的“谁投资谁获利谁缴税”以及委托代理的法理。当然了,税法属于公法、行政法的范畴,而民法属于私法的范畴,民法的法律规范并不一定适用于税法。但所得税的征税原则还是应遵循的。个人所得税是以个人取得的收入扣除各种投入的净所得为课税对象的一种税收(偶然所得例外),没有投入哪来的所得呢?

厦门市税务局之所以对隐名股东为企业的这样处理,是因为就目前的税制,税款的扣缴不好操作。个人代企业持股的情形,被投资企业不好确定扣税类型:是扣个人所得税还是企业所得税。扣企业所得税,一是没有事实依据,因为股东名册及工商登记都显示是个人;二是没有法律依据,企业所得税法对居民企业的企业所得税是没有代扣代缴的规定的,之所以没有这样的规定也是因为企业所得税以一定纳税期间企业总的所得额作为计税依据,而投资企业的全部所得被投资企业是无从得知的。

七、企业代企业持股的所得税

企业代企业持股也存在类似情形,只是名义股东是符合条件的居民企业的话,其分得的股息、红利为免税收入。我国关于投资者从投资企业取得的股息红利实行的本来就是双重税制,被投资企业需缴纳一次所得税,自然人股东在分配时还需交一次所得税。但是按厦门市税务局的处理实际的企业股东收到被投资企业分配的股息红利时还需要纳税，这就已经重复了，然后实际的企业股东在对本企业的股东进行分配时，自然人股东又需纳税，相当于三重纳税。只不过在被投资企业分配给居民企业股东时免税，实际只产生双重征税的效果。

仔细分析厦门市税务局的做法，其内在逻辑还是有值得思考的地方。既然隐名股东（企业）和显名股东（企业）之间并未构成股权投资关系，隐名股东（企业）从显名股东（企业）取得的收入不符合股息、红利所得的定义，那么这个算是什么收入呢？也总不能什么都归于“其他收入”这个兜底性规定中，这样有悖于税收法定原则。

八、代持股权还原的涉税问题

在代持股权还原也就是实际股东从名义股东处收回股权的情况下，不同的税务机关或法院可能认定的不一样。厦门市税务局的答复中也没有提到这种情形。有的会认定为股权转让进行征税，认为在这一环节如果不征税的话，可能会使税款征收产生漏洞，比如将本来是正常股权转让的行为包装成代持股权还原。在这种情况下，可以引入第三方来对代持股的事实进行认定，比如法院的判决书、调解书，或者直接由税务机关根据当事人提供的有关材料进行认定。股权还原一般是基于过去形成的代持股的事实，要想重新编造一套证据且做到毫无漏洞还是有难度的。

如果已经有确切的证据足以证明为代持股权还原，由于股权的实际所有人并未发生变更，实际上并未发生股权转让，就不应该再认定为股权转让进行征税。

即使被认定为股权转让也不一定就需要缴纳高额税费。如果股权的实际价值也即公平交易定价本来就与股权原值相差不大的话，也就是说即使按股权转让也没有产生较多的所得，那么征不征税影响不大。如果股权实际价值远高于股权原值或转让定价，但符合《股权转让所得个人所得税管理办法（试行）》第13条规定的条件之一的，可以视为有正当理由的股权转让收入明显偏低，也不会被核定征收。这些条件包括：(1)能出具有效文件，证明被投资企业因国家政策调整，生产经营受到重大影响，导致低价转让股权；(2)继承或将股权转让给其能提供具有法律效力身份关系证明的配偶、父母、子女、祖父母、外祖父母、孙子女、外孙子女、兄弟姐妹，以及对转让人承担直接抚养或者赡养义务的抚养人或者赡养人（三代以内直系亲属）；(3)相关法律、政府文件或企业章程规定，并有相关资料充分证明转让价格合理且真实的本企业员工持有的不能对外转让股权的内部转让；(4)股权转让双方能够提供有效证据证明其合理性的其他合理情形。

从上面的分析来看，股权代持的很多情形都可能存在重复征收所得税的问题，而且所得税的税率还不低。为降低重复征税的风险，隐名股东在选择显名股东的时候，最好选择三代以内直系亲属，尽量避免选择企业。

政策层面上，如果想彻底解决这个问题，实现公平税负，可以考虑引进已纳所得税抵免制度，具体可参照企业所得税法中的境外已纳税所得抵免制度，也即已缴纳的所得税税额，可以从企业或个人的同一项所得的应纳税额中抵免。这样该征的税不会少征，不该征的税也不会多征。

下面介绍两个分别认定实际持股人和名义股东为股权转让纳税义务人的案例。

九、相关案例

案例 28

股权代持以实际股东为纳税义务人的税务稽查案

2020 年 9 月，国家税务总局广西壮族自治区税务局第一稽查局先后公布三份《税务处理决定书》，对广西 TS 矿业有限公司（以下简称 TS 公司）与深圳市 BY 贸易有限公司（以下简称 BY 公司）的股权转让个人所得税事项进行公告，具体如下：

2011 年 3 月 10 日，TS 公司原股东与 BY 公司签订《股权收购协议》，股权转让金额为 5300 万元。TS 公司原股东陈某、唐某将所持有的 TS 公司股权转让给 BY 公司及其指定方杨某，其中陈某持股 60%、唐某持股 40%。经向陈某核实：陈某实际持股 30%，代李某持股 30%，罗某 40% 股权由唐某代持。同时，广东省深圳市中级人民法院民事判决书（2018）粤 03 民终 19043 号认定：TS 公司工商登记的股东为陈某 60%、唐某 40%，罗某 40% 股权由唐某代持。罗某在《股权收购协议》中实际转让 40% 的股权。

TS 公司股东陈某、唐某于 2011 年 3 月 31 日分别与 BY 公司及 BY 公司指定方杨某签订了《股权转让协议书》，并于 2011 年 4 月 7 日完成股权变更登记，BY 公司和杨某正式成为 TS 公司的股东，BY 公司持股比例 95%，杨某持股比例 5%。

2011 年 4 月 14 日，BY 公司向陈某支付了第一期股权转让款共计 2300 万元，陈某确认收到该款项，并按原持股比例进行了分配。第二期股权转让款由于股权转让双方之间因股权转让的效力、金额等问题一直存在争议，故余款一直未付。经法院一审、二审程序，（2018）粤 03 民终 19043 号终审判决最终确认陈某、李某、罗某与 BY 公司、杨某的股权转让行为有效，股权转让金额共计 5300 万元，BY 公司仍需支付剩余股权转让金3000万元。

根据《个人所得税法》第2条第1款第8项、第3条第3项、第6条第1款第5项和《股权转让所得个人所得税管理办法(试行)》第3条第1项、第4条、第5条、第15条、第19条、第20条的规定,原股东转让TS公司股权给BY公司及杨某,BY公司支付了部分股权转让款,并完成了工商的股权变更登记。李某虽然是香港居民,但是转让TS公司股权的行为发生在境内,作为股权实际转让方,其仍是个人所得税的纳税人,应按“财产转让所得”申报缴纳个人所得税,应向国家税务总局南宁青秀山风景区税务局申报缴纳个人所得税。BY公司及杨某作为股权受让方及所得支付方,是代扣代缴义务人,应按规定履行代扣代缴义务。

股权转让款的认定:根据实际收到款项及判决确定的金额,罗某共取得股权转让款2120万元,以其实际收到的920万元及判决确定的1200万元计算所得;李某、陈某股权转让款分别为1590万元,以其实际收到的690万元及判决确定的900万元计算所得。

股权原值的认定:在南宁市行政审批局调取的TS公司的企业变更通知书、2011年3月31日TS公司第四次股东会决议、财务报表等相关资料,显示“实收资本—法人资本—个人资本”为1000万元。股东出资信息显示“唐某—实缴出资额”为400万元,持股比例40%;“陈某—实缴出资额”为600万元,持股比例60%。一审、二审判决已确认以上股权代持关系,因此认定罗某的股权原值为400万元,李某、陈某的股权原值分别为300万元。

原股东转让股权行为应按“财产转让所得”申报缴纳的个人所得税,其中罗某为(2120万元-400万元)×20%=344万元,李某、陈某均为(1590万元-300万元)×20%=258万元。

BY公司及杨某作为代扣代缴义务人,并未代扣代缴上述税款,原股东本人也未缴纳上述税款。

由于李某已于2014年去世,根据《继承法》第33条“继承遗产与清偿债务”规定:“继承遗产应当清偿被继承人依法应当缴纳的税款和债务,缴纳税款和清偿债务以他的遗产实际价值为限。超过遗产实际价值部分,继承人自愿偿还的不在此限。继承人放弃继承的,对被继承人依法应当缴纳的税款和债务可以不负偿还责任。”作为李某的法定继承人张某某、李某某二人继承了其股权转让款,具有清偿被继承人李某依法应当缴纳的个人所得税的义务,李某应缴纳的个人所得税为258万元,李某的继承人张某某、李某某继承款项为900万元,足以清偿李某依法应当缴纳的个人所得税，因此，张某某、李某某应清偿李某少缴纳的个人所得税258万元。张某某、李某某均为第一顺位继承人，任何一人在其继承的范围内清偿均可。

2020年11月，广西壮族自治区税务局第一稽查局又对罗某、张某某、李某某发出催告书（行政强制执行适用），催告其履行纳税义务。

案例评析：

经整理的原股东持股及应纳个人所得税见表9－2：

表9－2 原股东持股及应纳个人所得税表

原名义股东	原名义持股比例/%	原实际股东	原实际持股比例/%	股权转让金额/万元	股权原值/万元	应纳个人所得税/万元
陈某	60	陈某	30	1590	300	258
		李某	30	1590	300	258
唐某	40	罗某	40	2120	400	344
合计	100		100	5300	1000	860

本案股权转让始于2011年3月，迄今也已有10年。从公开资料显示的涉税事实和处理的法律依据及程序来看，都是合理且合法合规的。

本案关注点主要是税务机关认定股权代持关系中的实际持股人为纳税义务人，其以工商登记的实缴出资额为股权原值的认定也值得关注，在无其他更可靠的认定依据的情况下，很多税务机关都是按工商登记的出资额来认定股权原值的。另外本案还有一个特点就是，纳税义务人去世的，其继承人应就继承遗产清偿被继承人依法应当缴纳的税款，且去世的纳税义务人及其继承人均为我国香港特别行政区居民。

案例29

股权代持以名义股东为纳税义务人的民事裁判
盛某某与胡某某委托合同纠纷案

审理法院：北京市第四中级人民法院

案号：（2020）京04民初274号

裁判日期：2020年8月3日

原告盛某某（我国台湾地区居民）向法院提出诉讼请求：（1）依法判令胡某某（被告）返还盛某某利润分配款146万元；（2）依法判令胡某某按照全国银行间同业

拆借中心公布的贷款市场报价利率支付自2020年2月1日至实际支付日的利息。

法院认为：本案为涉台民商事案件，根据最高人民法院《关于适用〈中华人民共和国民事诉讼法〉的解释》第551条之规定，本案参照涉外程序进行审理。又根据《民事诉讼法》第259条之规定，诉讼程序应适用《民事诉讼法》第四编"涉外民事诉讼程序的特别规定"，该编没有规定的，适用《民事诉讼法》的其他有关规定。根据最高人民法院《关于审理涉台民商事案件法律适用问题的规定》第1条第1款之规定，法院适用大陆法律作为准据法对本案进行审理。

本案中双方当事人共同确认登记在胡某某名下的DG公司股权系代盛某某持有。依据上述事实，可以确定在盛某某、胡某某以及DG公司之间形成两层法律关系：第一层为胡某某与DG公司的股权关系，第二层为盛某某与胡某某之间的委托持股合同关系。因此，在盛某某未将相应股权变更登记至自己名下之前，其不直接享有DG公司的股权利益，亦无须承担股东责任，仅对胡某某享有债权。

DG公司清算后，胡某某分得股息、红利7,547,557.94元。依据股权代持合同关系，盛某某固然有权向胡某某索要该部分股息、红利，但盛某某的权利边界应当以胡某某实际可能获得为限。胡某某作为DG公司股东，对于分得的股息、红利应当依法缴纳个人所得税，且相应义务属于公法项下的法律责任，不以当事人的主观意志为转移。虽然目前胡某某尚未实际缴付该部分税款，但纳税义务人已经确定，缴税责任已经客观形成，缴纳个人所得税的法律责任以及由于未缴纳税款或者迟延缴纳税款的派生责任均应当由胡某某依法承担。至于盛某某所述由胡某某先支付全部款项，待税务机关催缴时再由盛某某实际缴付的意见，不具备合法依据，法院不予采信。

《个人所得税法》规定，股息、红利所得适用比例税率，税率为20%。现胡某某自述其应缴税额为1,459,511.59元[(利润分配额7,547,557.94元－出资额250,000元)×税率20%]，与实际扣留的146万元基本相符。鉴于诉讼期间盛某某对于胡某某所述应缴税额虽不予认可但未能提出可信的合理数额，并且考虑到目前不能完全排除就盛某某与胡某某之间的委托代持股权合同关系另行产生税务负担的可能性，故法院决定现阶段就胡某某扣留数额146万元与其自认的应缴税额1,459,511.59元之间的差额488.41元不作单独处理。待胡某某实际缴纳税款后，按照多退少补原则，双方当事人可通过合法程序就差额另行处理。

综上，法院对盛某某的诉讼请求不予支持。

案例评析：

本案是一起涉台民商事案件，裁判日期也是新近的。案件争议的表面上看是公司清算后的利润分配款，实质上是显名股东是否该扣留股息红利个人所得税款，法院最终判定显名股东为个人所得税纳税义务人，依法承担缴纳个人所得税的法律责任以及由于未缴纳税款或者迟延缴纳税款的派生责任，因此显名股东可以扣留税款。判决将股权代持定性为委托合同，并且判决中还提到“目前不能完全排除就盛某某与胡某某之间的委托代持股权合同关系另行产生税务负担的可能性”，这句话也说明在司法领域，也不能完全判定委托代持股权合同关系是否还会产生纳税义务。

第四节　证券投资基金、创业投资企业及天使投资人的个人所得税

一、证券投资基金介绍

（一）基金合同

我国的证券投资基金依《证券投资基金法》和基金合同设立。基金管理人、基金托管人和基金份额持有人的权利、义务，依照《证券投资基金法》在基金合同中约定。通过公开募集方式设立的基金（公开募集基金）的基金份额持有人按其所持基金份额享受收益和承担风险，通过非公开募集方式设立的基金（非公开募集基金）的收益分配和风险承担由基金合同约定。基金合同应当约定基金的运作方式。

（二）发行方式

证券投资基金按发行方式可分为公募基金（公开募集基金）和私募基金（非公开募集基金）。

公募基金，包括向不特定对象募集资金、向特定对象募集资金累计超过 200 人，以及法律、行政法规规定的其他情形。公开募集基金应当由基金管理人管理，基金托管人托管。

私募基金，即非公开募集基金应当向合格投资者募集，合格投资者累计不得超过 200 人。所称合格投资者，是指达到规定资产规模或者收入水平，并且具备相应的风险识别能力和风险承担能力、其基金份额认购金额不低于规定限额的单位和个人。除基金合同另有约定外，非公开募集基金应当由基金托管人托管。

(三)运作方式

基金的运作方式可以采用封闭式、开放式或者其他方式。

采用封闭式运作方式的基金(以下简称封闭式基金),是指基金份额总额在基金合同期限内固定不变,基金份额持有人不得申请赎回的基金。

采用开放式运作方式的基金(以下简称开放式基金),是指基金份额总额不固定,基金份额可以在基金合同约定的时间和场所申购或者赎回的基金。

采用其他运作方式的基金份额发售、交易、申购、赎回的办法,由国务院证券监督管理机构另行规定。

(四)基金合同相关当事人

基金份额持有人是指申购基金、持有基金份额的投资人。

基金管理人运用基金财产进行证券投资。基金管理人由依法设立的公司或者合伙企业担任。

基金托管人履行保管基金财产、开设基金财产的资金账户和证券账户等职责。基金托管人由依法设立的商业银行或者其他金融机构担任。

(五)基金财产、债务及投资

基金财产的债务由基金财产本身承担,基金份额持有人以其出资为限对基金财产的债务承担责任。但基金合同依照《证券投资基金法》另有约定的,从其约定。因此,我国的基金大多为有限合伙制基金,与有限合伙企业的运作类似,适用的税收政策也大部分相同。

基金财产独立于基金管理人、基金托管人的固有财产。基金管理人、基金托管人因基金财产的管理、运用或者其他情形而取得的财产和收益,归入基金财产。

基金财产投资的范围包括上市交易的股票、债券和国务院证券监督管理机构规定的其他证券及其衍生品种。

基金管理人运用基金财产进行证券投资,除国务院证券监督管理机构另有规定外,应当采用资产组合的方式。资产组合的具体方式和投资比例,依照《证券投资基金法》和国务院证券监督管理机构的规定在基金合同中约定。

非公开募集基金财产的证券投资,包括买卖公开发行的股份有限公司股票、债券、基金份额,以及国务院证券监督管理机构规定的其他证券及其衍生品种。

基金财产投资的相关税收，由基金份额持有人承担，基金管理人或者其他扣缴义务人按照国家有关税收征收的规定代扣代缴。

二、证券投资基金的主要税收问题

财政部、国家税务总局《关于企业所得税若干优惠政策的通知》（财税〔2008〕1号）及《关于证券投资基金税收问题的通知》（财税字〔1998〕55号）对证券投资基金税收进行了规定。

（一）增值税

根据财政部、国家税务总局《关于全面推开营业税改征增值税试点的通知》（财税〔2016〕36号），资产管理、信托管理、基金管理等直接金融服务以及金融商品转让属于增值税应税业务。金融商品转让是指转让外汇、有价证券、非货物期货和其他金融商品所有权的业务活动。其他金融商品转让包括基金、信托、理财产品等各类资产管理产品和各种金融衍生品的转让。

根据财政部、国家税务总局《关于资管产品增值税有关问题的通知》（财税〔2017〕56号），资管产品管理人运营资管产品过程中发生的增值税应税行为，暂适用简易计税方法，按照3%的征收率缴纳增值税。其中，资管产品管理人，包括银行、信托公司、公募基金管理公司及其子公司、证券公司及其子公司、期货公司及其子公司、私募基金管理人、保险资产管理公司、专业保险资产管理机构、养老保险公司。资管产品，包括银行理财产品、资金信托（包括集合资金信托、单一资金信托）、财产权信托、公开募集证券投资基金、特定客户资产管理计划、集合资产管理计划、定向资产管理计划、私募投资基金、债权投资计划、股权投资计划、股债结合型投资计划、资产支持计划、组合类保险资产管理产品、养老保障管理产品。此外，还包括财政部和国家税务总局规定的其他资管产品管理人及资管产品。

因此，基金转让应按照3%的征收率由资管产品管理人缴纳增值税。资管产品管理人接受投资者委托或信托对受托资产提供的管理服务以及资管产品管理人发生的除前述资管产品运营过程中发生的增值税应税行为以外的其他增值税应税行为，按照现行规定缴纳增值税。

（二）企业所得税

（1）对证券投资基金从证券市场中取得的收入，包括买卖股票、债券的差价收入,股权的股息、红利收入,债券的利息收入及其他收入,暂不征收企业所得税。

(2)对投资者从证券投资基金分配中取得的收入,暂不征收企业所得税。

(3)对证券投资基金管理人运用基金买卖股票、债券的差价收入,暂不征收企业所得税。

(4)对企业投资者买卖基金单位获得的差价收入,应并入企业的应纳税所得额,征收企业所得税。

(5)对企业投资者从基金分配中获得的债券差价收入,暂不征收企业所得税。

(6)对基金管理人、基金托管人从事基金管理活动取得的收入,依照税法的规定征收企业所得税。

(三)个人所得税

(1)对个人投资者买卖基金单位获得的差价收入,在对个人买卖股票的差价收入恢复征收个人所得税以前,暂不征收个人所得税。

(2)对投资者从基金分配中获得的股票的股息、红利收入以及企业债券的利息收入,由上市公司和发行债券的企业在向基金派发股息、红利、利息时代扣代缴20%的个人所得税,基金向个人投资者分配股息、红利、利息时,不再代扣代缴个人所得税。

(3)对投资者从基金分配中获得的国债利息、储蓄存款利息以及买卖股票价差收入,在对国债利息收入、个人储蓄存款利息收入以及个人买卖股票差价收入恢复征收所得税以前,暂不征收所得税。

(4)对个人投资者从基金分配中获得的企业债券差价收入,应按税法规定对个人投资者征收20%的个人所得税,税款由基金在分配时依法代扣代缴。

三、开放式证券投资基金的所得税

根据《关于开放式证券投资基金有关税收问题的通知》①(财税〔2002〕128号)的规定:

1.对个人投资者申购和赎回基金单位取得的差价收入,在对个人买卖股票的差

① 2016年8月18日财政部《关于公布废止和失效的财政规章和规范性文件目录(第十二批)的决定》(财政部令第83号)废止了该文件;2018年12月29日财政部、国家税务总局《关于继续有效的个人所得税优惠政策目录的公告》(财政部、税务总局公告2018年第177号)又将其纳入了《继续有效的个人所得税优惠政策涉及的文件目录》,因此该文件应继续有效。

价收入未恢复征收个人所得税以前,暂不征收个人所得税。

2. 对企业投资者申购和赎回基金单位取得的差价收入,应并入企业的应纳税所得额,征收企业所得税。

3. 对基金取得的股票的股息、红利收入,债券的利息收入,储蓄存款利息收入,由上市公司、发行债券的企业和银行在向基金支付上述收入时代扣代缴20%的个人所得税。

4. 对投资者(包括个人和机构投资者)从基金分配中取得的收入,暂不征收个人所得税和企业所得税。

5. 对基金管理人、基金托管人、基金代销机构从事基金管理活动取得的收入,依照税法的有关规定征收营业税、企业所得税以及其他相关税收。

四、私募投资基金介绍

私募投资基金,是指在中华人民共和国境内,以非公开方式向合格投资者募集资金,以进行投资活动为目的设立的公司或者合伙企业,资产由基金管理人或者普通合伙人管理,由基金管理人进行资金募集及投资运作,基金托管人托管,二者向投资者披露基金相关信息。

根据《私募投资基金监督管理暂行办法》,私募投资基金财产的投资包括买卖股票、股权、债券、期货、期权、基金份额及投资合同约定的其他投资标的。通常将私募投资基金分为私募股权投资基金、风险/创业投资基金、私募证券投资基金、其他私募投资基金、私募资产配置基金。

(一)私募股权投资基金

私募股权投资(private equity),是指通过私募形式对发展成熟期的非上市企业进行的权益性投资,以及上市公司非公开交易股权投资,在交易实施过程中附带考虑了将来的退出机制,即通过上市、并购或管理层回购等方式,出售持股获利。私募股权投资基金,是专门从事股权投资的私募投资基金。

(二)风险/创业投资基金

风险/创业投资(venture capital),是以早中期创业企业为主要投资对象,支持新创事业并为未上市企业提供股权资本的投资活动,但并不以经营产品为目的。创业投资属于长期性的投资,流动性较差,一般需要5~10年方能有显著的投资回报。

创业投资基金是指由具有科技或财务专业知识和经验的人士操作，并且专门投资于具有发展潜力以及快速成长的创业企业的基金。

（三）私募证券投资基金

私募证券投资基金是指以非公开方式募集设立并以证券投资为其主营业务的私募投资基金，即现行有效的《证券投资基金法》项下所述的通过非公开募集方式设立的证券投资基金。

（四）其他私募投资基金

其他私募投资基金是指投资于除证券及其衍生品和股权以外的其他领域的基金，包括红酒、艺术品等商品基金与其他类基金。

（五）私募资产配置基金

私募资产配置基金是指底层标的为各类资产的私募投资基金，是近年新兴的一种私募投资基金。与一般私募投资基金相比，私募资产配置基金被允许"变相"突破专业化经营要求，开展跨资产类别配置的投资业务，底层标的可以是证券、股权、其他类资产。私募资产配置基金通过对股票、股权、信托、基金等系列产品的配置，使投资的风险与收益得到更大程度的平衡。

私募资产配置基金应当主要采用基金中基金（FOF）的投资方式，80%的已投资基金资产应当投资于已备案的私募基金、公募基金或者其他依法设立的资产管理产品。

五、有限合伙制私募股权基金的所得税

合伙创投企业是指依照《合伙企业法》、《创业投资企业管理暂行办法》和《外商投资创业投资企业管理规定》设立的专门从事创业投资活动的有限合伙企业。

有限合伙制私募股权基金，是指以有限合伙形式设立的用于私募股权投资的基金，该有限合伙企业的行为应遵守《合伙企业法》等相关法律法规的规定。

有限合伙制私募投资基金规避了公司型投资基金既要缴纳企业所得税，又要缴纳个人所得税的双重征税的问题，同时又基于其灵活的收益分配制度，逐渐成为一种主流的融资方式。

有限合伙制私募股权基金的基金持有人可以分为两种类型，部分以有限合伙人

身份投入资金并承担有限责任，即 LP；另一部分以普通合伙人身份具体负责投入资金的运作，并按照合伙协议收取管理费，承担无限连带责任，即 GP，这部分普通合伙人一般为基金管理公司，人数多为 1 ~ 2 人，其一般不出资或很少出资。

合伙各方的权利义务、费用承担方式以及利润的分配机制等通常在合伙协议中约定，合伙协议是基金运作的基础。由 GP 和 LP 设立有限合伙私募基金再投向项目，通过投资分红、转让股权等方式获利。

有限合伙制私募股权基金涉税主体主要包括私募基金管理人以及投资人（合伙人，包括法人及其他组织类型的合伙人以及自然人型的合伙人等）。

有限合伙制私募股权基金税收主要包括两类，即所得税以及增值税。涉税行为主要包括私募股权基金在日常经营过程中产生的分红、股权转让、管理费、业绩报酬、咨询费等。

根据《关于合伙企业合伙人所得税问题的通知》（财税〔2008〕159 号）的规定，合伙企业生产经营所得和其他所得采取“先分后税”的原则，以每一个合伙人为纳税义务人。合伙企业合伙人是自然人的，缴纳个人所得税；合伙人是法人和其他组织的，缴纳企业所得税。

有限合伙制基金因对外投资而取得的股息红利，不并入合伙企业的收入，合伙企业也就是基金层面不需要缴纳所得税，而应单独作为投资者取得的利息、股利、红利所得，投资者是个人的，按“利息、股息、红利”所得计算缴纳个人所得税，投资者是法人或其他组织的，适用企业所得税法的征免税规定。

合伙企业取得股权转让所得和日常经营收入如管理费、业绩报酬、咨询费等，扣除相关成本费用后的余额为经营所得，个人合伙人以应分配的份额适用 5% ~ 35% 税率计算缴纳个人所得税；法人和其他组织分得该合伙经营所得后，并入企业自身其他所得，计算缴纳企业所得税。

六、创业投资企业（基金）个人合伙人所得税核算方式

根据《关于创业投资企业个人合伙人所得税政策问题的通知》（本节以下简称财税〔2019〕8 号），自 2019 年 1 月 1 日起至 2023 年 12 月 31 日止，创投企业（含创投基金）可以选择按单一投资基金核算或者按创投企业年度所得整体核算两种方式之一，对其个人合伙人源于创投企业的所得计算个人所得税应纳税额。创投企业选择按单一投资基金核算或按创投企业年度所得整体核算后，3 年内不能变更。

（一）可以选择核算方式的创投企业

这里所说的创投企业，是指符合《创业投资企业管理暂行办法》（发展改革委等10部门令第39号）或者《私募投资基金监督管理暂行办法》（证监会令第105号）关于创业投资企业（基金）的有关规定，在中国境内注册设立的主要从事创业投资的，并按照上述规定完成备案且规范运作的合伙制创业投资企业（基金），不包括公司型企业（基金）及契约型基金、持股平台。

所称创业投资，系指向创业企业进行股权投资，以期所投资创业企业发育成熟或相对成熟后主要通过股权转让获得资本增值收益的投资方式。所称创业企业，系指在中国境内注册设立的处于创建或重建过程中的成长性企业，但不含已经在公开市场上市的企业。创业投资基金，是指主要投资于未上市创业企业普通股或者依法可转换为普通股的优先股、可转换债券等权益的股权投资基金。享受国家财政税收扶持政策的创业投资基金，其投资范围应当符合国家相关规定。

（二）单一投资基金核算

创投企业选择按单一投资基金核算的，其个人合伙人从该基金应分得的股权转让所得和股息红利所得，按照20%税率计算缴纳个人所得税。

单一投资基金核算，是指单一投资基金（包括不以基金名义设立的创投企业）在一个纳税年度内从不同创业投资项目中取得的股权转让所得和股息红利所得按下述方法分别核算纳税：

（1）股权转让所得。单个投资项目的股权转让所得，按年度股权转让收入扣除对应股权原值和转让环节合理费用后的余额计算，股权原值和转让环节合理费用的确定方法，参照股权转让所得个人所得税有关政策规定执行。单一投资基金的股权转让所得，按一个纳税年度内不同投资项目的所得和损失相互抵减后的余额计算，余额大于或等于零的，即确认为该基金的年度股权转让所得；余额小于零的，该基金年度股权转让所得按零计算且不能跨年结转。

个人合伙人按照其应从基金年度股权转让所得中分得的份额计算其应纳税额，并由创投企业在次年3月31日前代扣代缴个人所得税。如符合财政部、国家税务总局《关于创业投资企业和天使投资个人有关税收政策的通知》（本节以下简称财税〔2018〕55号）规定条件的，创投企业个人合伙人可以按照被转让项目对应投资额的70%抵扣其应从基金年度股权转让所得中分得的份额后再计算其应纳税额，当期不足以抵扣的，不得向以后年度结转。

(2)股息红利所得。单一投资基金的股息红利所得，以其源于所投资项目分配的股息、红利收入以及其他固定收益类证券等收入的全额计算。

个人合伙人按照其应从基金股息红利所得中分得的份额计算其应纳税额，并由创投企业按次代扣代缴个人所得税。

(3)除前述可以扣除的成本、费用之外，单一投资基金发生的包括投资基金管理人的管理费和业绩报酬在内的其他支出，不得在核算时扣除。

单一投资基金核算方法仅适用于计算创投企业个人合伙人的应纳税额。

创投企业选择按单一投资基金核算的，应当在按照财税〔2019〕8 号规定完成备案的 30 日内，向主管税务机关进行核算方式备案；未按规定备案的，视同选择按创投企业年度所得整体核算。2019 年 1 月 1 日前已经完成备案的创投企业，选择按单一投资基金核算的，应当在 2019 年 3 月 1 日前向主管税务机关进行核算方式备案。创投企业选择一种核算方式满 3 年需要调整的，应当在满 3 年的次年 1 月 31 日前，重新向主管税务机关备案。

(三)年度所得整体核算

创投企业选择按年度所得整体核算的，其个人合伙人应以从创投企业取得的所得，按照“经营所得”项目、5% ~35% 的超额累进税率计算缴纳个人所得税。

创投企业年度所得整体核算，是指将创投企业以每一纳税年度的收入总额减除成本、费用以及损失后，计算应分配给个人合伙人的经营所得。如符合财税〔2018〕55 号规定条件的，创投企业个人合伙人可以按照被转让项目对应投资额的 70% 抵扣其可以从创投企业分得的经营所得后再计算其应纳税额。年度核算亏损的，准予按有关规定向以后年度结转。

按照“经营所得”项目计税的个人合伙人，没有综合所得的，可依法减除基本减除费用、专项扣除、专项附加扣除，以及国务院确定的其他扣除。从多处取得经营所得的，应汇总计算个人所得税，只减除一次上述费用和扣除。

所谓年度整体核算方式，其实就是通常的合伙企业核算方式。不符合财税〔2019〕8 号规定的创投企业应按此方式核算。

（四）两种核算方式应纳税所得额的计算

单一投资基金核算与年度所得整体核算方式应纳税所得额的计算对比见表9－3。

表9－3 单一投资基金核算与年度所得整体核算的所得计算

<table>
<tr><th>项目</th><th>单一投资基金核算的所得计算</th><th>年度所得整体核算的所得计算</th></tr>
<tr><td>适用税目</td><td>股权转让所得</td><td>经营所得</td></tr>
<tr><td>适用税率</td><td>20%</td><td>5%～35%</td></tr>
<tr><td>单个投资项目</td><td>年度股权转让所得＝年度股权转让收入－对应股权原值－转让环节合理费用</td><td rowspan="2">年度经营所得＝收入总额－成本费用－损失－可弥补亏损</td></tr>
<tr><td>单一投资基金</td><td>按纳税年度内不同投资项目的所得和损失相互抵减后的余额计算，余额大于或等于零的，即确认为该基金的年度股权转让所得</td></tr>
<tr><td>亏损处理</td><td>不可结转</td><td>可以结转</td></tr>
<tr><td>基金管理人的管理费和业绩报酬及其他支出</td><td>不得扣除</td><td>可以扣除</td></tr>
<tr><td>个人合伙人按投资额的70%抵扣应纳税额</td><td>不得结转</td><td>可以结转</td></tr>
</table>

注：两种核算方式下的股息红利所得，均直接作为投资者的所得，单独适用20%的税率计算投资者个人的个人所得税。

计算举例27

李某为某创投企业的有限合伙人，收益分配比例为40%。2020年度该创投企业的经营情况如下：收到A企业分配的股息红利200万元；转让B投资项目股权取得转让收入2000万元，股权成本为500万元，转让过程中发生合理费用30万元；转让C公司股权取得转让收入300万元，股权成本为800万元，转让过程中发生合理费用20万元；支付基金管理人的管理费50万元、业绩报酬40万元；可弥补的以前年度亏损160万元。李某2020年度应纳税额按照两种核算方式分别计算如下：

(1)选择单一投资基金核算方式:

企业应纳税所得额 = 2000 - 500 - 30 + 300 - 800 - 20 = 950 万元

李某应纳税额 = 200 × 40% × 20% + 950 × 40% × 20% = 92 万元

(2)选择年度所得整体核算方式:

企业应纳税所得额 = 2000 - 500 - 30 + 300 - 800 - 20 - 50 - 40 - 160 = 700 万元

李某应纳税额 = 200 × 40% × 20% + 700 × 40% × 35% - 6.55 = 107.45 万元

注:6.55 万元为速算扣除数。

七、创业投资企业(基金)个人所得税优惠

(一)优惠政策内容

根据财税〔2018〕55 号及《关于创业投资企业和天使投资个人税收政策有关问题的公告》(国家税务总局公告 2018 年第 43 号),2018 年 1 月 1 日起实行以下优惠政策:

1. 公司制创业投资企业采取股权投资方式直接投资于初创科技型企业满 2 年(24 个月)的,可以按照投资额的 70% 在股权持有满 2 年的当年抵扣该公司制创业投资企业的应纳税所得额;当年不足以抵扣的,可以在以后纳税年度结转抵扣。

2. 合伙创投企业采取股权投资方式直接投资于初创科技型企业满 2 年的,该合伙创投企业的合伙人分别按以下方式处理:(1)法人合伙人可以按照对初创科技型企业投资额的 70% 抵扣法人合伙人从合伙创投企业分得的所得;当年不足抵扣的,可以在以后纳税年度结转抵扣。(2)个人合伙人可以按照对初创科技型企业投资额的 70% 抵扣个人合伙人从合伙创投企业分得的经营所得;当年不足抵扣的,可以在以后纳税年度结转抵扣。

投资额,按照创业投资企业对初创科技型企业的实缴投资额确定。享受财税〔2018〕55 号规定的税收政策的投资,仅限于通过向被投资初创科技型企业直接支付现金方式取得的股权投资,不包括受让其他股东的存量股权。合伙创投企业的合伙人对初创科技型企业的投资额,按照合伙创投企业对初创科技型企业的实缴投资额和合伙协议约定的合伙人占合伙创投企业的出资比例计算确定。合伙人从合伙创投企业分得的所得,按照财政部、国家税务总局《关于合伙企业合伙人所得税问题的通知》(财税〔2008〕159 号)规定计算。出资比例,按投资满 2 年当年年末各合伙人对合伙创投企业的实缴出资额占所有合伙人全部实缴出资额的比例计算。满 2 年,是指合伙创投企业投资于初创科技型企业的实缴投资满 2 年,投资时间从初创

科技型企业接受投资并完成工商变更登记的日期算起。

上述所称的初创科技型企业，应同时符合以下条件：

①在中国境内（不包括港、澳、台地区）注册成立、实行查账征收的居民企业。

②接受投资时，从业人数不超过200人，其中具有大学本科以上学历的从业人数不低于30%；资产总额和年销售收入均不超过3000万元。

从业人数，包括与企业建立劳动关系的职工人员及企业接受的劳务派遣人员。从业人数及资产总额指标，按照初创科技型企业接受投资前连续12个月的平均数计算，不足12个月的，按实际月数平均计算。具体计算公式如下：

月平均数=（月初数+月末数）÷2

接受投资前连续12个月平均数=接受投资前连续12个月平均数之和÷12

销售收入，包括主营业务收入与其他业务收入；年销售收入指标，按照企业接受投资前连续12个月的累计数计算，不足12个月的，按实际月数累计计算。

③接受投资时设立时间不超过5年（60个月）。

④接受投资时以及接受投资后2年内未在境内外证券交易所上市。

⑤接受投资当年及下一纳税年度，研发费用总额占成本费用支出的比例不低于20%。成本费用，包括主营业务成本、其他业务成本、销售费用、管理费用、财务费用。研发费用总额占成本费用支出的比例，是指企业接受投资当年及下一纳税年度的研发费用总额合计占同期成本费用总额合计的比例。

（二）享受优惠的创业投资企业条件

享受财税〔2018〕55号规定税收政策的创业投资企业，应同时符合以下条件：①在中国境内（不含港、澳、台地区）注册成立、实行查账征收的居民企业或合伙创投企业，且不属于被投资初创科技型企业的发起人；②符合《创业投资企业管理暂行办法》（发展改革委等10部门令第39号）规定或者《私募投资基金监督管理暂行办法》（证监会令第105号）关于创业投资基金的特别规定，按照上述规定完成备案且规范运作；③投资后2年内，创业投资企业及其关联方持有被投资初创科技型企业的股权比例合计应低于50%。

符合条件的合伙创投企业既包括符合财税〔2018〕55号规定条件的合伙创投企业，也包括符合国家税务总局《关于有限合伙制创业投资企业法人合伙人企业所得税有关问题的公告》（国家税务总局公告2015年第81号）（本节以下简称2015年第81号公告）规定条件的合伙创投企业。也就是说，财税〔2018〕55号规定的条件和

2015年第81号公告规定的条件只要满足其中之一就行。2015年第81号公告规定的合伙创投企业是指依照《合伙企业法》、《创业投资企业管理暂行办法》(发展改革委等10部门令第39号)和《外商投资创业投资企业管理规定》(外经贸部、科技部、工商总局、税务总局、外汇管理局令2003年第2号,根据商务部令2015年第2号修正)设立的专门从事创业投资活动的有限合伙企业。

(三)办理程序和资料

①合伙创投企业的个人合伙人符合享受优惠条件的,合伙创投企业应在投资初创科技型企业满2年的年度终了后3个月内,向合伙创投企业主管税务机关办理备案手续,备案时应报送《合伙创投企业个人所得税投资抵扣备案表》,同时将有关资料留存备查(备查资料同公司制创业投资企业)。合伙企业多次投资同一初创科技型企业的,应按年度分别备案。

②合伙创投企业应在投资初创科技型企业满2年后的每个年度终了后3个月内,向合伙创投企业主管税务机关报送《合伙创投企业个人所得税投资抵扣情况表》。

③个人合伙人在进行个人所得税年度申报时,应将当年允许抵扣的投资额填至《个人所得税生产经营所得纳税申报表(B表)》"允许扣除的其他费用"栏,并同时标明"投资抵扣"字样。

八、天使投资个人所得税优惠

(一)优惠政策内容

根据财税〔2018〕55号及《关于创业投资企业和天使投资个人税收政策有关问题的公告》(国家税务总局公告2018年第43号),自2018年7月1日起,天使投资个人采取股权投资方式直接投资于初创科技型企业满2年的,可以按照投资额的70%抵扣转让该初创科技型企业股权取得的应纳税所得额;当期不足抵扣的,可以在以后取得转让该初创科技型企业股权的应纳税所得额时结转抵扣。

天使投资个人投资多个初创科技型企业的,对其中办理注销清算的初创科技型企业,天使投资个人对其投资额的70%尚未抵扣完的,可自注销清算之日起36个月内抵扣天使投资个人转让其他初创科技型企业股权取得的应纳税所得额。

投资额,按照天使投资个人对初创科技型企业的实缴投资额确定。享受财税〔2018〕55号规定的税收政策的投资,仅限于通过向被投资初创科技型企业直接支付现金方式取得的股权投资，不包括受让其他股东的存量股权。

满2年，是指天使投资个人投资于初创科技型企业的实缴投资满2年，投资时间从初创科技型企业接受投资并完成工商变更登记的日期算起。

初创科技型企业接受天使投资个人投资满2年，在上海证券交易所、深圳证券交易所上市的，天使投资个人转让该企业股票时，按照现行限售股有关规定执行，其尚未抵扣的投资额，在税款清算时一并计算抵扣。

（二）享受优惠的天使投资个人条件

享受财税〔2018〕55号规定的税收政策的天使投资个人，应同时符合以下条件：

①不属于被投资初创科技型企业的发起人、雇员或其亲属（包括配偶、父母、子女、祖父母、外祖父母、孙子女、外孙子女、兄弟姐妹，下同），且与被投资初创科技型企业不存在劳务派遣等关系；

②投资后2年内，本人及其亲属持有被投资初创科技型企业股权比例合计应低于50%。

（三）办理程序和资料

（1）投资抵扣备案

天使投资个人应在投资初创科技型企业满24个月的次月15日内，与初创科技型企业共同向初创科技型企业主管税务机关办理备案手续。备案时应报送《天使投资个人所得税投资抵扣备案表》（见附录二“优惠管理”部分）。被投资企业符合初创科技型企业条件的有关资料留存企业备查，备查资料包括初创科技型企业接受现金投资时的投资合同（协议）、章程、实际出资的相关证明材料，以及被投资企业符合初创科技型企业条件的有关资料。多次投资同一初创科技型企业的，应分次备案。

（2）投资抵扣申报

①天使投资个人转让未上市的初创科技型企业股权，按照财税〔2018〕55号规定享受投资抵扣税收优惠时，应于股权转让次月15日内，向主管税务机关报送《天使投资个人所得税投资抵扣情况表》。同时，天使投资个人还应一并提供投资初创科技型企业后税务机关受理的《天使投资个人所得税投资抵扣备案表》。

其中，天使投资个人转让初创科技型企业股权需同时抵扣前36个月内投资其他注销清算初创科技型企业尚未抵扣完毕的投资额的，申报时应一并提供注销清算企业主管税务机关受理并注明注销清算等情况的《天使投资个人所得税投资抵扣备案表》,以及前期享受投资抵扣政策后税务机关受理的《天使投资个人所得税投资抵扣情况表》。

接受投资的初创科技型企业,应在天使投资个人转让股权纳税申报时,向扣缴义务人提供相关信息。

②天使投资个人投资初创科技型企业满足投资抵扣税收优惠条件后,初创科技型企业在上海证券交易所、深圳证券交易所上市的,天使投资个人在转让初创科技型企业股票时,有尚未抵扣完毕的投资额的,应向证券机构所在地主管税务机关办理限售股转让税款清算,抵扣尚未抵扣完毕的投资额。清算时,应提供投资初创科技型企业后税务机关受理的《天使投资个人所得税投资抵扣备案表》和《天使投资个人所得税投资抵扣情况表》。

(3)被投资企业发生个人股东变动或者个人股东所持股权变动的,应在次月15日内向主管税务机关报送含有股东变动信息的《个人所得税基础信息表(A表)》。对天使投资个人,应在备注栏标明"天使投资个人"字样。

(4)天使投资个人转让股权时,扣缴义务人、天使投资个人应将当年允许抵扣的投资额填至《扣缴个人所得税报告表》或《个人所得税自行纳税申报表(A表)》"税前扣除项目"的"其他"栏,并同时标明"投资抵扣"字样。

(5)天使投资个人投资的初创科技型企业注销清算的,应及时持《天使投资个人所得税投资抵扣备案表》到主管税务机关办理情况登记。

九、创业投资企业和天使投资个人有关税收政策的征管及衔接

财税〔2018〕55号执行日期前2年内发生的投资,在执行日期后投资满2年,且符合该文件规定的其他条件的,可以适用该文件规定的税收政策。

财政部、国家税务总局《关于创业投资企业和天使投资个人有关税收试点政策的通知》(财税〔2017〕38号)自2018年7月1日起废止,符合试点政策条件的投资额可按财税〔2018〕55号的规定继续抵扣。在此之前,即2017年7月1日至2018年6月30日,在京津冀、上海、广东、安徽、四川、武汉、西安、沈阳8个全面创新改革试验区域和苏州工业园区试点执行上述优惠政策。

十、合伙企业、创投企业、基金、天使投资个人所得税政策汇总

为便于理解、记忆和对比,将合伙企业、创投企业、基金及天使投资个人所得税政策汇总归纳(见图9-1)。

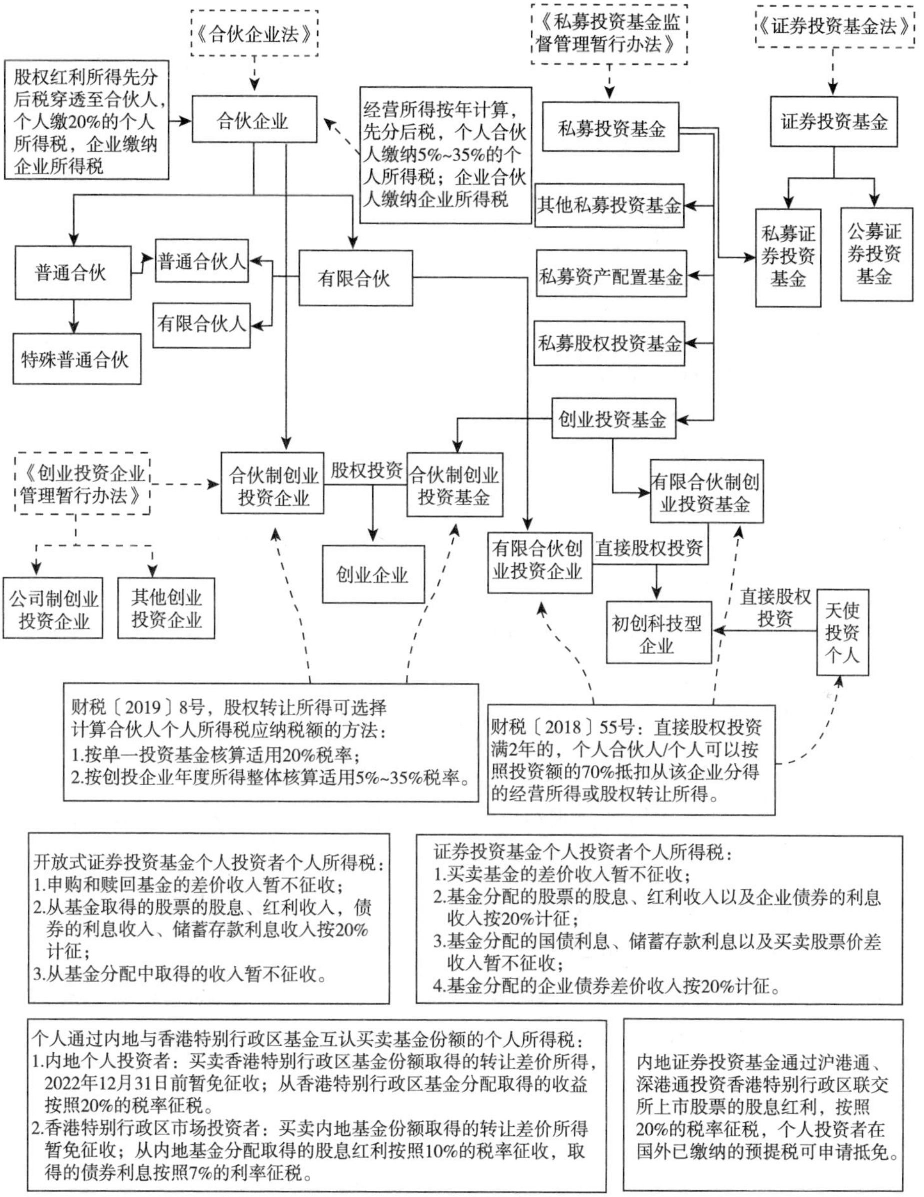

图 9－1　合伙企业、创投企业、基金及天使投资个人所得税政策汇总

十一、创业投资企业所得税优惠政策的演变

关于创业投资企业的税收优惠,我国的政策是分几个阶段实施的:

第一阶段:对投资于未上市的中小高新技术企业的公司制创业投资企业实行投资抵扣企业应纳税所得额优惠。

根据国家税务总局《关于实施创业投资企业所得税优惠问题的通知》(国税发〔2009〕87 号),自 2008 年 1 月 1 日起,凡符合条件的工商登记为“创业投资有限责任公司”“创业投资股份有限公司”的创业投资企业,采取股权投资方式投资于未上市的中小高新技术企业 2 年(24 个月)以上,可以按照其对中小高新技术企业投资额的 70%,在股权持有满 2 年的当年抵扣该创业投资企业的应纳税所得额;当年不足抵扣的,可以在以后纳税年度结转抵扣。

第二阶段:对投资于未上市的中小高新技术企业的合伙创投企业的法人合伙人实行投资抵扣企业应纳税所得额优惠。

1. 对注册在苏州工业园区内的试点。根据财政部、国家税务总局《关于苏州工业园区有限合伙制创业投资企业法人合伙人企业所得税试点政策的通知》(财税〔2012〕67 号),2012 年 1 月 1 日至 2013 年 12 月 31 日,注册在苏州工业园区内的合伙创投企业采取股权投资方式投资于未上市的中小高新技术企业 2 年(24 个月)以上,该合伙创投企业的法人合伙人,可在合伙创投企业持有未上市中小高新技术企业股权满 2 年的当年,按照该法人合伙人对该未上市中小高新技术企业投资额的 70%,抵扣该法人合伙人从该合伙创投企业分得的应纳税所得额,当年不足抵扣的,可以在以后纳税年度结转抵扣。相关征管规定参见国家税务总局《关于苏州工业园区有限合伙制创业投资企业法人合伙人企业所得税政策试点有关征收管理问题的公告》(国家税务总局公告 2013 年第 25 号)。

2. 对注册在中关村国家自主创新示范区的试点。根据财政部、国家税务总局《关于中关村国家自主创新示范区有限合伙制创业投资企业法人合伙人企业所得税试点政策的通知》(财税〔2013〕71 号),自 2013 年 1 月 1 日至 2015 年 12 月 31 日,注册在中关村国家自主创新示范区内的合伙创投企业采取股权投资方式投资于未上市的中小高新技术企业 2 年(24 个月)以上,该合伙创投企业的法人合伙人,可在合伙创投企业持有未上市中小高新技术企业股权满 2 年的当年,按照该法人合伙人对该未上市中小高新技术企业投资额的 70%,抵扣该法人合伙人从该合伙创投企业分得的应纳税所得额,当年不足抵扣的,可以在以后纳税年度结转抵扣。

3. 将以上政策推广至全国范围。根据财政部、国家税务总局《关于将国家自主创新示范区有关税收试点政策推广到全国范围实施的通知》（财税〔2015〕116号）规定，自2015年10月1日起，全国范围内的合伙创投企业采取股权投资方式投资于未上市的中小高新技术企业满2年（24个月）的，该合伙创投企业的法人合伙人可按照其对未上市中小高新技术企业投资额的70%抵扣该法人合伙人从该合伙创投企业分得的应纳税所得额，当年不足抵扣的，可以在以后纳税年度结转抵扣。相关征管规定参见国家税务总局《关于有限合伙制创业投资企业法人合伙人企业所得税有关问题的公告》（国家税务总局公告2015年第81号）。

第三阶段：对直接投资于初创科技型企业的投资人实行投资抵扣所得税应纳税所得额优惠。

1. 在试点地区实行试点政策

根据《关于创业投资企业和天使投资个人有关税收试点政策的通知》（财税〔2017〕38号），对采取股权投资方式直接投资于初创科技型企业并且满2年（24个月，下同）的公司制创业投资企业、合伙创投企业的合伙人、天使投资个人分别实行投资额的70%抵扣企业所得税及个人所得税应纳税所得额的优惠政策。（具体政策内容同《关于创业投资企业和天使投资个人有关税收政策的通知》财税〔2018〕55号）。

对上述政策中的企业所得税政策自2017年1月1日起试点执行，个人所得税政策自2017年7月1日起试点执行。试点地区包括京津冀、上海、广东、安徽、四川、武汉、西安、沈阳8个全面创新改革试验区域和苏州工业园区。

2. 将上述政策推广至全国

自2018年1月1日起，对采取股权投资方式直接投资于初创科技型企业的公司制创业投资企业、合伙创投企业的合伙人分别实行企业所得税及个人所得税优惠。自2018年7月1日起，天使投资个人也可享受以上优惠政策。符合2015年第81号公告规定条件的合伙创投企业中的合伙人也可以享受财税〔2018〕55号的优惠政策。

第四阶段：创投企业（基金）可选择核算方式。

自2019年1月1日起至2023年12月31日止，创投企业（含创投基金）可以在“按单一投资基金核算”和“按创投企业年度所得整体核算”两种方式之中选择对个人合伙人有利的一种，对其个人合伙人源于创投企业的所得计算个人所得税应纳税额。

十二、关于多层嵌套的投资基金所得税分析

各种税收的纳税主体都是“人”,即法人或自然人,而合伙企业及各种基金不算“人”。因此,合伙企业及各类基金虽然可以从事各种经营投资活动,但在合伙企业及基金层面并不缴纳税收。对所得税而言,合伙企业及各种基金都按“先分后税”的原则,穿透到参与其中的“人”缴纳所得税,自然人缴纳个人所得税,法人缴纳企业所得税。

对于多层嵌套的各类投资基金,无论嵌套多少层,所得税仍然秉承“先分后税”的原则,投资者是个人的缴纳个人所得税,投资者是企业的缴纳企业所得税。

如果是多层嵌套的合伙制创业投资基金,个人合伙人可以适用财税〔2019〕8 号的政策;而多层嵌套的有限合伙制创业投资企业基金,是否可以适用财税〔2018〕55 号的优惠政策呢?政策规定“合伙创投企业采取股权投资方式直接投资于初创科技型企业满 2 年的”,该合伙创投企业的个人合伙人才可以享受投资抵扣优惠。这里“直接投资”是什么意思呢?财税〔2018〕55 号的第 2 条第 4 款关于“享受本通知规定的税收政策的投资,仅限于通过向被投资初创科技型企业直接支付现金方式取得的股权投资,不包括受让其他股东的存量股权”的规定,可以视为对“直接投资”的解释,就是再次转让取得的股权不能享受优惠,因为原来的股东已经享受过了。而合伙制创业投资企业基金本身不缴纳所得税,这个层面没“人”享受过优惠,因此,多层嵌套的有限合伙制创业投资企业基金的最终的个人合伙人也是可以享受投资抵扣优惠的。

计算举例28

如下图:2015 年 12 月,GP1 与 LP1 设立 A;2016 年 2 月,A 与 LP2、GP2 设立 B;2016 年 3 月,B 对 D 投资 3500 万元,对 E 投资 2500 万元;2015 年 2 月,C 对 D 投资 3000 万元,2016 年 7 月对 E 投资 2000 万元;2016 年 5 月,LP3 对 E 投资 800 万元;2015 年 8 月,甲对 D 投资 1500 万元。除甲外,其他主体均符合税收优惠政策规定的条件。

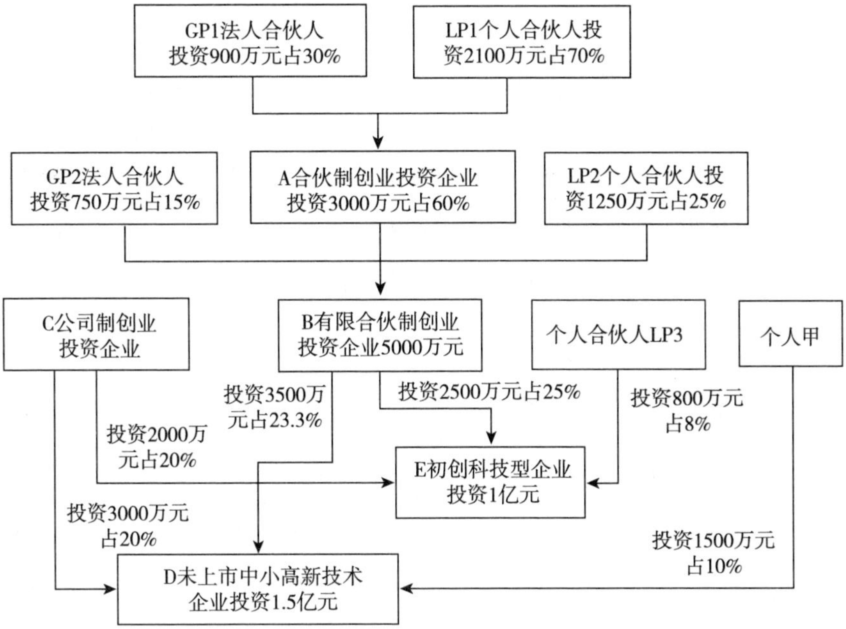

根据题目分析如下:

C可在2017年的企业所得税应纳税所得额中抵扣对D投资额的70%即2100万元,可在2018年的企业所得税应纳税所得额中抵扣对E投资额的70%即1400万元,当年不足抵扣的,可以在以后纳税年度结转抵扣。

B和甲对D的投资均不能享受投资抵扣优惠政策。因为现行政策只限于对投资于未上市的中小高新技术企业的公司制创业投资企业和有限合伙制创业投资企业的法人合伙人实行投资抵扣企业应纳税所得额优惠,不包括非法人的合伙人或个人。

LP3为天使投资个人,在2018年5月以后转让对E的股权投资的,可以按照投资额的70%即560万元抵扣转让股权的应纳税所得额,比如转让收入为1500万元,则应纳税所得额为140万元(1500-800-560)。

2019年B转让对E的10%股权投资,取得转让收入4000万元,该部分股权成本为1000万元,在不考虑其他的经营费用及经营所得的情况下:

GP2分配所得450万元[(4000-1000)×15%],可在当年的企业所得税应纳税所得额中抵扣525万元(750×70%),未抵扣完的75万元可以结转以后年度抵扣。

LP2分配所得750万元[(4000-1000)×25%],可抵扣当年经营所得875万元

(1250×70%),未抵扣完的125万元可以结转以后年度抵扣。

A在收到该项经营所得后,A的合伙人GP1当年分配该项所得540万元[(4000-1000)×60%×30%],可在当年的企业所得税应纳税所得额中抵扣630万元(900×70%),未抵扣完的90万元可以结转以后年度抵扣;A的合伙人LP1分配所得1260万元[(4000-1000)×60%×70%],可抵扣当年经营所得1470万元(2100×70%),未抵扣完的210万元可以结转以后年度抵扣。

十三、通过内地与香港特别行政区基金互认买卖基金份额的个人所得税

自2015年12月18日起至2022年12月31日止,对内地个人投资者通过基金互认买卖香港特别行政区基金份额取得的转让差价所得,暂免征收个人所得税。

对香港特别行政区市场投资者(包括企业和个人)通过基金互认买卖内地基金份额取得的转让差价所得,暂免征收所得税。

上述政策依据为:《关于继续执行沪港、深港股票市场交易互联互通机制和内地与香港基金互认有关个人所得税政策的公告》(财政部公告2019年第93号)、《关于继续执行内地与香港基金互认有关个人所得税政策的通知》(财税〔2018〕154号)、《关于内地与香港基金互认有关税收政策的通知》(财税〔2015〕125号)。

十四、资管产品个人所得税问题

资产管理业务是指银行、信托、证券、基金、期货、保险资产管理机构、金融资产投资公司等金融机构接受投资者委托,对受托的投资者财产进行投资和管理的金融服务。根据《关于资管产品增值税有关问题的通知》(财税〔2017〕56号),资管产品包括银行理财产品、资金信托(包括集合资金信托、单一资金信托)、财产权信托、公开募集证券投资基金、特定客户资产管理计划、集合资产管理计划、定向资产管理计划、私募投资基金、债权投资计划、股权投资计划、股债结合型投资计划、资产支持计划、组合类保险资产管理产品、养老保障管理产品。

资管产品运营过程中发生的增值税应税行为,以资管产品管理人为增值税纳税人。但对于资管产品的投资人是否需要缴纳个人所得税,政策没有规定。个人所得税中的财产转让所得包括个人转让有价证券,但对有价证券具体包括什么没有明确规定,除了常规的股票、债券外,其他金融商品转让是否属于有价证券转让呢?

根据《关于全面推开营业税改征增值税试点的通知》(财税〔2016〕36号)、《关于明确金融、房地产开发、教育辅助服务等增值税政策的通知》(财税〔2016〕140号)

的规定，金融商品转让，是指转让外汇、有价证券、非货物期货和其他金融商品所有权的业务活动，属于增值税应税业务。其他金融商品转让包括基金、信托、理财产品等各类资产管理产品和各种金融衍生品的转让。纳税人购入基金、信托、理财产品等各类资产管理产品持有至到期，不属于《关于全面推开营业税改征增值税试点的通知》（财税〔2016〕36 号）所称的金融商品转让。从这一定义来看，基金、信托、理财产品等各类资产管理产品和各种金融衍生品不属于应征个人所得税的有价证券，因此转让时不应缴纳个人所得税。

资管产品本身不是所得税的纳税人。资管产品管理人采取合伙形式的，其管理服务收入按合伙所得税“先分后税”原则，由各合伙方缴纳所得税。

第五节 律师行业个人所得税

一、律师行业个人所得税概述

根据《律师法》和《律师事务所管理办法》的规定，律师事务所可以由律师合伙设立、律师个人设立或者由国家出资设立。合伙律师事务所可以采用普通合伙或者特殊的普通合伙形式设立。设立普通合伙律师事务所，应当有书面合伙协议和 3 名以上合伙人作为设立人，设立特殊的普通合伙律师事务所还应当有 20 名以上合伙人。国家出资设立的律师事务所，除符合《律师法》规定的一般条件外，还应当至少有 2 名符合《律师法》规定并能够专职执业的律师。

律师作为高收入群体，其个人所得税一直是税务机关的监管重点。为了规范和加强对律师事务所从业人员个人所得税的征收管理，国家税务总局于 2000 年下发了《关于律师事务所从业人员取得收入征收个人所得税有关业务问题的通知》（本节以下简称国税发〔2000〕149 号），明确了相关个人所得税问题。

由于律师事务所大多属于合伙企业或是个人独资企业，因此除适用关于律师及律师事务专门的税收政策外，还应有关适用合伙企业或是个人独资企业以及个体工商户的经营所得个人所得税甚至是企业所得税法的有关规定，具体可参见第四章“经营所得个人所得税”。

合伙制律师事务所和个人律师事务所这两种组织形式在税收上没有本质差别，均须缴纳个人所得税，而不缴纳企业所得税，其计税方法也基本相同。所不同的只是：个人律师事务所的生产经营所得归属于出资者个人，合伙制律师事务所的生产经营所得需在各合伙人之间进行分配。这里的生产经营所得包括实际分配给出资者个人或合伙人的所得，以及律师事务所当年留存的所得（利润）。

二、个人所得税征收方式

律师事务所的个人所得税征收方式分为核定征收及查账征收。根据国家税务总局《关于强化律师事务所等中介机构投资者个人所得税查账征收的通知》（国税发〔2002〕123 号）的规定，任何地区均不得对律师事务所实行全行业核定征税办法。尽管如此，现在仍然有个别地区对帐制不健全的合伙制律师事务所核定征收率征收个人所得税。律师事务所个人所得税的核定征收可参见第四章“经营所得个人所得税”部分。

三、个人所得税计税方法

根据《关于律师事务所从业人员有关个人所得税问题的公告》（本节以下简称国家税务总局公告 2012 年第 53 号），自 2013 年 1 月 1 日起，律师从接受法律事务服务的当事人处取得的法律顾问费或其他酬金等收入，应并入其从律师事务所取得的其他收入，按照规定计算缴纳个人所得税。2013 年 1 月 1 日前，律师从接受法律事务服务的当事人处取得的法律顾问费或其他酬金，均按“劳务报酬所得”应税项目征收个人所得税。

律师个人承担的按照律师协会规定参加的业务培训费用，可据实扣除。该规定的适用对象是所有律师。但是律师自行参加的培训以及与律师业务无关的培训产生的费用不适用该规定。律师事务所和律师个人发生的其他费用和列支标准，按照《个体工商户个人所得税计税办法》等文件的规定执行。

律师事务所的律师在税收上分为雇员律师（专职律师，包括聘用/雇佣律师、授薪律师）、兼职律师、合伙律师（含个人律师事务所的出资律师，即律师事务所的投资者）。兼职律师是指取得律师资格和律师执业证书，不脱离本职工作从事律师职业的人员。兼职律师和专职律师的认定应以执业资格证登记的为准。

合伙律师（出资律师）的认定，应以司法局颁发的《律师事务所执业许可证》中规定登记注册的合伙人为准。[参照上海市地方税务局《关于个人合伙制律师事务所追加出资人征收个人所得税问题的批复》（沪地税所二〔2002〕8 号）]

关于律师的个人所得税，各地的具体执行政策可能不太一样，因此本书提到的部分政策可能在部分地区不适用,建议向所在地区税务机关咨询确定。

（一）雇员律师

律师事务所的雇员律师取得的所得,按"工资、薪金所得"适用3% ~45%的七级超额累进税率(综合所得适用的《个人所得税税率表一》)计征个人所得税。

根据国税发〔2000〕149号的规定,雇员律师与律师事务所按规定的比例对收入分成,律师事务所不负担律师办理案件支出的费用(如交通费、资料费、通讯费及聘请人员等费用),律师当月的分成收入扣除一定比例的办理案件支出的费用后,余额与律师事务所发给的工资合并,按"工资、薪金所得"应税项目计征个人所得税。律师从其分成收入中扣除办理案件支出费用的标准,由各省级税务局根据当地律师办理案件费用支出的一般情况、律师与律师事务所之间的收入分成比例及其他相关参考因素,在律师当月分成收入的30%比例内确定。若雇员律师的办案费用或其他个人费用已在事务所报销的,则不得再按比例扣除办案费用。

国家税务总局公告2012年第53号又将上述扣除比例调整为35%,即"作为律师事务所雇员的律师从其分成收入中扣除办理案件支出费用的标准,由现行在律师当月分成收入的30%比例内确定,调整为35%比例内确定"。文件中注明此项规定自2013年1月1日至2015年12月31日执行。

但是该文件以及该条款并没有废止,至今部分地区仍在执行。比如,厦门市政府2016年12月公布的《合伙律师事务所出资律师个人所得税政策辅导》就规定:"出资律师和雇佣律师的办案分成费用扣除比例为35%。注意,使用35%定额计算办案费用的案件,其案件所发生的如交通费、资料费、通讯费及聘请人员等费用不得在律所作为成本进行列支。如果不使用35%扣除办法的,可以凭合法票据据实列支相关办案费用(除有扣除比例规定的项目外),因此,每一位出资及雇佣律师都应与律所明确案件分成的费用扣除方式。在国家未出台新的规定前,该比例仍可在2016年以后继续使用。"

其他有些地方又恢复适用国税发〔2000〕149号规定的30%以内的扣除比例。根据国家税务总局发布的《关于〈律师事务所从业人员有关个人所得税问题的公告〉的解读》的介绍,调整扣除比例的原因是:"近十年来物价上涨较快,收费标准一直没有调整,律师调查取证的事项越来越多,办案费用提升较快,国税发〔2000〕149号第5条第2款规定的在税前从分成收入中扣除30%的限额规定已不符合律师办案费用实际支出的需要,建议适当调高限额。根据各地办案费用发生的实际情况,各地律师和税务干部普遍认为,限额调高到35%比较合适,为此,公告对该限额进行了调整,由律师当月分成收入的30%比例内确定调整为35%比例内确定。”物价一直在上涨,律师的实际收费也并没有上涨,在这种情况下扣除比例反而下降不太符合立法本意,也不太合理。

(二)兼职律师

兼职律师从律师事务所取得工资、薪金性质的所得,律师事务所在代扣代缴其个人所得税时,不再减除个人所得税法规定的费用扣除标准,以收入全额(取得分成收入的为扣除办理案件支出费用后的余额)直接确定适用税率,按“工资、薪金所得”应税项目征收个人所得税。兼职律师应于次月15日内自行向主管税务机关申报两处或两处以上取得的工资、薪金所得,合并计算缴纳个人所得税。

(三)律所雇佣的律师助手及行政辅助人员

根据《律师法》的规定,律师是指依法取得律师执业证书,接受委托或者指定,为当事人提供法律服务的执业人员。因此实习律师、律师助理不属于律师,归为行政辅助人员一类,对其取得的所得按“工资、薪金所得”适用3% ~45%的七级超额累进税率(综合所得适用的《个人所得税税率表一》)计征个人所得税。不能适用按比例扣除办理案件支出的规定,但是可以据实报销。

另外,这里所说的实习律师及律师助理不包括还在接受全日制学历教育的学生。

(四)律师以个人名义聘请的助手及在校实习生

律师以个人名义再聘请其他人员为其工作而支付的报酬,应由该律师按“劳务报酬所得”应税项目负责代扣代缴个人所得税。为了便于操作,税款可由其任职的律师事务所代为缴入国库。

在校学生因到律所实习取得的收入属于连续性劳务报酬所得,扣缴义务人预扣预缴个人所得税时,可按规定的累计预扣法计算并预扣预缴税款。

劳务报酬的计税方法参见第三章“综合所得个人所得税”有关劳务报酬的部分。

(五)合伙律师(出资律师)

根据国税发〔2000〕149号,律师个人出资兴办的独资和合伙性质的律师事务所的年度经营所得，从2000年1月1日起，停止征收企业所得税，作为出资律师的个人经营所得，按照有关规定，比照“个体工商户的生产、经营所得”应税项目征收个人所得税。在计算其经营所得时，出资律师本人的工资、薪金不得扣除。

律师个人出资兴办的独资和合伙性质的律师事务所，以每个投资者或合伙人为纳税义务人，以律师事务所每一年度的收入总额减除成本、费用以及损失后的余额，作为出资律师个人的生产经营所得，按照“个体工商户生产经营所得”项目，适用5%～35%的五级超额累进税率计征个人所得税。

个人独资律师事务所的投资者，以年度全部生产经营所得为应纳税所得额。合伙制律师事务所的合伙人，按照事务所年度全部生产经营所得和合伙人的分配比例确定各合伙人的应纳税所得额。分配比例应根据《关于合伙企业合伙人所得税问题的通知》（财税〔2008〕159号）规定的原则确定，依次为：（1）合伙协议约定的分配比例；（2）合伙人协商的分配比例；（3）合伙人实缴出资比例；（4）按合伙人数量平均计算的比例。

根据国家税务总局公告2012年第53号，合伙人律师在计算应纳税所得额时，应凭合法有效凭据按照个人所得税法和有关规定扣除费用。对确实不能提供合法有效凭据而实际发生的与业务有关的费用，经当事人签名确认后，可再按下列标准扣除费用：个人年营业收入不超过50万元的部分，按8%扣除；个人年营业收入超过50万元至100万元的部分，按6%扣除；个人年营业收入超过100万元的部分，按5%扣除。不执行查账征收的，不适用前述规定。也就是说，合伙人律师不能按35%扣除费用，而应凭合法有效凭据据实扣除费用，为照顾确实不能取得合法凭据的情形，在凭票据实扣除之外，还可以再按以上5%～8%的标准扣除业务费用。

需要说明的是，国家税务总局公告2012年第53号中注明此项规定自2013年1月1日至2015年12月31日执行。但是该文件并没有废止，有的地区至今仍在执行。比如厦门就规定：“在国家未出台新的规定前，上述规定仍可在2016年以后继续使用。”“15. 出资律师和雇佣律师的办案分成费用扣除比例为35%。注意，使用35%定额计算办案费用的案件，其案件所发生的如交通费、资料费、通讯费及聘请人员等费用不得在律所作为成本进行列支。如果不使用35%扣除办法的，可以凭合法票据据实列支相关办案费用（除有扣除比例规定的项目外），因此，每一位出资及雇佣律师都应与律所明确案件分成的费用扣除方式。在国家未出台新的规定前，该比例仍可在2016年以后继续使用。”

“17. 合伙人律师在计算应纳税所得额时，应凭合法有效凭据按照个人所得税法和有关规定扣除费用；对确实不能提供合法有效凭据而实际发生与业务有关的费用，经当事人签名确认后，可再按下列标准扣除费用：个人年营业收入不超过50万元的部分，按8%扣除；个人年营业收入超过50万元至100万元的部分，按6%扣除；个人年营业收入超过100万元的部分，按5%扣除。上述费用不受税法规定的有关费用扣除比例限制。律师事务所应凭经当事律师签字确认的相关证据按人归集费用金额，在计算当事律师应纳税所得额前扣除，未经签字确认或当事律师已按照35%计算办案费用的，不得再按本标准计算扣除。在国家未出台新的规定前，上述规定仍可在2016年以后继续使用。”

1. 出资律师每月预缴税款的计算（查账征收、据实预缴）

出资律师的经营所得应纳税计算公式如下：

当期应纳税额 =（累计应纳税所得额 × 适用税率 − 速算扣除数）− 当年已预缴的个人所得税

累计应纳税所得额 =（律所当年累计利润总额 − 弥补以前年度亏损）× 该出资律师分配比例 + 该出资律师从律所领取的工资 + 该出资律师领取的办案净收入 − 允许扣除的个人费用及其他扣除

律所当年累计利润总额，是指从本年度开始经营月份起截至本期的利润总额。弥补以前年度亏损，是指可在税前弥补的以前年度尚未弥补的亏损额。该出资律师分配比例，是指合伙协议约定的比例；合伙协议未约定或约定不明确的，为合伙人协商决定的比例；协商不成的，为合伙人实缴出资比例；无法确定出资比例的，按合伙人数量平均分配。

允许扣除的个人费用及其他扣除 = 投资者减除费用 + 专项扣除 + 依法确定的其他扣除

计算举例29

某律所2019年11月开业，共有5名人员，其中出资律师甲、乙2人，利润分配比例为甲40%、乙60%；雇佣律师丙1人，兼职律师丁1人，行政辅助人员戊1人。

2021年2月，出资律师甲、乙各从律所领取工资10,000元，办案分成收入各50,000元，律所按30%扣除办案费用，累计允许扣除的个人费用及其他扣除均为16,000元；2020年1月甲预缴个人所得税5000元，乙预缴个人所得税8000元；律所累计会计利润为600,000元，可弥补以前年度亏损为0元。

丙取得工资10,000元，取得办案分成收入80,000元，可按30%扣除办案费用，从某单位取得律师顾问费20,000元,1月取得工资性收入30,000元,已缴个人所得税900元,可扣除项目累计13,000元;丁未领取工资,取得办案分成收入50,000元,1月无收入也未扣税;戊取得工资6000元,累计收入12,000元,可扣除的房租每月1500元。

则2020年2月上述人员各应缴纳个人所得税计算如下:

(1)出资律师甲、乙应缴纳经营所得个人所得税:

①甲2月累计应纳税所得额 = 10000 + 50000 ×(1 - 30%) + 600000 × 40% - 16000 = 269000元

甲2月应纳税额 = 269000 × 20% - 10500 - 5000 = 38300元

②乙2月累计应纳税所得额 = 10000 + 50000 ×(1 - 30%) + 600000 × 60% - 16000 = 389000元

乙2月应纳税额 = 389000 × 30% - 40500 - 8000 = 68200元

(2)雇佣律师丙应缴纳工资薪金所得个人所得税:

丙2月累计应纳税所得额 = 10000 + 80000 ×(1 - 30%) + 20000 + 30000 - 13000 = 103000元

丙2月应纳税额 = 103000 × 10% - 2520 - 900 = 6880元

(3)兼职律师丁应纳工资薪金所得个人所得税:

丁2月应扣缴税额 = 50000 ×(1 - 30%) × 3% = 1050元

(4)行政辅助人员戊应纳工资薪金所得个人所得税:其每月收入为6000元,减除费用5000元,专项附加扣除即房租1500元,扣除后无所得,不用缴纳个人所得税。

2. 出资律师年度汇算申报的计税办法

对于实行查账征收的律师事务所取得的经营所得,年度终了,应办理汇算清缴,汇总计算本年度应纳税,多退少补。

出资律师在计算年度应纳税所得额时,应先对分配利润进行调整。调整主要依据为《关于个人独资企业和合伙企业投资者征收个人所得税的规定》、国税发〔2000〕149号、《关于调整个体工商户、个人独资企业和合伙企业个人所得税税前扣除标准有关问题的通知》(财税〔2008〕65号)、国家税务总局公告2012年第53号和《个体工商户个人所得税计税办法》。除律师行业特有的部分,其他可参见第四章"经营所得个人所得税"扣除项目部分。

出资律师年度应纳税计算公式如下:

年终汇算清缴应纳税款 = 年度应纳税所得额 × 税率 - 速算扣除数 - 年度已预

缴税款

年度应纳税所得额 =（律所会计利润 + 纳税调整增加额 - 纳税调整减少额 - 弥补以前年度亏损）× 该出资律师分配比例 - 允许扣除的个人费用及其他扣除 - 准予扣除的个人捐赠支出

其中：律所会计利润 = 收入总额 - 免税收入 - 成本费用

成本费用 = 营业成本 + 营业费用 + 管理费用 + 财务费用 + 税金 + 损失 + 其他支出

该出资律师个人分配比例 = A ÷ B

A =（律所会计利润 + 纳税调整增加额 - 纳税调整减少额 - 弥补以前年度亏损 - 全体出资律师从律所领取的工资 - 全体出资律师领取的办案净收入）× 该出资律师实际利润分配比例（约定的除工资和办案分成外的出资律师间律所利润分配比例）+ 该出资律师从律所领取的工资 + 该出资律师领取的办案净收入

B = 律所会计利润 + 纳税调整增加额 - 纳税调整减少额 - 弥补以前年度亏损

计算举例30[①]

甲、乙、丙、丁四位执业律师共同出资注册成立一家合伙律师事务所，出资比例分别为25%、25%、30%、20%（假定该出资比例也为出资律师间约定的律所利润分配比例）。另聘请一位雇佣律师，一位办公室行政人员，会计、出纳由出资律师兼任。该事务所规定，雇佣律师可按办案收入提成60%，办案费用自理，出资律师一律不领办案分成，办案费用实报实销。2020年度，该合伙律师事务所实现营业收入420万元，其中甲、乙、丙、丁四位律师的营业收入各为100万元，雇佣律师营业收入20万元。会计报表总支出367.4万元。其中包含四位出资律师领取工资80万元，雇佣律师年度固定工资3万元，雇佣律师年度办案分成12万元，出资律师用发票报销的办案费用180万元（四位出资律师各45万元），业务广告费和宣传费支出20万元，行政人员工资10万元，本年度律所拨付本所工会经费账户2.4万元，教育经费支出10万元，员工福利费支出10万元，业务招待费支出40万元（四位出资律师各签字确认10万元）。除上述费用外，甲、乙、丙、丁及雇佣律师参加律协培训还每人自行支付1.25万元的培训费，此费用不在律所账上列支。四位出资律师允许扣除的个人

① 此计算举例以及前面的出资律师个人分配比例公式均参考了厦门市《合伙律师事务所出资律师个人所得税政策辅导》中的内容。

费用及其他扣除均为每月3000元(不含法定减除费用),计算2020年度该合伙律师事务所四位出资律师分别应纳多少个人所得税。

首先,分析调整该合伙律师事务所会计报表总支出的367.4万元中不允许在税前扣除的项目和金额:

(1)工资。四位出资律师领取的80万元工资(四位各20万元)不能在税前扣除。雇佣律师和行政人员分别领取的3万元、10万元工资和雇佣律师的12万元办案分成符合正常市场工资水平,属于合理的工资、薪金支出,允许在税前据实扣除。

(2)办案费用。因四位出资律师不拿办案提成,所以符合正常办案费用,且取得合法票据报销的180万元办案费用可以全额在税前扣除,雇佣律师由于其领取办案分成,其办案分成可固定扣除办案费用35%,因此,其办案费用不得再列入律所成本中。

(3)业务广告费和宣传费。广告费是指通过媒体的宣传支出,业务宣传费是指未经过媒体的广告费支出,如宣传单印制,制作印有企业标志的宣传品等。业务广告费和宣传费在不超过当年营业收入的15%范围内,准予据实扣除,超过部分,可以留待以后年度继续结转扣除。该所本年营业收入420万元,可以据实扣除的业务广告费和宣传费限额为420万元×15%=63万元,因此,实际发生的20万元费用可以全额税前扣除。

(4)工会经费。律所向工会经费账户拨付的工会经费可在工资薪金总额的2%范围内据实扣除,即25万元(3万元+12万元+10万元,此处需注意,按照《个人所得税经营所得纳税申报表(B表)》,原来可以作为基数的出资律师工资,此后不能作为基数)×2%=0.5万元,实际拨付2.4万元,则可以在税前扣除的金额为0.5万元,超出部分的1.9万元应调增所得额。

(5)职工福利费。可在工资薪金总额的14%范围内据实扣除,即25万元×14%=3.5万元,实际列支10万元,则可以在税前扣除的金额为3.5万元,超出部分6.5万元应调增所得额。

(6)教育经费。实际发生的教育经费在工资薪金总额的2.5%范围内准予税前扣除,即25万元×2.5%=0.625万元。所以,该合伙律师事务所实际支出的10万元教育经费中,有9.375万元(10万元-0.625万元)不能在税前扣除。

(7)业务招待费。与经营业务直接相关的业务招待费支出,按照发生额的60%扣除,但最高不得超过当年营业收入的5‰。该合伙律师事务所实际发生业务招待费支出40万元的60%是24万元,超过了营业收入的5‰(420万元×5‰=2.1万元)。所以,实际发生的业务招待费支出中有37.9万元(40万元-2.1万元)不能在税前扣除。

综上所述,不能在税前扣除的金额合计为:80+1.9+6.5+9.375+37.9=135.675万元。

2020年度该合伙律师事务所会计利润为:420-367.4=52.6万元。

根据上述不允许税前扣除的金额,计算调增后的利润为:52.6+135.675=188.275万元。

同时,在其他纳税调整因素不变的前提下,如果不对出资律师的工资和办案提成进行调增,即将出资律师的工资和办案提成列入扣除口径中,则2020年度该合伙律师事务所利润为52.6+1.9+6.5+9.375+37.9=108.275万元。

按照出资比例,计算甲、乙、丙、丁四位出资律师的分配比例为:

甲:(108.275×25%+20)÷188.275=25%

乙:(108.275×25%+20)÷188.275=25%

丙:(108.275×30%+20)÷188.275=27.8754%

丁:(108.275×20%+20)÷188.275=22.1246%

此外,根据国家税务总局公告2102年第53号,没有合法票据但与业务相关的费用以及参加律协组织的培训费都可以按一定标准在计算当事律师的个人所得税应纳税所得额时扣除。

则,甲、乙、丙、丁每人可扣除的"个人可扣除费用"为:

50万元×8%+50万元×6%=7万元,实际的业务招待费扣除可税前列支的余额归结到甲个人名下的部分为(40-2.1)÷4=9.475万元,大于7万元,因此甲、乙、丙、丁最多只能再按比例扣除7万元业务招待费,加上国家税务总局公告2012年第53号规定参加律协培训的费用可以据实扣除,则甲、乙、丙、丁每人的"个人可扣除费用"为7+1.25=8.25万元。

注:雇佣律师的1.25万元培训费可以在计算其工薪所得税款时扣除,一次不够扣除的可在以后月份扣除。

四位出资律师年度纳税款计算如下:

甲和乙分别为:(1882750×25%-82500-8000×12)×20%-10500=47937.5元

丙应纳税额=(1882750×27.8754%-82500-8000×12)×30%-40500=63397.23元

丁应纳税额=(1882750×22.1246%-82500-8000×12)×20%-10500=

37110.18 元

注：上述列支调整仅限于年度汇缴申报和终止经营的清算申报，月份预缴申报时，律所只要按会计制度据实计算出资律师分配所得即可，不需要进行上述列支调整，对于个人可扣除费用的归结和计算也建议在年度终了后一并计算，但不做强制要求。

案例 30

律所取得虚开发票行政处罚案

浙江 DS 律师事务所—其他违法（杭税三稽罚〔2020〕467 号）

违法事实：支付个人案件介绍费，却取得××酒店 2018 年 5 月 10 日开具的住宿费的增值税普通发票 1 份，金额 50,485.44 元，税额 1514.56 元，价税合计 52,000 元。发票金额 52,000 元于 2018 年 5 月计入“管理费用”，并在当年生产经营所得申报时税前列支。该份发票已被国家税务总局绍兴市税务局第一稽查局确认虚开。

根据《税收征收管理法》第 19 条、《个人所得税法》第 1 条、第 2 条、第 3 条、第 6 条、第 8 条和财政部、国家税务总局《关于印发〈关于个人独资企业和合伙企业投资者征收个人所得税的规定〉的通知》（财税〔2000〕91 号）、《关于 2018 年第四季度个人所得税减除费用和税率适用问题的通知》（财税〔2018〕98 号）的规定，应补缴 2018 年个人所得税 15,526.13 元，其中斯某 6500 元、徐某 6500 元、杨某 2526.13 元。

处罚依据：《税收征收管理法》第 63 条第 1 款的规定。

处罚决定：处以应补缴税款 50% 罚款，其中斯某罚款 3250 元、徐某罚款 3250 元、杨某罚款 1263.07 元，合计罚款 7763.07 元。

案例 31

律所虚列支出行政处罚案

江苏 GT 律师事务所—发票违法（连税稽一罚〔2019〕216606 号）

处罚事由：你单位是由曹某、杨某、张某成立的私营合伙企业，其中曹某投资占比 80%，杨某、张某投资分别占比 10%。2017 年申报营业收入 1,247,184.47 元，利润总额 -13,503.19 元，纳税调整后的生产经营所得为 113,833.25 元。经检查，发现你单位 12 月“管理费用—差旅费”列支住宿费 42,000.00 元，无法提供住宿人员、住宿时间、住宿标准等相关资料，而且与车票等信息比对不一致，系非实际业务费用，应该予以调整减少相关费用，根据《个人所得税法》第1条、第2条、第3条、第6条、第9条规定，你单位2017年应代扣代缴曹某个人所得税（合伙企业投资者经营所得）：[（113833.25＋42000）×80%－42000]×30%－9750＝15049.98元（注：减除的42,000元为个人减除费用），已代扣代缴个人所得税6063.32元，少代扣代缴个人所得税8986.66元。

处罚依据：《税收征收管理法》第69条的规定。

处罚结果：对你单位少代扣代缴2017年度个人所得税8986.66元的行为，处少缴税款50%的罚款，计4493.33元。

案例32

律所多列办案费用偷税行政处罚案

浙江PC律师事务所——税收违法（绍市地税稽罚字〔2016〕50号）

违法事实：

1. 2013年度浙江PC律师事务所实现营业收入13,501,751.09元，其中：分配给雇员律师收入6,032,469.46元，分配给兼职律师收入13,250.00元，5名合伙人律师收入7,456,031.63元（企业约定合伙人平均分配收入，合伙人律师平均收入1,491,206.33元）。2013年度5名合伙人律师在不能提供合法有效凭证的情况下，在"主营业务费用—包干费用"科目中列支办案费用2,799,732.45元。按照浙江省地方税务局《转发国家税务总局关于律师事务所从业人员取得收入征收个人所得税有关业务问题的通知》（以下简称浙地税二〔2000〕244号）规定税前可列支与业务有关的费用2,236,809.49元（7,456,031.63×30%），多列费用562,922.96元，未调整增加生产经营所得，合伙人均少申报缴纳"个体工商户的生产、经营所得"个人所得税。

2. 2014年度浙江PC律师事务所实现营业收入17,214,825.75元，其中：分配给雇员律师收入7,073,864.83元，分配给兼职律师收入6175.00元，5名合伙人律师收入10,134,785.92元（其中所属2014年1～9月5名合伙人律师收入9,024,473.94元、2014年10～12月5名合伙人律师收入1,110,311.98元，企业约定合伙人平均分配收入，合伙人律师平均收入2,026,957.18元）。2014年度5名合伙人律师在不能提供合法有效凭证的情况下，在"主营业务费用—包干费用"科目中列支办案费用

3,751,944.30 元。2014 年按照浙地税二〔2000〕244 号、浙江省地方税务局公告 2014 年第 14 号、浙江省地方税务局《关于公布全文有效、全文失效废止、部分条款失效废止需要修订的税收(费)规范性文件目录的公告》、国家税务总局公告 2012 年第 53 号的规定,合计税前可列支与业务有关的费用 2,786,460.88 元,多列费用 965,483.42元,未调整增加生产经营所得,合伙人均少申报缴纳"个体工商户的生产、经营所得"个人所得税。

2013 年度个人所得税汇算清缴自行申报应纳税所得额 785,979.81 元,以上第一项应增加应纳税所得额 562,922.96 元,减少应纳税所得额 0 元,核实应纳税所得额 1,348,902.77 元,每个合伙人所得额 269,780.55 元,你当年度应缴个人所得税 79,673.19 元,已缴个人所得税 40,268.59 元,应补缴个人所得税 39,404.60 元。

2014 年度个人所得税汇算清缴自行申报应纳税所得额 1,833,382.80 元,以上第二项应增加应纳税所得额 965,483.42 元,减少应纳税所得额 0 元,核实应纳税所得额 2,798,866.22 元,每个合伙人所得额 559,773.24 元,你当年度应缴个人所得税 181,170.63 元,已缴个人所得税 113,586.80 元,应补缴个人所得税 67,583.83 元。

处罚依据:根据《税收征收管理法》第 63 条第 1 款的规定,纳税人伪造、变造、隐匿、擅自销毁账簿、记账凭证,或者在账簿上多列支出或者不列、少列收入,或者经税务机关通知申报而拒不申报或者进行虚假的纳税申报,不缴或者少缴应纳税款的,是偷税。对纳税人偷税的,由税务机关追缴其不缴或少缴的税款、滞纳金,并处不缴或者少缴的税款 50% 以上 5 倍以下的罚款。参照《浙江省地税系统行政处罚裁量权基准》第 14 条基准,你在检查时配合检查,情节较轻,故按少缴个人所得税税款 50% 的基准进行处罚。

处罚决定:根据《税收征收管理法》第 63 条第 1 款规定,税务局对你少缴个人所得税的行为处少缴税款 50% 的罚款计 53,494.22 元。

案例评析:

案例 32 为企业对出资律师办案费用的扣除政策掌握不准确,致使多列费用少缴纳出资律师的个人所得税,被认定为偷税。案例 30 则为取得虚开的发票入账造成多列费用少缴税,案例 31 为列支费用凭证不完整且不能相互印证不应列支费用因而须补缴个人所得税。这些问题都是律所乃至很多小企业经常发生的轻微税务违规行为,一经查出即须补缴税款,并产生滞纳金及罚款,律所应尽量避免。

第六节　海南自由贸易港个人所得税优惠

一、优惠政策内容

根据《关于海南自由贸易港高端紧缺人才个人所得税政策的通知》（财税〔2020〕32 号）文件，自 2020 年 1 月 1 日起至 2024 年 12 月 31 日，对在海南自由贸易港工作的高端人才和紧缺人才，其个人所得税实际税负超过 15% 的部分，予以免征。

享受上述优惠政策的所得包括源于海南自由贸易港的综合所得（包括工资薪金、劳务报酬、稿酬、特许权使用费四项所得）、经营所得，以及经海南省认定的人才补贴性所得。

纳税人在海南省办理个人所得税年度汇算清缴时享受上述优惠政策。对享受上述优惠政策的高端人才和紧缺人才实行清单管理，由海南省商财政部、国家税务总局制定具体管理办法。

二、享受优惠的条件

根据海南省人民政府《关于印发海南自由贸易港享受个人所得税优惠政策高端紧缺人才清单管理暂行办法的通知》（琼府〔2020〕41 号），享受个人所得税优惠政策的高端人才和紧缺人才，须在海南自由贸易港工作并且一个纳税年度内在海南自由贸易港连续缴纳基本养老保险等社会保险 6 个月以上（须包含本年度 12 月当月），且与在海南自由贸易港注册并实质性运营的企业或单位签订 1 年以上的劳动合同或聘用协议等劳动关系证明材料。无法缴纳社会保险的境外高端人才和境外紧缺人才，须提供与在海南自由贸易港注册并实质性运营的企业或单位签订的 1 年以上劳动合同或聘用协议等劳动关系证明材料。

享受个人所得税优惠政策的高端人才，还应当符合下列条件之一：(1)属于海南省各级人才管理部门所认定的人才。(2)一个纳税年度内在海南自由贸易港收入达到 30 万元人民币以上（海南省根据经济社会发展状况实施动态调整）。

享受个人所得税优惠政策的紧缺人才是指《海南自由贸易港行业紧缺人才需求目录》范围内的人才。海南省人才管理部门负责发布《海南自由贸易港行业紧缺人才需求目录》，并适时更新。2020 年版的该目录中紧缺人才包括：旅游业、现代服务业、高新技术产业、农业领域、医疗领域、教育领域、体育领域、电信领域、互联网领域、文化领域、维修领域、金融领域、航运领域技能技术骨干和管理人才，物流类、建筑规划类、海洋油气类、统计类人才，海南省机关事业单位人才，以及法定机构、社会组织聘用人才；等等。

三、政策解读

“个人所得税实际税负超过15%的部分”是什么意思呢？根据海南省首个官方税收工作辅导室——“1+1税务咨询工作室”的回答，只有当税前综合收入超过约42.5万元，实际税负超过15%时，才会产生实际优惠。

但是这个数字并不准确，以收入额47万元减去全年费用6万元，应纳税所得额41万元，应纳所得税70,580元，以收入额计算的税负率才是15%。也就是说，只有税前综合收入额超过47万元的部分，才能免征税负超过15%的那部分税。比如表9-4中的48.5万元，15%的税负是72,750元，原本应缴74,580元，可以免税1830元。看上去享受的优惠很少，但这是因为收入在优惠临界点附近，也就是说收入偏低，如果收入足够高，能享受到的优惠还是挺多的。比如，税前收入为106万元，应纳税所得为100万元，15%的税负是159,000元，原本应缴268,080元，可以免税109,080元。

问题是，实际税负是以取得的税前收入计算，还是以应纳税所得计算？并没有官方文件明确。从计税原理来看，以应纳税所得来计算更为科学，因为所谓税负率是应纳税额占计税依据的比例，而个人所得税的计税依据是应纳税所得而不是税前收入，税法给的税率表是名义税负率，是以应纳税所得额为基数计算的。因此实际税负率也应该以应纳税所得额为基数，实际纳税占应纳税所得额的比例就是实际税负率。

如果以应纳税所得额为基数，就综合所得而言，实际税负率达到15%的临界点是年应纳税所得额32万元，如果除了法定的每月5000元减除费用外没有其他扣除项，折合成税前收入为38万元，应纳所得税48,080元，实际税负率为15%。低于这个临界点的不能享受优惠。

表 9－4　综合所得实际税负测算表

级数	全年应纳税所得额	税率/%	速算扣除数/元	收入额/元	减除费用及扣除项目/元	应纳税所得/元	税额/元	税负率 = 税额 ÷ 应纳税所得/%	税负率 = 税额 ÷ 收入额/%
1	不超过 36,000 元的部分	3	0						
2	超过 36,000 元至 144,000 元的部分	10	2,520						
3	超过 144,000 元至 300,000 元的部分	20	16,920						
4	超过 300,000 元至 420,000 元的部分	25	31,920	380,000	60,000	320,000	48,080	15.0	12.7
		25	31,920	425,000	60,000	365,000	59,330	16.3	14.0
		25	31,920	470,000	60,000	410,000	70,580	17.2	15.0
5	超过 420,000 元至 660,000 元的部分	30	52,920	485,000	60,000	425,000	74,580	17.5	15.4
6	超过 660,000 元至 960,000 元的部分	35	85,920						
7	超过 960,000 元的部分	45	181,920	1,060,000	60,000	1,000,000	268,080	26.8	25.3

表 9－5　经营所得实际税负测算表

级数	全年应纳税所得额	税率/%	速算扣除数/元	收入额/元	减除费用及扣除项目/元	应纳税所得/元	税额/元	税负率＝税额÷应纳税所得/%	税负率＝税额÷收入额/%
1	不超过 30,000 元的部分	5	0						
2	超过 30,000 元至 90,000 元的部分	10	1500						
3	超过 90,000 元至 300,000 元的部分	20	10,500						
4	超过 300,000 元至 500,000 元的部分	30	40,500	330,000	60,000	270,000	40,500	15.0	12.3
		30	40,500	390,000	60,000	330,000	58,500	17.7	15.0
		30	40,500	425,000	60,000	365,000	69,000	18.9	16.2
		30	40,500	485,000	60,000	425,000	87,000	20.5	17.9
5	超过 500,000 元的部分	35	65,500						

如果以应纳税所得额为基数,就经营所得而言,实际税负率达到 15% 的临界点是年应纳税所得额 27 万元,如果除了法定的每月 5000 元减除费用外没有其他扣除项,折合成税前收入为 33 万元,应纳所得税 40,500 元,实际税负率为 15% 。低于这个临界点的不能享受优惠。

因此,《海南自由贸易港享受个人所得税优惠政策高端紧缺人才清单管理暂行办法》第 4 条第 2 项关于"一个纳税年度内在海南自由贸易港收入达到 30 万元人民币以上"的规定无实际意义,实际上无论是高端人才还是紧缺人才,税前年综合收入至少要在 38 万元以上才能享受到优惠政策。免税起点还是挺高的,特别是在实际税负率以税前收入额来计算的情况下。如果取得的是经营所得,免税起点比综合所得略低。所以这个政策吸引的不仅是高端紧缺人才,更是高收入人才。

第七节　个人合作经营的税收问题

个人与企业合作经营是缴纳企业所得税还是个人所得税? 是否适用"先分后税"原则? 是属于生产经营所得,劳务报酬所得,还是利息、股息、红利所得?

一、合作经营模式的所得税分析

合作经营模式是由合作各方分别提供资金、技术、设备、场地、现有厂房、劳务等,从事特定项目经营的模式。合作各方出资不采取股份形式,而是依契约规定的分成比例,分配收益,分担亏损。根据是否设立企业,合作经营可以分为设立企业的合作和契约式合作,设立企业的合作包括设立公司或合伙企业等依法进行登记的企业,涉及的税收已有法律法规进行明确。设立公司的在缴纳企业所得税后对投资人进行分配时,再计算缴纳投资人的所得税,投资人是个人的应缴纳个人所得税,投资人是法人的应缴纳企业所得税。设立合伙企业的实行"先分后税",在合伙企业层面不缴纳企业所得税,经营所得按比例在投资人之间进行分配后,投资人是个人的应缴纳个人所得税,投资人是法人的应缴纳企业所得税。

对于不另行设立企业的契约式合作经营,又可区分为自然人与自然人、自然人与企业、企业与企业之间的合作。契约式合作经营分配模式又包括分产品(包括劳务、服务)或是分利润。无论分的是什么,判断应否缴税的根本依据都是销售是否实现。

如果分的是产品，除合作开发房地产项目外，在分配的时候还未实现销售，因此不应缴纳相关税金。即便分配的是合作开发房地产项目产品，《关于印发〈房地产开发经营业务企业所得税处理办法〉的通知》（国税发〔2009〕31 号）规定的也只是以计税成本（不是计税收入）与其投资额之间的差额计入当期应纳税所得额。如果分的是利润，只有实现销售以后才会有利润，因此应缴纳所得税。

二、与企业合作开发房地产项目的所得税

个人与企业合作开发房地产项目未成立独立法人公司的明确执行“先税后分”原则，即应先缴纳企业所得税再分配，投资方取得的该项目的营业利润应视同股息、红利进行相关的税务处理。也就是说，如果投资方为个人的，还得代扣代缴股息、红利个人所得税。

《关于印发〈房地产开发经营业务企业所得税处理办法〉的通知》第 36 条规定，企业以本企业为主体联合其他企业、单位、个人合作或合资开发房地产项目，且该项目未成立独立法人公司的，按下列规定进行处理：

（1）凡开发合同或协议中约定向投资各方（合作、合资方）分配开发产品的，企业在首次分配开发产品时，如该项目已经结算计税成本，其应分配给投资方开发产品的计税成本与其投资额之间的差额计入当期应纳税所得额；如未结算计税成本，则将投资方的投资额视同销售收入进行相关的税务处理。

（2）凡开发合同或协议中约定分配项目利润的，应按以下规定进行处理：

①企业应将该项目形成的营业利润额并入当期应纳税所得额统一申报缴纳企业所得税，不得在税前分配该项目的利润。同时不能因接受投资方投资额而在成本中摊销或在税前扣除相关的利息支出。

②投资方取得的该项目的营业利润应视同股息、红利进行相关的税务处理。

三、个人与企业合作经营的所得税探讨

实践中最常见的是个人与企业之间的合作经营，以企业名义进行经营。《关于印发〈房地产开发经营业务企业所得税处理办法〉的通知》规定了以企业为主体合作开发房地产项目的（由于有房地产开发资质的限制，也只有企业才能开发房地产），“企业应将该项目形成的营业利润额并入当期应纳税所得额统一申报缴纳企业所得税”，“投资方取得该项目的营业利润应视同股息、红利进行相关的税务处理”。也就是说，“先税后分”，先缴纳企业所得税后再分配，分配时投资者该缴所得税的还

得再缴一次，个人投资者还要再缴20%的个人所得税。这实际上与投资者出资成立公司的分配模式的税收政策是一样的。

除合作开发房地产之外，对于其他形式的其他合作经营项目并无规定要在利润分配前缴纳一次所得税，在利润分配时再缴纳一次所得税。但既然有利润，就很难回避所得税的问题。

个人与他人合作经营除房地产开发以外的其他业务，可以参照合伙企业的"先分后税"原则，合作各方对合作经营所得进行分配后再缴纳所得税，合作方是个人的缴纳个人所得税，合作方是企业的缴纳企业所得税。其中个人所得税应属于经营所得，适用《个人所得税税率表二（经营所得适用）》，即适用5%～35%的超额累进税率。

但是实践中，税务机关往往以票管税，认为一般情况下所得税与增值税的计税基础应该一致。尽管所得税与增值税确认收入的条件与时间并不相同，计税基础也不相同，但这并不妨碍税务机关将纳税人的缴纳增值税的收入与所得税的收入进行比对，对于比对异常的纳税人需进行详细合理的说明。因此，如果以合作一方的名义从事经营活动（包括采购、销售等合同的订立，款项的收付，发票的收取及开具等），就以谁的名义申报缴纳增值税，该合作方申报缴纳所得税的收入额最好与缴纳增值税的收入额一致。为避免所得税税负过高且不公平，可以由合作另一方在领取合作分成时开具发票。但这种处理方式对小规模纳税人可能会造成重复缴纳增值税。

（2018）鲁09民终2960号案件（案例34）是技术合作开发合同约定一方领取合作分成需开具发票的案例，可以借鉴。但是不可像后附的苏州税一稽罚〔2019〕216756号的行政处罚案（案例35）那样，找第三人代开发票，这样轻则遭受行政处罚，重则承担刑事责任，得不偿失。在该案中，税务机关认定个人分成应按劳务报酬所得由企业代扣代缴个人所得税，个人合作分成是否属于劳务报酬所得呢？这也是有待商榷的。如前所述，笔者更倾向于归属经营所得。

根据业务性质、具体合作方式的不同，个人与企业合作经营的所得可能涉及经营所得，利息、股息、红利所得，财产转让所得，财产租赁所得，劳务报酬所得，稿酬所得，特许权使用费所得，各项所得税率及预扣率不尽相同，其中劳务报酬所得的预扣率偏高。税收法规有明确规定的按规定执行，没有规定的可以根据合作方式和合作项目业务性质的不同确定适用什么科目税率扣缴个人所得税，这也意味着如需提供发票该提供什么发票。

通常情况下作为经营所得更为合适，特别是合作方既出资（资金资产）又出劳务或技术的，这种情况下不能开具增值税发票，合作方可在纳税申报时作为纳税调整项目填报。这实际上是采用了“先分后税”的原则。

单纯以一种方式出资的可作为其他所得，实质上采取的是“先税后分”的原则。如以货币出资的可作为利息、股息、红利所得，但如果作为利息、股息、红利所得是不应在所得税前扣除的，这种情况下不能也不用开具增值税发票；以资产所有权出资的可作为财产转让所得，可开具增值税发票；以有形资产使用权出资的可作为财产租赁所得，可开具增值税发票；以无形资产使用权或技术出资的可作为特许权使用费所得，可开具增值税发票；以著作权出资的可作为稿酬所得，可开具增值税发票；单纯提供劳务的可作为劳务报酬所得，可开具增值税发票。

四、个人终止合作经营的个人所得税

对于个人终止投资、联营、经营合作等行为收回款项征收个人所得税问题，国家税务总局《关于个人终止投资经营收回款项征收个人所得税问题的公告》（国家税务总局公告 2011 年第 41 号）明确规定，个人因各种原因终止投资、联营、经营合作等行为，从被投资企业或合作项目、被投资企业的其他投资者以及合作项目的经营合作人处取得股权转让收入、违约金、补偿金、赔偿金及以其他名目收回的款项等，均属于个人所得税应税收入，应按照“财产转让所得”项目适用的规定计算缴纳个人所得税。应纳税所得额的计算公式如下：

应纳税所得额 = 个人取得的股权转让收入、违约金、补偿金、赔偿金及以其他名目收回款项合计数 - 原实际出资额（投入额）及相关税费

五、产权式酒店业主与酒店合作经营的个人所得税

对于酒店产权式经营业主提供房产使用权与酒店合作经营取得的收入，国家税务总局《关于酒店产权式经营业主税收问题的批复》（国税函〔2006〕478 号）明确规定，酒店产权式经营业主在约定的时间内提供房产使用权与酒店进行合作经营，如房产产权并未归属新的经济实体，酒店产权式经营业主按照约定取得的固定收入和分红收入均应视为租金收入，根据有关税收法律、行政法规的规定，应按照“服务业—租赁业”征收营业税（现应为增值税），按照“财产租赁所得”项目征收个人所得税。

案例 33

朱某与衢州 GT 有限公司合同纠纷案

审理法院:江苏省高级人民法院

案号:(2013)苏商再终字第 0007 号/(2012)苏商终字第 0122 号

裁判日期:2014 年 9 月 19 日

基本事实:2010 年 10 月 5 日至 2011 年 10 月 18 日,朱某与衢州 GT 有限公司(以下简称 GT 公司)签订关于金属硅粉碎机的制造、销售、盈利分配的合作协议及补充协议,协议约定 GT 公司扣除税收(包括企业所得税)后将合作款支付给 GT 公司。

法院认为:依据《企业所得税法》的规定,企业为企业所得税的纳税人,其收入总额减除不征税收入等后的余额,为应纳税所得额。因此,企业所得税是 GT 公司经营期间所获利润应缴纳的税种,即 GT 公司分配给朱某两项目应得利润无须缴纳企业所得税,GT 公司通过 A 项目、B 项目获益之后,在一个纳税年度内结合其他经营,综合进行纳税。因此,GT 公司所缴企业所得税不应计入 A 项目、B 项目成本予以扣除。原审判决将两项目的企业所得税计入成本予以扣除不当,应予纠正。

一审法院依据相关法律和行政法规,计算出 GT 公司目前应当缴纳的税款:(1)A项目,增值税 1,513,443.3 元,购销合同印花税、水利基金、城市维护建设税、教育费附加、地方教育费附加计 199,533.2 元,共 1,712,976.5 元;(2)B 项目,增值税 98,563.13 元,购销合同印花税、水利基金、城市维护建设税、教育费附加、地方教育费附加计 13,560.91 元,共 112,124.04 元。上述税款计算正确,法院予以确认。

A 项目可分配的总利润为 7,319,125.16 元(A 项目已付货款 16,128,000 元 - 成本 709,898.34 元 - 税款 1,712,976.5 元),朱某在 A 项目阶段性结算中应当分得的利润为 4,393,906.34 元。B 项目可分配利润为 180,507.96 元(B 项目销售收入 1,560,000 元 - 成本 1,267,368 元 - 税款 112,124.04 元),朱某可分得 B 项目阶段性利润为 90,253.98 元。A 项目、B 项目 GT 公司应当向朱某支付的利润为 4,484,160.32元。扣除朱某已经取得的 300 万元,GT 公司应当向朱某支付的上述两项目阶段性结算利润为 1,484,160.32 元。GT 公司以 4,484,160.32 元向税务机关代缴朱某个人所得税,所缴纳的个人所得税款在利润 1,484,160.32 元中予以扣除,并向朱某提供完税凭证。对于 GT 公司应扣除企业所得税的主张未予支持。

以上判决并未说明 GT 公司代扣的个人所得税是多少,不能确定按何种税目代扣代缴个人所得税,但在其后续关联案件中可以看出。

关联案件:(2016)苏民终16号、(2015)扬商初字第00061号

法院认定:江苏省高级人民法院(2012)苏商终字第0122号民事判决书确认了利润分配计算方式,应纳税为增值税(含税收入÷1.17×0.17－进项税)、购销合同印花税(含税收入÷1.17×0.0003)、水利基金(含税收入÷1.17×0.001)、城市维护建设税(增值税×0.07)、教育费附加(增值税×0.03)、地方教育费附加(增值税×0.02)。据该生效判决确定的计算方式,20万元含税收入中,应纳税总计32,769.23元,总利润为167,230.77元,朱某可分配利润为109,804.74元,应缴纳的个人所得税为21,960.95元。GT公司应于该判决生效之日起10日内向朱某给付利润109,804.74元,GT公司以21,960.95元向税务机关代缴朱某个人所得税,所缴纳的个人所得税在利润109,804.74元中予以扣除,并向朱某提供完税凭证。

案例评析:

以上判决实际上确认了个人与企业合作经营按“先分后税”的原则,企业以项目收入扣除项目成本及流转税后按约定比例进行分配,再以分配额计算缴纳所得税,企业缴企业所得税,个人缴个人所得税。但没有说明企业代扣代缴20%的个人所得税是什么税目,对于朱某所得为劳务收入的说法也未予置评。到底是劳务报酬所得,股息、红利、所得还是经营所得?2018年个税改革前,劳务报酬所得超过2万元的即实行加成征收个人所得税,对于本案来说其税率超过20%,且因朱某实际投入了资金,因此笔者认为不属于劳务报酬所得。又因为经营所得适用的税率为5%～35%的超额累进税率而非20%的固定税率,因此可以推断法院判定为股息、红利所得。

当地税务机关对于法院关于税收的判决是否认同不得而知。根据《个人所得税法》及实施条例,利息、股息、红利所得,是指个人拥有债权、股权等而取得的利息、股息、红利所得。这里的股息、红利所得也并没有限定为企业注册登记的出资人从企业分回利润的所得。

但是,是否应在缴纳企业所得税之前分配是有待商榷的。因为企业对外开具了收入总额的发票,从税务上来看就取得了与开票总额相当的收入,扣除税法认可的成本费用及税金后,是要纳入企业当年的生产经营所得计算缴纳所得税的。

案例 34

宗某与浙江 KW 节能技术公司技术合作开发合同纠纷案

审理法院:山东省泰安市中级人民法院

案号:(2018)鲁 09 民终 2960 号

裁判日期:2018 年 11 月 15 日

基本事实:宗某与浙江 KW 节能技术公司(以下简称 KW 公司)签订的合作经营意向书中合作方式约定为:KW 公司负责节能技术提供、节能设备生产、节能技改项目实施等技术性工作及费用,宗某在活动区域内负责节能业务承接、合同价格谈判、结算等商务工作及费用,以 KW 公司的名义与客户签订技改服务合同,双方按约定的比例分享合同实施应得的节电收益,各自独立核算,自行承担责任。宗某凭费用发票领用应得节电收益,若无发票领用的,由双方共同设法开具发票抵扣,费用由宗某承担。

法院认定:关于上诉人 KW 公司主张宗某提成款中应扣除 20% 个人所得税的问题。宗某负有向 KW 公司交付发票的合同义务,KW 公司可以要求宗某交付发票。因 KW 公司在本案中并未就交付发票问题提起反诉,其可另行主张权利,但其在本案中要求直接从宗某提成款中抵扣个人所得税税款,法院不予采纳。

案例 35

合作分成虚开发票行政处罚案

苏州 LKB 绿色建筑技术有限公司—发票违法

(苏州税一稽罚〔2019〕216756 号)

处罚事由:你公司在 2018 年 3 月取得 1 份由“镇江 PT 商务咨询有限公司”开具的增值税普通发票,金额 87,378.64 元,税额 2621.36 元,价税合计 90,000 元。经查,2018 年你公司与夏某合作盐城高新区高端装备产业园 XX 等项目,合作分成金额共计 9 万元,你公司于 2018 年 3 月支付 26,000 元、2018 年 9 月支付 20,000 元、2019 年 2 月支付 40,000 元,合计支付 86,000 元,未按照规定代扣代缴个人所得税。夏某提供了上述发票。你公司与镇江 PT 商务咨询有限公司无实际业务往来。上述 1 份增值税普通发票你公司已于 2018 年列支并在企业所得税税前扣除。上述 1 份增值税普通发票经国家税务总局镇江市税务局稽查局证实为虚开。上述行为违反了《个人所得税法》第2条和《个人所得税法实施条例》第6条之规定,造成少代扣代缴个人所得税共计15,040元。你公司在检查过程中表示愿意配合税务机关追缴应扣未扣的个人所得税税款。

处罚依据:《税收征收管理法》第69条。

处罚结果:处少代扣代缴个人所得税税款50%的罚款7520元。

注:税务局计算个人所得税适用的是《个人所得税预扣率表二(居民个人劳务报酬所得预扣预缴适用)》,计算明细如下:

付款时间	付款金额	应纳税所得	适用税率	速算扣除	应扣缴个税
2018年3月	26,000	20,800	30%	2,000	4,240
2018年9月	20,000	16,000	20%	0	3,200
2019年2月	40,000	32,000	30%	2,000	7,600
合计	86,000	68,800			15,040

案例评析:

以上三个案例,对于个人与企业合作经营的涉税问题处理结果并不相同。

第一个为法院判例,判决合作项目在分配后再缴纳所得税,个人的分成收入应按股息、红利所得由企业代扣代缴个人所得税;第二个也是法院判例,判决个人向企业提供发票,不由企业代扣代缴个人所得税,至于开什么内容的发票,判决未说明;第三个为税务机关的行政处罚案例,税务机关认定个人分成应按劳务报酬所得由企业代扣代缴个人所得税。

第二个和第三个案例中虽没有明确说明,但实际上对于合作项目的利润,企业还是要缴纳企业所得税的。只不过在企业取得个人合作分成的合法发票或代扣代缴个人所得税(不含股息、红利的个人所得税)后可以在企业应纳税所得额里面扣除,企业实际上并没有多承担所得税。

由于与以上三个案例有关的税收政策并不明确,加之各合作协议的约定不相同,合作业务也不一样,审理(处理)机关对于税法的认识也不一样,因此对于处理结果很难说谁对谁错。但这会让纳税人感到困惑,不能提前预判需要缴纳什么税费,不利于市场交易,且容易产生争议。

第十章 个人所得税的征收管理

本章思维导图

- 个人所得税的征收管理
  - 第一节　个人工资薪金所得与企业工资费用支出的比对
  - 第二节　建筑安装业个人所得税的征收管理
    - 一、建筑安装业个人所得税征收管理办法
    - 二、跨省异地工程作业人员个人所得税征收管理
  - 第三节　演出市场及影视演职人员个人所得税的征收管理
    - 一、演出市场个人所得税征收管理
      - （一）纳税义务人和扣缴义务人
      - （二）备案登记
      - （三）税款的确定
      - （四）税款的扣缴
      - （五）征管及法律责任
    - 二、影视演职人员、剧本使用费个人所得税的征收管理
  - 第四节　机动出租车驾驶员个人所得税的征收管理
  - 第五节　广告市场个人所得税的征收管理
  - 第六节　房地产税收一体化管理
  - 第七节　纳税评估管理
    - 一、纳税评估方法
    - 二、评估结果处理
  - 第八节　加强高收入者个人所得税的征收管理
    - 一、认真做好对高收入者应税收入的管理和监控
    - 二、切实加强对高收入者主要所得项目的征收管理
      - （一）加强对以非劳动所得为主要收入来源人群的征管
      - （二）加强财产转让所得征收管理
      - （三）加强利息、股息、红利所得征收管理
      - （四）加强规模较大的个人独资企业、合伙企业和个体工商户的生产、经营所得征收管理
      - （五）加强劳务报酬所得征收管理和工资、薪金所得比对管理
      - （六）加强外籍个人取得所得的征收管理
    - 三、扎实开展高收入者个人所得税纳税评估和专项检查

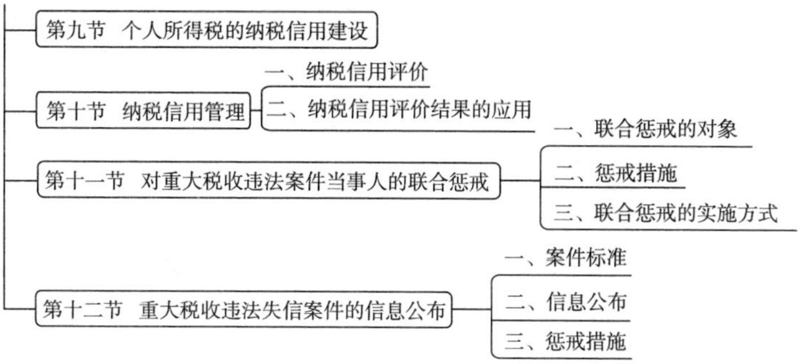

前面主要介绍了个人所得税的纳税人、扣缴义务人、应纳税项目、税款的确定及计算方法、减免税优惠等内容，讲的是税收实体法方面的合规。通常所说的纳税人（含扣缴义务人）的税务合规除了实体内容的合规，在程序上也要符合规定，也就是税收征管方面的合规。

《税收征收管理法》规定了纳税人、扣缴义务人、税务机关等涉税主体的权利义务，以及税务管理、税款征收、税务检查及法律责任。具体到个人所得税的征收管理，除了适用《税收征收管理法》及实施细则以外，还应遵从《个人所得税法》《个人所得税法实施条例》及针对某一专门事项的个人所得税税务规章及规范性文件。前面的章节已经附带介绍了部分征收管理规定，本章再作补充介绍。涉及的纳税申报表参见附录二相关的个人所得税纳税申报表。

第一节　个人工资薪金所得与企业工资费用支出的比对

为加强对企业所得税与个人所得税的协调管理，严格执行国家税务总局《关于企业工资薪金及职工福利费扣除问题的通知》（国税函〔2009〕3 号），提高个人所得税代扣代缴质量，各地税务机关应将个人因任职或受雇而取得的工资、薪金等所得，与所任职或受雇单位发生的工资费用支出进行比对，从中查找差异及存在问题，从而强化个人所得税的征收管理，规范工资薪金支出的税前扣除。国家税务总局发布了《关于加强个人工资薪金所得与企业的工资费用支出比对问题的通知》（国税函〔2009〕259 号），该通知要求各地税务局应于每年 7 月底前，将所辖进行年度汇算清缴企业的纳税人名称、纳税人识别号、登记注册地址、企业税前扣除工资薪金支出总额等相关信息进行传递，以对企业的工资薪金支出总额和已经代扣代缴个人所得税的工资薪金所得总额进行比对分析，对差异较大的，税务人员应到企业进行实地核查，或者提交给稽查部门，进行税务稽查。

税务局到企业进行实地核查时，主要审核其税前扣除的工资薪金支出是否足额扣缴了个人所得税；是否存在将个人工资、薪金所得在福利费或其他科目中列支而未扣缴个人所得税的情况；有无按照企业全部职工平均工资适用税率计算纳税的情况；以非货币形式发放的工资薪金性质的所得是否依法履行了代扣代缴义务；有无隐匿或少报个人收入情况；企业有无虚列人员、增加工资费用支出等情况。

关于个人缴纳社保的工资基数是否会与申报工资薪金个人所得税的工资收入和企业的工资费用进行比对的问题，目前来说没有出台这方面的规定，且由于社保缴纳所依据的法规与个人所得税、企业所得税的相关法规都不一致，也很难进行比对。

第二节　建筑安装业个人所得税的征收管理

一、建筑安装业个人所得税征收管理办法

为了加强对建筑安装业个人所得税的征收管理，国家税务总局于 1996 年 7 月 22 日印发了《建筑安装业个人所得税征收管理暂行办法》，并于 2016 年及 2018 年进行了修正。相关内容如下：

1. 建筑安装业，包括建筑、安装、修缮、装饰及其他工程作业。从事建筑安装业的工程承包人、个体户及其他个人为个人所得税的纳税义务人。其从事建筑安装业取得的所得，应依法缴纳个人所得税。

2. 承包建筑安装业各项工程作业的承包人取得的所得，应区别不同情况计征个人所得税：经营成果归承包人个人所有的所得，或按照承包合同（协议）规定，将一部分经营成果留归承包人个人的所得，按对企事业单位的承包经营、承租经营所得项目征税；以其他分配方式取得的所得，按工资、薪金所得项目征税。

3. 从事建筑安装业的个体工商户和未领取营业执照承揽建筑安装业工程作业的建筑安装队和个人，以及建筑安装企业实行个人承包后工商登记改变为个体经济性质的，其从事建筑安装业取得的收入应依照个体工商户的生产、经营所得项目计征个人所得税。

前两种情形涉及的纳税人和扣缴义务人应按每月工程完工量预缴、预扣个人所

得税，按年结算。一项工程跨年度作业的，应按各年所得预缴、预扣和结算个人所得税。难以划分各年所得的，可以按月预缴、预扣税款，并在工程完工后按各年度工程完工量分摊所得并结算税款。

4. 从事建筑安装业工程作业的其他人员取得的所得，分别按照工资、薪金所得项目和劳务报酬所得项目计征个人所得税。

5. 从事建筑安装业的单位和个人，应依法办理税务登记。在异地从事建筑安装业的单位和个人，必须在工程开工之日前3日内，持营业执照、外出经营活动税收管理证明、城建部门批准开工的文件和工程承包合同（协议）、开户银行账号，以及主管税务机关要求提供的其他资料向主管税务机关办理有关登记手续。

主管税务机关，是指建筑安装业工程作业所在地税务局（分局、所）。

6. 对未领取营业执照承揽建筑安装业工程作业的单位和个人，主管税务机关可以根据其工程规模，责令其缴纳一定数额的纳税保证金。在规定的期限内结清税款后，退还纳税保证金；逾期未结清税款的，以纳税保证金抵缴应纳税款和滞纳金。

7. 从事建筑安装业的单位和个人应设置会计账簿，健全财务制度，准确、完整地进行会计核算。对未设立会计账簿，或者不能准确、完整地进行会计核算的单位和个人，主管税务机关可根据其工程规模、工程承包合同（协议）价款和工程完工进度等情况，核定其应纳税所得额或应纳税额，据以征税。具体核定办法由县以上（含县级）税务机关制定。

8. 从事建筑安装业工程作业的单位和个人应按照主管税务机关的规定，购领、填开和保管建筑安装业专用发票或许可使用的其他发票。

9. 建筑安装业的个人所得税，由扣缴义务人代扣代缴和纳税人自行申报缴纳。承揽建筑安装业工程作业的单位和个人是个人所得税的代扣代缴义务人，应在向个人支付收入时依法代扣代缴其应纳的个人所得税。没有扣缴义务人的和扣缴义务人未按规定代扣代缴税款的，纳税人应自行向主管税务机关申报纳税。扣缴义务人每月所扣的税款，自行申报纳税人每月应纳的税款，应当在次月15日内缴入国库，并向主管税务机关报送扣缴个人所得税报告表或纳税申报表，以及税务机关要求报送的其他资料。

10. 建筑安装业单位所在地税务机关和工程作业所在地税务机关双方可以协商有关个人所得税代扣代缴和征收的具体操作办法，都有权对建筑安装业单位和个人依法进行税收检查，并有权依法处理其违反税收规定的行为。但一方已经处理的，另一方不得重复处理。

11. 各省、自治区、直辖市税务局可根据本办法规定的原则，结合本地实际制定具体的征管办法，并报国家税务总局备案。

二、跨省异地工程作业人员个人所得税征收管理

《关于建筑安装业跨省异地工程作业人员个人所得税征收管理问题的公告》（国家税务总局公告 2015 年第 52 号），自 2015 年 9 月 1 日起施行，相关内容如下：

1. 总承包企业、分承包企业派驻跨省异地工程项目的管理人员、技术人员和其他工作人员在异地工作期间的工资、薪金所得个人所得税，由总承包企业、分承包企业依法代扣代缴并向工程作业所在地税务机关申报缴纳。

总承包企业和分承包企业通过劳务派遣公司聘用劳务人员跨省异地工作期间的工资、薪金所得个人所得税，由劳务派遣公司依法代扣代缴并向工程作业所在地税务机关申报缴纳。

2. 跨省异地施工单位应就其所支付的工程作业人员工资、薪金所得，向工程作业所在地税务机关办理全员全额扣缴明细申报。凡实行全员全额扣缴明细申报的，工程作业所在地税务机关不得核定征收个人所得税。

3. 总承包企业、分承包企业和劳务派遣公司机构所在地税务机关需要掌握异地工程作业人员工资、薪金所得个人所得税缴纳情况的，工程作业所在地税务机关应及时提供。总承包企业、分承包企业和劳务派遣公司机构所在地税务机关不得对异地工程作业人员已纳税工资、薪金所得重复征税。两地税务机关应加强沟通协调，切实维护纳税人权益。

4. 建筑安装业省内异地施工作业人员个人所得税征收管理参照本公告执行。

对非居民在中国境内承包工程作业和提供劳务的税收征收管理可参见《非居民承包工程作业和提供劳务税收管理暂行办法》。

第三节　演出市场及影视演职人员个人所得税的征收管理

一、演出市场个人所得税征收管理

为加强对演出市场个人所得税的征收管理，国家税务总局于 1995 年 11 月 18 日印发了《演出市场个人所得税征收管理暂行办法》，并于 2016 年及 2018 年进行了修

正。主要内容包括以下五个方面。

（一）纳税义务人和扣缴义务人

1. 凡参加演出（包括舞台演出、录音、录像、拍摄影视等，下同）而取得报酬的演职员，是个人所得税的纳税义务人；所取得的所得，为个人所得税的应纳税项目。

2. 向演职员支付报酬的单位或个人，是个人所得税的扣缴义务人。扣缴义务人必须在支付演职员报酬的同时，按税收法律、行政法规及税务机关依照法律、行政法规作出的规定扣缴或预扣个人所得税。预扣办法由各省、自治区、直辖市税务局根据有利控管的原则自行确定。

（二）备案登记

1. 演出经纪机构领取演出经营许可证、临时营业演出许可证或变更以上证件内容的，必须在领证后或变更登记后的 30 日内到机构所在地主管税务机关办理税务登记或变更税务登记。文化行政部门向演出经纪机构或个人发放演出经营许可证和临时营业演出许可证时，应将演出经纪机构的名称、住所、法人代表等情况抄送当地主管税务机关备案。

2. 演出活动主办单位应在每次演出前两日内，将文化行政部门的演出活动批准件和演出合同、演出计划（时间、地点、场次）、报酬分配方案等有关材料报送演出所在地主管税务机关。演出合同和演出计划的内容如有变化，应按规定程序重新向文化行政部门申报审批并向主管税务机关报送新的有关材料。

（三）税款的确定

1. 演职员参加非任职单位组织的演出取得的报酬为劳务报酬所得，按次缴纳个人所得税。演职员参加任职单位组织的演出取得的报酬为工资、薪金所得，按月缴纳个人所得税。上述报酬包括现金、实物和有价证券。

2. 演职员取得的报酬为不含税收入的，扣缴义务人支付的税款应按以下公式计算：

应纳税所得额 =（不含税收入 − 费用减除标准 − 速算扣除数）÷（1 − 税率）

（四）税款的扣缴

1. 参加组台（团）演出的演职员取得的报酬，由主办单位或承办单位通过银行转账支付给演职员所在单位或发放演职员演出许可证的文化行政部门或其授权单位的，经演出所在地主管税务机关确认后，由演职员所在单位或者发放演职员许可证的文化行政部门或其授权单位，按实际支付给演职员个人的报酬代扣个人所得税，并在原单位所在地缴入金库。

组台（团）演出，不按前述方式支付演职员报酬，或者虽按上述方式支付但未经演出所在地主管税务机关确认的，由向演职员支付报酬的演出经纪机构或者主办、承办单位扣缴个人所得税，税款在演出所在地缴纳。申报的演职员报酬明显偏低又无正当理由的，主管税务机关可以在查账核实的基础上，依据演出报酬总额、演职员分工、演员演出通常收费额等情况核定演职员的应纳税所得，扣缴义务人据此扣缴税款。

2. 税务机关有根据认为从事演出的纳税义务人有逃避纳税义务行为的，可以在规定的纳税期之前，责令其限期缴纳应纳税款；在限期内发现纳税义务人有明显的转移、隐匿演出收入迹象的，税务机关可以责成纳税义务人提供纳税担保。如果纳税义务人不能提供纳税担保，经县以上（含县级）税务局（分局）局长批准，税务机关可以采取税收保全措施。

3. 参与录音、录像、拍摄影视和在歌厅、舞厅、卡拉 OK 厅、夜总会、娱乐城等娱乐场所演出的演职员取得的报酬，由向演职员支付报酬的单位或业主扣缴个人所得税。

4. 扣缴义务人扣缴的税款，应在次月 15 日内缴入国库，同时向主管税务机关报送扣缴个人所得税报告表、支付报酬明细表以及税务机关要求报送的其他资料。

5. 有下列情形的，演职员应在取得报酬的次月 15 日内自行到演出所在地或者单位所在地主管税务机关申报纳税：

（1）在两处或者两处以上取得工资、薪金性质所得的，应将各处取得的工资、薪金性质的所得合并计算纳税；

（2）分笔取得属于一次报酬的；

（3）扣缴义务人没有依法扣缴税款的；

（4）主管税务机关要求其申报纳税的。

（五）征管及法律责任

1. 为了强化征收管理，主管税务机关可以根据当地实际情况，自行确定对在歌厅、舞厅、卡拉 OK 厅、夜总会、娱乐城等娱乐场所演出的演职员的个人所得税征收管理方式。

2. 组台(团)演出,应当建立健全财务会计制度,正确反映演出收支和向演职员支付报酬情况,并接受主管税务机关的监督检查。没有建立财务会计制度,或者未提供完整、准确的纳税资料,主管税务机关可以核定其应纳税所得额,据以征税。

3. 扣缴义务人和纳税义务人违反本办法有关规定,主管税务机关可以依照《税收征收管理法》及其他有关法律和行政法规的有关规定给以处罚。

4. 演职员偷税情节恶劣,或者被第三次查出偷税的,除税务机关对其依法惩处外,文化行政部门可据情节轻重停止其演出活动半年至一年。

5. 各省、自治区、直辖市税务局和文化行政部门可依据本办法规定的原则,制定具体实施细则。

二、影视演职人员、剧本使用费个人所得税的征收管理

根据《关于影视演职人员个人所得税问题的批复》(国税函〔1997〕385 号)的规定:

1. 对电影制片厂导演、演职人员参加本单位的影视拍摄所取得的报酬,应按“工资、薪金所得”应税项目计征个人所得税。对电影制片厂为了拍摄影视片而临时聘请的非本厂导演、演职人员,其所取得的报酬,应按劳务报酬所得应税项目计征个人所得税。

2. 创作的影视分镜头剧本,用于拍摄影视片取得的所得,不能按稿酬所得计征个人所得税,应按特许权使用费所得应税项目计征个人所得税;但作为文学创作而在书报杂志上出版、发表取得的所得,应按稿酬所得应税项目计征个人所得税。

3. 电影制片厂买断已出版的作品或向作者征稿而支付给作者的报酬,属于提供著作权的使用权而取得的所得,应按特许权使用费所得应税项目计征个人所得税;如电影文学剧本以图书、报刊形式出版、发表而取得的所得,应按“稿酬所得”应税项目计征个人所得税。

自 2002 年 5 月 1 日起,对于剧本作者从电影、电视剧的制作单位取得的剧本使用费,不再区分剧本的使用方是否为其任职单位,统一按特许权使用费所得项目计征个人所得税。[《关于剧本使用费征收个人所得税问题的通知》(国税发〔2002〕52 号)]

第四节　机动出租车驾驶员个人所得税的征收管理

为了加强对机动出租车驾驶员（包括大、中、小客货运机动出租车驾驶员，下同）个人所得税的征收管理，国家税务总局于 1995 年 3 月 14 日印发了《机动出租车驾驶员个人所得税征收管理暂行办法》，并于 2018 年进行了修正。相关内容如下：

1. 各种机动出租车驾驶员为个人所得税的纳税义务人，其从事出租车运营取得的收入，应依法缴纳个人所得税。

2. 税务机关可以委托出租汽车经营单位、交通管理部门和运输服务站或者其他有关部门（单位）代收代缴出租车驾驶员应纳的个人所得税。被委托的单位为扣缴义务人，应按期代收代缴出租车驾驶员应纳的个人所得税。

3. 没有扣缴义务人或扣缴义务人未按规定扣缴税款的，出租车驾驶员应自行向单位所在地或准运证发放地的主管税务机关申报纳税。

4. 出租车驾驶员办理了个体出租车营业执照的，应在领取营业执照后 30 日内到当地主管税务机关办理税务登记。

5. 出租车驾驶员从事出租车运营取得的收入，适用的个人所得税项目为：

（1）出租汽车经营单位对出租车驾驶员采取单车承包或承租方式运营，出租车驾驶员从事客货运营取得的收入，按工资、薪金所得项目征税。

（2）从事个体出租车运营的出租车驾驶员取得的收入，按个体工商户的生产、经营所得项目缴纳个人所得税。

（3）出租车属个人所有，但挂靠出租汽车经营单位或企事业单位，驾驶员向挂靠单位缴纳管理费的，或出租汽车经营单位将出租车所有权转移给驾驶员的，出租车驾驶员从事客货运营取得的收入，比照个体工商户的生产、经营所得项目征税。

6. 县级以上（含县级）税务机关可以根据出租车的不同经营方式、不同车型、收费标准、缴纳的承包承租费等情况，核定出租车驾驶员的营业额并确定征收率或征收额，按月征收出租车驾驶员应纳的个人所得税。

出租车驾驶员能够提供有效停运证明的，税务机关应根据其停运期长短，相应核减其停运期间应缴纳的个人所得税。

7. 纳税义务人和扣缴义务人未按规定缴纳、扣缴个人所得税的，主管税务机关应按《税收征收管理法》及有关法律、行政法规的规定予以处罚，触犯刑律的移送司法机关处理。

扣缴义务人每月所扣的税款、自行申报纳税人每月应纳的税款，应当在次月7日内缴入国库，并向主管税务机关报送扣缴个人所得税报告表或纳税申报表，以及税务机关要求报送的其他资料。

对扣缴义务人按照所扣缴或代收代缴的税款，付给2%的手续费。

8. 各省、自治区、直辖市税务局可根据本办法规定的原则，结合当地实际制定有关具体办法，并报国家税务总局备案。

第五节　广告市场个人所得税的征收管理

为了进一步加强对广告市场个人所得税的征收管理，国家税务总局于1996年8月29日印发了《广告市场个人所得税征收管理暂行办法》，并于2016年及2018年进行了修正。相关内容如下：

1. 凡在广告中提供名义、形象或在广告设计、制作、发布过程中提供劳务并取得所得的个人，以及广告主、广告经营者或受托从事广告制作的单位和广告发布者，均应当依照本办法的规定办理个人所得税有关事宜。

广告主，是指为推销商品或者提供服务，自行或者委托他人设计、制作、发布广告的法人、其他经济组织或者个人。

广告经营者，是指受委托提供广告设计、制作、代理服务的法人、其他经济组织或者个人。

受托从事广告制作的单位，是指受广告主或广告经营者委托而从事广告设计、制作的法人、其他经济组织或者个人。

广告发布者，是指为广告主或者广告主委托的广告经营者发布广告的法人及其他经济组织。

2. 在广告设计、制作、发布过程中提供名义、形象及劳务并取得所得的个人为个人所得税的纳税义务人；直接向上述个人支付所得的广告主、广告经营者、受托从事广告制作的单位和广告发布者为个人所得税的扣缴义务人。

3. 扣缴义务人应当在每项广告制作前向所在地主管税务机关报告广告中名义、形象及劳务提供者的姓名、身份证号码（护照号码及国籍）、工作单位（户籍所在地）、电话号码，以及支付报酬的标准和支付形式等情况。双方订立书面合同（协议）

的，应同时将合同（协议）副本报送上述税务机关。

广告发布者应当定期向所在地主管税务机关报送当期发布广告的数量及其广告主、广告经营者的名单。

4. 纳税人在广告设计、制作、发布过程中提供名义、形象而取得的所得，应按劳务报酬所得项目计算纳税。

纳税人在广告设计、制作、发布过程中提供其他劳务取得的所得，视其情况分别按照税法规定的劳务报酬所得、稿酬所得、特许权使用费所得等应税项目计算纳税。

扣缴义务人的本单位人员在广告设计、制作、发布过程中取得的由本单位支付的所得，按工资、薪金所得项目计算纳税。

5. 纳税人以现金、实物和有价证券以外的其他形式取得所得，税务机关可以根据其所得的形式和价值，核定其应纳税所得额，据以征税。

对于不能准确提供或划分个人在广告设计、制作、发布过程中提供名义、形象及劳务而取得的所得的纳税人，主管税务机关可以根据支付总额等实际情况，参照同类广告活动名义、形象及其他劳务提供者的所得标准，核定其应纳税所得额，据以征税。

6. 劳务报酬所得以纳税人每参与一项广告的设计、制作、发布所取得的所得为一次，稿酬所得以在图书、报刊上发布一项广告时使用其作品而取得的所得为一次，特许权使用费所得以提供一项特许权在一项广告的设计、制作、发布过程中使用而取得的所得为一次。上述所得，采取分笔支付的，应合并为一次所得计算纳税。

7. 分笔取得一次所得和扣缴义务人应扣未扣或少扣税款以及没有扣缴义务人的纳税人，应当于取得所得的月度终了后 7 日内，向扣缴义务人所在地主管税务机关自行申报纳税。

8. 扣缴义务人和纳税人必须接受税务机关依法进行的税务检查，如实反映情况，提供有关资料，不得拒绝、隐瞒。

9. 各省、自治区、直辖市税务局可以根据本办法规定的原则，结合本地实际，制定具体实施办法，并报国家税务总局备案。

第六节　房地产税收一体化管理

目前，在土地使用权的出让和房地产开发、转让、保有诸环节分别征收增值税及城市维护建设税和教育费附加、企业所得税、个人所得税、土地增值税、城镇土地使用税、房产税、印花税、耕地占用税、契税等税种。虽然各税种的纳税人、计税依据等税制要素不尽相同,但是税收征管所依据的基础信息大致相同。

根据国家税务总局《关于进一步加强房地产税收管理的通知》(国税发〔2005〕82号)的规定,从2005年7月1日起,以契税管理为把手,先缴纳契税款,后办理产权证书("先税后证"),以信息共享、数据比对为依托,以优化服务、方便纳税人为宗旨,通过部门配合、环节控制,实现房地产业诸税种间的有机衔接,实施房地产税收一体化管理。国家税务总局《关于实施房地产税收一体化管理若干具体问题的通知》(本节以下简称国税发〔2005〕156号)对具体实施问题作了规定。上述文件具体内容如下:

1. 以契税征管为把手,全面掌控税源信息。契税征收机关要会同房地产管理部门,严格执行"先税后证"的有关规定,把住房地产税收税源控管的关键环节,全面掌握、及时传递有关信息。规范契税申报管理,及时整理、归集房地产交易的有关信息,包括:转让方、中介方和承受方的名称、识别号码,房地产的转让价格、转让时间、面积、位置等信息。建立信息传递机制,实现信息互通共享,加强对土地使用权承受方及其承受土地使用权的交易信息的传递。

2. 充分利用契税征管信息,加强房地产各环节的税收管理。

(1)利用土地使用权交易信息,及时掌握承受土地使用权的单位或个人名称,土地坐落位置、价格、用途、面积等信息,了解或控制城镇土地使用税、耕地占用税税源,加强城镇土地使用税的征收管理;对占用耕地进行开发建设的,及时征收耕地占用税。

(2)跟踪了解土地利用规划、计划投资、施工单位、出包合同或协议,以及建设施工进度等情况,掌握从事建设施工、装饰装修的单位或个人应缴纳的增值税及城市维护建设税和教育费附加、所得税、印花税等税种的税源情况,加强房地产开发建设过程中有关税收的征收管理。

(3)跟踪了解并掌握房地产开发商发生的房地产开发成本、费用、商品房预售和实际销售、收款方式、收款时间等情况,并利用契税征管中获取的房地产开发商销售商品房的信息,对房地产开发企业缴税情况,进行纳税评估,发现问题,及时采取有效措施解决,加强对房地产开发企业有关税收的税收管理。

(4)利用契税征管中获取的房地产交易信息,掌握单位、个人在房地产二级市场转让房地产的有关税源信息,将转让方名称、识别号码,转让房地产的坐落地点、面积、价格与有关纳税申报资料进行比对分析。发现漏缴税款的，及时进行追缴，切实加强对在房地产二级交易市场转让房地产的有关税收的管理。

（5）采取多种方式跟踪了解承受方承受的房产的装饰装修情况，对承受的新建商品房还要跟踪了解物业管理情况，及时掌握有关税源，采取有效措施加强对实施装饰装修施工和物业管理的单位或个人应纳税收的征收管理。

（6）利用房地产转让信息，掌握城镇土地使用税、房产税、城市房地产税税源变化情况，将承受方名称、识别号码，房地产的转让价格、类别等信息，与纳税人的纳税申报资料进行比对，对未申报或未如实申报的单位和个人，应及时进行催报催缴。要将契税征收中获取的房地产信息资料，作为长期的税源资料及时归入税源管理档案。

（7）综合利用有关信息资料，加强对房地产出租应缴纳的营业税及城市维护建设税和教育费附加、所得税、城镇土地使用税、房产税等税种的管理。对个人出租房屋的，应充分利用社会力量加强管理，如委托街道、居民委员会、流动人员管理机构等组织代征有关税收，并按规定付给手续费。实行委托代征的，税务机关对代征单位要加强业务指导，定期检查了解代征情况，及时研究代征工作中遇到的问题。

3. 简化办税程序，方便纳税人。

4. 逐步建立房地产税源信息数据库，通过信息比对堵塞税收漏洞。

5. 房地产税收一体化管理的具体实施：

（1）对存量房交易环节所涉及的税收要实行"一窗式"征收。在房地产交易场所设置的征收窗口，要做到各税统管，既负责办理契税的征收事项，又负责办理增值税及城市维护建设税和教育费附加、个人所得税、土地增值税、印花税等相关税种的征收事项。

（2）加强销售发票管理。在契税纳税申报环节，各地应要求纳税人报送销售不动产发票，受理后将发票复印件作为申报资料存档；对于未报送销售不动产发票的纳税人，应要求其补送，否则不予受理。各地要按照国税发〔2005〕156 号的要求，在契税征收场所或房地产权属登记场所，代开销售不动产发票。要在代开销售不动产发票时，及时征收增值税及城市维护建设税和教育费附加、个人所得税、土地增值税、印花税等税收，并按国家规定的税款入库预算级次缴入国库。

（3）严格坚持依法治税。对于存量房交易环节所涉及的增值税及城市维护建设税和教育费附加、个人所得税、土地增值税、印花税、契税等税种，各地要依法征收，不得以任何理由和借口，对税法及相关税收政策进行变通和调整。

(4)加强协调和沟通。税务部门之间,以及各相关税种的管理部门,要加强经常性的协调和沟通,统一对房地产交易价格的认定,保持相关税种计税依据或计税价格的一致性。

第七节　纳税评估管理

纳税评估,是指税务机关运用数据信息对比分析的方法,对纳税人和扣缴义务人(本节以下统称纳税人)纳税申报(包括减免缓抵退税申请,本节下同)情况的真实性和准确性作出定性和定量的判断,并采取进一步征管措施的管理行为。国家税务总局为此制定了《纳税评估管理办法(试行)》。

目前税务稽查案件的主要来源之一就是纳税评估分析,其实就是现在所说的大数据分析。“金税三期”、大数据综合平台(税务端数据 + 第三方数据 + 互联网数据 + 企业端数据)应用的主要作用:一是让纳税人更方便,二是让税务管理更方便,纳税评估也更方便。一旦纳税人申报的数据之间,包括与其他来源的数据之间发生矛盾,出现不合理的地方,税务端系统会自动预警,提示税务管理人员,税务管理人员很快就会与纳税人联系。因此,纳税评估是一种重要的税务监管手段,纳税人应加以重视。

一、纳税评估方法

1. 纳税评估的主要依据及数据来源包括:“一户式”存储的纳税人各类纳税信息资料,主要包括纳税人税务登记的基本情况,各项核定、认定、减免缓抵退税审批事项的结果,纳税人申报纳税资料,财务会计报表,以及税务机关要求纳税人提供的其他相关资料,增值税交叉稽核系统各类票证比对结果等;税收管理员通过日常管理所掌握的纳税人生产经营实际情况,主要包括生产经营规模、产销量、工艺流程、成本、费用、能耗、物耗情况等各类与税收相关的数据信息;上级税务机关发布的宏观税收分析数据,行业税负的监控数据,各类评估指标的预警值;本地区的主要经济指标、产业和行业的相关指标数据,外部交换信息,以及与纳税人申报纳税相关的其他信息。

2. 评估分析方法主要有:对纳税人申报纳税资料进行案头的初步审核比对,以确定进一步评估分析的方向和重点;通过各项指标与相关数据的测算,设置相应的预警值，将纳税人的申报数据与预警值相比较；将纳税人申报数据与财务会计报表数据进行比较、与同行业相关数据或类似行业同期相关数据进行横向比较；将纳税人申报数据与历史同期相关数据进行纵向比较；根据不同税种之间的关联性和钩稽关系，参照相关预警值进行税种之间的关联性分析，分析纳税人应纳相关税种的异常变化；应用税收管理员日常管理中所掌握的情况和积累的经验，将纳税人申报情况与其生产经营实际情况相对照，分析其合理性，以确定纳税人申报纳税中存在的问题及其原因；通过对纳税人生产经营结构，主要产品能耗、物耗等生产经营要素的当期数据、历史平均数据、同行业平均数据，以及其他相关经济指标进行比较，推测纳税人实际纳税能力。

3. 审核分析的重点内容包括：纳税人是否按照税法规定的程序、手续和时限履行申报纳税义务，各项纳税申报附送的各类抵扣、列支凭证是否合法、真实、完整；纳税申报主表、附表及项目、数字之间的逻辑关系是否正确，适用的税目、税率及各项数字计算是否准确，申报数据与税务机关所掌握的相关数据是否相符；收入、费用、利润及其他有关项目的调整是否符合税法规定，申请减免缓抵退税，亏损结转、获利年度的确定是否符合税法规定并正确履行相关手续；与上期和同期申报纳税情况有无较大差异；税务机关和税收管理员认为应进行审核分析的其他内容。

二、评估结果处理

1. 对纳税评估中发现的计算和填写错误、政策和程序理解偏差等一般性问题，或存在的疑点问题经约谈、举证、调查核实等程序认定事实清楚，不具有偷税等违法嫌疑，无须立案查处的，可提请纳税人自行改正。需要纳税人自行补充的纳税资料，以及需要纳税人自行补正申报、补缴税款、调整账目的，税务机关应督促纳税人按照税法规定逐项落实。

2. 对纳税评估中发现的需要提请纳税人进行陈述说明、补充提供举证资料等问题，应由主管税务机关约谈纳税人。税务约谈要经所在税源管理部门批准并事先发出《税务约谈通知书》，提前通知纳税人。税务约谈的对象主要是企业财务会计人员。因评估工作需要，必须约谈企业其他相关人员的，应经税源管理部门批准并通过企业财务部门进行安排。

纳税人因特殊困难不能按时接受税务约谈的，可向税务机关说明情况，经批准后延期进行。纳税人可以委托具有执业资格的税务代理人进行税务约谈。税务代理人代表纳税人进行税务约谈时，应向税务机关提交纳税人委托代理合法证明。

3. 对评估分析和税务约谈中发现的问题，必须到生产经营现场了解情况、审核账目凭证的，应经所在税源管理部门批准，由税收管理员进行实地调查核实。对调查核实的情况，要作认真记录。需要处理处罚的，要严格按照规定的权限和程序执行。

4. 发现纳税人有偷税、逃避追缴欠税、骗取出口退税、抗税或其他需要立案查处的税收违法行为嫌疑的，要移交税务稽查部门处理。对税源管理部门移交稽查部门处理的案件，税务稽查部门要将处理结果定期向税源管理部门反馈。

发现外商投资和外国企业与其关联企业之间的业务往来不按照独立企业业务往来收取或支付价款、费用，需要调查、核实的，应移交上级税务机关国际税收管理部门（或有关部门）处理。

5. 对纳税评估工作中发现的问题要作出评估分析报告，提出进一步加强征管工作的建议，并将评估工作内容、过程、证据、依据和结论等记入纳税评估工作底稿。纳税评估分析报告和纳税评估工作底稿是税务机关内部资料，不发纳税人，不作为行政复议和诉讼依据。

第八节　加强高收入者个人所得税的征收管理

为强化税收征管，充分发挥税收在收入分配中的调节作用，2010 年国家税务总局发布了《关于进一步加强高收入者个人所得税征收管理的通知》（本节以下简称国税发〔2010〕54 号）。2011 年，国家税务总局再次发布《关于切实加强高收入者个人所得税征管的通知》（国税发〔2011〕50 号），要求各级税务机关要继续贯彻落实国税发〔2010〕54 号文件规定，以非劳动所得为重点，依法进一步加强对高收入者主要所得项目的征管。

一、认真做好对高收入者应税收入的管理和监控

1. 摸清本地区高收入者的税源分布状况。

2. 全面推进全员全额扣缴明细申报管理。

3. 加强对年所得 12 万元以上纳税人自行纳税申报管理。

4. 积极推广应用个人所得税信息管理系统。

二、切实加强对高收入者主要所得项目的征收管理

（一）加强对以非劳动所得为主要收入来源人群的征管

密切关注持有公司大量股权、取得大额投资收益，以及从事房地产、矿产资源投资、私募基金、信托投资等活动的高收入人群，实行重点税源管理。

（二）加强财产转让所得征收管理

（1）加强限售股转让所得征收管理。要加强与证券机构的联系，主动掌握本地区上市公司和即将上市公司的股东构成情况，做好限售股转让所得个人所得税征收工作。

（2）加强非上市公司股权转让所得征收管理。要继续加强与工商行政管理部门的合作，探索建立自然人股权变更登记的税收前置措施或以其他方式及时获取股权转让信息。对平价或低价转让的，要按照国家税务总局《关于加强股权转让所得征收个人所得税管理的通知》（国税函〔2009〕285 号）及《国家税务总局关于发布〈股权转让所得个人所得税管理办法（试行）〉的公告》（国家税务总局公告 2014 年第 67 号）的规定，依法核定计税依据。

（3）加强房屋转让所得征收管理。要切实按照国家税务总局《关于个人住房转让所得征收个人所得税有关问题的通知》（国税发〔2006〕108 号）、国家税务总局《关于个人转让房屋有关税收征管问题的通知》（国税发〔2007〕33 号）等相关文件规定，继续做好房屋转让所得征收个人所得税管理工作。

搞好与相关部门的配合，加强房屋转让所得征管，符合查实征收条件的，坚持实行查实征收；确实不符合查实征收条件的，按照有关规定严格核定征收。

（4）加强拍卖所得征收管理。主管税务机关应及时了解拍卖相关信息，严格执行国家税务总局《关于加强和规范个人取得拍卖收入征收个人所得税有关问题的通知》（国税发〔2007〕38 号）的规定，督促拍卖单位依法扣缴个人所得税。

加强与本地区拍卖单位的联系，掌握拍卖所得税源信息，督促拍卖单位依法代扣代缴个人所得税。

（5）完善自然人股东股权（份）转让所得征管。

①积极与市场监管行政管理部门合作，加强对个人转让非上市公司股权所得征管。重点做好平价或低价转让股权的核定工作，建立电子台账，记录股权转让的交

易价格和税费情况，强化财产原值管理。

②加强个人对外投资取得股权的税源管理，重点监管上市公司在上市前进行增资扩股、股权转让、引入战略投资者等行为的涉税事项，防止税款流失。

③与相关部门密切配合，积极做好个人转让上市公司限售股个人所得税征管工作。

(6)抓好其他形式财产转让所得征管。重点是加强对个人以评估增值的非货币性资产对外投资取得股权(份)的税源管理，完善征管链条。

(三)加强利息、股息、红利所得征收管理

(1)加强股息、红利所得征收管理。重点加强对股份有限公司分配股息、红利时的扣缴税款管理，对在境外上市公司分配股息、红利，要严格执行现行有关征免个人所得税的规定。加强企业转增注册资本和股本管理，对以未分配利润、盈余公积和除股票溢价发行外的其他资本公积转增注册资本和股本的，要按照“利息、股息、红利所得”项目，依据现行政策规定计征个人所得税。

加强对企业分配股息、红利的扣缴税款管理，重点关注对以未分配利润、盈余公积和资产评估增值转增注册资本和股本的征管，堵塞征管漏洞。

对连续盈利且不分配股息、红利或者核定征收企业所得税的企业，其个人投资者的股息、红利等所得，应实施重点跟踪管理，制定相关征管措施。同时，加强企业注销时个人投资者税收清算管理。

(2)加强利息所得征收管理。要通过查阅财务报表相关科目、资产盘查等方式，调查自然人、企业及其他组织向自然人借款及支付利息情况，对其利息所得依法计征个人所得税。

对企业及其他组织向个人借款并支付利息的，应通过核查相关企业所得税前扣除凭证等方式，督导企业或有关组织依法扣缴个人所得税。

(3)加强对个人从法人企业列支消费性支出和从投资企业借款的管理。对投资者本人、家庭成员及相关人员的相应所得，要根据财政部、国家税务总局《关于规范个人投资者个人所得税征收管理的通知》(财税〔2003〕158 号)规定，依照“利息、股息、红利所得”项目计征个人所得税。

对投资者本人及其家庭成员从法人企业列支消费支出和借款的，应认真开展日常税源管理和检查，对其相关所得依法征税。涉及金额较大的，应核实其费用凭证的真实性、合法性。

(四)加强规模较大的个人独资企业、合伙企业和个体工商户的生产、经营所得征收管理

(1)加强建账管理。主管税务机关应督促纳税人依照法律、行政法规的规定设置账簿。对不能设置账簿的,难以实行查账征收的,应依法严格实行核定征收,按照《税收征管法》及其实施细则和财政部、国家税务总局《关于印发〈关于个人独资企业和合伙企业投资者征收个人所得税的规定〉的通知》(财税〔2000〕91号)等有关规定,核定其应税所得率。对律师事务所、会计师事务所、税务师事务所、资产评估和房地产估价等鉴证类中介机构,不得实行核定征收个人所得税。

(2)加强非法人企业注销登记管理。企业投资者在注销工商登记之前,应向主管税务机关结清有关税务事宜,未纳税所得应依法征收个人所得税。

加强个人独资、合伙企业和个体工商户注销登记管理,在其注销登记前,主管税务机关应主动采取有效措施处理好有关税务事项。

(3)加强个人消费支出与非法人企业生产经营支出管理。对企业资金用于投资者本人、家庭成员及其相关人员消费性和财产性支出的部分,应按照财政部、国家税务总局《关于规范个人投资者个人所得税征收管理的通知》(财税〔2003〕158号)等有关规定,依照"个体工商户的生产、经营所得"项目计征个人所得税。

将个人独资企业、合伙企业和个体工商户的资金用于投资者本人、家庭成员及其相关人员消费性支出和财产性支出的,严格按照相关规定计征个人所得税。

(4)对个人独资企业和合伙企业从事股权(票)、期货、基金、债券、外汇、贵重金属、资源开采权及其他投资品交易取得的所得,应全部纳入生产经营所得,依法征收个人所得税。

(五)加强劳务报酬所得征收管理和工资、薪金所得比对管理

各地税务机关要与有关部门密切合作,及时获取相关劳务报酬支付信息,切实加强对各类劳务报酬,特别是一些报酬支付较高项目(如演艺、演讲、咨询、理财、专兼职培训等)的个人所得税管理,督促扣缴义务人依法履行扣缴义务。

加强对个人从事影视表演、广告拍摄及形象代言等获取所得的源泉控管,重点做好对相关人员通过设立艺人工作室、劳务公司及其他形式的企业或组织取得演出收入的所得税征管工作。

对高收入行业的企业,要汇总全员全额明细申报数据中工资、薪金所得总额,与

企业所得税申报表中工资费用支出总额比对，规范企业如实申报和扣缴个人所得税，强化企业所得税和个人所得税的联动管理。对以各种发票冲抵个人收入，从而偷逃个人所得税的行为，严格按照税收征管法的规定予以处罚。

对纳税人从两处或两处以上取得工资、薪金所得的，应通过明细申报数据等信息汇总比对，加强纳税人自行申报纳税管理。

深化高收入行业工薪所得扣缴税款管理。重点关注高收入行业中企业的中高层管理人员各项工资、薪金所得，尤其是各类奖金、补贴、股票期权和限制性股票等激励所得。

（六）加强外籍个人取得所得的征收管理

要积极与公安出入境管理部门协调配合，掌握外籍人员出入境时间及相关信息，为实施税收管理和离境清税等提供依据；积极与银行及外汇管理部门协调配合，加强对外支付税务证明管理，把住资金转移关口。各级税务机关要密切配合，建立外籍个人管理档案，掌握不同国家外派人员的薪酬标准，重点加强对源于中国境内、由境外机构支付所得的管理。

进一步建立和充实外籍个人管理档案，掌握不同国家、不同行业、不同职位的薪酬标准，加强对源于中国境内、由境外机构支付所得的管理。充分利用税收情报交换和对外支付税务证明审核等信息，加强对在中国境内无住所但居住超过5年的个人境外所得税税收征管。

加强对外籍个人提供非独立劳务取得所得的征管，抓好对由常设机构或固定基地负担外籍个人报酬的监管，防范税收协定滥用。

三、扎实开展高收入者个人所得税纳税评估和专项检查

加强税务机关内部和外部涉税信息的获取与整合应用。通过各类涉税信息的分析、比对，掌握高收入者经济活动和税源分布特点、收入获取规律等情况，有针对性地加强高收入者个人所得税征管。强化税源管理基础，建立协税护税机制。

各地税务机关要将高收入者个人所得税纳税评估作为日常税收管理的重要内容，充分利用全员全额扣缴明细申报数据、自行纳税申报数据和从外部门获取的信息，科学设定评估指标，创新评估方法，建立高收入者纳税评估体系。对纳税评估发现的疑点，要进行跟踪核实、约谈和调查，督促纳税人自行补正申报、补缴税款。发现纳税人有税收违法行为嫌疑的，要及时移交税务稽查部门立案检查。

稽查部门要将高收入者个人所得税检查列入税收专项检查范围，认真部署落实。在检查中，要特别关注高收入者的非劳动所得是否缴纳税款和符合条件的高收入者是否办理自行纳税申报。对逃避纳税、应申报未申报、申报不实等情形，要严格按照税收征管法相关规定进行处理。对典型案例，要通过媒体予以曝光。

第九节　个人所得税的纳税信用建设

为强化个人所得税纳税信用协同共治，促进纳税人依法诚信纳税，2019 年 8 月 20 日，国家发展改革委办公厅、国家税务总局办公厅制定并发布了《关于加强个人所得税纳税信用建设的通知》(发改办财金规〔2019〕860 号)，主要内容包括全面实施个人所得税申报信用承诺制、建立健全个人所得税纳税信用记录、建立自然人失信行为认定机制、对个人所得税守信纳税人提供更多便利和机会、对个人所得税严重失信当事人实施联合惩戒、强化信息安全和隐私保护、建立异议解决和失信修复机制、加强组织领导和统筹协调、加强纳税人诚信教育等九个方面。

其中对个人所得税纳税信用记录存在异议的，纳税人可向税务机关提出异议申请，税务机关应及时回复并反馈结果。自然人在规定期限内纠正失信行为、消除不良影响的，可以通过主动做出信用承诺，参与信用知识学习、税收公益活动或信用体系建设公益活动等方式开展信用修复，对完成信用修复的自然人，税务部门按照规定修复其纳税信用。对因政策理解偏差或办税系统操作失误导致轻微失信，且能够按照规定履行涉税义务的自然人，税务部门将简化修复程序，及时对其纳税信用进行修复。

第十节　纳税信用管理

为规范纳税信用管理，促进纳税人诚信自律，提高税法遵从度，推进社会信用体系建设，根据《税收征收管理法》及其实施细则、国务院《关于促进市场公平竞争维护市场正常秩序的若干意见》(国发〔2014〕20 号)和国务院《关于印发社会信用体系建设规划纲要(2014—2020 年)的通知》(国发〔2014〕21 号)，国家税务总局先后发布了多个公告，包括《纳税信用管理办法(试行)》(国家税务总局公告 2014 年第 40

号)、《关于明确纳税信用补评和复评事项的公告》(国家税务总局公告 2015 年第 46 号)、《关于明确纳税信用管理若干业务口径的公告》(国家税务总局公告 2015 年第 85 号)、《关于纳税信用评价有关事项的公告》(国家税务总局公告 2018 年第 8 号)、《关于纳税信用管理有关事项的公告》(国家税务总局公告 2020 年第 15 号)等。

纳税信用管理,是指税务机关对纳税人的纳税信用信息开展的采集、评价、确定、发布和应用等活动。纳税信用管理适用于已办理税务登记,从事生产、经营并适用查账征收的独立核算企业、个人独资企业和个人合伙企业(本节以下简称纳税人)。扣缴义务人、自然人纳税信用管理办法由国家税务总局另行规定。个体工商户和其他类型纳税人的纳税信用管理办法由省税务机关制定。

作为企业来说,应争取成为 A 级企业,避免成为 D 级企业。目前对 D 级企业最为重要的不利因素包括:列入重点监控对象,提高监督检查频次,发现税收违法违规行为的,不得适用规定处罚幅度内的最低标准。

一、纳税信用评价

1. 纳税信用级别设 A、B、M、C、D 五级。A 级纳税信用为年度评价指标得分 90 分以上的;B 级纳税信用为年度评价指标得分 70 分以上不满 90 分的;C 级纳税信用为年度评价指标得分 40 分以上不满 70 分的;D 级纳税信用为年度评价指标得分不满 40 分或者直接判级确定的。

2. 有下列情形之一的纳税人,本评价年度不能评为 A 级:

(1)实际生产经营期不满 3 年的。

(2)上一评价年度纳税信用评价结果为 D 级的。

(3)非正常原因一个评价年度内增值税或营业税连续 3 个月或者累计 6 个月零申报、负申报的。正常原因是指:季节性生产经营、享受政策性减免税等正常情况原因。非正常原因是除上述原因外的其他原因,按季申报视同连续 3 个月。

(4)不能按照国家统一的会计制度规定设置账簿,并根据合法、有效凭证核算,向税务机关提供准确税务资料的。

3. 有下列情形之一的纳税人,本评价年度直接判为 D 级:

(1)存在逃避缴纳税款、逃避追缴欠税、骗取出口退税、虚开增值税专用发票等行为,经判决构成涉税犯罪的;

(2)存在前项所列行为,未构成犯罪,但偷税(逃避缴纳税款)金额 10 万元以上且占各税种应纳税总额 10% 以上,或者存在逃避追缴欠税、骗取出口退税、虚开增值

税专用发票等税收违法行为,已缴纳税款、滞纳金、罚款的;

(3)在规定期限内未按税务机关处理结论缴纳或者足额缴纳税款、滞纳金和罚款的;

(4)以暴力、威胁方法拒不缴纳税款或者拒绝、阻挠税务机关依法实施税务稽查执法行为的;

(5)存在违反增值税发票管理规定或者违反其他发票管理规定的行为,导致其他单位或者个人未缴、少缴或者骗取税款的;

(6)提供虚假申报材料享受税收优惠政策的;

(7)骗取国家出口退税款,被停止出口退(免)税资格未到期的;

(8)有非正常户记录或者由非正常户直接责任人员注册登记或者负责经营的;

(9)由D级纳税人的直接责任人员注册登记或者负责经营的;

(10)存在税务机关依法认定的其他严重失信情形的。

4. 未发生前述第3点直接判为D级情形的下列企业适用M级纳税信用:

(1)新设立企业。

(2)评价年度内无生产经营业务收入且年度评价指标得分70分以上的企业。

二、纳税信用评价结果的应用

1. 税务机关按照守信激励,失信惩戒的原则,对不同信用级别的纳税人实施分类服务和管理。

2. 对纳税信用评价为A级的纳税人,税务机关予以下列激励措施:

(1)主动向社会公告年度A级纳税人名单;

(2)一般纳税人可单次领取3个月的增值税发票用量,需要调整增值税发票用量时即时办理;

(3)普通发票按需领用;

(4)连续3年被评为A级信用级别的纳税人,除享受以上措施外,还可以由税务机关提供绿色通道或专门人员帮助办理涉税事项;

(5)税务机关与相关部门实施的联合激励措施,以及结合当地实际情况采取的其他激励措施。

3. 对纳税信用评价为B级的纳税人,税务机关实施正常管理,适时进行税收政策和管理规定的辅导,并视信用评价状态变化趋势选择性地提供激励措施。

4. 对纳税信用评价为M级的企业,税务机关适时进行税收政策和管理规定的辅导。

5. 对纳税信用评价为 C 级的纳税人，税务机关应依法从严管理，并视信用评价状态变化趋势选择性地采取 D 级的管理措施。

6. 对纳税信用评价为 D 级的纳税人，税务机关应采取以下措施：

（1）公开 D 级纳税人及其直接责任人员名单，对直接责任人员注册登记或者负责经营的其他纳税人纳税信用直接判为 D 级；

（2）增值税专用发票领用按辅导期一般纳税人政策办理，普通发票的领用实行交（验）旧供新、严格限量供应；

（3）加强出口退税审核；

（4）加强纳税评估，严格审核其报送的各种资料；

（5）列入重点监控对象，提高监督检查频次，发现税收违法违规行为的，不得适用规定处罚幅度内的最低标准；

（6）将纳税信用评价结果通报相关部门，建议在经营、投融资、取得政府供应土地、进出口、出入境、注册新公司、工程招投标、政府采购、获得荣誉、安全许可、生产许可、从业任职资格、资质审核等方面予以限制或禁止；

（7）D 级评价保留 2 年，第三年纳税信用不得评价为 A 级；

（8）税务机关与相关部门实施的联合惩戒措施，以及结合实际情况依法采取的其他严格管理措施。

第十一节　对重大税收违法案件当事人的联合惩戒

为全面贯彻党的十八大和十八届三中、四中、五中、六中全会精神，落实国务院《关于建立完善守信联合激励和失信联合惩戒制度加快推进社会诚信建设的指导意见》（国发〔2016〕33 号）、国务院《关于促进市场公平竞争维护市场正常秩序的若干意见》（国发〔2014〕20 号）、国务院《关于印发社会信用体系建设规划纲要（2014—2020 年）的通知》（国发〔2014〕21 号）和中央文明委《关于推进诚信建设制度化的意见》（文明委〔2014〕7 号）等文件要求，推动形成褒扬诚信、惩戒失信的强大合力，国家发展改革委、人民银行、税务总局、中央文明办、中央网信办、最高人民法院、工业和信息化部、公安部、民政部、财政部、国土资源部、环境保护部、住房城乡建设部、交通运输部、水利部、商务部、卫生计生委、海关总署、工商总局、质检总局、食品药品监管总局、林业局、旅游局、国管局、外汇局、银监会、证监会、保监会、民航局、全国总工会、共青团中央、全国妇联、全国工商联、中国铁路总公司等部门，在2014年上述部分单位联合签署的《关于对重大税收违法案件当事人实施联合惩戒措施的合作备忘录》的基础上进行完善，对重大税收违法案件当事人实施联合惩戒措施达成如下一致意见，制定并公布了《关于对重大税收违法案件当事人实施联合惩戒措施的合作备忘录》(2016年版)。

一、联合惩戒的对象

联合惩戒对象为税务机关根据国家税务总局《关于修订〈重大税收违法案件信息公布办法(试行)〉的公告》(国家税务总局公告2016年第24号)及后续的《重大税收违法失信案件信息公布办法》(国家税务总局公告2018年第54号)等有关规定，公布的重大税收违法案件信息中所列明的当事人。当事人为自然人的，惩戒的对象为当事人本人；当事人为企业的，惩戒的对象为企业及其法定代表人、负有直接责任的财务负责人；当事人为其他经济组织的，惩戒的对象为其他经济组织及其负责人、负有直接责任的财务负责人；当事人为负有直接责任的中介机构及从业人员的，惩戒的对象为中介机构及其法定代表人或负责人，以及相关从业人员。

二、惩戒措施

1. 强化税务管理，通报有关部门：纳税信用级别直接判为D级，适用《纳税信用管理办法(试行)》关于D级纳税人的管理措施。

2. 阻止出境：对欠缴查补税款的当事人，在出境前未按照规定结清应纳税款、滞纳金或者提供纳税担保的，税务机关可以通知出入境管理机关阻止其出境。

3. 限制担任相关职务：因税收违法行为，触犯刑事法律，被判处刑罚，执行期满未逾5年的当事人，由市场监管行政管理等部门限制其担任企业的法定代表人、董事、监事及经理。

4. 金融机构融资授信参考：对公布的重大税收违法案件信息，鼓励征信机构依法采集并向金融机构提供查询，引导商业银行、证券期货经营机构、保险公司等金融机构按照风险定价原则，将重大税收违法信息作为对当事人提供金融服务的重要参考。

5. 禁止部分高消费行为：对有履行能力但拒不履行的严重失信主体实施限制购买不动产、乘坐飞机、乘坐列车软卧、G字头动车组全部座位和其他动车组一等以上座位、旅游度假、入住星级以上宾馆及其他高消费行为等措施。

6. 向社会公示：通过“信用中国”网站和国家企业信用信息公示系统向社会公示重大税收违法案件信息。

7. 限制取得政府供应土地：由自然资源管理部门根据税务机关公布的重大税收违法案件信息，对当事人在确定土地出让、划拨对象时予以参考，进行必要限制。

8. 强化检验检疫监督管理：对公布的重大税收违法案件当事人，直接列为出入境检验检疫信用D级，实行限制性管理措施。

9. 依法禁止参加政府采购活动：对公布的重大税收违法案件当事人，在一定期限内依法禁止其参加政府采购活动。

10. 禁止适用海关认证企业管理：对公布的重大税收违法案件当事人，不予适用海关认证企业管理。

11. 限制证券期货市场部分经营行为：

证券监督管理部门在办理以下业务时，将重大税收违法案件信息作为进行限制的重要参考：(1)发起设立或参股各类私募基金管理机构或私募基金等；(2)证券公司、基金管理公司、期货公司设立及变更持有5%以上股权的股东、实际控制人审批；(3)股票发行上市、重组上市及在全国中小企业股份转让系统挂牌公开转让审核。

12. 限制保险市场部分经营行为：(1)在进行保险公司、保险资产管理公司股东资质审核时，将重大税收违法案件信息中所列明的当事人的失信状况作为重要参考依据；(2)在审批保险公司董事、监事及高级管理人员任职资格时，将重大税收违法案件信息中所列明的当事人的失信状况作为重要参考依据。

13. 禁止受让收费公路权益：对公布的重大税收违法案件当事人，不得受让收费公路权益。

14. 依法依规限制政府性资金支持：对公布的重大税收违法案件当事人，依法依规限制政府性资金支持。

15. 从严审核企业债券发行、依法限制公司债券发行：对公布的重大税收违法案件当事人，从严审核其发行企业债券，依法限制其发行公司债券。

16. 依法限制进口关税配额分配：对公布的重大税收违法案件当事人，在有关商品进口关税配额分配中依法予以限制。

17. 通过主要新闻网站向社会公布：国家税务总局在门户网站公布重大税收违法案件信息的同时，通过主要新闻网站向社会公布。

18. 从严控制生产许可证发放：对公布的重大税收违法案件当事人，从严审核行政许可审批项目，从严控制生产许可证发放。

19. 限制从事互联网信息服务:对公布的重大税收违法案件当事人,限制从事互联网信息服务。

20. 依法限制参与有关公共资源交易活动:对公布的重大税收违法案件当事人,依法限制参与有关公共资源交易活动。

21. 依法限制参与基础设施和公用事业特许经营:对公布的重大税收违法案件当事人,依法限制参与基础设施和公用事业特许经营。

22. 对失信注册执业人员等实施市场和行业禁入:对公布的重大税收违法案件当事人失信行为负有直接责任的注册执业人员等实施市场和行业禁入措施。

23. 撤销荣誉称号,取消参加评先评优资格:及时撤销重大税收违法当事人及其法定代表人、负责人、高级管理人员和对税收违法行为负有直接责任的董事、股东等人员的荣誉称号,取消其参加评先评优资格。

24. 支持行业协会商会对失信会员实行警告、行业内通报批评、公开谴责、不予接纳、劝退等:建立健全行业自律公约和职业道德准则,推动行业信用建设。引导行业协会商会完善行业内部信用信息采集、共享机制,将严重失信行为记入会员信用档案。鼓励行业协会商会与有资质的第三方信用服务机构合作,开展会员企业信用等级评价。支持行业协会商会按照行业标准、行规、行约等,视情节轻重对失信会员实行警告、行业内通报批评、公开谴责、不予接纳、劝退等惩戒措施。

25. 强化外汇管理:对公布的重大税收违法案件当事人,属于贸易外汇收支企业名录内的企业的,列为货物贸易 B 类企业进行管理。

26. 限制在认证行业执业:对公布的重大税收违法案件的相关人员,限制其在认证行业执业。

27. 限制其取得认证机构资质,限制其获得认证证书:对公布的重大税收违法案件当事人,限制其取得认证机构资质;限制其获得认证证书,已获得认证证书的,暂停或撤销相应的认证证书。

28. 其他惩戒措施:对公布的重大税收违法案件当事人,相关部门和社会组织在行政许可、新增项目审批核准、强制性产品认证、授予荣誉等方面予以参考,进行必要的限制或者禁止。

三、联合惩戒的实施方式

税务机关通过全国信用信息共享平台、地方信用信息共享平台等信息技术手段定期向签署《关于对重大税收违法案件当事人实施联合惩戒措施的合作备忘录》

(2016年版)的部门和单位提供重大税收违法案件及当事人信息。同时,将相关名单信息在税务机关门户网站、“信用中国”网站和国家企业信用信息公示系统进行公示,供社会查阅。相关部门和单位收到相关名单后,根据《关于对重大税收违法案件当事人实施联合惩戒措施的合作备忘录》(2016年版)约定的内容对其实施惩戒,并及时或定期将联合惩戒措施的实施情况通过全国信用信息共享平台联合惩戒子系统反馈至国家发展改革委和国家税务总局。

第十二节　重大税收违法失信案件的信息公布

为贯彻落实《关于建立完善守信联合激励和失信联合惩戒制度加快推进社会诚信建设的指导意见》(国发〔2016〕33号)文件精神,进一步惩戒严重涉税违法失信行为,推进社会信用体系建设,国家税务总局制定了《重大税收违法失信案件信息公布办法》。自2019年1月1日起,税务机关依照本办法的规定,向社会公布重大税收违法失信案件信息,并将信息通报相关部门,共同实施严格监管和联合惩戒。2016年6月1日至2018年12月31日,按《重大税收违法失信案件信息公布办法(试行)》的规定执行。

一、案件标准

1.《重大税收违法失信案件信息公布办法(试行)》所称“重大税收违法失信案件”是指符合下列标准的案件:

(1)纳税人伪造、变造、隐匿、擅自销毁账簿、记账凭证,或者在账簿上多列支出或者不列、少列收入,或者经税务机关通知申报而拒不申报或者进行虚假的纳税申报,不缴或者少缴应纳税款100万元以上,且任一年度不缴或者少缴应纳税款占当年各税种应纳税总额10%以上的;

(2)纳税人欠缴应纳税款,采取转移或者隐匿财产的手段,妨碍税务机关追缴欠缴的税款,欠缴税款金额10万元以上的;

(3)骗取国家出口退税款的;

(4)以暴力、威胁方法拒不缴纳税款的;

(5)虚开增值税专用发票或者虚开用于骗取出口退税、抵扣税款的其他发票的;

(6)虚开普通发票100份或者金额40万元以上的;

(7)私自印制、伪造、变造发票,非法制造发票防伪专用品,伪造发票监制章的;

(8)具有偷税、逃避追缴欠税、骗取出口退税、抗税、虚开发票等行为,经税务机关检查确认走逃(失联)的(指检查对象在税务局稽查局案件执行完毕前,不履行税收义务并脱离税务机关监管的);

(9)其他违法情节严重、有较大社会影响的。

其中,"以上"包含本数,"以下"包含本级。

2. 符合以上标准的重大税收违法失信案件,税务局稽查局依法作出《税务处理决定书》或者《税务行政处罚决定书》的,当事人在法定期间内没有申请行政复议或者提起行政诉讼,或者经行政复议或者法院裁判对此案件最终确定效力后,按《重大税收违法失信案件信息公布办法》处理;未作出《税务处理决定书》《税务行政处罚决定书》的走逃(失联)案件,经税务机关查证处理,进行公告30日后,按《重大税收违法失信案件信息公布办法》处理。

二、信息公布

1. 公布的重大税收违法失信案件信息,应当主要包括以下内容:

(1)对法人或者其他组织,公布其名称,统一社会信用代码或者纳税人识别号,注册地址,法定代表人、负责人或者经法院裁判确定的实际责任人的姓名、性别及身份证号码(隐去出生年、月、日号码段,本节下同),经法院裁判确定的负有直接责任的财务人员、团伙成员的姓名、性别及身份证号码;

(2)对自然人,公布其姓名、性别、身份证号码;

(3)主要违法事实;

(4)走逃(失联)情况;

(5)适用的相关法律依据;

(6)税务处理、税务行政处罚等情况;

(7)实施检查的单位;

(8)对公布的重大税收违法失信案件负有直接责任的涉税专业服务机构及从业人员,税务机关可以依法一并公布其名称、统一社会信用代码或者纳税人识别号、注册地址,以及直接责任人的姓名、性别、身份证号码、职业资格证书编号等。

上述第(1)项中法人或者其他组织的法定代表人、负责人与违法事实发生时的法定代表人、负责人不一致的,应一并公布,并对违法事实发生时的法定代表人、负责人进行标注。

经法院裁判确定的实际责任人，与法定代表人或者负责人不一致的，除有证据证明法定代表人或者负责人有涉案行为外，只公布实际责任人信息。

2. 省以下税务机关应及时将符合公布标准的案件信息录入相关税务信息管理系统，通过省税务机关门户网站向社会公布，同时可以根据本地区实际情况，通过本级税务机关公告栏、报纸、广播、电视、网络媒体等途径，以及新闻发布会等形式向社会公布。国家税务总局门户网站设立专栏链接省税务机关门户网站的公布内容。

3. 符合本节"案件标准"部分第 1 点第（1）、（2）项规定的重大税收违法失信案件当事人，在公布前能按照《税务处理决定书》《税务行政处罚决定书》缴清税款、滞纳金和罚款的，经实施检查的税务机关确认，只将案件信息录入相关税务信息管理系统，不向社会公布该案件信息。

符合本节"案件标准"部分第 1 点第（1）、（2）项规定的重大税收违法失信案件当事人，在公布后能按照《税务处理决定书》《税务行政处罚决定书》缴清税款、滞纳金和罚款的，经实施检查的税务机关确认，停止公布并从公告栏中撤出，并将缴清税款、滞纳金和罚款的情况通知实施联合惩戒和管理的部门。

符合本节"案件标准"部分第 1 点第（8）、（9）项规定的重大税收违法失信案件当事人，具有偷税、逃避追缴欠税行为的，按照上述规定处理。

4. 重大税收违法失信案件信息发生变化的，应及时变更。重大税收违法失信案件信息变化后不再符合本节"案件标准"部分第 1 点规定的，经实施检查的税务机关确认，停止公布并从公告栏中撤出。

5. 重大税收违法失信案件信息自公布之日起满 3 年的，停止公布并从公告栏中撤出。

注：这里的"3 年"与《关于对重大税收违法案件当事人实施联合惩戒措施的合作备忘录》（2016 年版）规定的"2 年"不一致，根据"新法优于旧法"的原则，应以《重大税收违法失信案件信息公布办法》规定的 3 年为准。

6. 案件信息一经录入相关税务信息管理系统，即作为当事人的税收信用记录永久保存。

三、惩戒措施

1. 对按《重大税收违法失信案件信息公布办法》向社会公布的当事人，依法采取以下措施：

（1）纳税信用级别直接判为 D 级，适用相应的 D 级纳税人管理措施；

(2)欠缴查补税款的纳税人或者其法定代表人在出境前未按照规定结清应纳税款、滞纳金或者提供纳税担保的,税务机关可以依据《税收征管法》相关规定,通知出入境管理机关阻止其出境;

(3)税务机关将当事人信息提供给参与实施联合惩戒的相关部门,由相关部门依法对当事人采取联合惩戒和管理措施;

(4)税务机关依法采取的其他严格管理措施。

2. 对按本节“信息公布”部分第 5 点规定不向社会公布的当事人,纳税信用级别直接判为 D 级,适用相应的 D 级纳税人管理措施。

3. 国家税务总局和省税务机关通过约定方式,向同级参与联合惩戒的部门提供税务机关对外公布的本辖区内重大税收违法失信案件信息。

市以下税务机关是否向同级参与联合惩戒的部门提供对外公布的本辖区内重大税收违法失信案件信息,由市以下税务机关根据实际情况,与相关部门协商决定。

4. 重大税收违法失信案件信息实行动态管理,案件信息撤出或者发生变化的,税务机关应当及时向同级参与联合惩戒和管理的部门提供更新信息。

5. 被公布的当事人对公布内容提出异议的,由实施检查的税务机关负责受理、复核和处理。

第十一章 个人所得税的纳税申报

本章思维导图

- 个人所得税的纳税申报
  - 第一节 纳税申报方式、渠道、时间
    - 一、需要办理纳税申报的情形
    - 二、汇算清缴及退税
    - 三、年度汇算的方式
    - 四、个人所得税电子申报渠道介绍
      - （一）自然人电子税务局网页Web端
      - （二）自然人电子税务局手机APP端
      - （三）自然人电子税务局（扣缴端）
    - 五、个人所得税申报时间
    - 六、纳税人、扣缴义务人注意事项
  - 第二节 居民个人综合所得纳税申报
    - 一、居民个人取得综合所得个人所得税预扣预缴申报
    - 二、居民综合所得个人所得税年度自行申报
  - 第三节 居民个人取得分类所得纳税申报
    - 一、居民个人取得分类所得个人所得税代扣代缴申报
    - 二、居民其他分类所得个人所得税自行申报
    - 三、个人转让股权纳税申报
  - 第四节 非居民个人所得税纳税申报
    - 一、非居民个人所得税代扣代缴申报
    - 二、非居民个人所得税自行申报
  - 第五节 经营所得的纳税申报
    - 一、办理经营所得纳税申报的情形
    - 二、办理纳税申报的机构、地点、渠道
    - 三、经营所得个人所得税月（季）度申报
    - 四、经营所得个人所得税年度申报
    - 五、单一投资基金核算的合伙制创业投资企业个人所得税扣缴申报
    - 六、定期定额户自行申报
    - 七、定期定额户简易申报
  - 第六节 限售股转让所得的纳税申报
    - 一、限售股转让所得个人所得税征收方式及范围
    - 二、限售股转让所得扣缴个人所得税申报
    - 三、限售股转让所得个人所得税清算申报

第一节　纳税申报方式、渠道、时间

目前我国个人所得税的申报途径主要为税务大厅申报和电子申报。其中电子申报主要是通过“自然人电子税务局”完成。自然人电子税务局包含三个远程办税渠道，即 Web 端、APP 端、扣缴端。

一、需要办理纳税申报的情形

有下列情形之一的，纳税人应当依法办理纳税申报（可委托他人代办）：(1)取得综合所得需要办理汇算清缴；(2)取得应税所得没有扣缴义务人；(3)取得应税所得，扣缴义务人未扣缴税款；(4)取得境外所得；(5)因移居境外注销中国户籍；(6)非居民个人在中国境内从两处以上取得工资、薪金所得；(7)国务院规定的其他情形。

根据《个人所得税法》和实施条例，以及《个人所得税扣缴申报管理办法（试行）》，向个人支付所得的单位或者个人为扣缴义务人，应当依法办理全员全额扣缴申报。全员全额扣缴申报，是指扣缴义务人在代扣税款的次月 15 日内，向主管税务机关报送其支付所得的所有个人的有关信息、支付所得数额、扣除事项和数额、扣缴税款的具体数额和总额，以及其他相关涉税信息资料。

实行个人所得税全员全额扣缴申报的应税所得包括除经营所得以外的所有所得项目，即工资、薪金所得，劳务报酬所得，稿酬所得，特许权使用费所得，利息、股息、红利所得，财产租赁所得，财产转让所得，偶然所得八项。

二、汇算清缴及退税

需要办理汇算清缴的情形有两种。一是取得经营所得，在取得所得的次年 3 月 31 日前办理汇算清缴。二是居民个人取得综合所得的以下情形：(1)从两处以上取得综合所得，且综合所得年收入额减除专项扣除的余额超过 6 万元；(2)取得劳务报酬所得、稿酬所得、特许权使用费所得中一项或者多项所得，且综合所得年收入额减除专项扣除的余额超过 6 万元；(3)纳税年度内预缴税额低于应纳税额；(4)纳税人申请退税。

纳税人申请退税，应当提供其在中国境内开设的银行账户，并在汇算清缴地就地办理税款退库。纳税人办理汇算清缴退税或者扣缴义务人为纳税人办理汇算清缴退税的，税务机关审核后，按照国库管理的有关规定办理退税。扣缴义务人未将扣缴的税款解缴入库的，不影响纳税人按照规定申请退税，税务机关应当凭纳税人提供的有关资料办理退税。

三、年度汇算的方式

依据政策规定，符合条件的纳税人应在每年3月1日至6月30日办理年度个人所得税综合所得汇算清缴（年度汇算）。纳税人可采用以下三种方式办理年度汇算：纳税人自行办理、扣缴义务人集中办理、委托代理机构办理。集中代办申报仅适用于扣缴义务人为在纳税年度内申报过正常工资薪金所得、外籍人员正常工资薪金所得、劳务报酬所得（保险营销员、证券经纪人）的个人办理。

纳税人可优先通过自然人电子税务局的手机APP端、网页Web端办理年度汇算自行申报，也可以委托代理机构办理。纳税人可以通过自然人电子税务局的手机APP端、网页Web端，或者到税务大厅发起委托申请，建立、管理与受托机构之间的委托代理关系。纳税人必须选择已开通该项服务的受托机构或涉税专业服务机构。

四、个人所得税电子申报渠道介绍

（一）自然人电子税务局网页Web端①

个人自行申报、委托代理申报、扣缴义务人代办申报都可通过网页Web端完成。Web端可办理专项附加扣除填报、年度汇算申报、经营所得个人所得税申报、委托代理关系管理、延期申报申请、申报查询等事项。

（二）自然人电子税务局手机APP端

个人所得税APP由国家税务总局主办，是为贯彻落实党中央、国务院提出的个人所得税综合与分类相结合的税制改革要求，保障全国自然人纳税人及时享受税改红利而推出的一款移动办税工具。其主要支持个人所得税综合所得年度汇算等纳税申报、专项附加扣除信息填报、收入纳税明细查询、异议申诉、涉税证明材料上传、委托代理等涉税业务办理，并配套提供在线咨询、热点问题、帮助中心等功能。

---

① 网址，https://etax.chinatax.gov.cn。

(三)自然人电子税务局(扣缴端)

自然人电子税务局(扣缴端)(原来的自然人税收管理系统扣缴客户端)是专门用于扣缴义务人为在本单位取得所得的人员(含雇员和非雇员)办理全员全额扣缴申报及代理经营所得纳税申报的客户端软件。它支持一台电脑申报多个企业或单位的个人所得税,可以帮助扣缴义务人(纳税人)进行个人税收管理、申报、代扣代缴申报等,有效地提高网上申报扣缴服务效率。扣缴义务人可在各省税务局官方网站的"下载中心"下载软件安装后使用。

可通过自然人电子税务局(扣缴端)完成的扣缴申报包括综合所得预扣预缴申报、分类所得代扣代缴申报、非居民代扣代缴申报、限售股转让所得扣缴申报四类申报表;经营所得申报包括预缴纳税申报[《个人所得税经营所得纳税申报表(A表)》]、年度汇缴申报[《个人所得税经营所得纳税申报表(B表)》]。

通过网络方式将填写完整的申报表发送至税务机关并获取申报反馈结果,即可完成申报表报送,申报成功后通过网上缴款或其他方式缴纳税款。

五、个人所得税申报时间

根据《个人所得税法》及实施条例、税收征管法的规定:(1)纳税人需要办理汇算清缴的,应当在取得所得的次年3月1日至6月30日内办理汇算清缴申报。(2)扣缴义务人每月或者每次预扣、代扣的税款,应当在次月15日内缴入国库,并向税务机关报送扣缴个人所得税申报表。(3)纳税人取得应税所得没有扣缴义务人的,应当在取得所得的次月15日内向税务机关报送纳税申报表,并缴纳税款。(4)纳税人取得应税所得,扣缴义务人未扣缴税款的,纳税人应当在取得所得的次年6月30日前,缴纳税款;税务机关通知限期缴纳的,纳税人应当按照期限缴纳税款。(5)居民个人从中国境外取得所得的,应当在取得所得的次年3月1日至6月30日内申报纳税。(6)非居民个人在中国境内从两处以上取得工资、薪金所得的,应当在取得所得的次月15日内申报纳税。(7)纳税人取得经营所得,在月度或者季度终了后15日内向税务机关报送纳税申报表,并预缴税款;在取得所得的次年3月31日前办理汇算清缴。

由于实行每月或者每季度期满后15日内申报纳税的情况,会因为节假日而有所延迟,因此每年12月份,国家税务总局办公厅都会根据《税收征收管理法实施细则》第109条规定,结合国务院办公厅当年的节假日安排情况,下发次年的申报纳税期限。如2020年12月9日的国家税务总局办公厅《关于明确2021年度申报纳税期限的通知》(税总办函〔2020〕242号),就对实行每月或者每季度期满后15日内申报纳税的各税种2021年度具体申报纳税期限明确如下:(1)3月、7月、9月、11月、12月申报纳税期限分别截至当月15日。(2)1月1日至3日放假3天,1月申报纳税期限顺延至1月20日。(3)2月11日至17日放假7天,2月申报纳税期限顺延至2月23日。(4)4月3日至5日放假3天,4月申报纳税期限顺延至4月20日。(5)5月1日至5日放假5天,5月申报纳税期限顺延至5月21日。(6)6月12日至14日放假3天,6月申报纳税期限顺延至6月18日。(7)8月15日为星期日,8月申报纳税期限顺延至8月16日。(8)10月1日至7日放假7天,10月申报纳税期限顺延至10月26日。各地遇特殊情况需要调整申报纳税期限的,应当提前上报国家税务总局(征管科技司)备案。同时,国家税务总局还会在网站上公布更新更为具体的"办税日历"(见图11-1)。

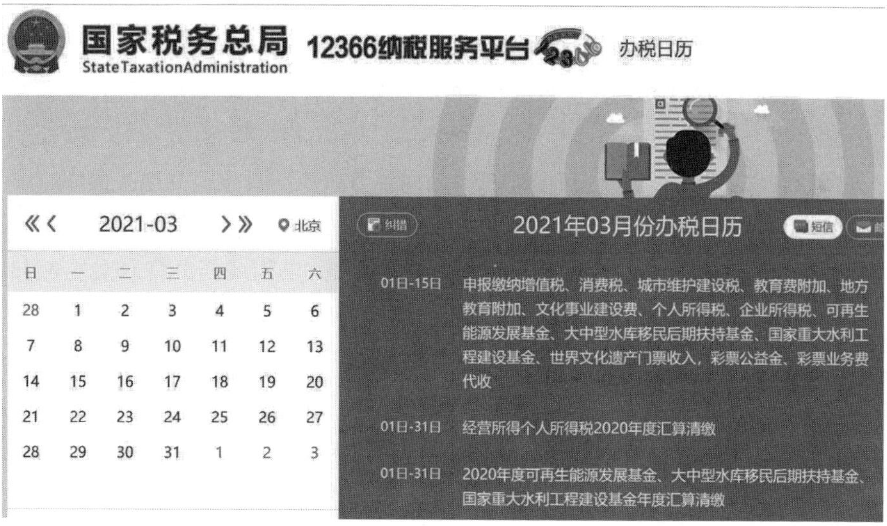

图11-1 国家税务总局2021年3月办税日历

注:参见国家税务总局12366纳税服务平台,https://12366.chinatax.gov.cn/bsfw/calendar/main。

六、纳税人、扣缴义务人注意事项

1. 纳税人、扣缴义务人对报送材料的真实性和合法性承担责任。

2. 申报文书表单可在省(自治区、直辖市和计划单列市)税务局网站"下载中心”栏目查询下载或到办税服务厅领取。

3. 税务机关提供“最多跑一次”服务。纳税人、扣缴义务人在资料完整且符合法定受理条件的前提下，最多只需要到税务机关跑一次。

4. 纳税人、扣缴义务人使用符合电子签名法规定条件的电子签名的，与手写签名或者盖章具有同等法律效力。

5. 纳税人、扣缴义务人未按照规定的期限办理纳税申报和报送纳税资料的，将影响纳税信用评价结果，并依照《税收征管法》有关规定承担相应法律责任。

第二节　居民个人综合所得纳税申报

一、居民个人取得综合所得个人所得税预扣预缴申报

(1)个人所得税以向个人支付所得的单位或者个人为扣缴义务人。居民个人取得综合所得的，按年计算个人所得税；有扣缴义务人的，由扣缴义务人按月或者按次预扣预缴税款。扣缴义务人每月或者每次预扣、代扣的税款，在次月 15 日内，填报《个人所得税扣缴申报表》及其他相关资料，向税务机关纳税申报并缴入国库。

(2)扣缴义务人依照税收法规有关规定，向居民个人支付综合所得时，无论其是否属于本单位人员、支付的应税所得是否达到纳税标准，均应当办理全员全额扣缴申报，在代扣税款的次月 15 日内，向主管税务机关报送其支付所得的所有个人的有关信息、支付所得数额、扣除事项和数额、扣缴税款的具体数额和总额，以及其他相关涉税信息资料。

(3)纳税期限遇最后一日是法定休假日的，以休假日期满的次日为期限的最后一日；在期限内有连续 3 日以上法定休假日的，按休假日天数顺延。

(4)扣缴义务人向居民个人支付工资、薪金所得时，应当按照累计预扣法计算预扣税款，并按月办理扣缴申报。扣缴义务人向居民个人支付劳务报酬所得、稿酬所得、特许权使用费所得时，应当按次或者按月预扣预缴税款。

(5)享受子女教育、继续教育、住房贷款利息或者住房租金、赡养老人专项附加扣除的纳税人，自符合条件开始，可以向支付工资、薪金所得的扣缴义务人提供上述专项附加扣除有关信息，由扣缴义务人在预扣预缴税款时，按其在本单位本年可享受的累计扣除额办理扣除；也可以在次年 3 月 1 日至 6 月 30 日内，向汇缴地主管税

务机关办理汇算清缴申报时扣除。居民个人向扣缴义务人提供有关信息并依法要求办理专项附加扣除的，扣缴义务人应当按照规定在工资、薪金所得按月预扣预缴税款时予以扣除，不得拒绝。

（6）纳税人同时从两处以上取得工资、薪金所得，并由扣缴义务人减除专项附加扣除的，对同一专项附加扣除项目，在一个纳税年度内只能选择从一处取得的所得中减除。

（7）支付工资、薪金所得的扣缴义务人应当于年度终了后2个月内，向纳税人提供其个人所得和已扣缴税款等信息。纳税人年度中间需要提供上述信息的，扣缴义务人应当提供。纳税人取得除工资、薪金所得以外的其他所得，扣缴义务人应当在扣缴税款后，及时向纳税人提供其个人所得和已扣缴税款等信息。

（8）纳税人年度中间更换工作单位的，在原单位任职、受雇期间已享受的专项附加扣除金额，不得在新任职、受雇单位扣除。原扣缴义务人应当自纳税人离职不再发放工资、薪金所得的当月起，停止为其办理专项附加扣除。

（9）纳税人可以通过远程办税端、电子或者纸质报表等方式，向扣缴义务人报送个人专项附加扣除信息。

（10）扣缴义务人应当按照纳税人提供的信息计算税款、办理扣缴申报，不得擅自更改纳税人提供的信息。扣缴义务人发现纳税人提供的信息与实际情况不符，纳税人拒绝修改的，扣缴义务人应当报告税务机关。纳税人拒绝扣缴义务人依法履行代扣代缴义务的，扣缴义务人应当及时报告税务机关。

（11）扣缴义务人对纳税人提供的《个人所得税专项附加扣除信息表》，应当按照规定妥善保存备查，并依法对纳税人报送的专项附加扣除等相关涉税信息和资料保密。纳税人报送给扣缴义务人的《个人所得税专项附加扣除信息表》，扣缴义务人应当自预扣预缴年度的次年起留存5年。

（12）扣缴义务人有未按照规定向税务机关报送资料和信息、未按照纳税人提供信息虚报虚扣专项附加扣除、应扣未扣税款、不缴或少缴已扣税款、借用或冒用他人身份等行为的，依照《税收征管法》等相关法律、行政法规处理。

（13）申报地点：可通过办税服务厅（场所）、自然人税收管理系统（扣缴客户端）办理，具体地点和网址可从省（自治区、直辖市和计划单列市）税务局网站“纳税服务”栏目查询。

（14）报送材料（见表11－1）：

表 11－1　居民个人综合所得个人所得税预扣预缴申报材料①

序号	材料名称	数量	备注
1	《个人所得税扣缴申报表》	2 份	
有以下情形的，还应提供相应材料：			
适用情形	材料名称	数量	备注
首次办理扣缴申报时或被扣缴义务人信息变更后	《个人所得税基础信息表（A 表）》	2 份	
有依法确定的其他扣除	《商业健康保险税前扣除情况明细表》《个人税收递延型商业养老保险税前扣除情况明细表》等相关扣除资料	1 份	
选择在工资、薪金所得预扣预缴个人所得税时享受的六项专项附加扣除	《个人所得税专项附加扣除信息表》	1 份	
企业存在股权激励和股票期权职工行权	公司股权激励人员名单	1 份	
纳税人存在减免个人所得税情形	《个人所得税减免税事项报告表》	1 份	

二、居民综合所得个人所得税年度自行申报

（1）居民个人取得工资、薪金所得，劳务报酬所得，稿酬所得，特许权使用费所得等综合所得且符合下列情形之一的纳税人，应在取得所得的次年 3 月 1 日至 6 月 30 日内填报《个人所得税年度自行纳税申报表》及其他相关资料，办理汇算清缴或者随汇算清缴一并办理纳税申报：①从两处以上取得综合所得，且综合所得年收入额减除专项扣除后的余额超过 6 万元；②取得劳务报酬所得、稿酬所得、特许权使用费所得中一项或者多项所得，且综合所得年收入额减除专项扣除的余额超过 6 万元；③纳税年度内预缴税额低于应纳税额；④纳税人申请退税；⑤纳税人取得综合所得，扣缴义务人未扣缴税款的。

（2）享受子女教育、继续教育、住房贷款利息或者住房租金、赡养老人专项附加

① 本章所有报送材料表都源自国家税务总局 12366 纳税服务平台。

扣除的纳税人，自符合条件开始，可以向支付工资、薪金所得的扣缴义务人提供上述专项附加扣除有关信息办理扣除；也可以在向汇缴地主管税务机关办理汇算清缴申报时扣除。纳税人未取得工资、薪金所得，仅取得劳务报酬所得、稿酬所得、特许权使用费所得，需要享受专项附加扣除的，应当自行向汇缴地主管税务机关报送《个人所得税专项附加扣除信息表》，并在办理汇算清缴申报时扣除。享受大病医疗专项附加扣除的纳税人，在其自行向汇缴地主管税务机关办理汇算清缴申报时扣除。

(3)纳税人因移居境外注销中国户籍的，且在注销户籍年度取得综合所得的，应当在注销户籍前，办理当年综合所得的汇算清缴，并报送《个人所得税年度自行纳税申报表》。尚未办理上一年度综合所得汇算清缴的，应当在办理注销户籍纳税申报时一并办理。

(4)纳税人办理注销户籍纳税申报时，需要办理专项附加扣除、依法确定的其他扣除的，应当向税务机关报送《个人所得税专项附加扣除信息表》《商业健康保险税前扣除情况明细表》《个人税收递延型商业养老保险税前扣除情况明细表》等。

(5)纳税人有未缴或者少缴税款的，应当在注销户籍前，结清欠缴或未缴的税款。纳税人存在分期缴税且未缴纳完毕的，应当在注销户籍前，结清尚未缴纳的税款。

(6)需要办理汇算清缴的纳税人，应向任职、受雇单位所在地主管税务机关办理纳税申报。纳税人有两处以上任职、受雇单位的，应选择向其中一处任职、受雇单位所在地主管税务机关办理纳税申报；纳税人没有任职、受雇单位的，应向户籍所在地或经常居住地主管税务机关办理纳税申报。

(7)纳税人办理综合所得汇算清缴，应当准备与收入、专项扣除、专项附加扣除、依法确定的其他扣除、捐赠、享受税收优惠等相关的资料，并按规定留存备查或报送。

(8)办理地点：可通过办税服务厅(场所)办理，具体地点可从省(自治区、直辖市和计划单列市)税务局网站“纳税服务”栏目查询。

(9)报送材料(见表11－2):

表11－2　居民综合所得个人所得税年度自行申报报送材料

序号	材料名称	数量	备注
1	《个人所得税年度自行纳税申报表》	2份	
有以下情形的,还应提供相应材料:			
适用情形	材料名称	数量	备注
选择在工资、薪金所得预扣预缴个人所得税时享受的六项专项附加扣除	《个人所得税专项附加扣除信息表》	1份	
有依法确定的其他扣除	《商业健康保险税前扣除情况明细表》《个人税收递延型商业养老保险税前扣除情况明细表》等相关扣除资料	1份	
有对公益慈善事业的捐赠	捐赠扣除凭证	1份	
纳税人存在减免个人所得税情形	《个人所得税减免税事项报告表》	1份	

第三节　居民个人取得分类所得纳税申报

一、居民个人取得分类所得个人所得税代扣代缴申报

(1)个人所得税以向个人支付所得的单位或者个人为扣缴义务人。扣缴义务人向居民个人支付利息、股息、红利所得,财产租赁所得,财产转让所得或者偶然所得时,应当按月或按次代扣代缴个人所得税,并在次月15日内填报《个人所得税扣缴申报表》及其他相关资料,向主管税务机关进行纳税申报。

(2)纳税期限遇最后一日是法定休假日的,以休假日期满的次日为期限的最后一日;在期限内有连续3日以上法定休假日的,按休假日天数顺延。

(3)纳税人取得除工资、薪金所得以外的其他所得的,扣缴义务人应当在扣缴税款后,及时向纳税人提供其个人所得和已扣缴税款等信息。

(4)扣缴义务人应当按照纳税人提供的信息计算税款、办理扣缴申报,不得擅自更改纳税人提供的信息。扣缴义务人发现纳税人提供的信息与实际情况不符,纳税人拒绝修改的,扣缴义务人应当报告税务机关。纳税人拒绝扣缴义务人依法履行代扣代缴义务的,扣缴义务人应当及时报告税务机关。

(5)扣缴义务人有未按照规定向税务机关报送资料和信息、应扣未扣税款、不缴或少缴已扣税款、借用或冒用他人身份等行为的,依照《税收征管法》等相关法律、行政法规处理。

(6)申报地点:可通过办税服务厅(场所)、自然人税收管理系统(扣缴客户端)办理,具体地点和网址可从省(自治区、直辖市和计划单列市)税务局网站"纳税服务"栏目查询。

(7)报送材料:①《个人所得税扣缴申报表》2 份;②首次办理扣缴申报时或被扣缴义务人信息变更后,还应报送《个人所得税基础信息表(A 表)》2 份;③纳税人存在减免个人所得税情形的,还应报送《个人所得税减免税事项报告表》1 份。

二、居民其他分类所得个人所得税自行申报

(1)居民个人取得利息、股息、红利所得,财产租赁所得,财产转让所得,偶然所得但没有扣缴义务人的,或者有扣缴义务人但未扣缴税款的,以及国务院规定的其他情形,依照税收法律、法规、规章及其他有关规定,在取得所得的次年 6 月 30 日前就其个人所得向主管税务机关申报并缴纳税款。税务机关通知限期缴纳的,纳税人应当按照期限缴纳税款。

(2)纳税人有未缴或者少缴税款的,应当在注销户籍前,结清欠缴或未缴的税款。纳税人存在分期缴税且未缴纳完毕的,应当在注销户籍前,结清尚未缴纳的税款。

(3)纳税人在注销户籍当年取得利息、股息、红利所得,财产租赁所得,财产转让所得和偶然所得的,应当在注销户籍前,申报当年上述所得的完税情况,并报送《个人所得税自行纳税申报表(A 表)》。

(4)个人转让不动产的,税务机关应当根据不动产登记等相关信息核验应缴的个人所得税,登记机构办理转移登记时,应当查验与该不动产转让相关的个人所得税的完税凭证。

(5)当纳税人既有优惠减免,又存在非居民享受税收协定待遇减免时,纳税人可以选择优惠度最高的享受减免进行申报。

(6)符合税收优惠条件的纳税人,在减税、免税期间,应按规定办理纳税申报,填

写申报表及其附表上的优惠栏目。

(7)申报地点:可通过办税服务厅(场所)办理,具体地点可从省(自治区、直辖市和计划单列市)税务局网站“纳税服务”栏目查询。

(8)报送材料(见表11-3):

表11-3 居民其他分类所得个人所得税自行申报报送材料

序号	材料名称	数量	备注
1	《个人所得税自行纳税申报表(A表)》	2份	
2	个人身份证件原件	1份	查验后退回
有以下情形的,还应提供相应材料:			
适用情形	材料名称	数量	备注
纳税人存在减免个人所得税情形	《个人所得税减免税事项报告表》	1份	

三、个人转让股权纳税申报

(1)扣缴义务人应于股权转让相关协议签订后5个工作日内,将股权转让的有关情况报告主管税务机关。

(2)个人股权转让所得个人所得税以被投资企业所在地税务机关为主管税务机关。

(3)个人转让股权办理变更登记的,市场主体登记机关应当查验与该股权交易相关的个人所得税的完税凭证。

(4)具有下列情形之一的,扣缴义务人、纳税人应当依法在次月15日内向主管税务机关申报纳税:①受让方已支付或部分支付股权转让价款的;②股权转让协议已签订生效的;③受让方已经实际履行股东职责或者享受股东权益的;④国家有关部门判决、登记或公告生效的;⑤《股权转让所得个人所得税管理办法(试行)》规定的第3条第4~7项行为已完成的,即股权被司法或行政机关强制过户、以股权对外投资或进行其他非货币性交易、以股权抵偿债务及其他股权转移行为完成;⑥税务机关认定的其他有证据表明股权已发生转移的情形。

(5)纳税人、扣缴义务人向主管税务机关办理股权转让纳税(扣缴)申报时,除报送分类所得应报送的材料外,还应当报送以下资料:①股权转让合同(协议)1份;②股权转让双方身份证明1份;③按规定需要进行资产评估的,需提供具有法定资质的中介机构出具的净资产或土地房产等资产价值评估报告 1 份;④计税依据明显偏低但有正当理由的证明材料 1 份;⑤主管税务机关要求报送的其他材料 1 份。

(6)被投资企业应当详细记录股东持有本企业股权的相关成本,如实向税务机关提供与股权转让有关的信息,协助税务机关依法执行公务;在董事会或股东会结束后 5 个工作日内,向主管税务机关报送与股权变动事项相关的董事会或股东会决议、会议纪要等资料。

(7)被投资企业发生个人股东变动或者个人股东所持股权变动的,应当在次月 15 日内向主管税务机关报送含有股东变动信息的《个人所得税基础信息表(A 表)》及股东变更情况说明。

(8)主管税务机关应当及时向被投资企业核实其股权变动情况,并确认相关转让所得,及时督促扣缴义务人和纳税人履行法定义务。

第四节　非居民个人所得税纳税申报

一、非居民个人所得税代扣代缴申报

(1)扣缴义务人向非居民个人支付应税所得时,履行代扣代缴应税所得个人所得税的义务,并在次月 15 日内填报《个人所得税扣缴申报表》及向主管税务机关报送《个人所得税扣缴申报表》及主管税务机关要求报送的其他有关资料。

(2)非居民个人指在中国境内无住所又不居住,或者无住所而一个纳税年度内在中国境内居住累计不满 183 天的个人。无住所个人一个纳税年度内在中国境内累计居住天数,按照个人在中国境内累计停留的天数计算。在中国境内停留的当天满 24 小时的,计入在中国境内居住天数,在中国境内停留的天数不足 24 小时的,不计入在中国境内居住天数。

(3)实行非居民个人所得税代扣代缴申报的应税所得包括:工资、薪金所得,劳务报酬所得,稿酬所得,特许权使用费所得,财产租赁所得,财产转让所得,利息、股息、红利所得,偶然所得。

(4)扣缴义务人向非居民个人支付工资、薪金所得,劳务报酬所得,稿酬所得和特许权使用费所得的,在一个纳税年度内扣缴方法保持不变。非居民个人达到居民个人条件时,应当告知扣缴义务人基础信息变化情况,年度终了后按照居民个人有

关规定办理汇算清缴。

(5)纳税期限遇最后一日是法定休假日的,以休假日期满的次日为期限的最后一日;在期限内有连续3日以上法定休假日的,按休假日天数顺延。

(6)支付工资、薪金所得的扣缴义务人应当于年度终了后两个月内,向纳税人提供其个人所得和已扣缴税款等信息。纳税人年度中间需要提供上述信息的,扣缴义务人应当提供。纳税人取得除工资、薪金所得以外的其他所得的,扣缴义务人应当在扣缴税款后,及时向纳税人提供其个人所得和已扣缴税款等信息。

(7)扣缴义务人应当按照纳税人提供的信息计算税款、办理扣缴申报,不得擅自更改纳税人提供的信息。扣缴义务人发现纳税人提供的信息与实际情况不符,纳税人拒绝修改的,扣缴义务人应当报告税务机关。纳税人拒绝扣缴义务人依法履行代扣代缴义务的,扣缴义务人应当及时报告税务机关。

(8)当应税所得个人既存在优惠减免,又存在非居民享受税收协定待遇减免时,扣缴义务人可以根据应税所得个人选择的优惠度最高的享受减免进行申报。

(9)扣缴义务人有未按照规定向税务机关报送资料和信息、应扣未扣税款、不缴或少缴已扣税款、借用或冒用他人身份等行为的,依照《税收征管法》等相关法律、行政法规处理。

(10)报送材料:①《个人所得税扣缴申报表》2份;②首次办理扣缴申报时或被扣缴义务人信息变更后,还应报送《个人所得税基础信息表(A表)》2份;③纳税人存在减免个人所得税情形的,还应报送《个人所得税减免税事项报告表》1份。

(11)申报地点:可通过办税服务厅(场所)、自然人税收管理系统(扣缴客户端)办理,具体地点和网址可从省(自治区、直辖市和计划单列市)税务局网站“纳税服务”栏目查询。

二、非居民个人所得税自行申报

(1)非居民纳税人按照税收法律法规和税收协定的有关规定,应就其取得的境内个人所得向主管税务机关书面报送相关申报表。

(2)非居民个人所得税自行申报的情形包括:①从中国境内取得应税所得没有扣缴义务人的;②从中国境内取得应税所得,扣缴义务人未扣缴税款的;③从中国境内两处或两处以上取得工资、薪金所得的;④国务院规定的其他情形。

(3)非居民个人取得工资、薪金所得,劳务报酬所得,稿酬所得,特许权使用费所得,扣缴义务人未扣缴税款的,应当在取得所得的次年6月30日前,向扣缴义务人所在地主管税务机关办理纳税申报。有两个以上扣缴义务人均未扣缴税款的,选择向其中一处扣缴义务人所在地主管税务机关办理纳税申报。

(4)非居民个人在中国境内从两处以上取得工资、薪金所得的,应当在取得所得的次月15日内,向其中一处任职、受雇单位所在地主管税务机关办理纳税申报。

(5)非居民个人取得利息、股息、红利所得,财产租赁所得,财产转让所得和偶然所得,扣缴义务人未扣缴税款的,应当在取得所得的次年6月30日前,按相关规定向主管税务机关办理纳税申报。税务机关通知限期缴纳的,纳税人应当按照期限缴纳税款。

(6)非居民个人在次年6月30日前离境(临时离境除外)的,应当在离境前办理纳税申报。

(7)符合税收优惠条件的纳税人,在减税、免税期间,应按规定办理纳税申报,填写申报表及其附表上的优惠栏目。

(8)报送材料:①《个人所得税自行纳税申报表(A表)》2份;②存在减免个人所得税情形的,还应提供《个人所得税减免税事项报告表》1份。

(9)申报地点:可通过办税服务厅(场所)办理,具体地点可从省(自治区、直辖市和计划单列市)税务局网站"纳税服务"栏目查询。

第五节　经营所得的纳税申报

一、办理经营所得纳税申报的情形

个体工商户业主、个人独资企业投资者、合伙企业个人合伙人、承包承租经营者个人,以及其他从事生产、经营活动的个人取得经营所得的,应当办理预缴纳税申报和汇算清缴。经营所得包括以下情形:(1)个体工商户从事生产、经营活动取得的所得,个人独资企业投资人、合伙企业的个人合伙人源于境内注册的个人独资企业、合伙企业生产、经营的所得;(2)个人依法从事办学、医疗、咨询以及其他有偿服务活动取得的所得;(3)个人对企业、事业单位承包经营、承租经营,以及转包、转租取得的所得;(4)个人从事其他生产、经营活动取得的所得。

从事生产、经营活动,未提供完整、准确的纳税资料,不能正确计算应纳税所得额的,由主管税务机关核定应纳税所得额或者应纳税额。

二、办理纳税申报的机构、地点、渠道

（1）个体工商户有两处或两处以上经营机构的，应选择并固定向其中一处经营机构所在地主管税务机关申报缴纳个人所得税。

（2）个人独资企业投资者、合伙企业个人合伙人应向企业实际经营管理所在地主管税务机关申报缴纳个人所得税。个人独资投资者、合伙企业合伙人从合伙企业取得的生产经营所得，由合伙企业向企业实际经营管理所在地主管税务机关申报缴纳个人独资投资者、合伙企业合伙人应纳的个人所得税，并将个人所得税申报表抄送个人独资投资者、合伙企业合伙人。

个人独资投资者、合伙企业合伙人兴办两个或两个以上企业的，向企业实际经营管理所在地主管税务机关办理年度纳税申报时，应附注从其他企业取得的年度应纳税所得额；其中含有合伙企业的，应报送汇总从所有企业取得的所得情况的《合伙企业投资者个人所得税汇总申报表》，同时附送所有企业的年度会计决算报表和当年度已缴个人所得税纳税凭证。

（3）根据《关于个人所得税自行纳税申报有关问题的公告》（国家税务总局公告2018 年第 62 号），个体工商户业主、个人独资企业投资者、合伙企业个人合伙人、承包承租经营者个人，以及其他从事生产、经营活动的个人取得经营所得的，按年计算个人所得税，由纳税人在月度或季度终了后 15 日内，向经营管理所在地主管税务机关办理预缴纳税申报，并报送《个人所得税经营所得纳税申报表（A 表）》。在取得所得的次年 3 月 31 日前，向经营管理所在地主管税务机关办理汇算清缴，并报送《个人所得税经营所得纳税申报表（B 表）》；从两处以上取得经营所得的，选择向其中一处经营管理所在地主管税务机关办理年度汇总申报，并报送《个人所得税经营所得纳税申报表（C 表）》。

（4）个体工商户、个人独资企业和合伙企业可以在自然人电子税务局（扣缴端或 Web 端）申报投资者的经营所得个人所得税。具体地点和网址可从省（自治区、直辖市和计划单列市）税务局网站“纳税服务”栏目查询。

三、经营所得个人所得税月（季）度申报

（1）纳税人取得经营所得的，以每一纳税年度的收入总额减除成本、费用以及损失后的余额，为应纳税所得额，按年计算个人所得税，纳税人应在月度或季度终了后 15 日内填报《个人所得税经营所得纳税申报表（A 表）》及其他相关资料，同时向经

营管理所在地主管税务机关办理预缴纳税申报，并预缴税款。

（2）纳税期限遇最后一日是法定休假日的，以休假日期满的次日为期限的最后一日；在期限内有连续3日以上法定休假日的，按休假日天数顺延。

（3）预缴申报时，合伙企业有多个自然人合伙人的，应分别填报《个人所得税经营所得纳税申报表（A表）》。

（4）纳税人因移居境外注销中国户籍，且在当年取得经营所得的，应当在申请注销中国户籍前，向户籍所在地主管税务机关办理汇算清缴，进行税款清算。

（5）纳税人有未缴或者少缴税款的，应当在注销户籍前，结清欠缴或未缴的税款。纳税人存在分期缴税且未缴纳完毕的，应当在注销户籍前，结清尚未缴纳的税款。

（6）依法享受纳税人税收优惠等的相关资料，按规定留存备查或报送。

（7）纳税人在纳税期内没有应纳税款的，也应当按照规定办理申报纳税。

（8）申报材料（见表11－4）：

表11－4　经营所得个人所得税月（季）度申报材料

<table>
<tr><td>序号</td><td colspan="2">材料名称</td><td>数量</td><td>备注</td></tr>
<tr><td>1</td><td colspan="2">《个人所得税经营所得纳税申报表（A表）》</td><td>2份</td><td></td></tr>
<tr><td colspan="5">有以下情形的，还应提供相应材料：</td></tr>
<tr><td colspan="2">适用情形</td><td>材料名称</td><td>数量</td><td>备注</td></tr>
<tr><td colspan="2">纳税人应存在减免个人所得税情形</td><td>《个人所得税减免税事项报告表》</td><td>1份</td><td></td></tr>
<tr><td colspan="2">有依法确定的其他扣除</td><td>《商业健康保险税前扣除情况明细表》《个人税收递延型商业养老保险税前扣除情况明细表》等相关扣除资料</td><td>1份</td><td></td></tr>
</table>

四、经营所得个人所得税年度申报

纳税人应在取得所得的次年3月31日前填报《个人所得税经营所得纳税申报表（B表）》及其他相关资料，并向经营管理所在地主管税务机关办理汇算清缴。企业在年度中间合并、分立、终止时，个人独资企业投资者、合伙企业个人合伙人、承包承租经营者应在停止生产经营之日起60日内，向主管税务机关办理当期个人所得税汇算清缴。

（1）汇算清缴时，合伙企业有多个自然人合伙人的，应分别填报《个人所得税经营所得纳税申报表(B 表)》。

(2)取得经营所得的个人,没有综合所得的,计算其每一纳税年度的应纳税所得额时,应当减除费用 6 万元、专项扣除、专项附加扣除,以及依法确定的其他扣除。专项附加扣除在办理汇算清缴时减除。

(3)个体工商户业主、个人独资企业投资人、合伙企业个人合伙人、承包承租经营者个人,以及其他从事生产、经营活动的个人在中国境内两处以上取得经营所得的,应在分别办理年度汇算清缴后,于取得所得的次年 3 月 31 日前填报《个人所得税经营所得纳税申报表(C 表)》及其他相关资料,并选择向其中一处经营管理所在地主管税务机关办理年度汇总纳税申报。

(4)纳税人在注销户籍年度取得经营所得的,应当在注销户籍前,向户籍所在地主管税务机关办理当年经营所得的汇算清缴,并报送《个人所得税经营所得纳税申报表(B 表)》。从两处以上取得经营所得的,还应当一并报送《个人所得税经营所得纳税申报表(C 表)》。尚未办理上一年度经营所得汇算清缴的,应当在办理注销户籍纳税申报时一并办理。

(5)纳税人有未缴或者少缴税款的,应当在注销户籍前,结清欠缴或未缴的税款。纳税人存在分期缴税且未缴纳完毕的,应当在注销户籍前,结清尚未缴纳的税款。

(6)纳税人依法享受税收优惠等相关的资料,按规定留存备查或报送。

(7)纳税人在纳税期内没有应纳税款的,也应当按照规定办理申报纳税。

(8)申报材料(见表 11 – 5):

表 11 – 5　经营所得个人所得税年度申报材料

序号	材料名称	数量	备注
1	《个人所得税经营所得纳税申报表(B 表)》	2 份	
有以下情形的,还应提供相应材料:			
适用情形	材料名称	数量	备注
无综合所得,且需要享受专项附加扣除	《个人所得税专项附加扣除信息表》	1 份	
纳税人存在减免个人所得税情形	《个人所得税减免税事项报告表》	1 份	
有依法确定的其他扣除	《商业健康保险税前扣除情况明细表》《个人税收递延型商业养老保险税前扣除情况明细表》等相关扣除资料	1 份	

五、单一投资基金核算的合伙制创业投资企业个人所得税扣缴申报

(1)创投企业可以选择按单一投资基金核算或者按创投企业年度所得整体核算两种方式之一,对其个人合伙人源于创投企业的所得计算个人所得税应纳税额。

(2)个人合伙人按照其应从基金年度股权转让所得中分得的份额计算其应纳税额,并由创投企业在次年3月31日前代扣代缴个人所得税,填报《单一投资基金核算的合伙制创业投资企业个人所得税扣缴申报表》,并向税务机关办理纳税申报。

(3)创投企业选择按单一投资基金核算的,其个人合伙人从该基金应分得的股权转让所得和股息红利所得,按照20%税率计算缴纳个人所得税。

(4)创投企业选择按单一投资基金核算的,应当在按规定完成备案的30日内,向主管税务机关进行核算方式备案;未按规定备案的,视同选择按创投企业年度所得整体核算。

(5)选择按单一投资基金核算的,并已完成合伙制创业投资企业单一投资基金核算方式备案的合伙制创业投资企业,应在次年3月31日前,按规定向主管税务机关办理年度股权转让所得扣缴申报。

(6)个人合伙人按照其应从基金股息红利所得中分得的份额计算其应纳税额,并由创投企业按次代扣代缴个人所得税。

(7)创投企业选择按单一投资基金核算或按创投企业年度所得整体核算后,3年内不能变更;满3年需要调整的,应当在满3年的次年1月31日前,重新向主管税务机关备案。

(8)申报地点:可通过办税服务厅(场所)、自然人税收管理系统(扣缴客户端)办理,具体地点和网址可从省(自治区、直辖市和计划单列市)税务局网站"纳税服务"栏目查询。

六、定期定额户自行申报

(1)实行定期定额征税的个体工商户应依照税收法律法规及相关规定确定的申报期限、申报内容,填报《定期定额纳税申报表》及其他相关资料,并向主管税务机关进行纳税申报。

(2)定期定额户出现不适用简易申报、因未签署三方协议不能简易申报、简易申报失败后由纳税人自行申报、未达起征点双定户达到起征点后申报、超定额申报等情形时,应按照税收法律法规及相关规定,向税务机关办理申报纳税手续。

(3)定期定额户应当自行申报经营情况,对未按照规定期限自行申报的,税务机关可以不经过自行申报程序,按照《个体工商户税收定期定额征收管理办法》(国家税务总局令第16号公布,国家税务总局令第44号修改)第7条规定的方法核定其定额。

(4)定期定额个体工商户的定额与发票开具金额或税控收款机记录数据比对后,超过定额的经营额、所得额所应缴纳的税款,在税务机关核定定额的经营地点以外从事经营活动所应缴纳的税款,应当向税务机关办理相关纳税事宜。

(5)对实行简并征期的定期定额户,其按照定额所应缴纳的税款在规定的期限内申报纳税不加收滞纳金。

(6)定期定额户当期发生的经营额、所得额超过定额一定幅度的,应当在法律、行政法规规定的申报期限内向税务机关进行申报并缴清税款。具体幅度由省税务机关确定。

(7)申报材料(见表11-6):

表11-6 定期定额户自行申报材料

<table>
<tr><td>序号</td><td colspan="2">材料名称</td><td>数量</td><td>备注</td></tr>
<tr><td>1</td><td colspan="2">《定期定额纳税申报表》</td><td>2份</td><td></td></tr>
<tr><td colspan="5">有以下情形的,还应提供相应材料:</td></tr>
<tr><td colspan="2">适用情形</td><td>材料名称</td><td>数量</td><td>备注</td></tr>
<tr><td colspan="2">税控收款机的纳税人</td><td>税控收款机用户卡</td><td></td><td></td></tr>
</table>

七、定期定额户简易申报

(1)实行简易申报的定期定额户,在税务机关规定的期限内按照法律、行政法规规定,通过财税库银电子缴税系统批量扣税或委托银行扣缴核定税款的,当期(指纳税期)可不办理申报手续,实行以缴代报。

(2)申报方式已被认定为简易申报的实行定期定额征收的纳税人,可以委托经税务机关认定的银行或其他金融机构办理税款划缴,不需提交申报表。

(3)凡委托银行或其他金融机构办理税款划缴的定期定额户,应当向税务机关书面报告开户银行及账号。其账户内存款应当足以按期缴纳当期税款。其存款余额低于当期应纳税款,致使当期税款不能按期入库的,税务机关按逾期缴纳税款处理;对实行简易申报的,按逾期办理纳税申报和逾期缴纳税款处理。

第六节　限售股转让所得的纳税申报

一、限售股转让所得个人所得税征收方式及范围

限售股转让所得个人所得税,采取证券机构预扣预缴、纳税人自行申报清算和证券机构直接扣缴相结合的方式征收。

证券机构技术和制度准备完成前形成的限售股,其转让所得应缴纳的个人所得税采取证券机构预扣预缴、纳税人自行申报清算方式征收。

证券机构技术和制度准备完成后新上市公司的限售股,纳税人在转让时应缴纳的个人所得税,采取证券机构直接代扣代缴的方式征收。

个人转让限售股或发生具有转让限售股实质的其他交易,取得现金、实物、有价证券和其他形式的经济利益的,均应缴纳个人所得税。限售股在解禁前被多次转让的,转让方对每一次转让所得均应按规定缴纳个人所得税。对具有下列情形的,应按规定征收个人所得税:(1)个人通过证券交易所集中交易系统或大宗交易系统转让限售股;(2)个人用限售股认购或申购交易型开放式指数基金份额;(3)个人用限售股接受要约收购;(4)个人行使现金选择权将限售股转让给提供现金选择权的第三方;(5)个人协议转让限售股;(6)个人持有的限售股被司法扣划;(7)个人因依法继承或家庭财产分割让渡限售股所有权;(8)个人用限售股偿还上市公司股权分置改革中由大股东代其向流通股股东支付的对价;(9)其他具有转让实质的情形。

纳税人发生前述第(1)、(2)、(3)、(4)项情形的,对其应纳个人所得税按照《关于个人转让上市公司限售股所得个人所得税有关问题的通知》(财税〔2009〕167 号)规定,采取证券机构预扣预缴、纳税人自行申报清算和证券机构直接扣缴相结合的方式征收。纳税人按照实际转让收入与实际成本计算出的应纳税额,与证券机构预扣预缴税额有差异的,纳税人应自证券机构代扣并解缴税款的次月 1 日起 3 个月内,到证券机构所在地主管税务机关提出清算申请,办理清算申报事宜。

纳税人发生前述第(5)、(6)、(7)、(8)项情形的,采取纳税人自行申报纳税的方式。纳税人转让限售股后,应在次月 15 日内到主管税务机关填报《限售股转让所得个人所得税清算申报表》,自行申报纳税。

个人转让股权办理变更登记的，市场主体登记机关应当查验与该股权交易相关的个人所得税的完税凭证。

限售股包括：①上市公司股权分置改革完成后股票复牌日之前股东所持原非流通股股份，以及股票复牌日至解禁日期间由上述股份孳生的送、转股（股改限售股）；②2006 年股权分置改革新老划断后，首次公开发行股票并上市的公司形成的限售股，以及上市首日至解禁日期间由上述股份孳生的送、转股（新股限售股）；③个人从机构或其他个人处受让的未解禁限售股；④个人因依法继承或家庭财产依法分割取得的限售股；⑤个人持有的从代办股份转让系统转到主板市场（或中小板、创业板市场）的限售股；⑥上市公司吸收合并中，个人持有的原被合并方公司限售股所转换的合并方公司股份；⑦上市公司分立中，个人持有的被分立方公司限售股所转换的分立后公司股份；⑧其他限售股。

二、限售股转让所得扣缴个人所得税申报

1. 证券机构每月所扣个人所得税款，应于次月 15 日内填报《限售股转让所得扣缴个人所得税报告表》，并向当地主管税务机关办理纳税申报。

2. 申报地点：可通过办税服务厅（场所）、自然人税收管理系统（扣缴客户端）办理，具体地点和网址可从省（自治区、直辖市和计划单列市）税务局网站“纳税服务”栏目查询。

3. 报送材料：

（1）《限售股转让所得扣缴个人所得税报告表》2 份；

（2）有以下情形的，还应提供相应材料：①扣缴义务人在扣缴税款时已向被扣缴义务人开具税票的，报送《中华人民共和国税收缴款书（代扣代收专用）》第二联 1 份；②扣缴义务人汇总缴库开具税票的，报送《中华人民共和国税收缴款书（银行经收专用）》第一联 1 份。

三、限售股转让所得个人所得税清算申报

（1）纳税人按照实际转让收入与实际成本计算出的应纳税额，与证券机构预扣预缴税额有差异的，纳税人应自证券机构代扣并解缴税款的次月 1 日起 3 个月内，到证券机构所在地主管税务机关提出清算申请，办理清算申报事宜。

（2）纳税人依法享受税收优惠等的相关资料，按规定留存备查或报送。

（3）申报地点：可通过办税服务厅（场所）办理，具体地点可从省（自治区、直辖

市和计划单列市）税务局网站“纳税服务”栏目查询。

（4）报送材料（见表 11－7）：

表 11－7　限售股转让所得个人所得税清算申报报送材料

<table>
<tr><td>序号</td><td colspan="2">材料名称</td><td>数量</td><td>备注</td></tr>
<tr><td>1</td><td colspan="2">《限售股转让所得个人所得税清算申报表》</td><td>2 份</td><td></td></tr>
<tr><td>2</td><td colspan="2">个人身份证件原件</td><td>1 份</td><td>查验后退回</td></tr>
<tr><td>3</td><td colspan="2">限售股交易明细记录（加盖开户证券机构印章）</td><td>1 份</td><td></td></tr>
<tr><td>4</td><td colspan="2">财产原值凭证</td><td>1 份</td><td></td></tr>
<tr><td colspan="5">有以下情形的，还应提供相应材料：</td></tr>
<tr><td colspan="2">适用情形</td><td>材料名称</td><td>数量</td><td>备注</td></tr>
<tr><td colspan="2" rowspan="2">天使投资个人投资的初创科技型企业上市且满足投资抵扣税收优惠条件的，在办理限售股转让税款清算时，抵扣尚未抵扣完毕的投资额</td><td>《天使投资个人所得税投资抵扣情况表》</td><td>2 份</td><td>应于股权转让次月 15 日内或在限售股转让清算时，向主管税务机关报送</td></tr>
<tr><td>《天使投资个人所得税投资抵扣备案表》</td><td>2 份</td><td>次月 15 日内，向其主管税务机关报送</td></tr>
<tr><td colspan="2" rowspan="2">委托代理人进行申报的报送</td><td>代理人身份证件原件</td><td>1 份</td><td>查验后退回</td></tr>
<tr><td>纳税人委托代理申报的授权书</td><td>1 份</td><td></td></tr>
</table>

附录一 主要参考的法律法规规范性文件

一、基本法律法规

1.《个人所得税法》(2018 年修正);

2.《个人所得税法实施条例》(2018 年修订);

3.《税收征收管理法》(2015 年修正);

4.《税收征收管理法实施细则》(2016 年修订);

5.《发票管理办法》(2019 年修订)。

二、扣除类规范性文件

1.《关于印发〈个人所得税专项附加扣除暂行办法〉的通知》(国发〔2018〕41 号);

2.《关于发布〈个人所得税专项附加扣除操作办法(试行)〉的公告》(国家税务总局公告 2018 年第 60 号);

3.《关于基本养老保险费、基本医疗保险费、失业保险费 、住房公积金有关个人所得税政策的通知》(财税〔2006〕10 号);

4.《关于将商业健康保险个人所得税试点政策推广到全国范围实施的通知》(财税〔2017〕39 号);

5.《关于推广实施商业健康保险个人所得税政策有关征管问题的公告》(国家税务总局公告 2017 年第 17 号);

6.《关于开展个人税收递延型商业养老保险试点的通知》(财税〔2018〕22 号);

7.《关于开展个人税收递延型商业养老保险试点有关征管问题的公告》(国家税务总局公告 2018 年第 21 号);

8.《关于公益慈善事业捐赠个人所得税政策的公告》(财政部、税务总局公告

2019 年第 99 号）；

9.《关于公益性捐赠税前扣除有关事项的公告》（财政部、税务总局、民政部公告 2020 年第 27 号）；

10.《关于对青少年活动场所、电子游戏厅有关所得税和营业税政策问题的通知》（财税〔2000〕21 号）；

11.《关于企业等社会力量向红十字事业捐赠有关所得税政策问题的通知》（财税〔2000〕30 号）；

12.《关于对老年服务机构有关税收政策问题的通知》（财税〔2000〕97 号）；

13.《关于企业等社会力量向红十字事业捐赠有关问题的通知》（财税〔2001〕28 号）；

14.《关于纳税人向农村义务教育捐赠有关所得税政策的通知》（财税〔2001〕103 号）；

15.《关于向中华健康快车基金会等 5 家单位的捐赠所得税税前扣除问题的通知》（财税〔2003〕204 号）；

16.《关于向宋庆龄基金会等 6 家单位捐赠所得税政策问题的通知》（财税〔2004〕172 号）；

17.《关于中国老龄事业发展基金会等 8 家单位捐赠所得税政策问题的通知》（财税〔2006〕66 号）；

18.《关于中国医药卫生事业发展基金会捐赠所得税政策问题的通知》（财税〔2006〕67 号）；

19.《关于中国教育发展基金会捐赠所得税政策问题的通知》（财税〔2006〕68 号）；

20.《关于中国金融教育发展基金会等 10 家单位公益救济性捐赠所得税税前扣除问题的通知》（财税〔2006〕73 号）；

21.《关于中国华侨经济文化基金会等 4 家单位公益救济性捐赠所得税税前扣除问题的通知》（财税〔2006〕164 号）；

22.《关于中国青少年发展基金会等 6 家单位捐赠所得税政策问题的通知》（财税〔2007〕108 号）；

23.《关于中国青少年社会教育基金会等 16 家单位公益救济性捐赠所得税税前扣除问题的通知》（财税〔2007〕112 号）；

24.《关于个人向地震灾区捐赠有关个人所得税征管问题的通知》（国税发

〔2008〕55 号）；

25.《关于支持新型冠状病毒感染的肺炎疫情防控有关捐赠税收政策的公告》（财政部、税务总局公告 2020 年第 9 号）；

26.《关于实施小微企业和个体工商户所得税优惠政策的公告》（财政部、税务总局公告 2021 年第 12 号）；

27.《关于落实支持小型微利企业和个体工商户发展所得税优惠政策有关事项的公告》（国家税务总局公告 2021 年第 8 号）；

28.《关于股权奖励和转增股本个人所得税征管问题的公告》（国家税务总局公告 2015 年第 80 号）；

29.《财政部、国家税务总局关于廉租住房、经济适用住房和住房租赁有关税收政策的通知》（财税〔2008〕24 号）；

30.《住房城乡建设部、财政部、国家发展改革委关于公共租赁住房和廉租住房并轨运行的通知》（建保〔2013〕178 号）；

31.《关于促进公共租赁住房发展有关税收优惠政策的通知》（财税〔2014〕52 号,2020 年 1 月 23 日废止）；

32.《关于延长部分税收优惠政策执行期限的公告》（财政部、税务总局公告 2021 年第 6 号）。

三、综合类规范性文件

1.《关于 2018 年第四季度个人所得税减除费用和税率适用问题的通知》（财税〔2018〕98 号）；

2.《关于营改增后契税　房产税　土地增值税　个人所得税计税依据问题的通知》（财税〔2016〕43 号）；

3.《境外所得个人所得税征收管理暂行办法》（2018 年修正）；

4.《关于境外所得有关个人所得税政策的公告》（财政部、税务总局公告 2020 年第 3 号）；

5.《关于明确个人所得税若干政策执行问题的通知》（国税发〔2009〕121 号）；

6.《关于个人取得有关收入适用个人所得税应税所得项目的公告》（财政部、税务总局公告 2019 年第 74 号）；

7.《关于个人所得税有关问题的批复》（财税〔2005〕94 号）；

8.《关于个人所得税有关政策问题的通知》（国税发〔1999〕58 号）；

9.《关于个人对企事业单位实行承包经营、承租经营取得所得征税问题的通知》（国税发〔1994〕179 号）；

10.《关于个人承包承租经营所得征收个人所得税问题的批复》（国税函〔2000〕395 号）；

11.《机动出租车驾驶员个人所得税征收管理暂行办法》（2018 年修正）；

12.《演出市场个人所得税征收管理暂行办法》（2018 年修正）；

13.《建筑安装业个人所得税征收管理暂行办法》（2018 年修正）；

14.《关于建筑安装业跨省异地工程作业人员个人所得税征收管理问题的公告》（国家税务总局公告 2015 年第 52 号）；

15.《广告市场个人所得税征收管理暂行办法》（2018 年修正）；

16.《关于律师事务所从业人员取得收入征收个人所得税有关业务问题的通知》（国税发〔2000〕149 号）；

17.《关于强化律师事务所等中介机构投资者个人所得税查账征收的通知》（国税发〔2002〕123 号）；

18.《关于律师事务所从业人员有关个人所得税问题的公告》（国家税务总局公告 2012 年第 53 号）；

19.《关于医疗机构有关个人所得税政策问题的通知》（财税〔2003〕109 号）；

20.《关于规范个人投资者个人所得税征收管理的通知》（财税〔2003〕158 号）；

21.《关于企业为个人购买房屋或其他财产征收个人所得税问题的批复》（财税〔2008〕83 号）；

22.《关于继续有效的个人所得税优惠政策目录的公告》（财政部、税务总局公告 2018 年第 177 号）；

23.《关于西藏自治区贯彻施行〈中华人民共和国个人所得税法〉有关问题的批复》（财税字〔1994〕21 号）；

24.《关于西藏特殊津贴免征个人所得税的批复》（财税字〔1996〕91 号）；

25.《关于企业改组改制过程中个人取得的量化资产征收个人所得税问题的通知》（国税发〔2000〕60 号）；

26.《关于进一步支持和促进重点群体创业就业有关税收政策的通知》（财税〔2019〕22 号）；

27.《关于进一步扶持自主就业退役士兵创业就业有关税收政策的通知》（财税〔2019〕21 号）；

28.《关于自主择业的军队转业干部有关税收政策问题的通知》(财税〔2003〕26号);

29.《关于随军家属就业有关税收政策的通知》(财税〔2000〕84号);

30.《关于教育税收政策的通知》(财税〔2004〕39号);

31.《关于认真落实抗震救灾及灾后重建税收政策问题的通知》(财税〔2008〕62号);

32.《关于北京2022年冬奥会和冬残奥会税收政策的通知》(财税〔2017〕60号);

33.《关于行政和解金有关税收政策问题的通知》(财税〔2016〕100号);

34.《关于继续实施扶持自主就业退役士兵创业就业有关税收政策的通知》(财税〔2017〕46号)(已失效);

35.《关于继续实施支持和促进重点群体创业就业有关税收政策的通知》(财税〔2017〕49号)(已失效);

36.《关于支持原油等货物期货市场对外开放税收政策的通知》(财税〔2018〕21号);

37.《关于易地扶贫搬迁税收优惠政策的通知》(财税〔2018〕135号);

38.《关于支持新型冠状病毒感染的肺炎疫情防控有关个人所得税政策的公告》(财政部、税务总局公告2020年第10号);

39.《关于海南自由贸易港高端紧缺人才个人所得税政策的通知》(财税〔2020〕32号);

40.《关于个人所得税有关问题的公告》(国家税务总局公告2011年第27号);

41.《关于加强和规范个人取得拍卖收入征收个人所得税有关问题的通知》(国税发〔2007〕38号);

42.《关于个人所得税若干政策问题的通知》(财税字〔1994〕20号);

43.《关于印发〈征收个人所得税若干问题的规定〉的通知》(国税发〔1994〕89号)。

四、无住所个人/外籍个人有关规范性文件

1.《关于在中国境内无住所的个人居住时间判定标准的公告》(财政部、税务总局公告2019年第34号);

2.《关于非居民个人和无住所居民个人有关个人所得税政策的公告》(财政部、

税务总局公告2019年第35号)；

3.《关于发布〈非居民纳税人享受协定待遇管理办法〉的公告》(国家税务总局公告2019年第35号)；

4.《关于执行税收协定股息条款有关问题的通知》(国税函〔2009〕81号)；

5.《关于执行税收协定特许权使用费条款有关问题的通知》(国税函〔2009〕507号)；

6.《关于外国来华工作人员缴纳个人所得税问题的通知》(〔80〕财税字第189号)；

7.《关于外籍个人取得有关补贴征免个人所得税执行问题的通知》(国税发〔1997〕54号)；

8.《关于外籍个人取得港澳地区住房等补贴征免个人所得税的通知》(财税〔2004〕29号)；

9.《关于国际组织驻华机构、外国政府驻华使领馆和驻华新闻机构雇员个人所得税征收方式的通知》(国税函〔2004〕808号)；

10.《关于〈建立亚洲开发银行协定〉有关个人所得税问题的补充通知》(财税〔2007〕93号)；

11.《关于在中国境内担任董事或高层管理职务无住所个人计算个人所得税适用公式的批复》(国税函〔2007〕946号)(已失效)；

12.《关于外商投资企业的董事担任直接管理职务征收个人所得税问题的通知》(国税发〔1996〕214号)。

五、综合所得类规范性文件

1.《关于个人所得税法修改后有关优惠政策衔接问题的通知》(财税〔2018〕164号)；

2.《关于调整个人取得全年一次性奖金等计算征收个人所得税方法问题的通知》(国税发〔2005〕9号)；

3.《关于雇主为雇员承担全年一次性奖金部分税款有关个人所得税计算方法问题的公告》(国家税务总局公告2011年第28号)；

4.《关于单位低价向职工售房有关个人所得税问题的通知》(财税〔2007〕13号)；

5.《关于单位为员工支付有关保险缴纳个人所得税问题的批复》(国税函

〔2005〕318号）；

6.《关于个人与用人单位解除劳动关系取得的一次性补偿收入征免个人所得税问题的通知》（财税〔2001〕157号）；

7.《关于个人因公务用车制度改革取得补贴收入征收个人所得税问题的通知》（国税函〔2006〕245号）；

8.《关于个人兼职和退休人员再任职取得收入如何计算征收个人所得税问题的批复》（国税函〔2005〕382号）；

9.《关于离退休人员再任职界定问题的批复》（国税函〔2006〕526号）；

10.《关于军队干部工资薪金收入征收个人所得税的通知》（财税字〔1996〕14号）；

11.《关于退役士兵退役金和经济补助免征个人所得税问题的通知》（财税〔2011〕109号）；

12.《关于高级专家延长离休退休期间取得工资薪金所得有关个人所得税问题的通知》（财税〔2008〕7号）；

13.《关于个人提前退休取得补贴收入个人所得税问题的公告》（国家税务总局公告2011年第6号）；

14.《关于企业年金、职业年金个人所得税有关问题的通知》（财税〔2013〕103号）；

15.《关于做好企业年金职业年金个人所得税征收管理工作的通知》（税总发〔2013〕143号）；

16.《关于中央企业负责人年度绩效薪金延期兑现收入和任期奖励征收个人所得税问题的通知》（国税发〔2007〕118号）；

17.《关于工伤职工取得的工伤保险待遇有关个人所得税政策的通知》（财税〔2012〕40号）；

18.《关于生育津贴和生育医疗费有关个人所得税政策的通知》（财税〔2008〕8号）；

19.《关于远洋船员个人所得税政策的公告》（财政部、税务总局公告2019年第97号）；

20.《关于远洋运输船员工资薪金所得个人所得税费用扣除问题的通知》（国税发〔1999〕202号）；

21.《关于个人所得税若干业务问题的批复》（国税函〔2002〕146号）；

22.《关于福建平潭综合实验区个人所得税优惠政策的通知》(财税〔2014〕24号);

23.《关于粤港澳大湾区个人所得税优惠政策的通知》(财税〔2019〕31号);

24.《关于广东横琴新区个人所得税优惠政策的通知》(财税〔2014〕23号)(已失效);

25.《关于深圳前海深港现代服务业合作区个人所得税优惠政策的通知》(财税〔2014〕25号)(已失效);

26.《关于剧本使用费征收个人所得税问题的通知》(国税发〔2002〕52号);

27.《关于影视演职人员个人所得税问题的批复》(国税函〔1997〕385号);

28.《关于企业以免费旅游方式提供对营销人员个人奖励有关个人所得税政策的通知》(财税〔2004〕11号);

29.《关于雇主为其雇员负担个人所得税税款计征问题的通知》(国税发〔1996〕199号);

30.《关于企业员工向本企业提供非专利技术取得收入征收个人所得税问题的批复》(国税函〔2004〕952号);

31.《关于全面实施新个人所得税法若干征管衔接问题的公告》(国家税务总局公告2018年第56号)。

六、经营所得类规范性文件

1.《个体工商户个人所得税计税办法》(2018年修正);

2.《个体工商户建账管理暂行办法》(2018年修正);

3.《个体工商户税收定期定额征收管理办法》(2018年修正);

4.《关于个人独资企业和合伙企业征收所得税问题的通知》(国发〔2000〕16号);

5.《关于印发〈关于个人独资企业和合伙企业投资者征收个人所得税的规定〉的通知》(财税〔2000〕91号);

6.《关于〈关于个人独资企业和合伙企业投资者征收个人所得税的规定〉执行口径的通知》(国税函〔2001〕84号);

7.《关于调整个体工商户业主 个人独资企业和合伙企业投资者个人所得税费用扣除标准的通知》(财税〔2006〕44号);

8.《关于合伙企业合伙人所得税问题的通知》(财税〔2008〕159号);

9.《关于调整个体工商户　个人独资企业和合伙企业个人所得税税前扣除标准有关问题的通知》(财税〔2008〕65 号);

10.《关于调整个体工商户业主、个人独资企业和合伙企业自然人投资者个人所得税费用扣除标准的通知》(财税〔2011〕62 号)(已失效);

11.《关于企业为个人购买房屋或其他财产征收个人所得税问题的批复》(财税〔2008〕83 号);

12.《关于农村税费改革试点地区有关个人所得税问题的通知》(财税〔2004〕30 号);

13.《关于个人独资企业和合伙企业投资者取得种植业、养殖业、饲养业、捕捞业所得有关个人所得税问题的批复》(财税〔2010〕96 号);

14.《关于个人取得青苗补偿费收入征免个人所得税的批复》(国税函发〔1995〕79 号);

15.《关于个人所得税若干政策问题的批复》(国税函〔2002〕629 号);

16.《关于代开货物运输业发票个人所得税预征率问题的公告》(国家税务总局公告 2011 年第 44 号)(已失效);

17.《关于经营所得个人所得税核定征收有关事项的公告》(国家税务总局云南省税务局公告 2019 年第 2 号)。

七、利息股息红利所得类规范性文件

1.《关于住房公积金、医疗保险金、基本养老保险金、失业保险基金个人帐户存款利息所得免征个人所得税的通知》(财税字〔1999〕267 号);

2.《关于证券市场个人投资者证券交易结算资金利息所得有关个人所得税政策的通知》(财税〔2008〕140 号);

3.《关于地方政府债券利息所得免征所得税问题的通知》(财税〔2011〕76 号);

4.《关于地方政府债券利息免征所得税问题的通知》(财税〔2013〕5 号);

5.《关于铁路债券利息收入所得税政策问题的通知》(财税〔2016〕30 号)(已失效);

6.《关于铁路债券利息收入所得税政策的公告》(财政部、税务总局公告 2019 年第 57 号);

7.《对储蓄存款利息所得征收个人所得税的实施办法》(2007 年修订);

8.《关于储蓄存款利息所得有关个人所得税政策的通知》(财税〔2008〕132 号);

9.《关于股份制企业转增股本和派发红股征免个人所得税的通知》(国税发〔1997〕198号);

10.《关于盈余公积金转增注册资本征收个人所得税问题的批复》(国税函〔1998〕333号);

11.《关于原城市信用社在转制为城市合作银行过程中个人股增值所得应纳个人所得税的批复》(国税函〔1998〕289号);

12.《关于个人投资者收购企业股权后将原盈余积累转增股本个人所得税问题的公告》(国家税务总局公告2013年第23号);

13.《关于房屋买受人按照约定退房取得的补偿款有关个人所得税问题的批复》(税总函〔2013〕748号);

14.《关于利息、股息、红利所得征税问题的通知》(国税函〔1997〕656号);

15.《关于实施上市公司股息红利差别化个人所得税政策有关问题的通知》(财税〔2012〕85号);

16.《关于上市公司股息红利差别化个人所得税政策有关问题的通知》(财税〔2015〕101号);

17.《关于继续实施全国中小企业股份转让系统挂牌公司股息红利差别化个人所得税政策的公告》(财政部、税务总局、证监会公告2019年第78号);

18.《关于实施全国中小企业股份转让系统挂牌公司股息红利差别化个人所得税政策有关问题的通知》(财税〔2014〕48号)(已失效);

19.《关于国税发〔1993〕045号文件废止后有关个人所得税征管问题的通知》(国税函〔2011〕348号)。

八、股权激励/创投/基金类规范性文件

1.《关于个人股票期权所得征收个人所得税问题的通知》(财税〔2005〕35号);

2.《关于个人股票期权所得缴纳个人所得税有关问题的补充通知》(国税函〔2006〕902号);

3.《关于股票增值权所得和限制性股票所得征收个人所得税有关问题的通知》(财税〔2009〕5号);

4.《关于股权激励有关个人所得税问题的通知》(国税函〔2009〕461号);

5.《关于股权激励和技术入股所得税征管问题的公告》(国家税务总局公告2016年第62号);

6.《关于完善股权激励和技术入股有关所得税政策的通知》(财税〔2016〕101号);

7.《股权激励和技术入股个人所得税政策口径》(税总所便函〔2016〕149号);

8.《关于将国家自主创新示范区有关税收试点政策推广到全国范围实施的通知》(财税〔2015〕116号);

9.《关于促进科技成果转化有关税收政策的通知》(财税字〔1999〕45号);

10.《关于促进科技成果转化有关个人所得税问题的通知》(国税发〔1999〕125号);

11.《关于科技人员取得职务科技成果转化现金奖励有关个人所得税政策的通知》(财税〔2018〕58号);

12.《关于创业投资企业个人合伙人所得税政策问题的通知》(财税〔2019〕8号);

13.《关于创业投资企业和天使投资个人有关税收政策的通知》(财税〔2018〕55号);

14.《关于创业投资企业和天使投资个人税收政策有关问题的公告》(国家税务总局公告2018年第43号);

15.《关于创业投资企业和天使投资个人有关税收试点政策的通知》(财税〔2017〕38号)(已失效);

16.《关于有限合伙制创业投资企业法人合伙人企业所得税有关问题的公告》(国家税务总局公告2015年第81号);

17.《关于证券投资基金税收问题的通知》(财税字〔1998〕55号);

18.《关于开放式证券投资基金有关税收问题的通知》(财税〔2002〕128号)(已失效);

19.《关于内地与香港基金互认有关税收政策的通知》(财税〔2015〕125号);

20.《关于继续执行内地与香港基金互认有关个人所得税政策的通知》(财税〔2018〕154号);

21.《关于创新企业境内发行存托凭证试点阶段有关税收政策的公告》(财政部、税务总局、证监会公告2019年第52号)。

九、财产转让所得类规范性文件

1.《关于发布〈股权转让所得个人所得税管理办法(试行)〉的公告》(国家税务

总局公告 2014 年第 67 号）；

2.《关于股权分置试点改革有关税收政策问题的通知》（财税〔2005〕103 号）；

3.《关于个人股权转让过程中取得违约金收入征收个人所得税问题的批复》（国税函〔2006〕866 号）；

4.《关于纳税人收回转让的股权征收个人所得税问题的批复》（国税函〔2005〕130 号）；

5.《关于股权转让收入征收个人所得税问题的批复》（国税函〔2007〕244 号）；

6.《关于个人以股权参与上市公司定向增发征收个人所得税问题的批复》（国税函〔2011〕89 号）；

7.《关于个人转让股票所得继续暂免征收个人所得税的通知》（财税字〔1998〕61 号）；

8.《关于个人转让上市公司限售股所得征收个人所得税有关问题的通知》（财税〔2009〕167 号）；

9.《关于印发〈限售股个人所得税政策解读稿〉的通知》（所便函〔2010〕5 号）；

10.《关于做好限售股转让所得个人所得税征收管理工作的通知》（国税发〔2010〕8 号）；

11.《关于个人转让上市公司限售股所得征收个人所得税有关问题的补充通知》（财税〔2010〕70 号）；

12.《关于限售股转让所得个人所得税征缴有关问题的通知》（国税函〔2010〕23 号）；

13.《关于证券机构技术和制度准备完成后个人转让上市公司限售股有关个人所得税问题的通知》（财税〔2011〕108 号）；

14.《关于企业转让上市公司限售股有关所得税问题的公告》（国家税务总局公告 2011 年第 39 号）；

15.《关于个人转让全国中小企业股份转让系统挂牌公司股票有关个人所得税政策的通知》（财税〔2018〕137 号）；

16.《关于沪港股票市场交易互联互通机制试点有关税收政策的通知》（财税〔2014〕81 号）；

17.《关于深港股票市场交易互联互通机制试点有关税收政策的通知》（财税〔2016〕127 号）；

18.《关于继续执行沪港股票市场交易互联互通机制有关个人所得税政策的通

知》(财税〔2017〕78 号);

19.《关于继续执行沪港、深港股票市场交易互联互通机制和内地与香港基金互认有关个人所得税政策的公告》(财政部公告 2019 年第 93 号);

20.《关于市十三届政协四次会议第 1112 号提案办理情况答复的函》(厦税函〔2020〕125 号);

21.《关于个人终止投资经营收回款项征收个人所得税问题的公告》(国家税务总局公告 2011 年第 41 号);

22.《关于个人出售住房所得征收个人所得税有关问题的通知》(财税字〔1999〕278 号);

23.《关于加强房地产税收管理的通知》(国税发〔2005〕89 号);

24.《关于房地产税收政策执行中几个具体问题的通知》(国税发〔2005〕172 号);

25.《关于个人住房转让所得征收个人所得税有关问题的通知》(国税发〔2006〕108 号);

26.《关于加强房地产交易个人无偿赠与不动产税收管理有关问题的通知》(国税发〔2006〕144 号);

27.《关于个人转让房屋有关税收征管问题的通知》(国税发〔2007〕33 号);

28.《关于个人取得房屋拍卖收入征收个人所得税问题的批复》(国税函〔2007〕1145 号);

29.《关于个人无偿受赠房屋有关个人所得税问题的通知》(财税〔2009〕78 号);

30.《关于调整房地产交易环节契税个人所得税优惠政策的通知》(财税〔2010〕94 号);

31.《关于进一步简化和规范个人无偿赠与或受赠不动产免征营业税、个人所得税所需证明资料的公告》(国家税务总局公告 2015 年第 75 号);

32.《关于个人转让住房享受税收优惠政策判定购房时间问题的公告》(国家税务总局公告 2017 年第 8 号);

33.《关于资产评估增值计征个人所得税问题的通知》(国税发〔2008〕115 号);

34.《关于个人非货币性资产投资有关个人所得税政策的通知》(财税〔2015〕41 号);

35.《关于个人非货币性资产投资有关个人所得税征管问题的公告》(国家税务总局公告 2015 年第 20 号);

36.《关于个人通过网络买卖虚拟货币取得收入征收个人所得税问题的批复》(国税函〔2008〕818号);

37.《关于个人因购买和处置债权取得所得征收个人所得税问题的批复》(国税函〔2005〕655号);

38.《关于城镇房屋拆迁有关税收政策的通知》(财税〔2005〕45号)。

十、财产租赁所得及偶然所得类规范性文件

1.《关于调整住房租赁市场税收政策的通知》(财税〔2000〕125号);

2.《关于廉租住房经济适用住房和住房租赁有关税收政策的通知》(财税〔2008〕24号);

3.《关于个人转租房屋取得收入征收个人所得税问题的通知》(国税函〔2009〕639号);

4.《关于公共租赁住房税收优惠政策的公告》(财政部、税务总局公告2019年第61号);

5.《关于加强出租房屋税收征管的通知》(国税发〔2005〕159号);

6.《关于个人出租房屋个人所得税征收管理有关事项的公告》(国家税务总局云南省税务局公告2021年第1号);

7.《关于酒店产权式经营业主税收问题的批复》(国税函〔2006〕478号);

8.《关于个人与房地产开发企业签订有条件优惠价格协议购买商店征收个人所得税问题的批复》(国税函〔2008〕576号);

9.《关于转租浅海滩涂使用权收入征收个人所得税问题的批复》(国税函〔2002〕1158号);

10.《关于社会福利有奖募捐发行收入税收问题的通知》(国税发〔1994〕127号);

11.《关于个人取得体育彩票中奖所得征免个人所得税问题的通知》(财税字〔1998〕12号);

12.《关于个人取得有奖发票奖金征免个人所得税问题的通知》(财税〔2007〕34号);

13.《关于个人在境外取得博彩所得征收个人所得税问题的批复》(国税函发〔1995〕663号);

14.《关于企业促销展业赠送礼品有关个人所得税问题的通知》(财税〔2011〕50

号）；

15.《关于加强网络红包个人所得税征收管理的通知》（税总函〔2015〕409号）；

16.《关于企业向个人支付不竞争款项征收个人所得税问题的批复》（财税〔2007〕102号）；

17. 各类奖项奖金免税政策：

（1）《关于曾宪梓教育基金会教师奖免征个人所得税的函》（国税函发〔1994〕376号）；

（2）《关于发给见义勇为者的奖金免征个人所得税问题的通知》（财税字〔1995〕25号）；

（3）《关于国际青少年消除贫困奖免征个人所得税的通知》（财税字〔1997〕51号）；

（4）《关于"长江学者奖励计划"有关个人收入免征个人所得税的通知》（国税函〔1998〕632号）；

（5）《关于"长江小小科学家"奖金免征个人所得税的通知》（国税函〔2000〕688号）；

（6）《关于个人取得"母亲河（波司登）奖"奖金所得免征个人所得税问题的批复》（国税函〔2003〕961号）；

（7）《关于"特聘教授奖金"免征个人所得税的通知》（国税函〔1999〕525号）；

（8）《关于陈嘉庚科学奖获奖个人取得的奖金收入免征个人所得税的通知》（国税函〔2006〕561号）；

（9）《关于刘东生青年科学家奖和刘东生地球科学奖学金获奖者奖金免征个人所得税的通知》（国税函〔2010〕74号）；

（10）《关于全国职工职业技能大赛奖金免征个人所得税的通知》（国税函〔2010〕78号）；

（11）《关于中华宝钢环境优秀奖奖金免征个人所得税问题的通知》（国税函〔2010〕130号）；

（12）《关于2011年度李四光地质科学奖奖金免征个人所得税的公告》（国家税务总局公告2011年第68号）；

（13）《关于第五届黄汲清青年地质科学技术奖奖金免征个人所得税问题的公告》（国家税务总局公告2012年第4号）；

（14）《关于明天小小科学家奖金免征个人所得税问题的公告》（国家税务总局

公告 2012 年第 28 号)。

十一、征管与申报类规范性文件

1.《关于明确 2021 年度申报纳税期限的通知》(税总办函〔2020〕242 号);

2.《关于进一步简便优化部分纳税人个人所得税预扣预缴方法的公告》(国家税务总局公告 2020 年第 19 号);

3.《关于完善调整部分纳税人个人所得税预扣预缴方法的公告》(国家税务总局公告 2020 年第 13 号);

4.《关于个人所得税自行纳税申报有关问题的公告》(国家税务总局公告 2018 年第 62 号);

5.《关于发布〈个人所得税扣缴申报管理办法(试行)〉的公告》(国家税务总局公告 2018 年第 61 号);

6.《关于个人保险代理人税收征管有关问题的公告》(国家税务总局公告 2016 年第 45 号);

7.《关于加强个人工资薪金所得与企业的工资费用支出比对问题的通知》(国税函〔2009〕259 号);

8.《关于印发〈个人所得税管理办法〉的通知》(国税发〔2005〕120 号);

9.《关于修订个人所得税申报表的公告》(国家税务总局公告 2019 年第 7 号);

10.《关于修订部分个人所得税申报表的公告》(国家税务总局公告 2019 年第 46 号);

11.《关于办理 2020 年度个人所得税综合所得汇算清缴事项的公告》(国家税务总局公告 2021 年第 2 号);

12.《关于办理 2019 年度个人所得税综合所得汇算清缴事项的公告》(国家税务总局公告 2019 年第 44 号);

13.《关于个人所得税综合所得汇算清缴涉及有关政策问题的公告》(财政部、税务总局公告 2019 年第 94 号);

14.《关于 3 项个人所得税事项取消审批实施后续管理的公告》(国家税务总局公告 2016 年第 5 号);

15.《关于将个人所得税〈税收完税证明〉(文书式)调整为〈纳税记录〉有关事项的公告》(国家税务总局公告 2018 年第 55 号);

16.《关于个人财产对外转移提交税收证明或者完税凭证有关问题的通知》(国

税发〔2005〕13号）；

17.《关于进一步加强高收入者个人所得税征收管理的通知》（国税发〔2010〕54号）；

18.《关于切实加强高收入者个人所得税征管的通知》（国税发〔2011〕50号）；

19.《关于进一步加强房地产税收管理的通知》（国税发〔2005〕82号）；

20.《关于实施房地产税收一体化管理若干具体问题的通知》（国税发〔2005〕156号）；

21.《关于做好非货币性资产投资个人所得税政策贯彻落实工作的通知》（税总函〔2015〕195号）；

22.《关于加强个人所得税纳税信用建设的通知》（发改办财金规〔2019〕860号）；

23.《关于印发〈纳税评估管理办法（试行）〉的通知》（国税发〔2005〕43号）；

24.《关于发布〈纳税信用管理办法（试行）〉的公告》（国家税务总局公告2014年第40号）；

25.《关于明确纳税信用补评和复评事项的公告》（国家税务总局公告2015年第46号）；

26.《关于明确纳税信用管理若干业务口径的公告》（国家税务总局公告2015年第85号）；

27.《关于纳税信用评价有关事项的公告》（国家税务总局公告2018年第8号）；

28.《关于纳税信用管理有关事项的公告》（国家税务总局公告2020年第15号）；

29.《关于发布〈重大税收违法失信案件信息公布办法〉的公告》（国家税务总局公告2018年第54号）；

30.《关于对重大税收违法案件当事人实施联合惩戒措施的合作备忘录》（2016年版）。

附录二 个人所得税纳税申报表①

个人所得税申报表名录

序号	文件名称
信息采集管理：	
1	个人所得税基础信息表(A 表)
2	个人所得税基础信息表(B 表)
专项附加扣除信息采集	
3	个人所得税专项附加扣除信息表
综合所得申报	
4	个人税收递延型商业养老保险税前扣除情况明细表
5	个人所得税减免税事项报告表
6	个人所得税扣缴申报表
7	个人所得税自行纳税申报表(A 表)
8	商业健康保险税前扣除情况明细表
分类所得申报：	
9	单一投资基金核算的合伙制创业投资企业个人所得税扣缴申报表
10	个人股东股权转让信息表

① 说明：本附录新列申报表主要源自“自然人电子税务局”网站“公众服务——下载服务”板块。政策文件包括国家税务总局《关于修订个人所得税申报表的公告》(国家税务总局公告 2019 年第 7 号)、国家税务总局《关于修订部分个人所得税申报表的公告》(国家税务总局公告 2019 年第 46 号)、国家税务总局《关于调整〈中国税收居民身份证明〉有关事项的公告》(国家税务总局公告 2019 年第 17 号)等规定。

续表

序号	文件名称
4	个人税收递延型商业养老保险税前扣除情况明细表
5	个人所得税减免税事项报告表
6	个人所得税扣缴申报表
7	个人所得税自行纳税申报表(A表)
11	限售股转让所得个人所得税扣缴报告表
12	限售股转让所得个人所得税清算申报表
13	个人所得税经营所得纳税申报表(A表)
14	个人所得税经营所得纳税申报表(B表)
15	个人所得税经营所得纳税申报表(C表)
8	商业健康保险税前扣除情况明细表
纳税备案:	
16	非货币性资产投资分期缴纳个人所得税备案表
17	非上市公司股权激励个人所得税递延纳税备案表
18	个人所得税递延纳税情况年度报告表
19	个人所得税分期缴纳备案表(股权奖励)
20	个人所得税分期缴纳备案表(转增股本)
21	技术成果投资入股个人所得税递延纳税备案表
22	上市公司股权激励个人所得税延期纳税备案表
资料报送与信息采集:	
23	合伙制创业投资企业单一投资基金核算方式备案表
24	教育事业和其他公益慈善事业捐赠信息采集表
25	科技成果转化暂不征收个人所得税备案表
26	科技人员取得职务科技成果转化现金奖励个人所得税备案表
27	合伙创投企业个人所得税投资抵扣情况表
28	天使投资个人所得税投资抵扣情况表
过渡期申报:	
4	个人税收递延型商业养老保险税前扣除情况明细表

续表

序号	文件名称
5	个人所得税减免税事项报告表
29	个人所得税生产经营所得纳税申报表(A表)
30	个人所得税生产经营所得纳税申报表(B表)
31	个人所得税生产经营所得纳税申报表(C表)
7	个人所得税自行纳税申报表(A表)
32	个人所得税自行纳税申报表(B表)
27	合伙创投企业个人所得税投资抵扣情况表
33	扣缴个人所得税报告表
34	扣缴个人所得税分配表
申报管理：	
35	税务行政许可申请表
非居民个人所得税申报	
10	个人股东股权转让信息表
5	个人所得税减免税事项报告表
6	个人所得税扣缴申报表
7	个人所得税自行纳税申报表(A表)
优惠管理：	
36	个人所得税减免税备案登记表
37	合伙创投企业个人所得税投资抵扣备案表
38	天使投资个人所得税投资抵扣备案表
39	非居民纳税人享受协定待遇信息报告表
退抵税(费)审批：	
40	退(抵)税申请表
开具中国税收居民身份证明：	
41	《中国税收居民身份证明》申请表

一、信息采集管理类

个人所得税基础信息表（A表）

（适用于扣缴义务人填报）

扣缴义务人名称：

扣缴义务人纳税人识别号（统一社会信用代码）：□□□□□□□□□□□□□□□□□□□□

序号	纳税人基本信息（带*必填）						任职受雇从业信息					联系方式					银行账户		投资信息		其他信息		华侨、港澳台、外籍个人信息（带*必填）					备注
	纳税人识别号	*纳税人姓名	*身份证件类型	*身份证件号码	*出生日期	*国籍/地区	类型	职务	学历	任职受雇从业日期	离职日期	手机号码	户籍所在地	经常居住地	联系地址	电子邮箱	开户银行	银行账号	投资额（元）	投资比例	是否残疾/孤老/烈属	残疾/烈属证号	*出生地	*性别	*首次入境时间	*预计离境时间	*涉税事由	
1	2	3	4	5	6	7	8	9	10	11	12	13	14	15	16	17	18	19	20	21	22	23	24	25	26	27	28	29

谨声明：本表是根据国家税收法律法规及相关规定填报的，是真实的、可靠的、完整的。

扣缴义务人（签章）：　　年　　月　　日

经办人签字： 经办人身份证件号码： 代理机构签章： 代理机构统一社会信用代码：	受理人： 受理税务机关（章）： 受理日期：　　年　　月　　日

国家税务总局监制

《个人所得税基础信息表（A表）》填表说明

一、适用范围

本表由扣缴义务人填报。适用于扣缴义务人办理全员全额扣缴申报时，填报其支付所得的纳税人的基础信息。

二、报送期限

扣缴义务人首次向纳税人支付所得，或者纳税人相关基础信息发生变化的，应当填写本表，并于次月扣缴申报时向税务机关报送。

三、本表各栏填写

本表带“ * ”项目分为必填和条件必填，其余项目为选填。

（一）表头项目

1. 扣缴义务人名称：填写扣缴义务人的法定名称全称。

2. 扣缴义务人纳税人识别号（统一社会信用代码）：填写扣缴义务人的纳税人识别号或者统一社会信用代码。

（二）表内各栏

1. 第 2 ~ 7 列“纳税人基本信息”：填写纳税人姓名、证件等基本信息。

（1）第 2 列“纳税人识别号”：有中国公民身份号码的，填写中华人民共和国居民身份证上载明的“公民身份号码”；没有中国公民身份号码的，填写税务机关赋予的纳税人识别号。

（2）第 3 列“纳税人姓名”：填写纳税人姓名。外籍个人英文姓名按照“先姓（surname）后名（given name）”的顺序填写，确实无法区分姓和名的，按照证件上的姓名顺序填写。

（3）第 4 列“身份证件类型”：根据纳税人实际情况填写。

①有中国公民身份号码的，应当填写《中华人民共和国居民身份证》（简称“居民身份证”）。

②华侨应当填写《中华人民共和国护照》（简称“中国护照”）。

③港澳居民可选择填写《港澳居民来往内地通行证》（简称“港澳居民通行证”）或者《中华人民共和国港澳居民居住证》（简称“港澳居民居住证”）；台湾居民可选择填写《台湾居民来往大陆通行证》（简称“台湾居民通行证”）或者《中华人民共和国台湾居民居住证》（简称“台湾居民居住证”）。

④外籍人员可选择填写《中华人民共和国外国人永久居留身份证》（简称“外国人永久居留证”）、《中华人民共和国外国人工作许可证》（简称“外国人工作许可证”）或者“外国护照”。

⑤其他符合规定的情形填写“其他证件”。

身份证件类型选择“港澳居民居住证”的，应当同时填写“港澳居民通行证”；身份证件类型选择“台湾居民居住证”的，应当同时填写“台湾居民通行证”；身份证件类型选择“外国人永久居留证”或者“外国人工作许可证”的，应当同时填写“外国护照”。

（4）第5～6列“身份证件号码”“出生日期”：根据纳税人身份证件上的信息填写。

（5）第7列“国籍/地区”：填写纳税人所属的国籍或者地区。

2. 第8～12列“任职受雇从业信息”：填写纳税人与扣缴义务人之间的任职受雇从业信息。

（1）第8列“类型”：根据实际情况填写“雇员”“保险营销员”“证券经纪人”或者“其他”。

（2）第9～12列“职务”“学历”“任职受雇从业日期”“离职日期”：其中，当第9列“类型”选择“雇员”“保险营销员”或者“证券经纪人”时，填写纳税人与扣缴义务人建立或者解除相应劳动或者劳务关系的日期。

3. 第13～17列“联系方式”：

（1）第13列“手机号码”：填写纳税人境内有效手机号码。

（2）第14～16列“户籍所在地”“经常居住地”“联系地址”：填写纳税人境内有效户籍所在地、经常居住地或者联系地址，按以下格式填写（具体到门牌号）：____省（区、市）____市____区（县）____街道（乡、镇）____。

（3）第17列“电子邮箱”：填写有效的电子邮箱。

4. 第18～19列“银行账户”：填写个人境内有效银行账户信息，开户银行填写到银行总行。

5. 第20～21列“投资信息”：纳税人为扣缴单位的股东、投资者的，填写本栏。

6. 第22～23列“其他信息”：如纳税人有“残疾、孤老、烈属”情况的，填写本栏。

7. 第24～28列“华侨、港澳台、外籍个人信息”：纳税人为华侨、港澳台居民、外籍个人的填写本栏。

（1）第24列“出生地”：填写华侨、港澳台居民、外籍个人的出生地，具体到国家或者地区。

（2）第26～27列“首次入境时间”“预计离境时间”：填写华侨、港澳台居民、外籍个人首次入境和预计离境的时间，具体到年月日。预计离境时间发生变化的，应及时进行变更。

（3）第28列“涉税事由”：填写华侨、港澳台居民、外籍个人在境内涉税的具体事由，包括“任职受雇”“提供临时劳务”“转让财产”“从事投资和经营活动”“其他”。如有多项事由的，应同时填写。

四、其他事项说明

以纸质方式报送本表的，应当一式两份，扣缴义务人、税务机关各留存一份。

个人所得税基础信息表（B 表）

（适用于自然人填报）

纳税人识别号：□□□□□□□□□□□□□□□□□□□□

<table>
<tr><td colspan="8">基本信息（带*必填）</td></tr>
<tr><td rowspan="4">基本信息</td><td>*纳税人姓名</td><td>中文名</td><td></td><td>英文名</td><td colspan="3"></td></tr>
<tr><td rowspan="2">*身份证件</td><td>证件类型一</td><td></td><td>证件号码</td><td colspan="3"></td></tr>
<tr><td>证件类型二</td><td></td><td>证件号码</td><td colspan="3"></td></tr>
<tr><td>*国籍/地区</td><td colspan="2"></td><td>*出生日期</td><td colspan="3">年　月　日</td></tr>
<tr><td rowspan="4">联系方式</td><td>户籍所在地</td><td colspan="6">省（区、市）　市　区（县）　街道（乡、镇）</td></tr>
<tr><td>经常居住地</td><td colspan="6">省（区、市）　市　区（县）　街道（乡、镇）</td></tr>
<tr><td>联系地址</td><td colspan="6">省（区、市）　市　区（县）　街道（乡、镇）</td></tr>
<tr><td>*手机号码</td><td colspan="2"></td><td>电子邮箱</td><td colspan="3"></td></tr>
<tr><td rowspan="3">其他信息</td><td>开户银行</td><td colspan="2"></td><td>银行账号</td><td colspan="3"></td></tr>
<tr><td>学历</td><td colspan="6">□研究生　□大学本科　□大学本科以下</td></tr>
<tr><td>特殊情形</td><td colspan="6">□残疾　残疾证号________　□烈属　烈属证号________　□孤老</td></tr>
<tr><td colspan="8">任职、受雇、从业信息</td></tr>
<tr><td rowspan="3">任职受雇从业单位一</td><td>名称</td><td colspan="2"></td><td>国家/地区</td><td colspan="3"></td></tr>
<tr><td>纳税人识别号（统一社会信用代码）</td><td colspan="2"></td><td>任职受雇从业日期</td><td>年　月</td><td>离职日期</td><td>年　月</td></tr>
<tr><td>类型</td><td colspan="2">□雇员　□保险营销员
□证券经纪人　□其他</td><td>职务</td><td colspan="3">□高层　□其他</td></tr>
</table>

续表

<table>
<tr><td rowspan="3">任职受雇从业单位二</td><td>名称</td><td></td><td>国家/地区</td><td colspan="3"></td></tr>
<tr><td>纳税人识别号（统一社会信用代码）</td><td></td><td>任职受雇从业日期</td><td>年　月</td><td>离职日期</td><td>年　月</td></tr>
<tr><td>类型</td><td>□雇员　□保险营销员
□证券经纪人　□其他</td><td>职务</td><td colspan="3">□高层　□其他</td></tr>
<tr><td colspan="7">该栏仅由投资者纳税人填写</td></tr>
<tr><td rowspan="2">被投资单位一</td><td>名称</td><td></td><td>国家/地区</td><td colspan="3"></td></tr>
<tr><td>纳税人识别号（统一社会信用代码）</td><td></td><td>投资额（元）</td><td></td><td>投资比例</td><td></td></tr>
<tr><td rowspan="2">被投资单位二</td><td>名称</td><td></td><td>国家/地区</td><td colspan="3"></td></tr>
<tr><td>纳税人识别号（统一社会信用代码）</td><td></td><td>投资额（元）</td><td></td><td>投资比例</td><td></td></tr>
<tr><td colspan="7">该栏仅由华侨、港澳台、外籍个人填写（带*必填）</td></tr>
<tr><td colspan="2">*出生地</td><td></td><td>*首次入境时间</td><td colspan="3">年　月　日</td></tr>
<tr><td colspan="2">*性别</td><td></td><td>*预计离境时间</td><td colspan="3">年　月　日</td></tr>
<tr><td colspan="2">*涉税事由</td><td colspan="5">□任职受雇　□提供临时劳务　□转让财产
□从事投资和经营活动　□其他</td></tr>
<tr><td colspan="7">谨声明：本表是根据国家税收法律法规及相关规定填报的，是真实的、可靠的、完整的。
纳税人（签字）：　　　　年　月　日</td></tr>
<tr><td colspan="3">经办人签字：
经办人身份证件号码：
代理机构签章：
代理机构统一社会信用代码：</td><td colspan="4">受理人：

受理税务机关（章）：
受理日期：　　年　月　日</td></tr>
</table>

国家税务总局监制

《个人所得税基础信息表(B 表)》填表说明

一、适用范围

本表适用于自然人纳税人基础信息的填报。

二、报送期限

自然人纳税人初次向税务机关办理相关涉税事宜时填报本表;初次申报后,以后仅需在信息发生变化时填报。

三、本表各栏填写

本表带“＊”的项目为必填或者条件必填,其余项目为选填。

(一)表头项目

纳税人识别号:有中国公民身份号码的,填写中华人民共和国居民身份证上载明的“公民身份号码”;没有中国公民身份号码的,填写税务机关赋予的纳税人识别号。

(二)表内各栏

1. 基本信息:

(1)纳税人姓名:填写纳税人姓名。外籍个人英文姓名按照“先姓(surname)后名(given name)”的顺序填写,确实无法区分姓和名的,按照证件上的姓名顺序填写。

(2)身份证件:填写纳税人有效的身份证件类型及号码。

“证件类型一”按以下原则填写:

①有中国公民身份号码的,应当填写《中华人民共和国居民身份证》(简称“居民身份证”)。

②华侨应当填写《中华人民共和国护照》(简称“中国护照”)。

③港澳居民可选择填写《港澳居民来往内地通行证》(简称“港澳居民通行证”)或者《中华人民共和国港澳居民居住证》(简称“港澳居民居住证”);台湾居民可选择填写《台湾居民来往大陆通行证》(简称“台湾居民通行证”)或者《中华人民共和国台湾居民居住证》(简称“台湾居民居住证”)。

④外籍个人可选择填写《中华人民共和国外国人永久居留身份证》(简称“外国人永久居留证”)、《中华人民共和国外国人工作许可证》(简称“外国人工作许可证”)或者“外国护照”。

⑤其他符合规定的情形填写“其他证件”。

“证件类型二”按以下原则填写:证件类型一选择“港澳居民居住证”的,证件类型二应当填写“港澳居民通行证”;证件类型一选择“台湾居民居住证”的,证件类型二应当填写“台湾居民通行证”;证件类型一选择“外国人永久居留证”或者“外国人工作许可证”的,证件类型二应当填写“外国护照”。证件类型一已选择“居民身份证”“中国护照”“港澳居民通行证”“台湾居民通行证”或“外国护照”,证件类型二可不填。

(3)国籍/地区:填写纳税人所属的国籍或地区。

(4)出生日期:根据纳税人身份证件上的信息填写。

(5)户籍所在地、经常居住地、联系地址:填写境内地址信息,至少填写一项。有居民身份证的,“户籍所在地”“经常居住地”必须填写其中之一。

(6)手机号码、电子邮箱:填写境内有效手机号码,港澳台居民、外籍个人可以选择境内有效手机号码或电子邮箱中的一项填写。

(7)开户银行、银行账号:填写有效的个人银行账户信息,开户银行填写到银行总行。

(8)特殊情形:纳税人为残疾、烈属、孤老的,填写本栏。残疾、烈属人员还需填写残疾/烈属证件号码。

2. 任职、受雇、从业信息:填写纳税人任职受雇从业的有关信息。其中,中国境内无住所个人有境外派遣单位的,应在本栏除填写境内任职受雇从业单位、境内受聘签约单位情况外,还应一并填写境外派遣单位相关信息。填写境外派遣单位时,其纳税人识别号(社会统一信用代码)可不填。

3. 投资者纳税人填写栏:由自然人股东、投资者填写。没有,则不填。

(1)名称:填写被投资单位名称全称。

(2)纳税人识别号(统一社会信用代码):填写被投资单位纳税人识别号或者统一社会信用代码。

(3)投资额:填写自然人股东、投资者在被投资单位投资的投资额(股本)。

(4)投资比例:填写自然人股东、投资者的投资额占被投资单位投资(股本)的比例。

4. 华侨、港澳台居民、外籍个人信息:华侨、港澳台居民、外籍个人填写本栏。

(1)出生地:填写华侨、港澳台居民、外籍个人的出生地,具体到国家或者地区。

(2)首次入境时间、预计离境时间:填写华侨、港澳台居民、外籍个人首次入境和预计离境的时间,具体到年月日。预计离境时间发生变化的,应及时进行变更。

(3)涉税事由:填写华侨、港澳台居民、外籍个人在境内涉税的具体事由,在相应事由处划“√”。如有多项事由的,同时勾选。

四、其他事项说明

以纸质方式报送本表的,应当一式两份,纳税人、税务机关各留存一份。

二、专项附加扣除信息采集

个人所得税专项附加扣除信息表

填报日期：　　年　　月　　日　　扣除年度：

纳税人姓名：　　　　　　　　　纳税人识别号：□□□□□□□□□□□□□□□□□□

<table>
<tr><td rowspan="2">纳税人信息</td><td>手机号码</td><td></td><td colspan="2"></td><td></td><td colspan="2">电子邮箱</td><td colspan="3"></td></tr>
<tr><td>联系地址</td><td></td><td colspan="2"></td><td></td><td colspan="2">配偶情况</td><td colspan="3">□有配偶 □无配偶</td></tr>
<tr><td>纳税人配偶信息</td><td>姓名</td><td></td><td colspan="2">身份证件类型</td><td></td><td colspan="2">身份证件号码</td><td colspan="3">□□□□□□□□□□□□□□□□□□</td></tr>
<tr><td colspan="11">一、子女教育</td></tr>
<tr><td colspan="11">较上次报送信息是否发生变化：□首次报送（请填写全部信息） □无变化（不需再重新填写）□有变化（请填写发生变化项目的信息）</td></tr>
<tr><td rowspan="4">子女一</td><td>姓名</td><td></td><td colspan="2">身份证件类型</td><td></td><td colspan="2">身份证件号码</td><td colspan="3">□□□□□□□□□□□□□□□□□□</td></tr>
<tr><td>出生日期</td><td></td><td colspan="2">当前受教育阶段</td><td colspan="6">□学前教育阶段 □义务教育 □高中阶段教育 □高等教育</td></tr>
<tr><td>当前受教育阶段起始日期</td><td colspan="2">年　　月</td><td colspan="3">当前受教育阶段结束时间</td><td colspan="2">年　　月</td><td>子女教育终止时间
* 不再受教育时填写</td><td>年　　月</td></tr>
<tr><td>就读国家（或地区）</td><td></td><td colspan="2">就读学校</td><td></td><td colspan="2">本人扣除比例</td><td colspan="3">□100%（全额扣除）□50%（平均扣除）</td></tr>
<tr><td rowspan="4">子女二</td><td>姓名</td><td></td><td colspan="2">身份证件类型</td><td></td><td colspan="2">身份证件号码</td><td colspan="3">□□□□□□□□□□□□□□□□□□</td></tr>
<tr><td>出生日期</td><td></td><td colspan="2">当前受教育阶段</td><td colspan="6">□学前教育阶段 □义务教育 □高中阶段教育 □高等教育</td></tr>
<tr><td>当前受教育阶段起始日期</td><td colspan="2">年　　月</td><td colspan="3">当前受教育阶段结束时间</td><td colspan="2">年　　月</td><td>子女教育终止时间
* 不再受教育时填写</td><td>年　　月</td></tr>
<tr><td>就读国家（或地区）</td><td></td><td colspan="2">就读学校</td><td></td><td colspan="2">本人扣除比例</td><td colspan="3">□100%（全额扣除）□50%（平均扣除）</td></tr>
</table>

<table>
<tr><td colspan="12">二、继续教育</td></tr>
<tr><td colspan="12">较上次报送信息是否发生变化:□首次报送(请填写全部信息) □无变化(不需再重新填写)□有变化(请填写发生变化项目的信息)</td></tr>
<tr><td>学历(学位)继续教育</td><td>当前继续教育起始日期</td><td colspan="3">年　　月</td><td colspan="2">当前继续教育结束日期</td><td colspan="2">年　　月</td><td colspan="2">学历(学位)继续教育阶段</td><td>□专科 □本科 □硕士研究生
□博士研究生 □其他</td></tr>
<tr><td rowspan="2">职业资格继续教育</td><td colspan="2">职业资格继续教育类型</td><td colspan="5">□技能人员　□专业技术人员</td><td colspan="2">证书名称</td><td colspan="2"></td></tr>
<tr><td colspan="2">证书编号</td><td></td><td colspan="2">发证机关</td><td colspan="2"></td><td colspan="2">发证(批准)日期</td><td colspan="2"></td></tr>
<tr><td colspan="12">三、住房贷款利息</td></tr>
<tr><td colspan="12">较上次报送信息是否发生变化:□首次报送(请填写全部信息) □无变化(不需再重新填写)□有变化(请填写发生变化项目的信息)</td></tr>
<tr><td rowspan="2">房屋信息</td><td colspan="2">房屋坐落地址</td><td colspan="9">省(区、市)　　市　　县(区)　　街道(乡、镇)</td></tr>
<tr><td colspan="7">产权证号/不动产登记号/ 商品房买卖合同号/预售合同号</td><td colspan="2"></td><td colspan="2"></td></tr>
<tr><td rowspan="5">房贷信息</td><td colspan="3">本人是否借款人</td><td colspan="4">□是　□否</td><td colspan="2">是否婚前各自首套贷款,且婚后扣除 50%</td><td colspan="2">□是　□否</td></tr>
<tr><td colspan="3">公积金贷款|贷款合同编号</td><td colspan="8"></td></tr>
<tr><td colspan="3">贷款期限(月)</td><td colspan="2"></td><td colspan="2"></td><td colspan="2">首次还款日期</td><td colspan="2"></td></tr>
<tr><td colspan="3">商业贷款|贷款合同编号</td><td colspan="2"></td><td colspan="2"></td><td colspan="2">贷款银行</td><td colspan="2"></td></tr>
<tr><td colspan="3">贷款期限(月)</td><td colspan="2"></td><td colspan="2"></td><td colspan="2">首次还款日期</td><td colspan="2"></td></tr>
</table>

续表

四、住房租金						
较上次报送信息是否发生变化:□首次报送(请填写全部信息) □无变化(不需再重新填写)□有变化(请填写发生变化项目的信息)						
房屋信息	房屋坐落地址	省(区、市)　市　县(区)　街道(乡、镇)				
租赁情况	出租方(个人)姓名		身份证件类型		身份证件号码	□□□□□□□□□□□□□□□□□□
	出租方(单位)名称				纳税人识别号 (统一社会信用代码)	
	主要工作城市 (*填写市一级)				住房租赁合同编号 (非必填)	
	租赁期起				租赁期止	
五、赡养老人						
较上次报送信息是否发生变化:□首次报送(请填写全部信息) □无变化(不需再重新填写)□有变化(请填写发生变化项目的信息)						
纳税人身份		□独生子女　□ 非独生子女				
被赡养人一	姓名		身份证件类型		身份证件号码	□□□□□□□□□□□□□□□□□□
	出生日期		与纳税人关系	□父亲　□母亲　□其他		
被赡养人二	姓名		身份证件类型		身份证件号码	□□□□□□□□□□□□□□□□□□
	出生日期		与纳税人关系	□父亲　□母亲　□其他		
共同赡养人信息	姓名		身份证件类型		身份证件号码	□□□□□□□□□□□□□□□□□□
	姓名		身份证件类型		身份证件号码	□□□□□□□□□□□□□□□□□□
	姓名		身份证件类型		身份证件号码	□□□□□□□□□□□□□□□□□□
	姓名		身份证件类型		身份证件号码	□□□□□□□□□□□□□□□□□□
分摊方式 *独生子女不需填写		□平均分摊 □赡养人约定分摊 □被赡养人指定分摊			本年度月扣除金额	

续表

六、大病医疗（仅限综合所得年度汇算清缴申报时填写）						
较上次报送信息是否发生变化：□首次报送（请填写全部信息）□无变化（不需再重新填写）□有变化（请填写发生变化项目的信息）						
患者一	姓名		身份证件类型		身份证件号码	□□□□□□□□□□□□□□□□□□
	医药费用总金额		个人负担金额		与纳税人关系	□本人　□配偶　□未成年子女
患者二	姓名		身份证件类型		身份证件号码	□□□□□□□□□□□□□□□□□□
	医药费用总金额		个人负担金额		与纳税人关系	□本人　□配偶　□未成年子女
需要在任职受雇单位预扣预缴工资、薪金所得个人所得税时享受专项附加扣除的，填写本栏。						
重要提示：当您填写本栏，表示您已同意在该任职受雇单位使用本表信息为您办理专项附加扣除。						
扣缴义务人名称					纳税人识别号（统一社会信用代码）	□□□□□□□□□□□□□□□□□□
本人承诺：我已仔细阅读了填表说明，根据《中华人民共和国个人所得税法》及其实施条例、《个人所得税专项附加扣除办法》、《个人所得税专项附加扣除操作办法（试行）》等相关法律法规规定填写本表，本人已就所填的扣除信息进行了核对，并对所填内容的真实性、准确性、完整性负责。 纳税人签字：　　年　月　日						
扣缴义务人签章： 经办人签字： 接收日期：　年　月　日		代理机构签章： 代理机构统一社会信用代码： 经办人签字： 经办人身份证号码：			受理人： 受理税务机关（章）： 受理日期：　年　月　日	

国家税务总局监制

《个人所得税专项附加扣除信息表》填表说明

一、填表须知

本表根据《中华人民共和国个人所得税法》及其实施条例、《个人所得税专项附加扣除暂行办法》、《个人所得税专项附加扣除操作办法(试行)》等法律法规有关规定制定。

(一)纳税人按享受的专项附加扣除情况填报对应栏次;纳税人不享受的项目,无须填报。纳税人未填报的项目,默认为不享受。

(二)较上次报送信息是否发生变化:纳税人填报本表时,对各专项附加扣除,首次报送的,在“首次报送”前的框内划“√”。继续报送本表且无变化的,在“无变化”前的框内划“√”;发生变化的,在“有变化”前的框内划“√”,并填写发生变化的扣除项目信息。

(三)身份证件号码应从左向右顶格填写,位数不满18位的,需在空白格处划“/”。

(四)如各类扣除项目的表格篇幅不够,可另附多张《个人所得税专项附加扣除信息表》。

二、适用范围

(一)本表适用于享受子女教育、继续教育、大病医疗、住房贷款利息或住房租金、赡养老人六项专项附加扣除的自然人纳税人填写。选择在工资、薪金所得预扣预缴个人所得税时享受的,纳税人填写后报送至扣缴义务人;选择在年度汇算清缴申报时享受专项附加扣除的,纳税人填写后报送税务机关。

(二)纳税人首次填报专项附加扣除信息时,应将本人所涉及的专项附加扣除信息表内各信息项填写完整。纳税人相关信息发生变化的,应及时更新此表相关信息项,并报送扣缴义务人或税务机关。

纳税人在以后纳税年度继续申报扣除的,应对扣除事项有无变化进行确认。

三、各栏填写说明

(一)表头项目

填报日期:纳税人填写本表时的日期。

扣除年度:填写纳税人享受专项附加扣除的所属年度。

纳税人姓名:填写自然人纳税人姓名。

纳税人识别号:纳税人有中国居民身份证的,填写公民身份号码;没有公民身份号码的,填写税务机关赋予的纳税人识别号。

（二）表内基础信息栏

纳税人信息：填写纳税人有效的手机号码、电子邮箱、联系地址。其中，手机号码为必填项。

纳税人配偶信息：纳税人有配偶的填写本栏，没有配偶的则不填。具体填写纳税人配偶的姓名、有效身份证件名称及号码。

（三）表内各栏

1. 子女教育

子女姓名、身份证件类型及号码：填写纳税人子女的姓名、有效身份证件名称及号码。

出生日期：填写纳税人子女的出生日期，具体到年月日。

当前受教育阶段：选择纳税人子女当前的受教育阶段。区分“学前教育阶段、义务教育、高中阶段教育、高等教育”四种情形，在对应框内打“√”。

当前受教育阶段起始时间：填写纳税人子女处于当前受教育阶段的起始时间，具体到年月。

当前受教育阶段结束时间：纳税人子女当前受教育阶段的结束时间或预计结束的时间，具体到年月。

子女教育终止时间：填写纳税人子女不再接受符合子女教育扣除条件的学历教育的时间，具体到年月。

就读国家（或地区）、就读学校：填写纳税人子女就读的国家或地区名称、学校名称。

本人扣除比例：选择可扣除额度的分摊比例，由本人全额扣除的，选择“100%”，分摊扣除的，选“50%”，在对应框内打“√”。

2. 继续教育

当前继续教育起始时间：填写接受当前学历（学位）继续教育的起始时间，具体到年月。

当前继续教育结束时间：填写接受当前学历（学位）继续教育的结束时间，或预计结束的时间，具体到年月。

学历（学位）继续教育阶段：区分“专科、本科、硕士研究生、博士研究生、其他”五种情形，在对应框内打“√”。

“职业资格继续教育类型：区分“技能人员、专业技术人员”两种类型，在对应框内打“√”。证书名称、证书编号、发证机关、发证（批准）日期：填写纳税人取得的继续教育职业资格证书上注明的证书名称、证书编号、发证机关及发证（批准）日期。”

3. 住房贷款利息

住房坐落地址:填写首套贷款房屋的详细地址,具体到楼门号。

产权证号/不动产登记号/商品房买卖合同号/预售合同号:填写首套贷款房屋的产权证、不动产登记证、商品房买卖合同或预售合同中的相应号码。如所购买住房已取得房屋产权证的,填写产权证号或不动产登记号;所购住房尚未取得房屋产权证的,填写商品房买卖合同号或预售合同号。

本人是否借款人:按实际情况选择“是”或“否”,并在对应框内打“√”。本人是借款人的情形,包括本人独立贷款、与配偶共同贷款的情形。如果选择“否”,则表头位置须填写配偶信息。

是否婚前各自首套贷款,且婚后分别扣除50%:按实际情况选择“是”或“否”,并在对应框内打“√”。该情形是指夫妻双方在婚前各有一套首套贷款住房,婚后选择按夫妻双方各50%份额扣除的情况。不填默认为“否”。

公积金贷款|贷款合同编号:填写公积金贷款的贷款合同编号。

商业贷款|贷款合同编号:填写与金融机构签订的住房商业贷款合同编号。

贷款期限(月):填写住房贷款合同上注明的贷款期限,按月填写。

首次还款日期:填写住房贷款合同上注明的首次还款日期。

贷款银行:填写商业贷款的银行总行名称。

4. 住房租金

住房坐落地址:填写纳税人租赁房屋的详细地址,具体到楼门号。

出租方(个人)姓名、身份证件类型及号码:租赁房屋为个人的,填写本栏。具体填写住房租赁合同中的出租方姓名、有效身份证件名称及号码。

出租方(单位)名称、纳税人识别号(统一社会信用代码):租赁房屋为单位所有的,填写单位法定名称全称及纳税人识别号(统一社会信用代码)。

主要工作城市:填写纳税人任职受雇的直辖市、计划单列市、副省级城市、地级市(地区、州、盟)。无任职受雇单位的,填写其办理汇算清缴地所在城市。

住房租赁合同编号(非必填):填写签订的住房租赁合同编号。

租赁期起、租赁期止:填写纳税人住房租赁合同上注明的租赁起、止日期,具体到年月。提前终止合同(协议)的,以实际租赁期限为准。

5. 赡养老人

纳税人身份:区分“独生子女、非独生子女”两种情形,并在对应框内打“√”。

被赡养人姓名、身份证件类型及号码:填写被赡养人的姓名、有效证件名称及号码。

被赡养人出生日期:填写被赡养人的出生日期,具体到年月。

与纳税人关系:按被赡养人与纳税人的关系填报,区分“父亲、母亲、其他”三种情形,在对应框内打“√”。

共同赡养人:纳税人为非独生子女时填写本栏,独生子女无须填写。填写与纳税人实际承担共同赡养义务的人员信息,包括姓名、身份证件类型及号码。

分摊方式:纳税人为非独生子女时填写本栏,独生子女无须填写。区分“平均分摊、赡养人约定分摊、被赡养人指定分摊”三种情形,并在对应框内打“√”。

本年度月扣除金额:填写扣除年度内,按政策规定计算的纳税人每月可以享受的赡养老人专项附加扣除的金额。

6. 大病医疗

患者姓名、身份证件类型及号码:填写享受大病医疗专项附加扣除的患者姓名、有效证件名称及号码。

医药费用总金额:填写社会医疗保险管理信息系统记录的与基本医保相关的医药费用总金额。

个人负担金额:填写社会医疗保险管理信息系统记录的基本医保目录范围内扣除医保报销后的个人自付部分。

与纳税人关系:按患者与纳税人的关系填报,区分“本人、配偶或未成年子女”三种情形,在对应框内打“√”。

7. 扣缴义务人信息

纳税人选择由任职受雇单位办理专项附加扣除的填写本栏。

扣缴义务人名称、纳税人识别号(统一社会信用代码):纳税人由扣缴义务人在工资、薪金所得预扣预缴个人所得税时办理专项附加扣除的,填写扣缴义务人名称全称及纳税人识别号或统一社会信用代码。

(四)签字(章)栏次

“声明”栏:需由纳税人签字。

“扣缴义务人签章”栏:扣缴单位向税务机关申报的,应由扣缴单位签章,办理申报的经办人签字,并填写接收专项附加扣除信息的日期。

“代理机构签章”栏:代理机构代为办理纳税申报的,应填写代理机构统一社会信用代码,加盖代理机构印章,代理申报的经办人签字,并填写经办人身份证件号码。

纳税人或扣缴义务人委托专业机构代为办理专项附加扣除的,需代理机构签章。

“受理机关”栏:由受理机关填写。

三、综合所得申报类

个人税收递延型商业养老保险税前扣除情况明细表

所属期：　　年　月　日至　　年　月　日　　　　　　　　金额单位：人民币元（列至角分）

<table>
<tr><td colspan="10">单位或个人情况</td></tr>
<tr><td colspan="2">填表人身份</td><td colspan="8">□ 扣缴义务人　□ 个体工商户和承包承租经营者
□ 个人独资企业投资者　□ 合伙企业自然人合伙人　□ 其他</td></tr>
<tr><td colspan="2">单位名称</td><td colspan="2"></td><td colspan="2">纳税人识别号
（统一社会信用代码）</td><td colspan="4"></td></tr>
<tr><td colspan="10">税收递延型商业养老保险税前扣除情况</td></tr>
<tr><td>序号</td><td>姓名</td><td>身份证件类型</td><td>身份证件号码</td><td>税延养老账户编号</td><td>申报扣除期</td><td>报税校验码</td><td>年度保费</td><td>月度保费</td><td>本期扣除金额</td></tr>
<tr><td></td><td></td><td></td><td></td><td></td><td></td><td></td><td></td><td></td><td></td></tr>
<tr><td></td><td></td><td></td><td></td><td></td><td></td><td></td><td></td><td></td><td></td></tr>
<tr><td></td><td></td><td></td><td></td><td></td><td></td><td></td><td></td><td></td><td></td></tr>
<tr><td></td><td></td><td></td><td></td><td></td><td></td><td></td><td></td><td></td><td></td></tr>
<tr><td></td><td></td><td></td><td></td><td></td><td></td><td></td><td></td><td></td><td></td></tr>
<tr><td></td><td></td><td></td><td></td><td></td><td></td><td></td><td></td><td></td><td></td></tr>
<tr><td></td><td></td><td></td><td></td><td></td><td></td><td></td><td></td><td></td><td></td></tr>
<tr><td></td><td></td><td></td><td></td><td></td><td></td><td></td><td></td><td></td><td></td></tr>
<tr><td></td><td></td><td></td><td></td><td></td><td></td><td></td><td></td><td></td><td></td></tr>
<tr><td colspan="10">谨声明：此表是根据《中华人民共和国个人所得税法》及有关法律法规规定填写的，是真实的、完整的、可靠的。
纳税人或扣缴义务人负责人签字：　　　　年　月　日</td></tr>
<tr><td colspan="5">代理申报机构（人）签章：
经办人：
经办人身份证件类型：
经办人身份证件号码：
经办人执业证件号码：
代理申报日期：　年　月　日</td><td colspan="5">主管税务机关受理章：
受理人：
受理日期：　年　月　日</td></tr>
</table>

国家税务总局监制

《个人税收递延型商业养老保险税前扣除情况明细表》填表说明

本表适用于个人购买符合规定的税收递延型商业养老保险支出税前扣除申报。本表随《综合所得个人所得税预扣预缴报告表》《综合所得个人所得税自行预缴申报表》《特定行业个人所得税年度申报表》《个人所得税生产经营所得纳税申报表(B表)》等申报表一并报送;实行核定征收的,可单独报送。

一、所属期

应与《综合所得个人所得税预扣预缴报告表》等申报表上注明的“税款所属期”一致。

二、单位和个人情况

1. 单位名称:填写涉及商业养老保险扣除政策的扣缴义务人、个体工商户、承包承租的企事业单位、个人独资企业、合伙企业的单位名称。

2. 纳税人识别号(统一社会信用代码):填写上述单位的相应号码。

三、税收递延型商业养老保险税前扣除情况

1. 姓名、身份证件类型、身份证件号码:填写购买税延养老保险的个人信息,相关信息应与《综合所得个人所得税预扣预缴报告表》等申报表上载明的明细信息保持一致;个体工商户业主、个人独资企业投资者、合伙企业自然人合伙人、承包承租经营者和其他自行纳税申报个人按照本人实际情况填写。

2. 税延养老账户编号、报税校验码:按照中国保险信息技术管理有限责任公司相关信息平台出具的《个人税收递延型商业养老保险扣除凭证》载明的对应项目填写。

3. 申报扣除期:取得工资薪金所得、连续性劳务报酬所得(特定行业除外)的个人,填写申报扣除的月份;取得个体工商户的生产经营所得、对企事业单位的承包承租经营所得的个人及特定行业取得工资薪金的个人,填写申报扣除的年份。

4. 年度保费:取得个体工商户的生产经营所得、对企事业单位的承包承租经营所得的个人及特定行业取得工资薪金的个人,填写《个人税收递延型商业养老保险扣除凭证》载明的年度保费金额。

5. 月度保费:取得工资薪金所得、连续性劳务报酬所得(特定行业除外)的个人,填写《个人税收递延型商业养老保险扣除凭证》载明的月度保费金额,一次性缴费的保单填写月平均保费金额。

6. 本期扣除金额:

(1)取得工资薪金所得、连续性劳务报酬所得(特定行业除外)的个人,应按税延养老保险扣除凭证记载的当月金额和扣除限额孰低的方法计算可扣除额。扣除限额按照申报扣除当月的工资薪金、连续性劳务报酬收入的6%和1000元孰低的办法确定。

（2）取得个体工商户的生产经营所得、对企事业单位的承包承租经营所得的个人及特定行业取得工资薪金的个人，按税延养老保险扣除凭证记载的当年金额和扣除限额孰低的方法计算可扣除额。扣除限额按照不超过当年应税收入的6%和12,000元孰低的办法确定。

个人所得税减免税事项报告表

税款所属期：　年　月　日至　年　月　日　　　　　　金额单位：人民币元(列至角分)

扣缴义务人名称				扣缴义务人纳税识别号		
纳税人姓名				纳税人识别号		
减免税情况	编号	勾选	减免事项		减免人数	减免税额
	1	□	芦山地震受灾减免个人所得税			
	2	□	鲁甸地震受灾减免个人所得税			
	3	□	其他地区地震受灾减免个人所得税			
	4	□	其他自然灾害受灾减免个人所得税			
	5	□	个人转让5年以上唯一住房免征个人所得税			
	6	□	随军家属从事个体经营免征个人所得税			
	7	□	军转干部从事个体经营免征个人所得税			
	8	□	退役某从事个体经营减免个人所得税			
	9	□	残疾、孤老、烈属减征个人所得税			
	10	□	失业人员从事个体经营减免个人所得税			
	11	□	低保及零就业家庭从事个体经营减免个人所得税			
	12	□	高校毕业生从事个体经营减免个人所得税			
	13	□	取消农业税从事四业所得暂免征收个人所得税			
	14	□	符合条件的房屋赠与免征个人所得税			

续表

<table>
<tr><td rowspan="11">减免税情况</td><td>编号</td><td>勾选</td><td colspan="3">减免事项</td><td>减免人数</td><td>减免税额</td></tr>
<tr><td>15</td><td rowspan="6">□</td><td rowspan="6">税收协定</td><td>股息</td><td>税收协定名称及条款：</td><td></td><td></td></tr>
<tr><td>16</td><td>利息</td><td>税收协定名称及条款：</td><td></td><td></td></tr>
<tr><td>17</td><td>特许权使用费</td><td>税收协定名称及条款：</td><td></td><td></td></tr>
<tr><td>18</td><td>财产收益</td><td>税收协定名称及条款：</td><td></td><td></td></tr>
<tr><td>19</td><td>受雇所得</td><td>税收协定名称及条款：</td><td></td><td></td></tr>
<tr><td>20</td><td>其他</td><td>税收协定名称及条款：</td><td></td><td></td></tr>
<tr><td>21</td><td rowspan="3">□</td><td rowspan="3">其他</td><td colspan="2">减免事项名称及减免性质代码：</td><td></td><td></td></tr>
<tr><td>22</td><td colspan="2">减免事项名称及减免性质代码：</td><td></td><td></td></tr>
<tr><td>23</td><td colspan="2">减免事项名称及减免性质代码：</td><td></td><td></td></tr>
<tr><td colspan="7">合　计</td></tr>
<tr><td rowspan="15">减免税人员名单</td><td>序号</td><td colspan="2">姓　名</td><td>身份证件类型</td><td>身份证件号码</td><td>减免事项
（编号或减免性质代码）</td><td>减免税额</td></tr>
<tr><td></td><td colspan="2"></td><td></td><td></td><td></td><td></td></tr>
<tr><td></td><td colspan="2"></td><td></td><td></td><td></td><td></td></tr>
<tr><td></td><td colspan="2"></td><td></td><td></td><td></td><td></td></tr>
<tr><td></td><td colspan="2"></td><td></td><td></td><td></td><td></td></tr>
<tr><td></td><td colspan="2"></td><td></td><td></td><td></td><td></td></tr>
<tr><td></td><td colspan="2"></td><td></td><td></td><td></td><td></td></tr>
<tr><td></td><td colspan="2"></td><td></td><td></td><td></td><td></td></tr>
<tr><td></td><td colspan="2"></td><td></td><td></td><td></td><td></td></tr>
<tr><td></td><td colspan="2"></td><td></td><td></td><td></td><td></td></tr>
<tr><td></td><td colspan="2"></td><td></td><td></td><td></td><td></td></tr>
<tr><td></td><td colspan="2"></td><td></td><td></td><td></td><td></td></tr>
<tr><td></td><td colspan="2"></td><td></td><td></td><td></td><td></td></tr>
<tr><td></td><td colspan="2"></td><td></td><td></td><td></td><td></td></tr>
<tr><td></td><td colspan="2"></td><td></td><td></td><td></td><td></td></tr>
</table>

续表

谨声明：此表是根据《中华人民共和国个人所得税法》及有关法律法规规定填写的，是真实的、完整的、可靠的。 纳税人或扣缴单位负责人签字：　　　　年　月　日	
代理申报机构（负责人）签章： 经办人： 经办人执业证件号码： 代理申报日期：　　年　月　日	主管税务机关印章： 受理人： 受理日期：　　年　月　日

国家税务总局监制

《个人所得税减免税事项报告表》填表说明

纳税人、扣缴义务人纳税申报时存在减免个人所得税情形的，应填报本表。

一、申报期限

本表随《扣缴个人所得税报告表》《特定行业个人所得税年度申报表》《个人所得税自行纳税申报表（A 表）》《个人所得税纳税申报表（适用于年所得 12 万元以上的纳税人申报）》《个人所得税生产经营所得纳税申报表（A 表）》《个人所得税生产经营所得纳税申报表（B 表）》《个人所得税生产经营所得纳税申报表（C 表）》等一并报送。

二、有关项目填报说明

（一）表头项目

税款所属期：填写纳税人取得所得并享受减免税优惠的所属期间，应填写具体的起止年月日。

（二）基本信息栏

1.“扣缴义务人名称”“扣缴义务人纳税识别号”：由扣缴义务人填写，纳税人自行纳税申报无须填写。

2.“纳税人姓名”“纳税人识别号”：由纳税人填写，扣缴义务人扣缴申报的无须填写。

（三）减免税情况栏

1.“减免事项”：纳税人、扣缴义务人根据减免税优惠的类型进行勾选。

享受税收协定待遇的，应在“税收协定”项目相关所得类型后的空格内填写具体税收协定名称及条款。其中：编号 19“受雇所得”即税收协定规定的独立个人劳务所得。

存在表中列示以外的减免情形的，应在编号 21 ~ 23“其他”项目的空格内填写对应的减免事项名称及减免性质代码(按照国家税务总局制定下发的最新《减免性质及分类表》中的最细项减免性质代码填报)。

2."减免人数":扣缴义务人填写此栏,纳税人自行纳税申报无须填写。

3."减免税额":填写符合税法规定可以减免的税额。减免税额合计应与《扣缴个人所得税报告表》、《特定行业个人所得税年度申报表》、《个人所得税自行纳税申报表(A 表)》、《个人所得税纳税申报表(适用于年所得 12 万元以上的纳税人申报)》、《个人所得税生产经营所得纳税申报表(A 表)》、《个人所得税生产经营所得纳税申报表(B 表)》或《个人所得税生产经营所得纳税申报表(C 表)》等申报表"减免税额"栏的金额或金额合计相等。

(四)减免税人员名单

由扣缴义务人填写,纳税人自行纳税申报无须填写。

1."姓名""身份证件类型""身份证件号码""减免税额":应与《扣缴个人所得税报告表》或《特定行业个人所得税年度申报表》相关信息一致。

2."减免事项(编号或减免性质代码)":填写"减免税情况栏"列示的减免事项对应的编号、减免性质代码及税务机关要求填报的其他信息。

个人所得税扣缴申报表

税款所属期：　年　月　日至　年　月　日

扣缴义务人名称：

扣缴义务人纳税人识别号（统一社会信用代码）：□□□□□□□□□□□□□□□□□□　　金额单位：人民币元（列至角分）

序号	姓名	身份证件类型	身份证件号码	纳税人识别号	是否为非居民个人	所得项目	本月（次）情况														累计情况									减按计税比例	准予扣除的捐赠额	税款计算							备注
							收入额计算			减除费用	专项扣除				其他扣除						累计收入额	累计减除费用	累计专项扣除	累计专项附加扣除					累计其他扣除										
							收入	费用	免税收入		基本养老保险费	基本医疗保险费	失业保险费	住房公积金	年金	商业健康保险	税延养老保险	财产原值	允许扣除的税费	其他				子女教育	赡养老人	住房贷款利息	住房租金	继续教育				应纳税所得额	税率／预扣率	速算扣除数	应纳税额	减免税额	已缴税额	应补／退税额	
1	2	3	4	5	6	7	8	9	10	11	12	13	14	15	16	17	18	19	20	21	22	23	24	25	26	27	28	29	30	31	32	33	34	35	36	37	38	39	40
会计合计																																							

谨声明：本表是根据国家税收法律法规及相关规定填报的，是真实的、可靠的、完整的。

扣缴义务人（签章）：　　年　月　日

经办人签字： 经办人身份证件号码： 代理机构签章： 代理机构统一社会信用代码：	受理人： 受理税务机关（章）： 受理日期：　年　月　日

国家税务总局监制

《个人所得税扣缴申报表》填表说明

一、适用范围

本表适用于扣缴义务人向居民个人支付工资、薪金所得，劳务报酬所得，稿酬所得和特许权使用费所得的个人所得税全员全额预扣预缴申报；向非居民个人支付工资、薪金所得，劳务报酬所得，稿酬所得和特许权使用费所得的个人所得税全员全额扣缴申报；向纳税人（居民个人和非居民个人）支付利息、股息、红利所得，财产租赁所得，财产转让所得和偶然所得的个人所得税全员全额扣缴申报。

二、报送期限

扣缴义务人应当在每月或者每次预扣、代扣税款的次月15日内，将已扣税款缴入国库，并向税务机关报送本表。

三、本表各栏填写

（一）表头项目

1. 税款所属期：填写扣缴义务人预扣、代扣税款当月的第1日至最后1日。如：2019年3月20日发放工资时代扣的税款，税款所属期填写"2019年3月1日至2019年3月31日"。

2. 扣缴义务人名称：填写扣缴义务人的法定名称全称。

3. 扣缴义务人纳税人识别号（统一社会信用代码）：填写扣缴义务人的纳税人识别号或者统一社会信用代码。

（二）表内各栏

1. 第2列"姓名"：填写纳税人姓名。

2. 第3列"身份证件类型"：填写纳税人有效的身份证件名称。中国公民有中华人民共和国居民身份证的，填写居民身份证；没有居民身份证的，填写中华人民共和国护照、港澳居民来往内地通行证或者港澳居民居住证、台湾居民来往大陆通行证或者台湾居民居住证、外国人永久居留身份证、外国人工作许可证或者护照等。

3. 第4列"身份证件号码"：填写纳税人有效身份证件上载明的证件号码。

4. 第5列"纳税人识别号"：有中国公民身份号码的，填写中华人民共和国居民身份证上载明的"公民身份号码"；没有中国公民身份号码的，填写税务机关赋予的纳税人识别号。

5. 第6列"是否为非居民个人"：纳税人为居民个人的填"否"。为非居民个人的，根据合同、任职期限、预期工作时间等不同情况，填写"是，且不超过90天"或者"是，且超过90天不超过183天"。不填默认为"否"。

其中,纳税人为非居民个人,填写“是,且不超过 90 天”的,当年在境内实际居住超过 90 天的次月 15 日内,填写“是,且超过 90 天不超过 183 天”。

6. 第 7 列 “所得项目”:填写纳税人取得的《个人所得税法》第 2 条规定的应税所得项目名称。同一纳税人取得多项或者多次所得的,应分行填写。

7. 第 8 ~21 列“本月(次)情况”:填写扣缴义务人当月(次)支付给纳税人的所得,以及按规定各所得项目当月(次)可扣除的减除费用、专项扣除、其他扣除等。其中,工资、薪金所得预扣预缴个人所得税时扣除的专项附加扣除,按照纳税年度内纳税人在该任职受雇单位截至当月可享受的各专项附加扣除项目的扣除总额,填写至“累计情况”中第 25 ~29 列相应栏,本月情况中则无须填写。

(1)“收入额计算”:包含“收入”“费用”“免税收入”。收入额 = 第 8 列 - 第 9 列 - 第 10 列。

①第 8 列“收入”:填写当月(次)扣缴义务人支付给纳税人所得的总额。

②第 9 列“费用”:取得劳务报酬所得、稿酬所得、特许权使用费所得时填写,取得其他各项所得时无须填写本列。居民个人取得上述所得,每次收入不超过 4000 元的,费用填写“800”元;每次收入 4000 元以上的,费用按收入的 20% 填写。非居民个人取得劳务报酬所得、稿酬所得、特许权使用费所得,费用按收入的 20% 填写。

③第 10 列“免税收入”:填写纳税人各所得项目收入总额中,包含的税法规定的免税收入金额。其中,税法规定“稿酬所得的收入额减按 70% 计算”,对稿酬所得的收入额减计的 30% 部分,填入本列。

(2)第 11 列“减除费用”:按税法规定的减除费用标准填写。例如,2019 年纳税人取得工资、薪金所得按月申报时,填写 5000 元。纳税人取得财产租赁所得,每次收入不超过 4000 元的,填写 800 元;每次收入 4000 元以上的,按收入的 20% 填写。

(3)第 12 ~15 列“专项扣除”:分别填写按规定允许扣除的基本养老保险费、基本医疗保险费、失业保险费、住房公积金(以下简称“三险一金”)的金额。

(4)第 16 ~21 列“其他扣除”:分别填写按规定允许扣除的项目金额。

8. 第 22 ~30 列“累计情况”:本栏适用于居民个人取得工资、薪金所得,保险营销员、证券经纪人取得佣金收入等按规定采取累计预扣法预扣预缴税款时填报。

(1)第 22 列“累计收入额”:填写本纳税年度截至当前月份,扣缴义务人支付给纳税人的工资、薪金所得,或者支付给保险营销员、证券经纪人的劳务报酬所得的累计收入额。

(2)第 23 列“累计减除费用”:按照 5000 元/月乘以纳税人当年在本单位的任职

受雇或者从业的月份数计算。

(3)第24列“累计专项扣除”：填写本年度截至当前月份，按规定允许扣除的“三险一金”的累计金额。

(4)第25~29列“累计专项附加扣除”：分别填写截至当前月份，纳税人按规定可享受的子女教育、赡养老人、住房贷款利息或者住房租金、继续教育扣除的累计金额。大病医疗扣除由纳税人在年度汇算清缴时办理，此处无须填报。

(5)第30列“累计其他扣除”：填写本年度截至当前月份，按规定允许扣除的年金(包括企业年金、职业年金)、商业健康保险、税延养老保险及其他扣除项目的累计金额。

9.第31列“减按计税比例”：填写按规定实行应纳税所得额减计税收优惠的减计比例。无减计规定的，可不填，系统默认为100%。例如，某项税收政策实行减按60%计入应纳税所得额，则本列填60%。

10.第32列“准予扣除的捐赠额”：是指按照税法及相关法规、政策规定，可以在税前扣除的捐赠额。

11.第33~39列“税款计算”：填写扣缴义务人当月扣缴个人所得税款的计算情况。

(1)第33列“应纳税所得额”：根据相关列次计算填报。

①居民个人取得工资、薪金所得，填写累计收入额减除累计减除费用、累计专项扣除、累计专项附加扣除、累计其他扣除后的余额。

②非居民个人取得工资、薪金所得，填写收入额减去减除费用后的余额。

③居民个人或者非居民个人取得劳务报酬所得、稿酬所得、特许权使用费所得，填写本月(次)收入额减除其他扣除后的余额。

保险营销员、证券经纪人取得的佣金收入，填写累计收入额减除累计减除费用、累计其他扣除后的余额。

④居民个人或者非居民个人取得利息、股息、红利所得和偶然所得，填写本月(次)收入额。

⑤居民个人或者非居民个人取得财产租赁所得，填写本月(次)收入额减去减除费用、其他扣除后的余额。

⑥居民个人或者非居民个人取得财产转让所得，填写本月(次)收入额减除财产原值、允许扣除的税费后的余额。

其中，适用“减按计税比例”的所得项目，其应纳税所得额按上述方法计算后乘以减按计税比例的金额填报。

按照税法及相关法规、政策规定，可以在税前扣除的捐赠额，可以按上述方法计算后从应纳税所得额中扣除。

（2）第 34～35 列"税率/预扣率""速算扣除数"：填写各所得项目按规定适用的税率（或预扣率）和速算扣除数。没有速算扣除数的，则不填。

（3）第 36 列"应纳税额"：根据相关列次计算填报。第 36 列 = 第 33 列 × 第 34 列 － 第 35 列。

（4）第 37 列"减免税额"：填写符合税法规定可减免的税额，并附报《个人所得税减免税事项报告表》。居民个人工资、薪金所得，以及保险营销员、证券经纪人取得佣金收入，填写本年度累计减免税额；居民个人取得工资、薪金以外的所得或非居民个人取得各项所得，填写本月（次）减免税额。

（5）第 38 列"已缴税额"：填写本年或本月（次）纳税人同一所得项目，已由扣缴义务人实际扣缴的税款金额。

（6）第 39 列"应补/退税额"：根据相关列次计算填报。第 39 列 = 第 36 列 － 第 37 列 － 第 38 列。

四、其他事项说明

以纸质方式报送本表的，应当一式两份，扣缴义务人、税务机关各留存一份。

个人所得税自行纳税申报表（A 表）

税款所属期：　　年　月　日至　　年　月　日

纳税人姓名：

纳税人识别号：□□□□□□□□□□□□□□□□□□　　　　金额单位：人民币元（列至角分）

自行申报情形	□居民个人取得应税所得，扣缴义务人未扣缴税款 □非居民个人取得应税所得，扣缴义务人未扣缴税款 □非居民个人在中国境内从两处以上取得工资、薪金所得　　□其他________	是否为非居民个人	□是 □否	非居民个人本年度境内居住天数	□不超过 90 天 □超过 90 天不超过 183 天	

序号	所得项目	收入额计算			减除费用	专项扣除				其他扣除			减按计税比例	准予扣除的捐赠额	税款计算							备注
		收入	费用	免税收入		基本养老保险费	基本医疗保险费	失业保险费	住房公积金	财产原值	允许扣除的税费	其他			应纳税所得额	税率	速算扣除数	应纳税额	减免税额	已缴税额	应补/退税额	
1	2	3	4	5	6	7	8	9	10	11	12	13	14	15	16	17	18	19	20	21	22	23

谨声明：本表是根据国家税收法律法规及相关规定填报的，是真实的、可靠的、完整的。

纳税人签字：　　　　年　　月　　日

经办人签字： 经办人身份证件号码： 代理机构签章： 代理机构统一社会信用代码：	受理人： 受理税务机关（章）： 受理日期：　　年　　月　　日

国家税务总局监制

《个人所得税自行纳税申报表(A表)》填表说明

一、适用范围

本表适用于居民个人取得应税所得,扣缴义务人未扣缴税款,非居民个人取得应税所得扣缴义务人未扣缴税款,非居民个人在中国境内从两处以上取得工资、薪金所得等情形在办理自行纳税申报时,向税务机关报送。

二、报送期限

(一)居民个人取得应税所得扣缴义务人未扣缴税款,应当在取得所得的次年6月30日前办理纳税申报。税务机关通知限期缴纳的,纳税人应当按照期限缴纳税款。

(二)非居民个人取得应税所得,扣缴义务人未扣缴税款的,应当在取得所得的次年6月30日前办理纳税申报。非居民个人在次年6月30日前离境(临时离境除外)的,应当在离境前办理纳税申报。

(三)非居民个人在中国境内从两处以上取得工资、薪金所得的,应当在取得所得的次月15日内办理纳税申报。

(四)其他需要纳税人办理自行申报的情形,按规定的申报期限办理。

三、本表各栏填写

(一)表头项目

1. 税款所属期:填写纳税人取得所得应纳个人所得税款的所属期间,填写具体的起止年月日。

2. 纳税人姓名:填写自然人纳税人姓名。

3. 纳税人识别号:有中国公民身份号码的,填写中华人民共和国居民身份证上载明的“公民身份号码”;没有中国公民身份号码的,填写税务机关赋予的纳税人识别号。

(二)表内各栏

1.“自行申报情形”:纳税人根据自身情况在对应框内打“√”。选择“其他”的,应当填写具体自行申报情形。

2.“是否为非居民个人”:非居民个人选“是”,居民个人选“否”。不填默认为“否”。

3.“非居民个人本年度境内居住天数”:非居民个人根据合同、任职期限、预期工作时间等不同情况,在“不超过90天”或者“超过90天不超过183天”对应框内打“√”。

4. 第2列“所得项目”:按照《个人所得税法》第2条规定的项目填写。纳税人取得多项所得或者多次取得所得的,分行填写。

5. 第3~5列“收入额计算”:包含“收入”“费用”“免税收入”。收入额=第3列-第4列-第5列。

(1)第3列“收入”:填写纳税人实际取得所得的收入总额。

(2)第4列“费用”:取得劳务报酬所得、稿酬所得、特许权使用费所得时填写,取得其他各项所得时无须填写本列。非居民个人取得劳务报酬所得、稿酬所得、特许权使用费所得,费用按收入的20%填写。

(3)第5列“免税收入”:填写符合税法规定的免税收入金额。其中,税法规定“稿酬所得的收入额减按70%计算”,对减计的30%部分,填入本列。

6. 第6列“减除费用”:按税法规定的减除费用标准填写。

7. 第7~10列“专项扣除”:分别填写按规定允许扣除的基本养老保险费、基本医疗保险费、失业保险费、住房公积金的金额。

8. 第11~13列“其他扣除”:包含“财产原值”“允许扣除的税费”“其他”,分别填写按照税法规定当月(次)允许扣除的金额。

(1)第11列“财产原值”:纳税人取得财产转让所得时填写本栏。

(2)第12列“允许扣除的税费”:填写按规定可以在税前扣除的税费。

①纳税人取得劳务报酬所得时,填写劳务发生过程中实际缴纳的可依法扣除的税费。

②纳税人取得特许权使用费所得时,填写提供特许权过程中发生的中介费和实际缴纳的可依法扣除的税费。

③纳税人取得财产租赁所得时,填写修缮费和出租财产过程中实际缴纳的可依法扣除的税费。

④纳税人取得财产转让所得时,填写转让财产过程中实际缴纳的可依法扣除的税费。

(3)第13列“其他”:填写按规定其他可以在税前扣除的项目。

9. 第14列“减按计税比例”:填写按规定实行应纳税所得额减计税收优惠的减计比例。无减计规定的,则不填,系统默认为100%。如某项税收政策实行减按60%计入应纳税所得额,则本列填60%。

10. 第15列“准予扣除的捐赠额”:是指按照税法及相关法规、政策规定,可以在税前扣除的捐赠额。

11. 第 16 列"应纳税所得额":根据相关列次计算填报。

12. 第 17～18 列"税率""速算扣除数":填写所得项目按规定适用的税率和速算扣除数。所得项目没有速算扣除数的,则不填。

13. 第 19 列"应纳税额":根据相关列次计算填报。第 19 列 = 第 16 列 × 第 17 列 - 第 18 列。

14. 第 20 列"减免税额":填写符合税法规定的可以减免的税额,并附报《个人所得税减免税事项报告表》。

15. 第 21 列"已缴税额":填写纳税人当期已实际缴纳或者被扣缴的个人所得税税款。

16. 第 22 列"应补/退税额":根据相关列次计算填报。第 22 列 = 第 19 列 - 第 20 列 - 第 21 列。

四、其他事项说明

以纸质方式报送本表的,应当一式两份,纳税人、税务机关各留存一份。

商业健康保险税前扣除情况明细表

所属期: 年 月 日至 年 月 日　　金额单位:人民币元(列至角分)

扣缴义务人(被投资单位)情况								
名称				纳税人识别号				
商业健康保险税前扣除情况								
序号	姓名	身份证件类型	身份证件号码	税优识别码	保单生效日期	年度保费	月度保费	本期扣除金额

续表

<table>
<tr><td colspan="2">谨声明:此表是根据《中华人民共和国个人所得税法》及有关法律法规规定填写的,是真实的、完整的、可靠的。
纳税人或扣缴义务人负责人签字:　　　　　　　　年　　月　　日</td></tr>
<tr><td>代理申报机构(人)签章:
经办人:
经办人执业证件号码:
代理申报日期:　　年　　月　　日</td><td>主管税务机关受理章:
受理人:

受理日期:　　年　　月　　日</td></tr>
</table>

《商业健康保险税前扣除情况明细表》填表说明

本表适用于个人购买符合规定的商业健康保险支出税前扣除申报。本表随《综合所得个人所得税预扣预缴报告表》《综合所得个人所得税自行预缴申报表》一并报送。

一、所属期

按照《综合所得个人所得税预扣预缴报告表》《综合所得个人所得税自行预缴申报表》"税款所属期"填写。

二、扣缴义务人(被投资单位)情况

填写扣缴义务人、个体工商户、承包承租的企事业单位、个人独资企业、合伙企业信息。

三、商业健康保险税前扣除情况

1. 姓名、身份证件类型、身份证件号码:填写购买商业健康保险的个人的信息,相关信息应与《综合所得个人所得税预扣预缴申报表》等申报表上载明的明细信息保持一致;个体工商户业主、企事业单位承包承租经营者、个人独资和合伙企业投资者和其他自行纳税申报个人按照本人实际情况填写。

2. 税优识别码:它是指为确保税收优惠商业健康保险保单的唯一性、真实性和有效性,由商业健康保险信息平台按照"一人一单一码"的原则对投保人进行校验后,下发给保险公司,并在保单上打印的数字识别码。

3. 年度保费:填写保单年度内该保单的总保费。

4. 月度保费:按月缴费的保单填写每月所缴保费,按年一次性缴费的保单填写年度保费除以12后的金额。

5. 本期扣除金额:扣缴申报时,月度保费大于200元的,按不超过200元的标准填写;月度保费小于200元的,按不超过月度保费的标准填写;个体工商户业主、企事业单位承包承租经营者、个人独资和合伙企业投资者申报时,年度保费金额大于2400元的,按不超过2400元的标准填写;年度保费小于2400元的,按不超过年度保费的标准填写。

四、分类所得申报

单一投资基金核算的合伙制创业投资企业个人所得税扣缴申报表

税款所属期：　　年　　月　　日至　　年　　月　　日

扣缴义务人名称：

扣缴义务人纳税人识别号(统一社会信用代码)：□□□□□□□□□□□□□□□□□□　　金额单位：人民币元(列至角分)

税务机关备案编号										
创投企业投资项目所得情况										
序号	被投资企业名称	被投资企业纳税人识别号(统一社会信用代码)	投资股权份数	转让股权份数	转让后股权份数	股权转让时间	股权转让收入	股权原值	合理费用	股权转让所得额
1	2	3	4	5	6	7	8	9	10	11
纳税年度内股权转让所得额合计										

创投企业个人合伙人所得分配情况																
序号	个人合伙人姓名	身份证件类型	身份证件号码	个人合伙人纳税人识别号	分配比例(%)	创投企业股权转让所得额	分配所得额	其中：投资初创科技型企业情况			应纳税所得额	税率	应纳税额	减免税额	已缴税额	应补/退税额
								创投企业符合条件的投资额	个人出资比例	当年按个人投资额70%计算的实际抵扣额						
12	13	14	15	16	17	18	19	20	21	22	23	24	25	26	27	28
合计												–				

谨声明：本表是根据国家税收法律法规及相关规定填报的，是真实的、可靠的、完整的。

创投企业(基金)印章：　　年　　月　　日

经办人签字： 经办人身份证件号码： 代理机构签章： 代理机构统一社会信用代码：	受理人： 受理税务机关(章)： 受理日期：　　年　　月　　日

国家税务总局监制

《单一投资基金核算的合伙制创业投资企业个人所得税扣缴申报表》

填表说明

一、适用范围

本表适用于选择按单一投资基金核算的合伙制创业投资企业(含创投基金,以下统称创投企业)按规定办理年度股权转让所得扣缴申报时,向主管税务机关报送。

二、申报期限

创投企业取得所得的次年3月31日前报送。

三、本表各栏填写

(一)表头项目

1. 税款所属期:填写创投企业申报股权转让所得的所属期间,应填写具体的起止年月日。

2. 扣缴义务人名称:填写扣缴义务人(创投企业)的法定名称全称。

3. 扣缴义务人纳税人识别号(统一社会信用代码):填写扣缴义务人(创投企业)的纳税人识别号或者统一社会信用代码。

4. 税务机关备案编号:填写创投企业在主管税务机关进行核算方式备案的编号。

(二)表内各栏

1. 创投企业投资项目所得情况

(1)第2列"被投资企业名称":填写被投资企业的法定名称。

(2)第3列"被投资企业纳税人识别号(统一社会信用代码)":填写被投资企业的纳税人识别号或者统一社会信用代码。

(3)第4列"投资股权份数":填写创投企业在发生股权转让前持有被投资企业的股权份数。

(4)第5列"转让股权份数":填写创投企业纳税年度内转让被投资企业股权的份数,一年内发生多次转让的,应分行填写。

(5)第6列"转让后股权份数":填写创投企业发生股权转让后持有被投资企业的股权份数。

(6)第7列"股权转让时间":填写创投企业转让被投资企业股权的具体时间,一年内发生多次转让的,应分行填写。

(7)第8列"股权转让收入":填写创投企业发生股权转让收入额,一年内发生多次转让的,应分行填写。

(8)第9列“股权原值”:填写创投企业转让股权的原值,一年内发生多次转让的,应分行填写。

(9)第10列“合理费用”:填写转让股权过程中发生的按规定可以扣除的合理税费。

(10)第11列“股权转让所得额”:按相关列次计算填报。第11列=第8列-第9列-第10列。

(11)“纳税年度内股权转让所得额合计”:填写纳税年度内股权转让所得的合计金额,即所得与损失相互抵减后的余额。如余额为负数的,填写0。

2.创投企业个人合伙人所得分配情况

(1)第13列“个人合伙人姓名”:填写个人合伙人姓名。

(2)第14列“身份证件类型”:填写纳税人有效的身份证件名称。中国公民有中华人民共和国居民身份证的,填写居民身份证;没有居民身份证的,填写中华人民共和国护照、港澳居民来往内地通行证或港澳居民居住证、台湾居民来往大陆通行证或台湾居民居住证、外国人永久居留身份证、外国人工作许可证或护照等。

(3)第15列“身份证件号码”:填写纳税人有效身份证件上载明的证件号码。

(4)第16列“个人合伙人纳税人识别号”:有中国公民身份号码的,填写中华人民共和国居民身份证上载明的“公民身份号码”;没有中国公民身份号码的,填写税务机关赋予的纳税人识别号。

(5)第17列“分配比例(%)”:分配比例按照合伙协议约定的比例填写;合伙协议未约定或不明确的,按合伙人协商决定的比例填写;协商不成的,按合伙人实缴出资比例填写;无法确定出资比例的,按合伙人平均分配。

(6)第18列“创投企业股权转让所得额”:填写创投企业纳税年度内取得的股权转让所得总额,即本表“创投企业投资项目所得情况”中“纳税年度内股权转让所得额合计”的金额。

(7)第19列“分配所得额”:填写个人合伙人按比例分得的股权转让所得额。第19列=第18列×第17列。

(8)第20列“创投企业符合条件的投资额”:填写合伙创投企业对种子期、初创期科技型企业符合投资抵扣条件的投资额。

(9)第21列“个人出资比例”:填写个人合伙人对创投企业的出资比例。

(10)第22列“当年按个人投资额70%计算的实际抵扣额”:根据相关列次计算填报。第22列=第20列×第21列×70%。

(11)第23列“应纳税所得额”:填写个人合伙人纳税年度内取得股权转让所得的应纳税所得额。第23列=第19列-第22列。

(12)第24列“税率”:填写所得项目按规定适用的税率。

(13)第25列“应纳税额”:根据相关列次计算填报。第25列=第23列×第24列。

(14)第26列“减免税额”:填写符合税法规定的可以减免的税额,并附报《个人所得税减免税事项报告表》。

(15)第27列“已缴税额”:填写纳税人当期已实际缴纳或者被扣缴的个人所得税税款。

(16)第28列“应补/退税额”:根据相关列次计算填报。第28列=第25列-第26列-第27列。

四、其他事项说明

以纸质方式报送本表的,应当一式两份,扣缴义务人、税务机关各留存一份。

个人股东股权转让信息表

所属期：　　年　　月　　日

股权转让个人所得税申报类型：□纳税人申报　□扣缴义务人申报　□被投资企业申报

纳税人识别号（统一社会信用代码）：　　　　　　纳税人姓名/扣缴义务人名称/被投资企业名称：

<table>
<tr><td colspan="11">被投资企业信息</td></tr>
<tr><td rowspan="2">被投资企业名称</td><td rowspan="2">被投资企业纳税人识别号（统一社会信用代码）</td><td rowspan="2">被投资企业注册资本（投资额）</td><td rowspan="2">股权转让时间</td><td rowspan="2">转让时企业账面净资产金额</td><td colspan="5">其中</td><td rowspan="2">拥有规定资产的企业转让时净资产公允价值</td></tr>
<tr><td>实收资本</td><td>资本公积</td><td>盈余公积</td><td>未分配利润</td><td>其他</td></tr>
<tr><td></td><td></td><td></td><td></td><td></td><td></td><td></td><td></td><td></td><td></td><td></td></tr>
</table>

<table>
<tr><td colspan="15">股权出让方/受让方信息</td></tr>
<tr><td>出让方纳税人姓名</td><td>出让方纳税人识别号</td><td>转让合同编号</td><td>转让前持有股权占企业总股权比例</td><td>本次转让股权占企业总股权比例</td><td>股权转让合同（协议）价格</td><td>股权原值</td><td>相关合理税费</td><td>取得股权时是否办理过分期、递延纳税备案</td><td>备案编号</td><td>受让方类型</td><td>受让方纳税人姓名/名称</td><td>受让方纳税人识别号（统一社会信用代码）</td><td>与股权出让方关系</td><td>备注</td></tr>
<tr><td></td><td></td><td></td><td></td><td></td><td></td><td></td><td></td><td></td><td></td><td></td><td></td><td></td><td></td><td></td></tr>
<tr><td></td><td></td><td></td><td></td><td></td><td></td><td></td><td></td><td></td><td></td><td></td><td></td><td></td><td></td><td></td></tr>
</table>

谨声明：此表是根据《中华人民共和国个人所得税法》及其实施条例和国家有关税收法律法规规定填写的，是真实的、完整的、可靠的。

扣缴单位负责人签字：　　　　年　　月　　日

<table>
<tr><td>代理机构（人）签章：
代理机构（人）经办人：
代理机构（人）经办人执业证件号码：
代理申报日期：　　年　　月　　日</td><td>受理税务机关受理专用章：
受理人：
受理日期：　　年　　月　　日</td></tr>
</table>

国家税务总局监制

《个人股东股权转让信息表》填表说明

一、适用范围

本表适用于个人股东发生股权转让行为，进行纳税申报时填报。

二、申报期限

发生股权转让次月十五日内。

三、本表各栏填写

（一）表头项目

1. 所属期：应与主表一致。

2. 股权转让个人所得税申报类型：根据股权转让个人所得税申报情况在对应框内打“√”。

3. 纳税人识别号（统一社会信用代码）：填写纳税人或是扣缴义务人的纳税人识别号或者统一社会信用代码。

4. 纳税人名称/扣缴义务人名称/被投资企业名称：填写纳税人、扣缴义务人的纳税人或者扣缴义务人名称、被投资企业名称。

（二）表内各栏

被投资企业信息：

1. 被投资企业名称：填写被投资企业名称。

2. 被投资企业纳税人识别号（统一社会信用代码）：填写被投资企业纳税人识别号（统一社会信用代码）。

3. 被投资企业注册资本（投资额）：填写被投资企业注册资本或者投资额金额。

4. 股权转让时间：填写股权转让的具体时间。

5. 转让时企业账面净资产金额、实收资本、资本公积、盈余公积、未分配利润、其他：填写个人股东股权转让时，被投资企业的账面净资产金额，以及其中包含的实收资本、资本公积、盈余公积、未分配利润金额、其他综合收益等。

6. 拥有规定资产的企业转让时净资产公允价值：填写个人股东拥有规定资产的被投资企业转让时净资产的公允价值金额。

股权出让方/受让方信息：

1. 出让方纳税人姓名：填写股权出让方的纳税人姓名。

2. 出让方纳税人识别号：填写股权出让方的纳税人识别号。

3. 转让合同编号：填写股权转让合同编号。

4. 转让前持有股权占企业总股权比例：填写股权转让前，出让方所持股权占企业总股权比例。

5. 转让股权占企业总股份比例:转让股权数量占企业总股份数量的百分比。

6. 股权转让合同(协议)价格:填写股权转让合同或者协议上约定的成交价格。

7. 股权原值:根据相关规定填写。

8. 相关合理税费:根据相关规定填写。

9. 取得股权时是否办理过分期、递延纳税备案:根据实际情况填写"是"或"否"。

10. 备案编号:若已办理分期、递延纳税备案的,填写相关备案编号。

11. 受让方类型:选择"个人"或"企业"。

12. 受让方纳税人姓名/名称:填写股权受让方的纳税人姓名或者名称。

13. 受让方纳税人识别号(统一社会信用代码):填写受让方的纳税人识别号或者统一社会信用代码。

14. 与股权出让方关系:根据相关规定填写。

限售股转让所得个人所得税扣缴报告表

扣缴义务人编码：　　　　　　　　税款所属期：　　年　月　　日至　　年　月　日

填表日期：　　年　　月　日　　　　　　　　　　　　　　　　　　　　金额单位：元(列至角分)

<table>
<tr><td colspan="3">扣缴义务人名称</td><td colspan="4"></td><td>地址</td><td colspan="5"></td><td>电话</td><td colspan="2"></td></tr>
<tr><td rowspan="3">序号</td><td rowspan="2">纳税人姓名</td><td colspan="2">纳税人有效身份证照</td><td rowspan="2">证券账户号</td><td rowspan="2">股票代码</td><td rowspan="2">股票名称</td><td rowspan="2">每股计税价格(元/股)</td><td rowspan="2">转让股数(股)</td><td rowspan="2">转让收入额</td><td colspan="3">限售股原值及合理税费</td><td rowspan="2">应纳税所得额</td><td rowspan="2">税率</td><td rowspan="2">扣缴税额</td></tr>
<tr><td>证照类型</td><td>证照号码</td><td>小计</td><td>原值</td><td>合理税费</td></tr>
<tr><td>(1)</td><td>(2)</td><td>(3)</td><td>(4)</td><td>(5)</td><td>(6)</td><td>(7)</td><td>(8)</td><td>(9)＝(7)×(8)</td><td>(10)＝(11)＋(12)</td><td>(11)</td><td>(12)</td><td>(13)＝(9)－(10)</td><td>(14)</td><td>(15)＝(13)×(14)</td></tr>
<tr><td>1</td><td></td><td></td><td></td><td></td><td></td><td></td><td></td><td></td><td></td><td></td><td></td><td></td><td></td><td></td><td></td></tr>
<tr><td>2</td><td></td><td></td><td></td><td></td><td></td><td></td><td></td><td></td><td></td><td></td><td></td><td></td><td></td><td></td><td></td></tr>
<tr><td>3</td><td></td><td></td><td></td><td></td><td></td><td></td><td></td><td></td><td></td><td></td><td></td><td></td><td></td><td></td><td></td></tr>
<tr><td>4</td><td></td><td></td><td></td><td></td><td></td><td></td><td></td><td></td><td></td><td></td><td></td><td></td><td></td><td></td><td></td></tr>
<tr><td>5</td><td></td><td></td><td></td><td></td><td></td><td></td><td></td><td></td><td></td><td></td><td></td><td></td><td></td><td></td><td></td></tr>
<tr><td>6</td><td></td><td></td><td></td><td></td><td></td><td></td><td></td><td></td><td></td><td></td><td></td><td></td><td></td><td></td><td></td></tr>
<tr><td>7</td><td></td><td></td><td></td><td></td><td></td><td></td><td></td><td></td><td></td><td></td><td></td><td></td><td></td><td></td><td></td></tr>
<tr><td>8</td><td></td><td></td><td></td><td></td><td></td><td></td><td></td><td></td><td></td><td></td><td></td><td></td><td></td><td></td><td></td></tr>
<tr><td>9</td><td></td><td></td><td></td><td></td><td></td><td></td><td></td><td></td><td></td><td></td><td></td><td></td><td></td><td></td><td></td></tr>
<tr><td>10</td><td></td><td></td><td></td><td></td><td></td><td></td><td></td><td></td><td></td><td></td><td></td><td></td><td></td><td></td><td></td></tr>
<tr><td>11</td><td></td><td></td><td></td><td></td><td></td><td></td><td></td><td></td><td></td><td></td><td></td><td></td><td></td><td></td><td></td></tr>
<tr><td>12</td><td></td><td></td><td></td><td></td><td></td><td></td><td></td><td></td><td></td><td></td><td></td><td></td><td></td><td></td><td></td></tr>
<tr><td colspan="10">合　计</td><td colspan="3"></td><td></td><td>—</td><td></td></tr>
<tr><td colspan="2">扣缴义务人声明</td><td colspan="7">我声明，此扣缴申报表及所附资料是根据《中华人民共和国个人所得税法》及相关法律法规的规定填报的，我确保它是真实的、可靠的、完整的。
法定代表人(签字)　　年　月　日</td><td colspan="4">扣缴义务人(盖章)
会计主管签字：　　年　月　日</td><td colspan="3">主管税务机关受理专用章：
受理人：
受理时间：　　年　月　日</td></tr>
</table>

国家税务总局监制

《限售股转让所得个人所得税扣缴报告表》填表说明

一、本表根据《中华人民共和国个人所得税法》及其实施条例和相关文件制定，适用于证券机构预扣预缴，或者直接代扣代缴限售股转让所得个人所得税的申报，本表按月填写。

二、证券机构应在扣缴限售股转让所得个人所得税的次月 7 日内向主管税务机关报送本表。不能按照规定期限报送本表时，应当在规定的报送期限内提出申请，经当地税务机关批准，可以适当延期。

三、填写本表应当使用中文。

四、本表各栏的填写说明如下：

（一）扣缴义务人编码：填写扣缴税款的证券机构的税务登记证号码。

（二）填表日期：填写扣缴义务人办理扣缴申报的实际日期。

（三）税款所属期：填写证券机构实际扣缴税款的年度、月份和日期。

（四）扣缴义务人名称：填写扣缴税款的证券公司（营业部）等证券机构的全称。

（五）纳税人身份证照类型及号码：填写纳税人有效身份证件（居民身份证、军人身份证件等）的类型及号码。

（六）证券账户号：填写纳税人证券账户卡上的证券账户号。转让的限售股是在上海交易所上市的，填写证券账户卡（上海）上的证券账户号；转让的限售股是在深圳交易所上市的，填写证券账户卡（深圳）上的证券账户号。

（七）股票代码及名称：填写所转让的限售股股票的股票代码和证券名称。纳税人转让不同限售股的，分行填写。

（八）每股计税价格：区分以下两种情形填写。

1. 在证券机构技术和制度准备完成前形成的限售股，采取预扣预缴方式征收的，股改限售股填写股改复牌日收盘价；新股限售股填写该股上市首日的收盘价。

2. 在证券机构技术和制度准备完成后，采取直接代扣代缴方式征收的，填写纳税人实际转让限售股的每股成交价格。以不同价格成交的，分行填写。

（九）转让股数：填写前列每股计税价格所对应的股数。即：

1. 在证券机构技术和制度准备完成前，采取预扣预缴方式的，转让股数填写本月该限售股累计转让股数。

2. 在证券机构技术和制度准备完成后，采取直接代扣代缴方式的，转让股数按照不同转让价格，分别填写按该价格转让的股数。

（十）转让收入额：填写本次限售股转让取得的用于计税的收入额。

限售股转让收入额 = 每股计税价格 × 转让股数

（十一）限售股原值及合理税费：填写取得限售股股票实际付出的成本以及限售股转让过程中发生的印花税、佣金、过户费等与交易相关的税费的合计。具体有两种不同情况：

1. 在证券机构技术和制度准备完成前形成的限售股，采取预扣预缴税款的，限售股原值及合理税费 = 转让收入额 ×15%，直接填入小计栏中；

2. 在证券机构技术和制度准备完成后，采取直接代扣代缴税款的，限售股原值为事先植入结算系统的限售股成本原值；合理税费为转让过程中发生的印花税、佣金、过户费、其他费等与交易相关的税费。

（十二）应纳税所得额：应纳税所得额 = 转让收入额 － 限售股原值及合理税费。

（十三）扣缴税额：扣缴税额 = 应纳税所得额 ×20%。

五、本表为 A4 横式。一式两份，扣缴义务人留存一份，税务机关留存一份。

限售股转让所得个人所得税清算申报表

填表日期：　　年　　月　　日

税款所属期：　　年　月　日至　　年　月　日　　　　金额单位：元（列至角分）

<table>
<tr><td rowspan="5">纳税人基本情况</td><td>姓 名</td><td></td><td>证券账户号</td><td></td></tr>
<tr><td>有效身份证照类型</td><td></td><td>有效身份证照号码</td><td></td></tr>
<tr><td>国籍（地区）</td><td></td><td>有效联系电话</td><td></td></tr>
<tr><td>开户银行名称</td><td></td><td>开户银行账号</td><td></td></tr>
<tr><td>中国境内有效联系地址及邮编</td><td colspan="3"></td></tr>
<tr><td rowspan="2">开户证券公司（营业部）</td><td>名称</td><td></td><td>扣缴义务人编码</td><td></td></tr>
<tr><td>地址</td><td></td><td>邮编</td><td></td></tr>
<tr><td rowspan="12">限售股转让收入及纳税情况</td><td>股票代码</td><td>1</td><td colspan="2"></td></tr>
<tr><td>股票名称</td><td>2</td><td colspan="2"></td></tr>
<tr><td>转让股数（股）</td><td>3</td><td colspan="2"></td></tr>
<tr><td>实际转让收入额</td><td>4</td><td colspan="2"></td></tr>
<tr><td>限售股原值和合理税费小计</td><td>5 = 6 + 7</td><td colspan="2"></td></tr>
<tr><td>限售股原值</td><td>6</td><td colspan="2"></td></tr>
<tr><td>合理税费</td><td>7</td><td colspan="2"></td></tr>
<tr><td>应纳税所得额</td><td>8 = 4 − 5</td><td colspan="2"></td></tr>
<tr><td>税率</td><td>9</td><td colspan="2">20%</td></tr>
<tr><td>应纳税额</td><td>10 = 8 × 9</td><td colspan="2"></td></tr>
<tr><td>已扣缴税额</td><td>11</td><td colspan="2"></td></tr>
<tr><td>应退（补）税额</td><td>12 = 10 − 11</td><td colspan="2"></td></tr>
<tr><td>声明</td><td colspan="4">我声明，此纳税申报表及所附资料是根据《中华人民共和国个人所得税法》及相关法律法规规定填写、报送的，我确保上述资料是真实的、可靠的、完整的。
纳税人（签字）
年　月　日</td></tr>
</table>

续表

代理人(中介机构)签字或盖章： 经办人： 经办人执业证件号码： 代理申报日期：　　年　月　日	主管税务机关受理专用章： 受理人： 受理时间：　年　月　日

国家税务总局监制

《限售股转让所得个人所得税清算申报表》填表说明

一、本表根据《中华人民共和国个人所得税法》及其实施条例和相关文件制定，适用于纳税人取得限售股转让所得已预扣预缴个人所得税款的清算申报，本表按月填写。

二、向主管税务机关提出限售股转让所得个人所得税清算申请的纳税人，应在证券机构代扣并解缴税款的次月1日起3个月内，由本人或者委托他人向主管税务机关报送本表。不能按照规定期限报送本表时，应当在规定的报送期限内提出申请，经当地税务机关批准，可以适当延期。

三、向主管税务机关提出限售股转让所得清算申请的纳税人，应区别限售股股票种类，按每一股票填写本表。即同一限售股填写一张表。

四、填写本表应当使用中文。

五、纳税人在向主管税务机关办理清算事宜时，除填报本表外，还应出示纳税人本人的有效身份证照原件，并附送以下资料：

1. 加盖开户证券机构印章的限售股交易明细记录；

2. 相关完整、真实的财产原值凭证；

3. 缴纳税款凭证(《税务代保管资金专用收据》或《税收转账专用完税证》)；

4. 税务机关要求报送的其他资料。

纳税人委托中介机构或他人代理申报的，除提供上述资料外，代理人还应出示代理人的有效身份证照，并附送纳税人委托代理申报的授权书。

六、本表各栏的填写说明如下：

(一)填表日期：填写纳税人办理清算申报的实际日期。

(二)税款所属期：填写纳税人实际取得所得的年度、月份和日期。

(三)纳税人基本情况的填写：

1. 证券账户号：填写纳税人证券账户卡上的证券账户号。转让的限售股是在上海交易所上市的，填写证券账户卡（上海）上的证券账户号；转让的限售股是在深圳交易所上市的，填写证券账户卡（深圳）上的证券账户号。

2. 有效身份证照类型：填写纳税人的有效身份证件（居民身份证、军人身份证件等）名称。

3. 有效身份证照号码：填写纳税人有效身份证照上的号码。

4. 开户银行名称及账号：填写纳税人本人开户银行的全称及账号。

注：该银行账户，用于办理纳税人多扣缴个人所得税款的退还。即纳税人多扣缴的税款，经税务机关审核确认后，将直接退还至该银行账户中。因此，纳税人要特别注意本行填写的准确性。

5. 中国境内有效联系地址及邮编：填写纳税人住址或有效联系地址及邮编。

6. 开户证券公司（营业部）：填写纳税人开立证券交易账户的证券公司（营业部）的相关信息。

（1）名称：填写纳税人开立证券账户的证券公司（营业部）的全称。

（2）扣缴义务人编码：填写纳税人开立证券账户的证券公司（营业部）的税务登记证号码。

（3）地址及邮编：填写纳税人开立证券账户的证券公司（营业部）的地址及邮编。

（四）限售股转让收入及纳税情况的填写：

1. 股票代码：填写限售股的股票代码。

2. 股票名称：填写限售股股票的证券名称。

3. 转让股数（股）：填写本月转让限售股的股数。

4. 实际转让收入额：填写转让限售股取得的实际收入额。以证券机构提供的加盖印章的当月限售股交易记录汇总数为准。

5. 限售股原值和合理税费：

（1）限售股原值和合理税费小计，填写纳税人转让限售股的股票原值和合理税费的合计。

纳税人未能提供完整、真实的限售股原值凭证，不能正确计算限售股原值的，一律按限售股实际转让收入的15%计算限售股原值和合理税费后，填入该栏。

（2）限售股原值，填写取得限售股股票实际付出的成本，并附相关完整、真实的原值凭证。

（3）合理税费，填写转让限售股过程中发生的印花税、佣金、过户费等与交易相关的税费。

6. 应纳税所得额：填写转让限售股实际转让收入额减除限售股原值和合理税费后的余额。

7. 已扣缴税额：填写证券机构已预扣预缴的税款。

8. 应退(补)税额：应退(补)税额 = 应纳税额 - 已扣缴税额。负数为应退税额；正数为应补税额。

七、声明：填写纳税人本人的姓名。如纳税人不在时，可填写代理申报人的姓名。

八、代理人(中介机构)签字或盖章：填盖纳税人委托代理申报的中介机构的印章，或者代理人个人的签名或印章。

九、经办人：填写代理申报人的姓名。

十、本表为 A4 竖式。一式两份，纳税人留存一份，税务机关留存一份。

个人所得税经营所得纳税申报表(A 表)

税款所属期：　　年　月　日至　　年　月　日

纳税人姓名：

纳税人识别号：□□□□□□□□□□□□□□□□□□□□□□□　金额单位：人民币元(列至角分)

被投资单位信息	名称		纳税人识别号(统一社会信用代码)	
征收方式	□查账征收(据实预缴)　□查账征收(按上年应纳税所得额预缴) □核定应税所得率征收　□核定应纳税所得额征收 □税务机关认可的其他方式 ________			
项目			行次	金额/比例
一、收入总额			1	
二、成本费用			2	
三、利润总额(3 = 1 - 2)			3	
四、弥补以前年度亏损			4	
五、应税所得率(%)			5	
六、合伙企业个人合伙人分配比例(%)			6	
七、允许扣除的个人费用及其他扣除(7 = 8 + 9 + 14)			7	
(一)投资者减除费用			8	

续表

项目	行次	金额/比例
(二)专项扣除(9 = 10 + 11 + 12 + 13)	9	
1. 基本养老保险费	10	
2. 基本医疗保险费	11	
3. 失业保险费	12	
4. 住房公积金	13	
(三)依法确定的其他扣除(14 = 15 + 16 + 17)	14	
1.	15	
2.	16	
3.	17	
八、应纳税所得额	18	
九、税率(%)	19	
十、速算扣除数	20	
十一、应纳税额(21 = 18 × 19 − 20)	21	
十二、减免税额(附报《个人所得税减免税事项报告表》)	22	
十三、已缴税额	23	
十四、应补/退税额(24 = 21 − 22 − 23)	24	
谨声明:本表是根据国家税收法律法规及相关规定填报的,是真实的、可靠的、完整的。 纳税人签字: 年 月 日		
经办人: 经办人身份证件号码: 代理机构签章: 代理机构统一社会信用代码:	受理人: 受理税务机关(章): 受理日期: 年 月 日	

国家税务总局监制

《个人所得税经营所得纳税申报表(A 表)》填表说明

一、适用范围

本表适用于查账征收和核定征收的个体工商户业主、个人独资企业投资人、合伙企业个人合伙人、承包承租经营者个人以及其他从事生产、经营活动的个人在中国境内取得经营所得,办理个人所得税预缴纳税申报时,向税务机关报送。

合伙企业有两个或者两个以上个人合伙人的,应分别填报本表。

二、报送期限

纳税人取得经营所得,应当在月度或者季度终了后15日内,向税务机关办理预缴纳税申报。

三、本表各栏填写

(一)表头项目

1.税款所属期:填写纳税人取得经营所得应纳个人所得税款的所属期间,应填写具体的起止年月日。

2.纳税人姓名:填写自然人纳税人姓名。

3.纳税人识别号:有中国公民身份号码的,填写中华人民共和国居民身份证上载明的“公民身份号码”;没有中国公民身份号码的,填写税务机关赋予的纳税人识别号。

(二)被投资单位信息

1.名称:填写被投资单位法定名称的全称。

2.纳税人识别号(统一社会信用代码):填写被投资单位的纳税人识别号或者统一社会信用代码。

3.征收方式:根据税务机关核定的征收方式,在对应框内打“√”。采用税务机关认可的其他方式的,应在下划线填写具体征收方式。

(三)表内各行填写

1.第1行“收入总额”:填写本年度开始经营月份起截至本期从事经营以及与经营有关的活动取得的货币形式和非货币形式的各项收入总金额。包括:销售货物收入、提供劳务收入、转让财产收入、利息收入、租金收入、接受捐赠收入、其他收入。

2.第2行“成本费用”:填写本年度开始经营月份起截至本期实际发生的成本、费用、税金、损失及其他支出的总额。

3.第3行“利润总额”:填写本年度开始经营月份起截至本期的利润总额。

4.第4行“弥补以前年度亏损”:填写可在税前弥补的以前年度尚未弥补的亏损额。

5.第5行“应税所得率”:按核定应税所得率方式纳税的纳税人,填写税务机关确定的核定征收应税所得率。按其他方式纳税的纳税人不填本行。

6.第6行“合伙企业个人合伙人分配比例”:纳税人为合伙企业个人合伙人的,填写本行;其他则不填。分配比例按照合伙协议约定的比例填写;合伙协议未约定或不明确的，按合伙人协商决定的比例填写；协商不成的，按合伙人实缴出资比例填写；无法确定出资比例的，按合伙人平均分配。

7. 第 7 ~ 17 行“允许扣除的个人费用及其他扣除”：

（1）第 8 行“投资者减除费用”：填写根据本年度实际经营月份数计算的可在税前扣除的投资者本人每月 5000 元减除费用的合计金额。

（2）第 9 ~ 13 行“专项扣除”：填写按规定允许扣除的基本养老保险费、基本医疗保险费、失业保险费、住房公积金及其合计金额。

（3）第 14 ~ 17 行“依法确定的其他扣除”：填写商业健康保险、税延养老保险以及其他按规定允许扣除项目及其合计金额。其中，税延养老保险可在申报四季度或 12 月份税款时填报扣除。

8. 第 18 行“应纳税所得额”：根据相关行次计算填报。

（1）查账征收（据实预缴）：第 18 行 =（第 3 行 – 第 4 行）× 第 6 行 – 第 7 行。

（2）查账征收（按上年应纳税所得额预缴）：第 18 行 = 上年度的应纳税所得额 ÷ 12 × 月份数。

（3）核定应税所得率征收（能准确核算收入总额的）：第 18 行 = 第 1 行 × 第 5 行 × 第 6 行。

（4）核定应税所得率征收（能准确核算成本费用的）：第 18 行 = 第 2 行 ÷（1 – 第 5 行）× 第 5 行 × 第 6 行。

（5）核定应纳税所得额征收：直接填写应纳税所得额。

（6）税务机关认可的其他方式：直接填写应纳税所得额。

9. 第 19 ~ 20 行“税率”和“速算扣除数”：填写按规定适用的税率和速算扣除数。

10. 第 21 行“应纳税额”：根据相关行次计算填报。第 21 行 = 第 18 行 × 第 19 行 – 第 20 行。

11. 第 22 行“减免税额”：填写符合税法规定可以减免的税额，并附报《个人所得税减免税事项报告表》。

12. 第 23 行“已缴税额”：填写本年度在月（季）度申报中累计已预缴的经营所得个人所得税的金额。

13. 第 24 行“应补/退税额”：根据相关行次计算填报。第 24 行 = 第 21 行 – 第 22 行 – 第 23 行。

四、其他事项说明

以纸质方式报送本表的，应当一式两份，纳税人、税务机关各留存一份。

个人所得税经营所得纳税申报表(B 表)

税款所属期:　　　年　月　日至　　年　月　日

纳税人姓名:

纳税人识别号:□□□□□□□□□□□□□□□□□□□□□□□□□　金额单位:人民币元(列至角分)

被投资单位信息	名称		纳税人识别号(统一社会信用代码)	
项目			行次	金额/比例
一、收入总额			1	
其中:国债利息收入			2	
二、成本费用(3 =4 +5 +6 +7 +8 +9 +10)			3	
(一)营业成本			4	
(二)营业费用			5	
(三)管理费用			6	
(四)财务费用			7	
(五)税金			8	
(六)损失			9	
(七)其他支出			10	
三、利润总额(11 =1 -2 -3)			11	
四、纳税调整增加额(12 =13 +27)			12	
(一)超过规定标准的扣除项目金额(13 = 14 + 15 + 16 + 17 + 18 + 19 +20 +21 +22 +23 +24 +25 +26)			13	
1. 职工福利费			14	
2. 职工教育经费			15	
3. 工会经费			16	
4. 利息支出			17	
5. 业务招待费			18	
6. 广告费和业务宣传费			19	
7. 教育和公益事业捐赠			20	
8. 住房公积金			21	

续表

项目	行次	金额/比例
9. 社会保险费	22	
10. 折旧费用	23	
11. 无形资产摊销	24	
12. 资产损失	25	
13. 其他	26	
(二)不允许扣除的项目金额(27 = 28 + 29 + 30 + 31 + 32 + 33 + 34 + 35 + 36)	27	
1. 个人所得税税款	28	
2. 税收滞纳金	29	
3. 罚金、罚款和被没收财物的损失	30	
4. 不符合扣除规定的捐赠支出	31	
5. 赞助支出	32	
6. 用于个人和家庭的支出	33	
7. 与取得生产经营收入无关的其他支出	34	
8. 投资者工资薪金支出	35	
9. 其他不允许扣除的支出	36	
五、纳税调整减少额	37	
六、纳税调整后所得(38 = 11 + 12 - 37)	38	
七、弥补以前年度亏损	39	
八、合伙企业个人合伙人分配比例(%)	40	
九、允许扣除的个人费用及其他扣除(41 = 42 + 43 + 48 + 55)	41	
(一)投资者减除费用	42	
(二)专项扣除(43 = 44 + 45 + 46 + 47)	43	
1. 基本养老保险费	44	
2. 基本医疗保险费	45	
3. 失业保险费	46	
4. 住房公积金	47	

续表

项目	行次	金额/比例
(三)专项附加扣除(48 =49 +50 +51 +52 +53 +54)	48	
1. 子女教育	49	
2. 继续教育	50	
3. 大病医疗	51	
4. 住房贷款利息	52	
5. 住房租金	53	
6. 赡养老人	54	
(四)依法确定的其他扣除(55 =56 +57 +58 +59)	55	
1. 商业健康保险	56	
2. 税延养老保险	57	
3.	58	
4.	59	
十、投资抵扣	60	
十一、准予扣除的个人捐赠支出	61	
十二、应纳税所得额(62 =38 −39 −41 −60 −61)或[62 =(38 −39)×40 −41 −60 −61]	62	
十三、税率(%)	63	
十四、速算扣除数	64	
十五、应纳税额(65 =62 ×63 −64)	65	
十六、减免税额(附报《个人所得税减免税事项报告表》)	66	
十七、已缴税额	67	
十八、应补/退税额(68 =65 −66 −67)	68	
谨声明:本表是根据国家税收法律法规及相关规定填报的,是真实的、可靠的、完整的。 纳税人签字: 年 月 日		
经办人: 经办人身份证件号码: 代理机构签章: 代理机构统一社会信用代码:	受理人: 受理税务机关(章): 受理日期: 年 月 日	

国家税务总局监制

《个人所得税经营所得纳税申报表(B表)》填表说明

一、适用范围

本表适用于个体工商户业主、个人独资企业投资人、合伙企业个人合伙人、承包承租经营者个人以及其他从事生产、经营活动的个人在中国境内取得经营所得,且实行查账征收的,在办理个人所得税汇算清缴纳税申报时,向税务机关报送。

合伙企业有两个或者两个以上个人合伙人的,应分别填报本表。

二、报送期限

纳税人在取得经营所得的次年3月31日前,向税务机关办理汇算清缴。

三、本表各栏填写

(一)表头项目

1. 税款所属期:填写纳税人取得经营所得应纳个人所得税款的所属期间,应填写具体的起止年月日。

2. 纳税人姓名:填写自然人纳税人姓名。

3. 纳税人识别号:有中国公民身份号码的,填写中华人民共和国居民身份证上载明的“公民身份号码”;没有中国公民身份号码的,填写税务机关赋予的纳税人识别号。

(二)被投资单位信息

1. 名称:填写被投资单位法定名称的全称。

2. 纳税人识别号(统一社会信用代码):填写被投资单位的纳税人识别号或统一社会信用代码。

(三)表内各行填写

1. 第1行“收入总额”:填写本年度从事生产经营以及与生产经营有关的活动取得的货币形式和非货币形式的各项收入总金额。包括:销售货物收入、提供劳务收入、转让财产收入、利息收入、租金收入、接受捐赠收入、其他收入。

2. 第2行“国债利息收入”:填写本年度已计入收入的因购买国债而取得的应予免税的利息金额。

3. 第3~10行“成本费用”:填写本年度实际发生的成本、费用、税金、损失及其他支出的总额。

(1)第4行“营业成本”:填写在生产经营活动中发生的销售成本、销货成本、业务支出以及其他耗费的金额。

(2)第5行“营业费用”:填写在销售商品和材料、提供劳务的过程中发生的各种费用。

(3)第6行“管理费用”:填写为组织和管理企业生产经营发生的管理费用。

(4)第7行“财务费用”:填写为筹集生产经营所需资金等发生的筹资费用。

(5)第8行“税金”:填写在生产经营活动中发生的除个人所得税和允许抵扣的增值税以外的各项税金及其附加。

(6)第9行“损失”:填写生产经营活动中发生的固定资产和存货的盘亏、毁损、报废损失,转让财产损失,坏账损失,自然灾害等不可抗力因素造成的损失以及其他损失。

(7)第10行“其他支出”:填写除成本、费用、税金、损失外,生产经营活动中发生的与之有关的、合理的支出。

4. 第11行“利润总额”:根据相关行次计算填报。第11行 = 第1行 - 第2行 - 第3行。

5. 第12行“纳税调整增加额”:根据相关行次计算填报。第12行 = 第13行 + 第27行。

6. 第13行“超过规定标准的扣除项目金额”:填写扣除的成本、费用和损失中,超过税法规定的扣除标准应予调增的应纳税所得额。

7. 第27行“不允许扣除的项目金额”:填写按规定不允许扣除但已被投资单位扣除的各项成本、费用和损失,应予调增应纳税所得额的部分。

8. 第37行“纳税调整减少额”:填写在计算利润总额时已计入收入或未列入成本费用,但在计算应纳税所得额时应予扣除的项目金额。

9. 第38行“纳税调整后所得”:根据相关行次计算填报。第38行 = 第11行 + 第12行 - 第37行。

10. 第39行“弥补以前年度亏损”:填写本年度可在税前弥补的以前年度亏损额。

11. 第40行“合伙企业个人合伙人分配比例”:纳税人为合伙企业个人合伙人的,填写本栏;其他则不填。分配比例按照合伙协议约定的比例填写;合伙协议未约定或不明确的,按合伙人协商决定的比例填写;协商不成的,按合伙人实缴出资比例填写;无法确定出资比例的,按合伙人平均分配。

12. 第41行“允许扣除的个人费用及其他扣除”:填写按税法规定可以税前扣除的各项费用、支出,包括:

(1)第42行“投资者减除费用”:填写按税法规定的减除费用金额。

（2）第 43 ~47 行“专项扣除”：分别填写本年度按规定允许扣除的基本养老保险费、基本医疗保险费、失业保险费、住房公积金及其合计金额。

（3）第 48 ~54 行“专项附加扣除”：分别填写本年度纳税人按规定可享受的子女教育、继续教育、大病医疗、住房贷款利息、住房租金、赡养老人等专项附加扣除及其合计金额。

（4）第 55 ~59 行“依法确定的其他扣除”：分别填写按规定允许扣除的商业健康保险、税延养老保险，以及国务院规定其他可以扣除项目及其合计金额。

13. 第 60 行“投资抵扣”：填写按照税法规定可以税前抵扣的投资金额。

14. 第 61 行“准予扣除的个人捐赠支出”：填写本年度按照税法及相关法规、政策规定，可以在税前扣除的个人捐赠合计额。

15. 第 62 行“应纳税所得额”：根据相关行次计算填报。

（1）纳税人为非合伙企业个人合伙人的：第 62 行 = 第 38 行 - 第 39 行 - 第 41 行 - 第 60 行 - 第 61 行。

（2）纳税人为合伙企业个人合伙人的：第 62 行 =（第 38 行 - 第 39 行）× 第 40 行 - 第 41 行 - 第 60 行 - 第 61 行。

16. 第 63 ~64 行“税率”“速算扣除数”：填写按规定适用的税率和速算扣除数。

17. 第 65 行“应纳税额”：根据相关行次计算填报。第 65 行 = 第 62 行 × 第 63 行 - 第 64 行。

18. 第 66 行“减免税额”：填写符合税法规定可以减免的税额，并附报《个人所得税减免税事项报告表》。

19. 第 67 行“已缴税额”：填写本年度累计已预缴的经营所得个人所得税金额。

20. 第 68 行“应补/退税额”：根据相关行次计算填报。第 68 行 = 第 65 行 - 第 66 行 - 第 67 行。

四、其他事项说明

以纸质方式报送本表的，应当一式两份，纳税人、税务机关各留存一份。

个人所得税经营所得纳税申报表(C表)

税款所属期：　　年　月　日至　　年　月　日

纳税人姓名：

纳税人识别号：□□□□□□□□□□□□□□□□□□□□□□□□□　　金额单位：人民币元(列至角分)

被投资单位信息			单位名称	纳税人识别号(统一社会信用代码)	投资者应纳税所得额
	汇总地				
	非汇总地	1			
		2			
		3			
		4			
		5			

项目	行次	金额/比例
一、投资者应纳税所得额合计	1	
二、应调整的个人费用及其他扣除(2=3+4+5+6)	2	
(一)投资者减除费用	3	
(二)专项扣除	4	
(三)专项附加扣除	5	
(四)依法确定的其他扣除	6	
三、应调整的其他项目	7	
四、调整后应纳税所得额(8=1+2+7)	8	
五、税率(%)	9	
六、速算扣除数	10	
七、应纳税额(11=8×9-10)	11	
八、减免税额(附报《个人所得税减免税事项报告表》)	12	
九、已缴税额	13	
十、应补/退税额(14=11-12-13)	14	

谨声明：本表是根据国家税收法律法规及相关规定填报的，是真实的、可靠的、完整的。

纳税人签字：　　　年　　月　　日

续表

经办人： 经办人身份证件号码： 代理机构签章： 代理机构统一社会信用代码：	受理人： 受理税务机关（章）： 受理日期：　　　年　　月　　日

国家税务总局监制

《个人所得税经营所得纳税申报表（C 表）》填表说明

一、适用范围

本表适用于个体工商户业主、个人独资企业投资人、合伙企业个人合伙人、承包承租经营者个人以及其他从事生产、经营活动的个人在中国境内两处以上取得经营所得，办理合并计算个人所得税的年度汇总纳税申报时，向税务机关报送。

二、报送期限

纳税人从两处以上取得经营所得，应当于取得所得的次年 3 月 31 日前办理年度汇总纳税申报。

三、本表各栏填写

（一）表头项目

1. 税款所属期：填写纳税人取得经营所得应纳个人所得税款的所属期间，应填写具体的起止年月日。

2. 纳税人姓名：填写自然人纳税人姓名。

3. 纳税人识别号：有中国公民身份号码的，填写中华人民共和国居民身份证上载明的"公民身份号码"；没有中国公民身份号码的，填写税务机关赋予的纳税人识别号。

（二）被投资单位信息

1. 名称：填写被投资单位法定名称的全称。

2. 纳税人识别号（统一社会信用代码）：填写被投资单位的纳税人识别号或者统一社会信用代码。

3. 投资者应纳税所得额：填写投资者从其各投资单位取得的年度应纳税所得额。

（三）表内各行填写

1. 第 1 行"投资者应纳税所得额合计"：填写投资者从其各投资单位取得的年度

应纳税所得额的合计金额。

2. 第 2 ~ 6 行“应调整的个人费用及其他扣除”:填写按规定需调整增加或者减少应纳税所得额的项目金额。调整减少应纳税所得额的,用负数表示。

(1)第 3 行“投资者减除费用”:填写需调整增加或者减少应纳税所得额的投资者减除费用的金额。

(2)第 4 行“专项扣除”:填写需调整增加或者减少应纳税所得额的“三险一金”(基本养老保险费、基本医疗保险费、失业保险费、住房公积金)的合计金额。

(3)第 5 行“专项附加扣除”:填写需调整增加或者减少应纳税所得额的专项附加扣除(子女教育、继续教育、大病医疗、住房贷款利息、住房租金、赡养老人)的合计金额。

(4)第 6 行“依法确定的其他扣除”:填写需调整增加或者减少应纳税所得额的商业健康保险、税延养老保险以及国务院规定其他可以扣除项目的合计金额。

3. 第 7 行“应调整的其他项目”:填写按规定应予调整的其他项目的合计金额。调整减少应纳税所得额的,用负数表示。

4. 第 8 行“调整后应纳税所得额”:根据相关行次计算填报。第 8 行 = 第 1 行 + 第 2 行 + 第 7 行。

5. 第 9 ~ 10 行“税率”“速算扣除数”:填写按规定适用的税率和速算扣除数。

6. 第 11 行“应纳税额”:根据相关行次计算填报。第 11 行 = 第 8 行 × 第 9 行 - 第 10 行。

7. 第 12 行“减免税额”:填写符合税法规定可以减免的税额,并附报《个人所得税减免税事项报告表》。

8. 第 13 行“已缴税额”:填写纳税人本年度累计已缴纳的经营所得个人所得税的金额。

9. 第 14 行“应补/退税额”:按相关行次计算填报。第 14 行 = 第 11 行 - 第 12 行 - 第 13 行。

四、其他事项说明

以纸质方式报送本表的,应当一式两份,纳税人、税务机关各留存一份。

五、纳税备案

非货币性资产投资分期缴纳个人所得税备案表

备案编号（主管税务机关填写）： 金额单位：人民币元（列至角分）

<table>
<tr><td rowspan="3">投资人信息</td><td>姓　名</td><td></td><td>身份证件类型</td><td></td><td>身份证件号码</td><td colspan="2">□□□□□□□□□□□□□□□□□□□□</td></tr>
<tr><td>国籍（地区）</td><td colspan="3"></td><td>纳税人识别号</td><td colspan="2">□□□□□□□□□□□□□□□□□□□□</td></tr>
<tr><td>通讯地址</td><td colspan="3"></td><td>联系电话</td><td colspan="2"></td></tr>
<tr><td rowspan="2">被投资单位信息</td><td>名　称</td><td colspan="3"></td><td>纳税人识别号</td><td colspan="2">□□□□□□□□□□□□□□□□□□□□</td></tr>
<tr><td>地　址</td><td colspan="3"></td><td>联系人及电话</td><td colspan="2"></td></tr>
<tr><td rowspan="13">投资情况</td><td>投资类型</td><td colspan="6">□新设公司　□参与增资　□定向增发　□股权置换　□重组改制　□其他</td></tr>
<tr><td>取得股权时间</td><td colspan="2">年　月　日</td><td>取得的现金补价</td><td></td><td>持股比例%</td><td></td></tr>
<tr><td>非货币性资产名称</td><td>产权证或注册登记证号码</td><td>登记机关</td><td>坐落地</td><td>评估后的公允价值</td><td>非货币性资产原值</td><td>合理税费</td></tr>
<tr><td></td><td></td><td></td><td></td><td></td><td></td><td></td></tr>
<tr><td></td><td></td><td></td><td></td><td></td><td></td><td></td></tr>
<tr><td></td><td></td><td></td><td></td><td></td><td></td><td></td></tr>
<tr><td></td><td></td><td></td><td></td><td></td><td></td><td></td></tr>
<tr><td></td><td></td><td></td><td></td><td></td><td></td><td></td></tr>
<tr><td></td><td></td><td></td><td></td><td></td><td></td><td></td></tr>
<tr><td></td><td></td><td></td><td></td><td></td><td></td><td></td></tr>
<tr><td></td><td></td><td></td><td></td><td></td><td></td><td></td></tr>
<tr><td></td><td></td><td></td><td></td><td></td><td></td><td></td></tr>
<tr><td></td><td></td><td></td><td></td><td></td><td></td><td></td></tr>
</table>

续表

分期缴税计划	截止缴税时间	年　月　日		应纳税所得额			
	应缴个人所得税			已缴个人所得税			
	分　期	合　计	1	2	3	4	5
	计划缴税时间	——					
	计划缴税金额						
谨声明:本表根据《财政部 国家税务总局关于个人非货币性资产投资有关个人所得税政策的通知》(财税〔2015〕41号)及本公告有关规定填列。所填信息,是真实的、完整的、可靠的。 纳税人签字:　被投资单位公章:　填报日期:　年　月　日							
提醒:请妥善保存此表。办理纳税申报时请主动提供此表及以前各期缴纳个人所得税的完税证明。如因股权转让取得收益,请及时缴纳个人所得税。 感谢您对税收工作的支持!							
代理申报机构(人)签章: 经办人: 经办人执业证件号码: 代理申报日期:　年　月　日				主管税务机关印章: 受理人: 受理日期:　年　月　日			

国家税务总局监制

注:本表为国家税务总局《关于个人非货币性资产投资有关个人所得税征管问题的公告》(国家税务总局公告2015年第20号)附件。

《非货币性资产投资分期缴纳个人所得税备案表》填表说明

本表适用于个人非货币性资产投资向主管税务机关办理分期缴纳个人所得税备案事宜。本表一式二份,主管税务机关受理后,由投资人和主管税务机关分别留存。

一、备案编号:由主管税务机关自行编制。

二、纳税人识别号:该栏填写税务机关赋予的18位纳税人识别号。初次办理涉税事宜的,应一并提供《个人所得税基础信息表(B表)》。

三、产权证或注册登记证号码:填写产权登记部门核发的不动产、技术发明成果等非货币性资产产权证号码或注册登记证上的注册登记号码。未登记或无需登记的非货币性资产不填此列。

四、登记机关:填写核发产权证或注册登记证的单位名称。未登记或无需登记的非货币性资产不填此列。

五、坐落地：填写不动产的具体坐落地址。其他非货币性资产无需填列。

六、评估后的公允价值、非货币性资产原值、合理税费：按照《财政部国家税务总局关于个人非货币性资产投资有关个人所得税政策的通知》（财税〔2015〕41号）及本公告中有关规定填写。

七、应纳税所得额：应纳税所得额＝评估后的公允价值－非货币性资产原值－合理税费

八、应缴个人所得税：应缴个人所得税＝应纳税所得额×20%

九、已缴个人所得税：填写纳税人取得现金补价或自筹资金已缴纳的个人所得税。纳税人变更分期缴税计划的，其前期已经缴纳的个人所得税也一并在此填列。

十、计划缴税时间：填写每一期计划缴税的截止时点。

十一、计划缴税金额：填写应缴个人所得税减去已缴个人所得税后需要分期缴纳的个人所得税金额。

非上市公司股权激励个人所得税递延纳税备案表

备案编号（主管税务机关填写）：　　　　　　　　　　　　　　　单位：股，%，人民币元（列至角分）

<table>
<tr><td colspan="20">公司基本情况</td></tr>
<tr><td colspan="5">公司名称</td><td colspan="3"></td><td colspan="3">纳税人识别号</td><td colspan="2"></td><td colspan="2">联系人</td><td colspan="2"></td><td colspan="2">联系电话</td><td></td></tr>
<tr><td colspan="20">股权激励基本情况</td></tr>
<tr><td colspan="5">股权激励形式</td><td colspan="7">□股票（权）期权　□限制性股票
□股权奖励</td><td colspan="2">股权激励人数</td><td colspan="2"></td><td colspan="3">近6个月平均人数</td><td></td></tr>
<tr><td colspan="5" rowspan="2">该栏仅由实施股权奖励的公司填写</td><td colspan="3">本公司是否为限制性行业</td><td colspan="4">□是　□否</td><td colspan="4">标的公司名称</td><td colspan="4"></td></tr>
<tr><td colspan="3">标的公司是否为限制性行业</td><td colspan="4">□是　□否</td><td colspan="4">标的公司纳税人识别号</td><td colspan="4"></td></tr>
<tr><td colspan="20">股权激励明细情况</td></tr>
<tr><td rowspan="2">序号</td><td rowspan="2">姓名</td><td rowspan="2">身份证照类型</td><td rowspan="2">身份证照号码</td><td colspan="6">股票（权）期权</td><td colspan="6">限制性股票</td><td colspan="4">股权奖励</td></tr>
<tr><td>授予日</td><td>行权日</td><td>可出售日</td><td>取得成本</td><td>股数</td><td>持股比例</td><td>授予日</td><td>解禁日</td><td>可出售日</td><td>取得成本</td><td>股数</td><td>持股比例</td><td>授予日</td><td>可出售日</td><td>股数</td><td>持股比例</td></tr>
<tr><td></td><td></td><td></td><td></td><td></td><td></td><td></td><td></td><td></td><td></td><td></td><td></td><td></td><td></td><td></td><td></td><td></td><td></td><td></td><td></td></tr>
<tr><td></td><td></td><td></td><td></td><td></td><td></td><td></td><td></td><td></td><td></td><td></td><td></td><td></td><td></td><td></td><td></td><td></td><td></td><td></td><td></td></tr>
<tr><td></td><td></td><td></td><td></td><td></td><td></td><td></td><td></td><td></td><td></td><td></td><td></td><td></td><td></td><td></td><td></td><td></td><td></td><td></td><td></td></tr>
<tr><td></td><td></td><td></td><td></td><td></td><td></td><td></td><td></td><td></td><td></td><td></td><td></td><td></td><td></td><td></td><td></td><td></td><td></td><td></td><td></td></tr>
<tr><td></td><td></td><td></td><td></td><td></td><td></td><td></td><td></td><td></td><td></td><td></td><td></td><td></td><td></td><td></td><td></td><td></td><td></td><td></td><td></td></tr>
</table>

续表

序号	姓名	身份证照类型	身份证照号码	股票(权)期权						限制性股票						股权奖励			
				授予日	行权日	可出售日	取得成本	股数	持股比例	授予日	解禁日	可出售日	取得成本	股数	持股比例	授予日	可出售日	股数	持股比例

谨声明:此表是根据《中华人民共和国个人所得税法》及有关法律法规规定填写的,是真实的、完整的、可靠的。
实施股权激励公司法定代表人签章:　　　年　　月　　日

公司签章: 经办人: 填报日期:　　年　　月　　日	代理申报机构(人)签章: 经办人: 经办人执业证件号码: 代理申报日期:　　年　　月　　日	主管税务机关印章: 受理人: 受理日期:　　年　　月　　日

国家税务总局监制

《非上市公司股权激励个人所得税递延纳税备案表》填表说明

一、适用范围

本表适用于实施符合条件股权激励的非上市公司向主管税务机关办理个人所得税递延缴纳备案事宜时填报。

二、报送期限

企业应于符合条件的股票(权)期权行权、限制性股票解禁、股权奖励获得之次月15日内报送。

三、表内各栏

(一)公司基本情况

1. 公司名称:填写实施股权激励的非上市公司法定名称全称。

2. 纳税人识别号:填写纳税人识别号或统一社会信用代码。

3. 联系人、联系电话:填写非上市公司负责办理股权激励及相关涉税事项人员的相关情况。

(二)股权激励基本情况

1. 股权激励形式:根据实施股权激励的形式勾选。

2. 股权激励人数:填写股权激励计划中被激励对象的总人数。

3. 近6个月平均人数:填写股票(权)期权行权、限制性股票解禁、股权奖励获得之上月起向前6个月"工资、薪金所得"项目全员全额扣缴明细申报的平均人数。例如,某公司实施一批股票期权并于2017年1月行权,则按照该公司2016年7月、8月、9月、10月、11月、12月"工资、薪金所得"项目全员全额扣缴明细申报的平均人数计算。计算结果按四舍五入取整。

4. 实施股权奖励公司填写栏:填写实施股权奖励企业的有关情况。

(1)本公司是否为限制性行业:实施股权奖励公司根据本公司上一纳税年度主营业务收入占比最高的行业,确定是否属于财政部、国家税务总局《关于完善股权激励和技术入股有关所得税政策的通知》(财税〔2016〕101号)附件《股权奖励税收优惠政策限制性行业目录》所列行业。属于所列行业选"是",不属于所列行业选"否"。

(2)标的公司名称、标的公司是否为限制性行业、标的公司纳税人识别号:以技术成果投资入股到其他境内居民企业所取得的股权实施股权奖励的,填写本栏。以本公司股权为股权奖励标的,无须填报本栏。

①标的公司名称:以其他境内居民企业股权实施股权奖励的,填写用以实施股

权奖励的股权标的公司法定名称全称。

②标的公司纳税人识别号：以其他境内居民企业股权实施股权奖励的，填写用以实施股权奖励的股权标的公司的纳税人识别号或统一社会信用代码。

③标的公司是否限制性行业：以其他境内居民企业股权实施股权奖励的，根据标的公司上一纳税年度主营业务收入占比最高的行业，确定是否属于财政部、国家税务总局《关于完善股权激励和技术入股有关所得税政策的通知》（财税〔2016〕101号）附件《股权奖励税收优惠政策限制性行业目录》所列行业。属于所列行业选“是”，不属于所列行业选“否”。

（三）股权激励明细情况

1. 姓名：填写纳税人姓名。中国境内无住所个人，其姓名应当用中、外文同时填写。

2. 身份证照类型：填写能识别纳税人唯一身份的身份证、军官证、某证、护照、港澳居民来往内地通行证、台湾居民来往大陆通行证等有效证照名称。

3. 身份证照号码：填写能识别纳税人唯一身份的号码。

4. 股票（权）期权栏：以股票（权）期权形式实施激励的企业填写本栏。没有则不填。

①授予日：填写股票（权）期权计划中，授予被激励对象股票（权）期权的实际日期。

②行权日：填写根据股票（权）期权计划，行权购买股票（权）的实际日期。

③可出售日：填写根据股票（权）期权计划，股票（权）期权同时满足自授予日起持有满 3 年且自行权日起持有满 1 年条件后，实际可以对外出售的日期。

④取得成本：填写被激励对象股票（权）期权行权时，按行权价实际出资的金额。

⑤股数、持股比例：填写被激励对象实际取得的股数以及对应的持股比例。若非上市公司因公司注册类型限制，难以用股数体现被激励对象股权激励权益的，可只填写持股比例，持股比例按照保留小数点后两位填写。

5. 限制性股票栏：以限制性股票形式实施激励的企业填写本栏。没有则不填。

①授予日：填写限制性股票计划中，授予被激励对象限制性股票的实际日期。

②解禁日：填写根据限制性股票计划，被激励对象取得限制性股票达到规定条件而解除出售限制的具体日期。

③可出售日：填写根据限制性股票计划，限制性股票同时满足自授予日起持有满 3 年且解禁后持有满 1 年条件后，实际可以对外出售的日期。

④取得成本：填写被激励对象取得限制性股票时的实际出资金额。

⑤股数、持股比例：填写被激励对象实际取得的股数以及对应的持股比例。若非上市公司因公司注册类型限制，难以用股数体现被激励对象股权激励权益的，可只填写持股比例，持股比例按照保留小数点后两位填写。

6. 股权奖励栏：以股权奖励形式实施激励的企业填写本栏。没有则不填。

①授予日：填写授予被激励对象股权奖励的实际日期。

②可出售日：填写根据股权奖励计划，自获得奖励之日起持有满3年后，实际可以对外出售的日期。

③股数、持股比例：填写被激励对象实际取得的股数以及对应的持股比例。若非上市公司因公司注册类型限制，难以用股数体现被激励对象股权激励权益的，可只填写持股比例，持股比例按照保留小数点后两位填写。

四、本表一式二份

主管税务机关受理后，由非上市公司和主管税务机关分别留存。

个人所得税递延纳税情况年度报告表

报告所属期：　　年　　　　　　　　　　　　　　　　　　单位：股，%，人民币元（列至角分）

<table>
<tr><td colspan="25">公司基本情况</td></tr>
<tr><td colspan="3">公司名称</td><td colspan="5"></td><td colspan="4">纳税人识别号</td><td colspan="3"></td><td colspan="2">联系人</td><td colspan="3"></td><td colspan="2">联系电话</td><td colspan="3"></td></tr>
<tr><td colspan="25">递延纳税有关情况</td></tr>
<tr><td colspan="7">递延纳税股票（权）形式</td><td colspan="18">□股票（权）期权　□限制性股票　□股权奖励　□技术成果投资入股</td></tr>
<tr><td colspan="25">递延纳税明细情况</td></tr>
<tr><td rowspan="3">序号</td><td rowspan="3">姓名</td><td rowspan="3">身份证照类型</td><td rowspan="3">身份证照号码</td><td colspan="5">总体情况</td><td colspan="4">股票（权）期权</td><td colspan="4">限制性股票</td><td colspan="4">股权奖励</td><td colspan="4">技术成果投资入股</td></tr>
<tr><td colspan="2">转让情况</td><td colspan="2">剩余情况</td><td rowspan="2">扣缴个人所得税</td><td colspan="2">转让情况</td><td colspan="2">剩余情况</td><td colspan="2">转让情况</td><td colspan="2">剩余情况</td><td colspan="2">转让情况</td><td colspan="2">剩余情况</td><td colspan="2">转让情况</td><td colspan="2">剩余情况</td></tr>
<tr><td>股数</td><td>持股比例</td><td>股数</td><td>持股比例</td><td>股数</td><td>持股比例</td><td>股数</td><td>持股比例</td><td>股数</td><td>持股比例</td><td>股数</td><td>持股比例</td><td>股数</td><td>持股比例</td><td>股数</td><td>持股比例</td><td>股数</td><td>持股比例</td><td>股数</td><td>持股比例</td></tr>
<tr><td></td><td></td><td></td><td></td><td></td><td></td><td></td><td></td><td></td><td></td><td></td><td></td><td></td><td></td><td></td><td></td><td></td><td></td><td></td><td></td><td></td><td></td><td></td><td></td><td></td></tr>
<tr><td></td><td></td><td></td><td></td><td></td><td></td><td></td><td></td><td></td><td></td><td></td><td></td><td></td><td></td><td></td><td></td><td></td><td></td><td></td><td></td><td></td><td></td><td></td><td></td><td></td></tr>
<tr><td></td><td></td><td></td><td></td><td></td><td></td><td></td><td></td><td></td><td></td><td></td><td></td><td></td><td></td><td></td><td></td><td></td><td></td><td></td><td></td><td></td><td></td><td></td><td></td><td></td></tr>
<tr><td></td><td></td><td></td><td></td><td></td><td></td><td></td><td></td><td></td><td></td><td></td><td></td><td></td><td></td><td></td><td></td><td></td><td></td><td></td><td></td><td></td><td></td><td></td><td></td><td></td></tr>
<tr><td></td><td></td><td></td><td></td><td></td><td></td><td></td><td></td><td></td><td></td><td></td><td></td><td></td><td></td><td></td><td></td><td></td><td></td><td></td><td></td><td></td><td></td><td></td><td></td><td></td></tr>
<tr><td></td><td></td><td></td><td></td><td></td><td></td><td></td><td></td><td></td><td></td><td></td><td></td><td></td><td></td><td></td><td></td><td></td><td></td><td></td><td></td><td></td><td></td><td></td><td></td><td></td></tr>
<tr><td></td><td></td><td></td><td></td><td></td><td></td><td></td><td></td><td></td><td></td><td></td><td></td><td></td><td></td><td></td><td></td><td></td><td></td><td></td><td></td><td></td><td></td><td></td><td></td><td></td></tr>
<tr><td colspan="25">谨声明：此表是根据《中华人民共和国个人所得税法》及有关法律法规规定填写的，是真实的、完整的、可靠的。
公司法定代表人签章：　　　年　　月　　日</td></tr>
<tr><td colspan="8">公司签章：
经办人：
填报日期：　　　年　　月　　日</td><td colspan="8">代理申报机构（人）签章：
经办人：
经办人执业证件号码：
代理申报日期：　　年　　月　　日</td><td colspan="9">主管税务机关印章：
受理人：
受理日期：　　年　　月　　日</td></tr>
</table>

国家税务总局监制

《个人所得税递延纳税情况年度报告表》填表说明

一、适用范围

本表适用于实施符合条件股权激励的非上市公司和取得个人技术成果的境内公司,在递延纳税期间向主管税务机关报告个人相关股权持有和转让情况。

二、报送期限

实施股权激励的非上市公司和取得个人技术成果的境内公司,应于每个纳税年度终了30日内报送本表。

三、表内各栏

(一)公司基本情况

1. 公司名称:填写实施股权激励的非上市公司,或者取得个人技术成果的境内公司的法定名称全称。

2. 纳税人识别号:填写纳税人识别号或统一社会信用代码。

3. 联系人、联系电话:填写负责办理股权激励或技术成果投资入股相关涉税事项人员的相关情况。

(二)递延纳税有关情况

递延纳税股票(权)形式:根据递延纳税的股票(权)形式勾选。

(三)递延纳税明细情况

1. 姓名:填写纳税人姓名。中国境内无住所个人,其姓名应当用中、外文同时填写。

2. 身份证照类型:填写能识别纳税人唯一身份的身份证、军官证、某证、护照、港澳居民来往内地通行证、台湾居民来往大陆通行证等有效证照名称。

3. 身份证照号码:填写能识别纳税人唯一身份的号码。

4. 总体情况、股票(权)期权、限制性股票、股权奖励、技术成果投资入股栏:填写个人转让和剩余享受递延纳税优惠的股票(权)相关情况。

①股数、持股比例:填写个人实际转让或剩余的享受递延纳税优惠的股票(权)数以及对应的持股比例。若非上市公司因公司注册类型限制,难以用股票(权)数体现个人相关权益的,可只填列持股比例,持股比例按照保留小数点后两位填写。

②扣缴个人所得税:填写个人转让递延纳税的股权,扣缴义务人实际扣缴的个人所得税。

四、本表一式二份

主管税务机关受理后,由扣缴义务人和主管税务机关分别留存。

个人所得税分期缴纳备案表（股权奖励）

备案编号（主管税务机关填写）：　　　　　　　　　　　　　　　　　金额单位：人民币元（列至角分）

<table>
<tr><td colspan="20">扣缴单位基本情况</td></tr>
<tr><td colspan="2">扣缴单位名称</td><td colspan="3"></td><td colspan="2">纳税人识别号</td><td colspan="4"></td><td colspan="5">高新技术企业证书编号</td><td colspan="4"></td></tr>
<tr><td colspan="2">地　址</td><td colspan="3"></td><td colspan="2">联系人</td><td colspan="2"></td><td colspan="2">电　话</td><td colspan="3"></td><td colspan="4">总股本（实收资本）</td><td colspan="2"></td></tr>
<tr><td colspan="20">分期缴税情况</td></tr>
<tr><td colspan="3">股权价格确定方法</td><td colspan="13">□上市公司股票 □净资产法 □类比法 □其他合理方法＿＿＿＿＿</td><td colspan="2">每股价格</td><td colspan="2"></td></tr>
<tr><td rowspan="3">序号</td><td rowspan="3">姓名</td><td rowspan="3">身份证件类型</td><td rowspan="3">身份证件号码</td><td rowspan="3">股权奖励时间</td><td rowspan="3">获得股份数</td><td rowspan="3">持股比例</td><td rowspan="3">计税价格</td><td rowspan="3">应缴个人所得税</td><td colspan="10">分期缴税计划</td><td rowspan="3">签名</td></tr>
<tr><td colspan="2">第一年</td><td colspan="2">第二年</td><td colspan="2">第三年</td><td colspan="2">第四年</td><td colspan="2">第五年</td></tr>
<tr><td>缴税时间</td><td>缴税金额</td><td>缴税时间</td><td>缴税金额</td><td>缴税时间</td><td>缴税金额</td><td>缴税时间</td><td>缴税金额</td><td>缴税时间</td><td>缴税金额</td></tr>
<tr><td></td><td></td><td></td><td></td><td></td><td></td><td></td><td></td><td></td><td></td><td></td><td></td><td></td><td></td><td></td><td></td><td></td><td></td><td></td><td></td></tr>
<tr><td></td><td></td><td></td><td></td><td></td><td></td><td></td><td></td><td></td><td></td><td></td><td></td><td></td><td></td><td></td><td></td><td></td><td></td><td></td><td></td></tr>
<tr><td></td><td></td><td></td><td></td><td></td><td></td><td></td><td></td><td></td><td></td><td></td><td></td><td></td><td></td><td></td><td></td><td></td><td></td><td></td><td></td></tr>
<tr><td></td><td></td><td></td><td></td><td></td><td></td><td></td><td></td><td></td><td></td><td></td><td></td><td></td><td></td><td></td><td></td><td></td><td></td><td></td><td></td></tr>
<tr><td></td><td></td><td></td><td></td><td></td><td></td><td></td><td></td><td></td><td></td><td></td><td></td><td></td><td></td><td></td><td></td><td></td><td></td><td></td><td></td></tr>
<tr><td colspan="20">谨声明：此表是根据《中华人民共和国个人所得税法》及有关法律法规规定填写的，是真实的、完整的、可靠的。
扣缴单位负责人签字：　　　　　　扣缴单位盖章：　　　　年　　月　　日</td></tr>
<tr><td colspan="10">代理申报机构（人）签章：
经办人：
经办人执业证件号码：
代理申报日期：　　年　　月　　日</td><td colspan="10">主管税务机关受理章：
受理人：

受理日期：　　年　　月　　日</td></tr>
</table>

国家税务总局监制

《个人所得税分期缴纳备案表(股权奖励)》填表说明

本表适用于个人取得股权奖励,其扣缴义务人向主管税务机关办理分期缴纳个人所得税备案事宜。本表一式二份,主管税务机关受理后,由扣缴义务人和主管税务机关分别留存。

一、备案编号:由主管税务机关自行编制。

二、纳税人识别号:填写税务机关赋予的18位纳税人识别号。

三、高新技术企业证书编号:填写高新技术企业认定部门核发的有效期内的高新技术企业证书编号。

四、股权价格确定方法:根据适用的公平市场价格确定方法勾选。选择其他合理方法的,应在横线中写明具体方法名称。

五、每股价格:填写按照股权价格确定方法计算的每股价格。

六、股权奖励时间:填写纳税人实际获得股权奖励的具体日期。纳税人在一个月份中多次取得股权奖励的,可一并填写。

七、获得股份数、持股比例:填写纳税人实际取得的股权份额及持股比例。纳税人在一个月份中多次取得股权奖励的,可合并填写。

八、计税价格:计税价格 = 每股价格 × 获得股份数,或根据持股比例换算。

九、应缴个人所得税:应缴个人所得税 =(计税价格 ÷ 规定月份数 × 税率 - 速算扣除数)× 规定月份数。

税率按照《个人所得税法》中《个人所得税税率表一》(工资、薪金所得适用)[现为《个人所得税税率表一》(综合所得适用)]确定。

规定月份数按照本公告①有关规定确定。

十、计划缴税时间:按年度填写每一年度计划缴税的截止月份。

十一、计划缴税金额:填写每一年度计划分期缴纳的个人所得税金额。

① 国家税务总局《关于股权奖励和转增股本个人所得税征管问题的公告》(国家税务总局公告2015年第80号)。

个人所得税分期缴纳备案表（转增股本）

备案编号（主管税务机关填写）：　　　　　　　　　　　　　　金额单位：人民币元（列至角分）

扣缴单位基本情况							
扣缴单位名称		纳税人识别号			高新技术企业证书编号		
地　址		联系人		电　话			
年销售额		资产总额		员工人数		总股本（实收资本）	
转增股本情况							
未分配利润转增金额		盈余公积转增金额			资本公积转增金额		

分期缴税情况																		
序号	姓名	身份证件类型	身份证件号码	持有股份数	持股比例	计税金额	应缴个人所得税	分期缴税计划										签名
								第一年		第二年		第三年		第四年		第五年		
								缴税时间	缴税金额	缴税时间	缴税金额	缴税时间	缴税金额	缴税时间	缴税金额	缴税时间	缴税金额	

谨声明：此表是根据《中华人民共和国个人所得税法》及有关法律法规规定填写的，是真实的、完整的、可靠的。

扣缴单位负责人签字：　　　　　　　　　　扣缴单位盖章：　　年　　月　　日

代理申报机构（人）签章： 经办人： 经办人执业证件号码： 代理申报日期：　　年　　月　　日	主管税务机关受理章： 受理人： 受理日期：　　年　　月　　日

国家税务总局监制

《个人所得税分期缴纳备案表(转增股本)》填表说明

本表适用于个人因转增股本取得所得,其扣缴义务人向主管税务机关办理分期缴纳个人所得税备案事宜。本表一式二份,主管税务机关受理后,由扣缴义务人和主管税务机关分别留存。

一、备案编号:由主管税务机关自行编制。

二、纳税人识别号:填写税务机关赋予的18位纳税人识别号。

三、高新技术企业证书编号:填写高新技术企业认定部门核发的有效期内的高新技术企业证书编号。

四、年销售额:填写企业上一个会计年度的主营业务收入。

五、资产总额、员工人数、总股本(实收资本):填写企业转增股本当月相关数据。

六、转增股本情况:填写企业转增股本的相关情况。

七、计税金额:计税金额=(未分配利润转增金额+盈余公积转增金额+资本公积转增金额)×持股比例。

八、应缴个人所得税:应缴个人所得税=计税金额×20%。

九、计划缴税时间:按年度填写每一年度计划缴税的截止月份。

十、计划缴税金额:填写每一年度计划分期缴纳的个人所得税金额。

技术成果投资入股个人所得税递延纳税备案表

备案编号（主管税务机关填写）： 单位：股，%，人民币元（列至角分）

<table>
<tr><td colspan="9">被投资公司基本情况</td></tr>
<tr><td colspan="2">公司名称</td><td></td><td>纳税人识别号</td><td></td><td>联系人</td><td></td><td>联系电话</td><td></td></tr>
<tr><td colspan="9">技术成果基本情况</td></tr>
<tr><td colspan="2">技术成果名称</td><td></td><td>技术成果类型</td><td></td><td>发证部门</td><td></td><td>技术成果证书编号</td><td></td></tr>
<tr><td colspan="9">技术成果投资入股情况</td></tr>
<tr><td colspan="2">涉及人数</td><td></td><td>评估价（协议价）</td><td></td><td>技术成果原值</td><td></td><td>合理税费</td><td></td></tr>
<tr><td colspan="9">技术成果投资入股个人基本情况</td></tr>
<tr><td>序号</td><td>姓名</td><td>身份证照类型</td><td>身份证照号码</td><td colspan="2">联系地址</td><td>联系电话</td><td>股数</td><td>持股比例</td></tr>
<tr><td></td><td></td><td></td><td></td><td colspan="2"></td><td></td><td></td><td></td></tr>
<tr><td></td><td></td><td></td><td></td><td colspan="2"></td><td></td><td></td><td></td></tr>
<tr><td></td><td></td><td></td><td></td><td colspan="2"></td><td></td><td></td><td></td></tr>
<tr><td></td><td></td><td></td><td></td><td colspan="2"></td><td></td><td></td><td></td></tr>
<tr><td></td><td></td><td></td><td></td><td colspan="2"></td><td></td><td></td><td></td></tr>
<tr><td></td><td></td><td></td><td></td><td colspan="2"></td><td></td><td></td><td></td></tr>
<tr><td colspan="9">谨声明：此表是根据《中华人民共和国个人所得税法》及相关法律法规规定填写的，是真实的、完整的、可靠的。
被投资公司法定代表人签字：　　　　年　　月　　日</td></tr>
<tr><td colspan="3">公司签章：
经办人：
填报日期：　　年　　月　　日</td><td colspan="3">代理申报机构（人）签章：
经办人：
经办人执业证件号码：
代理申报日期：　　年　　月　　日</td><td colspan="3">主管税务机关印章：
受理人：
受理日期：　　年　　月　　日</td></tr>
</table>

国家税务总局监制

《技术成果投资入股个人所得税递延纳税备案表》填表说明

一、适用范围

本表适用于个人以技术成果投资入股境内非上市公司并选择递延纳税的,被投资公司向主管税务机关办理相关个人所得税递延纳税备案事宜时填报。备案表区分投资入股的技术成果,分别填写。

二、报送期限

企业应于被投资公司取得技术成果并支付股权之次月15日内报送。

三、表内各栏

(一)被投资公司基本情况

1. 公司名称:填写接受技术成果投资入股的公司名称全称。

2. 纳税人识别号:填写纳税人识别号或统一社会信用代码。

3. 联系人、联系电话:填写接受技术成果投资入股公司负责办理个人所得税递延纳税备案人员的相关情况。

(二)技术成果基本情况

1. 技术成果名称:填写技术成果的标准名称。

2. 技术成果类型:是指《财政部 国家税务总局关于完善股权激励和技术入股有关所得税政策的通知》(财税〔2016〕101号)规定的专利技术(含国防专利)、计算机软件著作权、集成电路布图设计专有权、植物新品种权、生物医药新品种,以及科技部、财政部、国家税务总局确定的其他技术成果。

3. 发证部门:填写颁发技术成果证书的部门全称。

4. 技术成果证书编号:填写技术成果证书上的编号。

(三)技术成果投资入股情况

1. 涉及人数:填写技术成果投资协议中以该项技术成果投资入股的人数。

2. 评估价(协议价):填写技术成果投资入股按照协议确定的公允价值。

3. 技术成果原值:填写个人发明或取得该项技术成果过程中实际发生的支出。

4. 合理税费:填写个人以技术成果投资入股过程中按规定实际支付的有关税费。

(四)技术成果投资入股个人基本情况

1. 姓名:填写技术成果投资入股个人的姓名,中国境内无住所个人,其姓名应当用中、外文同时填写。

2. 身份证照类型:填写能识别技术成果投资入股个人的唯一身份的身份证、军官证、某证、护照、港澳居民来往内地通行证、台湾居民来往大陆通行证等有效证照名称。

3. 身份证照号码:填写能识别技术成果投资入股个人的唯一身份的号码。

4. 联系地址和联系电话:填写技术成果投资入股个人的有效联系地址和常用联系电话。

5. 股数:填写个人因技术成果投资入股获得的股票(权)数。

6. 持股比例:按照保留小数点后两位填写。

7. 技术成果投资入股个人基本情况如果填写不下,可另附纸填写。

四、本表一式二份

主管税务机关受理后,由扣缴义务人和主管税务机关分别留存。

上市公司股权激励个人所得税延期纳税备案表

备案编号（主管税务机关填写）： 单位：股，人民币元（列至角分）

<table>
<tr><td colspan="19">公司基本情况</td></tr>
<tr><td colspan="2">公司名称</td><td colspan="3"></td><td colspan="2">纳税人识别号</td><td colspan="3"></td><td colspan="2">股票代码</td><td></td><td>联系人</td><td colspan="2"></td><td colspan="2">联系电话</td><td></td></tr>
<tr><td colspan="19">股权激励基本情况</td></tr>
<tr><td colspan="2">股权激励形式</td><td colspan="17">□股票期权　□限制性股票　□股权奖励</td></tr>
<tr><td colspan="19">股权激励明细情况</td></tr>
<tr><td rowspan="2">序号</td><td rowspan="2">姓名</td><td rowspan="2">身份证照类型</td><td rowspan="2">身份证照号码</td><td rowspan="2">任职受雇月数</td><td colspan="4">股票期权</td><td colspan="7">限制性股票</td><td colspan="3">股权奖励</td></tr>
<tr><td>行权日</td><td>行权日市价</td><td>行权价</td><td>行权股数</td><td>股票登记日</td><td>股票登记日市价</td><td>解禁日</td><td>解禁日市价</td><td>实际出资总额</td><td>本批次解禁数</td><td>总股票数</td><td>授予日</td><td>授予日市价</td><td>奖励股票数</td></tr>
<tr><td></td><td></td><td></td><td></td><td></td><td></td><td></td><td></td><td></td><td></td><td></td><td></td><td></td><td></td><td></td><td></td><td></td><td></td><td></td></tr>
<tr><td></td><td></td><td></td><td></td><td></td><td></td><td></td><td></td><td></td><td></td><td></td><td></td><td></td><td></td><td></td><td></td><td></td><td></td><td></td></tr>
<tr><td></td><td></td><td></td><td></td><td></td><td></td><td></td><td></td><td></td><td></td><td></td><td></td><td></td><td></td><td></td><td></td><td></td><td></td><td></td></tr>
<tr><td></td><td></td><td></td><td></td><td></td><td></td><td></td><td></td><td></td><td></td><td></td><td></td><td></td><td></td><td></td><td></td><td></td><td></td><td></td></tr>
<tr><td></td><td></td><td></td><td></td><td></td><td></td><td></td><td></td><td></td><td></td><td></td><td></td><td></td><td></td><td></td><td></td><td></td><td></td><td></td></tr>
<tr><td></td><td></td><td></td><td></td><td></td><td></td><td></td><td></td><td></td><td></td><td></td><td></td><td></td><td></td><td></td><td></td><td></td><td></td><td></td></tr>
<tr><td></td><td></td><td></td><td></td><td></td><td></td><td></td><td></td><td></td><td></td><td></td><td></td><td></td><td></td><td></td><td></td><td></td><td></td><td></td></tr>
<tr><td></td><td></td><td></td><td></td><td></td><td></td><td></td><td></td><td></td><td></td><td></td><td></td><td></td><td></td><td></td><td></td><td></td><td></td><td></td></tr>
<tr><td colspan="19">谨声明：此表是根据《中华人民共和国个人所得税法》及有关法律法规规定填写的，是真实的、完整的、可靠的。
法定代表人签章：　　年　月　日</td></tr>
<tr><td colspan="7">公司签章：
经办人：
填报日期：　年　月　日</td><td colspan="6">代理申报机构（人）签章：
经办人：
经办人执业证件号码：
代理申报日期：　年　月　日</td><td colspan="6">主管税务机关印章：
受理人：
受理日期：　年　月　日</td></tr>
</table>

国家税务总局监制

《上市公司股权激励个人所得税延期纳税备案表》填表说明

一、适用范围

本表适用于实施股权激励的上市公司向主管税务机关办理个人所得税延期缴纳备案事宜时填报。

二、报送期限

企业应于股票期权行权、限制性股票解禁、股权奖励获得之次月 15 日内报送本表。

三、表内各栏

(一)公司基本情况

1. 公司名称:填写实施股权激励的上市公司法定名称全称。

2. 纳税人识别号:填写纳税人识别号或统一社会信用代码。

3. 联系人、联系电话:填写上市公司负责办理股权激励及相关涉税事项人员的相关情况。

(二)股权激励基本情况

股权激励形式:根据实施股权激励的形式勾选。

(三)股权激励明细情况

1. 姓名:填写纳税人姓名。中国境内无住所个人,其姓名应当用中、外文同时填写。

2. 身份证照类型:填写能识别纳税人唯一身份的身份证、军官证、某证、护照、港澳居民来往内地通行证、台湾居民来往大陆通行证等有效证照名称。

3. 身份证照号码:填写能识别纳税人唯一身份的号码。

4. 任职受雇月数:填写被激励对象在本公司实际任职受雇月份数。

5. 股票期权栏:以股票期权形式实施激励的企业填写本栏。没有则不填。

①行权日:填写根据股票期权计划,行权购买股票的实际日期。

②行权日市价:填写被激励对象所持股票行权购买日的收盘价。

③行权价:填写被激励对象股票期权行权时,实际出资的每股金额。

④行权股数:填写被激励对象本次行权取得的股票数量。

6. 限制性股票栏:以限制性股票形式实施激励的企业填写本栏。没有则不填。

①股票登记日:填写被激励对象取得的限制性股票在中国登记结算公司进行股票登记的日期。

②股票登记日市价:填写股票登记日的收盘价。

③解禁日：填写根据限制性股票计划，被激励对象取得限制性股票达到规定条件而解除出售限制的具体日期。

④解禁日市价：填写股票解禁日的收盘价。

⑤实际出资总额：填写被激励对象为获取限制性股票实际支付资金数额。

⑥本批次解禁数：填写本次股票解禁的股数。

⑦总股票数：填写被激励对象获取的限制性股票总数。

7. 股权奖励栏：以股权奖励形式实施激励的企业填写本栏。没有则不填。

①授予日：填写授予被激励对象获得股票的实际日期。

②授予日市价：填写股票授予日的收盘价。

③奖励股票数：填写被激励对象获取的股票总数。

四、本表一式二份

主管税务机关受理后，由上市公司和主管税务机关分别留存。

六、资料报送与信息采集

合伙制创业投资企业单一投资基金核算方式备案表

（　　至　　年度）

备案编号（主管税务机关填写）：

创投企业（基金）名称	
纳税人识别号（统一社会信用代码）	
创投企业（基金）备案管理机构	□发展改革部门　□证券监管部门
管理机构备案编号	
管理机构备案时间	
谨声明：本表是根据国家税收法律法规及相关规定填报的，是真实的、可靠的、完整的。 创投企业（基金）印章：　　年　月　日	
经办人签字： 经办人身份证件号码： 代理机构签章： 代理机构统一社会信用代码：	受理人： 受理税务机关（章）： 受理日期：　　年　月　日

国家税务总局监制

《合伙制创业投资企业单一投资基金核算方式备案表》填表说明

一、适用范围

本表适用于合伙制创业投资企业（含创投基金，以下统称创投企业）选择按单一投资基金核算，按规定向主管税务机关进行核算类型备案。

二、报送期限

选择按单一投资基金核算的创投企业，应当在管理机构完成备案的30日内，向主管税务机关进行核算方式备案，报送本表。

创投企业选择一种核算方式满3年需要调整的，应当在满3年的次年1月31日前，重新向主管税务机关备案，报送本表。

三、本表各栏填写

1. 创投企业（基金）名称：填写创投企业的法定名称全称。

2. 纳税人识别号（统一社会信用代码）：填写创投企业的纳税人识别号或统一社会信用代码。

3. 创投企业（基金）备案管理机构：选择创投企业备案的机构名称，在“发展改革部门”或“证券监管部门”备案的，分别在对应框中打“√”。

4. 管理机构备案编号：填写创投企业在国家发展和改革委员会或中国证券投资基金业协会备案的编号。

5. 管理机构备案时间：填写创投企业在国家发展和改革委员会或中国证券投资基金业协会备案的时间。

四、其他事项说明

以纸质方式报送本表的，应当一式两份，扣缴义务人、税务机关各留存一份。

教育事业和其他公益慈善事业捐赠信息采集表

纳税人姓名：	纳税人识别号：
票据名称	
票据号码	
票据开具时间	
捐赠项目	
捐赠金额	
接受单位	

续表

<table>
<tr><td>捐赠扣除类型</td><td colspan="2">□全额扣除　　□限额扣除</td></tr>
<tr><td colspan="3">谨声明：此表是根据《中华人民共和国个人所得税法》及有关法律法规规定填写的，是真实的、完整的、可靠的。本人允许扣缴义务人在代扣代缴本人个人所得税申报时，调用本采集数据。</td></tr>
<tr><td colspan="3">纳税人签字：　　年　　月　　日　　　扣缴义务人签章：　　年　　月　　日</td></tr>
<tr><td colspan="2">代理机构（人）签章：
代理机构（人）纳税人识别号：
代理机构（人）经办人：
代理申报日期：　　年　　月　　日</td><td>受理主管税务机关（受理章）：
受理人：

受理日期：　　年　　月　　日</td></tr>
</table>

国家税务总局监制

《教育事业和其他公益慈善事业捐赠信息采集表》填表说明

一、适用范围

本表适用于纳税人在发生教育事业和其他公益慈善事业捐赠或捐赠采集信息有误时，向税务机关报送，或是向扣缴义务人提供，由扣缴义务人向税务机关报送。需随表附列捐赠票据等相关资料。

二、本表各栏填写

（一）表头项目

纳税人姓名：填写自然人纳税人姓名。

纳税人识别号：填写能识别纳税人唯一身份的号码。

（二）表内各栏

票据名称：填写捐赠票据名称。

票据号码：填写捐赠票据号码。

票据开具时间：填写捐赠票据的开具日期。

捐赠项目：填写捐赠票据中的捐赠项目。

捐赠金额：填写捐赠票据中的捐赠金额。

接受单位：填写捐赠票据中的接受单位名称。

捐赠扣除类型：在对应框内打“√”。

科技成果转化暂不征收个人所得税备案表

备案编号（主管税务机关填写）：　　　　　　　　　　　　　　　　　　　　金额单位：人民币元（列至角分）

奖励单位基本情况										
奖励单位名称			纳税人识别号			地址		联系人		电话
获奖人员基本情况										
序号	姓名	身份证照类型	身份证照号码	职务	获奖时间	获得股权奖励形式及数量		涉及单位名称	获奖金额	签名
						股份数量（股）	出资比例（%）			
科技成果基本情况										
科技成果名称				基本情况说明						
谨声明：此表是根据《中华人民共和国个人所得税法》及有关法律法规规定填写的，是真实的、完整的、可靠的。										
科研机构或高等学校签章： 经办人（获奖人）： 办理日期：　年　月　日						主管税务机关受理章： 受理人： 受理日期：　年　月　日				

国家税务总局监制

《科技成果转化暂不征收个人所得税备案表》填表说明

1. 本表适用于将职务科技成果转化为股份、投资比例的科研机构、高等学校或者获奖人员向主管税务机关办理暂不征收个人所得税备案事宜。本表一式二份，主管税务机关受理后，由科研机构、高等学校或者获奖人员和主管税务机关分别留存。

2. 备案编号：由主管税务机关自行编制。

3. 纳税人识别号：填写税务机关赋予的纳税人识别号。

4. 职务：填写获得奖励的纳税人在科研机构或高等学校中担任的职务。

5. 获奖时间：填写纳税人实际获得奖励的具体日期。纳税人在备案时限内多次取得奖励的，需分别填写。

6. 获得股权奖励形式及数量：在对应奖励形式下填写纳税人实际取得的股份数量或出资比例。

7. 涉及单位名称：填写股份或出资比例等被用作奖励的单位名称。纳税人奖励涉及多家单位的，可一并填写。

8. 获奖金额：填写纳税人获得奖励的股份、出资比例等股权的价值。

9. 科技成果名称：填写科技成果的标准名称。

10. 基本情况说明：对科技成果的基本情况进行简要说明。

11. 若获奖人员和科技成果基本情况填写不下，可另附纸填写。

12. 获奖人员办理时，所有项目均需填写，并在经办人（获奖人）处签字，同时加盖科研机构或高等学校签章。

科技人员取得职务科技成果转化现金奖励个人所得税备案表

备案编号（主管税务机关填写）：　　　　单位：人民币元（列至角分）

扣缴义务人基本情况						
扣缴义务人名称		扣缴义务人纳税人识别号		扣缴义务人类型	□国家设立的科研机构 □国家设立的高校 □民办非营利性科研机构 □民办非营利性高校 □其他________	
科技成果基本情况						
科技成果名称		科技成果类型		发证部门		科技成果证书编号	

续表

<table>
<tr><td colspan="9">科技成果转化及现金奖励公示情况</td></tr>
<tr><td colspan="2">转化方式</td><td>□转让
□许可使用</td><td>技术合同登记机构</td><td></td><td>技术合同编号</td><td></td><td>技术合同项目名称</td><td></td></tr>
<tr><td colspan="2">取得转化收入金额</td><td></td><td>取得转化收入时间</td><td></td><td>公示结果文件文号</td><td></td><td>公示结果文件名称</td><td></td></tr>
<tr><td colspan="9">科技人员取得现金奖励基本情况</td></tr>
<tr><td>序号</td><td>姓名</td><td colspan="2">身份证照类型</td><td colspan="2">身份证照号码</td><td>现金奖励金额</td><td colspan="2">现金奖励取得时间</td></tr>
<tr><td></td><td></td><td colspan="2"></td><td colspan="2"></td><td></td><td colspan="2"></td></tr>
<tr><td></td><td></td><td colspan="2"></td><td colspan="2"></td><td></td><td colspan="2"></td></tr>
<tr><td></td><td></td><td colspan="2"></td><td colspan="2"></td><td></td><td colspan="2"></td></tr>
<tr><td></td><td></td><td colspan="2"></td><td colspan="2"></td><td></td><td colspan="2"></td></tr>
<tr><td></td><td></td><td colspan="2"></td><td colspan="2"></td><td></td><td colspan="2"></td></tr>
<tr><td></td><td></td><td colspan="2"></td><td colspan="2"></td><td></td><td colspan="2"></td></tr>
<tr><td colspan="9">谨声明：此表是根据《中华人民共和国个人所得税法》及相关法律法规规定填写的，是真实的、完整的、可靠的。</td></tr>
<tr><td colspan="5">单位签章：
经办人：
填报日期：　　　年　　月　　日</td><td colspan="4">主管税务机关印章：
受理人：
受理日期：　　　年　　月　　日</td></tr>
</table>

国家税务总局监制

《科技人员取得职务科技成果转化现金奖励个人所得税备案表》填表说明

一、适用范围

本表适用于科技人员取得职务科技成果转化现金奖励（以下简称现金奖励），扣缴义务人向主管税务机关办理相关个人所得税备案时填报。

二、报送期限

扣缴义务人应于向科技人员实际发放现金奖励之日的次月 15 日内报送。

三、表内各栏

（一）扣缴义务人基本情况

1. 扣缴义务人名称：填写发放现金奖励的单位名称全称。

2. 扣缴义务人纳税人识别号:填写扣缴义务人的纳税人识别号或统一社会信用代码。

3. 扣缴义务人类型:根据实际登记类型进行勾选,选择其他类型的,应在横线中写明符合规定的具体类型。

(二)科技成果基本情况

1. 科技成果名称:填写科技成果的标准名称。

2. 科技成果类型:填写专利技术(含国防专利)、计算机软件著作权、集成电路布图设计专有权、植物新品种权、生物医药新品种或科技部、财政部、国家税务总局确定的其他科技成果。

3. 发证部门:填写颁发科技成果证书的部门全称。

4. 科技成果证书编号:填写科技成果证书上的编号。

(三)科技成果转化及现金奖励公示情况

1. 转化方式:根据实际转化方式进行勾选。

2. 技术合同登记机构:填写技术合同登记机构全称。

3. 技术合同编号:填写技术合同编号。

4. 技术合同项目名称:填写技术合同项目名称。

5. 取得转化收入金额:填写扣缴义务人本次发放现金奖励对应的职务科技成果转化收入金额。

6. 取得转化收入时间:填写扣缴义务人发放现金奖励所对应的职务科技成果转化收入的实际取得时间。

7. 公示结果文件文号:填写列明科技人员取得现金奖励公示结果的文件文号。

8. 公示结果文件名称:填写列明科技人员取得现金奖励公示结果的文件名称。

(四)科技人员取得现金奖励基本情况

1. 姓名:填写取得现金奖励科技人员的姓名。中国境内无住所个人,其姓名应当用中、外文同时填写。

2. 身份证照类型:填写能识别取得现金奖励科技人员的唯一身份的身份证、军官证、护照、港澳居民来往内地通行证、台湾居民来往大陆通行证等有效证照名称。

3. 身份证照号码:填写能识别取得现金奖励科技人员的唯一身份的号码。

4. 现金奖励金额:填写科技人员实际取得的现金奖励金额。

5. 现金奖励取得时间:填写科技人员实际取得的现金奖励的时间。

四、本表一式二份

主管税务机关受理后，由扣缴义务人和主管税务机关分别留存。

合伙创投企业个人所得税投资抵扣情况表

（　　　　年度）

单位：%，人民币元（列至角分）

<table>
<tr><td colspan="11">合伙创投企业情况</td></tr>
<tr><td colspan="3">企业名称</td><td colspan="4"></td><td colspan="2">纳税人识别号</td><td colspan="2"></td></tr>
<tr><td colspan="3">投资情况备案编号</td><td colspan="8"></td></tr>
<tr><td colspan="3">当年新增符合条件的投资额合计</td><td colspan="4"></td><td colspan="2">新增可抵扣投资额</td><td colspan="2"></td></tr>
<tr><td colspan="11">个人合伙人相关情况</td></tr>
<tr><td>姓名</td><td>身份证件类型</td><td>身份证件号码</td><td>出资额</td><td>出资比例</td><td>分配比例</td><td>当年度分配的经营所得</td><td>结转上年可抵扣投资额</td><td>当年新增可抵扣投资额</td><td>当年实际抵扣投资额</td><td>结转抵扣投资额</td></tr>
<tr><td></td><td></td><td></td><td></td><td></td><td></td><td></td><td></td><td></td><td></td><td></td></tr>
<tr><td></td><td></td><td></td><td></td><td></td><td></td><td></td><td></td><td></td><td></td><td></td></tr>
<tr><td></td><td></td><td></td><td></td><td></td><td></td><td></td><td></td><td></td><td></td><td></td></tr>
<tr><td></td><td></td><td></td><td></td><td></td><td></td><td></td><td></td><td></td><td></td><td></td></tr>
<tr><td></td><td></td><td></td><td></td><td></td><td></td><td></td><td></td><td></td><td></td><td></td></tr>
<tr><td></td><td></td><td></td><td></td><td></td><td></td><td></td><td></td><td></td><td></td><td></td></tr>
<tr><td></td><td></td><td></td><td></td><td></td><td></td><td></td><td></td><td></td><td></td><td></td></tr>
<tr><td></td><td></td><td></td><td></td><td></td><td></td><td></td><td></td><td></td><td></td><td></td></tr>
<tr><td></td><td></td><td></td><td></td><td></td><td></td><td></td><td></td><td></td><td></td><td></td></tr>
<tr><td colspan="11">谨声明：本人（单位）知悉并保证本表填报内容及所附证明材料真实、完整，并承担因资料虚假而产生的法律和行政责任。
合伙创投企业印章：　　　　合伙创投企业负责人签章：　　　　年　　月　　日</td></tr>
<tr><td colspan="6">代理机构印章：
联系人：
填报日期：</td><td colspan="5">主管税务机关印章：
受理人：
受理日期：</td></tr>
</table>

国家税务总局监制

《合伙创投企业个人所得税投资抵扣情况表》填表说明

一、适用范围

本表适用于有限合伙制创业投资企业(以下简称合伙创投企业)投资境内种子期、初创期科技型企业(以下简称初创科技型企业),在符合投资抵扣税收优惠年度及以后年度,向主管税务机关报告有关情况并办理投资抵扣手续。

二、报送期限

合伙创投企业自符合投资抵扣税收优惠年度起,每个年度终了3个月内,向其注册地主管税务机关报送本表。

三、表内各栏

(一)合伙创投企业情况

1. 企业名称:填写合伙创投企业名称全称。

2. 纳税人识别号:填写合伙创投企业的纳税人识别号或统一社会信用代码。

3. 投资情况备案编号:填写合伙创投企业办理投资情况备案时,税务机关受理其填报的《合伙创投企业个人所得税投资抵扣备案表》赋予的备案编号。

4. 当年新增符合条件的投资额合计:填写当年《合伙创投企业个人所得税投资抵扣备案表》投资额合计。若当年无新增符合投资抵扣税收优惠条件的投资,则无须填写。

5. 新增可抵扣投资额:新增可抵扣投资额 = 当年新增符合条件的投资额合计 × 70%

(二)个人合伙人相关情况

本栏填报个人合伙人报告年度实际投资抵扣的有关情况。

1. 姓名:填写个人合伙人姓名。

2. 身份证件类型:填写个人合伙人办理个人所得税年度申报时使用的身份证件类型。

3. 身份证件号码:填写个人合伙人办理个人所得税年度申报时使用的身份证件号码。

4. 出资额:填写个人合伙人在投资满两年当年年末,对合伙创投企业的实缴出资额。

5. 出资比例:填写报告年度年末各合伙人对合伙创投企业的实缴出资额占所有合伙人全部实缴出资额的比例。

6. 分配比例:填写个人合伙人办理个人所得税年度申报时填报的分配比例。

7. 当年度分配的经营所得：填写报告年度个人合伙人按其分配比例自合伙创投企业计算分得的经营所得。

8. 结转上年可抵扣投资额：填写上年度此表“结转抵扣投资额”，上年无结转抵扣投资额的填“0”。

9. 当年新增可抵扣投资额：当年新增可抵扣投资额＝新增可抵扣投资额×出资比例。

10. 当年实际抵扣投资额：区别以下情况计算填写。

（1）当年度分配的经营所得＜结转上年可抵扣投资额＋当年新增可抵扣投资额时，当年实际抵扣投资额＝当年度分配的经营所得。

（2）当年度分配的经营所得≥结转上年可抵扣投资额＋当年新增可抵扣投资额时，当年实际抵扣投资额＝当年新增可抵扣投资额＋结转上年可抵扣投资额。

11. 结转抵扣投资额：结转抵扣投资额＝结转上年可抵扣投资额＋当年新增可抵扣投资额－当年实际抵扣投资额。

四、本表一式两份

主管税务机关受理后，由合伙创投企业和主管税务机关分别留存。

天使投资个人所得税投资抵扣情况表

单位：%，人民币元（列至角分）

<table>
<tr><td colspan="8">天使投资个人基本情况</td></tr>
<tr><td>姓名</td><td></td><td>身份证件类型</td><td></td><td>身份证件号码</td><td colspan="3"></td></tr>
<tr><td>国籍（地区）</td><td></td><td>联系电话</td><td></td><td>联系地址</td><td colspan="3"></td></tr>
<tr><td>投资抵扣备案编号</td><td></td><td>投资额</td><td></td><td>可抵扣投资额</td><td colspan="3"></td></tr>
<tr><td colspan="8">初创科技型企业基本情况</td></tr>
<tr><td>企业名称</td><td colspan="2"></td><td>纳税人识别号</td><td colspan="4"></td></tr>
<tr><td colspan="8">投资抵扣情况</td></tr>
<tr><td>股权转让时间</td><td>股权转让应纳税所得额</td><td>从已清算企业结转待抵扣投资额</td><td>本企业可抵扣投资额</td><td>可抵扣投资额合计</td><td>累计已抵扣投资额</td><td>本期抵扣投资额</td><td>结转抵扣投资额</td></tr>
<tr><td></td><td></td><td></td><td></td><td></td><td></td><td></td><td></td></tr>
</table>

续表

<table>
<tr><td colspan="2">谨声明:本人知悉并保证本表填报内容及所附证明材料真实、完整,并承担因资料虚假而产生的法律和行政责任。
天使投资个人签章:　　　年　月　日</td></tr>
<tr><td>代理机构印章:
联系人:
填报日期:</td><td>主管税务机关印章:
受理人:
受理日期:</td></tr>
</table>

国家税务总局监制

《天使投资个人所得税投资抵扣情况表》填表说明

一、适用范围

本表适用于天使投资个人投资境内种子期、初创期科技型企业(以下简称初创科技型企业),享受投资抵扣税收优惠时,向主管税务机关报告有关情况并办理投资抵扣手续。

二、报送期限

天使投资个人应于股权转让次月15日内或在限售股转让清算时,向主管税务机关报送本表。

三、表内各栏

(一)天使投资个人基本情况

1. 姓名:填写天使投资个人姓名。中国境内无住所个人,其姓名应当用中、外文同时填写。

2. 身份证件类型:填写能识别天使投资个人唯一身份的身份证、军官证、某证、护照、港澳居民来往内地通行证、台湾居民来往大陆通行证等有效证照名称。

3. 身份证件号码:填写能识别天使投资个人唯一身份的有效证照号码。

4. 国籍(地区):填写天使投资个人的国籍或者地区。

5. 联系电话、联系地址:填写天使投资个人的有效联系方式。

6. 投资抵扣备案编号:填写天使投资个人办理投资情况备案时,税务机关受理《天使投资个人所得税投资抵扣备案表》时赋予的备案编号。

7. 投资额:填写天使投资个人在转让初创科技型企业股权时,符合投资抵扣税收优惠条件的投资额合计。

8. 可抵扣投资额:可抵扣投资额 = 投资额 × 70%。

（二）初创科技型企业基本情况

1. 企业名称：填写初创科技型企业名称全称。

2. 纳税人识别号：填写初创科技型企业的纳税人识别号或统一社会信用代码。

（三）投资抵扣情况

1. 股权转让时间：填写天使投资个人转让初创科技型企业股权的具体时间。

2. 股权转让应纳税所得额：填写天使投资个人转让初创科技型企业股权取得的应纳税所得额。

3. 从已清算企业结转待抵扣投资额：填写天使投资个人投资的其他初创科技型企业注销清算时尚未抵扣完毕的可抵扣投资额。

4. 本企业可抵扣投资额：本企业可抵扣投资额 = 可抵扣投资额（天使投资个人基本情况栏）。

5. 可抵扣投资额合计：可抵扣投资额合计 = 从已清算企业结转待抵扣投资额 + 本企业可抵扣投资额。

6. 累计已抵扣投资额：填写天使投资个人前期转让初创科技型企业股权时已抵扣投资额合计。

7. 本期抵扣投资额：区别以下情况计算填写。

（1）股权转让应纳税所得额 < 可抵扣投资额合计 − 累计已抵扣投资额时，本期抵扣投资额 = 股权转让应纳税所得额。

（2）股权转让应纳税所得额≥可抵扣投资额合计 − 累计已抵扣投资额时，本期抵扣投资额 = 可抵扣投资额合计 − 累计已抵扣投资额。

8. 结转抵扣投资额：结转抵扣投资额 = 可抵扣投资额合计 − 累计已抵扣投资额 − 本期抵扣投资额。

四、本表一式两份

主管税务机关受理后，由天使投资个人和主管税务机关分别留存。

七、过渡期申报

本部分申报表为 2018 年 10 月 1 日至 2018 年 12 月 31 日，个人所得税法修正后实施的一个过渡期，在这一期间，有些项目适用修正前的规定，有些项目适用修正后的规定。

个人所得税生产经营所得纳税申报表（A 表）

税款所属期：　　年　月　日至　　年　月　日　　　　金额单位：人民币元（列至角分）

投资者信息	姓名		纳税人识别号	
被投资单位信息	名称		纳税人识别号	
征收方式	□查账征收（据实预缴）　□查账征收（按上年应纳税所得额预缴） □核定应税所得率征收　□核定应纳税所得额征收 □税务机关认可的其他方式________			

序号	项目	金额（比例）
1	一、收入总额	
2	二、成本费用	
3	三、利润总额	
4	四、弥补以前年度亏损	
5	五、合伙企业合伙人分配比例（%）	
6	六、应税所得率（%）	
7	七、投资者减除费用	
8	八、允许扣除的个人费用及其他	
9	（一）商业健康保险	
10	（二）税延养老保险	
11	（三）其他扣除	
12	九、应纳税所得额	
13	十、税率（%）	
14	十一、速算扣除数	
15	十二、应纳税额（13×14－15）	
16	十三、减免税额（附报《个人所得税减免税事项报告表》）	
17	十四、已预缴税额	
18	十五、应补（退）税额（16－17－18）	

续表

<table>
<tr><td colspan="2">谨声明：此表是根据《中华人民共和国个人所得税法》及有关法律法规规定填写的，是真实的、完整的、可靠的。
纳税人签字：　　　　年　　月　　日</td></tr>
<tr><td>代理机构（人）签章：
代理机构（人）纳税人识别号：
经办人：
代理申报日期：　　　　年　　月　　日</td><td>主管税务机关受理专用章：

受理人：
受理日期：　　　　年　　月　　日</td></tr>
</table>

国家税务总局监制

《个人所得税生产经营所得纳税申报表（A 表）》填报说明

一、适用范围

本表适用于在中国境内取得“个体工商户的生产、经营所得”或“对企事业单位的承包经营、承租经营所得”的个人所得税月度（季度）纳税申报。

合伙企业有两个或两个以上自然人合伙人的，应分别填报本表。实行核定征收的纳税人涉及汇算清缴补退税，年度申报时填报本表。实行定期定额征收的，不适用本表。

二、申报期限

实行查账征收的，纳税人应在次月（季）15 日内办理预缴纳税申报；企事业单位承包承租经营者如果在 1 年内按月或分次取得承包经营、承租经营所得的，纳税人应在每月或每次取得所得后的十五日内办理预缴纳税申报。

实行核定征收的，纳税人应在次月（季）15 日内办理预缴纳税申报；涉及汇算清缴补退税的，应在年度终了后 3 个月内办理年度纳税申报。

纳税人不能按规定期限办理纳税申报的，应当按照《中华人民共和国税收征收管理法》及其实施细则的规定办理延期申报。

三、各栏填写内容

（一）表头项目

税款所属期：填写纳税人自本年度开始生产经营之日起截至本月（季）最后 1 日的期间。

（二）表内各栏

1. 投资者信息：填写投资者（包括个体工商户业主、企事业单位承包承租经营者、个人独资企业投资者、合伙企业合伙人及其他个人）相关信息。

(1)姓名:填写投资者有效身份证件上的姓名。

(2)纳税人识别号:填写税务机关赋予投资者的纳税人识别号。

2. 被投资单位信息:填写被投资单位相关信息。

(1)名称:填写被投资单位法定名称全称。

(2)纳税人识别号:填写税务机关赋予被投资单位的纳税人识别号(统一社会信用代码)。

3. 征收方式:根据税务机关核定的征收方式,在对应框内打"√"。采用税务机关认可的其他方式的,应在下划线填写具体征收方式。

4. 第1行"收入总额":填写被投资单位本年度开始生产经营月份起截至本期从事生产经营以及与生产经营有关的活动取得的货币形式和非货币形式的各项收入总金额。包括:销售货物收入、提供劳务收入、转让财产收入、利息收入、租金收入、接受捐赠收入、其他收入。

5. 第2行"成本费用":填写被投资单位本年度开始生产经营月份起截至本期实际发生的成本、费用、税金、损失及其他支出的总额。

6. 第3行"利润总额":填写被投资单位本年度开始生产经营月份起截至本期的利润总额。

7. 第4行"弥补以前年度亏损":填写被投资单位可在税前弥补的以前年度尚未弥补的亏损额。

8. 第5行"合伙企业合伙人分配比例":纳税人为合伙企业合伙人的,填写本栏;其他则不填。分配比例按照合伙协议约定的比例填写;合伙协议未约定或不明确的,按合伙人协商决定的比例填写;协商不成的,按合伙人实缴出资比例填写;无法确定出资比例的,按合伙人平均分配。

9. 第6行"应税所得率":按核定应税所得率方式纳税的纳税人,填写税务机关确定的核定征收应税所得率。按其他方式纳税的纳税人不填本行。

10. 第7行"投资者减除费用":按新的减除费用标准填写。

11. 第8行"允许扣除的个人费用及其他":填写按税法规定允许扣除的个人费用及其他。

12. 第9行"商业健康保险":填写按税法规定允许税前扣除的商业健康保险支出金额,扣除限额2400元/年。实行查账征收、核定征收及税务机关认可的其他方式的纳税人,发生按规定允许税前扣除的商业健康保险支出金额,均在本行填写。

13. 第10行"税延养老保险":填写按税法规定允许税前扣除的商业养老保险支

出金额,扣除限额为年度收入总额的6%与12,000元之间的较小值。实行查账征收、核定征收及税务机关认可的其他方式的纳税人,发生按规定允许税前扣除的商业养老保险支出金额,均在本行填写。

14. 第12行“其他扣除”:填写按税法规定允许税前扣除的其他个人费用。

15. 第13行“应纳税所得额”:根据下表对应的方式填写,若小于0,填报0。

<table>
<tr><th colspan="2">项目</th><th>合伙企业合伙人</th><th>其他</th></tr>
<tr><td rowspan="2">查账征收</td><td>据实预缴</td><td>第13行=(第3行-第4行)×第5行-第7行-第8行</td><td>第13行=第3行-第4行-第7行-第8行</td></tr>
<tr><td>按上年应纳税所得额预缴</td><td>直接填写,按照上年度的应纳税所得额÷12×月份数填报</td><td>直接填写,按照上年度的应纳税所得额÷12×月份数填报</td></tr>
<tr><td rowspan="3">核定征收</td><td>核定应税所得率征收(能准确核算收入总额的)</td><td>第13行=第1行×第6行×第5行-第8行</td><td>第13行=第1行×第6行-第8行</td></tr>
<tr><td>核定应税所得率征收(能准确核算成本费用的)</td><td>第13行=第2行÷(1-第6行)×第6行×第5行-第8行</td><td>第13行=第2行÷(1-第6行)×第6行-第8行</td></tr>
<tr><td>核定应纳税所得额征收</td><td>直接填写应纳税所得额(发生允许税前扣除的商业健康保险的,按扣除后的应纳税所得额填报)</td><td>直接填写应纳税所得额(发生允许税前扣除的商业健康保险的,按扣除后的应纳税所得额填报)</td></tr>
<tr><td colspan="2">税务机关认可的其他方式</td><td>直接填写应纳税所得额(发生允许税前扣除的商业健康保险的,按扣除后的应纳税所得额填报)</td><td>直接填写应纳税所得额(发生允许税前扣除的商业健康保险的,按扣除后的应纳税所得额填报)</td></tr>
</table>

16. 第14行“税率”、第15行“速算扣除数”:按照2018年《个人所得税法》税率表查找填写。

17. 第16行“应纳税额”:应纳税额=(第13行×《个人所得税法》修改前的对应税率-速算扣除数)×2018年10月1日以前经营月份数/全年实际经营月份数+(第13行×《个人所得税法》修改后的对应税率-速算扣除数)×2018年10月1日以后经营月份数/全年实际经营月份数。

18. 第17行“减免税额”:填写符合税法规定可以减免的税额,通过《个人所得税减免税事项报告表》填写。

19. 第18行“已预缴税额”:填写本年度在月(季)度申报中累计已预缴的个人所得税。

20. 第19行“应补(退)税额”:根据相关行次计算填写。第19行=第16行-第17行-第18行。预缴申报时,若该行小于0,按0填报;核定征收年报时,按计算值填报。

个人所得税生产经营所得纳税申报表(B表)

税款所属期:　　年　月　日至　　年　月　日　　　　金额单位:人民币元(列至角分)

<table>
<tr><td rowspan="2">投资者信息</td><td>姓　名</td><td></td><td>身份证件类型</td><td></td><td>身份证件号码</td><td></td></tr>
<tr><td>国籍(地区)</td><td colspan="3"></td><td>纳税人识别号</td><td></td></tr>
<tr><td rowspan="2">被投资单位信息</td><td>名　称</td><td colspan="3"></td><td>纳税人识别号</td><td></td></tr>
<tr><td>类　型</td><td colspan="5">□个体工商户 □承包、承租经营单位
□个人独资企业 □合伙企业</td></tr>
</table>

行次	项　目	金　额
1	一、收入总额	
2	其中:国债利息收入	
3	二、成本费用(4+5+6+7+8+9+10)	
4	(一)营业成本	
5	(二)营业费用	
6	(三)管理费用	
7	(四)财务费用	
8	(五)税金	
9	(六)损失	
10	(七)其他支出	
11	三、利润总额(1-2-3)	
12	四、纳税调整增加额(13+27)	
13	(一)超过规定标准的扣除项目金额(14+15+16+17+18+19+20+21+22+23+24+25+26)	
14	(1)职工福利费	

续表

行次	项　目	金　额
15	(2)职工教育经费	
16	(3)工会经费	
17	(4)利息支出	
18	(5)业务招待费	
19	(6)广告费和业务宣传费	
20	(7)教育和公益事业捐赠	
21	(8)住房公积金	
22	(9)社会保险费	
23	(10)折旧费用	
24	(11)无形资产摊销	
25	(12)资产损失	
26	(13)其他	
27	(二)不允许扣除的项目金额(28+29+30+31+32+33+34+35+36)	
28	(1)个人所得税税款	
29	(2)税收滞纳金	
30	(3)罚金、罚款和被没收财物的损失	
31	(4)不符合扣除规定的捐赠支出	
32	(5)赞助支出	
33	(6)用于个人和家庭的支出	
34	(7)与取得生产经营收入无关的其他支出	
35	(8)投资者工资薪金支出	
36	(9)国家税务总局规定不准扣除的支出	
37	五、纳税调整减少额	
38	六、纳税调整后所得(11+12−37)	
39	七、弥补以前年度亏损	
40	八、合伙企业合伙人分配比例(%)	

续表

行次	项　目	金　额
41	九、允许扣除的其他费用	
42	十、投资者减除费用	
43	十一、应纳税所得额(38－39－41－42)或[(38－39)×40－41－42]	
44	十二、税率(%)	
45	十三、速算扣除数	
46	十四、应纳税额(43×44－45)	
47	十五、减免税额(附报《个人所得税减免税事项报告表》)	
48	十六、实际应纳税额(46－47)	
49	十七、已预缴税额	
50	十八、应补(退)税额(48－49)	
附列资料	年平均职工人数(人)	
	工资总额(元)	
	投资者人数(人)	
谨声明:此表是根据《中华人民共和国个人所得税法》及有关法律法规规定填写的,是真实的、完整的、可靠的。 纳税人签字:　　年　月　日		
感谢您对税收工作的支持!		
代理申报机构(负责人)签章: 经办人: 经办人执业证件号码: 代理申报日期:　年　月　日	主管税务机关印章: 受理人: 受理日期:　年　月　日	

国家税务总局监制

《个人所得税生产经营所得纳税申报表(B表)》填报说明

本表适用于个体工商户、企事业单位承包承租经营者、个人独资企业投资者和合伙企业合伙人在中国境内取得"个体工商户的生产、经营所得"或"对企事业单位的承包经营、承租经营所得"的个人所得税2015年及以后纳税年度的汇算清缴。

合伙企业有两个或两个以上自然人合伙人的,应分别填报本表。

一、申报期限

个体工商户、个人独资企业投资者、合伙企业合伙人应在年度终了后三个月内办理个人所得税年度纳税申报。

企事业单位承包承租经营者应在年度终了后三十日内办理个人所得税年度纳税申报;纳税人一年内分次取得承包、承租经营所得的,应在年度终了后三个月内办理汇算清缴。

二、有关项目填报说明

(一)表头项目

税款所属期:填写纳税人取得生产经营所得所应纳个人所得税款的所属期间,应填写具体的起止年月日。

(二)表内信息栏

1. 投资者信息栏

填写个体工商户、企事业单位承包承租经营者、个人独资企业投资者、合伙企业合伙人的相关信息。

(1)姓名:填写纳税人姓名。中国境内无住所个人,其姓名应当用中、外文同时填写。

(2)身份证件类型:填写能识别纳税人唯一身份的有效证照名称。

(3)身份证件号码:填写纳税人身份证件上的号码。

(4)国籍(地区):填写纳税人的国籍或者地区。

(5)纳税人识别号:填写税务机关赋予的纳税人识别号。

2. 被投资单位信息栏

(1)名称:填写税务机关核发的被投资单位税务登记证载明的被投资单位全称。

(2)纳税人识别号:填写税务机关核发的被投资单位税务登记证号码。

(3)类型:纳税人根据自身情况在对应框内打"√"。

(三)表内各行的填写

1. 第1行"收入总额":填写从事生产经营以及与生产经营有关的活动取得的货币形式和非货币形式的各项收入总金额。包括:销售货物收入、提供劳务收入、转让财产收入、利息收入、租金收入、接受捐赠收入、其他收入。

2. 第2行"国债利息收入":填写已计入收入的因购买国债而取得的应予免税的利息。

3. 第3行"成本费用":填写实际发生的成本、费用、税金、损失及其他支出的总额。

4. 第4行“营业成本”:填写在生产经营活动中发生的销售成本、销货成本、业务支出以及其他耗费。

5. 第5行“营业费用”:填写在销售商品和材料、提供劳务的过程中发生的各种费用。

6. 第6行“管理费用”:填写为组织和管理企业生产经营发生的管理费用。

7. 第7行“财务费用”:填写为筹集生产经营所需资金等发生的筹资费用。

8. 第8行“税金”:填写在生产经营活动中发生的除个人所得税和允许抵扣的增值税以外的各项税金及其附加。

9. 第9行“损失”:填写生产经营活动中发生的固定资产和存货的盘亏、毁损、报废损失,转让财产损失,坏账损失,自然灾害等不可抗力因素造成的损失以及其他损失。

10. 第10行“其他支出”:填写除成本、费用、税金、损失外,生产经营活动中发生的与之有关的、合理的支出。

11. 第11行“利润总额”:根据相关行次计算填写。

12. 第12行“纳税调整增加额”:根据相关行次计算填写。

13. 第13行“超过规定标准的扣除项目金额”:填写扣除的成本、费用和损失中,超过《个人所得税法》及其实施条例和相关税收法律法规规定的扣除标准应予调增的应纳税所得额。

14. 第27行“不允许扣除的项目金额”:填写按规定不允许扣除但被投资单位已将其扣除的各项成本、费用和损失应予调增应纳税所得额的部分。

15. 第37行“纳税调整减少额”:填写已计入收入总额或未列入成本费用,但应在税前予以减除的项目金额。

16. 第38行“纳税调整后所得”:根据相关行次计算填写。

17. 第39行“弥补以前年度亏损”:填写可在税前弥补的以前年度尚未弥补的亏损额。

18. 第40行“合伙企业合伙人分配比例”:纳税人为合伙企业合伙人的,填写本栏;其他则不填。分配比例按照合伙协议约定的比例填写;合伙协议未约定或不明确的,按合伙人协商决定的比例填写;协商不成的,按合伙人实缴出资比例填写;无法确定出资比例的,按合伙人平均分配。

19. 第41行“允许扣除的其他费用”:填写按照法律法规规定可以税前扣除的其他费用。如:《国家税务总局关于律师事务所从业人员有关个人所得税问题的公告》(国家税务总局公告2012年第53号)第三条规定的事项。

20. 第42行“投资者减除费用”：填写根据实际经营期限计算的可在税前扣除的投资者本人的生计减除费用。

21. 第43行“应纳税所得额”：根据相关行次计算填写。

（1）纳税人为非合伙企业合伙人的

第43行＝第38行－第39行－第41行－第42行

（2）纳税人为合伙企业合伙人的

第43行＝（第38行－第39行）×第40行－第41行－第42行

22. 第44行“税率”及第45行“速算扣除数”：按照税法第三条规定，根据第43行计算得出的数额进行查找填写。

23. 第46行“应纳税额”：根据相关行次计算填写。

24. 第47行“减免税额”：填写符合税法规定可以减免的税额。纳税人填写本行的，应同时附报《个人所得税减免税事项报告表》。

25. 第48行“实际应纳税额”：根据相关行次计算填写。

26. 第49行“已预缴税额”：填写本年度在月（季）度申报中累计已预缴的个人所得税。

27. 第50行“应补（退）税额”：根据相关行次计算填写。

个人所得税生产经营所得纳税申报表（C表）

税款所属期：　　年　月　日至　　年　月　日　　　　金额单位：人民币元（列至角分）

<table>
<tr><td rowspan="2">投资者信息</td><td>姓　名</td><td></td><td>身份证件类型</td><td></td><td>身份证件号码</td><td></td></tr>
<tr><td>国籍（地区）</td><td colspan="3"></td><td>纳税人识别号</td><td></td></tr>
<tr><td rowspan="9">各被投资单位信息</td><td>被投资单位编号</td><td colspan="2">被投资单位名称</td><td colspan="2">被投资单位纳税人识别号</td><td>分配比例（%）</td><td>应纳税所得额</td></tr>
<tr><td>1. 汇缴地</td><td colspan="2"></td><td colspan="2"></td><td></td><td></td></tr>
<tr><td>2. 其他</td><td colspan="2"></td><td colspan="2"></td><td></td><td></td></tr>
<tr><td>3. 其他</td><td colspan="2"></td><td colspan="2"></td><td></td><td></td></tr>
<tr><td>4. 其他</td><td colspan="2"></td><td colspan="2"></td><td></td><td></td></tr>
<tr><td>5. 其他</td><td colspan="2"></td><td colspan="2"></td><td></td><td></td></tr>
<tr><td>6. 其他</td><td colspan="2"></td><td colspan="2"></td><td></td><td></td></tr>
<tr><td>7. 其他</td><td colspan="2"></td><td colspan="2"></td><td></td><td></td></tr>
<tr><td>8. 其他</td><td colspan="2"></td><td colspan="2"></td><td></td><td></td></tr>
</table>

续表

行次	项目	金额
1	一、被投资单位应纳税所得额合计	
2	二、应调增的投资者减除费用	
3	三、调整后应纳税所得额(1+2)	
4	四、税率(%)	
5	五、速算扣除数	
6	六、应纳税额(3×4-5)	
7	七、本单位经营所得占各单位经营所得总额的比重(%)	
8	八、本单位应纳税额(6×7)	
9	九、减免税额(附报《个人所得税减免税事项报告表》)	
10	十、实际应纳税额	
11	十一、已缴税额	
12	十二、应补(退)税额(10-11)	
谨声明:此表是根据《中华人民共和国个人所得税法》及有关法律法规规定填写的,是真实的、完整的、可靠的。 纳税人签字:　　　年　月　日		
感谢您对税收工作的支持!		
代理申报机构(负责人)签章: 经办人: 经办人执业证件号码: 代理申报日期:　年　月　日	主管税务机关印章: 受理人: 受理日期:　年　月　日	

国家税务总局监制

《个人所得税生产经营所得纳税申报表(C表)》填表说明

本表适用于个体工商户、企事业单位承包承租经营者、个人独资企业投资者和合伙企业合伙人在中国境内两处或者两处以上取得"个体工商户的生产、经营所得"或"对企事业单位的承包经营、承租经营所得"的,同项所得合并计算纳税的个人所得税年度汇总纳税申报。

一、申报期限

年度终了后三个月内。

纳税人不能按规定期限报送本表时,应当按照《中华人民共和国税收征收管理法》及其实施细则的规定办理延期申报。

二、有关项目填报说明

（一）表头项目

税款所属期：填写纳税人取得生产经营所得所应纳个人所得税款的所属期间，应填写具体的起止年月日。

（二）表内信息栏

1. 投资者信息栏

填写个体工商户、企事业单位承包承租经营者、个人独资企业投资者和合伙企业合伙人的相关信息。

（1）姓名：填写纳税人姓名。中国境内无住所个人，其姓名应当用中、外文同时填写。

（2）身份证件类型：填写能识别纳税人唯一身份的有效证照名称。

（3）身份证件号码：填写纳税人身份证件上的号码。

（4）国籍（地区）：填写纳税人的国籍或者地区。

（5）纳税人识别号：填写税务机关赋予的纳税人识别号。

2. 各被投资单位信息栏

（1）被投资单位名称：填写税务机关核发的被投资单位税务登记证载明的被投资单位全称。

（2）被投资单位纳税人识别号：填写税务机关核发的被投资单位税务登记证号码。

（3）分配比例：纳税人为合伙企业合伙人的，填写本栏；其他则不填。分配比例按照合伙协议约定的比例填写；合伙协议未约定或不明确的，按合伙人协商决定的比例填写；协商不成的，按合伙人实缴出资比例填写；无法确定出资比例的，按合伙人平均分配。

（4）应纳税所得额：填写投资者从其各投资单位取得的年度应纳税所得额。

（三）表内各行的填写

1. 第 1 行“被投资单位应纳税所得额合计”栏：填写投资者从其各投资单位取得的年度应纳税所得额的合计数。

2. 第 2 行“应调增的投资者减除费用”：填写按照税法规定在汇总计算多个被投资单位应纳税所得额时，被多扣除、需调整增加应纳税所得额的投资者减除费用标准。

3. 第3行“调整后应纳税所得额”:按相关行次计算填写。

4. 第4行“税率”及第5行“速算扣除数”: 按照《个人所得税法》第三条规定,根据第3行计算得出的数额进行查找填写。

5. 第6行“应纳税额”:根据相关行次计算填写。

6. 第7行“本单位经营所得占各单位经营所得总额的比重”及第8行“本单位应纳税额”:投资者兴办两个或两个以上个人独资企业或个体工商户的,填写本栏;其他情形则不填。

7. 第9行“减免税额”:填写符合税法规定可以减免的税额。纳税人填写本行的,应同时附报《个人所得税减免税事项报告表》。

8. 第10行“实际应纳税额”:根据相关行次计算。

(1)投资者兴办两个或两个以上个人独资企业或个体工商户的:

第10行=第8行-第9行

(2)其他情形:

第10行=第6行-第9行

9. 第11行“已缴税额”:填写纳税人已缴纳的个人所得税。

10. 第12行“应补(退)税额”:按相关行次计算填写。

个人所得税自行纳税申报表（B表）

税款所属期：自　　年　月　日至　　年　月　日　　　　金额单位：人民币元（列至角分）

姓名		身份证件类型	
国籍（地区）		身份证件号码	

所得来源国（地区）	所得项目	收入额	税前扣除项目												减除费用	准予扣除的捐赠额	应纳税所得额	工资薪金所得项目月应纳税所得额	税率%	速算扣除数	应纳税额
			基本养老保险费	基本医疗保险费	失业保险费	住房公积金	财产原值	允许扣除的税费	其他10					合计							
									年金	商业健康保险	投资抵扣	税延养老保险	其他扣除								
1	2	3	4	5	6	7	8	9						11	12	13	14	15	16	17	18

本期应缴税额计算	国别（地区）	扣除限额	境外已纳税额	五年内超过扣除限额未补扣余额	本期应补缴税额	未扣除余额
	19	20	21	22	23	24

谨声明：此表是根据《中华人民共和国个人所得税法》及其实施条例和国家相关法律法规规定填写的，是真实的、完整的、可靠的。

纳税人签字：　　　　年　月　日

代理机构（人）签章： 经办人：　　　　经办人执业证件号码：	主管税务机关受理专用章： 受理人：
代理申报日期：　年　月　日	受理日期：　年　月　日

国家税务总局监制

《个人所得税自行纳税申报表(B表)》填表说明

一、适用范围

本表适用于"从中国境外取得所得"的纳税人的纳税申报。纳税人在办理申报时,须同时附报附件2——《个人所得税基础信息表(B表)》。

二、申报期限

年度终了后三十日内。取得境外所得的纳税人应在该期限内将应纳税款缴入国库,并向税务机关报送本表。纳税人不能按规定期限报送本表时,应当按照《中华人民共和国税收征收管理法》(以下简称税收征管法)及其实施细则的规定办理延期申报。

三、所得为外国货币

应按照《个人所得税法实施条例》第四十三条的规定折合成人民币计算纳税。

四、本表各栏填写如下:

(一)表头项目

1. 税款所属期:是指纳税人取得所得应纳个人所得税款的所属期间,应填写具体的起止年月日。

2. 姓名:填写纳税人姓名。中国境内无住所个人,其姓名应当用中、外文同时填写。

3. 国籍(地区):填写纳税人的国籍或者地区。

4. 身份证件类型:填写能识别纳税人唯一身份的有效证照名称。

(1)在中国境内有住所的个人,填写身份证、军官证、某证等证件名称。

(2)在中国境内无住所的个人,如果税务机关已赋予18位纳税人识别号的,填写"税务机关赋予";如果税务机关未赋予的,填写护照、港澳居民来往内地通行证、台湾居民来往大陆通行证等证照名称。

5. 身份证件号码:填写能识别纳税人唯一身份的号码。

(1)在中国境内有住所的纳税人,填写身份证、军官证、某证等证件上的号码。

(2)在中国境内无住所的纳税人,如果税务机关赋予18位纳税人识别号的,填写该号码;没有,则填写护照、港澳居民来往内地通行证、台湾居民来往大陆通行证等证照上的号码。

税务机关赋予境内无住所个人的18位纳税人识别号,作为其唯一身份识别码,由纳税人到主管税务机关办理初次涉税事项,或扣缴义务人办理该纳税人初次扣缴申报时,由主管税务机关赋予。

（二）表内各栏

纳税人填写本表时，应区别不同国家或者地区和不同所得项目填报。其中，在填报“工资、薪金所得”“个体工商户的生产、经营所得”等项目时，按年填写。除此之外其他项目，则按月或按次填写。

1. 第1列“所得来源国（地区）”：填写纳税人取得所得的国家或地区。

2. 第2列“所得项目”：按照《个人所得税法》第二条规定的项目填写。纳税人有多项所得时，分行填写。

3. 第3列“收入额”：填写纳税人取得的，未减除任何免税所得和费用的实际含税收入额。其中，“工资、薪金所得”项目的收入额，为全年收入额；纳税人的境外所得按照有关规定交付给派出单位的部分，凡能提供有效合同或有关凭证的，经主管税务机关审核后，允许从其境外所得中扣除。

4. 第4～11列“税前扣除项目”：

（1）第4～7列“基本养老保险费、基本医疗保险费、失业保险费、住房公积金”四项，是指按照国家规定，可在个人应纳税所得额中扣除的部分。本表中填写该纳税人缴纳该费（金）的全年汇总额。

（2）第8列“财产原值”：该栏适用于“财产转让所得”项目的填写。

（3）第9列“允许扣除的税费”：该栏适用于“劳务报酬所得、特许权使用费所得、财产租赁所得和财产转让所得”项目的填写。

①适用“劳务报酬所得”时，填写劳务发生过程中实际缴纳的税费；

②适用“特许权使用费”时，填写提供特许权过程中发生的中介费和相关税费；

③适用“财产租赁所得”时，填写修缮费和出租财产过程中发生的相关税费；

④适用“财产转让所得”时，填写转让财产过程中发生的合理税费。

（4）第10列“其他”：是指法律法规规定其他可以在税前扣除的项目。

（5）第11列“合计”：为所得项目对应税前扣除项目的合计数。

5. 第12列“减除费用”：是指《个人所得税法》第六条规定可在计税前减除的费用。没有则不填写。其中，工资、薪金所得项目的减除费用为全年合计额。

6. 第13列“准予扣除的捐赠额”：是指按照《个人所得税法》及其实施条例和相关税收政策规定，可以在税前扣除的捐赠额。

7. 第14列“应纳税所得额”：根据相关列次计算填报。

8. 第15列“工资薪金所得项目月应纳税所得额”：该项仅适用于所得项目为“工资、薪金所得”时填写，其他所得项目不填。

第 15 列 = 第 14 列 ÷ 12 个月

9. 第 16 列“税率”及第 17 列“速算扣除数”：按照《个人所得税法》第三条规定填写。部分所得项目没有速算扣除数的，则不填。

10. 第 18 列“应纳税额”：是指纳税人区别不同国家或者地区和不同所得项目，依照税法规定的费用减除标准和适用税率计算的应纳税额。

（1）所得项目为“工资、薪金所得”时，第 18 列 =（第 15 列 × 第 16 列 − 第 17 列）×12 个月。

（2）所得项目为非工资、薪金所得的，第 18 列 = 第 14 列 × 第 16 列 − 第 17 列。

11. “本期应缴税额计算”栏：应区别不同国家或者地区，分行填写。

（1）第 20 列“扣除限额”：是指同一国家或者地区内，不同所得项目的应纳税额之和。

（2）第 21 列“境外已纳税额”：是指纳税人在境外实际已经缴纳的个人所得税额。

（3）第 22 列“五年内超过扣除限额未补扣余额”：是指纳税人以前五年内超过该国家或者地区扣除限额、未进行补扣的部分。没有则不填。

（4）第 23 列“本期应补缴税额”与第 24 列“未扣除余额”：依据前列计算结果填写。

①若第 20 列 ≥ 第 21 列，且第 20 列 − 第 21 列 − 第 22 列 ≥ 0 时，将结果写入第 23 列。

第 23 列 = 第 20 列 − 第 21 列 − 第 22 列

②若第 20 列 ≥ 第 21 列，且第 20 列 − 第 21 列 − 第 22 列 < 0，将结果写入第 24 列。

第 24 列 = 第 21 列 + 第 22 列 − 第 20 列

③若第 20 列 < 第 21 列，则将结果写入第 24 列。

第 24 列 = 第 21 列 + 第 22 列 − 第 20 列

扣缴个人所得税报告表

税款所属期：　　年　月　日至　　年　月　日

扣缴义务人名称：

扣缴义务人所属行业：□一般行业 □特定行业月份申报

扣缴义务人编码：□□□□□□□□□□□□□□□□□□□□□ 金额单位：人民币元（列至角分）

序号	姓名	身份证件类型	身份证件号码	所得项目	所得期间	收入额	免税所得	税前扣除项目								减除费用	准予扣除的捐赠额	应纳税所得额	税率%	速算扣除数	应纳税额	减免税额	应扣缴税额	已扣缴税额	应补（退）税额	备注
								基本养老保险费	基本医疗保险费	失业保险费	住房公积金	财产原值	允许扣除的税费	其他	合计											
1	2	3	4	5	6	7	8	9	10	11	12	13	14	15	16	17	18	19	20	21	22	23	24	25	26	27
合　计																										

谨声明：此扣缴报告表是根据《中华人民共和国个人所得税法》及其实施条例和国家有关税收法律法规规定填写的，是真实的、完整的、可靠的。

法定代表人（负责人）签字：　　　　年　月　日

扣缴义务人公章： 经办人：	代理机构（人）签章： 经办人： 经办人执业证件号码：	主管税务机关受理专用章： 受理人：
填表日期：　年　月　日	代理申报日期：　年　月　日	受理日期：　年　月　日

国家税务总局监制

《扣缴个人所得税报告表》填表说明

一、适用范围

本表适用于扣缴义务人办理全员全额扣缴个人所得税申报（包括向个人支付应税所得，但低于减除费用、不需扣缴税款情形的申报）以及特定行业职工工资、薪金所得个人所得税的月份申报。

申报期限

次月十五日内。扣缴义务人应于次月十五日内将所扣税款缴入国库，并向税务机关报送本表。扣缴义务人不能按规定期限报送本表时，应当按照《中华人民共和国税收征收管理法》及其实施细则有关规定办理延期申报。

本表各栏填写如下：

（一）表头项目

税款所属期：为税款所属期月份第一日至最后一日。

扣缴义务人名称：填写实际支付个人所得的单位（个人）的法定名称全称或姓名。

扣缴义务人编码：填写办理税务登记或扣缴登记时，由主管税务机关所确定的扣缴义务人税务编码。

扣缴义务人所属行业：扣缴义务人按以下两种情形在对应框内打"√"。

一般行业：是指除《中华人民共和国个人所得税法》及其实施条例规定的特定行业以外的其他所有行业。

特定行业：指符合《中华人民共和国个人所得税法》及其实施条例规定的采掘业、远洋运输业、远洋捕捞业以及国务院财政、税务主管部门确定的其他行业。

（二）表内各栏

一般行业的填写

第 2 列"姓名"：填写纳税人姓名。中国境内无住所个人，其姓名应当用中、外文同时填写。

第 3 列"身份证件类型"：填写能识别纳税人唯一身份的有效证照名称。

在中国境内有住所的个人，填写身份证、军官证、某证等证件名称。

在中国境内无住所的个人，如果税务机关已赋予 18 位纳税人识别号的，填写"税务机关赋予"；如果税务机关未赋予的，填写护照、港澳居民来往内地通行证、台湾居民来往大陆通行证等证照名称。

第 4 列"身份证件号码"：填写能识别纳税人唯一身份的号码。

在中国境内有住所的纳税人，填写身份证、军官证、某证等证件上的号码。

在中国境内无住所的纳税人，如果税务机关赋予 18 位纳税人识别号的，填写该号码；没有，则填写护照、港澳居民来往内地通行证、台湾居民来往大陆通行证等证照上的号码。

税务机关赋予境内无住所个人的 18 位纳税人识别号，作为其唯一身份识别码，由纳税人到主管税务机关办理初次涉税事项，或扣缴义务人办理该纳税人初次扣缴申报时，由主管税务机关赋予。

第 5 列“所得项目”:按照税法第二条规定的项目填写。同一纳税人有多项所得时,分行填写。

第 6 列“所得期间”:填写扣缴义务人支付所得的时间。其中,个人领取的年金所属期间也填入该列。

第 7 列“收入额”:填写纳税人实际取得的全部收入额。其中,个人领取的年金金额也填入该列。

第 8 列“免税所得”:是指税法第四条规定可以免税的所得。

第 9 ~ 16 列“税前扣除项目”:是指按照税法及其他法律法规规定,可在税前扣除的项目。其中,在个人年金的缴费环节,个人允许税前扣除的年金缴费部分填入《扣缴个人所得税报告表》第 14 列“允许扣除的税费”;在个人年金的领取环节,个人领取年金时允许减计的金额填入第 15 列“其他”。

第 17 列“减除费用”:是指税法第六条规定可以在税前减除的费用。没有的,则不填。

第 18 列“准予扣除的捐赠额”:是指按照税法及其实施条例和相关税收政策规定,可以在税前扣除的捐赠额。

第 19 列“应纳税所得额”:根据相关列次计算填报。第 19 列 = 第 7 列 - 第 8 列 - 第 16 列 - 第 17 列 - 第 18 列

第 20 列“税率”及第 21 列“速算扣除数”:按照税法第三条规定填写。部分所得项目没有速算扣除数的,则不填。

第 22 列“应纳税额”:根据相关列次计算填报。第 22 列 = 第 19 列 × 第 20 列 - 第 21 列

第 23 列“减免税额”:是指符合税法规定可以减免的税额。其中,纳税人取得“稿酬所得”时,其根据税法第三条规定可按应纳税额减征的 30% ,填入此栏。

第 24 列“应扣缴税额”:根据相关列次计算填报。第 24 列 = 第 22 列 - 第 23 列

第 25 列“已扣缴税额”:是指扣缴义务人当期实际扣缴的个人所得税税款。

第 26 列“应补(退)税额”:根据相关列次计算填报。第 26 列 = 第 24 列 - 第 25 列

第 27 列“备注”:填写非本单位雇员、非本期收入及其他有关说明事项。

对不是按月发放的工资薪金所得,其适用“工资、薪金所得”个人所得税的填报,则不完全按照上述逻辑关系填写。

特定行业月份申报的填写

第 2 列 ~ 第 6 列的填写：同上“一般行业”的填写。

第 7 列 ~ 第 19 列、第 22 列 ~ 第 26 列的数据口径同上“一般行业”对应项目，金额按以下原则填写：

第 7 列“收入额”：是指本月实际发放的全部收入额。

第 8 列 ~ 16 列的填写：填写当月实际发生额。

第 17 列“减除费用”：是指税法第六条规定可以在税前减除的费用额。没有的，则不填。

第 18 列“准予扣除的捐赠额”：准予扣除的捐赠额，按纳税人捐赠月份的实际收入额来计算。

第 19 列“应纳税所得额”：根据相关列次计算填报。第 19 列 = 第 7 列 - 第 8 列 - 第 16 列 - 第 17 列 - 第 18 列

第 20 列“税率”及第 21 列“速算扣除数”：按照税法第三条规定填写。

第 22 列“应纳税额”：特定行业个人所得税月份申报时，“应纳税额”为预缴所得税额。根据相关列次计算填报。第 22 列 = 第 19 列 × 第 20 列 - 第 21 列

扣缴个人所得税分配表

填表日期：　　　　　　　　　　　　　　　　　　　　　　　　　　　　金额单位：人民币元（列至角分）

纳税人信息	纳税人识别号		纳税人名称		
	注册地址		联系电话		
行政区划代码	县市区名称	税款入库国库	预算分配比例	税目	本期应补税额（分配税额）
合计					
以下由纳税人填写：					
纳税人声明	此扣缴报告表是根据《中华人民共和国个人所得税法》及其实施条例和国家有关税收法律法规规定填写的，是真实的、完整的、可靠的。				
纳税人签章		代理人签章		代理人身份证号	
以下由税务机关填写：					
受理人		受理日期	年　月　日	受理税务机关签章	

本表一式两份，一份纳税人留存，一份税务机关留存。　　　　　　　　　　　　　　　　国家税务总局监制

八、申报管理

税务行政许可申请表

申请日期：　　年　　月　　日

<table>
<tr><td rowspan="8">申请人</td><td>申请人名称</td><td colspan="3"></td></tr>
<tr><td>统一社会信用代码
（纳税人识别号）</td><td colspan="3"></td></tr>
<tr><td>法定代表人
（负责人）</td><td colspan="3"></td></tr>
<tr><td>地址及邮政编码</td><td colspan="3"></td></tr>
<tr><td>经办人</td><td></td><td>身份证件号码</td><td></td></tr>
<tr><td>联系电话</td><td></td><td>联系地址</td><td></td></tr>
<tr><td>委托代理人</td><td></td><td>身份证件号码</td><td></td></tr>
<tr><td>联系电话</td><td></td><td>联系地址</td><td></td></tr>
<tr><td>申请事项</td><td colspan="4">□企业印制发票审批
□对纳税人延期申报的核准
□对纳税人延期缴纳税款的核准
□增值税专用发票（增值税税控系统）最高开票限额审批
□对纳税人变更纳税定额的核准
□对采取实际利润额预缴以外的其他企业所得税预缴方式的核定
□非居民企业选择由其主要机构场所汇总缴纳企业所得税的审批</td></tr>
<tr><td>申请材料</td><td colspan="4">除提供经办人身份证件（ □ ）外，应根据申请事项提供以下相应材料：
一、企业印制发票审批
□1.《印刷经营许可证》或《其他印刷品印制许可证》
□2. 生产设备、生产流程及安全管理制度
□3. 生产工艺及产品检验制度
□4. 保存、运输及交付相关制度
二、对纳税人延期缴纳税款的核准
□1.《延期缴纳税款申请审批表》
□2. 纳税人申请延期缴纳税款报告（详细说明申请延期原因，人员工资、社会保险费支出情况，连续 3 个月缴纳税款情况）
□3. 当期货币资金余额情况及所有银行存款账户的对账单
□4. 应付职工工资和社会保险费等省税务机关要求提供的支出预算
□5.《资产负债表》
□6. 因不可抗力，导致纳税人发生较大损失，正常生产经营活动受到较大影响的，应报送因不可抗力的灾情报告或公安机关出具的事故证明</td></tr>
</table>

续表

	三、对纳税人延期申报的核准 □1.《延期申报申请核准表》 □2. 确有困难不能正常申报的情况说明 四、对纳税人变更纳税定额的核准 □申请变更纳税定额的相关证明材料 五、增值税专用发票(增值税税控系统)最高开票限额审批 □增值税专用发票最高开票限额申请单 六、对采取实际利润额预缴以外的其他企业所得税预缴方式的核定 □按照月度或者季度的实际利润额预缴确有困难的证明材料 七、非居民企业选择由其主要机构场所汇总缴纳企业所得税的审批 □1. 汇总缴纳企业所得税的机构、场所对其他机构、场所负有管理责任的证明材料 □2. 设有完整的账簿、凭证,能够准确反映各机构、场所的收入、成本、费用和盈亏情况的证明材料 委托代理人提出申请的,还应当提供代理委托书(□)、代理人身份证件(□)。

收件人:　　　　　　　　收件日期:　年　月　日
编　号:

九、优惠管理

个人所得税减免税备案登记表

纳税人识别号					纳税人姓名			
以下由纳税人填写					以下由税务机关填写			
税(费)种	减免政策依据	减免项目	减免期限起	减免期限止	减免性质代码及名称	优惠事项代码及名称	减免方式代码及名称	减免申报填报类型代码及名称
附报资料:					受理税务机关(章): 受理人(签章):　　　年　月　日			
纳税人(签章) 法定代表人(负责人):　　经办人: 年　月　日								

本表为 A4 横式,一式二份,一份纳税人留存,一份税务机关留存。

《个人所得税减免税备案登记表》填表说明

1. 本表适用于纳税人办理个人所得税减免税备案事项。

2. “纳税人识别号”:填写税务机关赋予的纳税人识别号。

3. “纳税人姓名”:个人填写纳税人姓名。

4. “税(费)种”:填写办理减免税政策备案相应税(费)种。

5. “减免政策依据”:填写享受减免税政策文件名称及文号。

6. “减免项目”:填写享受的减免税政策具体条款、内容。

7. “减免期限起”:填写享受减免税政策起始时间。

8. “减免期限止”:填写享受减免税政策终止时间,如无终止时间,无须填写。

9. “附报资料”:填写减免税政策文件或税务机关规定办理本项减免税备案事项所需纳税人提供的附报资料名称。

10. “减免性质代码及名称”:填写税务机关统一编制的减免性质代码及名称。

11. “优惠事项代码及名称”:依据纳税人的减免项目填写税务机关统一编制的优惠事项代码及名称。

12. “减免方式代码及名称”:依据纳税人的减免项目填写税务机关统一编制的减免方式代码及名称。

13. “减免申报填报类型代码及名称”:依据纳税人减免项目,并结合申报减免栏次,填写税务机关统一编制的减免申报填报类型代码及名称。

合伙创投企业个人所得税投资抵扣备案表

(　　　　年度)

备案编号(主管税务机关填写):　　　　单位:%,人民币元(列至角分)

合伙创投企业基本情况			
企业名称		纳税人识别号	
备案管理部门		备案时间	
联系人		联系电话	

续表

对初创科技型企业投资情况											
初创科技型企业名称	纳税人识别号	注册地	设立时间	投资日期	从业人数	本科以上学历人数占比	资产总额	年销售收入	研发费用总额占成本费用支出的比例	投资2年内与关联方合计持股比例是否超50%	投资额
谨声明：本人(单位)知悉并保证本表填报内容及所附证明材料真实、完整，并承担因资料虚假而产生的法律和行政责任。 合伙创投企业印章：　　合伙创投企业负责人签章：　　年　月　日											
代理机构印章： 联系人： 填报日期：						主管税务机关印章： 受理人： 受理日期：					

国家税务总局监制

《合伙创投企业个人所得税投资抵扣备案表》填表说明

一、适用范围

本表适用于有限合伙制创业投资企业(以下简称合伙创投企业)投资境内种子期、初创期科技型企业(以下简称初创科技型企业)，就符合投资抵扣税收优惠条件的投资，向主管税务机关办理投资情况备案。

二、报送期限

合伙创投企业应于投资满 2 年的年度终了后 3 个月内，向其注册地主管税务机关报送本表。

三、表内各栏

（一）合伙创投企业基本情况

1. 企业名称：填写合伙创投企业名称全称。

2. 纳税人识别号：填写合伙创投企业的纳税人识别号或统一社会信用代码。

3. 备案管理部门：填写合伙创投企业根据《创业投资企业管理暂行办法》或《私募投资基金监督管理暂行办法》等规定，办理备案的主管部门名称全称。

4. 备案时间：填写合伙创投企业向备案管理部门完成备案的时间。

5. 联系人：填写合伙创投企业联系人姓名。

6. 联系电话：填写合伙创投企业联系人的联系电话。

（二）对初创科技型企业投资情况

合伙创投企业投资多个初创科技型企业或对同一家初创科技型企业有多轮投资的，均需就每次投资情况分行填写。

1. 初创科技型企业名称：填写初创科技型企业名称全称。

2. 纳税人识别号：填写初创科技型企业的纳税人识别号或统一社会信用代码。

3. 注册地：填写初创科技型企业注册登记的具体地址。

4. 设立时间：填写初创科技型企业设立登记的具体日期。

5. 投资日期：填写初创科技型企业接受合伙创投企业投资并完成工商变更登记的日期。

6. 从业人数：填写与初创科技型企业建立劳动关系的职工及企业接受的劳务派遣人员人数。具体按照初创科技型企业接受投资前连续 12 个月的平均数填写，不足 12 个月的按实际月数平均计算填写。

7. 本科以上学历人数占比：填写初创科技型企业接受投资时本科以上学历人数占企业从业人数的比例。

8. 资产总额：填写初创科技型企业的资产总额。具体按照初创科技型企业接受投资前连续 12 个月的平均数填写，不足 12 个月的按实际月数平均计算填写。

9. 年销售收入：填写初创科技型企业的年销售收入。具体按照初创科技型企业接受投资前连续 12 个月的累计数填写，不足 12 个月的按实际月数累计计算填写。

10. 研发费用总额占成本费用支出的比例：填写企业接受投资当年及下一年两个纳税年度的研发费用总额合计占同期成本费用总额合计的比例。

11. 投资后2年内与关联方合计持股比例是否超50%：填写“是”或“否”。

12. 投资额：填写合伙创投企业以现金形式对初创科技型企业的实缴出资额。

四、本表一式两份

主管税务机关受理后，由合伙创投企业和主管税务机关分别留存。

天使投资个人所得税投资抵扣备案表

备案编号（主管税务机关填写）：　　　　　　　　单位：%，人民币元（列至角分）

天使投资个人基本情况							
姓名		身份证件类型			身份证件号码		
国籍（地区）		联系电话			联系地址		
初创科技型企业基本情况							
企业名称			纳税人识别号				
设立时间			注册地址				
初创科技型企业及天使投资个人投资情况							
投资日期	从业人数	本科以上学历人数占比	资产总额	年销售收入	研发费用总额占成本费用支出的比例	投资2年内与其亲属合计持股比例是否超过50%	投资额
谨声明：本人（单位）知悉并保证本表填报内容及所附证明材料真实、完整，并承担因资料虚假而产生的法律和行政责任。 天使投资个人签章：　　初创科技型企业负责人签章：　　年　月　日							

续表

<table>
<tr><td colspan="2">代理机构印章：
联系人：
填报日期：</td><td colspan="2">主管税务机关印章：
受理人：
受理日期：</td></tr>
<tr><td colspan="4">初创科技型企业注销清算情况（税务机关填写）</td></tr>
<tr><td>注销清算时间</td><td></td><td>清算前已抵扣投资额</td><td></td></tr>
<tr><td colspan="4">主管税务机关印章：
受理人：
受理日期：</td></tr>
</table>

国家税务总局监制

注：本表是天使投资个人日后转让初创科技型企业股权办理投资抵扣的重要凭据，请妥善保管。

《天使投资个人所得税投资抵扣备案表》填表说明

一、适用范围

本表适用于天使投资个人投资境内种子期、初创期科技型企业（以下简称初创科技型企业），就符合投资抵扣税收优惠条件的投资，向主管税务机关办理投资情况备案。

二、报送期限

初创科技型企业、天使投资个人应共同于满足投资抵扣税收优惠条件次月15日内，向其主管税务机关报送本表。

三、表内各栏

（一）天使投资个人基本情况

1. 姓名：填写天使投资个人姓名。中国境内无住所个人，其姓名应当用中、外文同时填写。

2. 身份证件类型：填写能识别天使投资个人唯一身份的身份证、军官证、某证、护照、港澳居民来往内地通行证、台湾居民来往大陆通行证等有效证照名称。

3. 身份证件号码：填写能识别天使投资个人唯一身份的有效证照号码。

4. 国籍（地区）：填写天使投资个人的国籍或者地区。

5. 联系电话、联系地址：填写天使投资个人的有效联系方式。

（二）初创科技型企业基本情况

1. 企业名称：填写初创科技型企业名称全称。

2. 纳税人识别号：填写初创科技型企业的纳税人识别号或统一社会信用代码。

3. 设立时间:填写初创科技型企业设立登记的具体日期。

4. 注册地址:填写初创科技型企业注册登记的具体地址。

(三)初创科技型企业及天使投资个人投资情况

1. 投资日期:填写初创科技型企业接受合伙创投企业投资并完成工商变更登记的日期。

2. 从业人数:填写与初创科技型企业建立劳动关系的职工及企业接受的劳务派遣人员人数。具体按照初创科技型企业接受投资前连续12个月的平均数填写,不足12个月的按实际月数平均计算填写。

3. 本科以上学历人数占比:填写初创科技型企业接受投资时本科以上学历人数占企业从业人数的比例。

4. 资产总额:填写初创科技型企业的资产总额。具体按照初创科技型企业接受投资前连续12个月的平均数填写,不足12个月的按实际月数平均计算填写。

5. 年销售收入:填写初创科技型企业的年销售收入。具体按照初创科技型企业接受投资前连续12个月的累计数填写,不足12个月的按实际月数累计计算填写。

6. 研发费用总额占成本费用支出的比例:填写企业接受投资当年及下一年两个纳税年度的研发费用总额合计占同期成本费用总额合计的比例。

7. 投资2年内与其亲属合计持股比例是否超过50%:填写“是”或“否”。

8. 投资额:填写天使投资个人以现金形式对初创科技型企业的实缴出资额。

(四)初创科技型企业注销清算情况

本栏由主管税务机关在初创科技型企业注销后纳税人有尚未抵扣完毕的投资额需要结转抵扣时填写。

四、本表一式两份

主管税务机关受理后,由天使投资个人和主管税务机关分别留存。

非居民纳税人享受协定待遇信息报告表

Information Reporting Form for Non – resident Taxpayers Claiming Treaty Benefits

金额单位:人民币元(列至角分)
Monetary unit: RMB Yuan (Keep two decimal places)

非居民纳税人填写第 1 项至第 17 项信息,并对填报信息的真实性、准确性、合法性承担法律责任。 Non – resident Taxpayers fill in the blanks of item 1 to 17 and take legal responsibility for the authenticity, accuracy and legitimacy of the information.			
1. 中文名称 Name in Chinese		2. 在中国的纳税人识别号(统一社会信用代码) Tax identification number in China (Uniform social credit code)	
3. 在居民国(地区)名称 Name in resident jurisdiction		4. 在居民国(地区)的纳税人识别号 Tax identification number in resident jurisdiction	
5. 在中国的联系地址、邮政编码 Contact address and zip code in China		6. 在中国的联系电话 Telephone number in China	
7. 在居民国(地区)的联系地址、邮政编码 Contact address and zip code in resident jurisdiction		8. 在居民国(地区)的联系电话 Telephone number in resident jurisdiction	
9. 居民国(地区) Resident jurisdiction		10. 电子邮箱 E – mail address	
11. 享受协定名称 The applicable treaty		12. 适用协定条款名称 Applicable articles of the treaty	

续表

<table>
<tr><td colspan="3">13. 非居民纳税人是否取得缔约对方税务主管当局开具的证明非居民纳税人取得所得的当年度或上一年度税收居民身份的税收居民身份证明
Whether the non – resident taxpayer obtained the tax resident certificate issued by the competent tax authority of the other contracting jurisdiction to prove the residence status of non – resident taxpayer for the year or its previous year during which the payment is received</td><td>□ 是 Yes
□ 否 No</td></tr>
<tr><td>14. 享受协定待遇所得金额
Amount of the income with respect to which tax treaty benefits are claimed</td><td></td><td>15. 享受协定待遇减免税额
Amount of tax reduced or exempted</td><td></td></tr>
<tr><td colspan="4">16. 适用股息、利息、特许权使用费条款时，非居民纳税人为“受益所有人”的政策依据是《国家税务总局关于税收协定中“受益所有人”有关问题的公告》(国家税务总局公告 2018 年第 9 号)的：
□ 第二条；□ 第三条第(一)项；□ 第三条第(二)项；□第四条；□ 其他：请说明____________
If the article of dividends, interest or royalties is applied, the policy basis for non – resident taxpayer to be the “beneficial owner” is the □ Article 2; □ Item 1 of Article 3; □ Item 2 of Article 3; □ Article 4; □ Others: Please specify ____________ of the Public Notice of the State Taxation Administration on “Beneficial Owner” set forth in Double Taxation Agreements (Public Notice [2018] No. 9 of the State Taxation Administration).</td></tr>
<tr><td colspan="4">17. 我谨声明：根据缔约对方法律法规和税收协定居民条款，我为缔约对方税收居民，相关安排和交易的主要目的不是为了获取税收协定待遇。我自行判断符合协定待遇条件，自行享受协定待遇，承担相应法律责任。我将按规定归集和留存相关资料备查，接受税务机关后续管理。
I hereby declare: According to the laws, regulations of the other contracting jurisdiction and the article of resident of the tax treaty, I am a resident of the other contracting jurisdiction, the principal purpose of the relevant arrangement and transaction is not to obtain tax treaty benefits. Through self – assessment, I believe that I am in conformity with the conditions for claiming tax treaty benefits, so I will enjoy tax treaty benefits. Therefore, I take due legal responsibilities. I will collect and retain relevant materials for review in accordance with the regulations, and accept the follow – up administration of the tax authority.
非居民纳税人签章或签字　　　　年　月　日
Seal or signature of non – resident taxpayer　　　　Y　M　D</td></tr>
</table>

续表

<table>
<tr><td colspan="3">以下信息不需要非居民纳税人填写
Non – resident taxpayers do not need to fill in the following blanks</td></tr>
<tr><td>18. 扣缴义务人名称
Name of withholding agent</td><td colspan="2"></td></tr>
<tr><td colspan="3">19. 扣缴义务人纳税人识别号(统一社会信用代码)：□□□□□□□□□□□□□□□□□□
Tax identification number of withholding agent (Uniform social credit code)</td></tr>
<tr><td>经办人签字：
Signature of the case handler：
经办人身份证件号码：
ID number of the case handler：
扣缴义务人签章：
Seal of the withholding agent：</td><td>经办人签字：
Signature of the case handler：
经办人身份证件号码：
ID number of the case handler：
代理机构签章：
Seal of the tax agent：
代理机构统一社会信用代码：
Uniform social credit code of the tax agent：</td><td>受理人：
Received by：
受理税务机关(章)：
Tax authority in charge (Seal)：
受理日期：　年　月　日
Date of case acceptance：
Y　M　D</td></tr>
</table>

国家税务总局监制

《非居民纳税人享受协定待遇信息报告表》填报说明

1. 本表为《非居民纳税人享受协定待遇管理办法》(国家税务总局公告2019年第35号)的附件。

2. 非居民纳税人自行申报的,自行判断符合享受协定待遇条件且需要享受协定待遇,应在申报时报送本表,并按照本办法第七条的规定归集和留存相关资料备查。

3. 在源泉扣缴和指定扣缴情况下,非居民纳税人自行判断符合享受协定待遇条件且需要享受协定待遇的,应当如实填写本表,主动提交给扣缴义务人,并按照本办法第七条的规定归集和留存相关资料备查。

扣缴义务人收到本表后,确认非居民纳税人填报信息完整的,依国内税收法律规定和协定规定扣缴,并如实将本表作为扣缴申报的附表报送主管税务机关。

非居民纳税人未主动提交本表给扣缴义务人或填报信息不完整的,扣缴义务人依国内税收法律规定扣缴。

4. 留存备查资料包括:

(1)由协定缔约对方税务主管当局开具的证明非居民纳税人取得所得的当年度或上一年度税收居民身份的税收居民身份证明;享受税收协定国际运输条款或国际运输协定待遇的,可用能够证明符合协定规定身份的证明代替税收居民身份证明;

(2)与取得相关所得有关的合同、协议、董事会或股东会决议、支付凭证等权属证明资料;

(3)享受股息、利息、特许权使用费条款协定待遇的,应留存证明“受益所有人”身份的相关资料;

(4)非居民纳税人认为能够证明其符合享受协定待遇条件的其他资料。

5. 非居民纳税人对本表填报信息和留存备查资料的真实性、准确性、合法性承担法律责任。

6. 非居民纳税人享受协定待遇留存备查资料应按照税收征管法及其实施细则规定的期限保存。

十、退抵税(费)审批

退(抵)税申请表

<table>
<tr><td colspan="2">申请人名称</td><td colspan="2"></td><td colspan="3">纳税人□　　扣缴义务人□</td></tr>
<tr><td colspan="2">联系人姓名</td><td colspan="2"></td><td colspan="2">联系电话</td><td></td></tr>
<tr><td colspan="2">纳税人名称</td><td colspan="2"></td><td colspan="2">纳税人识别号</td><td></td></tr>
<tr><td colspan="2">申请退税类型</td><td colspan="5">汇算结算退税□　　误收退税□</td></tr>
<tr><td rowspan="7">原完税情况</td><td>税种</td><td>品目名称</td><td colspan="2">税款所属时期</td><td>税票号码</td><td>实缴金额</td></tr>
<tr><td></td><td></td><td colspan="2"></td><td></td><td></td></tr>
<tr><td></td><td></td><td colspan="2"></td><td></td><td></td></tr>
<tr><td></td><td></td><td colspan="2"></td><td></td><td></td></tr>
<tr><td></td><td></td><td colspan="2"></td><td></td><td></td></tr>
<tr><td></td><td></td><td colspan="2"></td><td></td><td></td></tr>
<tr><td>合计(小写)</td><td></td><td colspan="2"></td><td></td><td></td></tr>
<tr><td colspan="2">申请退税金额(小写)</td><td colspan="5"></td></tr>
<tr><td>退税申请理由</td><td colspan="6">经办人：　　　　(公章)
年　月　日</td></tr>
<tr><td colspan="7">以下由税务机关填写</td></tr>
<tr><td>受理情况</td><td colspan="6">受理人：　　年　月　日</td></tr>
<tr><td colspan="4">核实部门意见：
退还方式：　　退库□　　　抵扣欠税□
退税类型：　　汇算结算退税□　　误收退税□
退税发起方式：纳税人自行申请□
税务机关发现并通知□
退(抵)税金额：
经办人：　　　　负责人：
年　月　日</td><td colspan="3">税务机关负责人意见：

签字
年　月　日(公章)</td></tr>
</table>

备注：

1. 本表适用于纳税人、扣缴义务人办理汇算结算和误收税款退税。
2. 纳税人退税账户与原缴税账户不一致的，须另行提交资料，并经税务机关确认。
3. 本表一式四联，纳税人一联、税务机关三联。

《退(抵)税申请表》填表说明

1. 申请人名称:填写纳税人或扣缴义务人姓名。

2. 申请人身份:选择“纳税人”或“扣缴义务人”。

3. 联系人名称:填写联系人姓名。

4. 联系电话:填写联系人固定电话号码或手机号码。

5. 纳税名称:填写税务登记证所载纳税人的全称。

6. 纳税别识号:填写税务机关统一核发的税务登记证号码。

7. 申请退税类型:选择“算结算退税”或“误收退税”。

8. 原完税情况:分税种、品目名称、税款所属时期、税票号码、实缴金额等项目,填写申请办理退税的已入库信息,上述信息应与完税费(缴款)凭证复印件、完税费(缴款)凭证原件或完税电子信息一致。

9. 申请退税金额:填写申请退(抵)税的金额,应小于或等于原完税情况实缴金额合计。

10. 退税申请理由:简要概述申请退(抵)税的理由,如果本次退税账户与原缴税账户不一致,需在此说明,并须另行提交资料,经税务机关登记确认。

11. 受理情况:填写核对接收纳税人、扣缴义务人资料的情况。

12. 退还方式:退还方式可以单选或多选,对于有欠税的纳税人,一般情况应选择“抵扣欠税”,对于选择“抵扣欠税”情况,税务机关可以取消该选择,将全部申请退税的金额,以“退库”方式办理。

13. 退税类型:选择“汇算结算退税”或“误收退税”。

14. 退税发起方式:税务机关依据具体情况,选择“纳税人自行申请”或“税务机关发现并通知”。

15. 退(抵)税金额:填写税务机关核准后的退(抵)税总额,应小于或等于纳税人申请退税金额。

十一、开具中国税收居民身份证明

《中国税收居民身份证明》申请表

申请人信息:个人:□ 企业:□ 对《税收居民证明》样式有特殊要求□

基本信息	申请人名称(姓名): 英文名称(姓名): 纳税人识别号: 联系地址: 联系电话: 主管税务机关名称:
申请开具《税收居民证明》有关信息	申请年度: 缔约对方国家(地区): 对方纳税人名称:英文: 中文: 对方纳税人识别号: 拟享受协定名称一: 拟享受协定条款一: 拟享受协定收入金额一: 预计减免税金额一: 拟享受协定名称二: 拟享受协定条款二: 拟享受协定收入金额二: 预计减免税金额二:
申请人为个人时填报	国家(地区): 职业: 身份证件: 证件号码: 在中国境内是否有住所: 是:□ 否:□ 如无住所,申请年度在中国境内是否居住累计满183天:是:□ 否:□ 现居住住址: 在中国境内居住满183天的年度是否连续满6年(含6年):是:□ 否:□ 合伙企业名称: 合伙企业纳税人识别号: 合伙企业所在国家(地区): 合伙企业所在地:
申请人为企业时填报	注册登记地: 依据实际管理机构认定的居民企业,认定文号: 实际管理机构所在地: 境内分支机构名称: 所在地: 境外分支机构名称: 所在国家(地区): 合伙企业名称: 合伙企业纳税人识别号: 合伙企业所在国家(地区): 合伙企业所在地:
声明: 此表是根据国家税收法律法规及相关规定填写,对填报内容(及附带资料)的真实性、可靠性、完整性负责。 申请人或者代理人(签名或者盖章):__________ 日期:________年____月____日	

《〈中国税收居民身份证明〉申请表》填表说明

一、适用范围

申请人(企业或个人)为享受中国政府签署的税收协定,内地与香港、澳门签署的税收安排以及大陆与台湾签署的税收协议,航空协定税收条款,海运协定税收条款,汽车运输协定税收条款,互免国际运输收入税收协议或者换函的协定待遇,就其构成中国税收居民身份的任一公历年度向主管税务机关申请开具《中国税收居民身份证明》(以下简称《税收居民证明》)时填报。

二、本条表头项目

(一)申请人为个人的,根据《中华人民共和国个人所得税法》及其实施条例等有关规定,在中国境内有住所或者无住所而一个纳税年度内在中国境内居住累计满183天的个人。其中,在中国境内有住所的居民个人是指因户籍、家庭、经济利益关系而在中国境内习惯性居住的个人;在中国境内无住所居民个人是指一个纳税年度内在中国境内居住累计满183天的无住所个人。

(二)申请人为企业的,根据《中华人民共和国企业所得税法》及其实施条例等有关规定,依法在中国境内成立,或者依照外国(地区)法律成立但实际管理机构在中国境内的企业。

三、本表各栏填写

1. 申请人名称(姓名):申请人为个人时,填写个人姓名;申请人为企业时,填写企业名称。

2. 纳税人识别号:申请人为个人的,如有中国公民身份号码的,填写中华人民共和国居民身份证上载明的“公民身份号码”,没有中国公民身份号码的,则填写税务机关赋予的纳税人识别号;申请人为企业的,填写企业的纳税人识别号或者统一社会信用代码。

3. 主管税务机关名称:申请人的主管税务机关名称。

4. 申请年度:申请人申请开具《税收居民证明》的任一公历年度。

5. 缔约对方国家(地区):申请开具《税收居民证明》拟适用的对方国家(地区)。

6. 对方纳税人名称:与该《税收居民证明》有关且与申请人发生业务往来的缔约对方纳税人(企业或个人)名称。

7. 对方纳税人识别号:对方纳税人在缔约对方国家(地区)的纳税人(企业或个人)识别号。

8. 拟享受协定名称:申请人向缔约对方申请享受的中国政府签署的税收协定,内地与香港、澳门签署的税收安排以及大陆与台湾签署的税收协议,航空协定税收条款,海运协定税收条款,汽车运输协定税收条款,互免国际运输收入税收协议或者换函名称。

9. 拟享受协定条款:申请人向缔约对方申请享受协定的条款,包括:股息、利息、特许权使用费、常设机构和营业利润、财产收益、国际运输、独立个人劳务、非独立个人劳务(受雇所得)、演艺人员和运动员、退休金、政府服务、教师和研究人员、学生、其他所得等。每行填报一个条款,如涉及两个以上条款的,请另行附报说明。

10. 拟享受协定收入金额:填报与该《税收居民证明》有关、申请人取得的拟享受税收协定的收入金额。每行填报对应协定条款的拟享受税收协定的收入金额,合伙企业的合伙人填写按照合伙协议或分配协议计算的合伙人应取得的收入金额。收入金额为外币的应按照填报申请表当日汇率中间价换算为人民币金额。每行填报一个条款,如涉及两个以上条款的,请另行附报说明。

11. 预计减免税金额:填报与该《税收居民证明》有关、申请人拟享受税收协定待遇在缔约对方减免税收金额。即按照缔约对方法律规定计算的应缴纳税款金额与按照税收协定计算的应缴纳税款金额之差。每行填报对应协定条款预计减免税金额。减免税金额为外币的应按照填报申请表当日汇率中间价换算为人民币金额。每行填报一个条款,如涉及两个以上条款的,请另行附报说明。

12. 身份证件、证件号码:填写申请人为个人时有效的身份证件类型及证件号码。

13. 在中国境内是否有住所:申请人根据《中华人民共和国个人所得税法》第一条第一款、《中华人民共和国个人所得税法实施条例》第二条等规定判定情况。选“是”时应附送相关资料。

14. 如无住所,申请年度在中国境内是否居住累计满 183 天:填报申请人根据《中华人民共和国个人所得税法》第一条第二款等规定判定情况。选“是”时应附送相关资料。

15. 在中国境内居住满 183 天的年度是否连续满 6 年(含 6 年):申请人根据《中华人民共和国个人所得税法》第一条第一款、《中华人民共和国个人所得税法实施条例》第四条等规定判定是否连续满 6 年情况。

16. 现居住地址:申请人为个人时其本人在中国境内的习惯性住所或者无住所的现居住地址。

17. 境内分支机构名称、境外分支机构名称：中国居民企业的境内、境外分支机构通过其总机构向总机构主管税务机关提出申请时填报。

18. 合伙企业名称、合伙企业纳税人识别号、所在国家（地区）、所在地：中国境内注册的合伙企业以其中国居民合伙人作为申请人，向中国居民合伙人主管税务机关申请时填报。

19. 申请人或者代理人签名：由企业法定代表人或者其授权代表负责人、个人本人或者其授权人签名并/或者盖章，并填写声明日期。

四、其他事项说明

以纸质方式报送本表的，申请人提交的申请表原件和相关资料、《税收居民证明》复印件由主管税务机关保存备查。如缔约对方税务主管当局对《税收居民证明》样式有特殊要求的，申请人的书面说明及缔约对方《税收居民证明》样式由主管税务机关保存备查。